Phänomen-Verlag

Sandra Hauser

Integrale Christliche Theologie

Ein Überblick

Bibliografische Information der Deutschen Bibliothek: Die Deutsche Bibliothek verzeichnet diese Publikation in der Deutschen Nationalbibliografie; detaillierte bibliografische Daten sind im Internet über http://dnb.ddb.de abrufbar.

ISBN: 978-84-128680-1-2

Druck: Libri Plureos GmbH, Friedensallee 273, 22763 Hamburg

Phänomen-Verlag
Web: www.phaenomen-verlag.de
E-Mail: kontakt@phaenomen-verlag.de

Alle Rechte vorbehalten, insbesondere das Recht der mechanischen, elektronischen oder fotografischen Vervielfältigung, der Einspeicherung und der Verarbeitung in elektronischen Systemen, des Nachdrucks in Zeitungen und Zeitschriften, des öffentlichen Vortrags, der Verfilmung oder Dramatisierung, der Übertragung durch Rundfunk, Fernsehen oder Video, auch einzelner Textteile, Satz & Gestaltung: Phänomen-Verlag, 2024

INHALT

Inhalt	5
Vorwort von Tilmann Haberer	9
Einleitung	13
1. Ein Überblick über die Integrale Theorie(n)	**23**
Geschichte der integralen Bewegung	24
Ken Wilber	36
Die Entwicklung seines Werks	39
Wilbers Methode	47
Ken Wilbers integrale Theorie(n)	49
Evolution, die Holone und die Holarchie	50
Das Muster der Evolution	54
Das große Nest des Seins	59
Aufsteigende und absteigende Spiritualität	65
Der Ordnungsrahmen AQAL	67
Die Quadranten	68
Erkenntnisgewinnung	83
Die Ebenen	86
Entwicklungslinien	104
Zustände des Bewusstseins	108
Das Verhältnis von Zuständen zu Ebenen und das Wilber-Combs-Raster	115
Seelenlehre	121
Typen	124
Die Funktion von Spiritualität und Religion – Translation und Transformation	125
Schattenarbeit	129
Integrale Lebenspraxis	130

Ken Wilber über das Christentum	131
Spiral Dynamics	134
Clare W. Graves	134
Don Edward Beck und Christopher C. Cowan	140
Das Konzept der Meme	141
Die Ebenen	146
Die Marke „Spiral Dynamics"	150
Ken Wilbers Kritik an „Spiral Dynamics"	150
Steve McIntosh	152
Überblick	154
Die Stufen der kulturellen Evolution	154
Das integrale Bewusstsein und die zweite Aufklärung	159
Integrale Politik	163
Evolutionäre Spiritualität	165
Die „großen Drei" als die primäre Werte Schönheit, Wahrheit, Güte	170
Der Zweck der Evolution	171
Die Idee des Werte-Metabolismus als integraler Lebensstil	175
Gemeinsamkeiten mit und Abgrenzung zu Ken Wilber	178
Weitere zeitgenössische integrale Denker	182

2. Kritische Analyse der Rezeption durch einzelne christliche Denker — **185**

Überblick über die weltweite Rezeption integraler Theorie(n) im Christentum	186
Christ*innen in direktem Umfeld Ken Wilbers	186
Weitere Rezeptionen in den USA und Kanada	191
Rezeptionen im deutschsprachigen Raum	197

Exemplarische Untersuchung ausgewählter
   christlicher Literatur   201
   Exkurs: Zum Begriff der „Mystik"   203
   J. Marion, „Der Weg zum Christus-Bewusstsein"   205
   J. Marion, „The Death of the Mythic God"   220
   T. Tresher, „Reverent irreverence"   229
   M. & W. Küstenmacher/T. Haberer, „Gott 9.0."   244
   M. Küstenmacher, „Integrales Christentum"   259
   T. Haberer, „Von der Anmut der Welt"   276
   P. Smith, „Integral Christianity"   286
   P. Smith, "Is Your God Big Enough?"   308
   B. Sanguin, "The Emerging Church"   327
   B. Sanguin, "The „Way of the Wind"   338

3. Gemeinsamkeiten und Differenzen der Autor*innen in Bezug auf eine neue integrale christliche Lehre und Praxis   **353**

Integrale Dogmatik   354
   Verständnis Gottes   355
   Christologie   378
   Pneumatologie – der Heilige Geist   404
   Verständnis des Menschen   409
   Verständnis der Welt   448
   Schöpfung   449
   Verständnis der Bibel   473
   Verständnis der Kirche und verfasster Religion   486
   Kirche in der Krise   486
   Verständnis von Ethik   508
   Verhältnis zu postmoderner, alternativer Spiritualität   513
Integral christliche Praxis   522
   Ein allgemeiner Überblick   522
   Das „Integral Christian Network" von Paul
      Smith und Luke Healy   523

4. Zusammenfassung und Ausblick: Tendenzen, Merkmale, Strukturen und Abgrenzbarkeit „Integrales Christentum"   527

Inhaltliche Schnittmengen mit anderen
   zeitgenössischen Strömungen   528
Meta-Theorie als ein paradoxes Unterfangen   532
„Wilberisierung des Christentums"   536
Überbetonung der Innerlichkeit   540
Elitärer Zirkel für Insider?   543
Weitere Entwicklungen und Ausblick   544

Danksagung   548
Abbildungs- und Tabellenverzeichnis   549
Literaturverzeichnis   550

Vorwort

von Tilmann Haberer

Seit ich vor etwa 20 Jahren den Schriften des amerikanischen Bewusstseinsforschers Ken Wilber begegnete, hat sein Werk mein theologisches Denken erweitert und bereichert. Den Einstieg fand ich damals mit „Mut und Gnade", dem wohl persönlichsten Werk Wilbers. In tagebuchähnlicher Form berichtet er von der Krebserkrankung und schließlich dem Tod seiner Frau Treya, deren eigene Aufzeichnungen einen Teil des Buches ausmachen. Daneben entfaltet Wilber in diesem Buch seinen wichtigsten genuinen Beitrag zum Verständnis der Welt: eine evolutionäre Sicht, die nicht nur die kosmologische und biologische Entwicklung des Universums und unseres Planeten beschreibt, sondern auch und vor allem die Entwicklung des Bewusstseins. Ich begann mich in Wilbers Werk einzulesen und erlebte mit der Zeit eine Reihe entscheidender Aha-Momente, vor allem bei dem 2007 auf Deutsch erschienenen Buch „Integrale Spiritualität". Durch Wilber lernte ich auch Spiral Dynamics kennen, ein Modell der Evolution des Bewusstseins, das Wilber eine Zeit lang favorisiert hat.

Mein Problem war, dass ich kaum jemanden kannte, der oder die sich ebenfalls mit Wilber beschäftigte. In der akademischen Diskussion kommt sein Name so gut wir gar nicht vor. Meine private, nicht durch Studien erhärtete Vermutung dazu geht dahin, dass Wilbers Grundansatz dem akademischen Denken diametral entgegensteht. Vereinfacht gesagt: Während es bei akademischen Arbeiten, besonders bei Dissertationen, entscheidend darauf ankommt, eine eigene, neue These aufzustellen und sie gegen alle anderen zu verteidigen – und somit tendenziell die anderen ins Unrecht zu setzen –, sagt Wilber: Nobody is smart enough to be wrong all the time – Niemand ist schlau genug, um sich in allem zu irren. Dieser häufig zitierte Satz steht für eine Haltung, die nach dem Gemeinsamen sucht, nicht nach dem Trennenden, nach dem Konsens mehr als nach der Exzellenz.

Es geht um Integration einander scheinbar widersprechender Aussagen, daher bezeichnet Wilber sein Denken als „integral" – ein Ausdruck, der ursprünglich von dem deutsch-schweizerischen Autor Jean Gebser stammt. Mit einem solchen integralen Ansatz kommt man jedoch im akademischen Diskurs oft nicht besonders weit.

Für mich taten sich allerdings neue Welten auf, und viele vage Ideen, die sich in mir im Lauf der Jahre gebildet hatten, konnte ich nun konkret und begründet ausformulieren. So hatte ich etwa schon in den frühen 90er-Jahren einmal versucht, entwicklungspsychologische Erkenntnisse auf die Vermittlung von Glaubensinhalten anzuwenden. Ein Beispiel: Kindern von sieben oder acht Jahren kann man, so vermutete ich, nicht beibringen, „die andere Wange hinzuhalten", wie es Jesus in der Bergpredigt empfiehlt. Sie sind dazu noch nicht in der Lage und es ist auch nicht angebracht. Sie müssen ihren Platz in der Welt finden und behaupten, ein starkes Ich entwickeln – und erst, wenn dieses Ich stabil und stark ist, kann ein Mensch auf gesunde Weise lernen, von diesem Ich abzusehen, sich „zu verleugnen" und „sein Kreuz auf sich zu nehmen". Und diese Entwicklung, so meine damalige Vermutung, endet nicht mit dem Übergang zum Erwachsensein. Psyche und Charakter, Denken und Einstellungen eines Menschen können sich auch in höheren Jahren immer wieder wandeln, und das ist gut so. In Spiral Dynamics und der integralen Theorie nach Ken Wilber fand ich Kategorien, Denk- und Sprachformen, um diese Ideen systematisch auszuformulieren.

Ken Wilber selbst ist praktizierender Buddhist. Im Lauf der Jahre hat er sich jedoch zunehmend auch mit christlichen Autorinnen und Autoren beschäftigt und ausgetauscht, vor allem der Trappistenabt Thomas Keating, daneben aber auch der Franziskaner Richard Rohr oder die Kontemplationslehrerin und Priesterin Cynthia Bourgeault haben sein Denken beeinflusst und bereichert; das Modell der „Drei Gesichter Gottes", mit dem Wilber die unterschiedlichen Gottes- und Selbsterfahrungen in den östlichen und westlichen Religionen einander zuordnet und integriert, geht sicher auch auf diese Begegnungen und Gespräche zurück.

Wie auch immer, mit meinen Erkenntnissen und Aha-Erlebnissen war ich ziemlich allein, bis ich herausfand, dass meine Studienfreundin Marion Küstenmacher und ihr Mann Tiki sich ebenfalls intensiv mit Wilber und Spiral Dynamics auseinandergesetzt hatten. Bald entstand der Plan, in einem eigenen Buch die Erkenntnisse der integralen Theorie auf das Gebiet von Spiritualität und Religion anzuwenden. Heraus kam das Buch „Gott 9.0 – wohin unsere Gesellschaft spirituell wachsen wird", das 2010 im Gütersloher Verlag erschien und mittlerweile zehn Auflagen erzielt hat. Mit diesem Buch haben wir, so viel darf in aller Bescheidenheit gesagt werden, die integrale Theologie im deutschsprachigen Raum begründet. „Gott 9.0" ist inzwischen so etwas wie ein Standardwerk geworden.

Die integrale Theorie bietet Antworten auf viele offene Fragen und Lösungsvorschläge für eine ganze Reihe von Fragen der religiösen Praxis. Vor allem aber ermöglicht sie, das Reden von Gott systematisch in moderne und postmoderne Denk- und Sprachräume zu transportieren, ein großer Gewinn für Theologie und Spiritualität. Denn vielen scheint es ja, als ob die Moderne, die Aufklärung mit allen Vorstellungen von Gott aufgeräumt hätte; spätestens Feuerbachs These „Der Mensch schafft sich Gott nach seinem Bild" und vollends Nietzsches Ausruf „Gott ist tot!" stehen für diese Idee. Das integrale Modell jedoch lässt erkennen, dass und wie Gott auch in modernen und postmodernen Kategorien gedacht und geglaubt werden kann – nur wird sich das Bild von Gott, das sich die Menschen machen, entscheidend ändern. Diese sich entwickelnden Gottesbilder sind ein Hauptbestandteil integraler Theologie.

Noch sind integrale Theorie und Theologie im deutschsprachigen Raum eher wenig verbreitet. Aus den USA und Kanada kommen einige wichtige Impulse: Vor allem Paul R. Smith, Steve McIntosh und Bruce Sanguin, aber gelegentlich auch Richard Rohr beziehen sich in ihren Arbeiten explizit auf Wilber und das integrale Modell.

Sandra Hauser hat nun in diesem Buch alle bis dato verfügbaren Quellen eines integralen Christentums zusammengetragen und analysiert. Sie zeigt die großen Übereinstimmungen, aber auch die individuellen Akzentsetzungen der einzelnen Autorinnen und Autoren und ermöglicht so einen umfassenden Blick auf integrales, christliches Denken und eine integral-christliche Theologie. Ich kann diesem Buch nur wünschen, dass es weite Verbreitung findet und so mit dazu beiträgt, die fruchtbaren und weiterführenden Ansätze der integralen Theologie bekannter zu machen. Vielleicht wird diese nicht „die Welt retten", wie der Untertitel des Wilber-Buchs „Integrale Spiritualität" etwas vollmundig behauptet. Sie kann aber auf jeden Fall Entscheidendes dazu beitragen, Gott und die Welt besser zu verstehen sowie eine lebensfreundliche, zukunftsträchtige Spiritualität und geistliche Praxis zu entwickeln.

München, im August 2024
Tilmann Haberer

Einleitung

Die menschliche Natur bereite sich auf einen bedeutenden Sprung vor, prophezeite der Psychologieprofessor Clare W. Graves schon 1974. Nicht eine schrittweise Veränderung stehe bevor, sondern es passiere etwas, wonach nichts mehr so sein würde wie zuvor.[1]

Heute, im Jahre 2024, erscheint sich diese Ankündigung vor unseren Augen zu erfüllen. Viele Menschen fühlen sich an einer Zeitenwende, die durch große Krisenerscheinungen begleitet wird: Veränderungen im Wirtschafts- und Finanzsektor, Klimawandel, Terrorismus, kriegerische Auseinandersetzungen und Informationskriege, Migrationsbewegungen, die Auflösung alter Strukturen usw.

Seit Ausbruch des Coronavirus SARS-CoV-2 ist die Welt eine andere geworden. Dahinter steckt weit mehr als ein neuer Krankheitserreger. Es scheint, als ob alle gegenwärtigen Systeme, in denen wir Menschen uns bewegen, derzeit an ihre Grenzen kämen und uns ihre Licht- und Schattenseiten offenbaren. Ein „weiter so" ist keine Option mehr.

Don McGregor, ein Priester der anglikanischen Kirche, schreibt:

> *„Rund um den Globus wird davon gesprochen, dass sich die Menschheit einem Punkt nähere, wo sie sowohl ökologisch als auch spirituell auf der Kippe steht. Umweltexperten, Sozialwissenschaftler und Physiker weisen darauf hin, dass die Zukunft der Menschheit aufgrund unserer Lebensweise bedroht ist, doch die Situation ist so facettenreich und hängt so eng mit der menschlichen Natur und Gesellschaft zusammen, dass wir ihrer Komplexität nicht gewachsen scheinen. [...] Die sensationslüsternen und profitgierigen Unheilsverkünder in den Medien erzählen uns nur allzu gern, dass das Schlimmste passieren müsse. [...] Auf die*

---

1. Vgl. Beck, 2018, 224.

andere Seite zu kippen, entspricht der Sichtweise, dass die Menschheit an der Schwelle zu einem Wachstum im Bewusstsein ist. [...] Am entscheidenden Punkt – der Kippe – kann eine kleine Veränderung einen großen Unterschied machen"[2]

Alles ist einem großen Wandel unterworfen. Das betrifft auch oder insbesondere die Art und Weise, wie wir unsere religiösen und spirituellen Traditionen verstehen und leben.

In meiner Zeit als Pfarrerin zweier Dorfgemeinden war bei jeder Gelegenheit, ob Gottesdienst, Trauergespräch oder Kirchengemeinderatssitzung, zu spüren, dass sich auch die Institution Kirche hierzulande in einer tiefen Krise befindet. Die stetige Abnahme der Kirchenmitgliederzahl durch Austritte und den demografischen Wandel und die daraus resultierenden Reformbemühungen waren innerhalb des Kirchenbezirks ein Dauerthema. Ständig wurden auf Sitzungen die Fragen gewälzt, wie die Kirche mit dem Mitgliederschwund und den damit zu erwartenden Einkommenseinbußen in naher Zukunft zurechtkommen soll oder wie man Menschen dazu bringen könnte, in die Kirche zu gehen oder Angebote anzunehmen. Während viele der aktiven Mitglieder sich noch immer an alte Strukturen und Vorstellungen klammerten und wenig gewillt waren, etwas grundlegend zu verändern, sprach ein großer Teil der Menschen, darunter auch ihre Noch-Mitglieder, eine eindeutige Sprache: Sie blieben schlicht und einfach fern. Dieser Trend hat sich in den letzten Jahren noch verschärft. 2021 sank zum ersten Mal in Deutschland der Anteil der evangelischen und katholischen Christen an der Gesamtbevölkerung unter 50 Prozent.[3] Von diese sind wiederum nur noch wenige Prozent regelmäßige Kirchgänger.

Der Neurowissenschaftler und Begründer der „Neurotheologie" Andrew Newberg konstatiert:

„Unsere Forschungsarbeiten haben zusammen mit anderen

---

2. McGregor, 2014, 243f.
3. Fowid, 2022.

umfangreichen Studien anderer Universitäten ergeben, dass die traditionellen Religionen seit über 30 Jahren still und leise dahinschwinden. Stattdessen wächst das Interesse an der Spiritualität."[4]

Dieses Buch nimmt eine zeitgenössische Strömung genauer in den Blick, die sich sowohl als ein Akteur für spirituellen Wandel versteht, als auch Modelle rezipiert, die helfen, die tieferliegenden Ursachen dieses Umbruchs erklärbar zu machen. Die sog. „integralen Theorie(n)" sind dabei nicht nur philosophischer und weltanschaulicher Hintergrund der Bewegung, sondern beinhalten zugleich ein mögliches Erklärungsmodell für ihr Entstehen.

Als ich im August 2017 begann, über die Verbindung von Christentum und integraler Theorie und Praxis zu bloggen, ahnte ich davon noch nichts. Mir schien es einfach vielversprechend, beides miteinander zu verbinden. Erst im Laufe meiner weiteren Recherchen stieß ich nach und nach auf immer mehr Gleichgesinnte, die ein ähnliches Unternehmen verfolgten und danach strebten, sich miteinander zu vernetzen. Irgendwann stellte ich überrascht fest, dass es sich offenbar nicht nur um einzelne Köpfe, sondern um eine ganze Bewegung handeln müsse. Das weckte in mir den Wunsch, mich noch eingehender mit diesem Phänomen zu befassen.

Doch was ist oder sind integrale Theorie(n) überhaupt?

Der Begriff „integral" kommt in seiner Verwendung inhaltlich den Begriffen „umfassend, einschließend, nicht marginalisierend, umarmend" nahe.[5] Er wird laut Allan Combs vielfältig verwendet: Zur Bezeichnung 1) einer Bewusstseinsstruktur, 2) einer sehr hohen Stufe der kognitiven Entwicklung, der sog. „Schau-Logik", 3) der bewussten Integration aller vorhergehender Bewusstseinsstrukturen, 4) der Integration unterschiedlicher Perspektiven, 4) der Harmonie zwischen Körper, Geist und Seele, 5) einer Richtlinie, 6) der Erleuchtung.[6]

---

4. Newberg, 2012, 26.
5. Esbjörn-Hargens, 1.
6. Vgl. Combs, 2009, 135-146.

Den integralen Theorien ist gemeinsam, dass sie davon ausgehen, dass sich das menschliche Bewusstsein individuell als auch kollektiv beständig weiterentwickelt und in eine bestimmte Richtung bewegt, auf der das „Integrale" eine wesentliche Etappe darstellt. Diese Stufe wird, je nach Modell, als „post-formal/Schau-Logik" (Piaget, Wilber), „post-konventionell (Kohlberg, Habermas), „integral" (Gebser, McIntosh) oder „GELB" (Beck/Cowan) bezeichnet. Als deren wesentliches Merkmal gilt das Streben nach dem Ausgleich von Gegensätzen, nach Ganzheitlichkeit und Verbindung, welches in der Produktion von Metatheorien seinen Ausdruck findet.

Jeff Salzmann, ein bekannter Vertreter dieses Ansatzes, schreibt:

> *„Die integrale Theorie ist eine philosophische Schule, die danach strebt, die gesamte menschliche Weisheit in eine neue, sich entwickelnde Weltanschauung zu integrieren, die in der Lage ist, die Erkenntnisse aller bisherigen Weltanschauungen aufzunehmen, einschließlich derjenigen, die historisch gesehen im Widerspruch zueinander stehen: Wissenschaft und Religion, östliche und westliche Denkschulen sowie vormoderne, moderne und postmoderne Weltanschauungen."*[7]

Da sich die Vertreter integraler Theorie(n) bei ihren Bemühungen auf die Erkenntnisse der jeweiligen Disziplinen stützen, deren Inhalte sie versuchen, miteinander in Beziehung zu setzen, hängt die Theorie nicht im luftleeren Raum, sondern ist das Ergebnis einer gigantischen co-creativen Aktion, vorhandenes Wissen zu sammeln, zu sortieren und neu zu strukturieren.

Ken Wilber kann gegenwärtig als ihr prominentester Vertreter gelten. 1995 hat er mit seinem Buch „Eros, Kosmos, Logos" und zahlreichen Nachfolgewerken weltweit Diskussionen ausgelöst und zahlreiche Interessenten und Anhänger gefunden.

Wilbers Philosophie ist der Versuch einer Zusammenschau von Erkenntnissen sämtlicher Disziplinen in einem Modell, eine „theory

---

7. Salzmann, 2019.

of everything", mit dem Ziel die Entwicklungen in unserer komplexen Welt beschreibbar zu machen. Er arbeitet dabei mit sogenannten Orientierungsverallgemeinerungen – d.h. er sucht diejenigen Ergebnisse, über die innerhalb einer Wissenschaft ein gewisser Konsens herrscht, übergeht strittige Details und fragt dann, wie diese Ergebnisse zusammenpassen könnten. Er beschreibt dieses Unterfangen auf der von ihm gegründeten Internetplattform ‚Integral Life' so:

> *„Was wäre, wenn wir buchstäblich alles nehmen würden, was uns die verschiedenen Kulturen über das menschliche Potenzial zu sagen haben – über geistiges Wachstum, psychologisches Wachstum, soziales Wachstum – und alles auf den Tisch legen würden? Was wäre, wenn wir versuchen würden, die wesentlichen Schlüssel zum menschlichen Wachstum zu finden, auf der Grundlage der Gesamtsumme des menschlichen Wissens, das uns heute zur Verfügung steht? Was wäre, wenn wir auf der Grundlage intensiver kulturübergreifender Studien versuchen würden, alle großen Traditionen der Welt zu nutzen, um eine zusammenhängende Karte zu erstellen, eine umfassende Karte, eine allumfassende oder integrale Karte, die die besten Elemente aus all diesen Traditionen enthält?"*[8]

Wilber suchte dabei nach nichts geringerem als „einer Weltphilosophie":

> *„Ich suchte nach einer integralen Philosophie, die auf überzeugende Weise die unterschiedlichen Kontexte der Wissenschaften, der Moral, der Ästhetik, die westliche wie auch die östliche Philosophie und auch die Weisheitstraditionen der Welt zusammenbringen würde. Natürlich nicht im Detail, so etwas ist nicht möglich, aber innerhalb von Orientierungsverallgemeinerungen. Dies wäre eine Möglichkeit zu zeigen, dass die Welt eins, ungeteilt und ganz ist und mit sich selbst auf vielfältige Weise in Beziehung steht. Es wäre eine holistische Philosophie für einen holistischen Kosmos,*

---

8. Integral Life, 2019a.

*eine Weltphilosophie, eine integrale Philosophie."*⁹

In den letzten Jahren häufen sich die Neuerscheinungen, in denen die integrale Theorie(n) explizit wie auch implizit auf verschiedene Religionen, darunter auch auf das Christentum, angewendet werden. Die Christen scheinen hierbei derzeit noch in der Mehrheit, es gibt aber auch bereits erste Ansätze zu einem integralen Buddhismus[10], integralen Judentum[11] und integralen Islam.[12] Der Rabbi Zalman Schachter-Shalomi, Gründer einer jüdischen Erneuerungsbewegung, schätzte die Theorie ebenfalls und soll gesagt haben: „Die Kabbalah der Zukunft wird sich auf Ken´s Arbeit beziehen"[13]

Wer unter „Integral" nicht nur eine bestimmte Philosophierichtung verstehet, sondern noch umfassender, eine dieser Theorie zugrundeliegende und sich darin äußernde neue Bewusstseinsstruktur, sieht in der „integralen Spiritualität" unser aller Zukunft:

> *„Wenn Wilber", so Habecker, „und viele andere, die sich mit diesem Thema beschäftigen, und in der Vergangenheit beschäftigt haben, recht behalten, dann handelt es sich bei dem, was mit einem „integralen Bewusstsein" bezeichnet wird, ganz allgemein um eine Bewusstseinsstufe und – struktur, die derzeit im Entstehen begriffen ist, und sich dafür – salopp gesagt – geeignete „Träger" sucht: und zwar uns alle."*[14]

Graves sprach von der „Avantgarde der Menschheit"[15] und die 2019 verstorbene Zukunftsforscherin Barbara Marx Hubbard be-

---

9. Wilber, 2018.
10. Häufig auch als „Fourth Turning" bezeichnet, so bei deVos, Corey 2017 und Wilber, Ken, 2014.
11. Vgl. Barenblat, Rachel, 2007. Der Rabbi David Ingber ist ein Schüler von Rabbi Zalman Schachter-Shalomi, ebenso wie der (Ex-)Rabbi Dr. Marc Gafni, der einen „Center for Integral Wisdom" gründete.
12. Vgl. Nasr, 2013a und 2013b.
13. Shambala, o.A.
14. Habecker, 2007, 9f.
15. Graves, 2017, 437.

zeichnet die integralen Gemeinschaften in einem Vortrag als die ‚neue Welt'.[16]

Gesetzt den Fall, die Autoren*innen hätten Recht, würde sich die Kirchenflucht als ein ganz natürlicher, sogar notwendiger Prozess darstellen: Das Bewusstsein der Menschen, darunter auch ihr Glaube, entwickelten sich unaufhaltsam weiter – kann die Kirche damit nicht schritthalten, bleiben die Menschen ihr fern oder treten aus und suchen ihr „spirituelles Zuhause" anderswo: Im Yoga, im Internet, bei Seminaren usw.

Christian M. Rutishauser schreibt in seiner Hinführung zu dem Büchlein „Mystische Wege. Christlich, integral, interreligiös":

> *„Die ersten Christen wurden „Anhänger des neuen Weges" (Apg. 9,2) genannt. In der Nachfolge Jesu und inspiriert durch den Auferstandenen lebten sie eine eigene und besondere jüdische Lebenspraxis. Auch heute suchen viele Christen und Nichtchristen eine Lebenspraxis, die sich nicht nur von den Notwendigkeiten des Alltags bestimmen lässt. […] [Der Mensch] strebt nach tieferer Erkenntnis, Lebensweisheit und Wahrheit. Die integrale Spiritualität hat zur Orientierung in diesem Feld eine „geistige Landkarte" entwickelt, mit der sich auch Christen auseinandersetzen sollten."*[17]

Dabei stellt das „Integrale Christentum" einen Teil einer weit größeren zeitgenössischen Bewegung, die sich unter dem Stichwort „Mystische Kirche" zusammenfassen lässt, dar. Sabine Bobert, Professorin für praktische Theologie in Kiel, zählt es in ihrem „Manifest zur Neugründung der westlichen Kirchen in den mystischen Anfängen des Christentums" neben den orthodoxen Kirchen, dem christlichen Mönchtum, und kontemplativen Bewegungen als eine weitere Quelle und willkommenen Gesprächspartner auf.[18]

---

16. Vgl. Hubbard, 2017.
17. Rutishauser, 2016.
18. Vgl. Bobert, 2020.

Die Rezeption integralen Gedankenguts ist also auf zweierlei Art wirksam: Sie stellt einerseits Modelle auf, die tieferen Ursachen für den Mitgliederschwund bei den Kirchen zu erklären, und andererseits führt sie selbst zu einer neuen Art von christlicher Spiritualität hin, die bereits heute vielen Menschen Orientierung und Halt gibt.

Meine Arbeit möchte einen Beitrag dazu leisten, diese Dynamik besser zu verstehen, sie kritisch zu hinterfragen und/oder ggf. selbst gewinnbringend und konstruktiv fortzuführen zu können.

Die Fragestellung dieses Buches lautet daher: Wie verändert sich durch die Rezeption integraler Theorie(n) die christliche Lehre und Praxis?

Es geht mir also einerseits darum, diese zeitgenössische, weltweite Strömung in Theologie und Kirche sachlich angemessen einzuordnen, zu analysieren und damit Außenstehenden eine Bewertung zu ermöglichen. Andererseits möchte ich klären, ob sich im Vergleich verschiedener Repräsentant*innen und derer Werke gemeinsame Tendenzen, Merkmale und Strukturen in Lehre und Praxis ausmachen lassen und worin diese im Einzelnen bestehen.

Dazu gebe ich zunächst einen notwendigen Überblick über bestehende integrale Theorie(n), auf die sich die christlichen Autor*innen beziehen und versuche, deren Kernelemente zu erfassen und herauszuarbeiten. Ein Schwerpunkt liegt dabei auf dem Werk des Philosophen Ken Wilbers, da dessen Schriften zweifelsfrei zu den einflussreichsten zählen. Ebenfalls vorstellen werde ich das Konzept „Spiral Dynamics" von Don Beck und Christopher Cowen, sowie das Werk des Philosophen Steve McIntosh, da sich die meisten christlichen Autor*innen entweder auf alle drei Modelle, mindestens jedoch auf die ersten beiden beziehen.

Anschließend analysiere und vergleiche ich exemplarisch die Art und Weise der Rezeption integraler Theorie(n) in ausgewählten zeitgenössischen Publikationen.

In einem dritten Teil vergleiche ich die jeweiligen Rezipienten untereinander: Wo kommen die Autor*innen durch die Aufnahme integralen Gedankenguts zu ähnlichen Schlussfolgerungen oder Ideen bezüglich der christlichen Lehre und Praxis und worin weichen sie voneinander ab? Um der Übersichtlichkeit und Vergleichbarkeit willen orientiere ich mich dabei an den theologischen Disziplinen der systematischen Theologie. Ein Abgleich mit anderer christlicher Lehre und Praxis kann aufgrund der Fülle möglicher Vergleichspunkte – traditionell, modern, postmodern, evangelisch, katholisch, orthodox usw. – an dieser Stelle nicht stattfinden oder höchstens am Rande hin und wieder angedeutet werden, wird aber dadurch für die*den Leser*in ermöglicht.

Danach widme ich mich in einem vierten Teil dem „Integral Christian Network" von Paul Smith und Luke Healy als einer gegenwärtigen Ausformung einer christlich integralen Gemeinschaft.

Abschließend kehre ich zu der Ausgangsfrage zurück, ob die Rezeption integraler Theorie(n) zu so etwas wie einem einheitlichen integralen Christentum führt, das sich durch bestimmte Merkmale auszeichnet und eingrenzen lässt, und welche Stärken und Schwächen der Rezeption sich dabei ausmachen lassen. Darauf folgt eine Prognose über deren mögliche Weiterentwicklung.

1. Ein Überblick über die Integrale Theorie(n)

Geschichte der integralen Bewegung

Wie bereits erwähnt beziehen die aktuellen integralen Theorien ihre Inhalte wesentlich aus der Zusammenschau zahlreicher Erkenntnisse verschiedener Disziplinen. Der beschriebene Versuch, die Erkenntnisse aus verschiedenen Wissensgebieten zu einem ganzheitlichen Denken zusammenzufügen, ist selbstverständlich nicht neu, sondern hat zahlreiche Vorläufer in der Geistesgeschichte. Die wichtigsten dieser Vorläufer möchte ich an dieser Stelle kurz erwähnen. Ich orientiere mich dabei an Steve McIntosh Abriss über die Geschichte der integralen Bewegung sowie an den von Wilber am stärksten rezipierten Quellen.

Als Vorläufer integralen Denkens sind zunächst die antiken griechischen Philosophen zu nennen. Durch ihre Verwendung der Vernunft bereiteten sie die Moderne vor, indem sie die Sphären der Religion und der Philosophie, aus der später die Wissenschaft hervorging, voneinander schieden.[19] Grundlegende Gedanken von Aristoteles, vor allem aber Platon, spielen bis heute eine Rolle bei dem Versuch, die Wirklichkeit zu beschreiben. Wilber bezieht sich in seinem großen Werk „Kosmos, Eros, Logos" ausführlich auf das Weltbild von Platon und dessen Fortführung bei Plotin.

Die Gedanken von Plotin wurden schließlich wieder von den Idealisten aufgegriffen. Wilber nennt die Idealisten die „wahre Erben von Plotin"[20].

Steve McIntosh nennt Georg Wilhelm Friedrich Hegel „den vielleicht ersten integralen Philosophen".[21] In seinem Hauptwerk „Die Phänomenologie des Geistes" habe er die Grundlage für ein evolutionäres Verständnis des Universums gelegt. Hegels These war es, dass sich das menschliche Bewusstsein im Lauf der Geschichte in einem dialektischen Prozess von einer Stufe zur nächsten weiterent-

---

19. Vgl. McIntosh, 2007, 158.
20. Ebd., 533.
21. McIntosh, 2007, 159.

wickelt.²² McIntosh nennt Hegel deshalb den „Vater der integralen Philosophie." Schelling erwähnt er dagegen mit keinem Wort, während Wilber sich ausführlich mit dessen transzendentaler Philosophie auseinandersetzt, die er sogar für einflussreicher als die Hegels hält.²³

Das Aufkommen materialistischer und atheistischer Strömungen Mitte des 19. Jahrhunderts führte bei vielen dazu, den Idealismus abzulehnen. Durch die Evolutionstheorie von Charles Darwin, die dieser in seinem 1858 erschienen Werk „The Origin of Species" darlegte, schien es möglich, Evolution rein naturalistisch zu erklären.²⁴

An dieser Stelle ein kurzer Einschub zum Begriff der „Evolution." Wie seine lateinische Wortwurzel offenbart, („evolvere – herausrollen, auswickeln, entwickeln") stand dabei ursprünglich das Bild einer Schriftrolle, die aufgerollt wird, im Hintergrund. Er wurde im 18. Jahrhundert aus dem französischen Sprachraum übernommen und als Gegenbegriff zur „Revolution", einer schnellen politisch-kulturellen Umwälzung, im Sinne einer natürlichen und schrittweise voranschreitenden Veränderung bzw. Entwicklung verwendet²⁵. „*Evolvere* hatte darüber hinaus auch die Bedeutung von *hinaustreiben* und *verdrängen*, beides Bedeutungen, die sich in der späteren Evolutionstheorie, namentlich im Vorgang der *Selektion* wiederfinden."²⁶

Je nachdem, in welchem Fachgebiet der Begriff „Evolution" Anwendung findet, kommt ihm unterschiedliche Bedeutung zu. Der Philosoph Volker Gerhardt beginnt dementsprechend eine Tagung, auf der sich 2010 Experten verschiedener Fachbereiche über den Begriff der „Evolution" austauschten, mit der These

„[...]dass der Begriff der Evolution, auch wenn er vor der Entstehung der Biologie als wissenschaftlicher Disziplin in Umlauf

---

22. Vgl. ebd., 160.
23. Wilber, 2000, 512.
24. Vgl. ebd., 163.
25. Vgl. Kocka, 12.
26. Vgl. Gerhardt, 2010a, 60, Fußnote 3.

gekommen ist, von Anfang an auf ein elementares Phänomen des Lebens bezogen war. Es ging in allen Fällen um die Entwicklung, die wir aus den Vorgängen der Zeugung, des Wachsens und des Reifens kennen und die von dort aus auf verwandte Prozesse in Politik und Kultur übertragen worden sind. So konnte der Begriff noch im 18. Jahrhundert zu einem tragenden Terminus der Beschreibung historischer Prozesse werden. Der offenkundige Ausgangspunkt in der Beschreibung des Lebens könnte ein Hinweis auf Gemeinsamkeiten sein, die trotz unterschiedlicher disziplinärer Verwendungsweisen vielleicht doch einen einheitlichen Sinn des Begriffes freilegen."[27]

Tatsächlich, so erinnert uns Steve McIntosh, verwendete beispielsweise der englische Philosoph und Theoretiker des viktorianischen Zeitalters Herbert Spencer Mitte des 19. Jahrhunderts den Begriff der „Evolution" noch vor Darwin und meinte damit zunächst die soziokulturelle Evolution der menschlichen Gesellschaft, und erst später die biologische.

Im Zuge des 20. Jahrhunderts und seiner Kriege sei die Idee einer kulturellen Evolution allerdings vorübergehend in Verruf geraten, so dass das Verständnis des Begriffes Evolution auf den Bereich der Biologie verengt und die Idee, Kulturen in eine hierarchische Abfolge zu stellen, strikt abgelehnt wurde. Doch bereits in den 1960er Jahren sei es zu einer Wiederbelebung der Idee innerhalb der Humanwissenschaften gekommen, da zunehmend Anthropologen und Soziologen zu der Schlussfolgerung kamen, dass die kulturelle Entwicklung erstaunliche Parallelen zur biologischen Evolution aufweise. Durch die Urknalltheorie wurde die Vorstellung von Evolution schließlich auf den Kosmos ausgedehnt.[28]

Hier zeigt sich, dass der Begriff „Evolution" als Paradigma fungiert, das alle Bereiche zu umfassen versucht: Astronomie, Biologie, Soziologie. Ob der Begriff „Evolution" dabei zu sinnvollen Analo-

---

27. 2010b, 9.
28. Vgl. McIntosh, 2012a, 34ff.

gien zwischen den verschiedenen Fachgebieten führt oder in die Trivialität abgleitet nach dem Motto „Alles entwickelt sich weiter", bleibt unter den Fachleuten umstritten. Denn es stellt sich die Frage, ob Phänomene, die mit dem Begriff in einer Disziplin, wie bspw. der Biologie, verbunden werden, ebenso fächerübergreifend Geltung beanspruchen können, d.h. ob es in der Astronomie ebenso eine Form der natürlichen Auslese gibt. Eine weitere diskutierte Frage ist, ob diese Entwicklung eine gemeinsame Quelle und Richtung hat.

Tatsächlich stellt der Physiker Günther Hasinger die These auf, „dass unsere Existenz auf einer riesigen Reihe von sehr unwahrscheinlichen Zufällen aufgebaut ist, die man möglicherweise auch im Kontext einer Selektion und eines „survival of the fittest" betrachten kann."[29]

Der Kosmologe Brian Swimme spricht sich mit seiner Idee einer übergreifenden Schöpfungsgeschichte ebenfalls für eine interdisziplinäre Analogiebildung aus, wenn er schreibt:

> *„Die Geschichte der Schöpfung, wie sie sich in der Wissenschaft entfaltet, stellt den fundamentalen Kontext, den grundlegenden Schauplatz für alle Sinnfragen für alle Menschen auf der Erde. Zum ersten Mal in der Geschichte können wir in wesentlichen Dingen darin übereinstimmen, was wir über Galaxien, Sterne, Planeten, Mineralien, Lebensformen und die Kulturen der Menschheit zu erzählen haben."*[30]

Steve McIntosh schlägt vor, das Phänomen der „Emergenz", im Sinne der Produktion von qualitativen Neuheiten, als ein fächerübergreifendes, einendes Merkmal der Evolution anzusehen.[31]

„Evolution" wird nicht generell – wie es im sog. „Neodarwinismus" der Fall ist – als ein sinnloses oder zufälliges, blind verlaufendes Geschehen angesehen. Charles Darwin selbst glaubte zwar persön-

---

29. Hasinger, 83.
30. Swimme, 2007, 33.
31. Vgl. McIntosh, 2012a, 38.

lich immer weniger an einen Gott, der von außen in den Lauf der Geschichte eingreife, führte die Naturgesetze aber immer noch auf einen Schöpfer zurück[32]. Bruce Sanguin weist darauf hin, dass Darwin in seinem Buch „The Descent of Man" das Wort „Liebe" viel öfter erwähne als „survival oft the fittest" und sie, bezogen auf den Menschen, als einen viel wichtigeren Faktor ansah als die natürliche Selektion.[33]

Auch Alfred Wallace, der Mitbegründer der modernen Evolutionslehre, und in regem Austausch mit Charles Darwin stehend, nahm an, dass an der Evolution mehr beteiligt sein müsse als die natürliche Selektion, was bereits aus dem Titel seines Spätwerkes „The World of Life; A Manifestation of Creative Power, Directive Mind and Ultimate Purpose" aus dem Jahre 1910 hervorgeht.

Beide zusammen neigten zu der Annahme, dass beim Menschen die biologische Evolution durch die kulturelle weitergeführt bzw. ausgetauscht wird, was folgendes Zitat Darwins belegt:

„Mr. Wallace argumentiert in einem bewundernswerten Aufsatz [...], dass der Mensch, nachdem er teilweise jene intellektuellen und moralischen Fähigkeiten erworben hat, die ihn von den niederen Tieren unterscheiden, nur in geringem Maße in der Lage sei, seine körperliche Struktur durch natürliche Auslese oder andere Mittel zu verändern. Denn der Mensch ist durch seine geistigen Fähigkeiten in der Lage, ‚mit einem unveränderten Körper in Harmonie mit dem sich verändernden Universum zu bleiben'. Er hat die große Fähigkeit, seine Gewohnheiten an neue Lebensbedingungen anzupassen. Er erfindet Waffen, Werkzeuge und verschiedene Strategien, mit denen er sich Nahrung beschafft und sich verteidigt."[34]

Daran knüpfen die evolutionäre Spiritualität und integrale Theo-

---

32. Vgl. Brooke, 2013.
33. Vgl. Sanguin, 2015, 2.
34. Darwin, 158f.

logie an: „Wir sind als Menschen inzwischen so weit entwickelt, dass wir Co-Kreatoren geworden sind. Die schöpferischen Kräfte sind in uns hineingegossen. Wir sind in die Schöpferkraft mit hineingenommen, eingegliedert in den fundamentalen Bezugsrahmen des Universums."[35]

Während einige also aus der Evolutionslehre den traurigen Schluss ziehen: „Wir sind nichts weiter als Nachfolgen der Affen", sehen andere gerade darin Grund für Hoffnung auf eine Weiterentwicklung der Spezies „Mensch" und sprechen von dem Kommen eines „superman (Übermenschen)".[36] Zusammengebracht von der Stiftung „The Source of Synergy Foundation" rufen seit 2008 zahlreiche Visionäre und Führungskräfte verschiedenster Disziplinen unter der Bezeichnung „Evolutionäre Führungskräfte" zu einer „bewussten Evolution" auf.[37]

Wichtige integrale Denker an der Schwelle zwischen dem 19. und 20. Jahrhundert sind Henri Bergson, Whitehead und Pierre Teilhard de Chardin.

In seinem Hauptwerk „Creative Evolution" von 1907 schlug der französische Philosoph Henri Bergson (1859-1941) erstmals eine spirituelle Interpretation der Evolutionstheorie vor. Er grenzt sich damit von einem mechanistischen Verständnis der Evolution ab und sieht diese vielmehr als einen schöpferischen Prozess eines sogenannten „élan vital".[38]

Von ihm beeinflusst wurde der britische Philosoph und Mathematiker Alfred North Whitehead (1861-1947), der Begründer der Prozessphilosophie. Sein Anliegen war es, Wissenschaft und Religion wieder miteinander zu verbinden. Dazu bediente er sich der Methode des radikalen bzw. breiten Empirismus des Philosophen und Psychologen William James, welcher zufolge spirituelle Erfahrungen ebenso wie andere wissenschaftliche Daten gesammelt und ausgewertet wer-

---

35. Jäger, 7.
36. Sanguin, 2015, 85.
37. Vgl. Evolutionary Leaders, 2023.
38. Vgl. Bergson, 2013.

den könnten – eine These, die später auch für Wilbers Theorie zur Erkenntnisgewinnung bestimmend wird. Ein Gedanke von ihm, der ebenfalls immer wieder aufgegriffen wird, ist der Gottes als eines Attraktors, der in der Welt durch „sanfte Überredung zur Liebe".[39]

Pierre Teilhard de Chardin (1881-1955), Paläontologe und jesuitischer Priester, ging, ebenfalls von Bergson inspiriert, in eine ähnliche gedankliche Richtung wie Whitehead. Die Evolutionstheorie und die christliche Heilsgeschichte verbindet er durch seine Idee des „Omega-Punkts". Schöpfung ist für ihn ein immer noch fortdauernder Prozess, der auf ein Ziel hinstrebt – mit dieser teleologischen Weltanschauung, die der Evolution eine Richtung attestiert, gehörte er allerdings schon zu Lebzeiten einer Minderheit der Forscher an.[40] In seinem bedeutendsten Werk, „Der Mensch im Kosmos" vertritt er die These, dass der Mensch „nicht, wie er so lange geglaubt hat, fester Weltmittelpunkt, sondern Achse und Spitze der Entwicklung" sei.[41] In die zeitgenössischen integralen Theorien eingeflossen sind vor allem seine Unterscheidung dreier Sphären evolutionärer Entwicklung: Einmal im Bereich der Kosmologie, der Physiosphäre, einmal im Bereich der Lebewesen, der Biosphäre und zuletzt im Bereich des menschlichen Denkens oder Geistes, der Noosphäre, und damit verbunden die Annahme einer kulturellen Evolution des Menschen. Damit in engem Zusammenhang steht sein Bemühen, dem Geist, der Innenseite der Dinge, ebenso gerecht zu werden wie der Außenseite, der Materie.[42] Er setzt dabei voraus, dass das Universum von Anbeginn an diese zweiseitige Struktur von Innen und Außen aufweise, die sich lediglich durch den zunehmenden Grad an Komplexität voneinander unterscheide, es also schon immer eine irgendwie geartete Form von Innerlichkeit bzw. Bewusstsein gab, eine These, die ebenfalls von Whitehead vertreten wurde.[43] Von ihm stammt die Rede

---

39. Aufgenommen bspw. von Wilber 2000, 85 und McIntosh 2012a, 96; McIntosh 2007, 171.
40. de Chardin, 1944, 140f.
41. Ebd., 23.
42. Vgl. ebd., 22.

von einem „kosmische[n] Gesetz von Komplexität und Bewusstsein", das besagt, dass die Zunahme an Komplexität der Organismen „mit einer entsprechenden Zunahme von Verinnerlichung, das heißt von Psyche oder Bewußtsein [!] verbunden"[44] sei. Die Evolution beschreibt er dementsprechend als einen Aufstieg zu immer mehr Bewusstsein, das schließlich durch einen Sprung in der Entwicklung in einem reflexiven bzw. einem Ich-Bewusstsein des Menschen gipfelt.[45] Aus den Beobachtungen bisheriger Gesetzmäßigkeiten der Naturelemente schlussfolgert er, dass einzelne Persönlichkeiten, Zentren von Ich-Bewusstsein, sich irgendwann durch Anziehung und universale Liebe zu einem kollektiven, überindividuellem Bewusstsein, dem Omega-Punkt, vereinen werden. Durch diese Mega-Synthese finde der Geist der Erde zu sich selbst zurück.[46] Hier klingt bereits ein weiterer Aspekt an, der für die Entwicklung späterer integraler Theorien entscheidend ist: Die Kenntnisnahme einer kollektiven, geistigen Wirklichkeit oder, mit anderen Worten, des Phänomens der Inter-Subjektivität.

Als wichtige integrale Denker des 20. Jahrhunderts gelten Jean Gebser und Aurobindo.

Sri Aurobindo gilt als einer der bedeutendsten indischen Philosophen und Weisen des 20. Jahrhunderts, der zwischen westlichem und östlichem Denken vermittelte.

Er wurde 1872 in Calcutta als Sohn eines Arztes geboren und als Kind zur Ausbildung nach England geschickt. Mit einundzwanzig kehrte er nach Indien zurück, wurde Professor und Anführer der nationalen Befreiungsbewegung. Im Gefängnis hatte er das erste Mal eine Begegnung mit dem Göttlichen. Nach einer zweiten drohenden Verhaftung beendete er seine politische Tätigkeit und wandte sich einem spirituellen Leben zu. Er praktizierte intensiv Yoga, brachte eine philosophische Zeitschrift heraus und verfasste zahlreiche

---

43. Vgl. ebd., 45 u. 50.
44. Ebd., 311f.
45. Vgl. ebd., 166; 266.
46. Vgl. ebd., 245-98.

Bücher. Er gründete einen Ashram, der unter der Leitung der Französin Mirra Alfassa, auch die „Mutter" genannt, zu einer riesigen Gemeinschaft mit über tausend Mitgliedern heranwuchs. Er verstarb 1950 während der meditativen Versenkung.[47]

Sein Werk weist Parallelen mit Teilhard de Chardin auf, insofern auch bei ihm die Evolution "zur Offenbarung der göttlichen Wirklichkeit" führt.[48] Zu Aurobindos wichtigsten Werken zählen das Epos „Savitri" und die Schriften „Die Synthese des Yoga" und „Das Göttliche Leben". In diesen bedient er sich hauptsächlich hinduistischer Schriften und Tradition wie der Upanishaden, der Veden und der Bhagavadgita, lässt aber auch buddhistisches und christliches Gedankengut einfließen. Er beschreibt Evolution als eine fortschreitende Involution aufsteigender Substanz: Unbewusste Materie, Leben, „Mind", „Overmind", „Supermind", das Göttliche/Saccidananda.[49] Brahman ist das Absolute oder „die allgegenwärtige Wirklichkeit", in dem alle Gegensätze aufgehoben sind.[50] Es manifestiert sich als Dreiheit, Sein, Wissen (Bewusstsein) und Seligkeit – enthalten in dem Gottesnamen „Saccidananda", den Aurobindo häufig verwendet.[51] Zu den wichtigen Elementen, die Eingang in die integrale Theorie gefunden habe, gehören die Idee, dass Bewusstsein allen Formen innewohnt[52], eine Synthese von Transzendenz und Immanenz[53], die Dreiheit als grundlegende Struktur[54], die Idee einer hierarchisch, stufenförmig verlaufenden Evolution als Involution[55], das Bewusstseinswachstum des Menschen vom Mentalen zum Übermentalen und schließlich dem Supermind[56] und der damit verbundene Gedan-

---

47. Vgl. Rager, 182-196.
48. Ebd., 5.
49. Vgl. Consiglio, 33f., Rager, 129.
50. Rager, 55 u. 85.
51. Vgl. u.a. Aurobindo, 2002, 85 u. 52.
52. Vgl. ebd. 64.
53. Vgl. ebd., 79.
54. Vgl. ebd., 80.
55. Vgl. ebd., 129.

ke der Transformation durch das Praktizieren von Meditation.[57] Das Ziel des Menschenlebens sieht er in dem Erlangen des „kosmischen Bewusstseins" durch fortschreitende Selbsterkenntnis.[58] In diesem wird erkannt, dass sowohl das Seiende als auch das Nicht-Seiende oder Unendliche, Nichterkennbare, aus dem ersteres entspringt und wohin es zurückkehrt, gleichzeitig existieren.[59] Der scheinbare Gegensatz zwischen Geist und Materie löse sich auf.[60] Er begreift die Welt als untrennbare Einheit, die aller Dualität und Vielheit vorausgeht und zugrunde liegt.[61] Damit vertritt er die Idee des Advaita aus dem indischen Vedanta, was Nicht-Zweiheit bedeutet.[62] Die Welt, Maya, sah er nicht als eine Illusion, sondern als ein göttliches Spiel, „Lila" genannt: Alles sei das Spiel des Einen, „die eine und selbe Seins-Seligkeit".[63]

Dem Philosophen Jean Gebser (1905-1973) wurde, so erzählt er, im Winter 1932/33 in einer blitzartigen Eingebung das Konzept von der Herausbildung eines neuen Bewusstseins bewusst, das dem Entwurf von Aurobindo ähnelte, ohne dass er von diesem damals gewusst habe.[64] Auch er verwendete den Begriff „integral" dazu, eine neu entstehende Bewusstseinsstruktur (später „Frequenz") zu bezeichnen. Er vergleicht seinen Ansatz mit dem Teilhard de Chardins und Sri Aurobindos: In einem Fall sei die Ausgangsbasis „eine reformiert hinduistische, die das westliche Denken integrierte; die Teilhard de Chardins ist katholisch, während die [meines] Werkes allgemeinabendländischer Art ist."[65]

---

56. Vgl. ebd., 111.
57. Vgl. ebd., 243.
58. Vgl. ebd., 34f.
59. Vgl. ebd., 41f.
60. Vgl. ebd., 30.
61. Vgl. ebd., 46.
62. Vgl. Rager, 47, 251.
63. Aurobindo, 2002, 132.
64. Vgl. Gebser, 1999b, 116.
65. Gebser, 1986a, 19.

In seinem Hauptwerk „Ursprung und Gegenwart" lässt er die integrale Bewusstseinsstruktur auf die archaische, magische, mythische und mental-rationale folgen. Er sieht unsere Epoche als Übergangsepoche, ähnlich der Zeit um 600 v. Chr., als die Menschheit begann, vom bildhaften zum begrifflichen Denken überzugehen. „Heute ist das damals neue mental-rationale Bewusstsein – in Europa wenigstens und in Europas Nachfolgekulturen – das wirklichkeits-bestimmende Bewusstsein geworden, es hat sich in 2500 Jahren konsolidiert, es ist etabliert und stellt nun eine Möglichkeit dar, über die Menschen verfügen können (nicht notwendigerweise verfügen). Heute geht es um einen neuen Wandlungsprozess: Das mentale Bewusstsein wird durchbrochen und ergänzt von dem, was Gebser das integrale, aperspektivische oder akategoriale Bewusstsein nennt."[66]

Anhand von den Erkenntnissen der neuen Physik und eigenen Beobachtungen versucht er, die Merkmale dieses neuen Bewusstseins zu beschreiben, die er in der Überwindung des dualistischen Denkens, der Überwindung der Ichhaftigkeit in die Ichfreiheit und einer neuen Auffassung von Zeit als ein Gleichzeitig von Vergangenheit, Gegenwart und Zukunft sieht. Der „unsichtbare Ursprung", der allem zugrunde liegt, wird zur Chiffre für das Göttliche. Seine Beschreibungen versteht er nicht als eine Theorie, sondern als „die Ablesung konkreter Tatsachen, Phänomene und Zusammenhänge."[67]

Das integrale Bewusstsein werde „nicht mehr antireligiös sein", das „arationale werde [...] ein neues, gestärktes Verhältnis zur Religion gewinnen." Die neue Religiosität werde weniger gefühlsbetont, sondern eine einsichtige Religiosität sein, „der jene großen Inhalte transparenter Art des Evangeliums wahrnehmbar werden wird", der „Glaubens-Charakter der Religion" werde sich „in den Evidenz-Charakter [...] verwandeln, was dann nicht mehr nur Religion, also bloß Rück-Bindung, sondern Präligion, also immer gegenwärtige, evidente und bewußte Bindung zum gottheitlich Ganzen, sein könnte".[68]

---

66. Vgl. Jean Gebser Gesellschaft, 2019.
67. Vgl. Gebser, 1999a, 220.
68. Gebser 1999a, 215.

Es gibt eine große Zahl an Theolog*innen, die sich in ihren Werken auf Vorgänger der integralen Theorie beziehen, wie Teilhard de Chardin, Aurobindo oder Whitehead, auf die ich in diesem Buch jedoch nicht näher eingehen werde. Dazu zählen beispielsweise Prozesstheologen wie David Ray Griffin, Philip Clayton, John B. Cobb rund um das interdisziplinäre „Center for Process Studies" in Claremont,[69] der sich auf Whiteheads Philosophie beruft, die franziskanische Theologin Ilia Delio, die im direkten Anschluss an Teilhard de Chardin ein „Omega-Zentrum" gegründet hat[70] oder die amerikanische Philosophin, Katholikin und Autorin Dr. Beatrice Bruteau, die u.a. ein Netzwerk für Kontemplative sowie das Forschungsinstitut für Teilhard de Chardin an der Fordham Universität gründete.[71] Dadurch ergibt sich jedoch eine naturgemäße große inhaltliche Schnittmenge dieser Denker mit denen, die ich weiter unten vorstellen werde.

---

69. Center for Process Studies, 2019.
70. Omega Center, 2019.
71. Vgl. Bourgeault, 2014.

Ken Wilber

Kenneth Earl Wilber kam am 31. Januar 1949 in Oklahoma City, der Hauptstadt von Oklahoma, auf die Welt. Bereits während seiner Schulzeit fiel auf, dass er nicht nur begabt war, sondern sich überdies in seiner Freizeit ausgiebig intellektuellen Studien widmete. 1967 schrieb er sich auf Wunsch seiner Eltern zu einem Medizinstudium ein, wechselte jedoch nach einem Jahr auf die staatliche Universität in Nebraska, wo er einen Bachelor in Chemie und Biologie abschloss und ein Stipendium für ein weiterführendes Studium erhielt. Dieses führte er jedoch nie zu Ende, da er sich stattdessen ganz auf seine Privatstudien konzentrierte. 1973 schrieb er sein erstes Buch, „The Spectrum of Consciousness", dass schließlich 1977 nach langer Vorbereitung und Verlagssuche von dem theosophischen Verlag Quest Books veröffentlicht wurde. Sein Buch wurde ein Erfolg und von anderen Autoren*innen auf dem Gebiet der transpersonalen Psychologie hoch gelobt. John White nannte ihn beispielsweise den „Einstein der Bewußtseinsforschung", Rezensionen verglichen ihn mit großen Philosophen. Damit wurde er schlagartig zu einem bekannten Denker. Ein Jahr lang hielt er Lesungen und Workshops, bis er erkannte, dass diese Aktivitäten ihn daran hinderten, weiter als Autor schöpferisch zu sein. Als Reaktion darauf entschied er sich für einen sehr zurückgezogenen Lebensstil, um sich ganz auf das Schreiben zu konzentrieren, was er bis heute im Wesentlichen beibehalten hat.[72]

Bis heute hat Wilber bereits über 20 Bücher veröffentlicht, die bereits in mindestens ebenso viele Sprachen übersetzt wurden. Damit zählt er zu den am häufigsten übersetzten amerikanischen Autoren.

Sein Verlag hat bereits zu seinen Lebzeiten begonnen, seine gesammelten Werke herauszubringen.

Die Absicht, die allen seinen Werken zugrunde liegt, ist die Legitimierung der spirituellen Praxis. Dazu äußert er in einem bisher unveröffentlichten Manuskript mit dem Titel „The Great Chain of

---

72. Vgl. Visser, 2002, 23-32.

Being":

> *„die Essenz meiner Arbeit ist, daß Gott oder Absoluter Geist existiert, seine Existenz bewiesen werden kann und es eine Leiter gibt, die bis zur Spitze reicht. Eine Leiter, die zu erklimmen man erlernen kann, eine Leiter, die dich von der Zeit in die Ewigkeit und vom Tod zur Unsterblichkeit führt. Alle Philosophien und Psychologien vereinen sich um diese Leiter zu einer bemerkenswerten Synthese."*[73]

Obwohl Wilber an zahlreichen Stellen betont, dass es sich bei dem integralen Ansatz lediglich um die Landkarte und nicht das Gelände handelt, liegt eine Schwierigkeit darin, dass Wilber nicht nur als Philosoph, sondern gleichzeitig als Vertreter und Lehrer einer bestimmten spirituellen Richtung auftritt. Dadurch kommt es leicht zu einer Verwechslung und Vermischung von Gefäß und Inhalt. So formulierte Frank Visser, der erste Autor einer Monografie über Wilbers Werk, zunächst anerkennend: „Hinter Wilber dem Denker steht immer Wilber der Mystiker, der das von ihm Beschriebene stets im eigenen Bewußtsein erfahren hat."[74] Doch erkennt er bereits, dass dies Vor- und Nachteile mit sich bringt. 1997 gründete er eine Homepage, die heute dem kritischen und unabhängigen Austausch über Wilbers Thesen dienen soll: www.integralworld.net. Er selbst hat sich vom Fan mittlerweile zu einem der bekanntesten und harschesten Kritiker gewandelt.

Auch Steve McIntosh sieht diese Vermischung von Philosophie und Religion als mögliche Ursache dafür, dass Wilber von der akademischen Welt in großen Teilen ignoriert würde.[75] Obwohl er sich nicht als „Guru" verstehe, mache er

> *„autoritative Verlautbarungen über die Natur der geistigen Realität, er verkündet sein persönliches Glaubenssystem, als ob es eine empirische Tatsache wäre, und er ist ein begeisterter Verfechter sei-*

---

73. Zitiert nach Visser, 2002, 46.
74. Ebd., 37.

> ner Vedanta/Vajrayana-Religion. [...] Für diejenigen von uns, die keine Hindus oder Buddhisten sind, spricht Wilbers Spiritualität jedoch nicht immer zu unserer Erfahrung des Geistes."[76]

Diese Vermischung wird dadurch vertieft, dass Wilbers Stil ununterbrochen schwankt, von sachlich-nüchtern zu salopp zu poetisch zu humoristisch. Eben noch sinnen wir mit ihm über ein theoretisches Problem nach, schon nimmt er uns fast unmerklich auf die Reise in einen spirituellen Zustand: „Versuchen Sie wenn Sie dieses Buch lesen, daran zu denken: An das große Ereignis, als Sie ausatmeten und diesen ganzen Kosmos schufen, [...] lassen Sie den ganzen Kosmos in Ihr Wesen einströmen, weil Sie sein Urgrund sind."[77] Da er seine Theorie aus der praktischen Erfahrung heraus entwickelt, können ihm nur diejenigen folgen, die bestimmte Bewusstseinszustände aus eigener Erfahrung kennen und diese in seinen Beschreibungen ausgedrückt finden.

Noch komplizierter macht die Sache, dass Wilber zunehmend auch als Lehrer der christlichen Tradition auftritt und damit bereits selbst das „integrale Christentum" mitgestaltet.

Von vielen wird übersdies alles, was mit Mystik und Meditation zu tun hat, mit unseriöser „Esoterik" assoziiert oder gar mit dieser gleichgesetzt. Dabei handelt es sich jedoch um ein vereinfachendes Schubladendenken, das weder der Komplexität von Wilbers Werk noch der geistigen Tiefe zahlreicher esoterischen Schriften gerecht wird. Tatsächlich ist Wilber ein fundierter Kritiker von zahlreichen

---

75. Eine Ausnahme bildet hier Sean Esbjörn-Hargens. Er rief an der John F. Kennedy University in Kalifornien einen Master-Abschluss in „Integral Theory" ins Leben, gründete einen „Integral Research Center", gab das akademische, peer-reviewte „Journal of Integral Theory and Practice (JITP)" heraus, startete eine internationale Konferenzreihe, die „Integral Theory Conference", sowie eine Buchreihe bei SUNY Press und stieß durch seine Veröffentlichungen eine breite Diskussion an. Vgl. Esbjörn-Hargens, 2006a, 2006b und 2010, 3-6; Hedlund-de Witt, Nicholas, 2010.
76. Ebd.
77. Wilber, 1999a, 100.

Büchern des „New Age"[78]. Zugleich macht seine geistige Weite gerade aus, dass er auch die postmoderne Spiritualität nicht ausklammert, sondern sich explizit mit dieser auseinandersetzt.

Eine weitere Schwierigkeit, die auf jeden zukommt, der sich mit Wilbers Werk und seinen Grundaussagen beschäftigen will und mancher vorgebrachter Kritik zu widersprechen scheint, liegt darin, dass Wilber selbst sein Werk ständig gewissenhaft einer Überprüfung auf Stichhaltigkeit unterzogen hat – manchmal aus eigenem Antrieb, wie es bei der völligen Abkehr von seinem Frühwerk geschah, manchmal aber scheinbar auch als Reaktion auf Kritiken, wie zum Beispiel die beobachtbare Hinwendung zum Gedankengut der Postmoderne in seinen Spätwerken zeigt. Daher ist sein Werk mittlerweile nicht nur von beträchtlichem Umfang, sondern auch unübersichtlich. Wer also Aussagen von Wilber aus seinen früheren Werken begegnet, kann nicht sicher sein, ob Wilber dasselbe nicht heute völlig gegensätzlich ausdrücken würde. Ich werde deshalb im Folgenden bemüht sein, wichtige Aspekte dieser Entwicklung nachzuvollziehen. Dies ist auch insofern unerlässlich, als dass sich die Rezipienten Wilbers auf verschiedene Phasen in seinem Werk beziehen und daraus teilweise zu Schlussfolgerungen kommen, die nicht mehr ohne weiteres mit dem „aktuellen" Gedankengut Wilbers vereinbar sind.

Die Entwicklung seines Werks

In „The Eye of the Spirit (dt. Das Wahre, Gute, Schöne)" blickt Ken Wilber das erste Mal auf seine intellektuelle Entwicklung zurück und teilt sein Werk in vier Phasen ein – nicht ohne Selbstironie: „Ich bezeichne dabei die Hauptphasen meines Werks als Wilber I, Wilber II, Wilber III und Wilber IV, womit ich meinen Ergüssen recht selbsteingenommen die Aura der Bedeutsamkeit verleihe."[79]. Er sah sich wohl dazu gezwungen, da sich einige Kritiker auf Aussagen von ihm bezogen, die er selbst in der Zwischenzeit korrigiert oder ver-

---

78. Siehe dazu „Die Ebenen".
79. Wilber, 1999b, 24.

feinert hatte.

In den Vorworten zu seinen gesammelten Werken selbst zeichnet sich bereits eine fünfte Phase in seinem Werk ab.[80]

Dabei spricht er selbst von einem Paradigmen-Wechsel zwischen seinen ersten zwei Werken zu den später folgenden: „der wichtigste Wendepunkt in meiner eigenen intellektuellen Entwicklung war der Übergang von Phase 1 zu Phase 2 – von der romantischen zur evolutionären."[81]

1. Phase (1977-1979)

In seiner ersten Schaffensphase, die er „romantisch" nennt, sah er wie viele Philosophen der Romantik und jungianische Psychologen spirituelles Wachstum als eine Rückkehr zu einem ursprünglichen, vermeintlich paradiesischen Zustand in der Kindheit oder Frühzeit der Menschheit, der im Laufe des Aufwachsens oder der Geschichte verloren gegangen sei. Zu den Werken dieser Phase zählen „The Spectrum of Consciousness (dt. Das Spektrum des Bewusstseins) (1977)" und „No Boundary: Eastern and Western Approaches to Personal Growth (dt. Wege zum Selbst) (1979)".

Dies seien die einzigen zwei Bücher, die er heute keinem mehr zur Lektüre empfehle. Dennoch entnähme er diesen die wichtige Erkenntnis, dass ganz wie er viele zunächst den GEIST[82] als etwas dächten, das wir einst besessen hätten und für das wir uns wieder zu einem Kind zurück entwickeln müssten, um es wieder zu erhalten und nicht als etwas, das wir jetzt in der zeitlosen Ewigkeit bereits besitzen, uns aber verweigern, es zu sehen.[83]

In dem autobiografischen Artikel „Odyssey" beschreibt er, wie es zu dieser Wende kam:

---

80. Vgl. Habecker, 2007, 213.
81. Wilber, 1999b, 1.
82. Anm.: „GEIST" großgeschrieben meint bei Wilber immer den göttlichen „spirit" im Gegensatz zu „mind", dem denkenden „Geist" oder Verstand.
83. Vgl. Wilber, 1999b, 2.

> „Je mehr ich darüber nachdachte [...], desto mehr hatte ich den Eindruck, mir sei ein entscheidender Fehler unterlaufen. Ich las meine Aufzeichnungen immer und immer wieder und suchte zu erkennen, was mich so nachhaltig beunruhigte."[84]

Den „Fehler, den er meinte zu finden, bestand darin, dass es in diesem Modell keinen Raum für das „Präpersonale" gab. Seinen ersten Büchern ist gemeinsam, dass sie zwei gegenläufige Bewegungen beschreiben: Die sogenannte „Evolution" und „Involution." Zuerst verenge sich das Bewusstsein des Menschen zunehmend auf sein Ego, um sich anschließend wieder zu einem Einheitsbewusstsein mit dem Göttlichen auszuweiten. Diese Vorstellung des mystischen Weges als einer schrittweise vollzogenen De-Identifikation durchzieht sein gesamtes Werk. Im Anschluss an andere Psychologen, unter anderem Carl Gustav Jung, nahm er zunächst an, dass der Prozess der „Evolution" in der ersten Lebenshälfte stattfinde, die „Involution" ab der zweiten. Das Kind befindet sich in dieser Vorstellung nach seiner Geburt in einem paradiesischen Zustand des Einsseins mit Gott, aus dem es im Zuge des Heranwachsens nach und nach herausgerissen wird. Beim Lesen des Entwicklungspsychologen Jean Piaget wurde Wilber jedoch klar, dass sich das Einheitsbewusstsein eines Kindes grundlegend von dem eines Erwachsenen unterscheidet: Das Bewusstsein eines Babys könne nicht eins mit der Welt sein, da es noch gar keine höheren Ebenen kenne, sondern im Gegenteil seine Identität ganz mit der niedrigsten Ebene verschmolzen sei. Die Lösung des Problems bestand für Wilber darin, dass er den Prozess der „Involution" bereits ab der Geburt ansetzte, die „Evolution" aber außerhalb des Erdenlebens ansiedelte. Der Mensch durchläuft demnach in seinem Leben nacheinander die drei Bereiche: Präpersonal, Personal, Transpersonal oder in anderen Worten: Er entwickelt sich vom Baby zu einer reifen Persönlichkeit zum spirituell Suchenden. Damit ändert sich auch Wilbers Bewertung des „Ego": Die Ausreifung eines gesunden Egos sei ein wichtiger Schritt auf dem Weg

---

84. Wilber, 1982, 72f., zitiert nach Visser, 2002, 76.

zum Mystiker. Diese neue Sicht bildet das Fundament seiner späteren Arbeit.[85]

2. Phase (1980-1982)

In einer zweiten Phase ersetzt er die Vorstellung, dass etwas aus der Kindheit oder Frühzeit verloren gegangen sei und wieder zurückgewonnen werden müsse, durch das Modell eines Wachstums in Gott hinein und gelangt so zu einer evolutionären Sichtweise. Seine eigene romantische Phase sieht er nun als klassischen Fall einer Verwechselung von prärationalem und transrationalem Denken, die er in seinen anschließenden Werken immer wieder ausführlich unter dem Stichwort „Prä/Trans-Verwechslung" beschreibt. Werke, die aus dieser Phase, hervorgehen sind „The Atman Project: A Transpersonal View of Human Developement (dt. Das Atman Projekt) (1980)" und „Up from Eden; A Transpersonal View of Human Evolution (dt. Halbzeit der Evolution) (1981)."

Er ersetzt in dieser Phase sein „Spektrum-Modell" durch ein „Leiter-Modell": Schritt für Schritt entwickelt sich der Mensch zu einem Einheitsbewusstsein mit Gott. Seine Originalität erhält sein Modell dadurch, dass es erstmals die Erkenntnisse der Entwicklungspsychologie mit den kontemplativen Stufen, wie sie v.a. von östlichen Mystikern beschrieben wurden, miteinander zu verbinden sucht. Nach den präpersonalen und personalen folgen die transpersonalen Stufen.[86] In anderen Worten: Nach der Entwicklung des Körpers und des Intellekts folgt die Entwicklung auf Seelenebene, dann das Eintauchen in das Einheitsbewusstsein mit dem Absoluten. Wilber-5 wird sich wieder von diesem Modell lösen: Die von den Mystikern beschriebenen Erfahrungen versteht er künftig nicht mehr vorrangig als „Stufen" oder „Ebenen", sondern als besondere Bewusstseinszustände, die theoretisch von jedem Menschen in jeder Entwicklungsphase erlebt werden können, während das Entstehen transpersonaler Stufen der Menschheit noch bevorstehe.

---

85. Vgl. Visser, 2002, 77ff.
86. Vgl. Visser, 2002, 87.

In seinem Buch „Halbzeit der Evolution" vertritt er die sog. Rekapitulationsthese: Jeder Mensch wiederhole in seiner individuellen Entwicklung die gesamtgesellschaftliche Entwicklung der Menschheit. Damit verbunden war seine Annahme einer kulturellen Evolution, die kontrovers diskutiert wurde.[87]

3. Phase (1983-1987)

In einer dritten Phase verfeinert Wilber seine Vorstellung von Entwicklung. Es tauchen erstmals die Begriffe der Entwicklungsebenen oder – wellen und Entwicklungslinien oder – ströme auf: Menschliche Entwicklung findet nicht unabhängig, sondern immer eingebettet in einen Kontext statt. Außerdem entwickelt sich jeder Mensch in verschiedenen Bereichen unterschiedlich weit, so dass verschiedene Entwicklungslinien wie die multiplen Intelligenzen (kognitiv, emotional, sozial, spirituell usw.) parallel zueinander durchlaufen werden. Das Selbst fungiert dabei als eine Art Bindeglied und Navigator.

In „Eye to Eye: The Quest for the New Paradigm (dt. Die drei Augen der Erkenntnis) (1983)" unterscheidet er drei verschiedene Weisen, Wissen zu generieren und entwirft ein neues Paradigma, das sowohl für die Naturwissenschaften, Geisteswissenschaften als auch in der Spiritualität angewendet werden könne.[88]

In „A sociable God: A Brief Introduction to a Transcendental Sociology (dt. Der glaubende Mensch) (1983)" widmet er sich dem Phänomen der Religion aus sozialwissenschaftlicher Sicht. Er kommt dabei zu einer positiven Neubewertung der Säkularisierung, die für ihn eine notwendige Etappe auf dem Weg zu einer echten transrationalen Spiritualität darstellt und ein mythisches, überholtes Verständnis der Religion hinter sich lässt.[89]

Weiter beschäftigt ihn die Frage, ob das Weltbild der Mystik durch die moderne Physik unterstützt werde. In dem daraus hervorgehenden Werk „Quantum Questions: Mystical Writings of the World's

---

87. Ebd. 101.
88. Vgl. ebd., 115-119.
89. Vgl. ebd., 135f.

Great Physicists (1984) kommt er zu der Schlussfolgerung, dass dem nicht so sei. Die moderne Physik sei zwar mit einem solchen Weltbild vereinbar, aber nicht in der Lage, es zu beweisen oder zu widerlegen. Dahingehende Versuche führten lediglich zu einer Reduzierung des Bewusstseins auf Materie und Energie, da dies das einzige sei, dass sich durch die Methoden der Physik untersuchen ließe. Damit distanziert er sich zugleich von früheren eigenen Aussagen auf diesem Gebiet und vielen Strömungen des New Age[90]. In diese Zeit fällt auch seine Mitwirkung bei „Transformation of Consciousness: Conventional and Contemplative Perspectives on Developement (dt. Psychologie der Befreiuung) (1986)" und „Spiritual Choices: The Problem of Recognizing Authentic Paths to Inner Transformation (dt. Meister, Gurus, Menschenfänger) (1987).

In den Jahren zwischen 1987 und 1995 schreibt Wilber nur wenig. In diesen Zeitabschnitt fällt seine Heirat mit Treya, die sich anschließende Krebserkrankung und der Tod seiner Frau, von der das sehr persönliche Buch „Grace and Grit: Spirituality and Healing in the Life of Treya Killam Wilber (dt. Mut und Gnade) (1992)" handelt.

4. Phase (1995-2002)

Die vierte Phase beginnt 1995 mit seinem Buch „Sex, Ecology, Spirituality. The Spirit of Evolution (dt. Eros, Kosmos, Logos. Eine Jahrtausend-Vision)", in dem er das erste Mal ausführlich sein Konzept der Holone und der Quadranten vorstellt. Diese Konzepte bilden auch den Ausgangspunkt seiner folgenden Werke. Bald darauf folgt „A Brief History of Everything (dt. Eine kurze Geschichte des Kosmos) (1996)", eine Zusammenfassung von „Kosmos, Eros, Logos" in der Form eines fiktiven Interviews mit sich selbst. Ein Jahr darauf erscheint „The Eye of Spirit: An Integral Vision for a World Gone Slightly Mad (dt. Das Wahre, Schöne, Gute) (1997)", das eine Sammlung von Essays zu unterschiedlichen Themen enthält, in denen Wilber u.a. auf Kritik durch seine Fachkollegen eingeht.

Mit seinem Buch „The Marriage of Sense and Soul: Integrating

---

90. Vgl. ebd., 129f.

Science and Religion (dt. Naturwissenschaft und Religion) (1998)" wendet er sich gezielt an ein breiteres Publikum und ruft beide Domänen zu einer gegenseitigen Wiederannäherung auf. In „One Taste: Daily Reflections on Integral Spirituality (dt. Einfach Das) (1999)", das in der Form eines Tagebuchs gehalten ist, gibt er seinen Leser*innen einen tiefen Einblick in seinen privaten Alltag und seine persönliche Spiritualität. Mit „Integral Psychology: Consciousness, Spirit, Psychology, Therapy (dt. Integrale Psychologie) (2000)" bringt er ein Projekt zum Abschluss, dass er seit vielen Jahren plante und in dem er ein komplexes Bild der menschlichen Entwicklung und der dabei auftretenden Pathologien entwirft. Fast zeitgleich erscheint „A Theory of Everything: An Integral Vision for Business, Politics, Science and Spirituality (dt. Ganzheitlich handeln) (2000)", dass sich hauptsächlich mit den Anwendungsmöglichkeiten der integralen Theorie befasst.

In diese Phase fällt auch die erste Herausgabe seiner gesammelten Werke durch den Shambala Verlag: Vier Bände 1999 und weitere vier im darauffolgenden Jahr. Ebenfalls 2000 gründete Wilber das Integrale Institut. Es soll dazu dienen, den integralen Ansatz auf möglichst viele Disziplinen anzuwenden, Forschungen auf diesen Gebieten zu fördern und sie miteinander ins Gespräch zu bringen.

5. Phase (Ab 2002)

Wilber schreibt:

> *„Einige, die das meiste des Entwurfsmaterials [zum Band 2] gelesen haben bezeichnen es mit „Wilber-5". Ich würde das nicht tun, sicher nicht zu diesem Zeitpunkt; doch es ist ein Hinweis auf eine bestimmte Richtung. Jedenfalls scheinen einige Leser darin übereinzustimmen, dass es einen bedeutenden Fortschritt seit EKL (Eros, Kosmos, Logos) darstellt."*[91]

---

91. Zitiert nach Habecker, 2007, 216.

In seinen Worten ist es der Versuch einer integralen Post-Metaphysik. Er versucht darin, eine AQAL-Matrix zu beschreiben, die „alle wesentlichen Merkmale einer spirituellen Weltsicht ohne metaphysischen Ballast" enthält und damit universal für alle Weisheitstraditionen anwendbar ist. Ziel dabei sei es, „weiterhin ihre tiefgehenden Weisheiten verwenden [zu können], ohne sich den verheerenden Attacken der modernen und postmodernen Strömungen beugen zu müssen."[92]

Zu Veröffentlichungen in dieser Phase gehören außerdem ein erster Roman, „Boomeritis: A Novel that will Set You Free! (2002)", dessen Hauptthema die Postmoderne ist, einige Vorabauszüge aus für später geplanten Werken „Exzerpte A, B, C, D und G des zweiten Teils der Kosmos-Trilogie (2002)" und „Integral Spirituality (dt. Integrale Spiritualität) (2006)". In diesem Buch stellt er erstmals seinen integralen methodologischen Pluralismus vor.

Mit „The integral Vision. A Very Short Introduction to the Revolutionary Approach to Life, God, the Universe, and Everything (dt. Integrale Vision) (2007)" gibt er erneut eine einleitende Zusammenfassung seines Werks.

Zusammen mit den Autoren Terry Patten, Adam Leonard und Marco Morellli legt er in „Integral Life Practice (dt.Integrale Lebenspraxis) (2008) ein Konzept vor, wie die Erkenntnisse der integralen Theorie in der alltäglichen Praxis umgesetzt werden können.

Sein Schwerpunkt liegt weiterhin mit „Integral Buddhism: And the Future of Spirituality (2014), „Integral Meditation (dt. Integrale Meditation) (2017)", „The Religion of Tomorrow (2017)" auf religiösen und spirituellen Themen, mit „Trump and a Post-Truth World (2017)" wagt er sich schließlich bis in den Bereich der Politik vor.

Über das Internetportal „Integral Life" äußert er sich in Interviews mit Corey de Vos, dem Herausgeber der Seite und langjährigem Mitarbeiter des Integralen Institutes, in regelmäßigen Abständen zu den verschiedensten Bereichen. 2024 erschien ein

---

92. Ebd.

Buch zum Thema Ganzheitlichkeit: ‚Finding Radical Wholeness', das viele Themen der letzten Jahre aufgreift und zusammenführt.

Wilbers Methode

In seinem Vorwort zu „The Eye of the Spirit (dt. „Das Wahre, Schöne, Gute)" erläutert der Herausgeber Jack Crittenden das Vorgehen Wilbers, das diesen zu seiner integralen Theorie brachte, in drei Schritten:

1. Er geht „bei der Betrachtung eines jeden Fachgebiets einfach auf die Ebene der Abstraktion zurück[…], auf der eine Gemeinsamkeit zwischen den widerstreitenden Ansätzen sichtbar wird. Nehmen wir zu Beispiel die großen religiösen Traditionen der Welt: Stimmen sie darin überein, dass Jesus Gott ist? Nein. Also müssen wir dies über Bord werfen. Stimmen sie alle darin überein, dass es einen Gott gibt? Dies hängt davon ab, was man unter „Gott" versteht. Bejahen sie alle einen Gott, wenn man mit „Gott" einen Geist meint, der in vielerlei Hinsicht nicht beschreibbar ist, von der buddhistischen Leerheit bis zum jüdischen Geheimnis des Göttlichen? Ja, dies ist eine taugliche Verallgemeinerung, was Wilber eine „Orientierungs-Verallgemeinerung" oder eine „profunde Schlussfolgerung" nennt. In derselben Weise setzt sich Wilber mit allen anderen menschlichen Wissensgebieten auseinander […] Dies ist der erste Schritt in Wilbers integrierendem Verfahren, eine Art Phänomenologie allen menschlichen Wissens auf der Ebene von Orientierungs-Verallgemeinerungen."
2. Er nimmt „alle Wahrheiten oder Orientierungs-Verallgemeinerungen, die er im ersten Schritt gewonnen hat, zusammen[….] und fragt: In welchem kohärenten System ließe sich die größtmögliche Zahl dieser Wahrheiten zusammenfassen?"
3. Mit dem nun von ihm entwickelten System, dass die größte Zahl von Orientierungs-Verallgemeinerungen umfasst, „kriti-

siert er [...] die Begrenztheit der engeren Ansätze, ohne die grundlegenden Wahrheiten dieser Ansätze zu verwerfen. Er kritisiert also nicht ihre Wahrheit, sondern ihre Unvollständigkeit."[93]

2017 geht Wilber in einem Artikel mit dem Titel „The Three Principles of Integral Thinking" ausführlich auf drei Regeln ein, die diesem Verfahren zugrunde liegen.

> Prinzip 1. Nichtausgrenzung: „Jeder hat Recht". Wir könnten vereinfacht hinzufügen: „in Bezug auf sein Fachgebiet." Er akzeptiert die Geltungsansprüche eines jeden Faches, die daraus resultieren, dass bestimmte Ergebnisse innerhalb bestehender Paradigmen (z.B. der Naturwissenschaften) der Überprüfung standhalten. Ergebnisse in einem anderen (Fach-) gebiet (z.B. Spiritualität) können jedoch nicht anhand desselben Paradigmas kompetent beurteilt werden.[94] Visser schreibt: „Das Motto von Wilber könnte lauten: „Jeder hat recht – bis zu einem gewissen Punkt."[95]

Jack Crittenden sieht die strikte Anwendung dieses Prinzips hauptverantwortlich für die Kritik der Gegner:

> *„Die heftigste Kritik kommt fast ausnahmslos aus den Reihen der Theoretiker, die ihr eigenes Fachgebiet für das einzig wahre Fachgebiet und ihre eigene Methode für die einzig gültige Methode halten. An Wilber wurde bisher nie – ernst zu nehmende – Kritik deshalb geübt, weil er eines der Wissensgebiete, die er betrachtet, falsch verstanden oder falsch dargestellt hätte, sondern deshalb, weil er Gebiete berücksichtigt, die der Kritiker jeweils nicht für wichtig hält, oder einfach nur, weil sie sich von ihm nicht die But-*

---

93. Crittenden, in: Wilber, 1999a, 11ff.
94. Vgl. Wilber 2017c.
95. Visser, 2002, 43.

ter vom Brot nehmen lassen wollen."[96]

Prinzip 2. Entfaltung: „Einige haben mehr Recht als andere." Es gibt Sichtweisen, die umfassender und tiefer sind als andere, weil sie zunehmend mehr Teilwahrheiten einschließen und gelten lassen.[97]

Prinzip 3. Inszenierung/Hervorbringung: „Wenn du dies wissen willst, musst du jenes tun." Häufig scheinen deshalb Dinge miteinander unvereinbar, weil sich die Menschen auf die Phänomene konzentrieren, statt auf die Praktiken. „Erkennen wir jedoch, dass Phänomene durch Praktiken inszeniert, hervorgebracht und aufgedeckt werden, dann wird uns auch klar, dass die im „Widerspruch stehenden Phänomene" oder Erfahrungen lediglich unterschiedliche, aber voll miteinander zu vereinbarende Erfahrungen darstellen, die durch unterschiedliche Praktiken hervorgebracht wurden. Übernimmt man diese Praktiken, dann wird man die gleichen Phänomene sehen, die vorher bei der Betrachtung der Paradigmen „unvereinbar" schienen."[98]

Auf Prinzip 3 geht er ausführlich in seinem Buch „Wissenschaft und Religion" ein.

Ken Wilbers integrale Theorie(n)

Im Folgenden werde ich mich bei der Darstellung seiner Theorie auf seine wichtigsten Werke aus der vierten bis zur fünften Phase stützen. Diese Eingrenzung geschieht aus zwei Gründen:

---

96. Crittenden, in Wilber: 1999a, 14. Ken Wilber wurde und wird durchaus auch fachlich kritisiert und manche sind der Ansicht, dass seine sogenannten „Orientierungs-Verallgemeinerungen" keineswegs von so großer Übereinstimmung getragen werden, wie er das behauptet.
97. Vgl. Wilber, 2017c.
98. Vgl. ebd.

1. Seine vorhergehenden Werke spielen in Bezug für seine Rezeption im Christentum so gut wie keine Rolle.
2. Alle wesentlichen Elemente aus vorhergehenden Phasen sind in seinen neueren Werken erhalten geblieben.

Um das Verständnis seiner Theorie zu erleichtern, orientiere ich mich bei der Gliederung an den wesentlichsten Bestandteilen seiner Theorie. Das bedeutet, dass ich bewusst nicht chronologisch vorgehe, sondern thematisch. Obwohl dadurch Feinheiten zum Verständnis des Entwicklungsweges Wilbers verloren gehen, bietet dieses Vorgehen den großen Vorteil, dass die einzelnen Elemente seiner Theorie besser herausgearbeitet werden können, ohne dass der Überblick verloren geht.

Wie bereits beschrieben, hat Wilber einige gedanklichen Kehrtwenden vollzogen, deren größte zwischen seinen ersten zwei und allen weiteren Werken liegen. Doch auch später hat er seine Theorie beständig weiter um neue Modelle ergänzt, verfeinert und präzisiert, sowie Denkfehler korrigiert. Die „EINE" integrale Theorie Wilbers gibt es in diesem Sinne nicht, höchstens einige Grundkonstanten, die sich durch seine Werke hindurchziehen.

Evolution, die Holone und die Holarchie

Ab der zweiten Phase seines Werkes ist der Begriff der „Evolution" grundlegend für Wilbers Werk. Seine Vorstellung dieses Prozesses, den er gerne in Anlehnung an den deutschen Idealismus „GEIST-in-Aktion" oder auch den, „evolutionären Impuls"[99] nennt, wird wesentlich von seiner Ontologie bestimmt. Deshalb widme ich mich zunächst der Frage, wie Wilber Wirklichkeit definiert.

Wilber schreibt in der Einleitung zu seinem 1995 erschienenen Werk „Eros, Kosmos, Logos": „Dies ist ein Buch über Holons – über Ganzheiten, die Teile von anderen Ganzheiten sind, unbe-

---

99. Vgl. ders., 1997, 54.

grenzt."[100] Der Begriff „Holon" selbst stammt von Arthur Koestler, der diesen erstmals in seinem 1964 erschienenen Werk „The act of creation" verwendet.[101] Die Realität besteht für Wilber weder aus Teilen noch aus einem Ganzen, sondern aus Holonen, also Ganzheiten, die wiederum Teil von anderen Ganzheiten seien und so fort. In der Phrase „das Bellen eines Hundes" sei das Wort „Bellen" ein Ganzes, innerhalb der Phrase jedoch ein Teil.[102] Damit grenzt er sich von zweierlei Denkrichtungen ab: Den Atomisten und den Holisten. Erstere seien der Ansicht, die Welt bestehe aus lauter einzelnen Ganzheiten, letztere meinten, sie bestehe aus lauter Teilchen eines großen Ganzen. Beiden wirft er Einseitigkeit vor.[103]

> *„Die Wirklichkeit besteht nicht aus Dingen oder Prozessen; sie besteht nicht aus Atomen oder Quarks; sie besteht nicht aus Ganzheiten und hat keine Teile. Vielmehr besteht sie aus Ganzheiten/Teilen, den Holons."*[104]

In jeder Entwicklungsfolge werde aus einem Ganzen wiederum ein Teil eines größeren Ganzen. Jede höhere Ebene schließe die Elemente der niedrigeren Ebene mit ein und bringe qualitativ neue Fähigkeiten mit sich. Diese fortlaufende Verschachtelung ließe sich besser durch konzentrische Kreise als durch eine Linie darstellen.[105]

---

100. Ders., 2000, 4.
101. Vgl. ebd., 26 u. 808.
102. Vgl. ebd., 26.
103. Vgl. ebd., 43; 1997, 40.
104. Ders., 2000, 41.
105. Vgl. ebd., 26f.

```
     ___ Atom
    ___ Molekül
    ___ Zelle
```

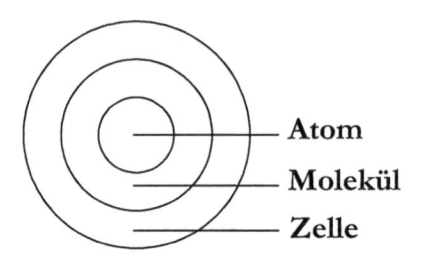

Abbildung 1: Die Holarchie

Besser noch wäre eine russische Puppe (Matroschka) zur Veranschaulichung geeignet. Die so entstehende Holarchie lässt sich sowohl nach unten (Mikrokosmos) als auch nach oben (Makrokosmos) nur unendlich denken:[106]

> *„Es gibt in allen Richtungen nur Ganze/Teile, immer weiter nach oben und immer weiter nach unten. [...] Es gibt niemals ein letztes Ganzes. [Das] Ganze von heute ist der Teil von morgen..."*[107]

Diese „Hierarchie" nennt er im Anschluss an Arthur Koestler auch Holarchie, weil in diesem das Wort „whole/ganz" enthalten sei. Denn es gehe dabei um natürliche und gesunde Hierarchien, die sich aus Holonen zusammensetzen und Ordnungen zunehmender Ganzheit darstellen, wie in der Reihenfolge Teilchen, Atome, Zellen, Organismen.[108]

Die von ihm beschriebene Holarchie sei ein unausweichliches Merkmal der Wirklichkeit. Der Gegensatz dazu wäre eine pathologische Holarchie oder Herrschaftshierarchie, bei der ein Holon versuche, das Ganze zu sein, ohne gleichzeitig ein Teil von etwas sein zu

---

106. Vgl. ebd., 43f.
107. Vgl. ders., 1997, 40f.
108. Vgl. ders., 2000, 29 und 1997, 50.

wollen. Damit nimmt er Bezug auf die in der Postmoderne weit verbreitete Ablehnung jeglicher Hierarchie im Sinne einer Herrschaft oder Rangfolge, da diese zu Ungerechtigkeit und Unterdrückung führe. Eine solche Haltung sei ein innerer Widerspruch, der seine Vertreter zu Heuchlern mache. Denn indem sie behaupteten, es sei besser, keine Rangfolgen zu machen, und damit eine bestimmte Sichtweise der Dinge anderen Sichtweisen den Vorzug einräumten, nähmen diese selbst eine Rangfolge von Wertungen vor, ohne sich jedoch darüber Rechenschaft abzulegen oder sich dessen überhaupt bewusst zu sein. Folge davon sei, dass nur noch quantitative Unterscheidungen, aber keine qualitativen mehr möglich seien.[109]

Im Rückgriff auf Systemtheorien unterscheidet er die „Hierarchie" wiederum von der „Heterarchie". Während alle Elemente einer Ebene (z.B. die Zellen eines Armes) zusammen eine Einheit bildeten, bei der jeder seinen Teil zum Ganzen beisteuert, sei zwischen den Ebenen jeweils das übergeordnete Ganze gegenüber seinen Teilen dominant (z.B. der Verstand bewirkt, dass sich der Arm hebt). Das Verhältnis der Elemente innerhalb einer Ebene sei also durch Heterarchie bestimmt, das Verhältnis zwischen Elementen verschiedener Ebenen durch Hierarchie. Die pathologische Variante der Heterarchie entstehe, wenn ein Holon nur noch ein Teil sein wolle, aber nicht mehr gleichzeitig auch ein Ganzes. Ergebnis davon sei Verschmelzung statt Einheit.[110]

Das Muster der Evolution

In „Eros, Kosmos, Logos" versucht Wilber wichtige Erkenntnisse aus der Systemtheorie und der Evolutionstheorie miteinander zu verbinden und in zwanzig Grundsätzen (davon zwölf Hauptpunkte und zugehörige Unterpunkte) zusammen zu fassen.[111] Da er diese sehr umfangreich und detailliert beschreibt, können diese hier nur ange-

---

109. Vgl. ders., 2000, 33 und 1997, 51f.
110. Vgl. ders., 2000, 28 u. 31.
111. Vgl. ebd., 43-85.

rissen werden. Als eine Zusammenfassung einer Zusammenfassung – denn das ist, was Wilber hier im Wesentlichen tut – wird der folgende Abschnitt notwendigerweise an der Oberfläche bleiben. Viele Begriffe, die er darin definiert, sind jedoch bis heute grundlegende Bestandteile seiner Theorie geblieben und tauchen an anderer Stelle in den verschiedensten Kontexten wieder auf, so dass ein Grundverständnis dieser unabdingbar ist. Die Autoren, auf die er an dieser Stelle am häufigsten zurückgreift, sind der Schriftsteller Arthur Koestler, der Systemtheoretiker und Philosoph Ervin Laszlo, der Biologe Rupert Sheldrake und der Astrophysiker und Systemtheoretiker Erich Jantsch.

Um den Inhalt leichter verständlich und anschaulich zu machen, habe ich einzelne Punkte um konkrete Beispiele ergänzt, die nicht von Wilber selbst stammen.

1. Die Realität besteht nicht aus Dingen oder Prozessen, sondern aus Holonen, die sowohl eine Ganzheit als auch ein Teil sind.[112] Was Wilber damit meint, haben wir oben bereits erläutert. Nehmen wir als Beispiel einen Affen. Ein Affe ist sowohl ein Individuum als auch Teil einer Affenhorde. Oder ein Atom: Es ist ein sowohl etwas einzelnes als auch Teil eines Moleküls.
2. Jedes Holon verfügt nun über vier grundlegende Eigenschaften: Selbsterhaltung (oder -bewahrung), Selbstanpassung, Selbsttranszendenz (oder -überschreitung) und Selbstauflösung (oder Regression). Diese sind für Atome, Zellen, Organismen und Ideen gleichermaßen gültig.
   a) Selbsterhaltung oder Agenz bedeutet, dass ein Holon sein Muster oder seine Form über die Zeit hinweg bewahrt, womit seine Ganzheit, Identität und relative Autonomie gewährleistet ist.
   b) Selbstanpassung oder Kommunion ist die Fähigkeit, auf andere Holone zu reagieren, sich diesen anzupassen und Beziehungen

---

112. Vgl. ebd., 43.

mit ihnen einzugehen, um einen Teil von etwas Größerem zu bilden.

Beides, Agenz und Kommunion, sind für ein Holon lebensnotwendig – gelingt ihm etwas davon nicht, hört es auf zu existieren. (Siehe zu beiden Abbildung 2)

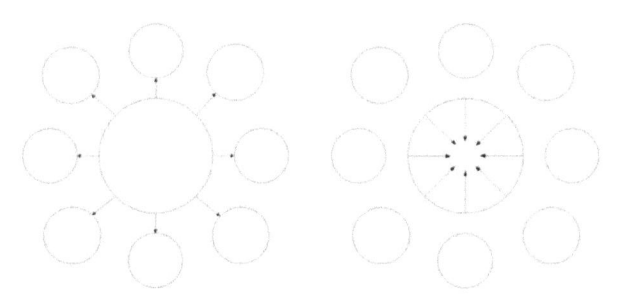

Abbildung 2: Kommunion und Agenz

c) Selbsttranszendenz passiert, wenn sich ein Holon mit anderen Holonen zu etwas Neuem transformiert. Es kommt zu Emergenz – dem Auftreten absolut neuer Eigenschaften oder Phänomene, die nicht hinreichend aus den einzelnen Bestandteilen heraus erklärt oder auf diese zurückgeführt werden können.

d) Selbstauflösung (oder Regression) schließlich bedeutet, dass jedes Holon in gegenläufiger Richtung wieder in seine einzelnen Bestandteile zerfallen oder auseinanderbrechen kann. Zusammen können diese vier Eigenschaften als ein Kreuz dargestellt werden mit zwei horizontalen Bewegungen (Agenz und Kommunion) und zwei vertikalen (Selbsttranszendenz und Selbstauflösung). Diese vier Zugkräfte befinden sich in ständiger Spannung zueinander.[113]

3. Holone emergieren: Die Eigenschaften eines neu hervorgetretenes Holon lassen sich nicht allein aus seinen Teilen erklären und sind nicht von vorneherein festgelegt bzw. determiniert.[114]

---

113. Vgl. ebd., 48-54.

4. Holone emergieren holarchisch: Zusammen bilden sie eine Serie von Ganzheiten, die wiederum Teile einer umfangreicheren Ganzheit sind und so fort. Die Entwicklung geht nur in einer Richtung vonstatten: „Aus Eicheln werden Eichen, aber nicht umgekehrt. Es gibt erst Buchstaben, dann Wörter, dann Sätze, dann Absätze, nicht umgekehrt. Atome verbinden sich zu Molekülen, nicht umgekehrt."[115]
5. Bei der Entwicklung transzendiert ein Holon und schließt seine(n) Vorgänger ein. Alles Niedrigere ist im Höheren eingeschlossen, aber nicht alles Höhere im Niedrigen. Moleküle schließen Atome ein, Atome keine Moleküle.[116] Durch diesen Umstand entstehe automatisch eine Rangfolge oder Hierarchie, denn „Moleküle enthalten Atome, aber nicht umgekehrt."[117]
6. Das niedrigere Holon bestimmt die Möglichkeiten des höheren, das höhere bestimmt die Wahrscheinlichkeiten des niedrigeren.[118] Zum Beispiel haben die Zellen in einem menschlichen Bein bestimmte Eigenschaften, die die Möglichkeiten, aber auch Grenzen des Menschen bestimmen: Er kann sich dadurch bewegen, aber auch verletzen. Wenn es Zellen in seinem Bein sind, ist die Wahrscheinlichkeit immens gering, dass eine Zelle davon plötzlich zu einer Darmzelle wird.
7. Die Anzahl der Ebenen einer Hierarchie bestimmt, ob sie „flach" oder „tief" ist, die Anzahl der Holone auf einer beliebigen Ebene nennt er Spanne.[119] Atome haben deshalb eine geringe Tiefe, aber eine enorme Spanne. Sie schließen nicht so viele Teile ein (wie z.B. ein Affe), sind aber überall Teile von höheren Ganzheiten.

---

114. Vgl. ebd., 54ff.
115. Ebd., 27.
116. Vgl. ebd., 59ff.
117. Ders., 1997, 55.
118. Vgl. ders., 2000, 61ff.
119. Vgl. ebd., 64.

8. Da sich ein höheres Holon aus den Komponenten eines niedrigeren zusammensetzt, kann es zahlenmäßig nicht mehr höhere Holone als niedrigere geben. Deshalb verringert sich die Spanne automatisch zusehends im Lauf der Entwicklung und jede Etappe der Evolution bringt zwingend mehr Tiefe und weniger Spanne hervor. Weiter stellt Wilber fest, dass mit der Zunahme der Tiefe eines Holons automatisch der Grad von dessen Bewusstheit zunimmt. Bei den Veränderungen eines Holons in der horizontalen handelt es sich um „Translation", bei Veränderungen in der vertikalen um „Transformation". Bei der „Translation" leistet das Holon „Übersetzungsarbeit", indem es auf eine bestimmte Weise auf das reagiert, was es in seiner Umgebung wahrnimmt. Bei der „Transformation" hingegen machen neu emergierende Eigenschaften es dem Holon möglich, mehr von der Welt wahrzunehmen, wodurch sich auch sein potenzieller Aktionsradius vergrößert.[120]

9. Um herauszufinden, welches Holon innerhalb der Hierarchie niedriger und welches höher anzusiedeln ist, ließe sich ein einfaches Prinzip anwenden: Man zerstört in Gedanken ein Holon und überlegt dann, welche Holone damit automatisch mit zerstört werden würden: Diejenigen, auf die das zutrifft, sind die höheren Holone. Die Holone, die davon unberührt blieben, sind die niedrigeren. Es handele sich daher dabei nicht um ein relatives oder willkürliches Werturteil.[121] Wilber bedient sich später häufig sich selbst dieses Gedankenexperiments, um die Rangfolge in von Systemtheoretikern, Ökologen oder Feministen aufgestellten Hierarchien zu kritisieren.[122] Die höheren Holone werden deshalb mit zerstört, da sie durch ihre Bestandteile von den niedrigeren abhängig sind, während die niedrigeren nicht auf die höheren angewiesen sind. Desto weniger Tiefe ein Holon habe, desto basaler („fundamental")

---

120. Vgl. ebd., 64-68.
121. Vgl. ebd., 69ff. und ders., 1997, 56.
122. Vgl. ders., 2000, 87ff.

sei es, denn es sei notwendiger Bestandteil eines Holon mit größerer Tiefe. Gleichzeitig gelte: Atome seien basaler als Affen, Affen aber bedeutungsvoller („significant") als Atome, denn Affen seien auf Atome zwingend angewiesen, schließen jedoch aufgrund ihrer Komplexität weit mehr Bestandteile des Kosmos in sich ein als ein Atom: Moleküle, Zellen und so fort.[123]

10. Holarchien entwickeln sich nicht im luftleeren Raum, sondern immer im Kontext und im Austausch mit anderen Holarchien der Umgebung.[124]
11. Die Mikroebene befindet sich in ständigem Austausch mit der Makroebene auf allen verschiedenen Ebenen: So sind Menschen über ihren Körper miteinander im Austausch, aber auch durch ihren Geist.[125]
12. Die Evolution bewege sich hin zu zunehmender Komplexität, zunehmender Differenzierung und Integration, zunehmender Organisation, zunehmender relativer Autonomie und zunehmender Zielgerichtetheit. Die Evolution habe somit eine Richtung und ein Telos.[126] Damit richtet er sich in seiner Theorie explizit gegen die weit verbreitete Annahme, dass es sich bei der Evolution um einen blinden Prozess handelt. Den Neodarwinismus, der davon ausgeht, dass alles auf zufällige Mutationen zurückzuführen sei, kritisiert und verspottet er und nennt ihn „absolute[n] und unendliche[n] Irrsinn".[127] Die Zeit, die zwischen dem Urknall und heute vergangen sei, hätte nicht einmal ausgereicht, durch Zufall „auch nur ein einziges Enzym entstehen zu lassen. [...] Der Zufall kann die Welt nicht erklären."[128] Der Vorstellung vom „Zufall" stellt er die Vorstellung

---

123. Vgl. ebd., 70f. und ders., 1997, 56.
124. Vgl. 2000, 71f.
125. Vgl. ebd., 73f.
126. Vgl. ebd., 74-85.
127. 1997, 44.
128. Ebd., 48.

vom „Eros", von der „Kreativität" oder einer schöpferischen Leere entgegen, die allerdings nicht mit einem bestimmten Gottesbild gleichzusetzen sei, sondern sich unseren Bestimmungen entziehe.[129]

Der Grunddrang der Evolution sei „die Vermehrung der Tiefe", was gleichbedeutend sei mit der Zunahme an Bewußtsein. Der GEIST falte sich aus – das ist der Eros – und er schließe das ausgefaltete in sich ein – das ist Agape.[130] Wir Menschen seien Teil dieses Prozesses und dazu eingeladen, zu diesem Bewusstsein zu erwachen.

Das große Nest des Seins

Den gemeinsamen Kern der großen spirituellen Traditionen der Welt fasst Wilber gerne unter dem Begriff „Philosophia Perennis" zusammen.[131] Mit der Wahl dieses Begriffs nimmt er Bezug auf das 1944 erschienene Buch von Aldous Huxley mit dem Titel „The perennial philosophy". Neben diesem Werk bezieht er sich dabei auch auf die Werke „The great chain of being" (1964) von Arthur Lovejoy und „Forgotten Truth" (1976) von Huston Smith.

„Diese Weltsicht, die als Philosophia perennis, ‚ewige Philosophie' bezeichnet wird, weil sie in denselben Grundzügen in den verschiedenen Kulturen und in allen Zeitaltern auftritt, bildet nicht nur den Kern der großen Weisheitstraditionen der Welt, vom Christentum über den Buddhismus zum Daoismus, sondern auch der Lehren vieler der größten Philosophen, Wissenschaftler und Psychologen in Ost und West, Nord und Süd. [Sie] ist so überwältigend universell, daß [!] sie entweder der größte Denkfehler ist, den sich die Menschheit in ihrer Geschichte je leistete [....] – oder sie ist die getreueste Wiedergabe einer Wirklichkeit, die noch

---

129. Vgl. ebd., 49.
130. Vgl. ebd., 66f.
131. Vgl. ebd., 60.

*zutage treten wird."*¹³²

Im Zentrum der „Philosophia Perennis" steht der Begriff „die große Kette des Seins". Damit verbunden ist die Vorstellung, dass sich die Wirklichkeit aus unterschiedlichen, aufeinander aufbauenden Ebenen zusammensetzt.¹³³ Dabei werden je nach Tradition verschieden viele Ebenen unterschieden. In „Eros, Kosmos, Logos" entscheidet sich Wilber für die hierarchische Stufenfolge Materie – Leben – Geist – GEIST (oder das Göttliche). Diese Stufen seien nicht das Ergebnis von Spekulation, sondern das Ergebnis von „in der Erfahrung unmittelbar gegebener Realitäten".¹³⁴ Diese Behauptung steht in unmittelbarem Zusammenhang mit seiner Theorie vom Spektrum des Bewusstseins des Menschen, das von prärational zu rational hin zu transrational reicht. Der Mensch hat demnach das Potential zu all diesen Ebenen der Holarchie Zugang zu gewinnen.¹³⁵

Wenn man nun diese Holarchie nehme und sich klar mache, dass diese sich innerhalb der Zeit entfalte, habe man bereits ein Modell, das große Ähnlichkeit mit der naturwissenschaftlichen Auffassung von Evolution aufweise, der zufolge sich das Leben aus der Materie und das Bewusstsein aus der Materie entwickelt habe.¹³⁶ Er gliedert den Kosmos deshalb in die drei (oder häufig auch vier) Bereiche der Physiospäre (Materie), der Biosphäre (Leben), der Noosphäre (Verstand) und der Theosphäre (das Göttliche oder großgeschrieben GEIST).¹³⁷ Ganz am Anfang steht die Involution, Einwickelung des GEISTES, DER/DIE sich dann stufenweise wieder entfaltet – zunächst durch die kosmologische Evolution, dann die biologische und schließlich die kulturelle und spirituelle Evolution beim Menschen. Dadurch entstehen nach und nach die Bereiche der Materie, des Le-

---

132. 1999a, 76.
133. Vgl. ebd., 76f.
134. Ders., 2016a, 24.
135. Vgl. ebd., 25 u. 27.
136. Vgl. ders., 1997, 59 u. 379.
137. Vgl. ders., 2000, 45.

bens und der Kultur. (Siehe Abbildung 3 und 4)

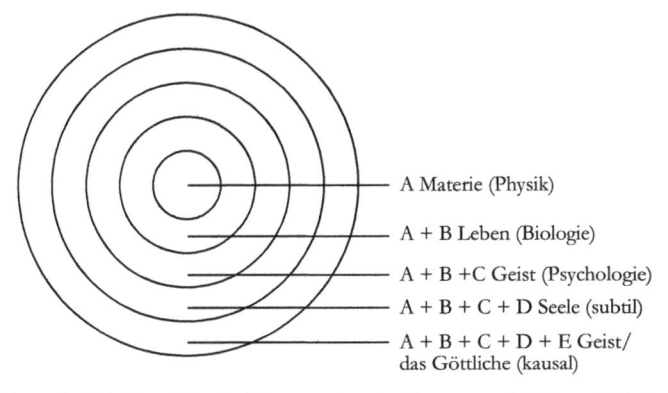

A Materie (Physik)
A + B Leben (Biologie)
A + B +C Geist (Psychologie)
A + B + C + D Seele (subtil)
A + B + C + D + E Geist/ das Göttliche (kausal)

Abbildung 3: Die Bereiche des Kosmos, in Anlehnung an Wilber, 2016a, 22

Kosmologische Evolution (Physiosphäre)
Bioloische Evolution (Biosphäre)
Kulturelle Evolution (Noosphäre)
Die Involution des GEISTES (Theosphäre) GOTT

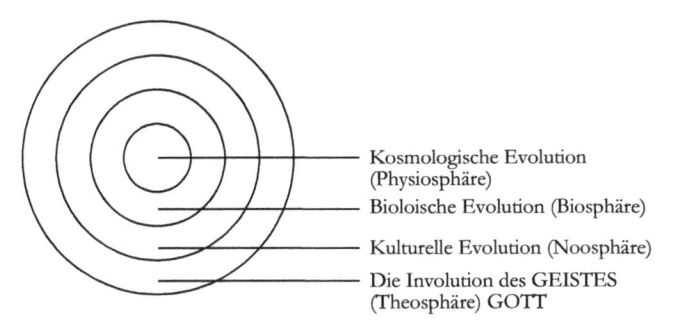

Abbildung 4: Involution und Evolution

Tatsächlich liegt Wilber viel daran, aufzuzeigen, dass die „Philosophia Perennis" und die modernen Wissenschaften – Psychologie, Evolutionstheorie, Systemtheorie – heute wieder eine Annäherung aneinander erfahren. In allen sei die Rede von einem hierarchischen, oder treffender holarchischen, Aufbau der Welt, einer Rangfolge zunehmender Integration und Ganzheit, wie er sie in seinen Grundsätzen beschreibt. Diese Annäherung werde nur deshalb nicht von allen wahrgenommen, da sich die „Große Kette" unter einer Vielzahl verschiedener Namen verberge. Außerdem erkenne das moderne Denken meist nur die Stufenfolge Stoff, Körper und Geist an und lasse die höheren Dimensionen Seele und GEIST außen vor.[138] Bereits in seinem allerersten Artikel, den er 1975 veröffentlichte, befasste er sich mit dem Aufzeigen der Ähnlichkeit zwischen der „Philosophia Perennis" und der Entwicklung des menschlichen Bewusstseins – das Spektrum-Modell, das er in seinen ersten zwei Büchern darlegte, war geboren.[139]

In „Eros, Kosmos, Logos" widmet er sich dagegen einer Verbindung von Systemtheorie und Evolutionstheorie. Die Entfaltung der großen Holarchie innerhalb der Zeit sei die Evolution, der GEIST-in-Aktion. Dabei enthalte die „Philosophia Perennis" ein Paradox:

> *„Der GEIST ist [...] die höchste „Stufe" der Holarchie, aber er ist auch das Blatt, auf das die gesamte Holarchie geschrieben ist. Er ist die höchste Sprosse der Leiter, aber er ist auch das Holz, aus dem die ganze Leiter gemacht ist."*[140]

Der GEIST ist also sowohl das höchste Ziel der Entwicklung als auch die Ursache der ganzen, sowohl transzendental als auch immanent.[141] Die Begriffe „Involution" und „Evolution" seien Kernlehren der „Philosphia Perennis". Die Welt sei durch die „Involution" (Entfernung von GEIST) entstanden und kehre jetzt wieder (Evolution) zum Göttlichen zurück.[142]

> *„Den Traditionen zufolge muss, bevor die Evolution oder die Entfaltung des Geistes stattfinden kann, die Involution oder die Entfaltung des Geistes stattfinden: das Höhere tritt nach und nach ins Niedere hinab. [...] Man kann das Höhere nicht aus dem Nie-*

---

138. Vgl. 1999a, 90f.
139. Vgl. Visser, 2002, 60.
140. Wilber, 1997, 63.
141. Vgl. ders., 1999a, 83.
142. Vgl. ebd., 107.

deren herausholen, es sei denn, das Höhere wäre bereits da, im Potential – sozusagen schlafend – und warte darauf, hervorzutreten. [...] Der Geist wirft sich nach außen, in Sport und Spiel (lila, kenosis), um ein manifestes Universum zu schaffen."[143]

Ähnlich sehe der deutsche Idealismus den GEIST als einen „GEIST-in-Aktion": Der subjektive GEIST lasse den objektiven Geist entstehen, um sich selbst bewusst zu werden.[144]

Schon 1995 nennt er die Holarchie auch das „große Nest des Seins"- statt „Kette" und verdeutlicht damit, dass es sich nicht um einen linearen Prozess, sondern eine zunehmende Verschachtelung handelt, bei der jede höhere Ebene die niedrige transzendiert und zugleich einschließt.

Doch die alte „Philosophia Perennis" habe auch ihre Schwächen und Grenzen und müsse daher um die Erkenntnisse der Moderne und Postmoderne ergänzt und erweitert werden. Wilber denkt dabei an die Erkenntnisse der modernen Psychologie, wie zum Beispiel die von Piaget oder Freud.[145] Er entwickelt hieraus ein eigenes Stufenmodell.

Das große Nest sei „ein Potential, nicht etwas Gegebenes."[146] Während die niedrigeren Ebenen (Materie, Körper, Geist) sich bereits in großem Maß manifestiert hätten, stehe die Verwirklichung der höheren Ebenen (Bereich des GEISTES) noch größtenteils aus.[147] In der 5. Phase seines Schaffens kommt Wilber außerdem zu einer Neubestimmung der Rolle von „Materie" innerhalb der Holarchie. Es sei irreführend, Materie als die unterste und Bewusstsein als die höchste Ebene zu bestimmen. Vielmehr sei Materie, verstanden als Masse und Energie, die Außenseite, Bewusstsein die Innenseite jeder Gegebenheit. In der Entwicklung gehe eine zunehmende Kom-

---

143. Ders., 2004, 5f.
144. Ders., 1997, 381f.
145. Vgl. 2016a, 25.
146. Ebd., 27.
147. Vgl. ebd., 28.

plexität der materiellen Form mit einer zunehmenden Bewusstheit einher.[148] (Siehe Abbildung 5) Mit dieser Neubestimmung gehe einher, dass das, was früher mit „metaphysisch" bezeichnet worden sei, oft INTRA-physische Wirklichkeiten seien, da sie nicht oberhalb der Materie (übernatürlich) seien, sondern in ihr.[149] Diese These wird verständlicher werden, wenn wir uns mit seinem Modell der Quadranten beschäftigen.

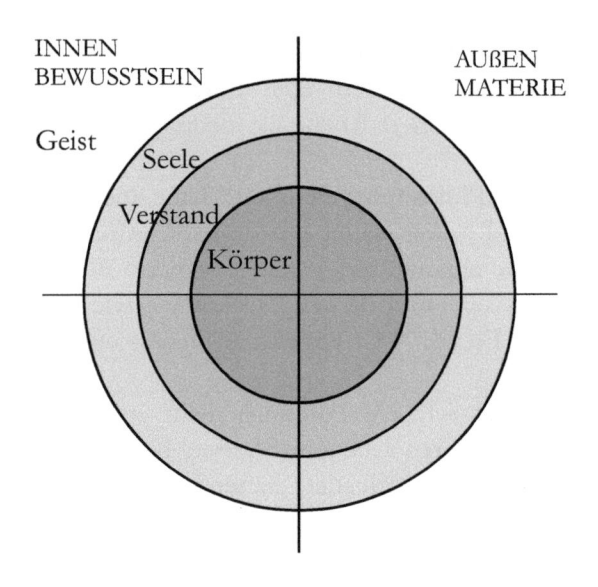

Abbildung 5: Bewusstsein und Materie, in Anlehnung an Abbildung I.4, in: Wilber, 2007, 302.

Aufsteigende und absteigende Spiritualität

In „Eros, Kosmos, Logos" unterscheidet Wilber erstmals zwei

---

148. Vgl. 2007, 301.
149. Vgl. 2004, 12.

verschiedene Formen von Spiritualität, die er „aufsteigend" und „absteigend" nennt. Das liege daran, dass es zwei Richtungen gäbe, in denen man sich in der großen Holarchie bewegen könne: Man könne vom Stoff zum GEIST aufsteigen oder vom GEIST zum Stoff absteigen. Die Aufwärtsbewegung sei transzendent, die Abwärtsbewegung immanent. Die Richtung nach oben (ascending) sei jenseitig, die Richtung nach unten (descending) diesseitig. Arthur Lovejoy weise darauf hin, dass Platon – und im Anschluss auch Plotin – beide Bewegungen beschrieben und erkannt hätte, dass beide gleich wichtig seien: Die eine gehe vom Vielen zu dem Einen, die andere vom Einen zu dem Vielen. Einmal werde hinter der Vielzahl der Erscheinungen deren Quelle gesucht – dann erscheine das Göttliche jenseits der Welt. Und einmal gieße diese Quelle sich in die Vielzahl der Erscheinungen aus – dann erscheine das Göttliche innerhalb der Welt.[150] Die Aufwärtsbewegung bezeichnet er auch als das männliche Gesicht Gottes, die Abwärtsbewegung als das weibliche Gesicht. Die Integration von Aufstieg und Abstieg setzt er außerdem mit den Qualitäten Weisheit und Mitgefühl in Beziehung: Der Weg des Aufstiegs strebe nach Weisheit, der Weg des Abstiegs nach Mitgefühl. Die Weisheit sehe in dem Vielen das Eine, das Mitgefühl sehe, dass das Eine Vieles sei. Für ersteres verwendet er den Begriff „Eros", für letzteres „Agape".[151] Später sei es zu einer Spaltung dieser zwei Bewegungen gekommen: Die „Aufsteiger" vertraten reine Transzendenz, die „Absteiger" reine Immanenz und schufen dadurch den Dualismus zwischen „dieser Welt" und der „jenseitigen Welt". In „Eros, Kosmos, Logos" versucht Wilber diesen „Krieg" wie er es nennt, nachzuzeichnen und verbindet ihn mit der Geistesgeschichte des Westens. Bis zur Moderne hätte das Ideal des Aufstiegs dominiert, seither sei es umgekehrt.[152] Beide Ansätze seien zur Hälfte richtig, zur Hälfte falsch, denn das Absolute sei der nonduale, d.h. ungetrennte Grund der Wirklichkeit des Einen und Vielen zu-

---

150. Vgl. 1997, 318f.
151. Vgl. ebd., 323ff.
152. Vgl. ebd., 328.

gleich.[153]

Die Rede von „Agape" und „Eros" verbindet er mit der Vorstellung der Holarchie dergestalt, dass es sich bei „Agape" um den Trieb eines Holons handele, die Subholons, aus denen es besteht, liebevoll zu umarmen; bei „Eros" hingegen um das Verlangen, Teil eines größeren Ganzen bzw. Holons zu werden. Beide Triebe könnten fehlschlagen: „Agape" könne zu einer Fixierung auf bzw. gar einer Regression zu den Subholons führen, von ihm „Thanatos" genannt, „Eros" zu einer Verdrängung oder Unterdrückung der (bald Sub-) Holone, „Phobos".[154]

Auf die Frage, warum sich das Eine überhaupt in dem Vielen manifestiere, antwortet Wilber sehr persönlich:

> *„Als ich zum ersten Mal [...] meditative Versenkung in das formlose Eine [erlebte], hatte ich, [...] das vage Gefühl, dass ich in dieser wunderbaren Welt nicht allein sein wollte. [...] Ich war froh, den Frieden des Einen aufzugeben, auch wenn ich wusste, dass ich dies mit dem Schmerz der Vielen bezahlen müsste. Das ist nur eine schwache Ahnung davon, was die großen Mystiker gesehen haben, aber diese meine beschränkte Erfahrung scheint doch im Einklang mit ihrer großen Aussage zu stehen: Man ist das Eine, das die Vielen, Schmerz und Lust und alle Gegensätze aus freien Stücken entstehen lässt, weil man nicht in der exquisiten Einsamkeit der Unendlichkeit verharren und weil man nicht alleine essen will. [Das damit verbundene Leiden] wird als Teil des notwendigen Spiels des Lebens aus freien Stücken gewählt. Eine manifeste Welt ist ohne die Gegensätze von Lust und Schmerz nicht zu haben."*[155]

---

153. Vgl. 2000, 356f.
154. Vgl. 2017b, 479.
155. Vgl. 2001, 262f.

Der Ordnungsrahmen AQAL

Wilber kürzt sein System mit den Buchstaben AQAL ab. Diese stehen für die insgesamt fünf Elemente oder Komponenten „Alle Quadranten, Ebenen, Linien, Zustände und Typen ". Wilber stellt diese Elemente insgesamt erstmals in seinem 1995 erschienen Buch „Eros, Kosmos, Logos" vor. Während sich Wilber in diesem Werk und vorangehenden Werken tendenziell auf jeweils eines der Elemente fokussierte und dieses mit einer bestimmten Theorie verband (z.B. bei Ebenen mit Piaget oder Gebser), stellt er im Laufe der Zeit zunehmend die Elemente selbst und ihre Beziehung zueinander in den Vordergrund. Statt um ein bestimmtes Stufenmodell geht es ihm nur noch um das DASS der Stufen als grundlegende Struktur – das Gefäß wird wichtiger als der Inhalt im Detail. Er versteht AQAL nur noch als „eine Karte, [die] nicht das Gelände selbst" ist und als eine Art „Betriebssystem."[156] Es sei ein „neutraler Rahmen", der „keine speziellen Ideologien" aufdränge. Er versteht AQAL damit als Hinweis oder Hilfestellung zu mehr Ganzheitlichkeit, indem er aufzeigt, welche Elemente einbezogen werden müssen, um sich ein möglichst umfassendes Bild von einer Sache zu machen.

Das bringe einige Vorteile mit sich:

1. Jede und jeder könne seine Theorie anwenden, weil er ihre Richtigkeit selbst überprüfen kann: „Es handelt sich bei diesen fünf Elementen nicht um rein theoretische Konzepte; sie sind Aspekte Ihrer eigenen Erfahrung, Konturen Ihres eigenen Bewusstseins."[157]
2. Der Ansatz ermögliche den verschiedensten Bereichen und Disziplinen miteinander ins Gespräch zu kommen, indem er eine dazu geeignete Terminologie zur Verfügung stellt.[158] „Weil jede Disziplin das IBS anwenden kann – von der Medi-

---

156. 2007, 12f.
157. Ebd.
158. Ebd., 13f.

zin bis zur Kunst, von Wirtschaft, Spiritualität und Politik bis zur Ökologie –, kann zum ersten Mal in der Geschichte ein gründlicher und fruchtbarer Dialog zwischen all diesen Disziplinen beginnen."[159]

Als dritten Vorteil möchte ich ergänzen: Dadurch wird es möglich, zwischen dem „integralen Ansatz" (AQAL) und der darüber hinaus gehenden „Philosophie Ken Wilbers" zu unterscheiden (z.B. seine Ontologie), von der AQAL nur ein Bestandteil ist.

Die Quadranten

Wilber beschreibt die Quadranten erstmals in seinem Werk „Eros, Kosmos, Logos".

In seinem darauffolgenden Werk, „Eine kurze Geschichte des Kosmos" erklärt er, wie er selbst zu diesem Modell kam. Er habe alle möglichen verschiedenen Holarchien, die er in den unterschiedlichsten Theorien und Traditionen finden konnte, in Listen zusammengefasst und alle vor sich auf dem Fußboden ausgebreitet. Zuerst dachte er aufgrund einiger Ähnlichkeiten, sie bezögen sich alle auf dasselbe Gebiet und es könnte ihm gelingen, die verschiedenen Versionen zu einer zusammenzuführen. Doch das gelang nicht, da sie sich in irgendetwas grundlegend unterschieden. Irgendwann habe er begriffen, dass sich all diese Holarchien vier verschiedenen Typen zuordnen ließen. Er stellt fest:

> *„Ich glaube in der Tat nicht, dass dies schon einmal jemandem aufgefallen ist – vielleicht weil es so unglaublich einfach ist. Mir jedenfalls war es neu."*[160]

Die vier Quadranten entstehen durch zwei simple, aber grundlegende Unterscheidungen: Innen und außen, individuell und kollektiv. Diese Merkmale, die jedes Holon aufweist, führen zu vier verschiedenen Feldern: Oben links innerlich-individuell, oben rechts äußer-

---

159. Ebd., 54.

lich-individuell, unten links innerlich-kollektiv, unten rechts äußerlich-kollektiv. Die Worte „innerlich" und „äußerlich" werden dabei synonym mit den Worten „subjektiv" und „objektiv" verwendet.[161] Eine dritte Variante begegnet in den Bezeichnungen „Bewusstsein" und „Form" oder „Tiefe" und „Oberfläche."[162]

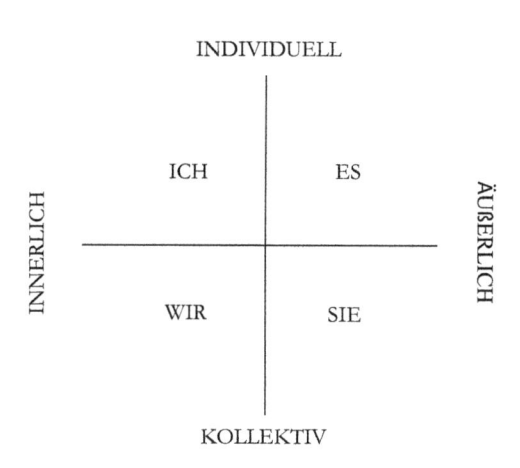

```
                    INDIVIDUELL
                        |
                        |
            ICH         |        ES
                        |
  I                     |                    Ä
  N      _____   U
  N                     |                    ß
  E                     |                    E
  R                     |                    R
  L         WIR         |       SIE          L
  I                     |                    I
  C                     |                    C
  H                     |                    H
                        |
                    KOLLEKTIV
```

Abbildung 6: Der Quadrant

Das Wissen darum, wie Wilber zu den Quadranten kam, ist insofern bedeutsam, als dass die Quadranten häufig vereinfacht als eine

---

160. Wilber, 1997, 105. Frank Visser weist in seiner Monografie über Ken Wilber darauf hin, dass das Modell der Quadranten, verbunden mit der Vorstellung der Holarchie, bereits in den 80er Jahren durch den britischen Ökonomen E.F. Schumacher in seinem Werk „A Guide for the Perplexed" beschrieben wurde, aber weitgehend unbekannt blieb. Tatsächlich gibt es zwischen beiden Konzepten große Schnittpunkte, sie sind aber nicht deckungsgleich. Vgl. Visser, 242 und Schumacher, 1997, S. 74. Auch Schumacher beschreibt vier Felder des Wissens, unterscheidet jedoch neben Innen und Außen „Ich und die Welt" statt „individuell und kollektiv", wodurch sich andere Perspektiven ergeben.
161. Vgl. Wilber, 1997, 107f.
162. Vgl. 2000, 117.

Grafik mit vier Flächen dargestellt wird, denen die Pronomen „Ich, Du/Wir, Es, Sie" zugeordnet werden. Diese simple Darstellung birgt aber den großen Nachteil, dass aus ihr nicht ersichtlich wird, dass es sich bei jedem der vier Bereiche um verschiedene Formen von Holarchien handelt. (Siehe dazu Abbildung 6 und 7 in Gegenüberstellung)

Es gibt nicht nur ein flaches „Ich", „Du" und „Es", sondern jedes „Ich, „Du" und „Es" entwickelt sich in Richtung zunehmende Tiefe und Komplexität. Das Bewusstsein eines Atoms ist ein anderes als das einer Pflanze oder eines Affen.[163]

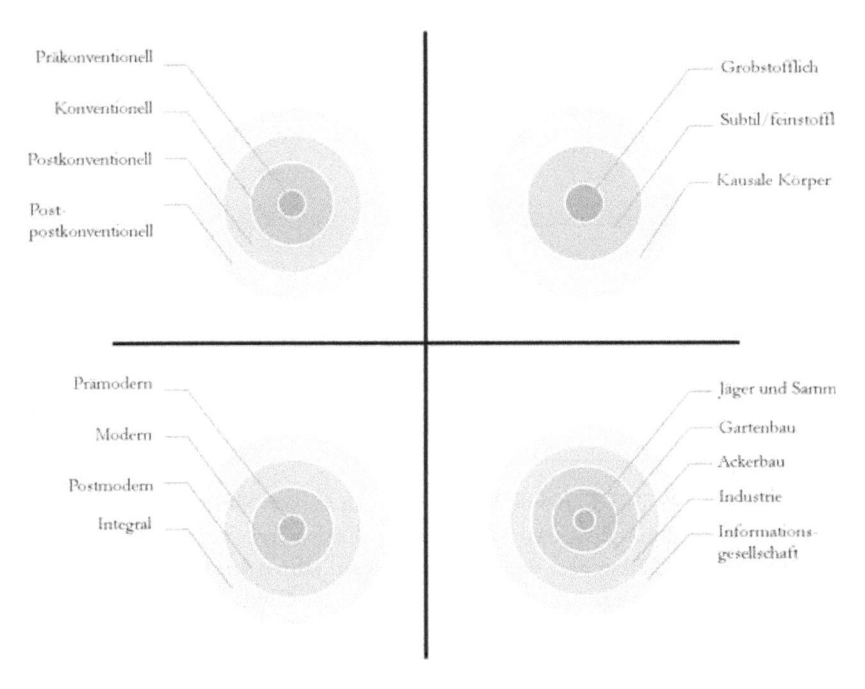

Präkonventionell	Grobstofflich
Konventionell	Subtil/feinstoffl
Postkonventionell	Kausale Körper
Post-postkonventionell	
Prämodern	Jäger und Samm
Modern	Gartenbau
	Ackerbau
Postmodern	Industrie
Integral	Informationsgesellschaft

Abbildung 7: Vier verschiedene Typen von Holarchien

Damit verbunden seien vier verschiedene Erkenntnisansätze, die

---

163. Vgl. ebd., 118.

sich jeweils mit einem dieses Typus auseinandersetzten:

Während der rechte Quadrant empirisch untersucht werden kann, mit unseren Sinnen oder deren Erweiterungen durch Teleskope, Mikroskope usw., entzieht sich der linke einer solchen Untersuchung: „Geist" ist ein Phänomen, das nur von innen heraus erfahren werden kann. Zugänglich ist es nur vermittels Kommunikation und Interpretation.[164] Jedes Holon hat einen Aspekt, den man anschauen oder messen kann und gleichzeitig einen Aspekt, zu dem man nur durch eine Art „empathische Resonanz" gelangt. Aufgrund ihrer Methode können die empirischen Wissenschaften nur das Äußere von Dingen untersuchen, das Innere bleibt unzugänglich von außen. Zum Inneren haben wir nur durch unser eigenes Innere Zugang:

„Oberflächen kann man sehen, während man Tiefe interpretieren muss."[165]

Deshalb sei der linke Quadrant aber nicht weniger real als der rechte. Vielmehr weist Wilber im Anschluss an den Psychologen und Philosophen William James auf die Beobachtung hin, dass die einzige unmittelbare Erfahrung, die wir alle haben, die unseres Bewusstseins, Gewahrseins sei. Alles andere davon seien Ableitungen.[166] Diese innere Erfahrung lasse sich keinesfalls auf das reduzieren, was untersuchbar sei. Er zieht dazu einen einfachen Vergleich zwischen dem Gehirn und dem Geist. Wenn man das Gehirn eines toten Menschen freilege, sähe man es zwar, wisse aber trotzdem nicht um dessen Gedanken, Gefühle und Wahrnehmungen.

Ferner nimmt Wilber an, dass jedes Holon über eine Art Äußer- und Innerlichkeit verfüge. Er verzichtet darauf, nach einem bestimmten Punkt zu suchen, an dem Bewusstsein das erste Mal entsteht, sondern spricht lediglich von einer Zunahme an Bewusstheit über die Stufen hinweg und vertritt damit eine Form des Panpsychismus.

---

164. Vgl. ebd., 132 und 1997, 120f.
165. 1997, 313.
166. Vgl. 1999a, 33.

Hierin steht er in direkter Nachfolge von Pierre Teilhard de Chardin.[167] Dieser schreibt in „Der Mensch im Kosmos":

> *„Da der Stoff des Universums irgendwo eine Innenseite hat, ist er notwendigerweise von zweiseitiger Struktur, und zwar in jedem Raum- und Zeitabschnitt, ebenso gut wie er etwa körnig ist: es gibt eine Innenseite der Dinge, die ebenso weit sich erstreckt wie ihre Außenseite."*[168]

Dabei korreliert nun das Innere mit dem Äußeren: Jede äußerlich-individuelle Struktur bringt ein dazu entsprechendes innerlich-individuelles Bewusstsein oder Empfinden mit sich. Jede innerliche-kollektive Weltsicht bringt eine dazu passende äußere Struktur hervor und umgekehrt:

> *„Die Quadranten sind alle miteinander verwoben und determinieren einander. Sie sind die Ursache aller anderen Quadranten in konzentrischen Kreisen von Kontexten in Kontexten."*[169]

Es mache deshalb keinen Sinn, die Frage zu stellen, was zuerst da war: Der Gedanke oder der damit einhergehende biochemische Vorgang im Gehirn. Beides passiere exakt gleichzeitig.

Mit jedem Quadranten verbindet Wilber unterschiedliche Geltungsansprüche und Typen von Wahrheit. Der Quadrant rechts oben hat den Anspruch objektive und empirisch überprüfbare Sachverhalte zu liefern, zum Beispiel über das Gehirn, die Planeten, Organismen, Ökosysteme. Bei dem Quadranten links oben geht es um Wahrhaftigkeit: Lügt jemand über das, was in seinem Inneren vorgeht, oder ist er aufrichtig (auch gegenüber sich selbst), z.B. im Rahmen einer Psychotherapie. Im Quadranten links unten ist Wahrheit „Passung". Diese ist es, die Verstehen und Kommunikation überhaupt erst ermöglicht. Wenn z.B. jemand „Hund" sagt, versteht der

---

167. Vgl. 2000, 114f.
168. De Chardin, 1994, 45.
169. 1999a, 41.

andere, was damit gemeint ist, nur dann, wenn dieser die sprachlichen Voraussetzungen dafür mitbringt und wenn er in seinem Leben überhaupt schon einmal einen Hund gesehen hat, sich also etwas darunter vorstellen kann. Zeigt er jedoch auf einen Hund und sagt dabei „Giraffe", so kommt keine „Passung" zustand, die Aussage ist nicht richtig. Im Quadranten rechts unten dagegen gehe es um eine „funktionelle Passung" und die Frage, wie Dinge innerhalb eines Systems zusammenpassen. Damit ändern sich auch jeweils die Kriterien, die an eine Theorie angelegt werden, um ihre Gültigkeit zu überprüfen. Je nach ihrem Geltungsanspruch kann eine Theorie innerhalb ihres Bereichs widerlegt werden.[170]

Neben den vier Quadranten bedient sich Wilber häufig einer vereinfachten Version durch die Reduzierung auf die „großen Drei": „Ich, Du, Es" oder das objektive, subjektive und intersubjektive. Dabei werden der rechte obere und untere zu einem Bereich zusammengefasst (siehe Abbildung Nr. 8).

Ich
- Selbst
- das Schöne
- Kunst
- Das Subjektive

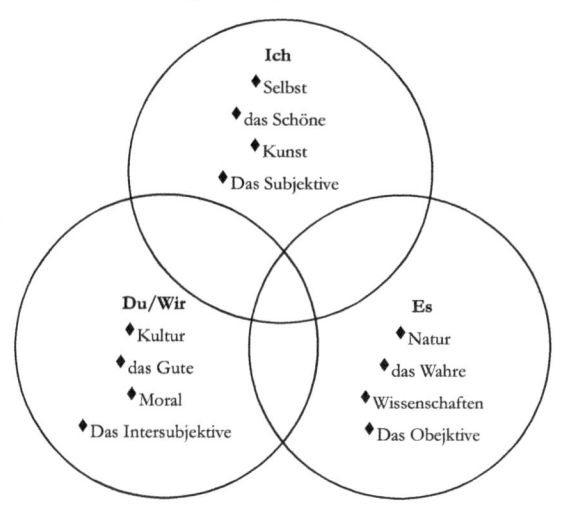

Du/Wir
- Kultur
- das Gute
- Moral
- Das Intersubjektive

Es
- Natur
- das Wahre
- Wissenschaften
- Das Obejktive

Abbildung 8: Die großen Drei

---

170. Vgl. 1997, 144-161.

Die Es-Sprache ist monologisch. Sie betrifft objektive, wertneutrale Oberflächen. Es ist die Sprache der empirischen Wissenschaften. Die Ich-Sprache ist das Innere von uns Menschen, unser Gewahrsein, unser Bewusstsein. Die Wir-Sprache ist eine von Menschen miteinander geteilte Sicht auf die Welt.[171]

Die „großen Drei" treten in verschiedenen Formen auf: So fasst Wilber diese gerne unter den Stichworten „Selbst, Kultur und Natur", „Kunst, Moral und Wissenschaften", „Bewusstsein, Werte und Fakten" zusammen.[172]

Für diese findet er wiederum – im Gegensatz zu den Quadranten – Entsprechungen in der Philosophiegeschichte und den spirituellen Traditionen: Buddha, Sangha und Dharma im Buddhismus, „Das Gute, Wahre, Schöne" bei Platon, die Trilogie von Kant mit „Kritik der reinen Vernunft" (objektiv), „Kritik der praktischen Vernunft" (subjektiv), „Kritik der Urteilskraft" (intersubjektiv) oder die drei Geltungsansprüche bei Habermas: objektive Wahrheit, subjektive Aufrichtigkeit und intersubjektive Richtigkeit.[173]

Auffällig ist, dass sich der Stellenwert dieser Vereinfachung für Wilber im Lauf der Jahre geändert zu haben scheint: Während er in „Eros, Kosmos, Logos" die Quadranten an den Anfang stellt und eher nebenbei deren Vereinfachung als „die „großen Drei" erwähnt, ist es in „Integrale Spiritualität" umgekehrt: Ausgehend von den Pronomen der Sprache „Ich, „Du" und „Es" beschreibt er zuerst „die „großen Drei"" und erst anschließend die Idee der Quadranten.

Jede spirituelle Erfahrung (auf jeder Bewusstseinsebene) hat in diesem Modell bis zu vier, mindestens jedoch drei Dimensionen: eine subjektive, intersubjektive und objektive. Da Wilber sich selbst vor allem in der buddhistischen Tradition beheimatet sieht, verwendet er meistens buddhistische Begriffe, da ihm diese am geläufigsten sind, erklärt aber „man kann natürlich auch andere verwenden."[174]

---

171. Ebd., 163f.
172. Vgl. 2000, 404 und 1997, 165.
173. Vgl. 1997, 166.
174. Ebd., 177.

Die äußerste Wahrhaftigkeit gegenüber sich selbst wäre, zu erkennen „Ich bin der Buddha", ich bin GEIST", die höchste kulturelle Richtigkeit wäre, in allen Wesen diesen Buddha-GEIST zu sehen und die höchste objektive Wahrheit wäre, dass alles, was ist, vollkommene Manifestationen des GEISTES sind. Er nennt es Buddha, Sangha und Dharma. Mit Buddha meint er, dass das individuelle „Ich" seine wahre Natur in der Identität mit dem GEIST entdeckt. Sangha bezeichnet eine Gemeinschaft und Dharma die Gesamtheit dessen, was ist. An dieser Stelle liegt es bereits nicht mehr fern, die Worte Christus, Kirche und Gott oder Sohn, Hl. Geist und Vater einzusetzen – und es ist auffällig, dass Wilber es selbst lange Zeit nicht macht.[175]

In „Integrale Spiritualität" führt er diese Gedanken konsequent weiter, den er auch das 1-2-3 Gottes nennt. Sobald es zu „irgendeiner Art von Manifestation kommt, [...] gibt es GEIST in der ersten Person, GEIST in der zweiten Person und GEIST in der dritten Person."[176]

Er nennt es auch „das große Ich, das große Du und das große Es." Noch später spricht er davon, dass es sich hier um den ersten Archetyp überhaupt handele, von dem sich alles weitere ableite. Dabei verwendet er den Begriff „Archetyp" anders als C.G. Jung und versteht darunter lediglich die allerersten, fundamentalsten Formen, Muster und Prozesse, die für die Existenz dieses Universums notwendig gewesen wären (wie die Möglichkeit von Raum und Zeit oder die Holone als Bausteinprinzip, aus dem sich alles zusammensetzt) – nicht jedoch all die Formen, die sich später im Laufe der Evolution daraus entwickelten. Er wendet sich damit gegen die Vorstellung, dass alles vor dem Entstehen des Kosmos in der Form ewiger Ideen Gottes, also einer Art „Vorsehung" oder göttlichem Schöpfungsplan – und damit gänzlich unabhängig von der Evolution – bereits bestanden hätte.[177]

Im Hinblick auf die „großen Drei" stellt er fest, dass die theisti-

---

175. Vgl. dazu ebd., 178 mit 2017b, 156.
176. Wilber, 2007, 218.
177. Vgl. 2017b, 155ff. u. 158.

schen Traditionen mit dem GEIST in der zweiten Person sehr vertraut seien, wogegen es ihnen schwerfalle, den GEIST in der ersten Person anzunehmen. Jesus und andere seien deshalb hingerichtet wurden, weil sie behaupteten, Gott zu sein. In neuen religiösen Bewegungen dagegen zeige sich genau das entgegengesetzte Phänomen: Während ausführliche Beschreibungen des GEISTES in der dritten Person mit Praktiken zum Erfahren des GEISTES aus der ersten Person verbunden würden, gehe der GEIST der zweiten Person verloren. Er erklärt das damit, dass der Abschied vom mythischen Gott für viele automatisch mit dem Abschied von jeglichem „großen Du" verbunden werde. Damit werde aber eine wesentliche Dimension der Wirklichkeit unterdrückt. Wo die Chance der Hingabe an etwas Höheres, durch das sich das Ego auflösen könnte, nicht genutzt werde, sei Arroganz die Folge. Diese fordert er auf, für sich einen türkisenen, einen Indigo- und so weiter Gott zu finden, vor dem sie sich verneigen könnten, denn die Quadranten und damit auch die „großen Drei" – oder genauer die Holarchien innerhalb der Quadranten – reichten bis ganz nach oben. Wilber betont, dass diese Hingabe auch für den Buddhismus zentral sei.[178]

Die Quadranten oder die „großen Drei" werden bei Wilber zum Prüfstein jeglicher Theorie: Nur wenn alle vier Quadranten berücksichtigt werden, ist eine Theorie eine ganzheitliche, eine „integrale", – tun sie das nicht, bekommt sie von ihm das Prädikat „einseitig" und „reduktionistisch".

Dabei unterscheidet er zwischen einem „subtilen Reduktionismus" und einem „plumpen Reduktionismus". Beide sieht Wilber als ein Erbe der Moderne.

Der grobe, plumpe (gross) Reduktionismus behaupte, die ganze Wirklichkeit sei der Quadrant rechts oben. Das passiere in zwei Schritten: Zuerst werde behauptet, nur, was sich empirisch untersuchen lasse, existiere. Damit werde die gesamte linke Hälfte des Quadranten, also die Existenz der Innerlichkeit, geleugnet. Zweitens

---

178. Vgl. 2007, 220f.

werden alle auffindbaren Strukturen auf Atome oder subatomare Teilchen zurückgeführt. Das seien die Materialisten oder Atomisten.[179] Später nennt er diesen Versuch auch „Szientismus".[180]

Der subtile (subtle) Reduktionismus beziehe den Quadranten rechts unten mit ein: Er erkenne an, dass alle Holone Teil eines zusammenhängenden Systems oder größeren Ganzen seien. Darunter fallen für ihn Systemtheorien als auch holistische Theorien von einem ‚Gewebe des Lebens'.[181]

Doch beide Sichtweisen – die der Atomisten und die der Holisten – ließen die gesamte linke Seite des Quadranten außer Acht, indem sie meinen, alles mit ihrer Es-Sprache erfassen zu können.[182] Er nennt sie gerne auch ‚Flachland'[183], denn es gäbe in dieser Welt nur Oberflächen, aber keine Tiefe mehr. Diese Leugnung der Innenseite sei deshalb möglich geworden, da wie erwähnt jede Innenseite eine Außenseite aufweist, die mit ihr korreliert.[184] Ein Beispiel dazu: Selbst das Erleben einer Einheitserfahrung hinterlässt im Gehirn bestimmte messbare Daten. Der wissenschaftliche Materialismus nehme aber genau das „als Bestätigung dafür, dass spirituelle Realitäten nichts anderes sind als Gehirnphysiologie [...]".[185]

In „Integrale Spiritualität" stellt Wilber seine Idee des „integralen methodologischen Pluralismus (kurz: IMP)" vor. Es handelt sich dabei um eine Weiterentwicklung des Quadranten-Modells. Wenn man irgendeines der beobachteten Phänomene oder Holone aus den verschiedenen Quadranten nähme, stelle man fest, dass sich dieses wiederum von einer Außen- und einer Innenperspektive betrachten und

---

179. Vgl. 2000, 135.
180. 1999a, 53.
181. Vgl. 2000, 135 und 1997, 158.
182. Vgl. 1997, 158.
183. 2000, 135. Es handelt sich dabei um eine Anspielung auf die satirische Novelle „Flatland. A Romance of Many Dimensions" von Edwin A. Abbott aus dem Jahre 1884.
184. Vgl. Wilber, 1997, 170.
185. 2007, 229.

untersuchen ließen. Da es sich bei jedem Quadranten bereits um eine bestimmte Perspektive handelt (innerlich/äußerlich/kollektiv/individuell) geht es also um Perspektiven auf Perspektiven auf Perspektiven. Zum Beispiel könne die Erfahrung eines „Ich" aus dem oberen linken Quadranten sowohl von innen erlebt als auch zu einem Objekt wissenschaftlicher Beobachtung von außen gemacht werden. Ersteres passiere unter anderem in der Meditation, letzteres sei das Vorgehen des Strukturalismus, dessen sich beispielsweise Spiral Dynamics bediene. Ebenso könne mit allen anderen Phänomenen oder Holonen innerhalb der vier Quadranten verfahren werden.

> *„In semantischer Hinsicht reserviert Wilber für den Begriff „interior" (innerlich) die Bedeutung: ‚unsichtbar, ohne einfachen Ort, in der linken Hälfte des Quadrantenmodells befindlich', während „inside" (innen oder innerhalb) meint: ‚innerhalb der Grenze eines Holons befindlich – unabhängig davon, ob ein innerliches oder ein äußerliches Holon betrachtet wird'. „Exterior" (äußerlich) bedeutet dann entsprechend: ‚sichtbar, mit einem einfachen Ort (auf den man zeigen kann), in der rechten Hälfte der Quadrantenmodells befindlich', während ‚outside' bedeutet: ‚außerhalb der Grenze eines bestimmten Holons befindlich – ebenfalls unabhängig davon, ob ein innerliches oder ein äußerliches Holon betrachtet wird'.[186]"*

Dadurch entstünden acht (zweimal vier) verschiedene ursprüngliche Perspektiven, die acht verschiedenen Methodologien entsprächen und weiter nicht reduzierbar seien.

Jede dieser Methodologien habe eigene Richtlinien oder Paradigma für den Erwerb nachprüfbaren Wissens entwickelt.[187] Jedes Einnehmen einer dieser Perspektiven entspreche einem bestimmten Vorgehen mit konkreten Handlungen und Richtlinien und bringe das Phänomen zeitgleich zum Vorschein.[188]

---

186. Wittrock, 2008, 46f.
187. Vgl. Wilber, 2007, 57ff.

Zur Orientierung werden diese Perspektiven – von ihm Hori-Zonen genannt – von eins bis acht durchnummeriert. (Siehe Abbildung Nr. 9) Wilber entwickelt dafür eine eigene Notationsform, die er „integrale Mathematik" nennt.

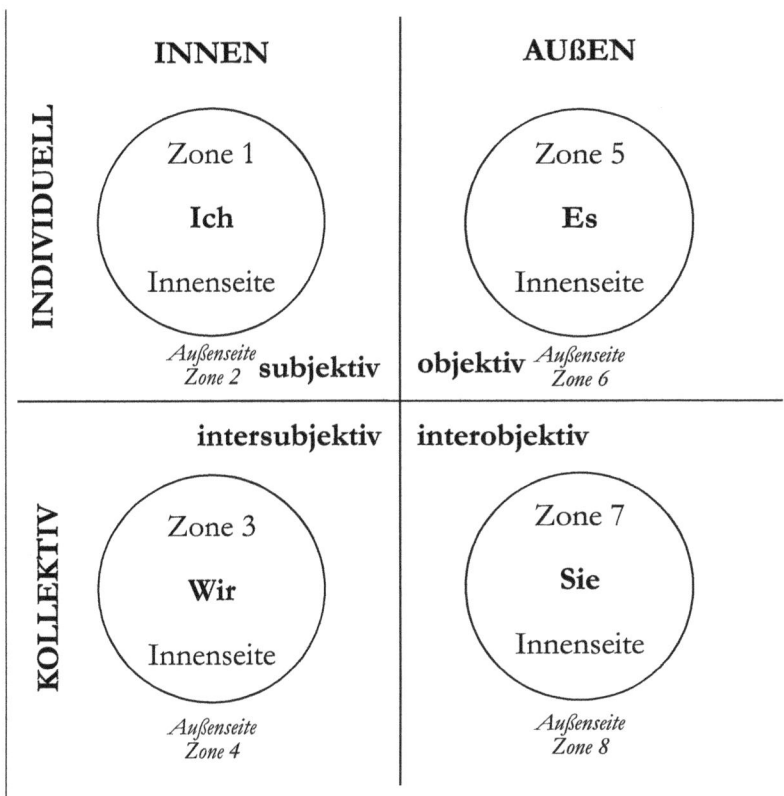

	INNEN	**AUSSEN**
INDIVIDUELL	Zone 1 **Ich** Innenseite	Zone 5 **Es** Innenseite
	Außenseite Zone 2 **subjektiv**	**objektiv** *Außenseite Zone 6*
	intersubjektiv	interobjektiv
KOLLEKTIV	Zone 3 **Wir** Innenseite	Zone 7 **Sie** Innenseite
	Außenseite Zone 4	*Außenseite Zone 8*

Abbildung 9: Der integrale methodologosche Pluralismus

Die achte Methodologien (Zonen) sind also folgende:
(1-p steht im Folgenden für die Perspektive der ersten Person, 3-p für die der dritten, die Abkürzungen stammen von Wilber selbst)

---

188. Vgl. ebd., 60.

- **Zone 1 (1-p) × (1-p) × (1p)**
  Eine subjektive Sicht auf die Innensicht von innerlichen Realitäten des „Ich"
  Phänomenologie, Introspektion, Meditation, Kontemplation)

- **Zone 2 (3-p) × (1-p) × (1p)**
  Eine objektive Sicht auf die Innensicht von innerlichen Realitäten des „Ich"
  Strukuralismus, Entwicklungpsychologie

- **Zone 3 (1-p) × (1-p) × (1p*pl)**
  Eine subjektive Sicht auf die Innensicht von innerlichen Realitäten des „Wir"
  Hermeneutik

- **Zone 4 (3-p) × (1-p) × (1p*pl)**
  Eine objektive Sicht auf die Innensicht von innerlichen Realitäten des „Wir"
  Enthnologie, Semiologie, Genealogie, Ärchäologie, Grammatologie, kulturelle Studien, Poststrukturalismus, Neostrukturalismus, Anthropologie

- **Zone 5 (3-p) × (1-p) × (3p)**
  Eine objektive Sicht auf die Innensicht von äußerlichen Realitäten des „Es"
  Biomedizinische Psychatrie, Evolutionspsychologie, Soziobiologie, autopietischer Behaviorismus

- **Zone 6 (3-p) × (3-p) × (3p)**
  Eine objektive Sicht auf die Außensicht von äußerlichen Realitäten des „Es"
  Physik, Chemie, Biologie, Behaviorismus

- **Zone 7 (3-p) × (1-p) × (3p*pl)**

Eine objektive Sicht auf die Innensicht von äußerlichen Realitäten des „Wir"
Soziale Autopoiese

- **Zone 8 (3-p) × (3-p) × (3p*pl)**
Eine objektive Sicht auf die Außensicht von äußerlichen Realitäten des „Wir"
Systemtheorie[189]

Wilber nennt seinen Ansatz auch eine integrale Post-Metaphysik, da diese weder Dinge, Ereignisse, Prozesse usw. behaupte, sondern bei Bedarf selbst hervorbringe. Das geschehe dadurch, dass Wahrnehmungen durch Perspektiven ersetzt werden.[190] Es gäbe zunächst nichts – Phänomene entstünden erst dann, wenn jemand eine Perspektive einnehme und damit etwas zum Vorschein bringe. Anders formuliert könnte man sagen: Das, was es gibt, ist abhängig von dem, der es beobachtet und dieser jene ist wiederum abhängig von einem bestimmten Kontext. Denn alle Perspektiven sind jeweils eingebettet in Körper, Kulturen und Systeme.

Waren in früheren Werken die Quadranten Garant für integrales Denken, so ist es nun dessen erweiterte Form, der integrale methodische Pluralismus. Die Vertreter der „Großen Kette des Seins" und die „Philosophie des Bewusstseins" seien Spezialisten in Zone eins, der Phänomenologie, gleichzeitig aber in großer Unwissenheit über die restlichen Zonen und deren Einfluss auf das, was sie meinten, wahrzunehmen. Er nennt ihr Wissen deshalb „monologisch" und ihre Prämisse den „Mythos vom Gegebenen". Anhänger dieses Mythos glaubten, dass die Realität dem Bewusstsein einfach so gegeben sei und dass das Bewusstsein eines Individuums deshalb die Wahrheit schauen könne. Dazu sei es jedoch nicht fähig, da das Subjekt seine Wirklichkeit immer mit konstruiere und dabei eingebettet sei in inter-

---

189. Der IMP wurde seither bereits auf die Religion angewandt durch Hargens/Wilber 2006b, DiPerna 2018a, Aldermann 2019a.
190. Ebd., 68.

subjektive kulturelle Netzwerke. Diese Erkenntnis sei die Errungenschaft der Postmoderne. Es gälte deshalb immer alle acht Zonen mit zu berücksichtigen, wenn verlässliches Wissen generiert werden solle.[191] Da „Realität (…) keine Wahrnehmung, sondern eine Vorstellung" sei, müsse die alte Metaphysik „über Bord" geworfen werden.[192] Das große Nest des Seins liege nicht irgendwo herum und warte darauf, entdeckt zu werden, sondern sei immer eine mögliche Art und Weise, Realität zu interpretieren als auch Konstrukt des erkennenden Subjekts selbst. Die Ebenen versteht er so hauptsächlich „als Formen, die sich im Verlauf der Zeit, Evolution und Geschichte entwickelt haben."[193] Da alles relativ zueinander sei, müsse jede Behauptung, die aufgestellt werde, immer den Ort mit angeben, von dem aus sie spreche und den Ort dessen, worauf sie sich beziehe. Diesen Ort nennt Wilber auch gerne die „kosmische Adresse." Diese setzt sich zusammen aus der „Höhe" (Ebene des Subjekts) und der Perspektive (Zone eins-acht). Diesem Verständnis zufolge „existieren" Gott und andere spirituelle Realitäten nicht anders als andere Dinge auch, da es nur darauf ankomme, von einer bestimmten Entwicklungsebene eine bestimmte Perspektive einzunehmen und einen bestimmten Bewusstseinszustand zu erleben.[194] Eine Frage, die hier auftaucht, ist, ob das bedeutet, dass die Dinge „an sich" oder eine „objektive Wirklichkeit" gar nicht vorhanden sind – oder ob sie nur nicht für jeden gleichermaßen sichtbar sind. Es scheint, als würde Wilber die ganze Ontologie auf Perspektiven bzw. eine ausgefeilte Epistemologie reduzieren.[195] Tatsächlich geht Wilber in seinem post-

---

191. Vgl. ebd., 75 u. 242.
192. Ebd., 316.
193. Ebd., 320.
194. Vgl. ebd., 345 – 358.
195. Dieser Vorwurf wird ihm auch von Vertretern des „Critical Realism" gemacht. Dieser wiederum wirft ihnen vor, die Epistemologie von der Ontologie zu trennen. Die Diskussion wird bis heute unter den Schüler*innen der Philosophen fortgeführt. Vgl. Bhaskar/Hargens u.a., 2015 und Wilber, 2013c.

metaphysischen Ansatz davon aus, dass die Welt nicht einfach vorgegeben ist, als eine Art Ansammlung unveränderlicher Ideen und einmalige Schöpfung eines unveränderlichen Gottes, sondern laufend durch gemeinsame, kollektive Schöpfungen hervorgebracht und geformt wird. Er spricht hier von kosmischen Gewohnheiten („Kosmic habits")[196] als Produkten der Evolution. Perspektive und Ontologie sind für ihn untrennbar bis hin zu den Atomen und kleinsten Partikeln verbunden: „Die beiden bedingen sich in der Tat gegenseitig. Eine andere Epistemologie bringt eine andere Ontologie hervor."[197] Er beruft sich dabei auf den Panpsychismus und Erkenntnisse der Quantenmechanik: Die Existenz von Atomen hinge nicht davon ab, dass sie von Menschen gekannt werden, aber davon, dass diese sich gegenseitig kennen. Auch Atome hätten eine Innenseite. Bewusstsein könne nicht aus dem Sein ‚herausgesaugt' werden, das ohne Bewusstsein darauf warte, von Wesen mit Bewusstsein wahrgenommen zu werden.[198]

Erkenntnisgewinnung

In seinem 1983 veröffentlichen Buch „Die Drei Augen der Erkenntnis" unterscheidet Wilber drei Wege der Erkenntnisgewinnung: Das Auge des Fleisches (Empirie), das Auge der Vernunft (Ratio) und das Auge der Kontemplation (Mystik). Er bedient sich dabei der Bildsprache Bonaventuras, einem christlichen Mystiker des 13. Jahrhunderts. Dabei steht das „Auge des Fleisches" für die sinnliche Wahrnehmung und Naturwissenschaften wie Chemie, Biologie usw., das „Auge der Vernunft" für das Vermögen der Interpretation und die Geistes- und Sozialwissenschaften und das „Auge des Geistes" für das Schauen während der Kontemplation.[199] Stütze man sich vorwiegend auf einen dieser Modi, entstehe daraus Empirismus, Ratio-

---

196. 2017b, 158.
197. Wilber, 2013c.
198. Vgl. ebd.
199. Visser, 2002, 115f.

nalismus und Mystik. Er stellt die These auf, dass alle drei Modi gleichberechtigte und gültige Formen des Erkenntnisgewinns darstellen. Integrale Forschung nutze sowohl horizontal die acht verschiedenen Methodologien des IMP als auch vertikal den sensorischen Empirismus, den mentalen Empirismus und den spirituellen Empirismus.[200]

Jeder Versuch, die Wirklichkeit zu verstehen, müsse daher alle drei Modi berücksichtigen. Der Irrtum der Empiriker läge darin, dass diese nicht sähen, dass es neben sinnlicher Erfahrung auch geistige und spirituelle Erfahrung gäbe.[201]

Alle gültige Erkenntnis umfasse dabei immer drei Stränge:

1. Eine instrumentelle Injunktion. Diese habe immer die Form: „Wenn du dies wissen willst, tue dies." Damit meint er eine konkrete Praxis, Paradigma oder eine Technik, die Daten hervorbringt.
2. Intuitive Apprehension oder unmittelbare Erfahrung. Es kann sich um eine Sinneserfahrung, eine mentale oder eine spirituelle Erfahrung handeln.
3. Gemeinschaftliche Bestätigung (oder Widerlegung). Dies ist die Überprüfung der Ergebnisse, also der Daten oder Befunde) durch andere Menschen, die den Schritt der Injunktion und Apprehension ebenso durchgeführt haben.[202]

Dieses Vorgehen entspricht dem oben beschriebenen dritten Prinzip der Inszenierung/Hervorbringung. Er schreibt dazu:

„Wenn man die Jupitermonde sehen will, braucht man ein Fernrohr. Um den Hamlet verstehen zu können, muss man lesen lernen. Um die Wahrheit des Pythagorassatzes einsehen zu können,

---

200. Vgl. Hargens/Wilber, 2006b, 543. Diesen sog. breiten oder radikalen Empirismus führt Wilber auf William James zurück.
201. Wilber, 1999a, 136f. u. 140.
202. 2013a, 202f.; 1999a, 138.

> *muß [!] man sich mit Geometrie beschäftigen. Mit anderen Worten, eines der wesentlichen Elemente aller gültigen Formen von Erkenntnis ist die Injunktion – wenn du dies wissen willst, mußt du dieses tun.*[203]"

Der Grundsatz der Falsifizierbarkeit gelte damit auch im Bereich von geistigen und spirituellen Erfahrungen: Eine falsche Interpretation von Hamlet könne leicht von einer Gemeinschaft von Forschern aufgezeigt werden, indem sie die beiden ersten Stränge durchführten.[204]

Bestimmte Probleme ließen sich mit dem Auge des Fleisches und des Intellekts nicht lösen, dazu bedürfe es des Auges der Kontemplation. Wenn man beispielsweise das Leib-Seele-Problem oder das Problem des Relativen und des Absoluten lösen wolle, gebe es nur einen Weg: Man müsse sich konsequent einer kontemplativen Praktik verschreiben und eine Erleuchtungserfahrung machen. Dann wäre die Antwort demjenigen, der die Erfahrung gemacht hat, vollkommen klar.[205]

Spiritualität nennt er daher auch „die kontemplativen Wissenschaften":

> *„wenn man wissen will, ob diese Daten wirklich sind, braucht man lediglich das Experiment – in diesem Fall die Kontemplation – durchzuführen, um sich selbst ein Urteil zu bilden. Die Mehrzahl derjenigen, die dies in angemessener Weise getan haben, kommt zu einer einfachen Schlussfolgerung: Man begegnet unmittelbar seinem wahren Selbst [...] und dieses ist nichts anderes als der GEIST selbst."*[206]

---

203. 1999a, 138.
204. Ebd., 140f.
205. Ebd., 143-148.
206. Wilber, 2001, 62.

Die Ebenen

Mit „Ebenen" sind die Entwicklungsphasen gemeint, durch die sich alles hindurch in den vier Quadranten entwickelt: Materie entsteht (Physiospäre), Leben entsteht und entwickelt sich (Biosphäre), der menschliche Geist entsteht (Noosphäre) und entwickelt sich weiter – auch kulturelle Evolution genannt. Auf letztgenannter Entwicklung liegt der Schwerpunkt von Wilbers Betrachtungen.

Diese Entwicklung hat einen direkten Einfluss darauf, wie das Subjekt die Wirklichkeit erfährt und wie es diese deutet:

> *„[...] dieser allgemeine Gedanke, dass sich Weltsichten entwickeln, daß [!] weder die Welt noch das Selbst einfach vorgegeben ist, ist nun die große Entdeckung der Postmoderne."*[207]

Gleichzeitig grenzt sich Wilber deutlich von einem radikalen Konstruktivismus ab, der daraus den Schluss zöge, es könne keine universellen Wahrheiten geben. Ein gemäßigter Konstruktivmus untersuche „die tatsächliche Geschichte und Entfaltung dieser Weltsichten".[208] Diese verlaufe nach dem bereits oben beschriebenen Muster der Evolution: Weltsichten werden transzendiert und inkludiert.

Neben dem Begriff „Ebenen" verwendet Wilber auch gerne die Begriffe „Strukturen" und „Wellen", um jeweils einen anderen Aspekt von Entwicklung zu betonen. Der Begriff „Ebenen" betone dabei deren qualitative Unterschiedenheit, „Struktur" weise darauf hin, dass Ebenen permanente Muster des Seins seien und der Begriff „Wellen" mache deutlich, dass die Ebenen nicht strikt voneinander getrennt seien, sondern in einem fließenden Übergang ineinander übergingen.[209]

In „Halbzeit der Evolution" vertrat Wilber erstmals die sog. Rekapitulationsthese, wonach jeder Mensch die gesamtgesellschaftliche

---

207. 1997, 91.
208. Ebd., 94.
209. 2016a, 23.

Entwicklung der Menschheit in seiner individuellen Entwicklung wiederholt. Diese These und die Annahme einer kulturellen Evolution wurden und werden bis heute kontrovers diskutiert. Wilber ist sich der Problematik des Themas bewusst. Eine Frage, die dabei notwendigerweise aufkomme und beantwortet werden müsse, sei: „Wie kann man vor dem Hintergrund von Auschwitz von einer kulturellen Evolution sprechen?"[210] Es sei jedoch nicht plausibel, anzunehmen, dass Evolution in allen Bereichen des Universums wirksam sein solle, nur beim Menschen nicht. Einige große Theoretiker wie Hegel, Teilhard de Chardin oder Aurobindo hätten bereits die Evolution als Entfaltung des Geistes gedeutet, ihre Thesen jedoch nicht wie er mit konkreten Daten der anthropologischen Forschung untermauert.[211]

Bereits in seinen beiden Büchern „Halbzeit der Evolution" und „Die drei Augen der Erkenntnis" bezog er sich dabei maßgeblich auf Jean Gebsers Bewusstseinsphänomenologie, später zog er noch Jürgen Habermas heran.[212] Sie alle drei seien auf unterschiedlichen Wegen zur gleichen Zeit zu ähnlichen Ergebnissen gekommen, was die Beschreibung der kulturellen Entwicklung des Menschen betreffe.[213]

Alle unterschieden fünf aufeinander aufbauende Weltsichten: Die archaische, magisch-animistische, mythische, rationale und existentielle. Diese Weltsichten gingen mit entsprechenden kulturellen Lebensformen einher. Sie entsprächen dem Schwerpunkt einer Gesellschaft und dem Durchschnittsniveau der Menschen. Manche lägen darüber, manche darunter.[214] In „Eros, Kosmos, Logos" legt Wilber einen Schwerpunkt auf die Genderthematik und setzt sich mit der Entwicklung der Geschlechterrollen auseinander.

---

210. 1999a, 113.
211. Vgl. Ebd., 113-116.
212. Vgl. 2000, 124f.
213. Vgl. 1999a, 117. Eine weitere wichtige Stimme für diese Annahme finden wir bei Merlin Donald, der eine „Co-Evolution" von kognitiver und kultureller Evolution beschreibt. Vgl. Donald, 2012.
214. 2000, 177 und 1997, 185.

Es soll an dieser Stelle ein grober Überblick über die beschriebenen Epochen genügen, wobei ich mich eng an die Wortwahl Wilbers halte:

- Die archaische Stufe oder die Jäger und Sammlergesellschaft. Die Rollen von Mann und Frau sind durch Aufgabenteilung klar definiert und strikt getrennt: Männer kümmern sich um die Jagd, Frauen um das Sammeln von Nahrung und die Aufzucht der Kinder.
- Die magisch-animistische Stufe, die Gartenbau – oder Stammesgesellschaft. Männer gehen nach wie vor auf die Jagd, Frauen produzieren Nahrungsmittel und ziehen die Kinder auf. Es gibt mehr weibliche Gottheiten als männliche.
- Die mythische Stufe und die Ackerbaugesellschaft. Der Übergang von der Hacke zum Pflug führt dazu, dass die Nahrungsmittelproduktion zur Männerarbeit wird. Die Gottheiten werden überwiegend männlich. Die Erzeugung von Nahrungsmittelüberschuss befreit Männer aus der Produktion, so dass es zu einer Blüte der Kultur, aber auch der Kriegsführung kommt. Männer bestimmen den öffentlichen Raum der Regierung, Bildung, Religion und Politik, Frauen den privaten von Familie, Herd und Heim. Die Staatenbildung produziert Mythen zur Identitätsstiftung.
- Die rationale Stufe, Industriegesellschaft oder auch Moderne. Durch die Erfindung von Maschinen werden Rollen (darunter auch die Geschlechter-) nicht mehr ausschließlich durch deren Biologie bestimmt. Damit gehen zahlreiche Befreiungsbewegungen einher: Die Aufklärung, Demokratie, Feminismus, Abschaffung der Sklaverei, Trennung von Staat und Kirche, Entstehung der modernen Wissenschaften.
- Die existentielle Stufe oder die Informationsgesellschaft. Eine neue Art des Denkens versucht, alles Wissen und alle Perspektiven zu einem größeren Ganzen zu vereinen.

Für die im Verlaufe der Entwicklung auftretenden Höhen und Tiefen entwirft Wilber ein Erklärungsmodell, das sich an die oben beschriebenen Muster der Evolution anlehnt und in aller Kürze besagt: Je komplexer ein Bereich werde, desto anfälliger sei er für Fehlentwicklungen.[215] Jede Weiterentwicklung löse zwar bestimmte Probleme, werfe aber zugleich haufenweise neue auf.[216] Auschwitz sei deshalb nicht „das Ergebnis von Rationalität", sondern davon, dass „viele Hervorbringungen der Ratio", also Ergebnisse einer höheren Stufe, mit altem „Stammesdenken", einer wesentlich niedrigeren Stufe, verbunden wurden.[217]

In „Integrale Psychologie" trägt er zahlreiche Modelle einer soziokulturellen als auch individuellen strukturellen Entwicklung von verschiedenen Denkern aus unterschiedlichen Kulturen zusammen (von Plotin, über die Chakrenlehre, die große Kette des Seins, die Vedanta, die Kabbalah, den integralen Denker Aurobindo bis hin zu moderner Forschung bei James Mark Baldwin und modernen philosophischen Theorien wie die von Jean Gebser und Jürgen Habermas) und stellt sie in Tabellenform nebeneinander. Dadurch belegt er eindrücklich deren weite Verbreitung, große inhaltliche Übereinstimmung in Bezug auf gewisse Grundstrukturen und eine Korrelation zwischen soziokultureller und individueller Entwicklung.[218] Da er zum Zeitpunkt dieses Buches noch an seinem Leiter-Modell festhielt, enthalten diese Tabellen ebenfalls (noch) die weiter unten beschriebenen „(Bewusstseins)zustände".

Der kulturellen Entwicklung (Quadranten links unten) entspricht eine individuelle Entwicklung (Quadrant links oben). Dabei bezieht er sich in „Eros, Kosmos, Logos" fast ausschließlich auf das Modell der kognitiven Entwicklung von Jean Piaget, geht aber in seinem Modell von Anfang an von zahlreichen verschiedenen Intelligenzen aus, die sich parallel entwickeln. Dazu zieht er u.a. Abraham Maslow, Jane Loevinger, Lawrence Kohlberg u.v.m. heran.

---

215. 2000, 176-193 und 1997, 71-85.
216. Vgl. 1999a, 121f.
217. 1999a, 124.
218. 2016a, Tafel 1a-11.

Im Anschluss an Jean Piaget unterscheidet er vier Stufen der kognitiven Entwicklung und ergänzt sie durch eine weitere, fünfte, die Schau-Logik.[219]

Ich fasse die idealtypische Entwicklung hier analog zu den Stufen der kulturellen Entwicklung in Kürze zusammen:

- 1. Sensomotorisch oder archaisch (0-2 Jahre): Zunächst werden Umwelt und Selbst als eins empfunden. Zwischen dem sechsten und neunten Lebensmonat begreift das Kind den Unterschied zwischen seinem Körper (meine Hand) und der Umwelt (das Kissen). Das Kind ist egozentrisch oder narzisstisch, die Welt ist eine Erweiterung des eigenen „Ich".

- 2. Präoperational (2-7 Jahre) oder magisch: Das Kind lernt seine Emotionen von denen anderer zu unterscheiden. Es lernt den Umgang mit Bildern, Symbolen und Begriffen.

- 3. Konkret operational oder mythisch (7-11 Jahre): Das Kind erkennt, dass es durch seine Gedanken oder Worte nicht die Welt kontrollieren kann. Es nimmt aber an, dass ein Gott oder andere Mächte das können und versucht so, seine Welt durch Gebete und Rituale zu manipulieren. Das Kind lernt, sich in andere Menschen hineinzuversetzen. Die Identität verschiebt sich von einer egozentrischen zu einer ethnozentrischen Sichtweise. Das Einnehmen einer Rolle verlangt Anpassung. Durch soziale Urteile entstehen innere Glaubenssätze.

- 4. Formal operational oder rational (ab 11 Jahren): Eine erweiterte Vorstellungskraft ermöglicht es, Zusammenhänge und Möglichkeiten zu erkennen und über das eigene Denken nachzudenken. Ein starkes „Ich" entsteht, dass sich als „freies Subjekt" von seiner Rollenidentität befreit und zu einer weltzentrischen Sichtweise findet. Es versteht den Mythos jetzt als Analogie. Wissenschaftliches Denken steht im Vordergrund.

---

219. 2000, 216 und 266.

- 5. Schau-Logik: Hier lehnt Wilber sich an Forschungen von John Broughton an. Das Zeugen-Ich wird entdeckt und von dem empirischen Ego unterschieden. Die ausschließliche Identifikation über den Körper und den Geist endet und beide werden gleichermaßen als Erfahrungen des integrierten Selbst begriffen. Alle Perspektiven werden als relativ erkannt. In Folge davon erfolgt eine Integration von Körper, Ego, Seele und Geist.[220]

Zwischen diesen Entwicklungsphasen lägen sechs Drehpunkte: An diesen geschehe die Weiterentwicklung zur nächsthöheren Stufe über den von Forschern beschriebenen Dreischritt 1) Identifizierung/Verschmelzung, 2) Differenzierung/Ent-Identifikation/Transzendierung und 3) Integration/Umfassen.

1) Zuerst identifiziert sich das Selbst mit einer bestimmten Ebene, dann 2) löst sich diese Identifikation wieder auf, transzendiert sie und geht auf die nächstfolgenden Ebene über. Anschließend wird 3) die vorangehende Ebene in die höhere Ebene integriert. „Integriert" bedeutet in diesem Fall, dass der Mensch auf die in einer Struktur gewonnenen Einsichten und Fähigkeiten jederzeit zurückgreifen kann, wogegen „transzendiert" heißt, dass er sich nicht mehr ausschließlich über diese identifiziert.[221] Wenn einer oder mehrere der Dreischritte nicht gelingen, kommt es zu Fehlentwicklungen, die in einer der jeweiligen Ebene entsprechende Pathologie münden.[222] Hier setzt Wilbers integrale Psychologie an. Er ordnet jedem dieser Drehpunkte in der Entwicklung des Menschen mögliche Pathologien bzw. Dysfunktionen und dazu passende Therapien zu.[223] Eine Möglichkeit, Entwicklungsstörungen zu erkennen und aufzulösen, sieht Wilber in der Schattenarbeit.[224]

---

220. 2000, 218-272 und 1997, 208-252.
221. Vgl. 2017b, 104.
222. 1997, 190 u. 2016a, 110.
223. 2016a, 111ff., und, später dann, ausführlicher und bis zum dritten Rang gehend 2017b, 273- 412.
224. Siehe dazu „Schattenarbeit".

Wie bereits angerissen, verbindet Wilber bereits in „Das Spektrum des Bewusstseins" dieses wissenschaftliche Stufenmodell mit den Beschreibungen der kontemplativen Traditionen und erhält so eine Stufenleiter, sein sog. „Leiter-Modell". Die Entwicklung des Verstandes geht darin direkt über in die Entwicklung der Seele.[225] Diesen Bereich nennt er „transpersonal." Nach der 5. Schau-Logik folgt die 6. mediale, 7. subtile, 8. kausale und 9. nicht-duale Stufe. Den Stufen ordnet er bestimmte Typen von Mystik zu: 6. Naturmystik, 7. Gottheitsmystik, 8. formlose Mystik, 9. nichtduale Mystik.[226] Im Rückblick reflektiert er dieses Vorgehen, von dem er sich in Phase 5 wieder distanziert, nicht ohne Ironie:

> *„Also nahmen wir [...] die höchsten Stufen der westlichen psychologischen Modelle [...], nahmen dann die drei oder vier Hauptstufen der Mediation [...] und packten diese oben auf die anderen Stufen. [...] Zack, zack zack – schon haben wir Ost und West vereint!*[227]*"*

Er nennt sie „Grundstrukturen, die als Potential in uns allen angelegt sind, aber ihrer tatsächlichen Manifestation, Entwicklung und Ausformung harren."[228] Da diese allerdings noch nicht kollektiv in Erscheinung getreten sind, seien sie bisher nur über zeitlich begrenzte spirituelle Zustände oder Gipfelerfahrungen erfahrbar.

- Mediale („psychic") Stufe oder Naturmystik: Der Mensch verschmilzt mit seiner Umgebung, er und der Berg sind eins, der Berg ist ein Teil des eigenen Inneren. Die eigene Identität wird auf alle Lebewesen ausgeweitet, die Weltseele.

- Subtile Stufe oder Gottheitsmystik: Der Mensch vereinigt sich mit dem Göttlichen und taucht ein in das Reich der Ideen, Urformen

---

225. Vgl. 2000, 287.
226. Vgl. 1997, 261. Dieses Wachstum sei jedoch nicht zwangsläufig „leiterartig", sondern es gebe „Aufwärts-, Abwärts- und Spiralbewegungen."
227. 2007, 128.
228. 1997, 260.

oder Archetypen, die allen Manifestationen voraus gehen.

- Kausale Stufe oder formlose Mystik: Der Mensch erlebt in tiefer Versunkenheit die Leerheit, das reine Zeugenbewusstsein ohne Inhalt, das allem zugrunde liegt.
- Nichtduale Stufe oder nonduale Mystik: Der Mensch erkennt Form und Leerheit als zwei Seiten der einen ungetrennten Wirklichkeit. Subjekt und Objekt, Inneres und Äußeres fallen zusammen. Es gibt nur noch das Sein, das Selbst oder Gott.[229]

Die Stufen der individuellen Entwicklung können nicht übersprungen werden. Deshalb können Menschen zwar zeitlich begrenzte Gipfelerfahrungen machen, diese führen aber nicht dazu, dass ein Mensch von einem Moment auf den anderen vollständig erleuchtet sei. Diese Vorstellung nennt Wilber eine „naive Auffassung einer einstufigen Transformation".[230]

Tatsächlich brachte dieses Leiter-Modell einige Ungereimtheiten mit sich, auf die bereits Visser in seiner Biografie hinweist. Wilber habe zwischen die rationalen Stufen, wie sie auch von Jean Piaget beschrieben wurden, und den transrationalen Stufen zwei Zwischenstadien eingefügt, die, Vissirs Ansicht nach, einen anderen Status besäßen: die Schau-Logik (auch „Zentauren-Stadium") und die mediale Stufe. Wenn jeder Differenzierung „per Definition eine neue Integration" folge, sei die Schau-Logik, die nun erstmals Körper, Ego, Seele und Geist einschlösse, nur der logische Abschluss der rationalen Phase selbst und damit keine eigenständige Stufe. Auch die mediale Stufe sei als solche nicht Bestandteil einer normal verlaufenden Entwicklung, denn spirituelle Entwicklung sei offensichtlich auch möglich, ohne paranormale Fähigkeiten zu entwickeln. Es handele sich dabei eher um eine Erweiterung der Sinnesorgane als um eine Erweiterung des Selbst. Man könne auch „ohne Erleuchtung hellsichtig und ohne Hellsichtigkeit erleuchtet sein."[231]

---

229. Vgl. 2000, 287-318 und 1997, 262-297.
230. Vgl. 1997, 200.

An dieser Stelle sei noch einmal darauf hingewiesen, dass Wilber im Laufe der Zeit zunehmend AQAL, also die einzelnen Elemente der integralen Theorie selbst und ihre Beziehung zueinander in den Vordergrund stellt. Während er in seinen früheren Werken ausführliche Beschreibung einzelner Stufen vornimmt, schreibt er in „Integrale Spiritualität" nur noch:

> *„Es gibt alle möglichen Wege, Entwicklung zu unterteilen [...], deshalb gibt es viele verschiedene Stufenmodelle. Sie alle können nützlich sein."*[232]

Statt einem bestimmten Stufenmodell geht es ihm hauptsächlich um das DASS unterschiedlicher Stufen. Da es seiner Theorie immer um die größtmögliche Übereinstimmung auf einem Gebiet geht – die sogenannten „Orientierungs-Verallgemeinerungen – sind die Details (welche Stufen genau) weniger wichtig als die Feststellung einer allgemeinen Tendenz. Er kommt zu der Schlussfolgerung:

> *„Im Allgemeinen arbeiten wir [er und seine Kolleg*innen vom Integralen Institut, Anm. d. Verf.] im Integralen Modell mit acht bis zehn Stufen oder Ebenen der Bewusstseinsentwicklung. Wir haben nach jahrelanger Feldforschung herausgefunden, dass mehr Stufen hinderlich und weniger unpräzise wären. Zu den Stufenmodellen, die wir oft benutzen, gehören die der Selbstentwicklung, die Jane Loevinger und Susanne Cook-Creuter entwickelt haben, Spiral Dynamics von Don Beck und Chris Cowan und die Stufenfolgen des Bewusstseins von Robert Kegan."*[233]

Wie bereits erwähnt, stellt Wilber in seinem Buch „Integrale Psychologie" diese und zahlreiche weitere Ansätze in Tabellenform nebeneinander, um gemeinsame Tendenzen festzustellen. Eine davon ist die grobe Aufteilung in drei Hauptstufen: präkonventionell, kon-

---

231. Visser, 2002, 99f.
232. Wilber, 2007, 17.
233. Ebd., 17f.

ventionell, postkonventionell – manchmal ergänzt durch eine vierte Stufe mit „post-postkonventionell". Diesen ordnet er die moralische Entwicklung zu, die im Allgemeinen von „egozentrisch" über „ethnozentrisch" zu „weltzentrisch" verläuft.[234] Die erste Stufe sei wesentlich durch die grobstoffliche physische Realität – den Körper – geprägt. Das Kind ist überwiegend noch auf sich selbst, sein „Ich" bezogen. Auf der zweiten Stufe identifiziert sich ein Mensch nicht mehr allein über seinen Körper, sondern darüber hinaus durch seinen Geist, durch den er im Austausch mit anderen Menschen steht: Das „Wir", die Gruppe, rückt in den Vordergrund. Auf der dritten Stufe erweitert sich diese Identifizierung wiederum, indem sie nun alle Menschen und lebendigen Wesen miteinschließt.[235] Die Steigerung davon ist das kosmische Bewusstsein (kosmo- oder theozentrisch), das in den transpersonalen Ebenen auftritt.[236]

Wilber kommt damit zu zwei verschiedenen Typen von Strukturen: den Grundstrukturen (auch Spektrum des Bewusstseins) und den jeweiligen Strukturen in den verschiedenen Entwicklungslinien. Er selbst kommt auf elf Grundstrukturen, die er anfangs noch mit komplizierten Begriffen bezeichnet (Physisch, Sensorisch-Perzeptuell, Emotional-Sexuell, Phantasmisch, Rep.-Denken, Regel-/Rollendenken, Formal-Reflexiv, Schau-Logik, Subtil, Kausal, Nondual). Die kognitive Entwicklung komme den Grundstrukturen am nächsten, sei aber nicht mit diesen gleichzusetzen.[237]

Später verwendet Wilber neben Begriffen die Farben des Regenbogens für diese Grundebenen des Bewusstseins: Infrarot, Magenta, Rot, Bernstein, Orange, Grün, Petrol, Türkis, Indigo, Violett, Ultraviolett, Klares Licht.[238] Diese haben den großen Vorteil, dass sie wertneutral sind. Gleichzeitig grenzt er sich mit dieser Farbenwahl bewusst von Spiral Dynamics ab, dass ebenfalls Farben, jedoch teil-

---
234. 2016a, Tafel 1a-11.
235. 2007, 18f.
236. Ebd., 62f.
237. 2016a, 37f.
238. 2007, dort Abbildung 16, 96.

weise andere, verwendet – was oft für Verwirrung sorgt.[239]

Die drei- oder vier letzten Stufen seines Spektrums (medial, subtil, kausal, nichtdual) versteht er jetzt nicht mehr als Grundstrukturen des Bewusstseins, sondern als generelle Bewusstseinszustände, die von jeder Entwicklungsstufe aus zugänglich seien – ein Ergebnis des sog. Wilber-Combs-Rasters.[240] An dieser Stelle sei jedoch darauf hingewiesen, dass Wilber in seinen späteren Werken weiterhin das Auftauchen von höheren, transpersonalen Strukturen, die der Schau-Logik folgen und über diese hinausgehen, annimmt und für diese höheren Grundstrukturen eigens neue Begriffe erfindet wie „transglobal (ehemals medial), Meta-Geist (ehemals subtil), Über-Geist (ehemals kausal)" usw.[241] Er nennt diese „3rd Tier" oder „dritter Rang" – in Anlehnung und Fortführung der Unterscheidung eines ersten Rangs (die ersten sechs Entwicklungsstrukturen) und eines zweiten Rangs (oder „1st Tier" und „2nd Tier") bei Spiral Dynamics.[242] Eine Person in diesem Rang zeichne aus, dass sie eine tiefe Verbundenheit mit ihrem höheren Selbst und dem Kosmos spüre, höhere Bewusstseinszustände wie das Einheitsbewusstsein seien ein Bestandteil ihrer Struktur geworden. Es gäbe jedoch so wenige Menschen in „3rd Tier" weltweit, dass sie nicht in empirischen Forschungen auftauchten.[243] Bei der Beschreibung der Stufen orientiert sich Wilber deshalb auch vorrangig an Aurobindo.[244]

---

239. Vgl. Wilber 2005 und Wilber 2017b, 349.
240. Vgl. 2007, 130f. Mehr dazu unter Punkt .
241. 2007, dort Abbildung zu 96.
242. Vgl. Cowen & Beck, 436.
243. Vgl. 2017b, 210ff.
244. Der Bewusstseinsforscher Allan Combs hält weiterhin an der Beobachtung fest, dass ab einem bestimmten Punkt die kognitive Entwicklung sich in Richtung mehr Spiritualität und Weisheit verschiebe. Dieser Fortschritt sei nicht nur von vielen Weisheitstraditionen beschrieben worden, sondern werde zunehmend auch in der psychologischen Forschung sichtbar. Er führt dazu die aktuellen Forschungen von Susanne Cook-Greuter, Angela Pfaffenberger und Paul W. Marko zur Ich-Entwicklung an. Vgl. Combs, 2009, S. 88.

All diese Stufen-Theorien sind dem methodologischen Pluralismus zufolge Produkte von Zone zwei. Sie offenbaren Aspekte des Bewusstseins, die für Meditation, Gebet und Kontemplation – die Zone eins – unsichtbar seien. Doch bisher gebe es keine kontemplative Schule, die diese Forschungsergebnisse berücksichtige.[245]

Zu dem Konzept der Ebenen gehört Wilbers Rede von einer „Prä-Trans-Verwechslung". Dieses Phänomen beschreibt Wilber erstmals in seiner zweiten Schaffensphase („Atman-Projekt" und „Halbzeit der Evolution"), als er auf sein bisheriges Werk zurückblickt. Denn indem er erstmals die Kategorie „Prä-Rational" einführt, wird ihm klar, dass er selbst dieser Täuschung anheimgefallen sei. Prä-rational und trans-rational werden oft miteinander verwechselt, weil beides nicht-rational sei. Fehle die Kategorie „prä-rational" bestehe die Gefahr, dass nicht-rationales für trans-rational erklärt werde, obwohl es einer Bewusstseinsstufe entstamme, die unterhalb der rationalen Stufe angesiedelt sei. Er nennt diese Vermischung die „romantische Auffassung" und den Versuch, „Regression zu einer Quelle des Heils zu machen." Dahinter stehe die irrtümliche Überzeugung, dass Kinder im Zustand eines unbewussten Himmels, einem paradiesischen Zustand, seien. Irgendwann in den ersten Lebensjahren nehme das Selbst wahr, dass es nicht eins mit, sondern getrennt von seiner Umgebung sei. Diesen Zustand erlebe es als Hölle, so dass es nun bewusst danach strebe, wieder in den kindlichen Zustand der Einheit zurückzukehren.[246]

Durch die Heranziehung der Entwicklungspsychologie kommt Wilber zu einer gänzlich gegensätzlichen Einschätzung der spirituellen Entwicklung: „Von der unbewußten Hölle über die bewusste Hölle zum bewußten Himmel."[247] Das Selbst eines kleinen Kindes befindet sich in einem Zustand der Verschmelzung mit seiner Umgebung und kann innen nicht von außen unterscheiden. Dieser Zustand sei eher das vollständige Gegenteil eines echten spirituellen

---

245. 2007, 88.
246. 1999a, 93ff.
247. 1999a, 97.

Bewußtseins, von echtem Mitleid und Liebe.[248] Er sei nicht transpersonal, sondern prärational.[249] Wer die Kindheit als einen paradiesischen Zustand idealisiere, sähe nicht, dass das Kind sich erst aus seiner emotionalen Verschmelzung mit seiner Umgebung lösen müsse. Dies sei, wenn auch ein schmerzhafter, absoluter notwendiger Schritt in der Entwicklung eines Menschen hin zu mehr Bewusstsein, von der unbewussten Hölle zur bewussten Hölle.[250]

Als Beispiel für die Prä/Trans-Verwechslung zieht er gerne Freud und Jung heran, um zwei verschiedene Formen dieser zu unterscheiden: Den Elevationismus und den Reduktionismus. Man deute entweder alle prärationalen Bewusstseinszustände fälschlich als höhere Bewusstseinszustände (Elevationismus von Jung) oder man sehe in jedem höheren Bewusstseinzustand eine Regression (Reduktionismus von Freud).[251]

Zu einer häufigen Prä-Trans-Verwechslung kommt es Wilber zufolge auch zwischen dem magischen Denken eines Kindes und der von ihm „psychic" (medial) genannten Stufe, auf der Menschen paranormale Fähigkeiten entwickeln:

> *„Das letzte große Hindernis für einen wirklich integralen Ansatz […] ist die New-Age-Epidemie, die… nun ja, zum Beispiel Magie und Mythos auf die psychische und subtile Ebene erhebt, Ich und höchstes Selbst verwechselt, prärational als transrational verherrlicht, präkonventionelle Wunscherfüllung mit postkonventioneller Weisheit verwechselt, das Ich auf ein Podest stellt und es Gott nennt."*[252]

Diese Verwechslung sei ein ständiges Problem mit und für Spiritualität. Denn da spirituelle Erfahrung meist nicht-rational seien, könne man leicht zu der Schlussfolgerung kommen, dass alle nicht-ratio-

---

248. Vgl. 1997, 210.
249. 1999a, 97.
250. Vgl. 1997, 216.
251. Vgl. 2000, 211.
252. 2001, 175.

nalen Zustände spirituell seien. Wer nicht an GEIST glaube, meine dann, er könne alles Spirituelle getrost ablegen, da er dem entwachsen sei. Und wer an GEIST glaube, tendiere dazu, alles prä-rationale, sei es noch so kindisch, egozentrisch oder irrational, ebenfalls für spirituell zu halten. Eine Folge davon sei ein „wild wuchernde[r] Anti-Intellektualismus" und einen Rückfall in egozentrische, narzisstische Motive in spirituellen Kreisen – eine Beobachtung, die er, wie weiter unten ausgeführt, mit seiner Kritik an dem „neuen Paradigma" oder dem „New Age" verbindet.[253] Er betont:

> *„Die transpersonalen Reiche haben nichts mit äußeren Göttern und Göttinnen zu tun, aber alles mit einem inneren Bewusstsein, das die Tiefe der Psyche auslotet. Sie haben nichts mit Bittgebet und Ritualen zu tun, aber alles mit einer Erweiterung und Klärung des Bewusstseins. Sie haben nichts mit Dogma und Glaubenslehren zu tun, aber alles mit einer Reinigung der Wahrnehmung. Es geht nicht um ein ewiges Leben für das Ego, sondern vielmehr um dessen Transzendierung."*[254]

Bezüglich der Moderne verbindet Wilber zwei Standpunkte miteinander: Die Moderne habe ihren Wert – er nennt es „Würde" – und sie habe gleichzeitig verheerende Folgen – von ihm als „Katastrophe" bezeichnet. Er definiert die Moderne dadurch, dass diese zum ersten Mal in der Geschichte die drei Bereiche Kunst, Moral, Wissenschaft differenziert und damit aus ihrer Verschmelzung oder Vermischung befreit habe. Das sei ihr großer Verdienst. Die vormoderne, mythologische Weltsicht habe nicht strikt zwischen subjektiv und objektiv unterschieden, Staat und Kirche waren nicht getrennt, sondern eins. In dem Übergang zu einer vernunftgeleiteten Ethik und weltzentrischen Moral sieht er die Ursache für alle modernen Befreiungsbewegungen: Abschaffung der Sklaverei, die Frauenbewegung, die liberale Demokratie.[255]

---

253. Vgl. 2007, 82.
254. 2001, 334.

Er richtet sich damit gegen all jene Denker, die die Moderne am liebsten wieder rückgängig machen wollten und gar nichts Positives in ihr sähen. Die derzeitige Katastrophe oder die negativen Folgen der Moderne erklärt er dadurch, dass diese Differenzierung zu weit gegangen sei und zu einem Auseinanderfallen, „einer Dissoziierung, Zersplitterung und Entfremdung" der „großen Drei", also Kultur, Moral/Ethik und Wissenschaft, geführt habe.[256]

Was jetzt bevorstehe, sei die Integration oder Verbindung der „großen Drei", ohne ihre Differenzierung wieder aufzuheben.[257]

Ein weiteres Problem sieht Wilber darin, dass die Spiritualität aus den „großen Drei" ausgeschlossen wurde. Der Wissenschaft wurde irrtümlicherweise zugetraut, Antworten auf die Sinnfrage oder nach der höchsten Wirklichkeit geben zu können, was sie ihrem Wesen nach nicht leisten könne.[258] Der subjektive und innere Bereich (der „Du" und „Ich"-Sprache also oder der gesamte linke Bereich des Quadranten) wurde außer Acht gelassen, da er sich nicht empirisch untersuchen ließe.[259]

Aus der Wissenschaft sei ein Szientismus geworden, „ein wissenschaftlicher Materialismus und Imperialismus", der sich bald zur „offiziellen" Weltsicht der Moderne aufschwang."[260] Durch den Fortschritt der empirischen Wissenschaften wurde nur noch für wirklich gehalten, was sich in der Es-Sprache beschreiben und untersuchen ließ. Dies war deshalb möglich, weil alles Innere eine Korrelation im Äußeren mit sich brachte, alles subjektive auch eine objektive Dimension aufweise.[261] Die Welt wird dabei als etwas Vorgegebenes gedacht, das so abgebildet werden könne, wie es ist. Doch die Postmoderne, begonnen bei Kant, habe mit dem „Repräsentationspara-

---

255. Vgl. 1997, 332.
256. Vgl. 1997, 331 und 2013a, 28f.
257. Vgl. 1997, 167.
258. Vgl. 2007, 258f.
259. Vgl. 2013a, 81f.
260. 2013a, 29.
261. Vgl. 1997, 170.

digma" oder auch den „Mythos vom Gegebenen" der Aufklärung aufgeräumt.[262] Es gäbe keinen objektiven Sachverhalt ohne den subjektiven Beobachter eingebunden in einen bestimmten Kontext. Das berücksichtigten weder die Materialisten noch die Systemtheoretiker in ihrem Anspruch, die ganze Wirklichkeit darzustellen. Wilber distanziert sich mit diesen Überlegungen von einem naiven Realismus, wahrt aber zugleich Distanz zu einem radikalen Konstruktivismus:

„Die Welt ist zum Teil Konstruktion, Interpretation. [...] Aber [...n]icht alle Interpretationen sind gleichermaßen gültig."[263]

Wie bereits oben angeklungen, kritisiert Wilber zahlreiche postmoderne Strömungen vor allem dafür, Hierarchien und Bewertungen gänzlich abzulehnen und dadurch einem unbewussten Selbstwiderspruch aufzusitzen. Es sei unvermeidbar für Menschen qualitative Unterscheidungen vorzunehmen.[264]

In seinem Werk „Boomeritis", das er in Romanform verfasst hat, widmet sich Wilber der Mentalität seiner Generation, der sog. „Boomer". Die Generation zeichne sich dadurch aus, dass sie die erste in der Geschichte sei, in der das grüne Mem – die der Postmoderne entsprechende pluralistische, individualistische Bewusstseinsstufe – in großer Zahl in Erscheinung getreten sei. Gerade diese Bewusstseinsstufe sei es aber auch, aus der einzig und allein eine integrale Weltsicht hervorgehen könne.[265] Er bezieht sich dabei vor allem auf „Spiral Dynamics" und die Stadien der Selbst-Entwicklung der Forscherin Susanne Cook-Greuter.[266]

Das größte Problem sieht er deshalb in, wie er es nennt, „Boomeritis", der Fixierung auf das grüne Mem, dass sich weigere sich weiterzuentwickeln und sowohl alle zu ihm hinführenden als auch die nächsthöheren Strukturen der Bewusstseinsentwicklung bekämpfe.

---

262. Vgl. ebd., 408.
263. 2013a, 55.
264. Vgl. 2000, 35ff.
265. Vgl. 2002, 35 und 153.
266. Vgl. Cook-Greuter, 1999. Siehe dazu auch die Tabelle 1.

Denn erst das darauffolgende, gelbe Mem hätte das Potential genau die Probleme zu lösen, die das grüne Mem anprangere und zugleich durch seine Leugnung und Unkenntnis natürlicher Hierarchien mitverursache, indem es nicht natürlich gewachsenen Hierarchien, die der Selbstverwirklichung dienten, und künstlichen Herrschaftshierarchien, die als Instrument der Unterdrückung fungierten, unterscheide. Die pathologische Form des grünen Mems nennt er das „mean green meme." Hier vermische sich hoch entwickelter Pluralismus mit emotionalem Narzissmus aus wesentlich niedrigeren Entwicklungsstadien.[267]

Unter diese Kritik fällt auch Wilbers Beurteilung der New Age Spiritualität, deren zentraler Glaubenssatz sei, jeder kreiere seine Wirklichkeit selbst. Diesen hält er für ein narzisstisches Missverständnis der mystischen Traditionen. Dabei werde der Teil in uns, der bei der Erleuchtung, im kosmischen Bewusstsein oder der Unio Mystica als eins mit dem Göttlichen erkannt werde, das Wahre Selbst, mit dem Ego, dem getrennten Selbst, verwechselt. Statt an der Überwindung des Egos zu arbeiten, werde es für gottgleich erklärt und fähig dazu gehalten, die eigenen kleinen Wünsche zu erfüllen. Mit diesem Glaubenssatz, der eine Mischung aus kognitiver Psychologie („unsere Gedanken formen unsere Realität"), Narzissmus, prärationaler Magie, missverstandener Mystik und uminterpretierter moderner Physik sei, werde viel Geld verdient.[268]

In „Integrale Spiritualität" kritisiert er auf Grundlage seines methodologischen Pluralismus zahlreiche Anhänger des sog. „neuen Paradigmas" dafür, dass sie einem gemeinsamen Denkfehler aufsäßen: Diese meinten, sie könnten ihre spirituelle Weltsicht durch neuere naturwissenschaftliche Erkenntnisse untermauern oder gar beweisen. Dieser Irrtum beruhe auf einer fehlenden Unterscheidung der Perspektiven und damit einer fälschlichen Gleichsetzung von monologischen Erkenntnissen aus Zone 6 des rechten oberen Quadranten

---

267. Vgl. 2002, 32, 108 und 124f.
268. Ebd., 334f.

(objektive Empirie wie Physik) mit monologischen Erkenntnissen aus Zone 1 des linken oberen Quadranten (subjektive Phänomenologie wie Meditation). Wahre Integralität hätte aber immer den gesamten Quadranten – die Tetra-logik – im Blick.

An anderer Stelle spricht er von „konventionellen Wahrheiten" einerseits, die durch die Wissenschaft erkannt würden und „absoluten Wahrheiten" anderseits, die nur durch die Erleuchtung erfahren und metaphorisch ausgedrückt werden könnten. Die echten Pioniere unter den Physikern hätten eine solche Verwechslung und Gleichsetzung der Physik mit Spiritualität immer abgelehnt. Die Quantenwirklichkeit könne aus vielen Gründen nicht mit dem GEIST gleichgesetzt werden.[269]

Besonders bemängelt er die verbreitete Unkenntnis der Zonen 2 und 4, denen es um die Erforschung der Evolution des menschlichen individuellen als auch kollektiven Bewusstseins geht und die in seiner integralen Theorie, wie wir bereits sahen, einen großen Raum einnehmen.[270] Doch die Erklärung hierfür, die er im Grunde selbst implizit mitliefert, läge jedoch in der Sache selbst: Da die Autor*innen höchstens von der Bewusstseinsstufe des grünen Mems aus operierten, wären sie zu einer umfassenden Würdigung dieser Erkenntnisse, die (z.B. Spiral Dynamics zufolge) erst ab gelb aufwärts erfolgt, schlicht noch nicht in der Lage.

---

269. Vgl. 2007, 33f.
270. Vgl. 2007, 380-403.

Entwicklungslinien

Durch die Grundebenen oder – wellen fließen die Entwicklungslinien oder Ströme. Dabei handelt es sich um einzelne Bereiche, in denen sich Menschen weiterentwickeln, wie zum Beispiel kognitiv, moralisch, affektiv, emphatisch, spirituell usw. Diese seien relativ unabhängig voneinander, was heißt, dass sie sich in unterschiedlicher Geschwindigkeit entwickeln und ein Mensch in einigen Linien seiner Entwicklung sehr fortgeschritten sein kann, während andere schwächer oder nur sehr wenig ausgebildet sind. Anschaulich macht dies das integrale Psychogramm. (Siehe Abbildung 10)

Wesentlichen Einfluss auf diese Sicht hatte die Forschung von Howard Gardners über multiple Intelligenzen.[271]

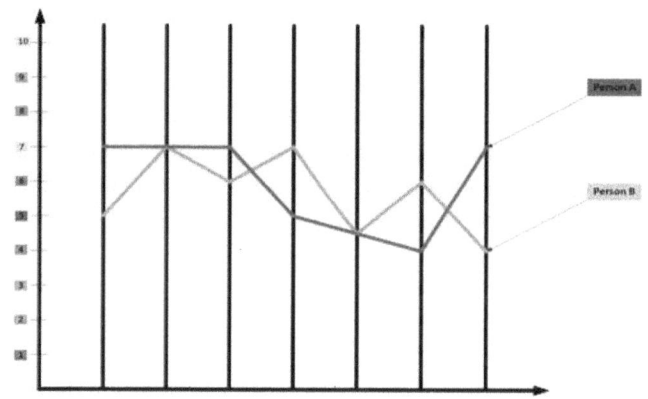

Abbildung 10: Das Psychogramm, in Anlehnung an Abbildung 12, in: Wilber, 2007, 91, vertikal zunehmendes Bewusstsein, horizontal verschiedene Entwicklungslinien

---

271. Siehe dazu 2001, 250, Fußnote 1. Da diese Theorie jedoch innerhalb der Intelligenzforschung äußerst umstritten ist, erscheint es möglicherweise ratsamer, von verschiedenen „Bereichen", innerhalb derer die Entwicklung von bestimmten Fähigkeiten untersucht wird, zu sprechen.

Jede dieser Entwicklungslinien, zu der es jeweils passende Forschungen gibt, scheint einer bestimmten Lebensfrage zu entsprechen. Was nehme ich bewusst war?, der Entwicklung der Kognition, Wer bin ich?, der Entwicklung des Selbst, was soll ich tun?, der Entwicklung der Moral, was ist wichtig für mich?, der Entwicklung von Werten, was ist mein höchstes Anliegen?, der Entwicklung der Spiritualität, Welche Gefühle habe ich dazu?, der Entwicklung der emotionalen Intelligenz usw.[272] (Siehe Tabelle 1)

Ebenen des Bewusstseins (Wilber, McIntosh)	Kognitive Entwicklung (Piaget, Aurobindo)	Werte (Graves, Spiral Dynamics)	Ich-Identität/ Selbst-Entwicklung (Loevinger, Cook-Greuter)
Infrarot Archaisch	Sensomotorisch	BEIGE	Symbiotisch
Magenta Stammes	Prärationaler Geist symbolisch	PURPUR	Impulsiv
Rot Kriegerisch	Prärationaler Geist konzeptionell	ROT	Selbst-schützend
Bernstein Traditionell	Konkret Operational	BLAU	Konformist
Orange Modern	Formal Operational	ORANGE	Selbst-bewusst
Grün Postmodern	Pluralistischer Geist	GRÜN	Individualistisch
Petrol Integral	Niedere Schau-Logik	GELB	Autonom
Türkis Postintegral	Hohe Schaulogik	TÜRKIS	Selbst als Konstrukt
Indigo	Lucider Geist (medial)	KORALLE	Ich-Bewusstheit
Violett	Intuitiver Geist (subtil)		Transpersonal

---

272. Vgl. 2007, 92f.

Weltsichten (Gebser)	Glaube (Fowler, Chen/Hood/Streib)	Moral (Kohlberg)
Archaisch	Undifferenziert	Präkonventionell 1. Stufe
Magisch	Magisch	Präkonventionell 2. Stufe
Magisch	Mythisch-buchstäblich/ Fundamentalistisch-ethnozentrisch	Konventionell 3. Stufe
Mythisch	Konventionell	Übergang 4. Stufe
Rational	Individuell-reflexiv	Postkonventionell 5. Stufe
Pluralistisch	Verbindend/ Dialog-offen	Postkonventionell 6. Stufe
Integral	Universale Gemeinschaft	Vermutete 7. Stufe

Tabelle 1: Linien der Entwicklung, in Anlehnung an Abbildung 17 in: Wilber, 2007, 96f., aber um Steve McIntosh (s.u.), Lawrence Kohlberg, Die Psychologie der Moralentwicklung, 1996, ergänzt, als auch das internationale Forscherteam Heinz Streib, Zhuo Job Chen, and Ralph W. Hood, Jr., dessen aktuelle Forschungen sich eng an Fowler anlehnen, allerdings von „religiösen Typen oder Stilen" statt von „Stufen" schreiben. Siehe dazu Streib u.a., 2021.

Die Forschung hat dabei zwei Tendenzen festgestellt: Jede dieser Entwicklungslinien entfaltet sich tendenziell „in einer schrittweisen, holarchischen Weise"[273] und durch die gleichen drei allgemeinen Stufen – präkonventionell, konventionell und postkonventionell – hindurch. Meist unterscheiden die Forscher aber innerhalb dieser allgemeinen Stufen mehr Phasen als nur drei. Außer diesen dreien nimmt Wilber darüber hinaus noch eine vierte, die transpersonale oder post-postkonventionelle Ebene an. Die daraus entstehenden Wellen seien eine vereinfachte Version des Großen Nest des Seins:

---

273. 2016a, 45.

von Körper (präkonventionell), über Geist (konventionell und postkonventionell) zu GEIST (post-postkonventionell).²⁷⁴ Die Linien scheinen dabei zwischen zwei Polaritäten hin- und her zu pendeln und spiralförmig aufzusteigen.²⁷⁵ (Siehe Abbildung 11).

Abbildung 11: Die Spirale der Entwicklung

Das Wachstum der kognitiven Linie sei dabei notwendig, aber nicht hinreichend für das Wachstum in anderen Linien.²⁷⁶

Als Maßeinheit für das Psychogramm schlägt er „Bewusstsein per se" vor, einen Raum der Leere und der Offenheit.²⁷⁷ Als Bezeichnungen schlägt er die Farben des Regenbogens vor, die auch das Chakra-System verwende. Diese dienen fortab nur noch zur Bezeichnung der Höhe, haben selbst aber keinen Inhalt, da dieser in jeder Entwicklungslinie anders aussehe.²⁷⁸

Es stellt sich aber die Frage, wie die verschiedenen multiplen Intel-

---

274. Vgl. 2016a, 46.
275. Vgl. 2007, 94.
276. Vgl. 2016a, 44 und 2007, 98.
277. Vgl. 2007, 99.
278. Ebd., 100ff.

ligenzen oder Entwicklungslinien eines Menschen zusammenhängen.

In „Integrale Psychologie" geht Wilber davon aus, dass es ein Selbst gibt, das die Entwicklung durch die Wellen hindurch steuert. Er bezieht sich dabei v.a. auf die Forschungen zur „Ich-Entwicklung" vom Jane Loevinger. Dieses ist die zentrale Quelle von Identität und der Sitz der Integration aller Linien, Ebenen und Zustände. Insofern nimmt es eine Sonderrolle unter den Linien ein, denn es erfüllt eine dauerhafte zentrale Steuerungsfunktion, ist aber selbst, wie alle Linien, Entwicklung unterworfen. Dabei unterscheidet er drei verschiedenen Arten des Selbst: Bei dem Versuch, sich selbst wahrzunehmen, gäbe es immer ein beobachtendes Selbst (das proximale) und ein beobachtetes (distales) Selbst. Das dahinter liegende reine Bewusstsein sei das wahre Selbst. Alle drei zusammen bildeten das Gesamtselbst.[279]

Zustände des Bewusstseins

Wilber unterscheidet zwischen den drei natürlichen Bewusstseinszuständen Wachen, Träumen und Tiefschlaf und veränderten Bewusstseinszuständen wie meditative (Versenkungs-)zustände oder Zustände, die zum Beispiel durch Drogen hervorgerufen wurden. Daneben gibt es eine Vielfalt an sogenannten „Gipfelerfahrungen (peak experiences)".[280]

Alle Zustände hätten gemeinsam, dass sie zeitlich begrenzt seien. Sie zeigten keine Entwicklung – sie kämen und gingen wieder. Jemand schläft tief, dann träumt er, wacht auf und schläft irgendwann wieder ein usw. Sie zeichnen sich außerdem dadurch aus, dass sie exklusiv sind – wir sind entweder wach oder schlafen, entweder betrunken oder nüchtern[281].

Dadurch unterscheiden sie sich von den Entwicklungslinien, die sich durch die Strukturen/Ebenen hindurch entwickeln. Ein Beispiel:

---

279. Vgl. 2016a, 50-54.
280. Vgl. 2016a, 30.
281. Vgl. 2007, 113.

Hat jemand neue kognitive Fähigkeiten erworben und gelangt dadurch nun innerhalb seiner kognitiven Entwicklung auf Ebene „konkret operational", so bleibt diese Fähigkeit im Allgemeinen erhalten und er entwickelt sich von da aus weiter zur nächsthöheren Ebene „formal operational".

„Vorübergehende Zustände wurden umgewandelt in dauerhafte Wesenszüge."[282]

Es handelt sich also um dauerhafte Eigenschaften, wohingegen der Zustand „wachen" nicht dauerhaft anhält, sondern irgendwann vom Schlaf abgelöst wird. Dasselbe gilt für die sogenannten „Gipfelerfahrungen." Der Begriff stammt von Abraham Maslow, dem Begründer der Humanistischen und Transpersonalen Psychologie. Dieser bezeichnete damit das Phänomen, dass Menschen sich auf einmal in einem völlig anderen Bewusstseinszustand befinden:

„Diese Erfahrungen hatten meist nichts mit Religion zu tun, zumindest nicht im normalen übernatürlichen Sinne. Sie entstammten den großen Augenblicken von Liebe und Sex, den großen ästhetischen Augenblicken (insbesondere Musik), den Ausbrüchen von Kreativität und kreativem Furor (der großen Inspiration), den großen Augenblicken der Einsicht und der Entdeckung, bei Frauen dem Erleben einer natürlichen Geburt – oder der bloßen Liebe zu den Kindern, den Augenblicken der Verschmelzung mit der Natur (im Wald, an der Küste, auf den Bergen, usw.), gewissen sportlichen Erfahrungen wie Schnorcheln, Tanzen, usw. (…) Sie können wissenschaftlich erforscht werden. […] Die Stimuli sind sehr unterschiedlich, die subjektive Erfahrung ist tendenziell ähnlich. […] Ich fand heraus, dass alle Gipfelerlebnisse vorübergehende Erfahrungen sind, nicht dauerhafte. Einige der Wirkungen oder Nachwirkungen mögen von Dauer sein, aber der Höhepunkt selbst ist es nicht.[283]*"*

---

282. Ebd., 16.
283. Maslow, 2021, 17, 23 u. 30.

Wenn von einer „Gipfelerfahrung" die Rede ist, könne es sich also nur um Zustände, nicht um Strukturen handeln.[284] Die Beschreibung einer Gipfelerfahrung sei das Ergebnis der Phänomenologie aus Zone eins, Strukturen dagegen seien durch Forschungen der Zone zwei, die Entwicklungspsychologie aufgedeckt worden. Zustände könnten deshalb direkt und unmittelbar erfahren werden, Strukturen als solche nicht.[285] Gleich unten mehr dazu.

Wichtige zeitgenössische Studien zur Erforschung von Bewusstseinszuständen stammten, so Wilber, unter anderem von Daniel P. Brown, der die hinduistische und buddhistische Tradition auf meditative Zustände hin untersucht hätte, und John Chirban, der die Stufen kontemplative Zustände bekannter christlicher Mystiker miteinander verglichen habe.[286] Solche Beschreibungen einer bestimmten Stufenfolge spiritueller Erfahrungen, fänden sich nahezu „in jedem Handbuch der Meditation oder Kontemplation aus Ost und West". Aus dem christlichen Bereich erwähnt er hier die „innere Burg" von Teresa von Avila oder die Aufzeichnungen von Kirchenvätern wie Gregor von Nyssa, Origenes, Dionysius Areopagita.[287]

Wilber zufolge kennen die Weisheitstraditionen insgesamt fünf natürliche Bewusstseinszustände: Wachen, Träumen, Tiefschlaf, „Zeuge sein" und das „nichtduale" Bewusstsein. Jeder davon könne gezielt geschult werden, was in den Weisheitstraditionen geschehe. Denn meditative Zustände seien lediglich Variationen natürlicher Zustände. So entspreche beispielsweise das Mantra-Beten dem Traumzustand, die formlose Meditation dem Tiefschlaf.[288]

Unseren Alltag erleben wir im Allgemeinen im Wachzustand, zum Beispiel, während wir diese Seite lesen. Das Träumen kennen wir durch unsere eigene Erinnerung oder das Erleben nächtlicher Träume, aber auch von Tagträumen, Visualisieren oder bestimmten

---

284. Vgl. Wilber, 2016a, 25.
285. Vgl. 2007, 108f.
286. Vgl. ebd., 115-119.
287. Vgl. ebd., 114f.
288. Vgl. ebd., 109f.

Meditationsformen. Im tiefen traumlosen Schlaf oder in der Mediation erfahren wir einen Zustand der Leere, Offenheit oder auch Formlosigkeit.

Mit „Zeuge sein" ist unsere Fähigkeit gemeint, sämtliche anderen Zustände als Zeuge – also aus einer gewissen Distanz – wahrzunehmen. Und „nichtduales Bewusstsein" oder auch „Einheitsbewusstsein" meint zuletzt das immer präsente Gewahrsein, das Grund aller anderen Zustände ist.[289] Wir könnten es auch einfach das Bewusstsein selbst nennen, das den Hintergrund von allen Bewusstseinsinhalten bildet. In diesem fällt das Zeugenbewusstsein mit allen wahrgenommenen Inhalten zusammen, deshalb „nichtdual" für „nicht-zwei". Seher und Gesehenes, Subjekt und Objekt, Form und Leere fallen zusammen und bilden eine Einheit.[290] Der Sache entsprechend kann dieser Zustand am schwersten in Worte gefasst werden, da er jenseits unserer begrifflichen Wahrnehmung liegt. Um ihn kann im Grunde lediglich durch eigene Erfahrung „gewusst" werden – selbiges gilt in zunehmend geringerem Maße selbstverständlich für alle Bewusstseinszustände.

Die Weisheitraditionen gingen davon aus, dass es für jeden Bewusstseinszustand einen entsprechenden Körper gebe: Im Wachbewusstsein den grobstofflichen, im Traum den subtilen und im Tiefschlaf den kausalen Körper. Diese Körper seien als Modi „der Erfahrung oder ein energetisches Gefühl" zu verstehen.[291] Die „Philosophia Perennis" behaupte, dass der Wachzustand uns einen Zugang zum grobstofflichen Alltags-Ich ermögliche, der Traumzustand zur feinstofflichen Seele und der Zustand des Tiefschlafs einen Zugang zum kausalen GEIST.[292] Daran anknüpfend, ordnet Wilber jedem Bewusstseinszustand ein anderes „Selbst" zu: Dem grobstofflichen das Ego, dem feinstofflichen die Seele, dem kausalen das „wahre Ich" und schließlich dem nondualen die „Soheit (Such-

---

289. Vgl. 2007, 11f.
290. Vgl. 2017b, 87.
291. Vgl. 2007, 32.
292. Vgl. 2016a, 30.

ness)".²⁹³

Prinzipielle habe jeder Mensch Zugang zu allen natürlichen Zuständen einfach deshalb, weil alle Menschen, auch Kleinkinder, wach sind, träumen und schlafen.²⁹⁴

Diese Zustände selbst sind unabhängig davon, auf welcher Entwicklungsstufe sich ein Mensch befindet und prinzipiell von jeder Stufe aus zugänglich. Doch hat jeder einen Schwerpunkt, von welchem Zustand aus er die Welt primär wahrnimmt.²⁹⁵

Obwohl die natürlichen Zustände prinzipiell allen Menschen „natürlich und spontan zugänglich sind, können wir uns in einigen von ihnen intensiv schulen oder sie erforschen."²⁹⁶ Diese „Schulung" in Zuständen sei es, was die meditativen Traditionen in Ost und West machten. Dabei bewege sich die Identität eines Menschen üblicherweise in einer festen Abfolge durch die Bewusstseinszustände „grobstofflich", „subtil", „kausal" zum „nichtdualen GEIST".²⁹⁷ Jedem dieser Zustände ordnet Wilber jeweils bestimmte Typen von Mystik zu: Naturmystik, Gottesmystik, formlose Mystik, nichtduale Mystik.²⁹⁸

Für die meisten Menschen sei die Erfahrung ihres Alltag-Ichs im Wachzustand realer als der Zustand des Tiefschlafs, einfach, weil sie ihn nicht bewusst erleben.²⁹⁹ Doch durch meditative Praxis können schließlich alle Zustände des Bewusstseinsspektrums voll bewusst erfahren werden. Wilber kennt dieses Phänomen selbst aus langjähriger spiritueller Praxis:

„Man ist im Wachzustand bewusst, und wenn man dann einschläft und Träume einsetzen, bleibt man sich dieses Träumens

---

293. Vgl. 2017b, 95.
294. Vgl. 2016a, 30 und 2007, 112.
295. Vgl. 2017b, 92.
296. 2007, 112.
297. Vgl. 2007, 113 u. 193.
298. Vgl. 2007, 134.
299. 2001, 30.

bewusst. [...] Wenn man dann in den Zustand des traumlosen Tiefschlafs übertritt, bleibt man trotzdem bewusst, nur dass man jetzt nichts als die weite, reine Leerheit ohne jeglichen Inhalt gewahrt."[300]

An anderer Stelle berichtet er von einer außergewöhnlichen Erfahrung:

„Ich schlief während [...] elf Tage nicht, oder vielmehr: Ich war elf Tage und Nächte lang bei klarem Bewusstsein, obwohl Körper und Geist durch Wachen, Träumen und Schlafen hindurchgingen."[301]

In einem Video, das über YouTube allen öffentlich zugänglich ist, ließ sich Wilber an ein EEG-Gerät anschließen, während er verschiedene Meditationstechniken anwendet, um unterschiedliche Bewusstseinszustände zu erreichen. Die Reaktionen darauf sind geteilt.[302]
Er selbst schreibt dazu:

„Die Ergebnisse sind für den durchschnittlichen Betrachter verblüffend. Sie wecken Interesse, und zwar viel mehr als meine Bücher. [...] Es zeigt ihnen, dass [...] das ursprüngliche Gewahren nicht einfach eine Idee ist, die man auswendig lernt, sondern das Ergebnis konkreter Praxis, die den Menschen wirklich in seinem Inneren verändert."[303]

Tatsächlich habe die Meditationsforschung herausgefunden, dass jedem Geisteszustand (Quadrant oben links) jeweils ein bestimmter Gehirnzustand (Quadrant oben rechts) entspreche. Wilber weist allerdings darauf hin, dass solche und ähnliche wissenschaftlichen Ergebnisse nur beweisen, dass durch Meditation bestimmte Bereiche im Gehirn aktiviert werden, was bestimmte subjektive Empfindungen

---

300. 2001, 75.
301. Ebd., 91.
302. Integral Life, 2006a.
303. 2001, 100.

auslöst. Ein wissenschaftlicher Materialist wird die Ergebnisse jedoch so interpretieren, dass alle spirituelle Realitäten lediglich das Ergebnis von Gehirnphysiologie seien. Doch tatsächlich zeigten die Ergebnisse lediglich eine Korrelation, sagten aber nichts über den ontologischen Status dessen aus, was der Meditierende wahrnehme. Um eine Aussage über die spirituelle Realität zu treffen, gebe es nur einen einzigen Weg für den Forschenden: Er müsse selbst zum Meditierenden werden.[304]

Wie bereits erwähnt, unterscheiden sich Menschen darin, von welchem Bewusstseinszustand aus sie die Welt vorrangig wahrnehmen. Durch regelmäßige Mediationspraxis verschiebe sich dieser allmählich, und zwar in der beschriebenen Stufenfolge von „grobstofflich", „subtil", über „kausal" zum „nichtdualen GEIST".[305] Es findet also durch gezielte Schulung – analog zu dem Wachstum durch Bewusstseinsstrukturen – auch ein Wachstum durch die Bewusstseinszustände, die sog. Zustands-Stufen, hindurch statt.[306] Wilber geht in „Religion of tomorrow" sogar davon aus, dass sich nicht nur der Schwerpunkt auf einer Bewusstseinsstufe kollektiv verlagern kann, sondern auch der Schwerpunkt auf einem Bewusstseinszustand. Hier hält er eine Verschiebung von grobstofflich zu subtil für die westliche Kultur, eine „Seelenkultur (soul culture)", für dringend notwendig.[307]

Vor diesem Hintergrund deutet Wilber auch den Begriff der „dunklen Nächte": Sie werden immer dann durchlebt, wenn die „Anhaftung an oder die Identifizierung mit [...] Zuständen losgelassen oder aufgegeben wird." Er unterscheidet deshalb zwischen einer dunklen Nacht der Sinne (Übergang von grobstofflich zu subtil), der Seele (Übergang von subtil zu kausal) und des Selbst (Übergang von kausal

---

304. Vgl. 2007, 229ff.
305. Vgl. 2017b, 92f.
306. Die Erkenntnis sog. „Zustands-Stufen" oder auch Beobachterstandpunkte geht wesentlich auf den Forscher und Meditationslehrer Daniel P. Brown zurück, mit dem zusammen Wilber in den 80er Jahren das Buch „Psychologie der Befreiung" herausbrachte. Siehe dazu auch Brown, 1988.
307. Vgl. 2017b, 444f.

zu nondual). Das geschieht nun auf zweierlei Weise: Einerseits als Übergangsphänomen oder „Mini-Des-Identifikation" zwischen den Zuständen, die während jeder spirituellen Praxis auftreten, oder aber als besondere Lebensphase, in denen sich der Schwerpunkt in der Wahrnehmung endgültig von einem Zustand auf einen anderen verlagert.[308]

Das Verhältnis von Zuständen zu Ebenen und das Wilber-Combs-Raster

Wilber führte zusätzlich zu den „Strukturen" und „Zuständen" die Begriffe „Struktur-Stufen" und „Zustands-Stufen" ein.[309] Die einzelnen „Stufen" könnten jeweils nicht übersprungen werden, während Zustände an sich durchaus hin und her springen (zum Beispiel vom Wachzustand in den „nondualen" Zustand.)[310]

Kontemplative Traditionen seien Meister der Zone eins, also in der unmittelbaren Erfahrung der ersten Person. Sie beschrieben nicht nur detailliert die verschiedenen Zustands-Stufen, sondern entwickelten auch Techniken und Anweisungen, diese gezielter und schneller zu erreichen.[311] Diese seien jedoch noch blind gegenüber den Strukturen, die erst durch Forschungen der Zone zwei, die Entwicklungspsychologie, aufgedeckt wurden. Denn im Gegensatz zu Zuständen können Strukturen nicht unmittelbar erfahren werden und sind damit für die Person, die meditiert, unsichtbar.[312]

Deshalb könne jemand „jahrzehntelang auf [seinem] Meditationskissen sitzen, ohne jemals etwas zu sehen, was den Stufen von Spiral Dynamics ähnelt", aber auch „bis in alle Ewigkeit Spiral Dynamics studieren, ohne jemals ein Satori [eine Erleuchtungserfahrung, Anm. d. Verf.] zu haben."[313]

---

308. Vgl. 2007, 142f. und 2017b, 440.
309. Vgl. 2007, 114.
310. Vgl. ebd., 121.
311. Vgl. ebd., 113f.
312. Vgl. ebd., 109.

Ein Problem, auf das Wilber im Laufe seiner Nachforschungen stieß, war die Frage, wie die Stufenmodelle aus Zone zwei mit den Traditionen aus Zone eins in einen sinnvollen Zusammenhang gebracht werden könnten. Wie oben beschrieben, löste er diese Frage zunächst dergestalt, dass er die drei- bis vier meditativen Zustände (grobstofflich, subtil, kausal, nichtdual) auf die anderen Stufen, die von Entwicklungspsychologen beschrieben worden waren, folgen ließ. Das ist auch noch in den vergleichenden Tabellen in „Integrale Psychologie" der Fall, wo er noch nicht zwischen den „Stufen des Glaubens" von James Fowler, die aus der Forschung der Zone 2 stammen, und den Stufen aus der Zone 1, wie die der kontemplativen Erleuchtung bei Evelyn Underhill, unterscheidet.[314]

Diese Idee stellte jedoch keine zufriedenstellende Lösung dar. Hatten oder mussten wirklich alle, die eine Erleuchtungserfahrung machen, zuerst all die von Graves u.a. beschriebenen Stufen durchlaufen? Wie war es denn aber möglich, dass beispielsweise Buddha erleuchtet war, obwohl zu seiner Zeit noch gar nicht alle Stufen, die wir heute kennen, in Erscheinung getreten waren? Und wie ließe sich Erleuchtung dann überhaupt definieren? Ein Schlüssel zu der Lösung dieser Fragen bestand in der Erkenntnis, dass die meisten meditativen Zustände potentiell auf allen Entwicklungsstufen vorhanden sind.[315] Ein Beispiel: Auch ein pubertierender Jugendlicher kann eine Einheitserfahrung machen, wird sie aber anders interpretieren als es sein Großvater tun würde. Der Bewusstseinszustand ist derselbe, doch er wird von dem, der ihn erlebt, anders verstanden und gedeutet. Und das wiederum ist davon abhängig, auf welcher Struktur-Stufe er sich jeweils derzeit befindet.

Das „Wilber-Combs-Raster" ist benannt nach seinen Erfindern: Wilber und Allan Combs. Wilber schreibt dazu:

> *„Ein paar Jahre, nachdem ich eine erste Lösung vorgeschlagen*

---

313. Ebd., 122.
314. 2016a, Tafel 6a, Stufen der Spiritualität.
315. Vgl. 2007, 129.

hatte, stieß mein Freund Allan Combs, der unabhängig von mir arbeitete, auf eine grundlegend ähnliche Idee."[316]

Die y-Achse bilden hierbei die Grundstrukturen „Archaisch, Magisch, Mythisch usw"., die x-Achse die vier Hauptzustände „grobstofflich, subtil, kausal und nondual". (Siehe Tabelle 2)

Zustände Ebenen	Grobstofflich	Subtil	Kausal	Nondual
Archaisch				
Magisch				
Mythisch				
Rational				
Pluralistisch				
Integral				
Superintegral				

Tabelle 2: Das Wilber-Combs-Raster

Dabei gilt: Jede menschliche Erfahrung ist das Ergebnis einer Kombination eines bestimmten Zustandes mit einer bestimmten „Struktur-Stufe", d.h. jede Person interpretiert also eine Gipfelerfahrung, religiöse oder spirituelle Erlebnisse von der Stufe her, auf der sie sich derzeit befindet. Ein Kind in der magischen Phase kann die Erfahrung daher nicht rational deuten, weil es diese Stufe in seiner Entwicklung noch nicht erreicht hat. Wilber spielt das anhand des Jesusbildes durch: Auf der magischen Stufe ist Jesus ein Zauberer und Wunscherfüller, auf der mythischen der Erlöser und einzige Weg zum Heil, auf der mental-rationalen ein Lehrer der universellen Liebe usw.[317] Noch präziser wäre es zu sagen, dass bei jeder Interpretation

---

316. Ebd.

jeglicher Erfahrung – und damit auch bei spirituellen Erfahrungen – immer die gesamte AQAL-Matrix wirksam ist, d.h. nicht nur die Wachstumsstufen und Intelligenzen des Individuums (oben links), sondern auch intersubjektive Kontexte wie Kultur und Zwischenmenschliches (unten links), Neurophysiologie (oben rechts) und soziale Systeme (unten rechts) gleichermaßen beteiligt sind.[318]

Dieses Raster führt also die Forschungen aus Zone eins und zwei auf eine neue Art und Weise zusammen: Statt sie einem allgemeinen Bereich „spirituelle Entwicklung" zuzuweisen und damit zu vermischen, werden sie fein säuberlich getrennt: Wilber unterscheidet nun zwischen einer Entwicklung auf dem Gebiet der konkreten, spirituellen Erfahrung – durch die Zustands-Stufen – auf der einen, und der Entwicklung einer Intelligenzlinie, in diesem Fall der spirituellen, – durch die Struktur-Stufen – auf der anderen Seite[319].

Das hatte, wie bereits erwähnt, zur Folge, dass Wilber die drei- oder vier letzten Stufen „(medial), subtil, kausal und nondual" nicht mehr als Grundstrukturen, sondern als meditative Zustände versteht.

Anhand des Wilber-Combs-Rasters findet Wilber zu seiner eigenen Definition von „Erleuchtung":

„ERLEUCHTUNG ist die Verwirklichung von Einsseins mit allen Zuständen und allen Stufen, die sich bis zu diesem Punkt entwickelt haben und in Erscheinung getreten sind."[320]

Das bedeutet, dass ein Erleuchteter in der heutigen Zeit seinen Schwerpunkt in dem nondualen Bewusstseinszustand und innerhalb

---

317. Vgl. 2007, 131ff.
318. Vgl. ebd., 136.
319. Vgl. 2017b, 58. Noch präziser unterscheidet der um eine Dimension erweiterte, sog. „Spiritual Development Cube" von DiPerna für jede spirituell-religiöse Erfahrung zwischen der Erfahrung bestimmter (Bewusstseins-)Zustände und -reiche („dem „Gewussten"), dem Beobachtungsstandpunkt bzw. der Zustands-Stufe (dem*r „Wissenden") und der Struktur-Stufe der Entwicklung (der „Linse des Wissens"). Vgl. DiPerna, 2018a, 122.
320. 2007, 137.

einer superintegralen Struktur hätte.

Das Wilber-Combs-Raster liefert ebenfalls eine Erklärung dafür, weshalb kontemplative Meister nicht zwangsweise in ihrer spirituellen Entwicklung reifer sind als andere Menschen. Manch einer hat möglicherweise viel Erfahrung mit bestimmten meditativen Zuständen, Einheitserfahrungen, Erfahrung der Erleuchtung, der dunklen Nacht usw., interpretiert diese aber von einer magischen oder egozentrischen Stufe aus.[321] Besonders problematisch werde das, wenn der Schüler seinen Schwerpunkt auf einer höheren Struktur-Stufe habe als sein spiritueller Lehrer.[322]

Ein Phänomen, das ebenfalls mit Strukturen und Zuständen zusammenhängt, zeigt sich beim Umgang mit spirituellen Texten. Viele dieser Texte seien auf transpersonalen Ebenen verfasst worden, würden aber später, wenn sie von Menschen gelesen werden, die ihren Schwerpunkt auf einer niedrigeren Entwicklungsstufe hätten, von diesen auf deren Stufe heruntarübersetzt, zum Beispiel von Indigo auf Grün. Im Anschluss werde die gewonnene Interpretation dazu verwendet, die eigene Sichtweise zu untermauern. Weil aber jede Entwicklung potenziell pathologisch werden kann, sei das ein ernsthaftes Problem. Da Zone eins diese Störungen nicht sehen könne, könnten diese durch spirituelle Praxis auch nicht gelöst werden, sondern würden häufig gar dadurch noch verstärkt.[323] Konkret bedeutet das wohl: Wenn jemand ein emotionales Trauma hat, und heilige Texte auslegt, gibt er unbewusst dieses Trauma an seine Schüler weiter.

Wilber stellt also fest, dass es zwei gänzlich unterschiedliche Pfade menschlicher Entwicklung gibt – das Aufwachsen (growing up) durch die Struktur-Stufen und das Aufwachen (waking up) durch die Zustands-Stufen hindurch. Auf jeder dieser Stufen ändere sich die Wahrnehmung der Wirklichkeit – die Zustands-Stufe bestimme darüber, was jemand sähe (z.B. grobstoffliche, subtile oder kausale Ob-

---

321. Vgl. ebd., 140f.
322. Vgl. 2017b, 115.
323. Vgl. 2007, 153.

jekte) und die Struktur-Stufe, wie er etwas sähe (mythologisch, rational, pluralistisch usw.). Dabei durchliefen alle Menschen während ihres Aufwachsens und Reifens die Entwicklung durch die Struktur-Stufen, wohingegen für die Entwicklung der Zustands-Stufen ein freiwilliger Entschluss und eine regelmäßige Praxis (also eine Zustands-Schulung) notwendig sei.[324]

Auf den höheren transpersonalen Struktur-Stufen scheinen dabei bestimmte Zustände Bestandteil der Struktur-Stufen zu werden (z.B. die Einheitserfahrung): „im dritten Rang wird der spezifische Zustand zu einem untrennbaren Teil der Struktur selbst".[325]

In der integralen Theorie würden diese zwei Pfade das erste Mal in der Menschheitsgeschichte miteinander verbunden und in Beziehung zueinander gesetzt.[326] Denn während die Kenntnis von Zustands-Stufen viele tausend Jahre hin zu schamanischen Ritualen zurückreiche, sei das Wissen um die Struktur-Stufen das Ergebnis jüngster, systematischer Forschung ab Beginn des 20. Jahrhunderts.[327] In Bezug auf die Religion bedeutet das, dass ein Mensch einerseits spirituelle Erfahrungen sammeln kann, indem er beispielsweise viel meditiert, andererseits aber durch die Reflexion über den letztgültigen Sinn des Lebens oder seine absoluten Werte seine spirituelle Intelligenz – also eine der zahlreichen menschlichen Entwicklungslinien, die alle jeweils durch die Struktur-Stufen verlaufen – fördern kann.

Das Problem der modernen westlichen Religionen und Spiritualität macht er deshalb an zwei Punkten fest: 1) Ihr mystischer Zweig, d.h. ihr Bemühen um authentische eigene spirituelle Erfahrungen sei verdrängt worden, da sich dieser von der Kirche schlecht kontrollieren und überwachen ließ. 2) Der Schwerpunkt sei auf die spirituelle Intelligenz gelegt und zugleich deren Wachstumspotential massiv eingeschränkt worden: Meistens endete diese auf dem mythischen Level,

---

324. Vgl. 2017b, 56f.
325. Ebd., 211.
326. Vgl. ebd., 56f. u. 84f.
327. Ebd., 73.

dem Glauben an ein von der Kirche legitimiertes Dogma.

Seelenlehre

Wilber äußert sich in der Frage, ob es ein Leben nach dem Tod, eine unsterbliche Seele oder Seelenwanderung bzw. Reinkarnation gibt, sehr zurückhaltend und teils widersprüchlich. Tatsächlich ist sich bezüglich dieser Frage die transpersonale Psychologie insgesamt nicht einig, wenn die Vorstellung auch eine häufige Komponente des transpersonalen Weltbildes ist.[328]

Einerseits 1) erscheint bei Wilber der Bereich des Seelischen oder Subtilen lediglich als eine Art „Übergangsstadium"[329] oder der halbe Weg („halfway house")[330] bis hin zur Erleuchtung zum nondualen Ursprung, d.h. identisch mit einer bestimmten Ebene der Manifestation des göttlichen Bewusstseins und damit im Grunde eine vorübergehende Erscheinung ohne Konstante und Ewigkeitswert innerhalb des göttlichen Einen:

> *„[Die Seele] ist für mich irgendwie auf halber Strecke angesiedelt, zwischen dem persönlichen Ich-Bewußtsein und dem unpersönlichen oder transpersonalen Geist... du mußt deiner eigenen Seele sterben, damit deine Identität mit dem Geist sich zeigen kann. [...] Das ist gleichsam der letzte Tod."*[331]

Die Seele sei „der bedeutende Vermittler und Bote zwischen reinem GEIST und individuellem Selbst."[332] An ein Fortbestehen der „großen Seele" seiner verstorbenen Frau glaubte er nicht: „Ich glaube nicht, daß irgend jemand von uns Treya jemals tatsächlich wiedersehen wird."[333] In der „dunklen Nacht der Seele" müsse die

---

328. Schmitz, 2010, 68f.
329. 1996, 123.
330. Vgl. 2017b, 431.
331. 1996, 123.
332. 2016a, 125.
333. Ebd., 439.

exklusive Identität mit der Seele, und deren Wunsch nach Unsterblichkeit im Sinne einer immerwährenden Zeitspanne, aufgegeben werden.[334] Er verwehrt sich daher auch gegen eine Gleichsetzung der „Seele" mit dem „kausalen höheren Selbst".[335] Die „Seele" habe „in allen höheren mystischen Traditionen die Bedeutung einer „Zusammenziehung", die aufgelöst werden müsse, bevor diese „sich selbst sterben und so zu einer höchsten Einheit und Identität mit dem absoluten GEIST gelangen kann." Als Beleg zieht er hier sogar ein Jesuswort heran: „Der kann kein wahrer Jünger sein, der nicht seine Seele haßt [!]".[336]

Andererseits sei 2) die integrale Theorie prinzipiell offen für die Hypothese der Reinkarnation. Wilber hält in seinem Buch „Die Religion von morgen" diese Vorstellung für eine schlüssige Erklärung offener Fragen wie der, wie es dazu kommt, dass Kinder scheinbar mit einer bereits vorgeformten Persönlichkeit und einem bestimmten, angestrebten Soll-Wert an Bewusstheit („developmental set point") auf die Welt kämen oder warum sich manche Menschen schneller als andere durch die Stufen hindurch entwickelten. Es wäre dann die subtile Seele, die von einem Leben ins andere wandere und dabei bestimmte Lektionen durchmache.[337] Ein Hinweis darauf könne auch darin gesehen werden, dass die Seele desjenigen, dessen Identifikation sich vom grobstofflichen löse und zu dem subtilen Selbst wechsele, eine Intuition von unendlicher Zeitspanne und tiefer Geräumigkeit erhasche und wisse, dass sie jenseits dieses einen Lebens stehe, dass sie gerade erfahre. Genauso könne die Reinkarnation jedoch nur eine Interpretation dieses Phänomens darstellen.[338]

In diesem Zusammenhang ist vor allem eine weitere Quelle bedeutsam. Es handelt sich hierbei um die Vorabveröffentlichung aus Wilbers Entwurf für einen Band 2 der Kosmos Trilogie mit dem Ar-

---

334. Vgl. 2017b, 439 u. 449.
335. Vgl. 2017b, 441.
336. 1999a, 87.
337. Vgl. 2017b, 428ff.
338. Ebd., 430.

beitstitel „Kosmisches Karma", genannt, „Auszug G: Toward a Comprehensive Theory of Subtle Energies". Einerseits lässt Wilber in dieser Schrift seine Tendenz zu einer Reinkarnationslehre eindeutig erkennen („Ich selbst glaube, dass Reinkarnation stattfindet"), andererseits zögert er laut eigener Aussage damit, eindeutig Stellungnahme zu beziehen, weil dieses Thema so kontrovers sei. Er ziehe es daher vor, lediglich eine theoretische Grundlage zu liefern, um diese philosophisch denkbar zu machen.[339]

Er knüpft dabei an eine viele Traditionen übergreifende Vorstellung an, dass, eng verbunden mit dem Spektrum an Bewusstseinszuständen (Quadrant oben links), ein Spektrum an Energien/Körpern (Quadrant oben rechts) existiert: von grobstofflich über ätherisch, astral, psychisch hin zu kausaler Energie. Diese Felder seien zwar nicht auf die Materie reduzierbar, stünden aber zugleich in Abhängigkeit zu ihr, da sie in enger Verbindung mit ihrer zunehmenden Komplexifizierung im Laufe der Evolution erst nach und nach hervorgingen und sich gegenseitig holarchisch umhüllten.[340]

So würden die frühesten Formen der Evolution, wie Quarks, Atome, Moleküle, von den vier Energiekräften Elektromagnetismus, Gravitation, starke und schwache nukleare Energie begleitet. Später kämen, nach der Emergenz erster Lebensformen, die ätherische, und noch später, bei noch komplexeren Lebensformen wie dem Säugetier, die astralen Energien dazu. Erst in einem dreiteiligen Gehirn gäbe es schließlich die psychische Energie.[341] Es gelte also: Je komplexer eine Form sei, von desto mehr Energiefeldern werde sie umhüllt.[342] Er stellt fest, dass vieles an diesem Thema sprachliche Vereinbarung sei und es viel begriffliche Verwirrung gäbe und schlägt schließlich vor, entsprechend der Chakrenlehre, sieben solcher Energiefelder zu unterscheiden.[343] Um nun die Weiterexistenz

---

339. 2004, 42.
340. Ebd., 19.
341. Ebd., 21 ff.
342. Ebd., 26.
343. Ebd., 27 ff.

subtiler Energien nach dem Auflösen der grobstofflichen Form, d.h. ein Leben nach dem Tod oder Reinkarnation, philosophisch denkbar zu machen, schlägt er folgende Hypothese vor: Die Energien seien nicht ontologisch an den grobstofflichen Bereich gebunden, d.h. könnten auch unabhängig von ihm existieren, benötigen aber eine ihnen entsprechende Komplexität in diesem Bereich, um sich selbst in diesem ausdrücken und manifestieren zu können.[344] Daher könnten auch nur Menschen (und keine Engel) die Erleuchtung erlangen, da diese die gleichzeitige Existenz von grobstofflichen, subtilen und kausalen Energien voraussetze.[345]

Typen

Mit „Typen" sind Aspekte gemeint, die sich auf jeder Stufe und in jedem Zustand zeigen können, also die horizontale zu der vertikalen Bewegung. Beispiele hierfür sind die Jungschen Typen, das Enneagramm, der Myers-Briggs Typenindikator, die Unterscheidung Mann/Frau und andere.[346]

Diese könnten für bestimmte Zwecke sehr hilfreich sein. Carol Giligan beispielsweise zeigte in ihrem Buch „Die andere Stimme" auf, dass Frauen und Männer zwar dieselben Stufen in ihrer moralischen Entwicklung durchlaufen, dabei aber jeweils eine andere Art Logik oder Stimme verwendeten. Auf der vierten und höchsten Stufe käme es bei allen zu einer Integration sowohl männlicher als auch weiblicher Anteile.[347]

Insgesamt fällt auf, dass das Element „Typen" bei Wilber eher unterbelichtet bleibt, obwohl die empirische Forschung zahlreiche (horizontale) Typologien zur Erklärung (religions-)soziologischer Phänomene jenseits des Entwicklungsparadigmas verwendet.[348]

---

344. Ebd., 43.
345. Ebd., 46.
346. Vgl. 2007, 71.
347. Vgl. ebd., 26ff.

Die Funktion von Spiritualität und Religion – Translation und Transformation

Wilber stellt fest, dass das Wort „Spiritualität" in seinem Gebrauch keinesfalls eindeutig ist, sondern damit mindestens vier verschiedene Dinge gemeint sein können[349]:

- a) Die jeweils höchsten Ebenen in jeder Linie (oder das Transpersonale)
- b) Eine eigene Entwicklungslinie, die spirituelle Intelligenz
- c) Eine Erfahrung mit bestimmten Zuständen, z.B. eine Gipfelerfahrung
- d) Undifferenziert für eine bestimmte Haltung wie Liebe, Mitgefühl oder Weisheit

Religion bietet zunächst einfach das interpretatorische Rahmenwerk für spirituelle Erfahrungen. Denn es gibt immer nur „meditativen Erfahrungen plus unsere Interpretation dieser Erfahrungen."[350]

Zwar durchliefen alle kontemplativen Traditionen dieselben Bewusstseinszustände oder „Zustands-Stufen", doch je nach Interpretation würden diese unterschiedlich erlebt. Eine Erfahrung der Formlosigkeit könne wahlweise als „Göttlichkeit, Shiva, (…) Tao oder (…) Heilige(r) Geist" gedeutet werden.[351] Deshalb sei im Buddhismus die richtige Sichtweise und die richtige Meditation untrennbar miteinander verknüpft.[352] Übertragen auf den christlichen Raum

---

348. Vgl. bspw. das multidimensionale Messmodell von Religiosität von Stefan Huber, Huber 2003. Auch bei Heinz Streibs Modell der fünf verschiedenen religiösen Stile sind die Grenzen zwischen Entwicklungstheorie und Typologie fließend. Siehe dazu auch Streib u.a., 2021.
349. Vgl. 2007, 145.
350. 2007, 160.
351. Ebd., 159.
352. Vgl. ebd., 157.

bedeutete das: Dogma und Kontemplation bedingen sich gegenseitig.

Religion erfülle seit jeher zwei wichtige, aber unterschiedliche Funktionen. Es gebe eine horizontale Bewegung und eine vertikale Entwicklung: Translation und Transformation. Bei der horizontalen Bewegung – oder der Translation – bietet die Religion Material an, um die Welt anders zu deuten und Sinn zu stiften: Mythen, Erzählungen, Rituale. Diese tröste und stärke das Ich des Menschen und diene damit der Legitimierung einer Weltsicht.

Bei der vertikalen Bewegung, die in der Regel selten vorkomme und nur für eine Minderheit gelte, gehe es dagegen um radikale Transformation und Befreiung. Diese tröste das Ich nicht, sondern zerstöre es bzw. verwandle es von Grund auf. Ihr Ergebnis sei Authentizität.[353]

Tatsächlich könne Religion und Spiritualität helfen, die Bewusstseinsentwicklung von Menschen zu fördern (oder aber das Gegenteil bewirken). Wilber sieht es mittlerweile als wissenschaftlich erwiesen an, dass Meditation die Entwicklung des Selbst von einer Wachstumsstufe zur anderen beschleunigt.[354] Als Grund führt er an, dass das Erleben außergewöhnlicher Bewusstseinszustände, die im Rahmen der zur Verfügung stehenden Stufe nicht zufriedenstellend interpretiert werden können, zu einer Art „Mikro-Desidentifizierung" mit dieser Stufe führen.[355] Deshalb sei die Kontemplation – oder Schulung von Zuständen – eine Kernaufgabe der großen Traditionen.

---

353. Vgl. 2001, 42-45.
354. Vgl. 2001, 353 und 2007, 193. Eine aktuelle Studie scheint ihm Recht zu geben: Deren Ergebnisse deuten darauf hin, dass kontemplativ Praktizierende im Vergleich zu einer entsprechenden Kontrollgruppe eine höhere Reifeentwicklung aufweisen. Dazu bedienten die Forscher sich einerseits der Magnetresonanztomographie, andererseits eines psychologischen Reife-Tests, dem „Maturity Assessment Profile (MAP)", Singleton, O. u.a., 2021. Auch eine andere, zehnjährige Studie von 2005 belegte, dass das Praktizieren von Transzendentaler Meditation die Selbst/Ego-Entwicklung beschleunigt. Chandler, Howard M. u.a., 2005. Doch sicherlich bedarf es auf diesem Gebiet noch mehr Forschung.
355. 2007, 196f.

In „Integrale Spiritualität" stellt er die These auf, dass Religionen die Funktion eines „Förderbandes" übernähmen. Jeder Mensch werde auf Stufe eins geboren und entwickele sich von da aus weiter. Das hieße, dass diese früheren Stufen nie verschwinden – es werde immer auch ein archaisches, magisches und mythisches Bewusstsein geben. Zu jeder dieser Stufen gäbe es nun entsprechende religiöse Ausdrucksformen, die durch die großen Weltreligionen aufbewahrt und weitergegeben würden.[356]

Das derzeit drängendste Problem jedoch sei, dass bei vielen die spirituelle Intelligenz bei bernsteinfarben (traditionell) stehen bleibe. Viele fänden keinen Weg, ihren Glauben auf der Stufe „orange" (der Moderne) zu leben und auszudrücken.[357] Das führt er auf die Vertreter der Moderne zurück, die in ihrer Ablehnung eines bestimmten Gottesbildes die Spiritualität als Ganzes verwarfen. Statt den mythischen Gott hinter sich zu lassen und nach einem „orangenen, grünen, türkisenen Gott" zu forschen, setzten diese „Gott" mit dem mythischen Gott gleich und riefen dessen Tod aus. Das heißt, sie verwechselten die Entwicklungslinie „Spiritualität" mit einer bestimmten Ebene „mythologisch/vormodern."[358] Diese Verwechslung sei die Ursache für die Katastrophe der Moderne.[359] Denn bei den einen führte sie dazu, alles Spirituelle zu unterdrücken und die Wissenschaft zu verabsolutieren, bei anderen dazu, alles Wissenschaftliche, aber auch höhere Formen von spiritueller Intelligenz in Namen der Religion zu bekämpfen.[360] Sowohl Atheismus als auch Agnostizismus seien beides Formen der spirituellen Intelligenz von Orange.[361]

In der modernen und postmodernen Welt sei deshalb die wichtigste Aufgabe der Religionen, Menschen dabei zu helfen, von einer traditionellen, BLAUEN Spiritualität zu einer ORANGENEN zu einer

---

356. Vgl. ebd., 248 u. 264.
357. Vgl. ebd., 248.
358. Vgl. ebd., 252ff.
359. Siehe dazu „Die Ebenen oder -wellen."
360. Vgl. ebd., 254f.
361. Vgl. ebd., 263.

GRÜNEN zu einer TÜRKISENEN zu gelangen. Gerade deshalb, weil die Religion das prärationale Erbe der Menschheit verwalte, sieht Wilber sie als die einzige mögliche Quelle der Autorität, die auch diese höheren Stufen spiritueller Intelligenz absegnen und für legitim erklären könne.[362] Sie könnte sowohl eine „bernsteinfarbene Version von Christus, […] eine orangene Version von Christus, […] eine indigoblaue Version von Christus usw." bereitstellen.[363] Damit helfe sie Menschen auch dabei, von einem ethnozentrischen zu einem weltzentrischen Bewusstsein zu gelangen.[364]

Schattenarbeit

Für Wilber hat die sog. Schattenarbeit neben der Meditation einen hohen Stellenwert:

> *„In den großen Weisheitstraditionen finden wir trotz all ihrer Weisheit absolut nichts zu diesem Thema. Ich weiß das, ich habe es zusammen mit Studenten und Lehrern 30 Jahre lang überprüft, und wir sind zu einer eindeutigen Schlussfolgerung gelangt: Das Verständnis von psychodynamischer Unterdrückung und ihrer Behandlungsmethoden ist ein ausschließlicher Beitrag der modernen westlichen Psychologie."*[365]

Unter dem „Schatten" versteht er die Entdeckung der modernen Psychologie, dass wir Menschen unter bestimmten Umständen Gefühle oder Eigenschaften unseres Selbst unterdrücken oder abspalten, die dann wieder als Erlebnis der zweiten oder dritten Person in unserer Wahrnehmung auftauchen. Es kommt also zur Projektion nach außen: Negative Eigenschaften, die mich im Außen stören oder aufregen sind ein Hinweis auf verdrängte Anteile meiner Selbst – gleiches gilt umgekehrt für positive Eigenschaften.[366]

---

362. Vgl. ebd., 265 u. 273.
363. Ebd., 267f.
364. Vgl. ebd., 275.
365. Ebd., 169.

Er erklärt dieses Phänomen als Folge einer pathologischen Entwicklung. Im Anschluss an den Entwicklungspsychologen Robert Kegan beschreibt er eine gesund verlaufende Entwicklung als Umwandlung des „Ich" zum „Mir/Mich/Mein". Das Subjekt (Ich) nimmt sein früheres Ich nun als Objekt (Mich) auf der nächsthöheren Stufe der Entwicklung wahr. Bei der Entstehung eines Schattens werde jedoch das Subjekt (Ich) zu einem externen Objekt (Es) umgewandelt. Ein Beispiel: Statt einem „Ich bin ärgerlich" wird ein „Dieser Ärger gehört nicht zu mir" und schließlich ein „Mein Partner/Chef/Nachbar ist ständig ärgerlich". Die Folge davon ist die Entfremdung von einem Teil des eigenen Selbst, da es nicht mehr als zu einem zugehörig betrachtet wird.[367]

Die Erfahrung zeige, dass Meditation kein geeignetes Mittel sei, Schatten aufzulösen, sondern diese im Gegenteil häufig noch verstärke. Denn üblicherweise gehe es in der Meditation um das Loslassen und die Auflösung von Identifizierungen. Bei der Schattenarbeit gehe es aber zunächst ganz im Gegenteil um eine notwendige erstmalige Identifizierung mit „meinem Ärger, meiner Wut" usw., das Zulassen einer authentischen Emotion und die Wiederaneignung des Schattens.[368]

Zusammen mit anderen aus dem Integralen Institut hat Wilber deshalb auch eine eigene Methode der Schattenarbeit entwickelt, den sog. „3-2-1-Prozess".[369]

In „The Religion of tomorrow" nimmt die Beschreibung der auf jeder Entwicklungsstufe möglichen Schattenbildungen und Fehlentwicklungen einen breiten Raum ein, bis hin zu den potenziellen Schatten des dritten Ranges (3rd Tier).[370]

---

366. Vgl. ebd., 170f.
367. Vgl. ebd., 180f.
368. Vgl. ebd., 179ff.
369. Vgl. ebd., 192.
370. Siehe dazu Wilber, 2017b.

Integrale Lebenspraxis

Die Idee einer „integralen Lebenspraxis" schlug Wilber das erste Mal in „Einfach das" vor.[371]

Später bot das Integrale Institut die ersten Workshops dazu an. Heute können über das Institut reichlich Anschauungsmaterial, Informationen und Kurse dazu erworben werden. Wilber ist der Ansicht, dass es sich hier um die weltweit erste Praxis handelt, die alle acht Zonen[372] einbezieht. Für den oberen linken Quadranten bedeutet das die Beschäftigung und Auseinandersetzung mit Schatten, Zuständen und Stufen, für den oberen rechten Quadranten das Training der drei Körper (grobstofflich, subtil, kausal) usw. Das Modell besteht aus verschiedenen Modulen, aus denen jeweils mindestens eine Praxis gewählt und parallel mit den anderen Praktiken aus anderen Modulen regelmäßig durchgeführt wird.[373] Die Idee dahinter:

> *„Je mehr Kategorien man sich zuwendet, desto größer ist der Synergie-Effekt (weil alle als Aspekte des eigenen Wesens miteinander verknüpft sind)."*[374]

Häufig findet man die wesentlichen Elemente einer integralen Lebenspraxis auch unter den Stichworten „Grow up", „Wake up", „Clean up" und „Show up" zusammengefasst. Unter „Grow up" wird der Erwerb von Fähigkeiten oder Wissen verstanden, also das Wachstum durch die Strukturen hindurch, unter „wake up" spirituelle Arbeit, also die Schulung von Zuständen, unter „clean up" die Schattenarbeit und unter „show up" die Arbeit mit dem Körper und damit auch das Manifestieren von Ideen durch Handlungen.[375]

In diesem Zusammenhang sind noch gesondert die sogenannten „Wir-Praktiken (We practices)" zu erwähnen, die Wilber in „Religion

---

371. Vgl. 2001, 162f.
372. Siehe „Die Quadranten".
373. Vgl. 2007, 277-280.
374. 2001, 165.
375. Integral Life, 2019b.

of Tomorrow", neben zahlreichen anderen konkreten Techniken empfiehlt. Denn ihre Rezeption hat, wie ich zeigen werde, großen Einfluss auf die Weiterentwicklung christlicher Praxis ausgeübt. Diese Praktiken, die dem intersubjektiven, linken unteren Quadranten, angehören, könnten dazu führen, eine Einheitserfahrung des „Höheren Wir" zu erfahren und damit die kollektive Entwicklung der Menschheit vorantreiben und dabei helfen, globale Probleme zu lösen.[376]

Ken Wilber über das Christentum

Schon in „Eros, Kosmos, Logos" bezieht sich Wilber häufig auf die christliche Tradition. So greift er bei der Beschreibung des subtilen Bewusstseinslevels unter anderem auf Zeugnisse aus Teresa von Avilas „Seelenburg" und den Begriff der „Dunklen Nacht" von Johannes vom Kreuz zurück.[377] Als Zeugen für den kausalen Zustand wählt er neben Sri Ramana Maharshi den deutschen Mystiker Meister Eckhart und zählt ihn neben Platon, Plotin und der Vedanta zu einem der Lehrer der Nondualität in dem Sinne, dass bei ihm ebenfalls eine aufsteigende und absteigende Spiritualität (Eros und Agabe) in eins zusammenfallen.[378] Jesus von Nazareth habe die kausalen Bewusstseinsstruktur verwirklicht, als er zu der Erkenntnis gelangte: „Ich und der Vater sind eins" (aus Joh. 10,30) und den Autoritäten in Jerusalem entgegnete, dass sie alle „Söhne und Töchter Gottes" seien. Wilber bezieht sich hier auf Joh. 10, 34 wo Jesus wörtlich Psalm 82,6 zitiert: »Steht nicht in eurem Gesetz der Satz: ›Ich habe gesagt: Ihr seid Götter‹?"

Jesus sei gekreuzigt worden, weil er eben deshalb sowohl für den Staat als auch die alte Religion eine Bedrohung dargestellt habe.[379] An diese Feststellung schließt sich eine harsche Kirchenkritik an: Der

---

376. Vgl. 2017b, 616-622.
377. Vgl. 2000, 304.
378. Vgl. ebd., 310, 356.
379. Vgl. ebd., 362.

Fall Jesus sei auf eine äußerst geschickte Art und Weise derart gelöst worden, dass Jesus selbst in den Dogmen zwar der Titel „Sohn Gottes" und die Einheit mit Gott zuerkannt wurde, diese aber damit zugleich für jeden anderen von vorneherein ausgeschlossen wurde: „Keiner anderen Person soll diese Realisation gestattet werden."[380] Und das, obwohl Jesus selbst nie diese Ausschließlichkeit für sich in Anspruch genommen hätte.

Damit wurde die Realisation – wir könnten auch sagen „fleischgewordene Erkenntnis" Jesu auf einen Sockel gestellt und zu einem einzigartigen Eigentum der Kirche gemacht. Wilber sieht diesen Prozess durchweg als ein Resultat der damals vorherrschenden mythologischen Bewusstseinsstruktur: Weil die religiöse und politische Sphäre noch nicht vollständig voneinander getrennt waren, wurde eine Person, die gegen geltendes kanonisches Recht verstieß, zugleich von den geistlichen Führern zu einem Häretiker als auch vom Staat zu einem Verbrecher erklärt. Aus Jesu Geschichte wurde dementsprechend schnell ein Mythos geschaffen, der sich an ältere heidnische Motive anlehnte. Nun galt es daran zu glauben, dass Jesus gestorben und wieder auferstanden war, um selbst nach dem Tod aufzuerstehen – nicht jedoch eine eigene Erleuchtungs- oder Himmelfahrtserfahrung zu machen. Während die Entstehung von Mythen an sich ein gängiges Phänomen sei, sei die Herabminderung und Reduktion auf die mythische Stufe allerdings eine religionsgeschichtliche Seltenheit, indem sie Christen von vorneherein verbiete, höhere Bewusstseinsstufen zu erlangen, da diese einzig und allein Jesus vorbehalten seien. Das habe zu einer fortdauernden Frustration geführt: Niemand durfte werden wie Jesus, aber jeder wollte es.[381] Der Glaube an das Dogma der Auferstehung der Toten und die unwiederholbare Einzigartigkeit des Nazareners „blockiert die endgültige Befreiung der Seele in diesem Körper, in diesem Leben, auf dieser Erde."[382]

Wie bereits unter „Die Funktion von Spiritualität und Religion"

---

380. Ebd., 362.
381. Vgl. ebd., 363ff.
382. Ebd., 371.

ausgeführt, sieht Wilber die dringlichste Aufgabe aller Religionen derzeit darin, den Menschen vom Übergang aus der bernsteinfarbenen (traditionellen) in die orangene Bewusstseinsstufe zu helfen, indem sie spirituell Suchenden moderne und postmoderne Deutungen ihrer jeweiligen Tradition zur Verfügung stellen.[383]

Daraus ergibt sich zwingend, dass der Mythos früher oder später überwunden werden muss, um zu reiferen Formen der Spiritualität zu finden.

Ich erwähnte bereits, dass Wilber zunehmend auch als Lehrer der christlichen Tradition auftritt und damit das Integrale Christentum mit beeinflusst. Es ist auch erkennbar, dass sich Wilber selbst durch den engen Austausch mit Menschen, die seine Theorie auf das Christentum anwenden, neu inspirieren lassen hat – unter anderem durch die hohe Wertschätzung der 2. Person Perspektive auf das Göttliche. Es muss also von einer Wechselbeziehung ausgegangen werden.

Auf seiner Plattform Integral Life gibt er beispielsweise einen Kurs zum „Erwachen des Christusbewusstseins."[384]

---

383. Vgl. 2007, 275.
384. Integral Life, 2019d.

Spiral Dynamics

Clare W. Graves

Was heute unter dem Namen „Spiral Dynamics" bekannt ist, basiert auf der langjährigen Forschungsarbeit des Psychologen Clare W. Graves. Er wurde 1914 in New Richmond, Indiana, geboren und war von 1956 bis 1978 Psychologieprofessor am New Yorker Union College.[385]

Neben seiner Lehrtätigkeit war er als Berater für klinische Einrichtungen als auch für Industrie und Wirtschaft tätig. Außerdem arbeitete er an dem Manuskript zu einem Buch, in dem er seine Theorie und Forschungsergebnisse darlegen wollte, schaffte es jedoch nicht, dieses bis zu seinem Tod 1986 zu vollenden. Das unveröffentlicht gebliebene Fragment wurde später von Christopher C. Cowan und Natasha Todorovic unter dem Titel „The Never Ending Quest" herausgegeben.[386]

Die Grundfrage seiner Forschung war: „Was macht einen psychisch gesunden Menschen aus?" In seinen Studien ging er der Frage nach, ob es eine oder mehrere Konzeptionen der menschlichen reifen Persönlichkeit gäbe und wenn ja, ob sich diese klassifizieren ließen. Dazu ließ er alle Studentinnen und Studenten zunächst allein für sich eine solche Konzeption in einem Aufsatz niederlegen, die diese dann anschließend ihren Mitstudenten vorstellen und über den Inhalt mit diesen diskutieren sollten, mit der Möglichkeit, ihr Konzept im Anschluss zu korrigieren oder gegen eventuelle Einwände zu verteidigen. Dazu führte er verschiedene Experimente mit seinen Studenten durch. Weiter ließ er die erhobenen Daten von den Studenten selbst kategorisieren. Auch führte er Untersuchungen mit dem Tachistoskop durch, einem Gerät der experimentellen Wahrnehmungspsychologie. Dabei stellt er fest, dass die Vorstellungen darüber, was

---

385. Vgl. Krumm & Parstorfer, 2014, 19 u. 26.
386. Vgl. ebd, 27, Graves, 2005, vi.

einen psychisch gesunden oder reifen Menschen ausmache, sich nach einem bestimmten Muster weiterentwickelten. Es kristallisierten sich zunächst vier, später dann neun Ebenen heraus, die sich jeweils durch bestimmte Bedürfnisse, Werte, Denk- und Verhaltensweisen auszeichneten. Die Daten ergaben außerdem eindeutig, dass die aufstrebenden Ebenen oder Stufen jeweils zwischen einer starken Innen- und Außenorientierung hin- und her pendelten: Entweder es ging darum, das Selbst zu opfern bzw. sich der Umwelt anzupassen oder darum, das Selbst zum Ausdruck zu bringen bzw. die Umwelt sich anzupassen.[387]

Ganz entgegen seinen ursprünglichen Erwartungen führten die Studien bei ihm zunächst nicht zu einer Zunahme an Klarheit, sondern zu mehr Verwirrung, da sie mehr neue Fragen aufzuwerfen als Antworten zu liefern schienen und in keines der bestehenden Konzepte passten. In Folge davon sah sich Graves gezwungen, ein eigenes Konzept zu entwickeln, mit dessen Hilfe er die Ergebnisse seiner Studie einordnen und erklären könnte. Dabei stellte Graves eine Frage, die stark der Herangehensweise Wilbers ähnelt: „Wie können sie alle korrekt sein?"[388] Er war geneigt anzunehmen, dass alle bisher existierenden Konzepte menschlichen Verhaltens auf ihre Weise recht haben könnten und suchte daher nach einem Bezugssystem, innerhalb dessen die wesentlichen Erkenntnisse aller Platz fänden. Die Ergebnisse legten für ihn den Schluss nahe, dass es sich bei der Entwicklung des Menschen um eine verschachtelte Hierarchie handeln müsse, innerhalb derer vorhergehende Systeme den gegenwärtigen zwar untergeordnet würden, dabei aber weiterhin erhalten blieben. Die Systemtheorie war ihm dabei eine große Hilfe.[389]

Der Persönlichkeitstheorie, die er daraus entwickelte, gab er den Namen „aufstrebendes, zyklisches Doppelhelix-Modell der biopsychosozialen Systeme des erwachsenen Menschen."[390]

---

387. Vgl. Krumm & Parstorfer, 2014, 30-45, Graves, 2005, 42-45.
388. Graves, 2005, 145.
389. Vgl. ebd., 133-152.
390. Krumm & Parstorfer, 2014, 12.

Sein Modell geht davon aus, dass 1. die menschliche Natur nicht feststehe, sondern ein offenes System sei, 2. diese sich in Quantensprüngen von einem stabilen Zustand in einen anderen weiterentwickele, 3. die menschliche Psychologie sich in Anpassung an diese neu auftauchenden Zustände ändere.[391]

Graves zählt sieben Punkte auf, von denen er meint, dass sie bisher von den Forschern zu wenig in ihren Modellen berücksichtigt worden seien. Aus dieser Aufzählung wird ersichtlich, wie stark Graves innerhalb seines Modells bemüht ist, den Menschen möglichst ganzheitlich, d.h. unter Einbeziehung unterschiedlichster wissenschaftlicher Disziplinen, zu betrachten. Die Entwicklungspsychologie habe lange Zeit das Erwachsenenalter in ihren Untersuchungen vernachlässigt, obwohl Entwicklung auch noch über das Jugendalter hinweg kontinuierlich stattfinde.

Ebenso hätten die meisten übersehen, dass auch die menschliche Art als solche sich seit ihrer Entstehung in einem bis heute stattfindenden Entwicklungsprozess befinde. Weiter sei es wichtig, im Auge zu behalten, dass Entwicklung immer zwei Aspekte aufweise: den neurologischen, objektiven und den psychologischen, subjektiven. Graves weist hier also ganz wie Wilber darauf hin, dass sowohl das Innere als auch das Äußere eines Menschen gleichermaßen zu berücksichtigen sei. Weiter sei der Aufbau und die Struktur des menschlichen Gehirns von wesentlicher Bedeutung.[392]

Ausgehend von seinen Forschungen unternahm er also den Versuch das Wissen über den Menschen aus Biologie, Psychologie und Soziologie miteinander zu verbinden. Schon bald machte er sich Gedanken, wie das gewonnene Wissen gewinnbringend im Management eingesetzt werden könnte.[393]

Die Kernthesen seiner Theorie sind folgende:

- „Die biopsychosoziale Entwicklung des reifen Menschen ist ein

---

391. Vgl. Graves, 2005, 29.
392. Ebd., 36f.
393. Vgl. Krumm & Parstorfer, 2014, 61.

sich entfaltender, aufstrebender, pendelnder, spiralförmiger Prozess. Dabei werden ältere, niederrangige, weniger komplexe Systeme neueren, komplexeren biopsychosozialen Systemen untergeordnet."[394]

- Jeder Mensch entwickelt sich über bestimmte Existenzebenen in einer hierarchisch geordneten Reihenfolge weiter („Ebenen menschlicher Existenz"). Deshalb wird es in jeder Gesellschaft immer eine „Mischung verschiedener Wertesysteme geben".

- Diese Entwicklung resultiert aus an der Anpassung an die jeweiligen Lebensumstände und ist demnach das Ergebnis der Interaktion der Umwelt und der neuropsychologischen Ausstattung des Menschen.[395]

- Ein Sprung von einem Level auf den nächsten erfolgt, wenn ein Mensch erkennt, dass aufkommende Probleme nicht mit seinem aktuellen Wertesystem lösbar sind. So löst jeder Level bestimmte existentielle Probleme und wirft wiederum neue auf.[396]

- Die Ebenen wechseln hin- und her zwischen einer starken Orientierung an der Außenwelt und dem Versuch, mit dieser zurechtzukommen und einer starken Orientierung an der Innenwelt mit dem Ziel, die äußere Welt dieser anzupassen. Im ersteren Fall dominiere die linke Gehirnhälfte, im letzteren die rechte.[397]

- Wenn ein Mensch sich auf einem bestimmten Level befindet, weist er dementsprechende Gefühle, Motivation, Konzepte psychischer Krankheiten, Glaubenssätze sowie Vorlieben für bestimmte Management- und Erziehungskonzepte auf.

- Personen können sich auf einem Level stabilisieren, oder auch stehen bleiben oder gar wieder in ein niedriges Level regredieren.

---

394. Vgl. ebd., 93.
395. Vgl. ebd., 65.
396. Vgl. ebd., 93.
397. Vgl. ebd., 89.

- Bis heute lassen sich neun solcher Levels unterscheiden. Vergleichbar einer Symphonie hat jedes Level sein ganz eigenes Thema, das sich auf einer höheren Ebene wiederholt. Die Levels von 1-6 bilden den ersten Rang, die Levels von 7 an aufwärts den zweiten.
- Die Weiterentwicklung und die Entstehung neuer Levels ist nach oben hin offen.[398]

Graves beschrieb diese neun Levels in seinen zahlreichen Artikeln ausführlich. Da wir uns weiter unten im Kontext von Spiral Dynamics und schließlich in der Form ihrer Rezeption durch die christlichen Autor*innen jeweils noch einmal ausführlicher mit diesen beschäftigen werden, erlaube ich mir an dieser Stelle, deren jeweilige Themen mit nur wenigen Stichworten anzudeuten. Festzuhalten bleibt, dass die Beschreibungen späterer Autor*innen zwar zum Teil ausführlicher und detaillierter ausfallen, die Hauptmerkmale jedes Levels jedoch bereits alle von Graves beschrieben wurden:

- 1. Level, Reaktive Werte/Autistischer Existenzzustand (später BEIGE): Existenzielle körperliche Bedürfnisse erfüllen
- 2. Level, Traditionalistische Werte/Animistischer Existenzzustand (später PURPUR): Bedürfnisse zurückstellen, um in der Sicherheit eines Stammes zu leben
- 3. Level, Ausbeuterische Werte/Egozentrischer Existenzzustand (später ROT): Das Selbst ohne Rücksicht auf andere ausdrücken, um aufkommender Langeweile zu entgehen
- 4. Level, Aufopfernde Werte/Absolutistischer Existenzzustand (später BLAU): Das Selbst zurückstellen um eines höheren Sinns/ Macht willen, um entstandene Ungerechtigkeit zu verkraften
- 5. Level, Materialistische Werte/Vielfältiger Existenzzustand (später ORANGE): Das Selbst ausdrücken, um Kontrolle über

---

398. Vgl. ebd., 93f.

die Dinge zu gewinnen

- 6. Level, Personalistische Werte/Relativistischer Existenzzustand (später GRÜN): Sein Selbst zurückstellen, um Harmonie innerhalb einer Gemeinschaft zu erleben

- 7. Level, Existenzielle Werte/Systemischer Existenzzustand (später GELB): Sein Selbst ausdrücken, um kontextbezogen angemessen zu handeln

- Über die achte Stufe – Experientialistische Werte (später TÜRKIS) – und die neunte Stufe (später KORALLE) schrieb Graves selbst nur sehr wenig, da sein Datenmaterial dazu nicht ausreichte.[399]

Graves berichtete, dass er innerhalb seiner Studien lediglich sechs Personen gefunden habe, die sich der siebten Stufe zuordnen ließen, was nicht ausgereicht habe, um sich ein genaueres Bild zu machen.[400] Der Sprung zwischen dem sechsten und siebten Level sei proportional wesentlich größer als die davorliegenden Systemsprünge. Der siebte Level enthalte signifikant mehr psychologischen Spielraum, löse Probleme effizienter und finde mehr Antworten als alle vorhergehenden Level zusammen.[401] Er vergleicht es mit dem Entwicklungssprung zwischen Tier und Mensch:

> *„Der Mensch auf der siebten Stufe steht an der Schwelle zur Entfaltung seines Menschseins. Er ist nicht mehr nur eine weitere Spezies der Natur. Er wird jetzt ein Mensch."*[402]

Einerseits bewertet Graves die Stufen nicht, insofern er feststellt, dass es immer von den Umständen abhinge, welche Existenzebene für einen Menschen die momentan passendste sei. Andererseits vertritt er durchaus die Ansicht, dass

---

399. Vgl. ebd., 95f.
400. Vgl. Graves, 2005, 386.
401. Vgl. ebd., 189.
402. Ebd., 190.

> *„für das Gesamtwohl der gesamten menschlichen Existenz in dieser Welt sind langfristig gesehen höhere Ebenen besser als niedrigere Ebenen, und [...] das Hauptziel jeglicher Führungspersönlichkeiten in der Gesellschaft sollte es sein, die Bewegung der Menschen hin zu höheren Ebenen der menschlichen Existenz zu fördern."*[403]

Er ist sich darüber im Klaren, dass sein Modell auf die Betrachtung aller Bereiche menschlichen Lebens gewaltige Auswirkungen haben könnte. Nahezu alles müsse neu überdacht werden. Statt einer bestimmten Ethik, statt einer bestimmten Psychologie, einer bestimmten Politik usw. den Vorzug einzuräumen, müsse nun neu gefragt werden: Welche Ethik, welche Psychologie, welche Politik (und auch welche Religion) sind aus welcher Existenzebene des Menschen oder Gesellschaft heraus entstanden und dieser angemessen?[404]

1965 untersuchten die Forscher Huntley und LaBier einige der beschriebenen Levels mit dem Tachistoskop, das bereits Graves eingesetzt hatte. Mit diesem Gerät wird geprüft, ab wann bestimmte Elemente von einer Versuchsperson unterschwellig wahrgenommen und erkannt werden, wenn die Betrachtungszeit eines Bildes, Symbols oder Wortes extrem verkürzt wird. Dazu wählten sie bestimmte Begriffe aus, die sie als typisch für die jeweiligen Stufen ansahen. These der Forscher war, dass Personen, die sich auf einer bestimmten Stufe befanden, die betreffenden Stufen schneller wiedererkennen würden als andere. Die Ergebnisse zeigten einen „eindeutige Zusammenhang zwischen Erkennungszeit und Existenzlevels" und bestätigten damit Graves Theorie.[405]

Don Edward Beck und Christopher C. Cowan

1996 veröffentlichten Don Edward Beck und Christopher C. Co-

---

403. Ebd., 482f.
404. Vgl. ebd., 490f.
405. Vgl. ebd., 464-73 und Krumm & Parstorfer, 2014, 67.

wan „Spiral Dynamics. Leadership, Werte und Wandel."
Das Werk richtete sich in erster Linie an Führungskräfte in Unternehmen, wurde aber bald von einer breiten Öffentlichkeit wahrgenommen. Als zugrundeliegende Quellen für ihr Werk nennen die Autoren den Entwicklungsforscher Clare W. Graves, ihre eigene Forschungsarbeit sowie das Konzept der „Meme" des Psychologen Mihaly Csikszentmihalyi wie des Biologen Richard Dawkins.[406]

Das Konzept der Meme

Der Begriff der „Meme" wurde erstmals vom Biologen Richard Dawkins eingeführt und bezeichnete eine Einheit kultureller Information. Der Psychologe Mihaly Csikszentmihalyi griff diesen Begriff auf „um den Ursprung menschlichen Verhaltens im Gegensatz zu dem der physischen Eigenschaften zu bezeichnen." Mit Memen sind also eine Art „psychosoziale DNA" gemeint, geistige Informationseinheiten, die sich durch das Denken fortpflanzen. Diese Meme treten in größeren Organisationseinheiten auf, die sog. „Werte-Meme."[407] WMeme sind Attraktoren, die eine bestimmte Zusammensetzung von Memen wie ein Magnet anziehen und sowohl auf der Ebene der Individuen, der von Unternehmen und Organisationen als auch zuletzt in ganzen Gesellschaften wirksam sind.[408] Ein WMem

> *„drückt sich in einer Weltsicht, einem Wertesystem, einer Ebene der psychologischen Existenz, einer Glaubensstruktur, einem Organisationsprinzip, einer Denk- und Lebensweise aus."*[409]

Die Thesen dazu sind:
1. Meme stellen Kernintelligenzen dar, die Systeme bilden und menschliches Verhalten steuern.

---

406. Vgl. Beck & Cowan, 2017, 8 u. 45.
407. Vgl. ebd., 49.
408. Vgl. ebd., 51 und 53.
409. Ebd., 64.

2. Durch Grundannahmen und Prioritätensetzung bestimmen sie über Entscheidungen.
3. Meme sind an sich weder schlecht noch gut, sondern können sich sowohl in gesunden als auch ungesunden Formen manifestieren.
4. Meme bestimmen die Art und Weise, wie ein Mensch denkt, nicht was er denkt. Dieselben Inhalte werden von den jeweiligen Stufen oder Denkstrukturen aus unterschiedlich interpretiert.[410]
5. In Reaktion auf die herrschenden Lebensbedingungen können Meme stärker und schwächer werden.[411]

Die Meme werden dabei der Einfachheit halber mit Farben betitelt, die als Verständigungscode dienen. Diese wurden bewusst einer Nummerierung vorgezogen, um jeglicher Wertung vorzubeugen (z.B. ergibt der Satz „BLAU ist besser als ROT" keinen Sinn).[412] Beck gibt an, dass er diese in den 80/90 Jahren eingeführt habe, als er in Südafrika mithalf, friedlich die Apartheit abzubauen. Die Verwendung der Farben habe dazu beigetragen, der Trennung in Schwarz und Weiß zu entgehen und aufzuzeigen, dass jede*r, unabhängig von der Hautfarbe, all diese Codes in sich trage.[413]

Beck und Cowan beschreiben die Eigenschaften der Meme mithilfe von sieben Prinzipien:

1. Menschen verfügen über die Fähigkeit, neue Meme zu kreieren. Jedem der Meme wird dabei ein Zeitpunkt zugeordnet, an dem dieses das erste Mal auftauchte, z.B. kam das PURPURNE Mem ca. vor 50 000 Jahren auf, als Menschen sich zu Stämmen

---

410. Diese feine Unterscheidung ist äußerst bedeutsam, da es sonst zu einer Verwechslung von Inhalt und Stufe oder einer Gleichsetzung einer Stufe mit bestimmten Inhalten kommen kann – was in der praktischen Anwendung des Modells leider allzu oft geschieht.
411. Vgl. Beck & Cowan, 2017, 10f. u. 66f.
412. Vgl. ebd., 10 u. 106.
413. Vgl. Beck, 2018, 24.

zusammenschlossen.[414]

2. Meme sind das Ergebnis der Wechselwirkung des menschlichen Nervensystems mit seiner Außenwelt. Sie entstehen in Anpassung an die Lebensbedingungen, geschichtliche Zeit, geografischer Ort, menschliche Probleme und gesellschaftliche Umstände.[415]

3. Die aufeinander folgenden Meme bilden zusammen eine aufsteigende Spirale, deren Fokus zwischen Außen- und Innenorientierung bzw. Selbstausdruck und Selbstaufopferung hin- und her pendelt. Den Memen mit der Betonung auf dem „Ich" werden warme Farben zugeordnet (BEIGE, ROT, ORANGE, GELB), den Memen mit der Betonung auf dem „Wir" kalte Farben (PURPUR, BLAU, GRÜN, TÜRKIS).[416]

4. Jedes Mem entsteht und vergeht wellenförmig: Es steigt auf, erlebt einen Höhepunkt und fällt dann wieder ab, um einer neuen Welle Platz zu machen. Damit überlagern sich immer mehrere Wellen gleichzeitig.[417]

5. Die spiralförmig aufsteigenden Meme nehmen mit jeder Stufe an Komplexität zu.[418]

6. Jeder Mensch besitzt eine ganz individuelle Zusammensetzung von Memen, die in „verschiedenen Lebensbereichen unterschiedliche Mischungsverhältnisse eingehen." Jemand kann in der Religion den Schwerpunkt auf einem ganz anderen Mem haben als in der Politik.[419]

7. Zwischen den ersten sechs WMemen und dem siebten lässt sich ein Übergang zu einer gänzlich neuen Ordnung beobachten, innerhalb derer sich die vorhergehenden Themen in kom-

---

414. Vgl. Beck & Cowan, 2017, 80f.
415. Vgl. ebd., 84ff.
416. Vgl. ebd., 90f.
417. Vgl. ebd., 95f.
418. Vgl. ebd., 97f.
419. Vgl. ebd., 100. Eine Ähnlichkeit zu Wilbers Idee der Entwicklungslinien ist unverkennbar.

plexerer Form zu wiederholen scheinen. Die ersten sechs Gruppen werden deshalb auch „First Tier" und die nachfolgenden „Second Tier" genannt oder auch: Erste/Zweite Ordnung/Rang.[420] Während die ersten sechs Ebenen jeweils von einer unterschiedlichen Grundangst bestimmt sind, ist die siebte Stufe frei von diesen.[421] Die gelbe Stufe wird deshalb auch die „integrale" genannt, weil es die erste Stufe ist, die alle vorhergehenden Stufen überblickt und deren jeweiligen Wert zu schätzen weiß. Während jedes Mem in „First Tier" der Meinung ist, das seine Sicht der Dinge die einzig richtige sei, sind die Meme in „Second Tier" zum ersten Mal in der Lage, allen vorangehenden Memen Wert beizumessen.

Als Bedingungen für einen Wandel von einem WMem zum nächsten, beschreiben die Autoren im direkten Anschluss an Graves die folgenden sechs Punkte:[422]

1. Potenzial: Graves stellte fest, dass Menschen oder Menschengruppen Veränderungen unterschiedlich gegenüberstehen. Die Skala reicht von offen über blockiert bis zu geschlossen und kann sich bei jedem Menschen in einzelnen Bereichen stark unterscheiden.

   „Man kann in seinen Geschäften offen sein, in seinen Familienbeziehungen blockiert und in seinem religiösen Denken geschlossen."[423]

2. Lösungen: Drängende gegenwärtige Probleme auf einer Ebene verhindern das Wachstum.
3. Dissonanz: Das Gefühl, dass etwas nicht mehr stimmig oder angemessen ist, führt zu Unruhe und Aufbruchsstimmung.

---

420. Vgl. ebd., 101f.
421. Vgl. ebd., 103.
422. Vgl. ebd., 118-133.
423. Ebd., 123.

4. Hindernisse: Alles, was der Veränderung im Weg steht, muss erkannt und überwunden oder beseitigt werden.
5. Erkenntnis: Es muss ein Verständnis davon erwachen, weshalb eine Veränderung von Denken und Verhalten konkret sinnvoll ist und wie die Alternative davon aussieht.
6. Konsolidierung: Jeder Wandel benötigt Unterstützung durch die Umgebung.

Sind alle sechs genannten Bedingungen erfüllt, kann es zu einem Wandel kommen.

Der Transformationsprozess von einem WMem zum nächsten werde von Graves mit fünf Phasen beschrieben: Alpha, Beta, Gamma, Delta und wieder Alpha.[424]

1. Phase: Alpha. Es herrscht der Eindruck von Gleichgewicht und Stabilität.
2. Phase: Beta. Probleme und damit einhergehender Zweifel treten auf. Häufig wird der Versuch unternommen, das Alpha-System zu stärken oder anzupassen, was die Lage nur verschlimmert.
3. Phase: Gamma-Falle. Das Problem wird nicht mehr geleugnet, sondern anerkannt. Weil noch keine Lösung in Sicht ist, entsteht Wut und Hoffnungslosigkeit.
4. Phase: Delta-Aufschwung. Die Überwindung von Hindernissen setzt Energie frei.
5. Phase: Alpha. Es entsteht erneut ein Zustand von Gleichgewicht und Stabilität.

Je nachdem, wo innerhalb der Spirale Veränderungsprozesse stattfinden, gibt es verschiedene Varianten. Beck und Cowan unterscheiden sieben davon:
1. Feinabstimmung horizontal
2. Ausdehnung horizontal

---

424. Vgl. ebd., 135-145.

3. Abwärtsstreckung diagonal
4. Aufwärtsstreckung diagonal
5. Ausbruch vertikal
6. Aufwärts-Shift vertikal
7. Quantensprung vertikal.

Veränderungen unterscheiden sich demnach hinsichtlich ihrer Richtung innerhalb der Spirale (auf – oder abwärts) wie hinsichtlich ihrer Reichweite (ganze Gesellschaften oder nur eine kleine Masse) und Gründlichkeit (leichte Anpassung, Erweiterung des alten Inhalts, allmähliche Aneignung von neuem Inhalt). „Horizontal" genannte Veränderungen finden auf einer Ebene statt, „diagonale" Veränderungen entnehmen Elemente einer anderen Ebene und „vertikale" Veränderungen gehen mit einem Wechsel der Ebenen einher. Welche Veränderungen möglich sind, hängt davon ab, wie viele der oben genannten sechs Voraussetzungen für einen Wandel erfüllt sind.[425]

In dem dritten Teil ihres Buches beschreiben Beck und Cowan jedes WMem im Detail. Dabei unterscheiden sie im Anschluss an das 5-Phasen Modell eine Eingangsphase, Höhepunkt und Ausgangsphase.[426] Jede Ebene zeichnet sich durch spezifische Lebensbedingungen aus. Zwischen dem grünen und gelben Mem findet eine Verschiebung der WMeme zu einer höheren Ordnung statt. Die Autoren sprechen im Anschluss an Graves von einem qualitativen Sprung. Sie unterscheiden deshalb zwischen der ersten Ordnung und der zweiten Ordnung/Rang.[427]

Die Ebenen

Im Folgenden fasse ich die Beschreibung jedes WMem und seiner Grundzüge in wenigen Stichworten und Zeilen zusammen (siehe dazu auch Abbildung 12):

---

425. Vgl. ebd., 145ff.
426. Vgl. ebd., 312.
427. Vgl. ebd., 436.

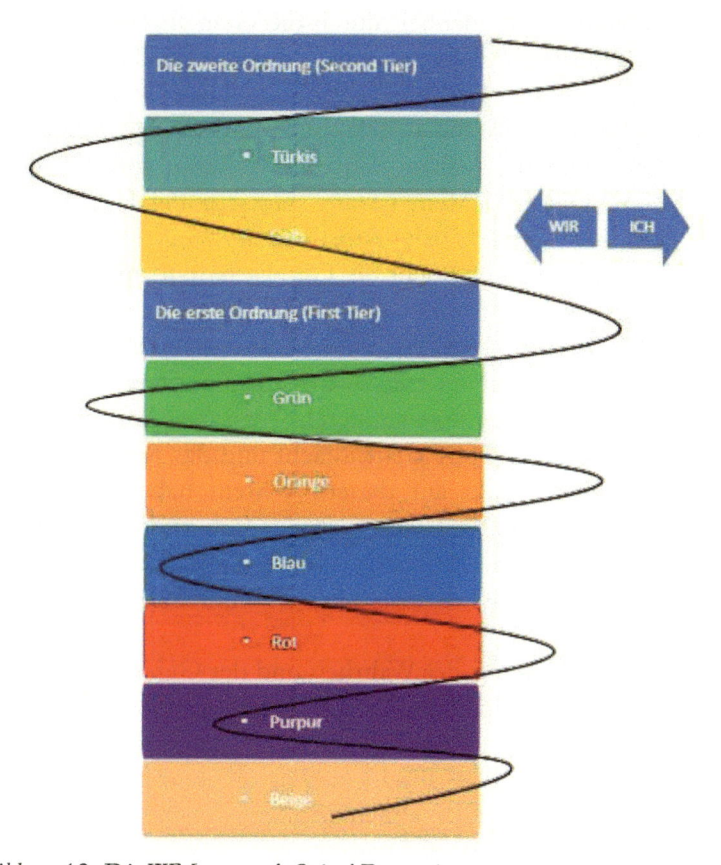

Abbildung 12: Die WMeme nach Spiral Dynamics

1. BEIGE: Überleben. Das instinktive WMem. Es geht ums nackte Überleben und die Erfüllung von existentiellen Grundbedürfnissen wie dem nach Nahrung, Wasser, einer angemessenen Temperatur, Sex und Sicherheit. Am stärksten ist dieses WMem bei Säuglingen, Alten, schwer Kranken und Hungernden wirksam.[428]

---

428. Ebd., 315-320.

2. PURPUR: Ahnengeister. Das Clan WMem. Es geht um Sicherheit und Verbundenheit durch die Gemeinschaft. Das Denken ist animistisch, schamanisch und magisch. Typische Kennzeichen sind der Glaube an Geister, Ahnenkult und Zauberei, Exorzismus, Glaube an Dämonen und Engel, wunderwirkende Reliquien und heilige Stätten, Weihung von Gegenständen u.ä.m. Dieses WMem ist am stärksten bei Kleinkindern und Ureinwohnern. Es tritt erstmals in der Steinzeit in Erscheinung. Dem WMem entspricht die Gesellschaftsform eines Clans mit Vetternwirtschaft und Geschlechtertrennung.[429]
3. ROT: Machtvolle Götter. Das egozentrische WMem. Es geht um die Abnabelung vom Clan, Erlangung von Unabhängigkeit und die Kraftprobe mit anderen. Typische Themen sind deshalb Durchsetzung, Herrschaft, Macht und das Recht des Stärkeren. Ein Schwerpunkt auf diesem WMem haben Menschen zwischen drei und fünf Jahren, in der Pubertät, Straßenkriminelle, Mafiamitglieder, Diktatoren usw. Die Gesellschaft dieses WMem besteht aus wenigen Wohlhabenden und vielen Armen.[430]
4. BLAU: Die Kraft der Wahrheit und der Gerechtigkeit. Das Sinn betonende Mem. Dieses WMem hat seine Blüte im Mittelalter. Es geht um eine das Chaos verhindernde Ordnung. Wichtige Themen sind deshalb Gehorsam gegenüber einer Autorität, Aufopferung und Pflichterfüllung, Schuld, selbstgerechte Moral, Schwarz-Weiß-Denken, ein wörtliches Verständnis heiliger Schriften und der Glaube an ein jüngstes Gericht, das auf ewig belohnt und bestraft. Einen Schwerpunkt in diesem WMem haben Traditionalisten und Fundamentalisten. Die Gesellschaft dieses WMem ist stark hierarchisch gegliedert und weist jedem seinen festen Platz zu.[431]
5. ORANGE: Erfolgsstreben. Das strategische WMem. Es tritt

---

429. Ebd., 324-340.
430. Ebd., 344-360.
431. Ebd., 365-377.

erstmals in der Renaissance auf. Das Erfolgsdenken steht im Mittelpunkt, denn es geht um das Streben nach Selbstverwirklichung und Anerkennung. Typisch sind deshalb Leistungsdenken, Fortschritt, Wohlstand, Materialismus und Pragmatismus. Auf religiöser Seite kommt es zur Trennung von Staat und Kirche, die Reformation wird eingeläutet, Dogmenglaube wird von der wissenschaftlichen Methode abgelöst. Typische Vertreter dieses WMeme sind Unternehmer, Manager, Banker, Wissenschaftler. Die diesem WMem korrespondierende Gesellschaftsform ist der Nationalstaat mit freier Marktwirtschaft und Massenmedien.[432]

6. GRÜN: Menschliche Beziehungen. Das relativistische WMem. Es geht um Harmonie, Gleichheit und Toleranz. Wichtige Werte sind Empathie, Fairness, Solidarität mit den Schwachen und Armen, Zusammenhalt innerhalb der Gruppe, kollektive Schuldbekenntnisse und Ökologie. Vertreter dieses WMeme sind Humanisten, Sozialisten, Feministen, Tier- und Umweltschützer und fortschrittliche Unternehmen.[433]

7. GELB: Flex-Flow. Das systemische WMem. Menschen in diesem Mem haben den Überblick über die vorhergehenden Stufen der Entwicklung und erkennen deren Berechtigung an. Wichtige Werte sind flexibles und offenes Denken, die Annahme von Paradoxa und Unsicherheit und die Erlangung von innerer Freiheit. Es geht um eine stete Weiterentwicklung, Streben nach Ganzheitlichkeit und situationsabhängiges Verhalten.[434]

8. TÜRKIS: Globale Perspektive. Das holistische WMem. Es geht um das Bewusstsein der Verbundenheit von allem mit allem und die Fähigkeit, den Überblick über alles zu behalten. Wichtige Werte sind Achtsamkeit, Minimalismus und das Zurücktreten des Egos. Vertreter dieses WMem verfügen über tiefe geistige und spirituelle Fähigkeiten.[435]

---

432. Ebd., 388-406.
433. Vgl. ebd., 74 u. 420-432.
434. Vgl. ebd., 440-452.

9. Als neunte Stufe nennen die Autoren „KORALLE", bekennen aber, dass ihnen diese „noch immer unklar" ist.[436]

Die Marke „Spiral Dynamics"

Die Autoren Christopher Cowan und Don Beck arbeiteten 29 Jahre zusammen. 1999 endete diese Partnerschaft. Don Beck kam in Kontakt mit Ken Wilber und entwickelte daraus eine Erweiterung des Konzeptes durch die Quadranten, das er fortan „Spiral Dynamics Integral" oder auch „MeshWORKS" nennt. Zur Verbreitung seiner Ideen gründete er 2004 die Organisation „Center for Human Emergence" und bietet bis heute Vorträge und Kurse dazu an.[437]

2018 brachte Don Beck zusammen mit einigen Mitautoren ein weiteres Buch heraus mit dem Titel „Spiral Dynamics in der Praxis: Der Mastercode der Menschheit". Es stellt ein Praxisbuch zur in „Spiral Dynamics" vorgelegten Theorie dar und legt Zeugnis von vierzig Jahre Feldforschung durch Don Beck und viele andere dar.[438]

Durch die von Natasha Todorovic und dem 2015 verstorbenen Chris Cowan 1998 gegründete Organisation „NCV Consulting" wird Spiral Dynamics heute als eingetragene Marke weltweit als Werkzeug in der Beratung von Unternehmen und Organisationen und im Coaching vermarktet.[439]

Ken Wilbers Kritik an „Spiral Dynamics"

„Spiral Dynamics" erwähnt Wilber das erste Mal in seinem Buch „Integrale Psychologie". Er nennt das Modell von Clare Graves „tiefgründig" und „elegant". Die Arbeit von Don Beck und Chris Cowan, die dieses Modell fortgeführt und erweitert sowie in den gesellschaft-

---

435. Vgl. ebd., 460-465.
436. Ebd., 76.
437. Vgl. Human Emergence, 2019a und b.
438. Sieh dazu Beck, 2018.
439. Siehe dazu Spiral Dynamics, 2019.

lichen Diskurs eingebracht hätten, nennt er ein „erstklassiges Beispiel" für die Anwendbarkeit eines solchen Modells.[440] In „Integrale Spiritualität" bezeichnet er sich selbst als ein „großer Fan der Arbeit von Clare Graves".[441]

Steve McIntosh weist darauf hin, dass die Rezeption von Spiral Dynamics bei Wilber dazu geführt habe, dass dieser die postmoderne und integrale Stufe noch deutlicher voneinander unterschied.[442]

Doch Wilber äußert auch Kritik. Für ihn ist Spiral Dynamics nur ein Modell unter vielen.[443] Es fehlten die „Bewusstseinszustände" sowie höhere, transpersonale Ebenen, was zu Verwechslungen führe. Außerdem fehle das Bewusstsein für Bewusstseinslinien/multiple Intelligenzen, wonach ein Mensch kognitiv weit, moralisch aber wenig entwickelt sein könne.[444]

In seinem Buch „Integrale Spiritualität" kritisiert Wilber Don Beck harsch und wirft ihm „Linienabsolutismus" vor: Indem er behaupte, die WMeme schlössen sämtliche Intelligenzen mit ein, setze sein Modell eine Intelligenz, die Werte-Intelligenz absolut. Auch sei Spiral Dynamics kein vollständiges Modell der Psyche, als dieses sei es „eine Katastrophe." Dafür fehlten zu viele Aspekte: Es fehle die Unterscheidung zwischen den Stufen, Zuständen und Linien sowie eine Theorie des Selbst und des Unbewussten. Spiral Dynamics habe nicht „einen einzigen Kritikpunkt von [ihm] oder aus irgendeiner Richtung berücksichtigt", da Beck mit der Behauptung, sein Modell sei „das einzig richtige" seinen Lebensunterhalt verdiene.[445]

---

440. Wilber, 2001, 57.
441. Ebd., 125.
442. McIntosh, 2007, 187.
443. Vgl. 2005.
444. 2016a, 256ff., Fußnote 22 und 2007, 414f.
445. 2007, 414f.

STEVE MCINTOSH

Steve McIntosh gilt neben Wilber und Don Beck als einer der führenden Philosophen der integralen Bewegung.

Er kam 1960 in Norwalk, Connecticut zur Welt und wuchs in Los Angeles auf. Schon in jungen Jahren interessierte er sich für Philosophie und Spiritualität. Besonders anziehend fand er die evolutionäre Philosophie von Pierre Teilhard de Chardin, Alfred North Whitehead, Ken Wilber und Holmes Rolston. Er studierte Wirtschaft und Jura und arbeitete einige Zeit als Jurist. 1995 gründete er ein Unternehmen für selbst entwickelte natürliche Lifestyle Produkte: „Now & Zen", das bis heute existiert. Von 2000-2002 arbeitete er am Integralen Institut von Ken Wilber, das er wieder verließ, um seine eigene integrale Philosophie zu entwickeln. 2012 gründete er zusammen mit dem integralen Denker und Autor Carter Phipps das „Institut for Cultural Evolution" (www.culturalevolution.org), das sich zum Ziel gesetzt hat, integrales Denken auf den Bereich der Politik anzuwenden und die im Zuge eines Kulturkrieges zunehmende Polarisierung der amerikanischen Gesellschaft zu überwinden und zu einer Lösung der Klimafrage beizutragen.[446]

Privat lebt er mit seiner Frau und zwei Söhnen in Boulder, Colorado.[447]

Er ist stark durch Wilber beeinflusst, grenzt sich jedoch in einigen Punkten von ihm ab und versteht sich als unabhängiger Denker.

Im Folgenden gebe ich einen kurzen Überblick über sein Werk. Dabei wird mein Schwerpunkt auf Erläuterung jener Aspekte seiner Philosophie liegen, in denen er sich wesentlich von Wilber unterscheidet und die seinen eigenständigen Beitrag zu einer integralen Philosophie erkennen lassen.

---

446. Vgl. McIntosh, 2018, McIntosh/Carter, 2013.
447. Vgl. McIntosh, 2018.

Überblick

2007 erschien sein Buch "Integral Consciousness and the Future of Evolution – How the Integral Worldview Is Transforming Politics, Culture and Spirituality" [in der Folge mit "Integrales Bewusstsein" abgekürzt]. Darin stellt er wesentliche Merkmale eines integralen Bewusstseins vor und zeigt dessen Bedeutung und mögliche Auswirkungen auf den öffentlichen Raum sowie die gelebte Spiritualität.

In seinem zweiten Buch „Evolution's Purpose – An Integral Interpretation of the Scientific Story of Our Origins" von 2012 zeichnet er ein neues Bild von Evolution, die nicht zufällig abläuft, sondern einen Zweck verfolgt, der in der immer weiteren Realisierung der Werte Schönheit, Güte und Wahrheit liegt. In „The Presence of the Infinite – The Spiritual Experience of Beauty, Truth, & Goodness" 2015 entwirft er ein Konzept der Evolutionären Spiritualität, die seiner Ansicht nach dazu fähig wäre, geistliche Führung („spiritual leadership") innerhalb der amerikanischen Gesellschaft zu übernehmen. In seinem 2020 erschienenen Werk „Developmental Politics: How America Can Grow Into a Better Version of Itself", geht es hauptsächlich um integrale Politik, weswegen ich es hier nicht berücksichtigen werde.

Die Stufen der kulturellen Evolution

McIntosh sieht Hegels Geschichtsverständnis als einen sich dialektisch entfaltenden Prozess durch die Erkenntnisse moderner Entwicklungspsychologie bestätigt. Er bezieht sich dazu auf den Begründer James Mark Baldwin, sowie auf Robert Kegans und Clare W. Graves Forschungen. Besonders Graves Modell der spiralförmigen Entwicklung habe die Parallele zwischen der Entwicklung des menschlichen Individuums und der Entwicklung der menschlichen Kultur aufgezeigt. Damit schließt sich McIntosh im Anschluss an Wilber und Spiral Dynamics der umstrittenen Rekapitulationstheorie an.[448] Das Modell der Spirale mit ihrem Muster „These, Antithese und Synthese" entstehe, indem jede Stufe als antithetische Reaktion auf eine vorhergehende Stufe erwachse und die Lösung einer Stufe zu dem Problem der nächsten werde. Jede Stufe habe ihren Wert, gesunde wie auch pathologische Aspekte.[449]

Angelehnt an Spiral Dynamics unterscheidet und beschreibt McIntosh acht Bewusstseinsstufen: 1. Archaisches Bewusstsein (=BEIGE in Spiral Dynamics), 2. Stammesbewusstsein (=PURPUR), 3. Kriegerbewusstsein (=ROT), 4. Traditionelles Bewusstsein (=BLAU), 5. Modernes Bewusstsein (=ORANGE), 6. Postmodernes Bewusstsein (=GRÜN), 7. Integrales Bewusstsein (=GELB), 8. Postintegrales Bewusstsein (=TÜRKIS).

In „Integrales Bewusstsein" ordnet er in übersichtlichen Tabellen allen Stufen entsprechende Lebensbedingungen zu, aus denen diese erwachsen, sowie Werte, die ihnen entsprechen, Besonderheiten und Pathologien, zeitgenössische Vertreter, passende Organisationsstrukturen, den geschätzten prozentualen Anteil an der Weltbevölkerung, Produktionsweisen, Technologien, Formen der Medizin, ihren neurologischen Sitz im Gehirn und Formen, die jeweils als Ideale des Wahren, Guten und Schönen wahrgenommen werden. Diese kompakten und typologischen Übersichten, in denen McIntosh versucht, das wesentlichste jeder Stufe auf den Punkt zu bringen, sind sicherlich ein Grund dafür, dass diese später von Paul Smith, Doug King u.a. aufgegriffen wurden, um anhand derer die Entwicklung des christlichen Glaubens nachzuvollziehen. Daher folgt auch hier wieder eine stark komprimierte Übersicht und Wiedergabe der wichtigsten Stichworte. Auffällig dabei ist sowohl die im Wesentlichen inhaltliche Übereinstimmung mit Spiral Dynamics und Ken Wilber als auch eine eigene inhaltliche Akzentsetzung durch McIntoshs Interpretation der einschlägigen Forschungsliteratur. Auffällig ist gleich zu Beginn, dass er die archaische Stufe auslässt, denn von Kultur im eigentlichen Sinne könne erst auf der zweiten Stufe, der des Stammesbewusstseins, gesprochen werden. Ebenso verzichtet er auf eine

---

448. McIntosh, 2007, 29-32.
449. Vgl. ebd., 39ff.

Beschreibung des postintegralen Bewusstseins ganz am Ende der Spirale, weil er es für verfrüht hält, hier genauere Prognosen zu treffen.[450]

1. Stammesbewusstsein („Tribal"): Die Welt wird als geheimnisvoll, bedrohlich und voller Geister wahrgenommen. Das Handeln wird stark von Furcht bestimmt. Zentrale Werte sind das Selbstopfer für die familiäre Gemeinschaft, Gehorsam gegenüber Anführern, Respekt vor heiligen Plätzen, Objekten oder den Ahnen. Das Denken ist magisch und kennt keine strikte Trennung zwischen Subjekt und Objekt. Die entsprechende Organisationsform sind Klans und Stämme. Wichtige Beiträge zur Spirale sind die Naturverbundenheit, Loyalität innerhalb der Familie, Unschuld, Vorstellungskraft und ein starker Sinn für die Verzauberung der Welt. Pathologien der Stufe äußern sich durch Aberglauben, Gewalt, Naivität und die Unterdrückung durch die Gruppe. Schlüsseltechnologien sind die gesprochene Sprache, das Feuermachen und die Herstellung erster Werkzeuge.[451]

2. Kriegerbewusstsein („Warrior"): Die Welt scheint voller Bedrohungen und Feinde, in der jeder kämpfen muss, um zu überleben. Zentrale Handlungsmotivationen sind das Streben nach Ehre und Macht als auch die Angst vor Scham. Bestimmende Werte sind der Selbstausdruck, das Erlangen von Kontrolle und Selbstvertrauen. Die gesunden Aspekte bestehen in Selbstermächtigung und dem Ergreifen von Initiative zur Durchsetzung bestimmter Ziele, die pathologischen in Gewalt, Rücksichtslosigkeit und Egozentrik. Das Bewusstsein formiert sich in Gangs, Banden oder kriegerischen Horden.

---

450. Vgl. ebd, 37 u. 94f.
451. Vgl. ebd., 36-39.

3. Traditionelles Bewusstsein („Traditionell"): Die Welt braucht Gesetze und Ordnung. Zu den vorherrschenden Überzeugungen gehört das typische Schwarz- und Weiß-Denken, wonach einer recht und der andere unrecht hat. Dazu kommt der Glaube, dass Erlösung durch Gehorsam, Glaube und Selbstopfer zugunsten einer Gruppe oder einem höheren Zweck geschieht. Der positive Beitrag zur Spirale besteht in Pflichtbewusstsein, dem Respekt vor Gesetzen, Ordnung und Autorität, ein moralischer Sinn für richtig und falsch, die Bewahrung von Traditionen und eine starke Frömmigkeit sowie der Übergang von einer egozentrischen zu einer ethnozentrischen Moral. Daraus erwachsende Pathologien sind Intoleranz, dogmatischer Fanatismus, Vorurteile und Fundamentalismus. Aus der Zugehörigkeit zu einer bestimmten Gruppe, Nation, Religion oder Ideologie erwächst sowohl ein starkes Selbstwertgefühl sowie ein Überlegenheitsgefühl über andere. Verbreitete Organisationsformen sind der Feudalismus, die Diktatur, Bürokratie und militärische Verbände. Die Schlüsseltechnologie dieser Stufe ist das geschriebene Wort.[452]

4. Modernes Bewusstsein („Modernist"): Zu den Entstehungsbedingungen dieser Stufe gehört der Wunsch, unterdrückerischen dogmatischen Systemen zu entfliehen und der Wille, einen besseren Lebensstandard und bessere soziale Positionen für den Einzelnen zu schaffen. Das Bewusstsein trat erstmals vermehrt während der europäischen Aufklärung im 17./18. Jahrhundert zum Vorschein. Ein Kennzeichen ist die Fähigkeit, das eigene Denken zum Gegenstand der Reflexion zu machen und somit das Subjekt in ein Objekt zu verwandeln. Zu den zentralen Werten gehören Wohlstand, Status und ein „gutes Leben", Fortschritt durch Wissenschaft und Technologie, Wettbewerb und Leistung, individuelle Unabhängigkeit und Freiheit. Positive

---

452. Vgl. ebd., 39-42.

Errungenschaften der Stufe sind neben Wissenschaft, Technik und Fortschrittsglaube die Entstehung der Mittelschicht, die Aufstiegsmöglichkeiten für den einzelnen sowie die Ideale der Religionsfreiheit, der Menschenrechte u.a. Die Schattenseiten äußern sich in Materialismus, einer einseitigen Wissenschaftsgläubigkeit, Ausbeutung, Habgier und die Verursachung der Umweltkrise. Damit einhergehende Organisationsformen sind der demokratische Kapitalismus, Konzerne und strategische Allianzen. Zu den neuen Technologien dieser Stufe gehören die wissenschaftliche Methode, höhere Mathematik, logisches Denken, Industrialisierung und neue Fortbewegungs- sowie Kommunikationsmittel.[453]

5. Postmodernes Bewusstsein („Postmodern"): Diese Stufe entstand in Reaktion auf die verheerenden Folgen der Moderne wie Ausbeutung, korrupte Hierarchien, Umweltzerstörung, Materialismus und das Leid anderer Menschen. Ihre ersten kulturellen Strukturen bildete sie in den 60er Jahren aus. Ein charakteristisches Merkmal ist ein hohes Maß an Sensibilität. Anzustrebende Werte sind die Inklusion der von der Gesellschaft Ausgegrenzten, konsensorientierte Entscheidungsfindung, Umweltschutz, Multikulturalität, spirituelle Vielfalt, Ganzheitlichkeit und Sensibilität. Sie bereichert die Spirale durch ihre weltzentrische Moralität, ein starkes Verantwortungsgefühl für andere Menschen und den Planeten, Mitgefühl, Pluralismus, gewaltfreie politische Aktionen und eine neue Wertschätzung des Weiblichen und der Spiritualität. Zu den negativen Aspekten der Stufe gehört ihre Aversion, Bewertungen vorzunehmen und der daraus resultierende Werterelativismus sowie ihre Ablehnung von jeglicher Hierarchie und die Verachtung für Moderne und Traditionalismus, der sie ihre Entstehung verdankt. Passende Organisationsstrukturen sind der demokratische Sozialismus, konsens-

---

453. Vgl. ebd., 42-48.

orientierte Gremien oder Teams.[454]

6. Integrales Bewusstsein („Integral"): Diese Stufe erkennt als erste die Legitimation und Notwendigkeit aller vorhergehenden Stufen. Sie sieht aber auch die Ursache ihrer Konflikte untereinander und kann so einen Beitrag zu deren Überwindung leisten, was angesichts der Unfähigkeit der Postmoderne, Lösungen für die drängenden globalen Probleme anzubieten, entscheidend sei. Ihre zentralen Werte sind neue Einsichten in das „interne Universum" (mehr dazu weiter unten) und die Rolle von Werten, ihr Vertrauen in und ihre Wertschätzung der Evolution selbst, persönliches Verantwortungsgefühl für die Probleme der Welt, die Inklusion der Werte und Wahrheiten vorhergehender Stufen und der Wunsch einer Annäherung zwischen Wissenschaft und Religion. Ihre positiven Seiten zeigen sich durch eine praktische weltzentrische Moral, ein Mitgefühl und ihr Verständnis für alle Weltsichten und die daraus erwachsende Flexibilität und Anpassungsfähigkeit, Wiederbelebung der Philosophie und Spiritualität und die Überwindung des Kriegs der Kulturen. Schattenseiten sind: Sie ist elitär, abgehoben und ungeduldig. Eine ihr entsprechende Organisationsform ist die jeweilige Anpassung an gegebene Bedingungen sowie ein weltweiter Föderalismus.[455]

Der geschätzte Anteil an der Weltbevölkerung liegt bei dem traditionellen Bewusstsein am höchsten (55 %), bei dem integralen (unter ein Prozent) am niedrigsten.[456]

Als Beweis für die Existenz dieser Stufen beruft McIntosh sich sowohl auf einen breiten Konsens bezüglich Forschungen auf diesem Gebiet wie sie u.a. von Jean Piaget durchgeführt wurden, sowie auf Erkenntnisse der Soziologie. In einer 1995 veröffentlichten Studie

---

454. Vgl. ebd., 48-54.
455. Vgl. ebd., 54-61.
456. Vgl. ebd., 44 u. 84.

fand der Soziologe Paul Ray heraus, dass es in den USA drei große und eindeutig unterscheidbare Subkulturen gäbe, deren Werte und Weltsichten nahezu deckungsgleich mit den Stufen seien, die Clare Graves mit der traditionellen, modernen und postmodernen Stufe beschrieben habe – letztere nennt dieser die ‚kulturell Kreativen'[457].

Ergänzt und erweitert würden diese Ergebnisse durch die World Value Survey, die von der Universität in Michigan durchgeführt wird.[458]

Das integrale Bewusstsein und die zweite Aufklärung

In "Integrales Bewusstsein" argumentiert McIntosh für die Ansicht, dass mit der integralen Weltsicht derzeit eine neue Bewusstseinsstufe der Menschheit in Erscheinung trete, die in ihrer Bedeutung und Tragweite mit dem Aufkommen der Moderne im 17. und 18. Jahrhundert[459] vergleichbar sei.[460] Ebenso wie diese die Welt für immer verändert habe, trage auch das integrale Bewusstsein das Potential in sich, die Zukunft der Menschheit wesentlich zu beeinflussen.

Neben anderen Ursachen für die Aufklärung, seien sich Historiker heute einig darüber, dass die metaphysische Philosophie von René Descartes eine bedeutende Rolle gespielt habe. Seine radikale Philosophie teilte die Welt in eine subjektive Welt des Geistes und eine objektive Welt der Materie. Die integrale Philosophie heute mache etwas ähnliches, indem sie sowohl die Außen-, also auch die kollektive Innenwelt von Weltanschauungssystemen aufdecke und damit der subjektiven und objektiven Dimension eine dritte, die intersubjektive, hinzufüge. Ebenso wie die Aufklärung den Weg frei gemacht habe, das externe Universum durch objektive Wissenschaft zu untersuchen, eröffne integrale Philosophie die Möglichkeit zur Erfor-

---

457. Auch Wilber bezieht sich auf diese Studie, siehe Wilber, 2002, 153.
458. Vgl. ebd., 67. Siehe dazu auch World Values Survey, 2023.
459. Vgl. ebd., 73-89.
460. Vgl. ebd., 2.

schung des internen Universums des Bewusstseins und der Kultur.[461]

Ähnlich wie Wilber kritisiert er den Reduktionismus der Materialisten und plädiert dafür, das Bewusstsein nicht als etwas äußeres zu begreifen und es lediglich als eine Funktion des menschlichen Gehirns zu verstehen, sondern die Innerlichkeit – oder unsere erfahrungsgemäße Bewusstheit (awareness) – gleichermaßen als Realität anzuerkennen.[462] Die menschliche Fähigkeit sich auf sein Bewusstsein selbst zurück zu beziehen sei nach der Entstehung des Lebens ein weitere grundlegende Neuerung und der Beginn eines neuen Typus der Evolution. Wie die biologische aus der kosmologischen Evolution hervorgehe, folge die kulturelle Evolution auf die biologische. Während die Größe des Gehirns oder die DNA des Menschen sich seit der Eiszeit kaum verändert habe, habe sich der menschliche Geist unterdessen immens weiterentwickelt. Diese Entwicklung innerhalb des menschlichen Bewusstseins und der menschlichen Kultur fände innerhalb des „internen Universums" oder dem intersubjektiven Bereich statt. Den äußeren Manifestationen kultureller Entwicklung oder menschengemachten Artefakten, wie zum Beispiel einer Sprache oder Organisation, lägen zwischenmenschliche Beziehungen zugrunde. Diese geteilten Bedeutungen, Übereinkünfte und Erfahrungen spielten sich weder gänzlich in unserem noch gänzlich im Geist der anderen ab, sondern in einem Raum „zwischen uns". Dazu gehörten auch indirekte Beziehungen unabhängig von Raum und Zeit, die Einfluss auf uns ausübten. Diese drei verschiedenen Typen von Evolution: die objektive, subjektive und intersubjektive, oder auch kosmologische, biologische und kulturelle, ließe sich in Form konzentrischer Kreise darstellen. Diese seien mit den „großen Drei", die von Wilber beschrieben wurden, identisch: „Ich, Du, Es" oder „Natur, Selbst und Kultur".[463]

Im Unterschied zum äußeren Universum könne das interne Universum, da es subjektiv und intersubjektiv sei, adäquat nur durch In-

---

461. Vgl. 2012a, 206f.
462. Vgl. 2007, 11 und 2015, 96.
463. Vgl. 2007, 14-24.

terpretation, nicht durch Beobachtung, erfasst werden.[464]

Während die erste Aufklärung mit einer Trennung von Philosophie und Religion einhergegangen sei, ginge die zweite nun mit einer Loslösung der Philosophie von der Wissenschaft einher.[465] Die moderne Wissenschaft sei nur möglich geworden, weil sie sich von der scholastischen Philosophie, die sich den Vorgaben der Kirche untergeordnet habe, befreit habe. In ähnlicher Weise müsse die heutige Philosophie sich von dem wissenschaftlichen Materialismus abgrenzen.[466]

Für Steve McIntosh sind Wissenschaft, Philosophie und Religion die drei wesentlichen Felder menschlicher Bestrebungen, die drei verschiedene Arten menschlicher Erfahrung und damit auch drei verschiedene Zugänge zur Wahrheit darstellen: Einmal der direkten Erfahrung über unsere Sinne, wozu auch die wissenschaftliche Forschung durch Apparaturen, die unsere Sinne erweitern, zählt; einmal die Erfahrung von Bedeutungen und Beziehungen durch unseren Verstand und einmal die Erfahrung von Werten und intrinsischen Qualitäten. Diese drei Bereiche ließen sich klar unterscheiden und seien weiter nicht reduzierbar. Er vergleicht sie mit drei Beinen eines Stuhls, die einen gewissen Abstand brauchen, um ihren Zweck erfüllen zu können. Kämen sie sich zu nahe, falle der Stuhl um. Philosophie dürfe nicht auf das begrenzt werden, was durch Wissenschaft bewiesen werden könne, und zugleich dürfe sie keine Glaubenssätze oder Aussagen enthalten, die sich auf die Autorität eines spirituellen Lehrers oder eines religiösen Textes stützten. Integrale Philosophie wisse um Wissenschaft und Religion und bliebe zugleich von beiden unabhängig.[467] Diese Ausführungen erinnern stark an Wilbers Theorie der „drei Augen der Erkenntnis".

Er betont, dass er keiner organisierten Religion angehöre und es ihm nicht darum gehe, einen bestimmten spirituellen Glauben mit

---

464. Vgl. ebd., 25f.
465. Vgl. 2012a, 212.
466. Vgl. 2007, 86ff.
467. Vgl. ebd., 5 u. 226f.

seiner Philosophie zu untermauern.[468] In seinem Buch „Presence of the Infinite" macht er dieses Anliegen der sauberen Trennung dadurch sichtbar, dass er das Buch in zwei Teile teilt, einen philosophischen und einen, in dem er eine spirituelle Weltsicht entwirft. Wilber wirft er vor, dass dieser die Trennung nicht ebenso strikt einhalte.[469]

Die integrale Weltsicht biete aber nicht nur eine neue Sichtweise, sondern gehe auch mit einer neuen epistemologischen Fähigkeit einher. Sie sei eng mit der Weiterentwicklung der kognitiven Fähigkeiten von formalem operationalem Denken hin zur „Schau-Logik" verbunden. Mit der „Schau-Logik" greift McIntosh ein Konzept Wilbers auf und ergänzt es um seine eigenen Einsichten: Während formal operationales Denken nur eine „Entweder-Oder-Logik" kenne, könne relativistisches Denken bereits die Gültigkeit verschiedener Positionen erkennen. Doch einzig die Schau-Logik sei erstmals zu dialektischem Denken fähig, indem es Konflikte als notwendige Komponenten eines dynamischen Systems wahrnehme. McIntosh nennt dieses Denken deshalb auch gerne dialektische Bewertung (evaluation). Es gehe um eine bewusst willentliche und ganzheitliche Bewertung durch den Verstand und die Intuition.[470]

Ein Nebeneffekt der Beschäftigung mit integraler Philosophie sei es deshalb, dass diese bewusstseinserweiternd wirke und dazu führe, dass man Dinge sehe, die man früher nicht gesehen habe.[471]

Ähnlich wie die Aufklärung durch die Losung „Freiheit, Gleichheit, Brüderlichkeit" ihre zentralen Werte ausgedrückt habe, könnte ein Leitsatz des Integralen lauten: „Tranzendiere und schließe ein (transcend and include)" oder „These, Antithese, Synthese."[472] (Siehe dazu Abbildung 13)

---

468. Vgl. 2012a, 24.
469. Vgl. 2007, 195.
470. Vgl. ebd., 82f.
471. Vgl. ebd., 6f.
472. Ebd., 91f.

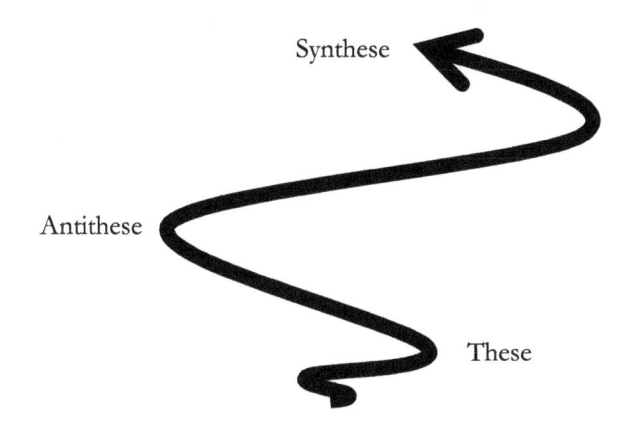

Abbildung 13: Die Dialektik von These, Antithese, Synthese

Integrale Politik

Ein Motiv, das sich durch alle Werke zieht, ist McIntosh idealistischer Glaube, durch die integrale Philosophie einen Beitrag zur Verbesserung der Welt leisten zu können.[473] Für ihn hat die Theorie direkte politische Implikationen: Denn jedes Problem der Welt könne, mindestens zum Teil, als ein Problem des Bewusstseins bestimmt werden.[474]

Obwohl es noch dauern könne, bis diese neue evolutionäre Weltsicht eigene politische Macht bekäme, könne sie schon heute ihren Teil dazu beitragen, die Spannungen zwischen den derzeitigen kulturellen Strukturen Traditionalismus, Moderne und Postmoderne zu reduzieren. McIntosh nennt diese Konflikte einen Krieg der Kulturen (culture war). Dazu sei sie in der Lage, weil die evolutionäre Perspektive es ihr ermögliche, die Strukturen in einem größeren Kontext zu sehen und jeder Stufe ihren jeweils relativen Wert beizumessen. Gleichzeitig werde dadurch sichtbar, wie die Werte der Stufen jeweils dadurch, dass sie Lösungen für Probleme fänden, neue Probleme

---

473. Vgl. ebd., 1.
474. Vgl. ebd., 23.

schüfen, die dann wiederum von der darauffolgenden Stufe gelöst werden müssten.[475]

> *„Das traditionelle Bewusstsein erkennt die Notwendigkeit, die gesetzlose Gewalt und das Böse in der Welt zu reduzieren, doch es schafft Unterdrückung. Das Bewusstsein der Moderne erkennt die Chancen für Entwicklung und Entdeckung, schafft aber auch extreme Ungleichheiten. Und das postmoderne Bewusstsein erkennt die Notwendigkeit, alle Menschen zu achten und einzubinden, aber es macht auch blind für komparative Exzellenz."*[476]

Indem das integrale Bewusstsein verstehe, wie jede Stufe eine auf ihre Weise optimale Anpassung an bestimmte Lebensbedingungen darstelle, überwinde es auch die politischen Kategorien „rechts" und „links".[477] Er spekuliert, ob das integrale Bewusstsein einen Beitrag dazu leisten könnte, ein Weltparlament zu gründen, das dazu diene, die drängendsten globalen Probleme zu lösen.[478]

Die politische Frage ist für ihn eng mit der spirituellen verbunden. Eine Gesellschaft brauche geistliche Führung. Die einzige Spiritualität, die sich potenziell dazu eignen würde, innerhalb der amerikanischen Gesellschaft diese Funktion zu übernehmen, sei gegenwärtig die evolutionäre Spiritualität. Denn diese mache es allen möglich, ihre Lehre zu übernehmen und gleichzeitig in der Spiritualität zu verbleiben, auf der ihr Schwerpunkt läge – ob traditionell, modern oder postmodern. Dadurch könnte ein wichtiger Beitrag zur Überwindung des derzeit herrschenden Kulturkampfs zwischen den drei Lagern geleistet werden, so dass diese sich wieder gemeinsam drängenden Problemen widmen könnten.[479]

---

475. Vgl. ebd., 74f. und 2012a, 205 u. 210.
476. 2007, 75.
477. Vgl. ebd., 81.
478. Vgl. 2007, 104-116.
479. Vgl. 2015, 23 u. 40.

Evolutionäre Spiritualität

McIntosh ordnet jeder Weltsicht ihre eigene Version von Spiritualität zu. Die „religiöse Spiritualität" dem traditionellen Bewusstsein, die „säkulare Spiritualität" dem modernen Bewusstsein und die „progressive Spiritualität" dem postmodernen Bewusstsein. Die Verteilung dieser Typen von Spiritualität seien nicht völlig deckungsgleich mit der Verteilung der Weltsichten, es gäbe jedoch Schnittmengen.[480]

Mit dem Aufkommen des traditionellen Bewusstseins seien die älteren Religionen des Stammes- und Kriegerbewusstseins entweder angepasst oder vollständig zerstört worden. Nahezu jede der großen traditionellen Weltsichten weltweit entstand durch die Offenbarung eines großen spirituellen Führers, dessen Lehren sich in autoritative Traditionen verwandelten. Die „religiöse Spiritualität" sei bis heute eng an eine bestimmte religiöse Institution gebunden.

Mit der Aufklärung entstanden die neuen Sichtweisen des Deismus, Atheismus und Existentialismus. Die Mehrheit praktizierte weiterhin ihren Glauben, ordnete ihn jedoch der wissenschaftlichen Weltsicht unter. Die „säkulare Spiritualität" definiere sich vorrangig darüber, was sie nicht sei, über die Zurückweisung der Mythen der religiösen Spiritualität und den Abbau von Irrtümern.

Mit der Postmoderne ginge eine Wiederentdeckung der Spiritualität einher. Die „progressive Spiritualität" zeichne sich dadurch aus, dass sie pluralistisch und offen sei und so die Weisheitslehren – und praktiken des Ostens wie auch esoterische Formen aller Art wiederentdeckt und integriert habe. Zu ihren Schwächen gehöre die Prä/Trans-Verwechslung und ein damit einhergehender Rückfall in magisches Denken, die Kommerzialisierung und eine Pseudowissenschaftlichkeit. Die Idee, die Realität sei so, wie wir sie haben wollten, habe zu einer Kultur des Narzissmus und der Selbstsucht geführt. All das verhindere, dass sie von der Mehrheit der Amerikaner ernst genommen werden würde. Ihr Bekenntnis zum Pluralismus hindere sie daran, die Spreu vom Weizen zu trennen.[481]

---

480. Vgl. ebd., 30ff.

Eine wichtige Aufgabe evolutionärer Spiritualität sei es deshalb, diese Unzulänglichkeiten zu überwinden.[482]

Die Postmoderne habe den interreligiösen Dialog und die Wertschätzung der spirituellen Vielfalt ermöglicht. Doch der integralen Weltsicht sei ein höflicher Austausch nicht genug, sie strebe nach gemeinsamen spirituellen Erfahrungen und der Entdeckung der Gemeinsamkeiten aller Traditionen. Getreu dem Leitmotiv des integralen „transzendiere und schließe ein" müsse das in zwei Schritten geschehen: Zunächst müssten wir die ewig gültig bleibenden Wahrheiten und Formen von Spiritualität bestimmen, die es wert seien, bewahrt zu werden. Gleichzeitig müssten wir uns einig werden über die Aspekte früherer Spiritualität, die eindeutig falsch seien, und uns von diesen verabschieden. Dazu gehöre beispielsweise die Überzeugung des traditionellen Bewusstseins von dem „einen wahren Weg" als auch die postmoderne Behauptung, alle Formen von Spiritualität seien gleich viel wert.[483]

Selbst mit einem integralen Blick auf die religiösen Traditionen blieben wichtige Unterschiede zwischen den Lehren verschiedener Religionen. Diese verschiedenen Lehren ständen in direktem Zusammenhang mit den spirituellen Erfahrungen, die sie möglich machten. Eine einheitliche Theologie werde vielleicht nie erreicht, doch eine spirituelle Philosophie, wie die seine, könne es möglich machen, alle authentischen Formen von Spiritualität mit einzuschließen, und zugleich die derzeitigen Beschränkungen eines spirituellen Pluralismus zu transzendieren. Eine Synthese der religiösen Wahrheiten dürfe nicht beim Relativismus stehen bleiben, sondern müsse diesen überwinden.[484]

Bei einem Blick auf gegenwärtige spirituelle Strömungen kommt McIntosh zu der Schlussfolgerung, dass die letztgültige Realität entweder als eine unbestimmte, formlose Einheit (nonduale Tradition)

---

481. Vgl. 2007, 120f.; 2012a, 227f. und 2015, 35-39.
482. Vgl. 2012a, 229.
483. Vgl. 2007, 124f.
484. Vgl. 2007, 128-130 und 2015, 188f.

oder als ein transzendenter, liebender Schöpfer (theistische Tradition) erfahren wird. Steve McIntosh sieht darin jedoch keine sich ausschließende Gegensätze, sondern eine existentielle Polarität. Die Ursache dieser Polarität sieht er stärker in der unmittelbaren Erfahrung begründet, als in den unterschiedlichen Traditionen, mithilfe derer diese gedeutet wird.[485]

Während der Begriff „Nondualität" bei Wilber eine übergeordnete Kategorie darstellt, die beide Stränge gleichermaßen umfasst, bezeichnet dieser bei McIntosh einen der beiden Pole und ist damit Teil der innerweltlichen, Entwicklung zugrunde liegenden Dualität. Es scheint als entspreche damit McIntoshs „Nondualität" wesentlich mehr dem, was Wilber unter „kausal" versteht. Deutlich wird das auch an diesem Zitat:

> *„In der nondualen Spiritualität kennt man diese Begegnung mit den letzten Dingen als vereinigende Erfahrung oder Satori. Meistens wird diese Vereinigungserfahrung als vollkommene Einheit oder totale Leere beschrieben. Dagegen wird in theistischen Formen von Spiritualität die Letzte Wirklichkeit zumeist als Gottes Liebe erlebt."*[486]

Wenn wir folgende Ausführungen vor dem Hintergrund dieser begrifflichen Unterscheidung lesen, scheint der Gegensatz zwischen McIntosh und Wilber in dieser Hinsicht weniger groß zu sein, als McIntoshs eigene, sich von diesem abgrenzenden, Ausführungen vermuten lassen. Bei genauer Lektüre wird jedoch deutlich, dass McIntosh den Begriff „Nondualität" als übergeordnete Kategorie, die Form und Leere vereint, als seien sie lediglich zwei Seiten einer Medaille, selbst als unbefriedigenden Trugschluss ansieht. Die Konflikte zu ignorieren oder sich mit der Akzeptanz des Paradoxen als endgültige Antwort zufrieden zu geben, würde nur eine Art falsche Entspannung bringen.[487] Eine evolutionäre Spiritualität müsse, so

---

485. Vgl. 2015, 152-157.
486. 2019, 93.

McIntosh, wenn sie zur nächsten Stufe der dialektisch verlaufenden Entwicklung werden wolle, die bleibenden Wahrheiten sowohl der nondualen als auch theistischen Tradition nicht nur bewahren und bejahen, als auch deren jeweilige Unzulänglichkeiten überwinden. Die Spannung beider Pole zueinander müsse beibehalten werden.[488]

Da innerhalb der progressiven Spiritualität derzeit die nonduale [gemeint im Sinne von Absolutheit als unpersönliche Leere] Tradition die Oberhand habe, scheint es McIntosh daher ein besonderes Anliegen, Gründe für die Plausibilität eines theistischen Glaubens anzuführen. Auf den Personcharakter der letzten Wirklichkeit weise folgendes hin:

1. Das Universum habe mit dem Urknall einen nachweisbaren Anfang. Die letzte Wirklichkeit hat als erste und letzte Ursache offenbar eine Intention.
2. Eine weit verbreitete spirituelle Erfahrung sei die der Liebe Gottes. Die letzte Wirklichkeit müsse persönliche Züge aufweisen, wenn wir in unserem wahren Wesen identisch mit ihr sein sollen.[489]

Als Synthese von Nondualismus und Theismus schlägt er deshalb als Hypothese vor, dass die letzte Wirklichkeit dreieinig (tri-unity) sei: ein liebender Schöpfer, ein unqualifiziertes Absolutes und zugleich beides und keines von beidem. Zur symbolhaften Darstellung wählt er das „taijitu" von Lai Zhide (siehe Abbildung 14).[490] Diese Idee McIntoshs, die Dreieinigkeit zu denken, unterscheidet sich von dem 3-2-1 Wilbers insofern, als dass er sie von den Zuständen bzw. der

---

487. 2015, 214.
488. Vgl. ebd., 172-174. Auch Wayne Teasdale sieht im Buddhismus („Konzept ohne Gott") und Christentum („Hinwendung zu Gott") einen Widerspruch, durch dessen Auflösung etwas Neues geboren werde, das über beide Sichtweisen hinausreiche und doch beide enthalte. Vgl. Teasdale, 2004, 76f.
489. Vgl. McIntosh, 2015, 186-188.
490. Vgl. ebd., 217f.

spirituellen Erfahrung statt von den Quadranten bzw. den „großen Drei" herleitet. Zwar verweist er in seiner Argumentation kurz auf die „großen Drei" das Wahre, Schöne, Gute.⁴⁹¹ Seine Hypothese selbst entwickelt er jedoch aus der Erörterung der Erfahrungen, die von bestimmten spirituellen Traditionen vorrangig angestrebt werden. Die Idee des liebenden, persönlichen Schöpfers entspricht daher dem grobstofflichen und subtilen Bereich der Form, das unqualifizierte Absolute dem kausalen Formlosen und das dritte Element einem spannungsvollen „Dazwischen".

Abbildung 14: Das Taijotu

In Anlehnung an den Theologen Hans Küng stellt er fest, dass die Traditionen sich weiter grundsätzlich in ihrem Verständnis davon unterscheiden, wie ein spirituelles Leben auszusehen habe. Hans Küng habe festgestellt, dass es zwei Tendenzen gebe: die „mystische" und die „prophetische". Während es der „mystischen" in erster Linie um Innenschau und Selbst-Transformation gehe, gehe es der „prophetischen" um weltliches Engagement. Einmal läge die Betonung auf der Weisheit, einmal auf der Liebe.⁴⁹² Diese Beschreibungen erinnern an Wilbers Unterscheidung einer auf- und absteigenden Spiritualität,

---

491. Ebd., 218.
492. Vgl. ebd., 158.

Eros und Agape.

Die „großen Drei" als die primäre Werte Schönheit, Wahrheit, Güte

Die wirkmächtigste Form spiritueller Philosophie läge in der Erkenntnis der spirituellen Qualität von Werten. Diese Idee könne am besten durch sein Konzept der drei primären Werte „Schönheit, Wahrheit, Güte" beleuchtet werden. Diese seien die wesentlichsten intrinsischen Werte, von denen sich alle anderen Werte ableiteten. Diese Triade sei erstmals von Platon beschrieben worden und tauche später in den Werken zahlreicher Denker wieder auf, wenn auch nicht immer mit den exakt gleichen Termini. So gehe es in Immanuel Kants drei Werken ebenfalls um Wahrheit („Kritik der reinen Vernunft"), Güte („Kritik der praktischen Vernunft") und Schönheit („Kritik der Urteilskraft"). Über die Triade herrsche ein breiter Konsens innerhalb der Philosophie, in welcher jeweils einer der Werte im Fokus der drei Hauptfächer Ethik, Ästhetik und Metaphysik stünde.

Neben vielen Mystikern und spirituellen Lehrern sei die Triade auch innerhalb der integralen Philosophie eine zentrale Idee, zum Beispiel bei Sri Aurobindo, Alfred North Whitehead und Wilber, der diese mit den zentralen kulturellen Wertsphären „Kunst, Wissenschaft und Moral" und dem „subjektiven, objektiven und intersubjektiven Bereich" gleichsetze.

Während es sich als unmöglich erweise, für diese Werte eine zufriedenstellende Definition zu finden, da jede Entwicklungsstufe darunter verschiedenes verstehe, bleibe eine generelle Bewertung des Guten, Wahren und Schönen als anzustrebende Richtungen gemeinsames Merkmal aller Stufen. Der Eros der Evolution, der in dem Hunger nach Perfektion läge, werde durch die ewigen Bilder des Guten, Wahren und Schönen stimuliert. Diese seien fassbare Elemente, durch die wir auf die unmittelbarste Weise das Göttliche oder den Geist erfahren könnten. Zwar seien sie nur Ideen, doch gerade als Ideen besäßen sie das Potential, die Welt zu verändern.[493]

Damit weitet Steve McIntosh das Verständnis von spiritueller Erfahrung auf: Nicht nur das mystische Erlebnis im engeren Sinn, sondern jegliche Erfahrung von Schönheit, Wahrheit und Güte sei spirituell und ein „natürliches Zeichen" des Göttlichen in der Welt.[494]

Die primären Werte nähmen einerseits die Form einer Anweisung, andererseits einer Zusicherung an: Als Anweisungen geben sie die Richtung der Perfektion zu mehr Schönheit, mehr Wahrheit, mehr Güte an, als Zusicherung trügen sie persönliche Botschaften der Liebe. Diese Botschaften würden in der Freude und Befriedigung entdeckt, die uns das Schöne schenke, in der Bestätigung und Klarheit, die uns die Wahrheit verschaffe, und in der Sicherheit und dem Wohlbefinden, die wir im Guten fänden."[495]

Der Zweck der Evolution

In seinem Buch „Evolutions Purpose" stellt McIntosh die These auf, dass die Evolution selbst Träger einer unmissverständlichen spirituellen Botschaft sei, ihr Zweck sei es, zu einer immer umfassenderen Erkenntnis von Schönheit, Wahrheit und Güte zu reifen oder auch in Kurzfassung: „Evolution macht die Dinge besser". In unserem Impuls die Dinge verbessern zu wollen, könne die Evolution unmittelbar von einem jeden von uns erfahren werden.[496]

Mit dieser These setzt er sich von der gegenteiligen Meinung ab, die Evolution als ein rein zufälliges, bedeutungsloses und mechanisches Geschehen betrachte. Diese werde derzeit von der Mehrheit vertreten, da die Evolutionstheorie häufig mit einer bestimmten Form der Metaphysik verbunden sei: Die des Neo-Darwinismus oder auch materialistischen Szientismus.[497]

Evolution sei heute als ein universeller Prozess erkennbar, der

---

493. Vgl. 2007, 132-137 und 2012a, 107.
494. Vgl. 2015, 3 u. 125.
495. Ebd., 126.
496. 2012a, 14f. u. 32.
497. Vgl. 2007, 273f. und 2012a, 67.

nicht auf den Bereich der Biologie begrenzt sei, sondern alles im Universum beeinflusse. Aus der kosmologischen Evolution der Materie sei die biologische Evolution von Organismen hervorgegangen und aus dieser wiederum die psychosoziale Evolution des menschlichen Bewusstseins und der Kultur. Dadurch seien alle diese Bereiche durch eine ineinander verschachtelte Hierarchie miteinander verbunden.[498]

Im Anschluss an den Philosophen Holmes Rolston und dessen Buch „Three Big Bangs" aus dem Jahre 2010 unterscheidet er drei „Big Bangs": den Urknall, die Entstehung des Lebens aus toter Materie und das auftauchende Bewusstsein, durch das die Produkte der Evolution beginnen den Prozess der Evolution selbst zu steuern.[499]

Bei der Suche nach einem gemeinsamen, übergreifenden Merkmal dieses Prozesses bedient sich McIntosh der Emergenztheorie, die besagt, dass sich nicht alle Eigenschaften eines komplexen Systems aus seinen Teilen herleiten lassen.[500] Die sogenannte starke Emergenz, wie das Auftauchen völlig neuer Phänomene wie der Urknall, die Naturgesetze, das Leben, Bewusstsein, das menschliche Selbstbewusstsein und die Kultur, lasse sich durch die Theorie der natürlichen Auslese nicht erklären. Während Aristoteles noch zwischen vier Ursachen unterschieden habe – Materialursache, Wirkursache, Formursache und Zweckursache – habe die Wissenschaft traditionell nur noch die Material- und Wirkursache gelten lassen und die zwei anderen Arten außen vorgelassen.[501]

Die Allgegenwart von Emergenz und Kreativität weise jedoch auf den Einfluss durch weitere Faktoren hin: Information (Formursache) und Werte (Zweckursache). Dazu beruft er sich auf verschiedene Fachgebiete wie die Systemtheorie, die Epigenetik und die Theorie der morphogenetischen Felder von Rupert Sheldrake. Während Informationsmuster von der Vergangenheit her geformt wurden, trie-

---

498. Vgl. 2012a, 18, 33 u. 161.
499. Vgl. 2015, 47f.
500. Vgl. 2012a, 33-35.
501. Vgl. ebd., 41-47.

ben Werte die Evolution quasi von der Zukunft aus an. Schon Pflanzen und Tiere hätten ein Interesse am Überleben, an der Vermehrung, ihrem Wohlbefinden und besäßen eigene Vorlieben. Mit der Evolution und schließlich der Entwicklung des Bewusstseins gehe eine Zunahme an Willensfreiheit und damit auch die Bewertung verschiedener Wahlmöglichkeiten einher. Kulturelle Evolution sei nicht das Ergebnis natürlicher Auslese, sondern tatsächlicher, d.h. bewusst getroffener Auswahl und damit ein neuer Typ von Evolution.[502]

Die Evolution des Bewusstseins und der Kultur beschreibt er in Folge als Resultat der Wechselwirkung von einer internen Anziehung (pull) durch Werte, und einem externen Druck (push) durch unbefriedigende Lebensbedingungen. Der evolutionäre Impuls sei es, die Dinge besser zu machen. Es sei also die Anziehungskraft der Werte, die für stetige Weiterentwicklung sorge. Im Anschluss an den Wissenschaftsphilosophen Friederick Turner sieht er die primären Werte analog zu dem Konzept der „Attraktoren" innerhalb der Chaostheorie, die das Verhalten eines chaotischen Systems in eine bestimmte Richtung lenken. Diese Werte hätten sowohl einen objektiven als auch einen subjektiven Pol und seien deshalb nicht absolut relativ.[503]

Generell unterscheidet McIntosh intrinsische Werte, die ihren Wert in sich selbst besäßen, von instrumentellen Werten, die ihren Wert für anderes haben und bringt diese mit der von Wilber in dessen Muster der Evolution, Punkt neun, getroffenen Unterscheidung zwischen ‚basal' und ‚bedeutend' in Zusammenhang[504]: Je mehr ein Teil Bestandteil von größeren Ganzheiten/Teilen werde, z.B. Atome, desto höher sei dessen instrumenteller Wert. Ebenso erhöhe sich der intrinsischer Wert einer Ganzheit, eines Teils, je mehr Teile dieses wiederum in sich einschließe. So könne eine Philosophie allem Leben intrinsischen Wert beimessen und gleichzeitig erkennen, dass manche Lebensformen bedeutender seien als andere.[505]

---

502. Vgl. ebd., 67 u. 79-82.
503. Vgl. ebd., 91-94, 213-215.
504. Siehe „Evolution, die Holone und die Holarchie".

Viele Biologen wiesen die Idee eines irgendwie gearteten Fortschritts innerhalb der Evolution ab, weil er sich mit ihrem Modell, das alle Vorgänge der Evolution durch zufällige Mutationen zu erklären versucht, nicht erklären ließe. Andere Biologen jedoch erkennen an, dass sich gewisse zielgerichtete Entwicklungen zeigen, wie z.B. die hin zu mehr Komplexität und Vielfalt.[506]

McIntosh unterscheidet je drei Bereiche, in denen seines Erachtens eine Zunahme und damit ein Fortschritt unverkennbar sei: Eine immer größer werdende Komplexität, immer mehr umfassende Einheiten und ein wachsendes Bewusstsein.[507]

Das Böse ist aus McIntosh Sicht ein unvermeidbares Nebenprodukt der Entwicklung. Leiden entstehe automatisch mit dem Auftauchen von Leben, das Empfindungsvermögen besäße. Ähnlich tauche die Möglichkeit von bewusster Bosheit und Grausamkeit erst dort auf, wo Menschen einen Sinn für Moralität entwickelten. Deshalb folge dem Erwachen des Bewusstseins für Moralität der Schatten von Immoralität und jeder Fortschritt sei unvermeidlich mit dem Auftauchen neuer Pathologien verbunden.[508] Das Universum sei weit davon entfernt perfekt zu sein, doch genau das sei der Punkt: Gerade der Fakt, dass das begrenzte Universum nicht perfekt sei, verleihe ihm die Fähigkeit, sich weiterzuentwickeln.[509]

Im letzten Teil von „Evolutions Purpose" entwirft McIntosh eine Theologie oder Spiritualität, die mit den Ergebnissen seiner Philosophie kompatibel sei. Das letztendliche Ziel oder Sinn der Evolution bestehe demnach darin, eine Form empirischer Perfektion zu erreichen. Das Ende dieses Prozesses sei die Synthese aus der Dialektik zwischen der These präexistenter, ewiger Perfektion und der Antithese des begrenzten und unvollständigen Universums in Zeit und Raum.[510] Die Grundannahme der evolutionären Spiritualität ist, dass

---

505. Vgl. ebd., 146.
506. Vgl. ebd., 139f.
507. Vgl. 2007, 282f.
508. Vgl. 2012a, 178f.
509. Vgl. 2015, 124f.

wir durch den evolutionären Impuls, die Dinge besser machen zu wollen, den Zweck des Kosmos selbst erfahren und auf diese Weise durch unseren freien Willen an der schrittweisen Vervollkommnung des endlichen Kosmos teilhaben können.[511]

Das begrenzte Universum stehe in Beziehung zu einer unbegrenzten Realität, die sowohl immanent als auch transzendent sei. Damit bekennt er sich zum Panentheismus. Als Beweis für die Existenz dieser Realität führt er den Urknall an, d.h. der Fakt, dass unser Universum einen Beginn habe.[512]

Im Laufe unserer Entwicklung könnten wir durch unseren freien Willen immer durchlässiger für das Unendliche werden, das durch unseren Geist in die Welt kommt. Unser Zweck sei es, so nach und nach mehr zu „Agenten der Evolution" zu werden, indem wir uns selbst, unsere Kultur und unser Verhältnis zur Natur vervollkommnen.[513]

Die Idee des Werte-Metabolismus als integraler Lebensstil

Die Praxis evolutionärer Spiritualität teilt McIntosh in drei Bereiche ein:

1) Die Praxis eines integralen Bewusstseins oder der Schau-Logik
2) Die Praxis des Werte-Metabolismus
3) Die Praxis des „das Universum vervollkommnen" bzw. Dinge/Zustände verbessern[514]

Bei Punkt 1) handelt es sich um die bereits beschriebene neue kognitive Fähigkeit, Punkt 3) erklärt sich quasi von selbst und bezieht

---

510. Vgl. 2012a, 181-197.
511. Vgl. 2015, 44.
512. Vgl. ebd., 59f.
513. Vgl. ebd., 131-133.
514. Vgl. 2015, 63.

sich auf den Drang des Menschen nach immer größerer Perfektion. Deshalb möchte ich hier nur auf Punkt 2) näher eingehen. Der Systemtheorie sei die Erkenntnis zu verdanken, dass alle Evolution durch selbst organisierte dynamische Systeme geschehe, die Energie umwandelten, um ihre Organisation zu entwickeln und aufrecht zu erhalten.[515] So nähmen beispielsweise Tiere Energie in Form einer bestimmten Nahrung zu sich. Die Form der Nahrung beziehungsweise der Platz eines Tieres innerhalb der Nahrungskette bestimme die Form seines Organismus. (Zum Beispiel dient die Form einer Kuh der optimalen Umwandlung von Gras in Energie). Analog dazu gäbe es im internen Universum ebenfalls eine derartige Energieumwandlung: Den sog. Werte-Metabolismus. Bewusstsein und Kultur wandelten Bedeutungen und Werte auf eine ähnliche Weise um, wie biologische Systeme physische Energie umwandelten. Eine zentrale Einsicht integraler Theorie sei, dass die sich entwickelten Weltsichten, die kulturelle Evolution vorantrieben, wesentlich Wertesysteme seien.[516]

Analog zur Energieumwandlung bei der Verdauung können wir Menschen die Werte Schönheit, Wahrheit und Güte einerseits aufnehmen und andererseits an andere weitergeben. Der Wert „Wahrheit" wird durch den Zirkel von Lernen und Lehren praktiziert, der Wert „Schönheit" durch den Zirkel von Wertschätzen und Wiedergeben, der Wert „Güte" durch den Zirkel von Geben und Nehmen.[517] Dabei seien jeweils beide Praktiken der drei primären Werte voneinander abhängig: Wir lernten etwas erst dann richtig, wenn wir es mit anderen teilten oder es anderen vorlebten. Ebenso werde die Wahrnehmung von Schönheit vertieft und vergrößert, wenn wir fähig seien, diese auch auszudrücken, zum Beispiel beim Malen. Die Erkenntnis der Wichtigkeit dieser primären Werte helfe uns, viele unserer alltäglichen Aktivitäten als spirituelle Praktiken zu begreifen. McIntosh wählt für die Darstellungsform die Symbole für die zwei

---

515. Vgl. 2007, 24f.
516. Vgl. ebd., 27f.
517. Vgl. 2015, 69ff.

Pole Yin und Yang.[518]

SCHÖNHEIT
wertschätzen und wiedergeben

GÜTE
geben und nehmen

WAHRHEIT
lernen und lehren

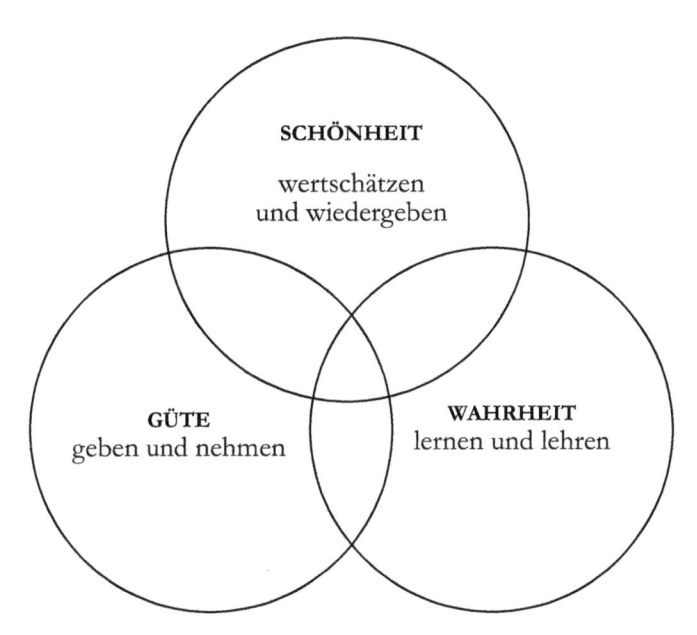

Abbildung 15: Der Werte-Metabolismus

Gemeinsamkeiten mit und Abgrenzung zu Ken Wilber

Steve McIntosh gibt an, dass er stark von Wilber inspiriert wurde und vieles von ihm übernommen habe, betont jedoch zugleich, dass er einige neue und originelle Ideen hinzufügt habe.[519]

Wie auch Wilber, geht McIntosh von einem ‚gemäßigten Konstruktivismus' aus und wählt damit den Mittelweg zwischen radikalem Konstruktivismus und dem Mythos des Gegebenen.[520] Beide eint deshalb das Bemühen um eine ‚minimalistische Metaphysik'[521], ver-

---

518. Vgl. 2007, 138f.
519. Vgl. ebd., 194.
520. Vgl. 2015, 81.
521. Vgl. 2007, 23.

bunden mit der Feststellung, dass niemand ganz ohne Metaphysik oder Wertung auskomme. Die Form der Metaphysik fällt jedoch bei beiden Denkern unterschiedlich aus. Während Wilber aus seinem Quadrantenmodell seinen sog. „Integralen methodologischen Pluralismus und die integrale Post-Metaphysik" entwickelt, lehnt McIntosh diesen als zu einseitig ab. Auch wenn alles perspektivisch wahrgenommen werde, dürfe die Ontologie nicht auf Perspektiven beschränkt werden. Eine solche Sicht führe automatisch zu einem radikalen Konstruktivismus, der gerade nicht im Sinne Wilbers sein könne. Es müsse also mehr als real gedacht werden als nur die jeweiligen Perspektiven. McIntosh geht deshalb innerhalb seiner evolutionären Philosophie davon aus, dass allem Geschehen ein höherer Sinn zugrunde liegt. Nur so könne die integrale Philosophie Spiritualität logisch in ihr Konzept einschließen.[522]

McIntosh zieht das Konzept der „großen Drei" dem der Quadranten vor. Denn dieses Modell habe eine Schwäche: den unteren rechten Bereich, der das äußere Kollektive einschließe. Dieser Bereich bestehe beim Menschen fast ausschließlich aus menschlichen Artefakten, die sich von Holonen deutlich unterschieden. Während Holone ein natürliches, sich selbst-organisierendes System seien, seien Artefakte künstliche Erzeugnisse, die dementsprechend auch keine Innenseite besäßen und sich deshalb selbst in kein Quadrantenmodell einfügen ließen. Deshalb eigne sich das Modell gut zur Beschreibung biologischer, jedoch nicht gesellschaftlicher Systeme. Dazu komme, dass die Zunahme an Bewusstsein beim Menschen sich von der biologischen Entwicklung abgelöst habe und stattdessen ihren Ausdruck in der zunehmenden Komplexität menschlicher Artefakte finde. Damit gehe die Symmetrie des Quadrantenmodells mit dem Aufkommen menschlicher Kultur verloren. Der ganze rechte untere Quadrant verdanke sich dem Irrtum einiger Systemtheoretiker wie Niklas Luhmann, der meinte, Gesellschaften als biologische Systeme erfassen zu können, ohne sich der Bedeutung des intersubjek-

---

522. Vgl. 2007, 210-215.

tiven Raums bewusst zu sein. Deshalb sei es besser, den rechten unteren Quadranten zu streichen.[523]

Weiter unterscheiden sich McIntosh und Wilber durch die Form der Spiritualität, zu der sie sich persönlich hingezogen fühlen: Während Wilber sich stark durch den Buddhismus inspirieren lässt, so macht Steve McIntosh aus seiner Nähe zum Christentum kein Geheimnis:

> *„Obwohl ich kein Christ bin, wurde ich von Jesus in hohem Maße inspiriert."*[524]

McIntosh sieht keine ausreichende Grundlage für die Annahme detaillierter mystischer Zustände oder Stufen. Damit beruft er sich auf die Kritik des transpersonalen Psychologen Jorge Ferrers an Wilbers Konzept. Wilbers Behauptung, dass die ultimative Form der Realität formlos und nondual sei, widerspreche den alten spirituellen Lehren der theistischen Traditionen und mache sie teilweise ungültig.[525]

Da Steve McIntosh großen Wert darauf legt, die nondualen und theistischen Traditionen als gleichberechtigt anzuerkennen sieht er „Meditation zur Erleuchtung" und die Kommunikation mit einem Schöpfer als gleichberechtigte spirituelle Praxis. Als dritten Weg sieht er die Einnahme von psychedelischen Drogen wie LSD und Ayahuasca, die spirituelle Erlebnisse ganz eigener Art hervorrufen können und deshalb einer eigenen Kategorie angehörten, statt lediglich eine Abkürzung zu klassischen mystischen Erlebnissen zu sein. Auch darüber finden wir bei Wilber wenig.[526]

Es klang bereits mehrfach an, dass Steve McIntosh – gerade auch in Abgrenzung zu Wilber – stark um die Trennung seiner Philosophie von seiner religiösen Ausrichtung bemüht ist. Auf der einen Seite feiere Wilber spirituelle Vielfalt, auf der anderen versuche er,

---

523. Vgl. ebd., 221 u. 325-341.
524. 2015, 210.
525. 2015, 249, Fußnote 6.
526. Vgl. 2015, 93-97.

Spiritualität vermittels eines breiten Empirismus wissenschaftlich zu erforschen. Dem steht McIntosh kritisch gegenüber, da verschiedene spirituelle Traditionen und Praktiken zu bedeutend anderen spirituellen Erfahrungen führen könnten. Jede spirituelle Erfahrung werde immer erst ermöglicht und geprägt durch zugrundeliegende Konzepte – ein Punkt übrigens, in dem Wilber ihm (mindestens mittlerweile) Recht geben würde.[527]

Steve McIntosh ist der Auffassung, dass sich daran, ob die integrale Theorie sich mit einer spezifischen Spiritualität verbinde, oder sich lediglich darauf beschränke, Spiritualität per se gegenüber offen zu sein, entscheide, ob sie erfolgreich sein werde.[528]

Ein weiterer Punkt ist der unterschiedliche Stellenwert, den beide der Entwicklung von Werten einräumen. Wilber versteht diese lediglich als eine Entwicklungslinie unter vielen, weswegen er auch, wie wir oben gesehen haben, Spiral Dynamics zwar in seine Theorie einbaut, aber sich gegen jede Verabsolutierung des Modells verwehrt. Für Steve McIntosh hingegen ist die Entwicklung der Werte der wichtigste Faktor für Entwicklung überhaupt.

Er schreibt selbst, dass diese Position konträr zu der Wilbers sei und kritisiert dessen Psychogramm sowie die dazugehörige Theorie.[529] Während bei diesem Modell alle multiplen Intelligenzen relativ unabhängig nebeneinander stehen und eine übergeordnete Instanz vermissen lassen, entwirft McIntosh ein Modell dreier primärer Entwicklungslinien, die alle anderen miteinander verbinden und umfassen: Kognition, Volition und Emotion oder auch Denken, Wollen, Fühlen.

Dazu beruft er sich unter anderem auf Howard Gardner selbst,

---

527. In „Integrale Spiritualität" betont auch er das Eingebettetsein jeglicher spiritueller Erfahrung in alle vier (acht) Dimensionen des Quadranten. (Wilber, 2007, 390). „[...] viele [...] Erfahrungen [sind] vollkommen formlos, und Sie können sie wahlweise als Erfahrung mit Göttlichkeit, Shiva, Nirguna Bahman, Ayin, Tao oder dem Heiligen Geist interpretieren" (Wilber, 2007, 159)
528. Vgl. 2007, 228-233.
529. Vgl. ebd., 197.

dessen Konzept der multiplen Intelligenzen von Wilber rezipiert worden sei. Dieser habe alle acht Linien (linguistische, logisch-mathematische, musikalische, naturalistische Intelligenz usw.) als verschiedene Aspekte der übergeordneten kognitiven Linie gesehen. Diese kognitive Linie habe er von der emotionalen Intelligenz und einer moralischen Intelligenz unterschieden. Auch Entwicklungsforscher wie Robert Kegan oder James Mark Baldwin seien zu dieser dreiteiligen Struktur gekommen.[530]

Da es Werte seien, die den freien Willen des Menschen in die eine oder andere Richtung lenkten, sei die Spirale unserer sich dynamisch entwickelnden Weltsichten und Werte eine bedeutsame Struktur innerhalb des Bewusstseins. Die Struktur der Spirale sei nicht nur einer von einem Dutzend Faktoren, sondern habe wesentlichen Einfluss auf unseren Willen, der mindestens ein Drittel unseres Gesamtbewusstseins ausmache.[531]

Das Selbst des Menschen lokalisiert McIntosh innerhalb seines Modells in der Mitte der drei sich überlappenden Bereiche Kognition, Volition und Emotion. In der Unterscheidung dreier Ebenen: des unmittelbaren, des distalen und des höheren Selbst schließt er sich wiederum eng an Wilbers Gedankengänge an.[532] (Siehe Abbildung 16)

---

530. Vgl. ebd., 243-26
531. Ebd., 265.
532. Vgl. ebd., 268-270.

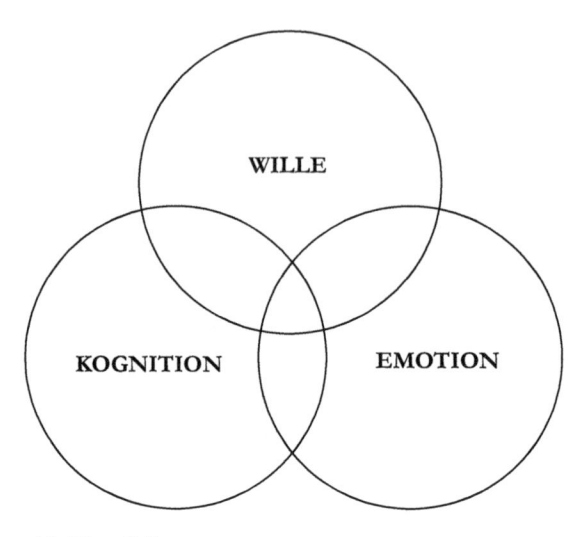

Abbildung 16: Das Selbst

Weitere zeitgenössische integrale Denker

Neben den oben ausführlich untersuchten integralen Autoren, die ohne Zweifel, als die derzeit bedeutendsten auf diesem Gebiet gelten können, gibt es einige andere Denker, die ich an dieser Stelle kurz erwähnen möchte, weil diese häufig zitiert oder im Literaturverzeichnis der christlichen Autor*innen erwähnt werden und damit als weitere Quelle des integralen Denkens gelten müssen:

- Andrew Cohen, ein Guru, spiritueller Lehrer und Autor, der ein Konzept der „Evolutionary Enlightenment" vertritt und Chefredakteur des ehemaligen Magazins „EnlightenNext" war.[533]
- Michael Dowd, Pfarrer, Speaker, Autor von „Thanks God for Evolution" und und Vertreter eines evolutionären Christentums.[534]

---

533. Siehe Andrew Cohen, 2021.
534. Siehe Dowd, 2021.

- Charles Eisenstein, Kulturphilosoph, Theoretiker der Occupy-Bewegung und Autor von „Die schönere Welt, die unser Herz kennt, ist möglich".[535]
- Marc Gafni, Autor und Gründer eines Zentrums für integrale Weisheit (Center for Integral Wisdom) sowie zusammen mit der (mittlerweile verstorbenen) Barbara Max Hubbard Gründer einer weltweiten Online-Kirche (Church of Evolutionary Love).
- die 2019 verstorbene Zukunftsforscherin und Autorin Barbara Max Hubbard, die eine „Stiftung für bewusste Evolution" gegründet hat.[536]
- Thomas Nagel, ein US-amerikanischer Philosophieprofessor und Autor des Buches „Geist und Kosmos: Warum die materialistische neodarwinistische Konzeption der Natur so gut wie sicher falsch ist" von 2012.[537]
- Carter Phipps, Autor und zusammen mit Steve McIntosh Gründer des „Institutes für Kulturelle Evolution".[538]
- Brian Swimme, ein Kosmologe und Physiker, Professor an dem „California Institute of Integral Studies" in San Francisco, der 1992 zusammen mit Thomas Berry, dem Direktor des Riverdale Zentrums für religiöse Forschung, eine „Autobiographie des Universums" verfasst und ein gleichnamiges Zentrum gegründet hat (Center for the Story of the Universe, 2003-2021)

Selbstverständlich handelt es sich hier nur um eine kleine Auswahl, anhand derer jedoch deutlich wird, dass es sich bei der integralen Theorie nicht nur um das gedankliche Werk weniger Personen handelt, sondern um eine philosophische Strömung, die in der gegenwärtigen Zeit immer mehr Menschen erfasst.

---

535. Siehe Eisenstein, 2017.
536. Siehe Foundation of Conscious Evolution, 2020.
537. Siehe Center for Integral Wisdom, 2021a und b.
538. Siehe McIntosh/Carter, 2013.

2. Kritische Analyse der Rezeption durch einzelne christliche Denker

ÜBERBLICK ÜBER DIE WELTWEITE REZEPTION INTEGRALER THEORIE(N) IM CHRISTENTUM

Wilber stellt in seinem 2017 erschienenen Buch „The Religion of Tomorrow" fest, dass der integrale Ansatz zunehmend auch von Christen auf ihre Religion angewandt wird. Dabei nennt er an vorderster Stelle den amerikanischen Theologen Paul Smith, spricht aber von einer ganzen Explosion an Büchern von praktizierenden Geistlichen, die alle den AQAL-Rahmen auf eine unglaublich inspirierende Weise verwendet hätten.[539]

Christ*innen in direktem Umfeld Ken Wilbers

Zunächst möchte ich die Christen erwähnen, die zu dem direkten Umfeld Wilbers zählen. Innerhalb des von Wilber gegründeten Integralen Institutes gab es von Anfang an eine Abteilung für Spiritualität, den „Integral Spiritual Center", ab 2018 „Integral Life Spiritual Center" genannt. Mitglieder waren spirituelle Lehrer*innen aus verschiedenen Traditionen. Über deren Dialog sind nur wenig öffentliche Informationen auffindbar.[540] Innerhalb dieses Institutes kam es auch zu Dialogen zwischen Wilber und verschiedenen Vertretern des Christentums, die teilweise öffentlich, z.B. über YouTube, im Internet auffindbar sind.

Eine wichtige Rolle kommt dabei Roland (Rollie) Stanich zu. Er war Mitarbeiter des Integralen Institutes und Vorsitzender des „Integral Spiritual Center". Er ist außerdem Co-Autor und Co-Produzent einer DVD des Integralen Institutes zum Thema „The Future of

---

539. Vgl. 2017b, 510.
540. Die im Buch „Integrale Spiritualität" angegebene Webseite www.integralspiritualcenter.org ist nicht mehr existent. Offenbar hatte diese Abteilung des Institutes mehr die Gestalt eines zeitlich begrenzten Projektes, das nun abgeschlossen ist bzw. in anderen Foren fortgeführt wird (so z.B. von Marc Gafni in seinem „Center For Integral Wisdom" oder in der Online-Plattform „Integral Life").

Christianity"[541]. 2021 kam sein Buch „Integral Christianity. The Way Of Embodied Love" heraus. Leider ist es bereits wieder vergriffen.

Ein ebenfalls bedeutsamer Gesprächspartner war Thomas Keating. Er trat mit zwanzig Jahren der Mönchsgemeinschaft der Trappisten im Valley Falls, Rhode Island bei, wurde später zum Priester geweiht und war lange Zeit Abt des Zisterzienserklosters St. Joseph in Spencer, Massachusetts. Durch ihre Begegnung mit Lehrern der östlichen Spiritualität entwickelten er und einige seiner Ordensbrüder das „Centering Prayer (Gebet der Sammlung)". Anschließend machte er diese Gebetsweise bekannt, indem er darüber schrieb und Seminare und Retreats anbot. Er ist Gründungsmitglied von „Contemplative Outreach", einer Organisation, die sich bemüht, die kontemplative Dimension des Christentums wieder aufleben zu lassen. Im Mittelpunkt der Arbeit steht das Gebet der Sammlung und eine besondere Methode der Bibellektüre, die „Lectio Divina". Außerdem war er Teilnehmer und Förderer des interreligiösen Dialoges.[542] Er ist Autor zahlreicher Schriften und Bücher, darunter „Intimacy with God: An Introduction to Centering Prayer (Dt. Das Gebet der Sammlung: Eine Einführung und Begleitung des kontemplativen Gebetes)", „The Mystery of Christ: The Liturgy as Spiritual Experience (Dt. Kontemplation und Gottesdienst. Liturgie als spirituelle Erfahrung), „Open Mind, Open Heart: The Contemplative Dimension of the Gospel" und „Invitation to love" (Dt. Das kontemplative Gebet).

Bis zu seinem Lebensende am 25. Oktober 2018 lebte er im Kloster St. Benedikt in Snowmass, Colorado. Anlässlich seines Todes veröffentlichte die Plattform „Integral Life" einen Nachruf, dem sie einen Abschiedsbrief Wilbers an seinen guten Freund anhängte. Darin schreibt er, dass der Enthusiasmus, den Thomas Keating für Wilbers Werk gehabt habe, für ihn eine beständige Quelle der Inspiration gewesen sei und ihm dabei geholfen habe, daran zu glau-

---

541. Vgl. Integral Life, 2019a.
542. Vgl. Contemplative Outreach, 2019.

ben, dass er auf dem richtigen Pfad sei. Ebenso habe das Werk Thomas Keatings ihn in seinem spirituellen Wachstum und Verständnis immerzu beeinflusst. Er sei immer noch der „heiligste Mensch", den er je getroffen habe.[543]

Ebenfalls öffentlich Dialog mit Wilber geführt hat Wayne Teasdale. Wilber berichtet darüber auf seinem Blog und bezeichnet ihn als den Gründer der modernen interspirituellen Bewegung.[544] Die Plattform „Integral Life" hat über You Tube einige öffentliche Gespräche der beiden miteinander allgemein zugänglich gemacht.[545] Wayne Teasdale war ein Mönch, der die Traditionen von Christentum, Hinduismus und Buddhismus miteinander verband. Er hatte einen Master in Philosophie und einen Doktor in Theologie inne und lebte in der „Catholic Theological Union" in Chicago.[546] Er arbeitete für das „Parlament der Weltreligionen" und ist Autor zweier Bücher: „The Mystic Heart: Discovering a Universal Spirituality in the World's Religions (dt: Das mystische Herz: Spirituelle Brücken bauen)" und „A Monk in the World: Cultivating a Spiritual Life" zum dem Wilber das Vorwort geschrieben hat.

Wayne Teasdale war ein Gründungsmitglied des spirituellen Zweiges innerhalb des Integralen Institutes. Wilber schreibt über ihn:

> *„Bruder Wayne verstand die Integrale Theorie als eine grundlegende Theorie für die Interspiritualität, und wir sprachen oft über dieses wichtige Thema. In gewissem Sinne wurden diese beiden Bewegungen zusammen oder zumindest parallel geboren, wobei die Interspiritualität die praktischen und theologischen Aspekte der Verflechtung der großen Traditionen der Welt verfolgt und die Integrale Theorie einen der ersten glaubwürdigen und praktikablen Rahmen zur Verwirklichung dieses edlen Ziels bietet (daher Bruder Waynes Interesse daran)."*[547]

---

543. Integral Life, 2018.
544. Vgl. Wilber, 2013b.
545. Siehe u.a. Integral Life, 2006b.
546. Vgl. Spirituality & Practice, 2019.

Leslie Hershberger gibt auf der Plattform Integral Life zwei Audiokurse „Coming Home" und „Between You and Love".[548] Sie lebt in Loveland, Ohio und ist Beraterin, Autorin, Lehrerin und Coach mit einem Schwerpunkt auf der Arbeit mit dem Enneagramm.[549]

In der Beschreibung ihrer Kurse gibt die Autorin an, sich bei der Entwicklung auf Wilbers Theorie zu stützen. Leslies Arbeit, so Ken Wilber, sei eine wichtige Voraussetzungen zur Schaffung eines wirklich integralen Christentums, da sie auf den AQAL-Prinzipien basiere und diese sorgfältig auf die Grundlagen des Christseins anwende."[550]

Ein weiterer Gesprächspartner ist David Steindl-Rast. Er ist ein Benediktinermönch, der mit der Erlaubnis des Vatikans am Dialog zwischen Christen und Buddhisten teilnahm und begann, Zen zu praktizieren. Er arbeitet als Vortragsredner, Seminarleiter und Autor zahlreicher Bücher. Er hat ein weltweites Netzwerk für ein dankbares Leben (grateful living) aufgebaut.[551]

Auf Integral Life werden regelmäßig Gespräche zwischen Wilber und David Steindl-Rast veröffentlicht. Dabei untersuchen sie u.a. das Konzept der drei Gesichter Gottes.

In der deutschen Zeitschrift „Evolve. Magazin für Bewusstsein und Kultur" erschien ein Dialog der beiden über die Frage nach einer zeitgenössischen Spiritualität.[552]

Cyprian Consiglio steht ebenfalls in Kontakt mit Wilber und dem Integralen Institut, wo er bereits Seminare zusammen mit David Steindl-Rast gab.[553] Er ist ein Mönch, Komponist und spiritueller Lehrer. Er ist Mitglied einer Benediktiner-Gemeinschaft in Big Sur in Kalifornien.[554] 2015 erschien sein Buch „Spirit, Soul, Body. Towards

---

547. Wilber, 2013b.
548. Vgl. Hershberger, 2019a.
549. Vgl. Hershberger, 2019b.
550. Vgl. Wilber, 2019b.
551. Vgl. A Network for Grateful Living, 2021.
552. Vgl. Steindl, 2019.
553. Vgl. Boulder Integral, 2009.
554. Vgl. Consiglio, 2019.

an Integral Christian Spirituality." Er ist stark inspiriert durch Bede Griffiths, einem Benediktinermönch des 20. Jahrhunderts, der durch seinen Dialog mit dem Hinduismus bekannt wurde. Consiglio greift in seinem Werk mehr auf dessen sowie auf die Ideen von Teilhard de Chardin und Aurobindo zurück als auf die Wilbers.[555]

Zu einem der ersten, der die integrale Theorie bereits in ihrer Frühphase auf das Christentum anwandte, gehört Jim Marion. Er ist der Gründer und Direktor eines "Institute for Spiritual Awareness" in Washington, D.C. in den USA und ein Mitbegründer der spirituellen Abteilung des Integralen Instituts von Wilber.[556]

Er gibt in seinen autobiografischen Erzählungen an, dass er als Kind sehr frommer christlicher Eltern einer Kleinstadt im nordöstlichen Pennsylvania geboren worden sei. Nach einer Reihe von „Bekehrungserfahrungen" sei er mit fünfzehn Jahren in ein katholisches Kloster eingetreten, wo er siebeneinhalb Jahre verbracht habe. Diese Zeit vertiefte seine Spiritualität, dort erlebte er aber auch das, was Johannes vom Kreuz als die „Dunkle Nacht der Seele" bezeichnet. Nach einer Reihe schmerzhafter Erfahrungen verließ er das Kloster wieder, engagierte sich politisch, studierte Theologie, schlug eine juristische Laufbahn ein und hatte seitdem zahlreiche politische Ämter inne.[557] 2000 kam sein erstes Buch heraus, „Putting on the Mind of Christ [dt. Der Weg zum Christus-Bewusstsein]". Vier Jahre später folgte das zweite: "The Death of the Mythic God: The Rise of Evolutionary Spirituality". Er lebt und arbeitet bis heute in Washington.[558] In einem Radiointerview mit Janet Conner erzählt Marion, dass Wilber es gewesen sei, der ihm wesentlich dabei geholfen habe, seine Erfahrungen in Worten auszudrücken.[559]

Wiederum durch Marion inspiriert wurde der Theologe Paul

---

555. Vgl. Consiglio, 2015.
556. Über das Institut von Marion konnte ich leider nicht mehr herausfinden, auch nicht, ob es überhaupt noch existiert.
557. Vgl. Marion, 2000, 17-21.
558. Vgl. Marion, 2000 und Vianova, 2009.
559. Siehe dazu Unity Online Radio, 2013.

Smith, ein regelmäßiger Gastautor bei Integral Life. Er war 45 Jahre Pastor der Broadway Church in Kansas City, Missouri in den USA. Diese Kirche gehörte zu der konservativen "Southern Baptist Church", doch verwandelte sie sich unter seiner Leitung im Laufe der Zeit in eine progressive integrale Kirche.[560] Er ist Autor zweier Bücher zum Thema "Integrales Christentum": „Integral Christianity – The Spirit's Call to Evolve (2011)" und "Is Your God Big Enough? Close Enough? You Enough? Jesus and the Three Faces of God (2017)". 2018 gründete er zusammen mit seinem Freund Luke Healy eine Online-Plattform zur Vernetzung, das „Integral Christian Network" – im dritten Teil mehr dazu. Er ist am 4. Februar 2024 verstorben.[561]

Weitere Rezeptionen in den USA und Kanada

Tom Tresher war 2003-2015 Pfarrer in der „Suquamish Community Congregational Church", die zur „United Church of Christ" gehört.[562] Unter seiner Leitung wurde sie zu einer „Integral Church" umgeformt.[563] Nach eigenen Angaben wurde er nicht religiös erzogen und hatte wenig mit der Kirche oder Jesus am Hut, bis er in einer Sitzung mit einem Medium dazu aufgefordert wurde, Pfarrer zu werden. Davor hatte er in Wirtschaft promoviert, wo er bereits in Berührung mit der integralen Theorie kam.[564] Er ist 2015 verstorben.[565]

Von ihm stammt das Buch „Reverent irreverence. Integral Church for the 21st Century. From Cradle to Christ Consiousness", das 2009 erschien.

Sanguin war 26 Jahre lang Geistlicher der United Church of Canada, arbeitet heute als transpersonaler Psychotherapeut in Vancouver,

---

560. Vgl. Smith, 2019.
561. Vgl. Integral Christian Network, 2024.
562. Vgl. Suquamish, 2018.
563. Vgl. Tresher, 2009, 160.
564. Vgl. ebd., xx-xxii.
565. Vgl. Küstenmacher, 2018, 443.

ist Autor mehrerer Bücher und internationaler Redner zum Thema evolutionäre christliche Spiritualität.⁵⁶⁶ Zu seinen Werken zählen „The Way of the Wind: The Path and Practice of Evolutionary Mysticism (2015)," "The Emerging Church: A Model for Change and a Map for Renewal (2014), "The Advance of Love: Reading the Bible with An Evolutionary Heart (2012), "If Darwin Prayed: Prayers for Evolutionary Mystics (2011)", "Darwin, Divinity and the Dance of the Cosmos; An Ecological Christianity (2007)".

Bei dem Buch „The Advance of Love" handelt sich um eine Sammlung von Texten, die er ursprünglich als Predigten für seine Gemeinde geschrieben hat.⁵⁶⁷ An ihnen gelingt es ihm exemplarisch aufzuzeigen, wie das Verständnis biblischer Texte durch eine integral christliche Bibelhermeneutik bereichert werden kann. In seinem Werk "The Emerging Church" bezieht er sich am ausführlichsten auf die integrale(n) Theorien und wendet diese an, um ein Modell für den Wandel der Kirche zu entwerfen. In "The Way of the Wind" entwirft er ein neues Jesusbild, das des "evolutionären Provokateurs".

Ebenfalls bedeutsam für die Verbreitung einer von den integralen Theorien inspirierten Theologie ist Doug King. Er ist Geschäftsführer (CEO) von „Presence International", einer weltweit agierenden Organisation, die er zusammen mit seinem Vater Max King und seinem Bruder Tim King aufgebaut hat. Die Organisation hat das Anliegen, die individuelle und kollektive Entwicklung eines spirituellen Bewusstseins zu fördern. Ihren Ansatz nennen sie eine „Integrale Theologie".⁵⁶⁸

1971 veröffentlichte Max King, ein Pastor und Vater von Doug King, „The Spirit of Prophecy", das seither für reichlich Diskussionsstoff sorgt.⁵⁶⁹ In seinem Buch stellt er die These auf, dass die neutestamentlichen Prophezeiungen sich bereits alle im Jahre 70 n. Chr. bei der Zerstörung des Jerusalemer Tempels erfüllt hätten. Er prägt

---

566. Vgl. Sanguin, 2019.
567. Vgl. Sanguin, 2012, xvii.
568. Vgl. Presence International, 2019a.
569. Vgl. King, 2016.

hierfür die neuen Begriffe „Transmillennialism" und „Convenant grace." Er wird deshalb auch als „full preterist" bezeichnet – als ein Vertreter des Präterismus, der davon ausgeht, dass sich die endzeitlichen Prophezeiungen (wie Ankunft des Messias, Ende der Welt, Wiederkunft Christi) größtenteils schon erfüllt haben und die erwartete Endzeit bereits angebrochen ist.

Doug King knüpft in seiner Theologie an die These seines Vaters an und verbindet sie mit integralem Gedankengut. In seinen Videos erzählt er davon, dass er persönlichen Kontakt sowohl zu Don Beck, Steve McIntosh als auch Wilber hatte.[570]

Auf der Homepage der Organisation Presence veröffentlicht Doug King seit 2017 einen eigenen Podcast zum Thema „Integrale Theologie", meistens zusammen mit Cody Deese, Präsident von Presence und leitendem Pastor der „Vinings Lake Church" in Mableton, einer postmodernen Gemeinde, die angibt, an keine bestimmte Auswahl an Glaubenssätzen gebunden zu sein, aber Jesu Lehre und Leben folgen zu wollen und die Bibel als eine hilfreiche Ressource zu verwenden.[571]

Als Quellen berufen sie sich auf Don Becks „Spiral Dynamics", Ken Wilbers „A Theory of Everything", Steven McIntoshs „Integral Consciousness" und ein Buch des Pastors Rob Bell mit dem Titel „Love wins".[572]

Doug King teilte mir zwar einmal mit, dass er an einem Buch zum Thema schreibe, ein festes Erscheinungsdatum stand aber noch aus, weswegen sein spezieller Ansatz in diesem Buch zu meinem großen Bedauern – denn er liefert noch einmal andere, spannende Aspekte – keine Berücksichtigung finden konnte.

Jemand, der sich selbst in seinen Büchern nur selten explizit auf die integrale Theorie(n) bezieht, aber sehr zu deren Verbreitung und Akzeptanz beigetragen hat, ist Richard Rohr. Richard Rohr ist ein Franziskanermönch und weltweit bekannt als spiritueller Lehrer und

---

570. Vgl. Doug King, 2015.
571. Vgl. Vinings Lake Church, 2019.
572. Vgl. Presence International, 2019b.

Autor zahlreicher Bücher. Er ist Gründer des „Center for Action and Contemplation" in Albuquerque, im Bundesstaat New Mexiko in den USA und der Direktor einer dazu gehörenden Schule, der „Living School for Action and Contemplation". In dieser sind Spiral Dynamics und die integrale Theorie Ken Wilbers Kernbestandteile der Lehre.[573] Er gibt außerdem an, in den 1960er Jahren tief durch die Lektüre von Pierre Teilhard de Chardin beeinflusst worden zu sein. Man könne „eigentlich nie wieder klein denken, wenn man [ihn] gelesen hat."[574] Gleich zwei Vorworte zu den Büchern, die ich in diesem Buch näher untersuche, stammen von ihm: Zu „Gott 9.0" von Küstenmacher/Haberer und „Is your God Big Enough, Close Enough, You Enough?" von Paul Smith. In letzterem Vorwort schreibt er, dass er Spiral Dynamics und die Integrale Theorie zum damaligen Zeitpunkt bereits fünf Jahre an seine jährlich 220 Studenten weitergegeben habe. In dieser Zeit habe er nicht einen einzigen Studenten gehabt, der dieser Weisheit widerstanden oder sich ihr widersetzt habe: „Es erklärt so viel. Es ist keine Ideologie von oben, sondern eine genaue Beschreibung von unten."[575] Bei keinem habe es den Glauben gemindert oder deren Liebe zu Gott, Christus, dem Nächsten oder der Kirche. Tatsächlich habe es ihnen ein völlig neues Verständnis der Kräfte und Wandlungen verschafft, die uns bis zu diesem heutigen Zeitpunkt gebracht hätten.

Neben Richard Rohr und James Finley ist Cynthia Bourgeault feste Lehrkraft am „Center for Action and Contemplation." Sie ist eine Ordensgeistliche, Autorin und international bekannte Retreat-Leiterin.[576] Zu ihren Büchern gehören eines über Jesus, „The Wisdom Jesus (2008)", über Maria Magdalena, „The Meaning of Mary Magdalene: Discovering the Woman at the Heart of Christianity (2010)", die Trinität „The Holy Trinity and the Law Of The Three. Discovering the Truth at the Heart of Christianity (2013)" und das

---

573. Vgl. Center for Action and Contemplation, 2019a u. b.
574. 2013, Fußnote 71, 209.
575. Rohr, 2017, xxi.
576. Vgl. Cynthia Bourgeault, 2019.

Gebet der Sammlung in "The Heart of Centering Prayer. Nondual Christianity in Theory and Practice (2016)" und „Centering Prayer and Inner Awakening (2012)." Über ihre Homepage bietet sie Online-Kurse in verschiedenen Themen christlicher Spiritualität an. Auf ihrem Blog schreibt sie über ihre wichtigsten spirituellen Quellen und Lehrer, worunter sie u.a. Jesus, St. Benedikt, den mystischen Zweig des Christentums, Teilhard de Chardin, G. I. Gurdjieff, der in Russland und Frankreich wirkte und als Lehrer des sog. Vierten Weges bekannt wurde, und die christliche Tradition des Advaita sowie den Sufismus zählt. Dabei knüpft sie an Wilbers Bewusstseinsebenen an und bezeichnet ihre Schule als „integral/petrol", da ihr Schwerpunkt nicht auf Grün („Heilung des falschen Selbst, Verletztsein und Wiederherstellung, Drogenmissbrauch, Gleichberechtigung, wiederherstellende Gerechtigkeit oder politische Korrektheit") liege, sondern darauf, die Identität, die sich primär auf das narrative oder Ego-Selbst stütze, hin zu einem konstanten Zeugenbewusstsein zu verschieben.[577] Bourgeault nimmt in ihren Büchern ab und zu Bezug auf Wilber[578] wie auch auf dessen Rezeption durch Marion[579], ihr Schwerpunkt liegt jedoch auf anderen Quellen. Ihre Theologie weist dennoch erstaunlich viele Schnittpunkte mit den Autoren auf, die ich in dieser Arbeit näher untersuchen werde – ich werde mir daher erlauben, ab und zu auf diese hinzuweisen. Dasselbe gilt für Don McGregor, einen von mir in der Einleitung bereits zitierten Priester der anglikanischen Kirche, der in seinen Büchern und auf seiner Homepage auf Ken Wilber,[580] Thomas Keating[581], Cynthia Bourgeault[582] als auch Paul Smith Bezug nimmt.[583] Er nennt Wilbers Theorie „ein gewaltiges Konzept", das „gut zur christlichen Theologie

---

577. Vgl. Cynthia Bourgeault, 2018.
578. Z.B. Bourgeault, 2020a, 91 u. 95.
579. Siehe 2020b, 43-48.
580. Vgl. McGregor, 2014, 135.
581. Vgl. ebd., 187.
582. Vgl. ebd., 156, 162, 237 u.a.
583. Vgl. McGregor, 2021.

vom Gott der Liebe" passe.[584]

Neville Ann Kelly schrieb ihre Doktorarbeit in Theologie zu dem Thema "Integral Christianity: A Theological Analysis of Ken Wilber's Envisioned Future of Christianity". Sie lehrte als Professorin für Religionswissenschaft, Philosophie und Theologie am Mount Marty College, einer Privatuniversität der Benediktiner und war lange Jahre Laienschwester einer franziskanischen Gemeinschaft[585]. Heute arbeitet sie als Autorin, spirituelle Begleiterin und Integraler Coach und ist auf die Anwendung der integralen Theorie in christlicher Spiritualität und Theologie spezialisiert.[586]

Joe Perez, Jahrgang 1969, ist ein Blogger und Autor zweier Bücher über integrale Spiritualität, „Soulfully gay. How Harvard, Sex, Drugs and Integral Philosophy Drove Me Crazy and Brougt Me Back to God" und "Rising Up: Reflections on Gay Culture, Politics, Spirit". Sein Schwerpunktthema, das mit seiner eigenen Herkunft und sexuellen Orientierung zusammenhängt, ist die Homosexualität und ihre Beziehung zu einer christlich-integralen Spiritualität. Sein Selbstverständnis ist der eines Weltanschauungskünstlers, integralen Visionärs, Mystikers und Priesters.[587]

Beth Ann Estock und Paul Nixon coachen mit Hilfe von Spiral Dynamics nach eigener Angabe Kirchenleitungen und Führungskräfte „from China to Germany" und haben dazu 2016 ein Buch mit dem Titel „Weird Church" veröffentlicht.[588]

---

584. Vgl. McGregor, 2014, 135.
585. Kelly, 2019a.
586. Kelly, 2019a.
587. Vgl. Perez, 2019.
588. Siehe Estock/Nixon, 2016.

Rezeptionen im deutschsprachigen Raum

Für den deutschsprachigen Raum haben Tilmann Haberer und das Ehepaar Marion und Werner Tiki Küstenmacher Pionierarbeit geleistet bzw. tun das immer noch, was die Rezeption integraler Theorien im Christentum anbelangt.

Marion Küstenmacher, Jahrgang 1956, studierte Evangelische Theologie, Germanistik und Philosophie. Sie arbeite lange Jahre als Verlagslektorin, Redakteurin und Autorin. Heute ist sie als Coach für spirituelle Persönlichkeitsentwicklung freiberuflich tätig. Sie ist mit Werner Tiki Küstenmacher verheiratet. Er ist evangelischer Theologe und Pfarrer, Journalist und Karikaturist, Mitherausgeber von „simplify your life", Rundfunkprediger und Redner. Zusammen mit ihrem Mann ließ sich zur Trainerin für Spiral Dynamics Integral ausbilden.[589]

Haberer, 1955 geboren, ist ein evangelischer Pfarrer, mittlerweile im Ruhestand. Nach langjähriger Tätigkeit in der Münchner Citykirche St. Lukas war er später als freiberuflicher Seelsorger, Journalist, Übersetzer und Autor tätig. Seit 2006 war er evangelischer Leiter der ökumenischen Krisen- und Lebens-beratungsstelle „Münchner Insel". Er war außerdem Mitarbeiter der deutschen Ausgabe des „EnlightenNext"-Magazins, das in den Jahren 1992-2011 von einem Netzwerk Andrew Cohens[590] herausgebracht wurde.[591]

Zusammen verfassten diese das Werk „Gott 9.0. Wohin unsere Gesellschaft spirituell wachsen wird." Dieses ist mittlerweile in der 8. Auflage erhältlich, weswegen von einem Standardwerk gesprochen werden kann, das weite Verbreitung gefunden hat. Es wurde darüber hinaus auch ins Englische übersetzt und wird damit weltweit gelesen. In dieser Form erreichte es auch Wilber selbst, der es äußerst positiv aufnahm und als wichtige Pionierarbeit bezeichnete.[592]

---

589. Vgl. Küstenmacher/Haberer, 2010a.
590. Siehe Punkt 2.5.
591. Vgl. ebd., Cohen 2018.
592. Vgl. Küstenmacher/Haberer, 2010b.

2018 veröffentlichte Küstenmacher ihr zweites Werk zum Thema: „Integrales Christentum. Einübung in eine neue spirituelle Intelligenz." Es ist als eine praxisorientierte Weiterführung von Gott 9.0 gedacht.

Haberer veröffentlichte 2019 einen Artikel „Neues aus der Antike: Integrale Überlegungen zu zwei zentralen Lehren der alten Kirche" in dem Sammelband „Wir vielen in dieser einen Welt".[593] In seinen Predigten, die er auch auf seinem Blog veröffentlicht, versucht er immer wieder „Gott 9.0." anzuwenden.[594] 2021 erschien das Buch „Von der Anmut der Welt", in dem er seine eigene integrale Theologie entwirft.[595]

Die Linguistin Elizabetha Kucharska-Dreiss hat in ihrer Habilitationsschrift ausgehend von „Gott 9.0" und „Spiral Dynamics" Predigten darauf untersucht, welche Stufen jeweils angesprochen und integriert werden.[596]

2015 lud das Bistum Hildesheim Vertreter und Vertreterinnen integraler Spiritualität zu einem Symposium unter der Überschrift „Christliche Mystik und integrale Spiritualität im Dialog" ein. Mit dabei waren Küstenmacher, die Theologin und Philosophin Dr. Dr. Katharina Ceming und ein Lehrer des Herzensgebetes, Stephan Hachtmann. In ihren Beiträgen greifen sie auf viele der AQAL-Elemente zurück wie Zustände, Stufen, das Wilber-Combs-Raster, die drei Gesichter Gottes, die Quadranten und die integrale Lebenspraxis.[597]

Katharina Ceming bietet u.a. Einführungskurse in Wilbers System der Integralen Spiritualität beim Benediktushof an.[598]

Der Pfarrer und Zen-Lehrer Sven Kosnick verwendet in seinem 2019 erschienen Buch „Das glückliche Nichts. Christuserfahrungen

---

593. Vgl. Haberer, 2019.
594. Vgl. Haberer, 2021a.
595. Siehe Haberer, 2021b.
596. Siehe Kucharska-Dreiss, 2013.
597. Vgl. Rutishauser, 2016.
598. Vgl. Benediktushof, 2021.

auf dem Zen-Weg. Mit einer Sammlung biblischer Koans" ebenfalls Spiral Dynamics, um sein Verständnis des Christentums zu entfalten und greift ebenso viele Themen Wilbers auf wie die Rede von Nondualität, den drei Gesichtern Gottes oder der Schattenarbeit.[599]

Über die untersuchten und erwähnten Werke hinaus verknüpfen mittlerweile bereits viele einzelne Privatpersonen, darunter einige Theolog*innen und Pfarrer*innen verschiedener Konfessionen, die Integrale Theorie mit ihrer Theologie. Mit vielen davon durfte ich in den letzten Jahren persönliche Gespräche führen und habe dabei weit mehr Einblick und Informationen erhalten als allein durch Lektüre möglich gewesen wäre. Einige davon möchte ich hier kurz namentlich erwähnen:

Der evangelische Theologe Joerg Urbschat, angestellt bei der Nordkirche, betreibt seit dem Jahr 2017 alias Theo einen eigenen YouTube Kanal. Er versteht sich als Schüler Richard Rohrs. In seinen Beiträgen beschäftigt er sich u.a. immer wieder mit Themen der integralen Theorie oder Gedanken aus dem integralen Christentum.[600]

Der Theologe Christian Schmill bloggt ebenfalls seit 2016 immer wieder über das Thema „integrale Kirche" und „integrales Christentum" und gründete 2018 eine themenbezogene Facebookgruppe.[601]

Die evangelisch-reformierte Pfarrerin und Film- und Theaterwissenschaftlerin Tatjana Cárpino Satz schreibt auf ihrer Seite über ihre Vision einer integralen Kirche und macht den integralen Ansatz für eigene Überlegungen zum Thema Christentum und Kirche fruchtbar.[602]

Der Theologe Markus Roll und Gründer der Marke „Santa Black Sheep, einem „Social Club für postkonventionelle Gestaltung" steht ebenfalls einem integralen Christentum nahe.[603]

Sicherlich gibt es noch zahlreiche, weitere Rezipient*innen inte-

---

599. Vgl. Kosnick, 2019.
600. Siehe Urbschat, 2021.
601. Siehe Schmill, 2021.
602. Siehe Cárpino, o.A.
603. Siehe Santa Black Sheep, 2021.

graler Theorie(n) im christlichen Bereich, die in dieser Aufzählung fehlen. Doch sie genügt sicherlich, um zu illustrieren, dass es sich dabei um eine Strömung handelt, die viele verschiedene Akteure umfasst.

Exemplarische Untersuchung ausgewählter christlicher Literatur, die sich des integralen Ansatzes bedient

Die Autor*innen, deren Werke im Folgenden untersucht werden sollen, wurden von mir anhand dreier Kriterien ausgewählt: Diese 1) beziehen sich explizit auf Ken Wilber und/oder andere Integrale Theorie(n), 2) haben sich gründlich mit der integralen Theorie auseinandergesetzt und diese in ihren wesentlichen Punkten verstanden, 3) identifizieren sich in ihrem Selbstverständnis als Christ*in oder zumindest auch noch (d.h. nicht zwingend ausschließlich).

Zu Punkt 1) gehört, dass die Autor*innen wesentliche Elemente der Integralen Theorie(n) aufgreifen und in ihre Darstellung aufnehmen. Zu diesen gehören vor allem der Ordnungsrahmen AQAL (Quadranten, Ebenen, Linien, Zustände und Typen), aber auch die zwanzig Grundsätze der Evolution, Holone und Holarchie, Aufsteigende und absteigende Spiritualität, Schattenarbeit, die Funktion von Spiritualität und Religion als Translation und Transformation und andere Ideen der oben dargestellten integralen Denker.

Zu den Christen, auf deren Werke alle oben genannte Kriterien zutreffen, gehören Marion, Paul Smith, Haberer, Marion und Tiki Küstenmacher, Tresher und Sanguin.

Ich werde die Autor*innen im weiteren Verlauf des Buches in der Reihenfolge des Erscheinens ihrer für die Fragestellung relevanten Erstwerke ordnen:

- Marion, „Putting on the Mind of Christ [dt. Der Weg zum Christus-Bewusstsein]" 2000
- Marion, „The Death of the Mythic God", 2004
- Tresher, „Reverent irreverence. Integral Church for the 21st Century.
- From Cradle to Christ Consiousness", 2009

- Marion und Werner Tiki Küstenmacher/Haberer,,Gott 9.0. Wohin unsere Gesellschaft spirituell wachsen wird", 2010
- Küstenmacher, „Integrales Christentum. Einübung in eine neue spirituelle Intelligenz", 2018
- Haberer, „Von der Anmut der Welt", 2021
- Paul Smith, „Integral Christianity – The Spirit's Call to Evolve", 2011
- Paul Smith, "Is Your God Big Enough? Close Enough? You Enough? Jesus and the Three Faces of God", 2017
- Sanguin, "The Emerging Church: A Model for Change and a Map for Renewal", 2014
- Sanguin, "The Way of the Wind: The Path and Practice of Evolutionary Christian Mysticism", 2015

Exkurs: Zum Begriff der „Mystik"

Die Begriffe „Mystik" und „mystisch" sind in dieser Arbeit bereits mehrfach gefallen. Da sie für das Verständnis der nachfolgenden Werke eine zentrale Rolle spielen, möchte ich deren Bedeutung kurz aufschlüsseln.

Der Begriff „Mystik" stammt von dem griechischen Adjektiv μυστικός, dass den Verben μύω (Augen schließen) und μυέω (einweihen) zugeordnet werden kann. Damit schwingen zweierlei Bedeutungen mit: Einerseits die Tradition der antiken Mysterienkulte mit ihren Initiationsriten, andererseits die Tradition des kontemplativen Gebets. Beide stehen in einem engen wechselseitigen Zusammenhang, wie aus den folgenden Ausführungen der Theologieprofessorin Sabine Bobert ersichtlich wird:

> *„Mystagogie ist die Kunst der Initiation, der Hineinführung in das Geheimnis der eigenen Existenz, insofern die meisten Menschen Begleitung auf dem Weg zur Erkenntnis ihrer eigenen Wahrheit benötigen. Begleitung umfasst dabei nicht nur Belehrung, sondern ebenso die Unterweisung in spezifischen Techniken sowie eine symbolisch-rituelle Darstellung des Geheimnisses."*[604]

Die Mystik ist damit auch immer ein Pfad, der verschiedene Entwicklungs- oder Reifestufen einschließt. Ziel ist die Begegnung mit dem Göttlichen, die direkte, unmittelbare Erfahrung der absoluten Wirklichkeit.

„Für die Christen ist das die Einheit und Vereinigung mit Gott (unio mystica). Für die Buddhisten bedeutet es Erleuchtung", so drückte es plakativ der Mönch Wayne Teasdale aus.[605]

Vieles spricht dafür, dass es verschiedene, nicht weiter aufeinander reduzierbare Formen der Mystik gibt, die sich in allen Religionen finden und auch biblisch begründen lassen.

---

604. Bobert, 2012, 31.
605. 2004, 44f.

Der Religionsphilosoph John Hick unterscheidet drei Haupttypen religiöser Erfahrung: Die Ich-Du-Beziehung in der Liebesmystik, die Naturmystik und die Einheitsmystik.⁶⁰⁶ Der Benediktiner Anselm Grün schreibt:

> *„Die Unterscheidung, zwischen der eher apersonalen Einheitsmystik und der personalen Liebesmystik, ist hilfreich, weil diese beiden Formen jeweils unterschiedliche Menschen ansprechen."*⁶⁰⁷

Auch gibt es konfessionsbedingte Tendenzen: So hat die Ostkirche mit ihrer Lehre der „Theosis (Vergöttlichung)" schon immer einen Schwerpunkt auf der Einheitsmystik, während Protestanten und Katholiken eher dazu tendieren, den Fokus auf die Erlösungsbedürftigkeit des Menschen zu richten.⁶⁰⁸

Wo die untersuchten Autor*innen im Anschluss an Ken Wilbers 1-2-3 Gottes von dem 1. Gesicht Gottes sprechen, meinen sie damit die Erfahrung der Mystiker*innen, dass sich das Göttliche in unserem eigenen Inneren finden lässt.

Die wichtigsten Belege für diese Einheitsmystik, auf die sich die untersuchten Autor*innen stützen, sind: Gen. 1, 26f; Lk. 17,21: „Das Reich Gottes ist mitten unter/ in euch"; Joh. 10,30: „Ich und der Vater sind eins"; Joh. 10,34-35: „Steht nicht in eurem Gesetz der Satz: ‚Ich habe gesagt: Ihr seid Götter'?" (in Anspielung auf den Ps. 82,6: „Ihr seid Götter, Söhne des Höchsten seid ihr alle."); Joh.14, 12: „Wer an mich glaubt, wird die Dinge, die ich tue, auch tun; ja, er wird sogar noch größere Dinge tun"; Joh. 17, 21: „Ich bete darum, dass sie alle eins sind – sie in uns, so wie du, Vater, in mir bist und ich in dir. […] Ich in ihnen und du in mir – so sollen sie zur völligen Einheit gelangen, damit die Welt erkennt, dass du mich gesandt hast und dass sie von dir geliebt sind, wie ich von dir geliebt bin"; Röm. 8, 17: „Wenn wir aber Kinder sind, sind wir auch Erben – Erben Gottes

---

606. Vgl. Hick, 2008, 208f.
607. Grün, 2009, 106.
608. Vgl. Smith, 2017, 195 u. Haberer, 2021, 179.

und Miterben mit Christus"; 1. Kor 13,12: „Jetzt sehen wir alles nur wie in einem Spiegel und wie in rätselhaften Bildern; dann aber werden wir Gott von Angesicht zu Angesicht sehen"; Gal. 2, 20: „Nicht mehr ich bin es, der lebt, nein, Christus lebt in mir"; und Petr 1,4: „[…] könnt Anteil an seiner göttlichen Natur bekommen."

Marion, „Der Weg zum Christus-Bewusstsein", 2003

In den „Danksagungen" zu seinem Buch „Der Weg zum Christus-Bewusstsein" dankt Marion Wilber dafür, dass dieser sich bereit erklärt habe, das Vorwort zu schreiben und gibt an, dass dieser ihn „noch nicht einmal persönlich kennt."[609]

Wilber selbst gibt an, dass Marion sich „in einer sehr fruchtbaren Weise auf [s]eine eigene Arbeit [stütze]." Er pflichtet Marion und dessen in seinem Vorwort vorgetragenen These bei, dass es „das erste Buch [sei], das den gesamten spirituellen Weg des Christentums in aller Klarheit beschreib[e]". Das sei deshalb der Fall, da seine eigener, Wilbers, Versuch, die Bewusstseinsentwicklung des Menschen zu beschreiben, erstmalig Erkenntnisse aus der modernen Entwicklungspsychologie mit dem Wissen großer Weisen und Heiligen verbinde. Damit nimmt er Bezug auf sein „Leiter-Modell", dass er ausführlich in „Eros, Kosmos, Logos" und seiner „Integralen Psychologie" dargestellt hat und in Phase IV-V allmählich zu seiner Theorie der „Grundstrukturen des Bewusstseins" weiterentwickelte. Er, Wilber, habe anderen „überlassen, dieses Gerüst", das er auch als „Urschablone der gesamten Bewusstseinsentwicklung" bezeichnet, „mit all den reichhaltigen Details ihrer eigenen Tradition zu füllen", was Marion „bei der christlichen Tradition auf brillante Weise gelungen" sei, der sich „in einer sehr fruchtbringenden Weise auf [s]eine [Wilbers] eigene Arbeit [stütze]" und „um seine eigenen kreativen und profunden Kenntnisse bereichert" habe.[610]

Da sein Werk im Jahr 2000 erschien, greift Marion darin auf Wil-

---

609. Marion, 2003, 7.
610. Wilber, 2003, 13f.

ber-4 zurück, der noch keine klare Unterscheidung zwischen transrationalen Stufen und Zuständen trifft und auch noch kein Wilber-Combs-Raster kennt. Offensichtlich ist auch „Spiral Dynamics" noch nicht in seine Überlegungen mit eingeflossen, da Wilber dieses Modell erst 2000 mit seinem Buch „Integrale Psychologie" bekannter machte. Stufen und Zustände fallen daher bei ihm im Wesentlichen zu eins zusammen, die Unterscheidung der unterschiedlichen Prozesse des „Aufwachsens" durch die Stufen hinweg und des „Aufwachens" durch die Schulung von Zuständen fehlt. Diese Vermischung führt auch dazu, dass er den Übergang von einer Stufe zur anderen nicht mithilfe des Phasenmodells aus „Spiral Dynamics" beschreibt, sondern dazu auf die Denkfigur der „dunklen Nächte" aus der christlichen Tradition zurückgreift, wie wir unten sehen werden.

In dem ersten Teil seines Buches, das in vier Teile gegliedert ist, liegt der Schwerpunkt auf der Beschreibung des spirituellen Weges. Dazu stellt er zunächst die Frage nach dem Wesen des Reiches Gottes, geht dann auf die ersten sieben Stufen menschlicher Entwicklung ein (archaisch, magisch, mythisch, rational, Schau-Logik, medial, subtil), um anschließend die transrationalen Stufen (kausal und nicht-dual) und den dahin führenden Übergang der „Dunklen Nacht der Seele" zu beschreiben. Seine Ausführungen enden mit dem „nicht-dualen Bewusstsein", der Schau des Reiches Gottes auf der Erde. Der zweite Teil des Buches ist überschrieben mit „Besondere Probleme, vor denen Christen auf ihrem Weg zum Reich Gottes stehen" und „Weitere Dimensionen des Reiches Gottes". Darin widmet er sich den denkerischen und begrifflichen Hindernissen, die häufig auf dem christlichen spirituellen Entwicklungsweg auftauchten sowie der Klärung verschiedener Missverständnisse rund um das Thema „Reich Gottes".[611]

---

611. Vgl. Marion, 2003, 9-11, 16f.

Stufen, Zustands-Stufen und Zustände des Bewusstseins

Tatsächlich lehnt sich Marions Buch eng an Wilbers Leitermodell an. Der zweite, dritte und vierte Teil des Buches beschreibt der Reihe nach die von ihm beschriebenen Ebenen: Archaisch, magisch, mythisch, rational, Schau-Logik, mediale Stufe, subtile Stufe, kausale Stufe, nichtduale Stufe. [612]

Bereits im Vorwort nimmt Marion eine folgenreiche Gleichsetzung vor: Das, was „Jesus als das Reich Gottes bezeichnete", sei die höchste Stufe der menschlichen Bewusstseinsentwicklung – dem Modell nach also die nichtduale Stufe. Für Christen sei Jesus Christus „selbst der Weg zum Reich Gottes [zum höheren Bewusstsein]." Ihr Ziel sei es, im „Christus-Bewusstsein" zu leben. Hier zitiert er u.a. Paulus Rede vom „Geist Christi" in 1. Korinther 2,16, aus dem zu leben das Ziel des christlichen Weges sei. Sein Buch wolle als „Landkarte dienen, die uns zum Reich Gottes hinführt." Deshalb handle das Buch „von der Entwicklung des menschlichen Bewusstseins."[613]

Dazu beruft er sich auf Erkenntnisse des Entwicklungsforschers Jean Piaget, der transpersonalen Psychologie als auch die Lehren Jesu und die der Mystiker über das innere spirituelle Wachstum des Menschen. Er schließt sich implizit der These Wilbers an, dass die von den Mystikern beschriebenen Stufen über die Stufe der Schau-Logik hinausgingen und deshalb, und auch weil sie daher nicht verstanden werden konnten, noch nicht „gewürdigt und integriert" worden seien.[614]

Das „Reich Gottes" werde heute von den meisten Christen fälschlicherweise als ein Ort verstanden, zu dem wir nach dem Tode gelangen. Dieser Glaube werde durch die neuesten Nahtod-Berichte noch genährt. Obwohl daran nichts auszusetzen sei, habe Jesus in seiner Botschaft etwas anderes im Sinn gehabt. Seine wichtigste Leh-

---

612. Vgl. dazu .
613. Ebd., 15.
614. Vgl. ebd., 16.

re habe vielmehr darin bestanden, den Menschen klarzumachen, dass das „Reich Gottes" im Menschen selbst sei, dass er sich also nach innen wenden müsse. Dazu beruft er sich auf das Jesuswort aus Lk. 17,21: „Das Reich Gottes ist in/mitten unter euch." [hier als „in euch" übersetzt].[615] Bevor es darum gehe, „den nachtodlichen Himmel zu betreten", müssten wir zunächst danach streben, diese Welt durch die Augen des „Reiches Gottes" zu sehen. Dieses Schauen ist für ihn gleichbedeutend mit der nicht-dualen Bewusstseinsstufe, in der es keine Trennung mehr zwischen Gott und Menschen gibt.[616] Die Kirche habe diese Botschaft Jesu vernachlässigt und ihren Schwerpunkt stattdessen auf das Lehren von Moral gelegt, was sich ganz einfach dadurch erklären ließe, dass auch „die überwiegende Mehrheit unserer christlichen Kirchenältesten, Pfarrer, Priester, Bischöfe, Päpste und andere[r] Lehrer [...], wie auch die religiösen Führer zur Zeit Jesu, [...] noch nicht die Entwicklungsstufe spirituellen Wachstums erreicht" habe, um überhaupt zu verstehen, was Jesus mit seinen Worten gemeint habe. Statt nun jedoch die gesamte Kirchengeschichte pauschal als einen einzigen Weg des Irrtums und Abweichens von der Wahrheit zu deuten, würdigt Marion durchaus die Verdienste des Christentums, die er in der Entfaltung von aus den Evangelien abgeleiteten Grundsätzen sieht.[617]

Doch während diese, wie beispielsweise die Forderung, einander als Christus zu sehen und zu behandeln, für viele auf dem Niveau einer abstrakten Idee, eines anzustrebenden Ideals, oder eines Gesetzes, bliebe, seien Jesus und ihm nachfolgende Heilige in der Lage gewesen, durch ihr erweitertes Bewusstsein die dahinter liegende Wahrheit direkt zu erfahren und andere Menschen tatsächlich als einen Teil ihrer selbst wahrzunehmen.[618]

Marion stellt seinem zweiten Kapitel einen Verweis einerseits auf Jean Piagets Forschungen, andererseits auf Wilbers Schriften „Das

---

615. Vgl. ebd., 24f.
616. Vgl. ebd., 26.
617. Vgl. ebd., 28f.
618. Vgl. ebd., 30ff.

Spektrum des Bewusstseins", „Eros, Kosmos, Logos" und „Halbzeit der Evolution" voran. Die Beispiele über die Bewusstseinsentwicklung bei Kindern, die er in diesem Kapitel anführt, basieren auf der Arbeit von Jean Piaget, sind aber aus Wilbers Werken „Eine kurze Geschichte des Kosmos" und „Eros, Kosmos, Logos" entnommen.

Er erklärt darin, dass die Art und Weise, wie ein Mensch die Welt um sich herum wahrnimmt, von der Bewusstseinsstufe abhängt, auf der er sich momentan schwerpunktmäßig befindet. Was für Kinder unterschiedlichen Alters und Entwicklungsstandes gelte, treffe ebenso für Erwachsene zu: Zwischen Menschen, die sich auf unterschiedlichen Stufen ihrer kognitiven Entwicklung befänden, läge eine „Kluft", die ein vollkommenes gegenseitiges Verstehen unmöglich mache. Das führe automatisch zu zwei Problemen bei der Verkündigung Jesu. Erstens habe Jesus sich paradoxer Formulierungen, Gleichnisse, Analogien, Metaphern und Geschichten bedienen müssen, um auf etwas hinzuweisen, das unseren dualistischen Verstand übersteige und um die Erkenntnisse, die sich aus seiner nicht-dualen Wahrnehmung der Welt ergaben, zu vermitteln. Zweitens könnten diese Erkenntnisse nur dann von einem anderen richtig interpretiert werden, wenn dieser dieselbe Bewusstseinsstufe erreicht habe.[619]

Das sei aber selbst bei seinen Jüngern nicht der Fall gewesen. Zwar waren sie bereits auf einer höheren Bewusstseinsstufe, denn andernfalls hätten sie keinen Erfolg damit gehabt, Krankheiten zu heilen und Dämonen auszutreiben. Doch

> *„[...]selbst die Jünger waren oftmals unfähig, zu sehen und zu verstehen. Ganz offenkundig wurden ihre Augen erst im Laufe der inneren spirituellen Ereignisse, derer wir zu Pfingsten gedenken, endgültig geöffnet, so dass auch sie schließlich vollkommen verstanden."[620]*

Das habe auch Auswirkungen auf das Bibelstudium von Christen:

---

619. Vgl. ebd., 34ff.
620. Ebd., 39.

Je weiter das spirituelle Bewusstsein eines Menschen entwickelt sei, desto mehr verstehe er. Es gehe um das Maß des inneren Verständnisses, nicht die vermeintliche Bedeutung der Worte.[621]

Wir müssten das Reich Gottes nicht mehr suchen, wenn wir es schon ganz verstanden hätten. Es sei ein häufiger Irrtum anzunehmen, dass Jesus, weil er auch ein Mensch gewesen sei, so gedacht haben müsse, wie die Menschen denken, die über ihn schreiben oder Filme drehten. Denn das Denken der Menschen unterscheide sich über die Stufen der Entwicklung hinweg voneinander. Durch das Wissen um die Stufen werde klar, warum Jesus schon bei den Menschen seiner Zeit, den jüdischen Priestern, aber auch seinen Jüngern, Probleme hatte, sich verständlich zu machen. Denn seine Schau des Reiches Gottes, das er mit dem nicht-dualen Bewusstsein gleichsetzt, sei den anderen nicht direkt zugänglich gewesen. Was er mit Gleichnissen oder metaphorischer Sprache versuchte auszudrücken, werde erst für diejenigen, die ebenfalls das nicht-duale Bewusstsein verwirklicht hätten, vollständig erfassbar. Er sei sich dieses Problems selbst bewusst gewesen, weswegen er mit dem Volk anders als mit seinen Jüngern, die spirituell weiter entwickelt gewesen seien, gesprochen habe. Auch die Mystiker und Heiligen hatten dieselbe Schwierigkeit, ihre andere Wahrnehmung der Welt zu kommunizieren, weswegen sie häufig lieber geschwiegen hätten.[622] Es gebe nur einen Weg Jesu und diese zu verstehen, nämlich den, ebenfalls nach innen zu gehen.[623]

Er schreibt Wilber eine zentrale Rolle bei „der Kartografierung des spirituellen Weges", wie er sie in seinem Buch vornimmt, zu.[624] Innerhalb der christlichen Überlieferung habe es eine ganze Reihe von Versuchen gegeben, Stufen der spirituellen Entwicklung zu beschreiben. Hier führt er u.a. Dionysius Areopagita, die heilige Teresa von Avila, Johannes vom Kreuz und Evelyn Underhill an. Diese

---

621. Vgl. ebd., 38.
622. Vgl. ebd., 35-39.
623. Vgl. ebd., 41.
624. Vgl. ebd., 46.

hätten zwei grundlegende Mängel: Erstens konzentrierten sie sich jeweils nur auf einen Teilbereich der gesamten Entwicklung, so dass andere Stufen, wie zum Beispiel in der Kindheit oder Jugend, nicht berücksichtigt würden. Zweitens fehle ihnen selbst das Bewusstsein, dass die Beschreibung ihrer Stufen nur von denjenigen Leser*innen verstanden werden konnten, die diese Stufe ebenfalls bereits erreicht hätten.[625] Es sei nahezu ausschließlich der Arbeit von Wilber zu verdanken, dass diese beiden Probleme in Angriff genommen wurden, indem er die Erkenntnisse der modernen Psychologie mit den spirituellen Schriften aus West und Ost verbunden habe. Im Anschluss fasst er Wilbers Leitermodell in Kürze zusammen und übernimmt es in Gänze samt dessen Terminologie. Obwohl „es [ihm] lieber gewesen wäre, zumindest einer Stufe einen anderen Namen zu geben", wolle er „nicht noch mehr zu […] Verwirrung beitragen", die bereits durch unterschiedliche Terminologien entstanden sei.[626]

Bei der Beschreibung der archaischen, magischen und mythischen Stufe hält sich Marion inhaltlich eng an Wilbers Wiedergabe von Jean Piaget, so dass wir diese hier nicht zu wiederholen brauchen. In direkter Anknüpfung an Wilber beschreibt er dabei jeweils einmal die Entwicklung des Bewusstseins auf individueller und einmal auf kultureller Ebene. Sein Verständnis von Materie (im Sinne von einfachen Strukturen wie Molekülen, Atomen und subatomaren Teilchen) als unterster Ebene und „erstarrte[r] Energie" entspricht Wilber-4, da dieser, wie wir gesehen haben, den Begriff der „Materie" später als die Außenseite aller Ebenen verstanden wissen will. Ebenso wie Wilber neigt er aber dem Panpsychismus zu und geht davon aus, dass bereits die unterste Ebene über ein gewisses Maß an Bewusstsein verfügt.[627]

In Bezug auf das Christentum stellt er fest, dass

> *„die meisten Christen unfähig [gewesen seien], Jesus anders als auf*

---

625. Vgl. ebd., 44f.
626. Ebd., 46f.
627. Vgl. ebd., 51.

mythische Weise zu verstehen. [...] So wurde das Christentum trotz allem, was Jesus und seine Jünger gesagt und geschrieben hatten, bald auf die Stufe des mythischen Bewusstseins reduziert, und dort ist es, zumindest auf der Ebene des Volkes, in den letzten zweitausend Jahren meist auch geblieben."[628]

Für ein Kind auf dieser Stufe sei es natürlich, dass es an den Regeln und Rollen, die ihm von seiner unmittelbaren Umgebung beigebracht wurden, festhalte und seinen Selbstwert darüber definiere sowie auf eine Infragestellung dieser mit Aggression reagiere. Ein erwachsener Christ, der auf dieser Stufe stehen geblieben sei, fordere dementsprechend von anderen, dass sie dasselbe Wertesystem übernähmen wie er, d.h. zu Anhängern der einzig wahren Religion würden und nach einer bestimmten Weise handelten, die sie als „christliche Moral" kennen gelernt hätten. Alle anderen müssten zwangsbekehrt oder als „böse" bekämpft werden.[629]

Wenn die Führer innerhalb der Kirche den Übergang von der mythischen zur rationalen Stufe noch nicht erfolgreich abgeschlossen hätten, könne dieser für junge Menschen „ein äußerst schmerzhafter Prozess sein". Sie sollten weiterhin wörtlich an die Mythen der Schrift glauben – d.h. diese als historische Ereignisse verstehen, nicht als Gefäße für überzeitlich tradierte Wahrheiten –, das Christentum exklusiv verstehen und sich Regeln und Rollen der vorhergehenden Stufe verschreiben.[630] In Wirklichkeit seien Jugendliche, denen der Übergang zur rationalen Stufe gelänge, näher an der Bewusstseinsstufe von Jesus selbst, indem sie gelernt hätten, global und universal zu denken und Mythen mit dem logischen Denken zu interpretieren und damit zu „rationalisieren". Das mache sie wie Jesus „toleranter, urteilsfreier, mitfühlender, offener, weniger ängstlich, weniger aggressiv und allgemein liebevoller"[631] und weniger überheblich. Vie-

---

628. Ebd., 61.
629. Vgl. ebd., 58f.
630. Vgl. ebd., 63f.
631. Ebd., 67.

len gelänge dies jedoch nicht allein, weswegen sie sich gänzlich vom Glauben abwendeten.[632] Neben einigen anderen Vorschlägen, Jugendlichen den Übergang auf die rationale Stufe zu erleichtern, wie philosophische Argumente, die Lehre eines hilfreichen Gebrauchs von Gebeten und Ritualen, sei das vielleicht wichtigste, sie eine Meditationsform zu lehren, die zum nicht-dualen Bewusstsein führen könnte. Auch hier beruft er sich explizit auf Wilber, der rate, diese Methode sorgsam auszuwählen.[633]

Auf kollektiver Ebene sei die wichtigste spirituelle Aufgabe der letzten zweitausend Jahre gewesen, das menschliche Bewusstsein von der mythischen auf die rationale Stufe anzuheben, wozu viele christliche Denker wie die Kirchenväter, Mönche, Gelehrte als auch protestantische Reformer ihren Beitrag geleistet hätten.[634]

Auf die rationale Stufe folge die Stufe der Schau-Logik, die Marion als die Stufe der großen Denker und Führer beschreibt, die zu abstraktem Denken aus vielen unterschiedlichen Blickwinkeln fähig seien und zunehmend Körper, Gefühle und Verstand integrierten, indem sie sich immer mehr mit dem inneren Zeugen identifizierten, der all dies beobachte.[635]

Da sich Marion auf Wilber-4 beruft, folgen anschließend noch die mediale Stufe, subtile Stufe, kausale Stufe und nichtduale Stufe, wie sie dieser in „Kosmos, Eros, Logos" beschreibt.[636] Die Schwächen, die dieses Leitermodell mit sich bringt, werden von ihm damit ebenfalls übernommen, aber offenbar nicht als solche wahrgenommen. Darunter fällt, wie bereits angesprochen,[637] die Gleichsetzung übersinnlicher Fähigkeiten mit einer bestimmten Entwicklungsstufe, die „medial" genannt wird. Marion löst diese Schwierigkeit derart auf, dass er einerseits zugibt, dass besondere mediale Fähigkeiten „jedem

---

632. Vgl. ebd., 66f.
633. Vgl. ebd., 69f.
634. Vgl. ebd., 71.
635. Vgl. ebd., 73f.
636. Wilber, 2000, 86.
637. Siehe „Die Ebenen".

zu jeder Zeit und auf jeder Stufe zuteilwerden" könnten, diese aber davor zu einer Überforderung führten. Außerdem betont er, dass es ausreiche, eine „grundlegende Kompetenz"[638] der Stufe zu erlangen, um in der Entwicklung voranschreiten zu können. Diese bestehe in der Fähigkeit, Verstand, Gefühle und Körper vom inneren Zeugen aus zu beobachten.

Zum anderen führt das Leiter-Modell bei ihm zu einer Vermischung und Gleichsetzung zweier verschiedener Entwicklungslinien: Der kognitiven und der spirituellen Entwicklung. Für Marion sind beide untrennbar miteinander verbunden, das eine folgt auf das andere. Diese unscharfe Trennlinie lässt sich darauf zurückführen, dass Wilber-4 ebenfalls davon ausgeht, dass es eine gewisse kognitive Reife braucht, um echte Spiritualität, die daher den „transrationalen Stufen" zugeordnet wird, erfahren zu können. Durch die unzureichende Trennung von Ebenen und Zuständen impliziert das Modell jedoch, jemand müsse in seiner spirituellen Entwicklung bereits weit über die rationale Stufe gekommen sein, um regelmäßige Einheits- oder Versenkungserfahrungen machen zu können. Damit lässt sich jedoch nicht schlüssig erklären, warum es zahlreiche Mystiker mit tiefen Einheitserfahrungen und übersinnlichen Fähigkeiten gibt, die in ihrem Denken gleichzeitig noch in der Vormoderne stecken. Darüber hinaus wird durch das Leitermodell eine Wertung von verschiedenen Arten der Mystik vorgenommen, so als ob es eine weniger und eine weiter „entwickelte" Mystik gäbe: Naturmystik wirkt gegenüber der „nichtdualen Stufe" wie Kinderkram. Wie oben bereits erwähnt, werden diese problematischen Annahmen von Wilber-5, unter anderem durch das Wilber-Combs-Raster, zumindest teilweise zurückgenommen sowie die Beschreibungen der medialen, subtilen, kausalen und nichtdualen Wahrnehmung eher als Zustände denn als Stufen begriffen.

Die von Wilber eingeführte Unterscheidung zwischen „Struktur-Stufen" und „Zustands-Stufen" ist an dieser Stelle klärend: Wie auch

---

638. Ebd., 86.

Smith in einer Fußnote andeutet[639], geht es Marion innerhalb seines Modells, wenn er von „Zuständen" spricht, nicht um wechselnde Bewusstseinszustände, sondern um „Zustands-Stufen", d.h. die durch den Prozess des „Aufwachens" im Rahmen einer bewussten Zustands-Schulung hervorgerufene Fähigkeit, dauerhaft Zugang zu bestimmten Zuständen zu gewinnen und damit mehr wahrnehmen zu können.

Wie Wilber, ordnet Marion der medialen Stufe die Naturmystik zu, wie er von Ralph Waldo Emerson beschrieben worden sei. Typisch hierfür seien Gipfelerfahrungen von kosmischem Bewusstsein und die Verbindung mit der „Überseele", wodurch eine Ausweitung der Identifikation und der bisherigen Wahrnehmung erfolge.[640]

Weiter bringt er die mediale Stufe ausführlich mit dem Erwachen zahlreicher übersinnlicher Fähigkeiten in Verbindung, darunter Astralreisen; Klarfühligkeit, z.B. Energien zu spüren; Klarhörigkeit, z.B. Stimmen spiritueller Helfer und Wesen zu hören und Gedanken zu lesen; Klarsichtigkeit, z.B. Aura wahrzunehmen; die Kunst der Manifestation „aus der Luft"; Heilen durch Handauflegen und die Übertragung höherer Schwingung und Weissagen/Prophezeien/Channeln. Jesus und Heilige hätten solche Fähigkeiten besessen.[641] Obwohl die frühen Christen ein großes Interesse an medialen Fähigkeiten gehabt hätten, sei das Wissen darüber schnell in Vergessenheit geraten und das mythische Christentum habe begonnen, die Menschen zu verfolgen, die die mediale Stufe erlangt hätten, so zum Beispiel bei der Hexenverbrennung.[642]

Zur Beschreibung der subtilen, kausalen und nichtdualen Stufe zieht Marion Ideen und Beschreibungen des heiligen Johannes vom Kreuz (1542-1591) und der heiligen Teresa von Avila (1515-1582) heran, weil diese seinen eigenen Erfahrungen sehr ähnlich seien.[643]

---

639. Vgl. Smith, 2011, 343.
640. Vgl. Marion, 2003, 79, Wilber 2000, 287ff.
641. Vgl. Marion, 2003, 80-85.
642. Vgl. ebd., 90.
643. Vgl. ebd., 94.

Es sind außerdem dieselben christlichen Mystiker, die auch Wilber in „Kosmos, Eros, Logos" heranzieht, um die subtile Stufe zu beschreiben.[644] So benennt er den Übergang von der medialen zur subtilen Stufe „Die dunkle Nacht der Sinne" und den Übergang von der subtilen zur kausalen „Die dunkle Nacht der Seele", beides Begriffe aus dem Werk von Johannes vom Kreuz. Diese werden von ihm damit als biografisch einmalige, chronologisch erfolgende Ereignisse verstanden, die es auf dem spirituellen Weg (des Aufwachens durch die Zustands-Stufen) zu durchleben gilt.

Zur Beschreibung der „Dunklen Nacht der Sinne" bedient er sich des Begriffs der „eingegossenen Kontemplation", der gleichbedeutend sei mit dem, was Hindus mit dem Begriff „Kundalini-Energie" bezeichnen. Es gehe um das Wirken subtiler Energien, die allmählich alle schweren, negativen Energien in leichtere Energien verwandelten. Zunächst versetzten diese den Meditierenden in einen Zustand des Rausches und der Glückseligkeit, doch mit der Zeit kämen dadurch verdrängte, unbewusste Emotionen, vor allem im Bereich der Sexualität und der Aggression, an die Oberfläche. Er nennt dies eine „natürliche Psychotherapie", die häufig mit großem Schmerz einhergehe, der davon herrühre, dass dem, was da hochkomme, Widerstand entgegengebracht werde.[645] Negative Energien seien jedoch nicht „böse". Dem Teufel, dem „Erzengel Luzifer" sei von Gott die Aufgabe übertragen worden, den „negativen Pol der Schöpfung" zu beherrschen.[646] Da jede Emotion für die Entwicklung des Menschen bedeutsam sei, begegne man diesen am besten mit Mitgefühl und Liebe. Das Ziel der „Dunklen Nacht der Sinne" sei es, unser Herzzentrum zu öffnen und uns zu universeller, bedingungsloser Liebe zu befähigen. Nach Abschluss dieser Phase geschehe das, was die christliche Tradition eine „Wiedergeburt" nenne.[647]

Auf die subtile Stufe folge der Übergang auf die kausale, die „Dun-

---

644. Vgl. Wilber, 2000, 302ff.
645. Vgl. Marion, 2003, 95-108.
646. Vgl. ebd., 104.
647. Vgl. ebd., 107-110.

kle Nacht der Seele". Zur Beschreibung dieses Übergangs bedient sich Marion einerseits der biblischen Tradition, andererseits persönlichen Schilderungen der amerikanischen Mystikerin Bernadette Roberts, Johannes vom Kreuz und Teresa von Avila sowie seine eigene Erfahrung. Die „Dunkle Nacht der Seele" sei die Taufe durch Feuer und den Heiligen Geist (Matthäus 3,1), wofür die Wassertaufe als Symbol stehe. Er versteht sie als das „zentrale Mysterium in der Entwicklung des menschlichen Bewusstseins", dass von Jesus sinnbildhaft durch seine Kreuzigung und Auferstehung vorgelebt wurde.[648] Tod und Wiedergeburt der dunklen Nacht bedeuteten, dass der Mensch sich von seiner individuellen Persönlichkeit, seinem Ego, desidentifiziere und sich und alle anderen mit Gott eins wisse. Sie befreie den Menschen von all seinen positiven wie negativen Projektionen nach außen und lasse ihn dadurch psychologische-emotionale Ganzheit erlangen.[649] Dieser Prozess gehe allgemein mit großen inneren, seelischen Schmerzen einher, die durch das Hervorbrechen unbewusster Negativität verursacht würden und auch negative äußerlich sichtbare Ereignisse mit sich zögen.[650]

Wilber zitiert er nur an einer Stelle im Zusammenhang seiner Rede von Engeln der Dunkelheit, die dieser als „subtile pathologische Zustände [...des] Kosmischen Schrecken" bezeichnet.[651] Tatsächlich äußert sich Wilber-4 nur beiläufig zu dem Phänomen der Dunklen Nacht, misst ihr aber keine derart zentrale Bedeutung bei.[652]

Das Bewusstsein des Menschen, der sich als göttlich erkannt hat, nennt Marion das Christus-Bewusstsein. Ein solcher Mensch habe keine Angst mehr vor dem Tod; wisse, dass keine Sünde existiere; erfahre tiefe körperliche Heilung und inneren Frieden.[653]

Bei der Beschreibung des nichtdualen Bewusstseins, dass die Voll-

---

648. Vgl. ebd., 118, 124.
649. Vgl. ebd., 118-121, 156f.
650. Ebd., 140, 154.
651. Ebd., 123, Zitat aus Wilber 1997, 273.
652. Vgl. mit Wilber, 2000, 304.
653. Vgl. Marion, 2003, 160-164, 173.

endung der kausalen Stufe darstelle, greift er auf Meister Eckart und Wilber zurück. Dieser zitiere den indischen Weisen Sri Ramana Maharshi: „Die Welt ist Illusion. Brahman [Gott] allein ist real; Brahman ist die Welt." Die dritte Zeile stelle die noduale Sicht der Welt dar, wonach die Gottheit sowohl das Formlose als auch die Form enthalte.[654] Auf dieser Stufe gehe um das Loslassen aller Werturteile und das Verschwinden jeglicher Dualität, es gibt kein „Gut" und „Böse" oder „Schön" und „Hässlich" mehr.[655] Noch einmal zitiert er Wilber: Es sei das „Ende aller – zentrismen", d.h. es gibt keinen Mittelpunkt mehr, sondern nur noch „das." Ein Mensch in diesem Zustand sei bereits im „Himmelreich auf Erden."[656]

Die Funktion von Spiritualität und Religion

Marion schließt sich implizit Ken Wilbers Ansicht an, wenn er schreibt, dass die „einzig grundlegende Aufgabe der Religion (…) darin [bestehe], die Entwicklung des Bewusstseins zu beschleunigen." Elemente der christlichen Religion wie das Neue Testament, das Gebet, das Bibelstudium, Fasten, Musik usw. versteht er daher als „Technologien", die alle diesem Zweck der Beschleunigung dienten. Doch statt sich dieser Aufgabe, der Heilung und dem Wachstum des Bewusstseins zu widmen, hätten die christlichen Führer diese an Psychiatrie und Psychologie abgegeben, um sich stattdessen um „Politik", „Sozialarbeit", „Morallehren" u.a. zu kümmern. Wenn die Kirche dieser ihrer Aufgabe nicht nachkomme, verliere sie ihre „Daseinsberechtigung" und diejenigen, die nach echter Spiritualität suchten, gingen „woanders hin, wie sie es schon millionenfach getan haben".[657]

---

654. Ebd., 186, Zitat nach Wilber 2000, 310.
655. Vgl. Marion, 2003, 187 u. 194.
656. Ebd., 196.
657. Vgl. ebd., 42f.

Involution und Evolution

Marion schließt sich der Vorstellung der Schöpfung als „Involution" Gottes an und bezeichnet diese als die Selbstentleerung Gottes, die „Kenosis". Zuerst zeuge Gott seinen „Eingeborenen Sohn, Christus, den göttlichen Logos oder das göttliche Wort, und durch Christus den Rest der Schöpfung bis hinunter zur und einschließlich der Materie".[658] Die Vorstellung der Evolution ist für ihn eng mit dem Gedanken der Reinkarnation verknüpft: Für ihn entwickelt sich das menschliche Bewusstsein nicht nur in einem, sondern vielen Erdenleben weiter.[659] Tatsächlich biete dies Vorstellung „eine rationale Erklärung für alle möglichen Phänomene"[660], z.B. warum es nicht allen Menschen in diesem Leben gelänge, die höchste Bewusstseinsstufe zu erreichen und warum manche sich offenbar wesentlich schneller entwickelten als andere u.v.m.[661] Das Ziel der Schöpfung beziehungsweise des evolutionären Prozesses, das Reich Gottes auf Erden, sieht er verwirklicht, wenn alle Menschenseelen in einem nicht-dualen Bewusstsein und möglicherweise in einer Art dadurch vergeistigtem stofflichen Körper leben werden.[662]

Schattenarbeit und integrale Lebenspraxis

In seinem Nachwort empfiehlt Marion ausdrücklich die „integrale Praxis" Wilbers und nennt sie die wahrscheinlich beste Übung für unser inneres Wachstum.

Obwohl er in seinem Buch nicht explizit von „Schattenarbeit" spricht, spielt die Auseinandersetzung mit Projektionen und Emotionen und die Erlangung psychologischer Ganzheit für ihn eine herausragende Rolle auf dem Weg des Mystikers. Es gehe dabei um harte Arbeit an uns selbst.[663] Wir projizieren so lange unsere verdrängten

---

658. Vgl. ebd., 249.
659. Vgl. ebd., 260f.
660. Vgl. ebd., 251.
661. Vgl. ebd., 244f.
662. Vgl. ebd., 262ff.

positiven wie negativen Bereiche auf andere Menschen oder Wesenheiten, bis wir uns durch die „Dunkle Nacht der Seele" schließlich von all diesen befreiten.[664]

Marion, „The Death of the Mythic God", 2004

2004 erschien Marions zweites Buch „The Death of the Mythic God." Bereits auf dem Umschlag ist Wilbers Empfehlung zu lesen: „Es gibt keine wichtigere Botschaft für das Christentum als die, die in diesem Buch enthalten ist." In seiner Bibliografie bezieht er sich auf die wichtigsten Werke Wilbers aus den Phase I bis V, das neueste von ihm zitierte Werk ist der Roman „Boomeritis" von 2002. Während er sich in seinem ersten Buch nahezu ausschließlich auf Wilbers Leitermodell aus Phase 3 und 4 stützt, greift in diesem ebenso auf „Spiral Dynamics" zurück. Neben der integralen Theorie bedient sich Marion an vielen Stellen dem Gedankengut verschiedener esoterischer und christlicher Strömungen und seiner eigenen spirituellen Erfahrung.

Das Buch gliedert sich in zwei Teile: „In The Death of God" beschreibt Marion das mythische Gottesbild und erklärt, warum dieses heute überholt sei, und in „The Rise of Evolutionary Spirituality" stellt er diesem eine Alternative entgegen, durch die dieses ersetzt werden könne.

Holone und Holarchie

Marion übernimmt im Anschluss an Wilber Arthur Koestlers Konzept der Holone und beschreibt jede Entwicklungsstufe als ein Holon, das die vorhergehenden Stufen als Teile miteinschlösse und gleichzeitig transzendiere.[665]

Wie bereits aus seinem Erstwerk ersichtlich, versteht Marion die

---

663. Vgl. ebd., 269f.
664. Vgl. ebd., 121.
665. Vgl. Marion, 2004, 72.

Schöpfung wie Wilber als holarchische „Involution" oder Entfaltung Gottes. Zur Beschreibung der Involution unterscheidet er fünf verschiedene Ebenen. Das Modell beginnt mit der nondualen Ebene, die er mit der Quelle oder Gott gleichsetzt, geht weiter über die kausale, subtile, astrale, ätherische bis zur physischen Ebene mit ihren subatomaren Teilchen. Das heißt, er zählt nicht die Formen selbst auf, sondern das Spektrum an Energiekörpern- oder feldern verschiedener Frequenz, das mit der Entstehung dieser einhergeht. Die Entfaltung der Schöpfung erfolge von der Ebene mit der höchsten Schwingungsenergie/Frequenz zur Ebene mit der niedrigsten Schwingung, wobei gelte, dass höhere Ebenen mächtiger und bewusster als niedrigere seien. Damit schließt sich Marion einem weit verbreiteten Gedanken esoterischer Spiritualität an.[666]

Da der Gedanke der Evolution, wie bei allen integralen Denkern, einen zentralen Stellenwert bekommt, nennt er die Alternative zu einem Glauben an einen mythischen Gott eine „evolutionäre Spiritualität." Neben der Sichtweise der klassischen Evolutionslehre, wonach alles durch natürliche Auslese und zufällige Mutation entstehe, und der Theorie vom intelligenten Design, die darum bemüht sei, den Glauben an einen mythischen Gott zu stützen, könne das Universum insgesamt als eine Manifestation Gottes gedacht werden, durch die Dieser*Diese sich selbst auf unbegrenzte und jede denkbare Weise zum Ausdruck bringe. Im Anschluss an die Autorin Beatrice Bruteau versteht er das Universum als einen sich selbst entwickelnden Organismus. Die dafür notwendige Stabilität als auch die Möglichkeit von Emergenz, also dem Auftreten von etwas gänzlich Neuem, noch nie dagewesenem, ließe sich durch den holarchischen Aufbau der Welt erklären. Dazu greift er Gedanken Arthur Koestlers, des Urhebers der Idee der Holone, selbst auf.

Neben den Holonen nennt er zwei weitere Kräfte, die Evolution bewirken: Das sich entwickelnde menschliche Bewusstsein, dessen Stufen ebenfalls als Holone angesehen werden könnten und zuletzt

---

666. Vgl. ebd., 75f.

die von Rupert Sheldrake beschriebenen „morphogenetischen Felder", selbst entstehende Gewohnheiten, auf welche Weise sich etwas entwickle. Hier hat der Verfasser sich offensichtlich, inspiriert durch Wilber, den er auch explizit nennt, selbst mit den Originalquellen der jeweiligen Theorien befasst und geht damit über das, was Wilber selbst dazu geschrieben hat, hinaus.[667]

Ebenen des Bewusstseins

Wie auch in seinem vorhergehenden Werk liegt der Schwerpunkt der Rezeption auf den Bewusstseinsebenen. Seine Einleitung zum ersten Teil beginnt Marion mit einer kurzen Übersicht über die Entwicklungsstufen archaisch, magisch, mythisch und rational, ohne Wilber oder andere Forscher namentlich zu erwähnen.[668] Dabei geht er noch ausführlicher als in seinem vorhergehenden Werk auf den Glauben auf der mythischen Ebene ein. Den Gott, der hier geglaubt würde, nennt er den „Himmelsgott (Sky God)", mit dem er die Vorstellung eines übernatürlichen, männlichen Wesens verbindet, dass getrennt von der Welt und den Menschen sei.[669] Für diese Vorstellung sei in einem rationalen Weltbild kein Platz mehr. Dieser Gott sei, wie es Nietzsche formuliert habe, tatsächlich „tot", in dem Sinne, dass er unglaubwürdig geworden sei.[670] Er beschreibt den wissenschaftlichen Fortschritt in der Astronomie, Physik, Soziologie, Evolutionsbiologie, Psychologie sowie in der historisch-kritischen Bibelauslegung, der einen solchen Glauben zunehmend unvereinbar mit den daraus gewonnenen Erkenntnissen werden ließ.[671] Im Herzen der Krise der Kirchen in den USA stände das Aufeinanderprallen derjenigen, die noch an den mythischen Himmelsgott glaubten und diejenigen, die das nicht mehr täten.[672]

---

667. Vgl ebd., 89-92.
668. Vgl. ebd., 3-15.
669. Vgl. ebd., 10f.
670. Vgl. ebd., 15ff.
671. Vgl. ebd., 17-30.

Im Anschluss unterzieht er das Gottesbild der mythischen Stufe einer genaueren Untersuchung. Hierzu wählt er exemplarisch zwölf Merkmale aus und stellt sie seinem Verständnis von Jesus Lehre und Bewusstsein gegenüber. Wir werden uns später, im dritten Teil der Arbeit, eingehender damit befassen.

Als Hinführung zu dem zweiten Teil seines Buches wirft er die Frage auf, ob und wodurch sich der mythische Gott ersetzen ließe. An dieser Stelle verweist er auf Wilber, der in seinen Schriften absichtlich das Wort „GEIST" statt „Gott" verwende, da letzterer Begriff nahezu ausschließlich mit dem Gottesbild der mythischen Stufe in Verbindung gebracht würde. Dieser Verzicht auf das Wort und die Verwendung alternativer Formulierungen sei bei spirituellen Lehrer*innen und Theolog*innen weit verbreitet.[673]

In der Einleitung zu seinem zweiten Teil gibt er eine Zusammenfassung der von ihm in seinem ersten Werk beschriebenen Entwicklungsstufen. Er gibt an, dass er erst nach dem Schreiben von „Der Weg zum Christusbewusstsein" auf „Spiral Dynamics" und das Werk von Clares Graves gestoßen sei, dass zu seinem und Wilbers Leitermodell ungefähr parallel sei. Zur Verdeutlichung stellt er beide Modelle grafisch nebeneinander. Hierbei unterteilt er die mythische Stufe in eine frühe und späte Phase, und die Schau-Logik in drei Phasen, um sie dann folgendermaßen einander zu zuordnen: Archaisch-BEIGE, Magisch-PURPUR, Mythisch früh-ROT, Mythisch Spät-BLAU, Rational-ORANGE, Schau-Logik-Beginn-GRÜN, Schau-Logik-Mitte-GELB, Schau-Logik-Spät-TÜRKIS. Alle nachfolgenden Stufen des Leitermodells „Medial, Subtil, Kausal, Nondual" siedelt er damit oberhalb von Türkis aus „Spiral Dynamics" an.[674]

Bei dieser Gegenüberstellung wird jedoch nicht hinreichend deutlich, dass es sich bei beiden Modellen um unterschiedliche Entwicklungslinien handelt: Einmal um von Wilber allgemein beschriebene Struktur-Stufen, und einmal um einen speziellen Bereich, die Ent-

---

672. Vgl. ebd., 40.
673. Vgl. ebd., 62.
674. Vgl. ebd., 72ff.

wicklung der Werte. Diese Unterscheidung führt er erst später ein[675], zieht aber keine Konsequenzen daraus.

Im letzten Teil seines Buches, den Kapiteln 7-13 zeichnet er wie im Vorgängerbuch die Entwicklungsstufen des menschlichen Bewusstseins nach, allerdings mit einigen inhaltlichen Veränderungen und Verfeinerungen. So setzt er bereits beim rationalen Bewusstsein ein, das heute nahezu jeden Bereich menschlicher Unternehmungen dominiere. Der Theologe und Entwicklungsforscher James Fowler habe in seinem Werk aufgezeigt, dass sich die meisten Christen in den USA irgendwo zwischen der Stufe eines „mythisch-wörtlichen Glaubens" und der eines „rationalen Glaubens" befänden. Die rationale Stufe unterteile dieser in zwei Phasen: In einen „synthetisch-konventionellen Glauben" und einen „individuierend-reflektiven Glauben". Im ersteren Fall passe sich eine Person ihrem Umfeld an, um dazuzugehören, im letzteren beginne sie selbstständig zu denken und sich ein Umfeld zu suchen, das ihre individuellen Werte reflektiert. In dieser Phase sei das Ego sehr stark ausgeprägt. Viele derzeitige weltweite Krisen erklärten sich durch diese Phase, in der alles der Vernunft, dem Ego, untergeordnet werde. Der rationale Verstand sei es auch, hier zitiert er den spirituellen Lehrer Eckhart Tolle, der das größte Hindernis für die Erleuchtung oder ein höheres bzw. erweitertes Bewusstsein darstelle.[676]

Den Beginn der Schau-Logik setzt er im folgenden Kapitel mit dem „grünen Mem" von „Spiral Dynamics" gleich. Deren Autoren Don Edward Beck und Christopher C. Cowan hätten möglicherweise die beste Beschreibung dieser Stufe geliefert. Innerhalb seiner Beschreibung der Stufe zitiert er allerdings „Spiral Dynamics" nicht im Original, sondern eine kurz und bündige Zusammenfassung Wilbers.[677] Die vielleicht genauste Kritik der Grenzen des „grünen Bewusstseins" habe Wilber mit seinem Roman „Boomeritis" vorgestellt. Er bezieht sich hier auf den Vorwurf der Arroganz ge-

---

675. Vgl. ebd., 149.
676. Vgl. ebd., 95-102.
677. Vgl. ebd., 104f.

genüber vorhergehenden Stufen, des absoluten Pluralismus und Relativismus und der Ablehnung jeglicher, auch natürlicher Hierarchien und der daraus folgenden Unfähigkeit Werturteile zu fällen. Weiter nennt er die Prä/Trans-Verwechslung und das weit verbreitete Opferdenken. Auf einer höheren Bewusstseinsstufe werde einem klar, dass es keine Opfer gebe.[678]

Menschen auf der grünen Bewusstseinsstufe begrenzten trotz ihrer Sensibilität ihre Liebe und Mitgefühl meist auf diejenigen, die mit ihnen einer Meinung seien oder sich als Opfer sähen und besäßen eigene Feindbilder. Aus der Sicht der Seele sei der Hauptzweck unseres Lebens hier auf der Erde, durch Erfahrungen im Bewusstsein zu wachsen, auch wenn diese Erfahrungen „riskant" seien – da die meisten Menschen mit einem Schwerpunkt auf „grün" aber nicht an die Seele oder ihr Weiterleben glaubten, sei ihr Hauptgrund zu leben, der, so lange und so gut wie möglich zu leben, weswegen sie jegliche Risiken fürchteten und hassten. Darüber hinaus werde grünes Bewusstsein stark durch Gruppenzugehörigkeit definiert und sei, wie alle vorhergehenden Stufen, überzeugt, dass ihre Sicht auf die Welt die einzig legitime sei. Hier lässt er den ausführlich von Wilber und Steve McIntosh beschriebenen Kampf der Kulturen anklingen.[679]

Die gelbe und türkisene Bewusstseinsstufe fasst er als mittlere und späte „Schau-Logik" zusammen und meint damit den zweiten Rang, auch „Second Tier" genannt. Den Übergang zwischen der türkisenen und medialen Ebene sieht er als fließend: „Türkis beginnt im medialen Bewusstsein zu verschwinden."[680] Seine Beschreibungen des „gelben" oder „türkisenen" Bewusstseinslevel sind im Wesentlichen aus „Spiral Dynamics" übernommen: Diese Menschen seien stark nach innen gerichtet, integrierten Körper, Gefühle und Verstand, Bewusstes und Unterbewussten und lösten sich so von Blockaden und Ideologien. Sie verständen und akzeptierten, dass der Wechsel eine Konstante des Lebens sei, seien bereit, Risiken einzugehen und ver-

---

678. Vgl. ebd., 107-110.
679. Vgl. ebd., 111f.
680. Ebd., 115.

trauten mehr dem Leben selbst als auf einen mythischen Gott. Sie liebten es, Probleme zu lösen und seien bereit, jederzeit von jedem zu lernen, um für alle einen Beitrag zu leisten. Aufgrund ihrer integrativen Fähigkeiten sieht er in ihnen – und Menschen der darauffolgenden Bewusstseinsstufen die einzigen Hoffnungsträger für die Probleme, mit denen die Menschheit gegenwärtig konfrontiert sei.[681]

Die mediale und subtile Stufe fasst er unter einer Überschrift zusammen. Hier geht er mit Wilber über die Stufen von „Spiral Dynamics" hinaus und nimmt damit an, dass es zumindest einige Menschen gab und gibt, die sich noch über „Türkis" hinaus weiterentwickelt haben. Er betont stärker noch als in „Der Weg zum Christus-Bewusstsein", dass paranormale Fähigkeiten nicht das zentrale Charakteristikum der medialen Stufe seien, sondern die Hinwendung nach innen und die Identifikation mit dem „inneren Zeugen." Damit verbunden seien neue spirituelle Einsichten und die Verringerung des „Ego". Die Bibel könne auf einer rationalen Ebene gar nicht verstanden werden, da sie aus einer höheren Bewusstseinsstufe geschrieben wurde. Ausgehend von einer dieser spirituellen Einsichten, die dem Autor selbst in dieser Phase zuteilgeworden sei, setzt dieser sich mit dem Gedankengut der „New Thought" Bewegung auseinander. Der Gründer der Bewegung, Phineas Quimby, habe gelehrt, dass es in Gott weder Fehler, noch Krankheit, noch Tod gebe und all diese Dinge lediglich durch falsche mentale Glaubenssätze verursacht worden seien. Er stellt fest, dass diese Lehre zwar Wahrheit enthalte, diese sich aber erst einem Menschen auf der medialen oder subtilen Ebene erschließe und diese Ansicht sich daher anderweitig als sehr missbräuchlich und irreführend erweise.[682]

Ausgehend von der Einsicht, die ihm zuteilwurde, nämlich, dass wir alles, was uns zustoße, zuvor selbst verursacht hätten, jedoch auf der Ebene der Seele, nicht der Persönlichkeit, widmet er ein ganzes Kapitel dem Thema der „Manifestation". Jeder manifestiere automa-

---

681. Vgl. ebd., 115ff.
682. Vgl. ebd., 118-129.

tisch und zum größten Teil unbewusst, doch auf der medialen und subtilen Ebene lerne der Mensch dies zunehmend bewusst zu tun.[683]

Auch das Gesetz von Ursache und Wirkung werde auf dieser Stufe besser verstanden. Diese unpersönliche Gesetzesmäßigkeit, von den Buddhisten und Hinduisten Karma genannt, sei es, was die christliche Tradition mit dem Begriff der „Erbsünde" meine. Im Gegensatz dazu stehe die Kreativität, die neues entstehen lasse und alte Muster durchbreche.[684] In der Phase der Transformation, der Dunklen Nacht der Seele, träfen wir auf tiefe karmische Wunden, die wir aus unseren vergangenen Inkarnationen davongetragen hätten.[685]

Das Ziel des spirituellen Weges sei das „Christusbewusstsein" – in östlichen Religionen „Erleuchtung" genannt. Dieses setzt er, wie in seinem vorherigen Werk, mit dem „kausalen" und „nondualen Bewusstsein" gleich[686]. Weiter präzisiert er die Unterscheidung zwischen kausalem und nondualem Bewusstsein: Während in ersterem der Mensch seine Einheit mit Gott erfahre, erfahre er in letzterem direkte Identifikation mit Gott. Jesus konnte direkt wahrnehmen, dass die ganze Schöpfung aus der Substanz und dem Wesen Gottes gemacht sei. Auf diese Erfahrung beziehe sich Jesus, wenn er sage „Ich und der Vater sind eins." (Joh 1,3)[687]

Entwicklungslinien

Im Unterschied zu seinem vorherigen Werk spricht er in diesem erstmals von verschiedenen Entwicklungslinien. Bei der von ihm beschriebenen Entwicklung von archaisch bis kausal handele es sich um die kognitive Entwicklung, bei der es um das eigene Selbstverständnis und die Frage „Wer bin ich?" gehe. Hier weicht er von Wilber ab, der zwischen der kognitiven Entwicklung und der Selbstentwicklung

---

683. Vgl. ebd., 131.
684. Vgl. ebd., 137f., 141f.
685. Vgl. ebd., 144f.
686. Vgl. ebd., 146.
687. Vgl. ebd., 155f.

deutlich unterscheidet.⁶⁸⁸ Er greift Wilbers Erkenntnis, dass Menschen in unterschiedlichen Entwicklungslinien unterschiedlich weit entwickelt sein können, auf, um folgendes deutlich zu machen: Er glaube, Jesu Pfad lehre sowohl die kognitive als auch emotionale Entwicklung. Daher sei es nicht genug zu wissen, dass man eins mit Gott sei, also kognitiv erleuchtet zu sein, sondern mindestens ebenso wichtig, auch psychologische Ganzheit zu erlangen und verschiedene Teile des Selbst zu integrieren. Hierin sieht er einen deutlichen Unterschied zum Buddhismus, der eine rein geistige Erleuchtung lehre. Jesus habe durch seine Gleichnisse aufgezeigt, dass es darum ginge, die negativen wie die positiven Seiten unserer Persönlichkeit wie auch unsere weiblichen und männlichen Aspekte miteinander zu versöhnen und dadurch ganz zu werden. Als Beispiele nennt er das Gleichnis vom Unkraut unter dem Weizen (Mt. 13,24-30) und die Symbole der Perle und der Münze (Mt. 13,44-46) sowie ein Zitat aus dem Thomasevangelium (Logion 22, von mir hier in der deutschen Übersetzung wiedergegeben):

> *„Wenn ihr zwei zu einem macht und wenn ihr das Innere wie das Äußere macht und das Äußere wie das Innere, und das, was oben ist, wie das, was unten ist, und wenn ihr das Männliche und Weibliche zu einem einzigen macht, damit nicht männlich männlich und weiblich weiblich sei... dann werdet ihr in das Königreich eingehen."*⁶⁸⁹

Marion ist der Überzeugung, dass Jesus seine Jünger hierzu geheime Techniken gelehrt habe, die in der frühen Kirche an Eingeweihte weitergegeben wurden und nun verloren gegangen seien. Er weist auf Gefahren hin, die lauerten, wenn man sich auf einen Guru einlasse, der angeblich erleuchtet sei, jedoch jede Menge unerlöster Schattenanteile habe. Zur Erleuchtung bedürfe es keines Gurus. Die

---

688. Vgl. ebd., 148. Siehe dazu auch Wilber 2016a, Tafel 3b „Kognitive Entwicklung" und Tafel 4a „Auf das Selbst bezogene Stufen".
689. Ceming/Werlitz, 2004, 132.

dabei stattfindende Projektion verhindere im Gegenteil gerade, dass ein Mensch in seine eigene Kraft komme. Es seien aber vor allem emotionale Altlasten, die Menschen daran hinderten, im Bewusstsein zu wachsen. Dabei es gehe es allerdings nicht darum, perfekt zu werden, was er durch ein Zitat von Walter Starcke, einem zeitgenössischen Mystiker, untermauert: „Anscheinend hatte auch Jesus [...] seine schlechten Tage."[690]

Erkenntnisgewinnung

In seinem Kapitel "Involutionäre Entfaltung – Wie die Schöpfung von Gott ausgeht" stellt er die These auf, dass der Prozess der Involution des Göttlichen durch das „Auge der Kontemplation" überprüft werden könne. Wie Wilber vergleicht er diesen Vorgang ebenfalls mit dem wissenschaftlichen Sammeln von Daten: „es handelt sich um Daten, die von denjenigen direkt erfahren werden, die tief in sich selbst gegangen sind."[691] Diese Ebenen seien keine „wilde Spekulation", sondern könnten mit dem „Auge der Kontemplation" – im Unterschied zu dem „Auge des Fleisches (senses)" oder dem „Auge der Vernunft" auf ihre Wahrheit hin selbst überprüft werden. Man müsse einfach nur tief genug in sich gehen, um es zu sehen.[692]

Tresher, „Reverent irreverence. Integral Church for the 21st Century. From Cradle to Christ Consiousness", 2009

Das Vorwort zu dem Buch wurde von Sanguin, dem wir uns weiter unten widmen, geschrieben. Dieser schreibt, er freue sich, das Buch von Tresher seinen Gemeindemitgliedern zu empfehlen.[693]

Es gliedert sich in zwei Hauptteile mit den Überschriften: „Inte-

---

690. Ebd., 149-155.
691. Ebd., 75.
692. Vgl. ebd., 85.
693. Vgl. Sanguin, 2009, xi.

grale Theorie für die integrale Kirche" und „Integrale Kirche in der Welt". Dazu entwirft er eine „Landkarte" für die integrale Kirche und berichtet über eigene Erfahrungen.

Im ersten Teil seines Buches gibt er einen zusammenfassenden Überblick über die integrale Theorie und stellt anschließend seine integrale Deutung einiger biblischer Erzählungen dar. Der zweite Teil seines Buches widmet sich der praktischen Umsetzung innerhalb der Kirche und soll anderen dabei helfen, ihre eigene integrale Kirche zu gründen und zu führen.

Seine Zusammenfassung beginnt er mit den AQAL-Elementen Zustände, Ebenen, Linien, Typen, Quadranten oder den „großen Drei" und führt kurz, aber fundiert in diese ein. Dabei gibt er im Wesentlichen den Inhalt von Wilbers „Integrale Spiritualität (2006)" wieder.[694]

Holone, Holarchie und die Muster der Evolution

In die Begriffe Holarchie und Holon führt er kurz in einer Fußnote ein.[695]

In Aufnahme der Unterscheidung Wilbers zwischen „basalen" und „bedeutungsvollen" Eigenschaften[696] erläutert er, dass das Gottesbild der grünen Stufe bedeutungsvoller sei, da es mehr Wellen der Entwicklung enthalte, das Gottesbild der traditionellen Stufe dagegen basaler, denn es sei die Grundlage, aus der heraus sich das „höhere" Gottesbild entwickle. Im Verlauf eines Tages durchliefen wir in Abhängigkeit von unserer Befindlichkeit verschiedene Wellen der Entwicklung und nähmen dementsprechend auch Gott anders wahr. So sei es bei Furcht angebracht, zu einem beschützenden Gott zu beten, zu einer anderen Zeit dagegen sei Stille und das Eintauchen in die Leere des letzten Mysteriums vonnöten.[697]

---

694. Vgl. Tresher, 2009, 11-23.
695. Vgl. ebd., 51.
696. Siehe Punkt 9 der Muster der Evolution.
697. Vgl. ebd., 76f.

Das Modell der Holarchie Wilbers und die von ihm formulierten Muster der Evolution stehen auch im Hintergrund, wenn Tresher sich der Bibelhermeneutik zuwendet: Während die postmoderne/pluralistische Perspektive von einer Fülle an unterschiedlichen, aber gleichwertigen Deutungen ausgehe, schließe das integrale Verständnis zwar alle Perspektiven von magisch, mythisch, traditionell und postmodern ein, betrachte diese jedoch als eine verschachtelte Hierarchie, in der jede nächsthöhere Perspektive die vorhergehende transzendiere und einschließe. Tresher nennt das auch die ‚Ja…Und Theologie'[698].

Ebenen/Wellen des Bewusstseins

In seiner „Einführung in die integrale Theorie" beschreibt er acht Stufen der Bewusstseinsentwicklung, die er im Anschluss an Wilber mit dem Farbencode von PURPUR bis INDIGO versieht. Bei der Beschreibung greift er auf James Fowler, Susanne Cook-Creuter, Bill Harris, Steve McIntosh (und dessen erstes Werk „Integrales Bewusstsein"), Wilber und Robert Kegan zurück.[699] Dabei zieht er den Begriff Wellen (waves) den möglichen Alternativen wie „Struktur", „Stufe" oder „Ebene" vor.

Da diese Beschreibungen nichts wesentlich Neues enthalten, lasse ich sie hier außen vor.

Interessanter werden seine Ausführungen ab TÜRKIS.

Wenn Tresher von der „Integral Church" spreche, meine er nach eigenen Angaben die Wellen des Bewusstseins ab dem Second Tier aufwärts, d.h. diejenigen, die (erstmals) fähig seien, alle vorhergehenden Wellen wertzuschätzen und zu unterstützen.[700]

Die Stufe Türkis versieht er mit der Bezeichnung „Construct-Aware", womit er das Zeugen-Bewusstsein meint, das erkenne, dass alle Objekte menschengemachte Konstruktionen seien, darunter

---

698. Vgl. ebd., 95-102
699. Vgl. ebd., 28.
700. Vgl. ebd., 35.

auch das Ego, der Raum und die Zeit. Es sei paradoxer Natur und lasse sich deshalb besser in Poesie als in Prosa ausdrücken.[701]

Bei den darauffolgenden Wellen, die er „transpersonal" nennt und dem dritten Rang (Third Tier) zuordnet, handele es sich um ein Gewahren jenseits der Identifikation mit dem Ego. Diese Entwicklungsstufen seien sehr wichtig, doch so extrem selten, dass es unwahrscheinlich sei, in unserem Leben auf sie zu stoßen. Das führe zu einem Paradox der integralen Kirche, denn diese könne wenig für das Erwachen in das Christusbewusstsein tun. Das Ego könne zwar, zumindest teilweise das Zeugenbewusstsein anstreben, sich selbst aber willentlich zerstören könne es nicht. Um das zu erläutern, greift er auf Wilbers Konzept von Eros und Agape zurück. Agape, die Abwärtsbewegung des GEISTES, sei, was wir Christen unter „Gnade" verstünden. Natürlich sei die Gnade von Anfang an aktiv, doch ab einem gewissen Punkt der Entwicklung über Türkis hinaus übernehme sie die Führung. Kontemplative Praxis könne lediglich empfänglich dafür machen.

Das Christusbewusstsein selbst zeichne sich durch ein Einheitsbewusstsein aus, das die Wahrheit nicht durch Konzeptionen, sondern direkt erfahrbar mache.[702]

Stufenübergänge

Tresher deutet das liturgische Jahr als eine idealtypische Reise durch die Wellen der Entwicklung und zugleich als eine institutionalisierte Allegorie für unser Erwachen. Im Hintergrund dieser Beschreibung stehen die von Clare Graves und seinen Schülern beschriebenen fünf Phasen der Transformation und der als „vertikalen Quantensprung" beschriebene Übergang von einer Stufe auf die nächste.[703]

Maria Empfängnis und Advent: So wie Maria schwanger werde

---

701. Vgl. ebd., 37f.
702. Vgl. ebd., 38f.
703. Siehe Spiral Dynamics, „Die Ebenen".

und das Kind wachse, reife eine neue Erkenntnis nach und nach heran. (Alpha)

Weihnachten und Epiphanias: Es stehe für das Erlebnis, wenn einem die Augen aufgingen und man denke: „Jetzt habe ich es!". Ein neues Verstehen setze ein. Bei Jesu Taufe öffne sich das Leben auf ganz neue Weise. (Beta)

Passionszeit und Karfreitag: Doch dann werde es Zeit, sich dem Schatten, den jede Welle mit sich bringe, zu stellen. Jesu ginge in die Wüste und tauche in die dunklen Aspekte seiner selbst ein. Er gehe nach Jerusalem, wo er seinen Leidensweg antrete: Verrat, Verlassenwerden, Gefangennahme, Hinrichtung und Tod. Er müsse alles gehen lassen, sogar seinen Glauben an Gott. Und genau in diesem Moment der vollständigen Hingabe und Ohnmacht, werde er wieder auferweckt und neu geboren. Ähnlich müsse beim Prozess des Erwachens das „Ich" sterben, über das sich ein Mensch sein Leben lang identifiziert habe, um dem „wahren Selbst" Platz zu machen. (Gamma)

Ostern: Jesus wird wieder auferweckt. Von dieser Ebene bekommt alles eine neue Qualität. Damit verbunden ist eine große Erleichterung und ein Zugewinn an Freiheit. (Delta-Aufschwung)

Himmelfahrt und Pfingsten: Jeder neu errungenen Bewusstseinsstufe schließe sich ein Integrationsprozess und die Verbreitung der neuen Ebene/Erkenntnis an. (Alpha)[704]

Jeder könne, wenn er darauf achte, selbst merken, dass sich dieser Prozess immer wieder auf allen Stufen in unserem alltäglichen Leben wiederhole.[705]

Wellen und Zustände des Bewusstseins – ein gemeinsamer „Raum zum Umherstreifen"

Die Rolle der integralen Kirche sei es, für Räume zu sorgen, die die Entwicklung hin zu Second Tier zu unterstützen und möglich

---

704. Vgl. ebd., 23-26 und 111-116.
705. Vgl. ebd., 116.

machen, indem sie selbst „integral informiert" sei. Doch bei vielen oder den meisten Individuen sei gar kein Verlangen, die Stufen des integralen Bewusstseins oder gar darüber hinaus anzustreben.[706]

Zu der Frage, wie diese Räume zustande kommen könnten, greift er ein Konzept der integralen Denkerin Terri O`Fallon (und Erfinderin eines eigenen Modells „Integral StAGES"[707]) auf, die dieses zusammen mit Kollegen „Room to Roam", übersetzbar mit „Raum zum Umherstreifen", getauft habe. Dieses Modell ähnelt dem Wilber-Combs-Raster, insofern es die Entwicklungsebenen mit den Zuständen in einem Raster verbindet. Der Fokus liegt jedoch darauf, einen „Wir-Raum" ausfindig zu machen, in dem Individuen auf unterschiedlichen Entwicklungsebenen mit unterschiedlichen Zustandserfahrungen in Austausch kommen können. In einem späteren Kapitel ordnet der Autor verschiedenen Konstellationen dieser „Rooms to Roam" zur Veranschaulichung verschiedene Kirchentypen zu, wie die charismatischen, die traditionellen und die progressiven Kirchen. Innerhalb dieser Kirchen seien die Räume jeweils von verschiedenen Seiten begrenzt, entweder durch das Spektrum an Bewusstseinszuständen, die zugelassen würden oder durch die Entwicklungsstufen, die abgedeckt würden. Im ersteren Fall sei das Spektrum bei den charismatischen Kirchen breiter, im letzteren seien es die progressiven Kirchen, die am meisten Stufen erreichten. In einer integralen Kirche hingegen gäbe es im Idealfall keine solcher Begrenzungen in die eine oder andere Richtung.[708]

Der Quadrant links unten in den unterschiedlichen Entwicklungsebenen- oder wellen

Im dritten Kapitel legt er einen Schwerpunkt auf den linken unteren Quadranten, da die „Jesusgeschichten", wie er sie nennt, das kulturelle Erbe der Kirche seien, durch die diese einen kulturellen

---

706. Vgl. ebd., 39f.
707. Siehe O`Fallon, 2015.
708. Vgl. Tresher, 2009, 49 u. 152ff.

Rahmen für die persönliche Entwicklung (Quadrant links oben) schaffe. Für jede Welle der Entwicklung gäbe es jeweils christliche Geschichten, die mit dieser in Resonanz gingen. Er beruft sich dabei auf die Erkenntnisse des Konstruktivismus, dass unsere Entwicklung maßgeblich durch die Geschichten bestimmt wird, durch deren Deutungsrahmen wir die Wirklichkeit wahrnehmen.[709]

Daraus erwächst bei ihm eine hohe Wertschätzung der Mythen als solche: Jede davon besäße große Wahrheiten und Irrtümer. Durch ihre Ambiguität, widersprüchliche Natur und damit inhärente Spannung verweisen sie auf das Mysterium, das jenseits der Rationalität liege.

Da jede solcher Geschichten, die den jeweiligen Entwicklungswellen- oder ebenen entsprächen, Antwort auf die wichtigsten Lebensfragen wie „Wer bin ich? Was ist der Sinn des Lebens? Wohin gehen wir? Und warum sind wir wichtig?" liefern müssten, untersucht er diese auf deren diesbezügliche Standpunkte und fragt dabei zugleich nach der durch sie jeweils vermittelten Bedeutung grundlegender Begriffe des Christentums wie „Gott", „Gebet", „Sünde", „Rettung" usw.[710]

Anschließend zieht er jeweils ein Fazit über die Grenzen, aber auch die bleibenden Wahrheiten und Schätze jeder Stufe.

- Stammesbewusstsein/magische Stufe/PURPUR: Jesus werde als eine Art Gott mit besonderen Kräften, über die Geister zu herrschen, angesehen. Sünde bestehe in dem Versagen, die Geister gnädig zu stimmen. Gebete und Rituale dienten dazu, sich der Unterstützung der Ahnen und Geister zu versichern und Verstorbene sicher ins Jenseits zu geleiten. Die Kirche habe einerseits versucht, das Heidentum zu zerstören und sich andererseits Elemente davon selbst angeeignet. Auf dieser Stufe basierende Fantasy-Bücher und Filme wie „Der Herr der Ringe" oder „Die Chroniken von Narnia" seien heute sehr populär, weil sie eine basale

---

709. Vgl. ebd., 53 u. xvii.
710. Vgl. ebd., 53ff.

Stufe unserer Bewusstseinsentwicklung ansprächen.[711]

- Kriegerbewusstsein/mythisch-wörtliche Stufe/ROT: Diesem entspräche ein strafender, aber gerechter Gott, dem gegenüber es gelte, gehorsam zu sein und Furcht zu empfinden. Zu sündigen hieße gegen ein striktes Regelwerk, wie die Zehn Gebote oder die Reinheitsvorschriften, zu verstoßen. Rettung bedeute vor dem Zorn Gottes bewahrt zu werden. Nach dem Tod und dem Gericht trete der Mensch entweder in den Himmel oder die Hölle ein. Dazu passten Geschichten vom Sturz der Engel, Kampf zwischen Gott und Satan/der Sünde und Jesus Wiederkunft als dem Weltenrichter.

- Traditionelles Bewusstsein/BERNSTEIN:[712] Gott sei immer noch „da oben" und könne in persönlichen Angelegenheiten im Gebet um Hilfe angerufen werden. Er aber vergebe uns durch Jesus, seinem Sohn, der stellvertretend für uns starb, all unsere Sünden, für die eigentlich wir bestraft gehörten. Die Sünde wird gedacht als die Quelle allen Bösen, Soteriologie als Bewahrung. Diejenigen, die Gottes Vergebung annähmen, kämen in den Himmel, diejenigen, die sie zurückwiesen, in die Hölle.[713]

- Modernes Bewusstsein/ORANGE: Diese Stufe zerstöre die christliche Mythologie, entwickele aber ein breites Spektrum alternativer Sichtweisen auf das Christentum und die Religionen generell: von säkularem Humanismus, Atheismus und Agnostizismus zu liberalem Christentum. Jesus werde als weiser Lehrer verstanden. Himmel und Hölle seien Metaphern für irdische Erfahrungen, die Irrationalität die Quelle des Bösen und der Glaube an die Auferstehung eine Illusion.[714]

- Postmodernes Bewusstsein/GRÜN: Sie zeichne ein Bild von

---

711. Vgl. ebd., 56f.
712. Vgl. ebd., 58-61.
713. Vgl. ebd., 62f.
714. Vgl. ebd., 65-70.

Jesus als spirituellem Lehrer und erleuchtetem Meister und lehre die Gleichwertigkeit aller Pfade und Religionen. Sünde sei es, andere zu verletzen, zu unterdrücken usw. Nicht wir, sondern die Welt müsse von uns gerettet werden. Fundamentale christliche Kategorien würden umbenannt und umgedeutet: Der Himmel als „Erleuchtung" oder „Nirwana" sei eine innere Wirklichkeit, Hölle die Entfremdung davon. Unser wahres Selbst inkarniere sich immer wieder neu. Das Gebet ist kein Bittgebet mehr, sondern eine Praxis.[715]

- Integrales Bewusstsein/PETROL: Da dieses Bewusstsein gerade erst aufkomme, seien Geschichten, die dieses stützten, noch rar. Er zitiert deshalb aus einem Artikel Wilbers mit dem Titel „Which Level of God Do You Believe in?", um den integralen Gott zu beschreiben. Wilber stellt in diesem Artikel die These auf, dass unser Gottesbild von unserer spirituellen Entwicklung abhängig sei, es also einen archaischen, magischen, mythischen usw. Gott gäbe. Aus einer integralen Sicht heraus besäße jedes dieser Bilder seine bleibende Bedeutung, so dass keines ausgeklammert werden dürfe.[716] Da sich das integrale Bewusstsein im Laufe eines Tages flexibel durch die Wellen bewege und sich dem jeweiligen Moment anpasse, wechsle damit auch das Gottesbild und die Art und Weise, wie sich darauf im Gebet bezogen würde. Als Beispiele für integrale Geschichten führt er an: „The Universe Story" von Brian Swimme und Thomas Berry, „Evolutionary Christianity" von Michael Dowd und „Darwin, Divinity and the Dance oft the Cosmos" von Sanguin.[717] All diesen Geschichten ist gemeinsam, dass sie das Werden unseres Universums beschreiben, dass sich schließlich durch uns Menschen seiner selbst bewusstwerde.[718] Für Michael Dowd sei Gott ein Name für die Realität oder das

---

715. Vgl. ebd., 71-75.
716. Ebd., 76. Siehe Wilber 2016b.
717. Vgl. Tresher, 2009, 75ff.
718. Vgl. ebd.., 77f.

Ganze und der Mensch fähig dazu mit dieser zu kommunizieren.[719] Angelehnt und inspiriert durch diese Geschichten stellt er seinem Buch selbst eine solche voran, die er einen „Integralen Mythos" nennt.[720]

- Konstrukt-Bewusst/TÜRKIS: Für den Eingang in dieses Bewusstsein bedürfe es paradoxerweise einer weiteren Geschichte, die alle vorhergehenden Geschichten als bloße Konstrukte entlarve, um das Eintauchen in die Leere jenseits davon überhaupt erst zu ermöglichen. Sünde werde als Unwissen verstanden, Rettung und Auferstehung käme durch die Erleuchtung/das Erwachen zu unserem wahren Selbst und die Überwindung des falschen Selbst bzw. des Ego. Tresher gibt an, keine christliche Geschichte zu kennen, die diese Stufe unterstütze, außer eventuell das Thomasevangelium. Daher schließt er sich Wilbers Rede von dem „Christusbewusstsein" an, zu dem jeder Zugang bekommen könnte. Als Beispiele für populäre Allegorien nennt er die Filme „The Matrix" und „Vanilla Sky." In beiden Fällen sei es die Erkenntnis des Illusion- oder Traumcharakters der Realität, die schließlich zur Erleuchtung oder Befreiung führe.[721]

- Einheitsbewusstsein/Transpersonal/INDIGO: Geschichten für diese Stufe gäbe es dagegen wie Sand am Meer, sie seien „die Währung der Weltreligionen". Ironischerweise brauche das transpersonale Bewusstsein selbst diese Geschichten aber nicht mehr, da es sich von jeglichen Konzeptionen freigemacht habe: „Dennoch ist die wahre Geschichte des Einheitsbewusstseins für die transpersonale Welle der Entwicklung überhaupt keine Geschichte mehr." Wilber sehe in Jesus eine Manifestation dieses Bewusstseins, das Christus-Bewusstsein.

---

719. Vgl. ebd., 77-80.
720. Vgl. ebd., 6ff.
721. Vgl. ebd., 81-86.

Das 1-2-3 Gottes und Schattenarbeit[722]

Tresher bezieht sich in seiner Beschreibung eines integralen Gottesverständnisses auf das „1-2-3" Konzept Wilbers: Die erste Perspektive sei der „innere Gott (God within)", die zweite Perspektive „Gott als der Andere (God the Other)", die dritte Perspektive „Gott, das Universum (God the Universe)".[723]

In seinem selbst ausgedachten „Integralen Mythos"[724] ist das erste, was aus der Leere – oder Gott oder dem großen Mysterium –, als dem Urgrund allen Seins, hervorgeht, die Trinität, Vater, Sohn und Heiliger Geist, die er mit den „großen Drei" gleichsetzt: „Es, Du/Wir und Ich". Er gibt dabei zu, dass er persönlich nie einen Zugang zu der zweiten Perspektive auf Gott gefunden habe.[725] Um aber eine Balance der Verkündigung seiner Kirche herzustellen, gäbe es andere Personen, die ihren Schwerpunkt auf dieser Perspektive hätten.[726]

Im traditionellen Bewusstsein gäbe es vor allem eine 2., aber auch 3. Person Perspektive auf Gott, nie aber die 1. Person Perspektive[727], während die moderne Weltsicht fast ausschließlich die 3. Person Perspektive behalte und sich von der 2. verabschiede.[728] Die Postmoderne entdecke die 1. Person Perspektive neu[729] und das integrale Bewusstsein nehme erstmals gleichermaßen alle drei Perspektiven in den Blick.[730]

Mit den Stichworten „Differenzierung" (3. Person), „Verbundenheit" (2. Person) und „radikale Subjektivität" (1. Person) versucht er zu verdeutlichen, dass diese Perspektiven der ganzen Struktur des Universums zugrunde lägen: Alles habe einen wie auch immer gear-

---

722. Vgl. ebd., 86ff.
723. Vgl. ebd., 76f.
724. Vgl. ebd., 6ff.
725. Vgl. ebd., 7.
726. Vgl. ebd., 103.
727. Vgl. ebd., 64.
728. Vgl. ebd., 66.
729. Vgl. ebd., 72.
730. Vgl. ebd., 77.

teten Sinn für das Sein, ein „Ich", das mit anderen in Gemeinschaft tritt, von denen es sich unterscheidet.[731]

In zwei Sätzen erwähnt er, dass das 1-2-3 auch umgekehrt als ein Prozess persönlicher Nachforschung einsetzbar sei und fasst damit das 3-2-1 der Schattenarbeit kurz zusammen.

Die Funktion von Spiritualität und Religion

In seiner Einleitung macht er deutlich, warum es aus seiner Sicht eine integrale Kirche geben müsse. Im Gegensatz zum säkularen Humanismus, Atheismus, Buddhismus oder New Age sei die Kirche eng mit den Wurzeln unserer westlichen Kultur verbunden. Jede und jeder, selbst diejenigen, die wie er, Tresher, nicht als Christ erzogen worden seien, seien mit den Kategorien und Geschichten der christlichen Kultur vertraut.[732] Die Aufgabe der Kirche bestehe daher darin, als ein „Förderband" für die Bewusstseinsentwicklung von der frühen Kindheit bis zum Christusbewusstsein zu fungieren.

Tresher schließt sich Wilbers Überzeugung an, dass die Kirche mit ihren Mythen einen unersetzbaren Schatz hüte, „natürliche Hilfsquellen, kostbar wie Öl und Gas", da diese großen Mythen heute, im Zeitalter der Videokameras, niemals erneut geschaffen werden könnten.[733] Aus diesem Erbe erwachse die Autorität und Verantwortung der Kirche, diese Geschichten zu teilen.[734]

Die Kirche sei Träger individueller und kollektiver Identität und Bewahrer des kulturellen Erbes, auch früherer Bewusstseinsstufen.[735] Ihre Rolle sei es daher, für Räume zu sorgen, die die Entwicklung hin zu einem „Second Tier"-Bewusstsein zu unterstützten und möglich machten, indem sie selbst „integral informiert" sei.[736] Dadurch sei sie in der Lage, je in Abhängigkeit der Stufe passende Geschichten zur

---

731. Vgl. ebd., 110.
732. Vgl. ebd., xvf.
733. Vgl. ebd., xvii. Siehe Wilber, 2007, 264.
734. Vgl. Tresher, 2009, xix.
735. Vgl. ebd., xvii u. 158.
736. Vgl. ebd., 39f.

Verfügung zu stellen. Die Kirche sollte allen Menschen in allen Wellen ihrer Entwicklung dienen.[737] In der Erfahrung und Erwartung bewusstseinserweiterter Zustände sieht er den maßgeblichen Grund, warum Menschen überhaupt eine Kirche aufsuchen würden: „Sie kommen für ihren „Gott-Fix", wie manche sagen würden."[738] Damit sieht er die Kirche in der Lage, sowohl das Aufwachen (wake up) als auch das Aufwachsen (grow up) zu unterstützen.

Das AQAL-Modell übertragen auf das Bibelstudium, die Predigt, Liturgie und Gemeindearbeit

In dem vierten Kapitel seines Buches wendet sich Tresher der Bibel zu. Er versteht sie als „Führer (guide)" durch die Entwicklungslinien, die Quadranten, die Zustände, aber besonders die Entwicklungsstufen.[739]

Anhand Johannes 3,16 zeigt Tresher exemplarisch auf, wie unterschiedlich jede Bibelstelle von den jeweilgen Entwicklungsstufen aus interpretiert werde.

Anhand einer Reihe von Predigten aus eigener Feder veranschaulicht der Autor anschließend, wie integrale Bibeldeutungen in der Praxis aussehen könnten. Dabei müssten nicht immer alle Elemente von AQAL durchgenommen werden, da dies eine Predigt trocken und langweilig mache. Es reiche, jeden Sonntag eine andere Perspektive zu Wort kommen zu lassen, z.B. einmal die traditionelle Ebene oder den rechten unteren Quadranten.[740]

Im hinteren Teil seines Buches entwickelt Tresher aus dem konzeptuellen Rahmen der integralen Theorie heraus ein Instrumentarium, das es erlaubt, Gemeindeangebote und -prozesse zu reflektieren, zu evaluieren und ggf. anzupassen, auszuweiten und zu verändern.

---

737. Vgl. ebd., 134.
738. Vgl. ebd., 139.
739. Vgl. ebd., 94.
740. Vgl. ebd., 103. Eine solche Vorgehensweise demonstriert Sanguins eindrücklich in seinem Predigtband „The Advance of Love: Reading the Bible with An Evolutionary Heart", 2012.

Ein erster Fragenkatalog[741] zielt darauf ab, mithilfe der AQAL-Elemente, ein möglichst ausgewogenes und breites Spektrum an Angeboten zu schaffen, die Menschen unterschiedlichen Typs, in unterschiedlichen Linien(intelligenzen), in verschiedenen Bereichen des Lebens (subjektiv/intersubjektiv/objektiv/innen/außen), auf unterschiedlichen Bewusstseinsstufen, mit unterschiedlicher Erfahrung mit Bewusstseinszuständen, anzusprechen, zu begleiten und zu fördern sowie bewusst eigene Schwerpunkte in der Arbeit zu setzen.

Im Folgenden gebe ich einige der wichtigsten Fragen wieder, da aus ihnen ersichtlich wird, wie akribisch sich Tresher hier durch die einzelnen Elemente hindurcharbeitet. Der Einbezug aller AQAL-Elemente wird damit zu dem Maßstab und Gütesiegel, an dem sich alles messen muss, insofern der selbstgesetzte Anspruch der integralen Theorie und in Folge damit auch einer integralen Kirche im Einbezug aller dieser Elemente, die für die grundlegendsten gehalten werden, besteht.

Entwicklungslinien: Welche Entwicklungslinien sind in unserer Kirche am wichtigsten; welche bleiben bisher unberücksichtigt?

Bewusstseinszustände: Fördert die Kirche veränderte oder erweiterte Bewusstseinszustände und wie werden diese interpretiert? Gibt es Tabus, wie die Zungenrede; gibt es Gelegenheiten und Unterstützung für eine kontemplative Praxis?

Entwicklungsstufen: Ist in unseren Programmen oder im Gottesdienst das volle Spektrum an Entwicklungsstufen repräsentiert? Gibt es eine angemessene Balance zwischen Herausforderung und Unterstützung, um sich durch das Spektrum des Bewusstseins fortzubewegen?

Typen: Berücksichtigt unsere Kirche die verschiedenen Perspektiven, die sich aus dem Geschlecht, der Rasse [amerikanischer Kontext!], der sozialen Schicht, der sexuellen Orientierung, dem Alter oder dem Persönlichkeitstyp ergeben? Werden bestimmte Typen stärker betont und warum?

---

741. Vgl. ebd., 137- 144.

Quadranten: Gibt es genügend Möglichkeiten, um das Göttliche aus der ersten, zweiten und dritten Perspektive heraus zu verstehen und zu erfahren? Die meisten Kirchen hätten bisher den oberen linken Quadranten, das Innere des Individuums, vernachlässigt und Menschen, die sich als eins mit dem Göttlichen erkannten, auf dem Scheiterhaufen verbrannt, „buchstäblich oder metaphorisch". Fragen, die sich aus den einzelnen Feldern des Quadranten ergeben, betreffen das erwünschte Verhalten (Quadrant oben rechts), soziales Engagement (Quadrant unten rechts), die Geschichten von Jesus, die an andere weitergegeben werden (Quadrant unten links) und die Frage nach Techniken und Unterstützung zur Erforschung des eigenen Inneren (Quadrant oben links).

Als Hilfestellung dafür, wie diese Fragen konkret im Gemeindekontext analysiert werden könnten, entwirft er eine integrale Landkarte mit den AQAL-Elementen Quadranten, Zustände und Stufen, innerhalb derer jedes Programm, das eine Kirche anbiete, einen bestimmten Ort zugewiesen bekommt. Abhängig von der Frage, ob es primär der individuellen Entwicklung, der Gemeinschaft oder der Gesellschaft als ganzer diene, hat es seinen Schwerpunkt auf einem Bereich der „großen Drei" (1./2. oder 3. Person). Innerhalb dieser Bereiche dient jedes Programm wiederum (einer) bestimmten Entwicklungsebene(n), so beispielsweise die Kinderkirche mit ihrem wortwörtlichen Verständnis der Bibelgeschichten dem magischen Bewusstsein. Andere Programme wiederum, wie ein Trommelkreis, führe Menschen innerhalb jeder Bewusstseinsstufe zum Erleben erweiterter Bewusstseinszustände heran. Eine solche Einteilung helfe, den Wert der angebotenen Programme zu erkennen, aber auch die Lücken klarer zu sehen.[742]

Auf dieselbe Weise könne auch jedes Programm dahingehend befragt werden, ob und inwiefern es bestimmten Intelligenzen, z.B. der kognitiven oder der emotionale Entwicklungslinie, oder verschiedenen Typen, z.B. einem speziellen gesellschaftlichen Milieu oder ei-

---

742. Vgl. ebd., 145ff.

ner Rasse [amerikanischer Kontext!] usw. den Vorzug gebe. Dabei gehe es nicht darum, alles für jede und jeden anzubieten, sondern vollbewusste Entscheidungen zu fällen, worauf eine Gemeinde ihren Fokus richten wolle.[743]

Die von mir oben bereits erwähnten „Räume zum Umherstreifen" stellen ebenfalls ein solches von ihm entwickeltes Werkzeug zur Gemeindeevaluation und -entwicklung dar.[744]

Anschließend appliziert er die Theorie exemplarisch auf seine eigene Gemeinde, gibt einen Kurzüberblick über die angebotenen Programme, verortet sie in seiner integralen Landkarte und zieht daraus Bilanz.[745]

Gegen Schluss des Buches wendet Tresher das AQAL-Modell auch auf den Gottesdienst an. So würde in einer integralen Liturgie Gott aus allen drei Perspektiven begegnet: Durch jeweils passende Lieder, Musik, Gebete oder Andachten. Jeder Gottesdienst (worship) schließe verschiedene Bewusstseinsebenen ein. So stamme bspw. die Struktur des Gottesdienstes aus der traditionellen Stufe, da diese besonders auf das zweite Gesicht Gottes, das Feiern eines Gegenübers, ausgerichtet sei. Gleichzeitig vermittle diese Struktur die nötige Sicherheit, von der ausgehend andere Dimensionen erkundet werden könnten, wie durch Predigt, Musik, Poesie, Gesang, Tanz oder andere bewusstseinserweiternde Praktiken.[746]

Marion und Werner Tiki Küstenmacher/Haberer, „Gott 9.0. Wohin unsere Gesellschaft spirituell wachsen wird", 2010

Das Vorwort zu diesem Buch stammt von Richard Rohr. Er gibt darin Einblick in seine spirituelle Biografie und sein Wachstum durch die Stufen hindurch.[747]

---

743. Vgl. ebd., 147ff.
744. Vgl. ebd., 149ff.
745. Vgl. ebd., 159-188.
746. Vgl. ebd., 195ff.

In der Einleitung geben die Autor*innen an, dass vieles von dem, wovon ihr Buch handelt, von Clare Graves und Wilber stammt. Tatsächlich unterscheiden die Autoren*innen in Anlehnung an Graves und dessen Schüler neun Stufen der Entwicklung des menschlichen Bewusstseins, daher auch der Titel „Gott 9.0." So ist „Spiral Dynamics" auch das meistzitierte als auch meistrezipierte Buch der Autor*innen, gleich gefolgt von Ken Wilber, von dem sie alle Elemente aus AQAL, sowie die Idee des 1-2-3 Gottes, der Holone und Holarchien, die Idee der kosmischen Adresse, die Theorie der Prä-Trans-Verwechslung, das Wilber-Combs-Raster und die Förderband-These vorstellen.

Sie beginnen mit einer kurzen Einführung in die Theorie von Clare Graves und stellen dann fest, dass diese bisher „noch kein Theologe [...] für Kirche und Spiritualität nutzbar gemacht" habe, was „die Sache reizvoll" mache.[748] Neben den Zahlenbezeichnungen 1.0, 2.0, 3.0 usw. für die Ebenen, führen sie ebenfalls den Farbencode von Spiral Dynamics ein. Anschließend geben die Autor*innen eine einfach verständlich geschriebene Mini-Einleitung in die AQAL-Elemente der integralen Theorie Ken Wilbers (mit Ausnahme der Quadranten, die erst später erklärt werden): Stufen, Linien, Zustände, Typen (v.a. anhand des Enneagramms) und Schattenarbeit. Hier ziehen sie Analogien zu den Elementen aus der Computerwelt: Die Stufen entsprächen der Software, die Zustände dem Betriebszustand (Normalmodus, Ruhezustand, Stand-by oder ausgeschaltet), Typen der Vielzahl der PC-Hersteller.[749]

Der Schwerpunkt des Buches liegt auf der Beschreibung der einzelnen Stufen. Anschließend geben die Autor*innen einen kurzen Überblick über die Entwicklungslinien, die verschiedenen Zustände mystischer Versenkung, die drei Gesichter Gottes, die Prä-Trans-Verwechslung und die Idee der Religionen als Motor des Wandels.

Die Autor*innen zitieren zwar an zwei Stellen aus Steve McIn-

---

747. Vgl. Rohr, 2016, 8-11.
748. Küstenmacher/Haberer, 2016, 14.
749. Vgl. ebd, 15-18.

toshs Werken, auf ihn als Philosoph nehmen sie jedoch nicht explizit Bezug. Es finden sich jedoch einige inhaltliche Schnittpunkte wie die Sicht der „großen Drei" (das Gute, Wahre und Schöne) als „die drei stärksten Antriebskräfte der Evolution"[750], der Rede von einem „innere[n] Universum von subjektivem Bewusstsein und intersubjektiver Kultur"[751] oder der Notwendigkeit einer „Weltföderation"[752] zur Lösung globaler Probleme.

Unterstützt und ergänzt werden die integralen Elemente durch Zitate von Theolog*innen und Mystiker*innen sowie eigene Überlegungen als auch Erfahrungen, auf denen jedoch nicht der Schwerpunkt liegt. Das Ziel liegt dabei offensichtlich auf einer möglichst niedrigschwelligen Vermittlung der Kernthesen des Modells, weswegen die Autor*innen viel Kreativität dazu aufwenden, Inhalte zu vereinfachen oder zu veranschaulichen, was sicherlich zu seiner Popularität beigetragen hat.

Neben dem Buch als solchem erscheinen mir die Langzeitfolgen dieser Veröffentlichung als auch die sich daran anschließende Seminar- und Lehrtätigkeit der Autor*innen fundamental für die Aufnahme integralen Gedankenguts innerhalb des deutschsprachigen Raums. Der Austausch findet rege sowohl online in der Facebook-Gruppe „Gott 9.0" als auch online wie offline in (Lese-)Gruppen und Kreisen statt.

Ebenen des Bewusstseins

Zu Anfang des Teils „Stufen" präsentieren die Autor*innen einen von ihnen selbst entwickelten Test, durch den der*die Leser*in selbst herausfinden könne, auf welcher Ebene/Stufe er sich derzeit schwerpunktmäßig aufhalte. Anschließend folgt eine etwas ausführlichere Beschreibung der Theorie Clare Graves, in der die Autor*innen einige Grundpfeiler dieser wiedergeben, darunter die Sicht der Entwick-

---

750. Vgl. ebd., 184.
751. Ebd., 214f.
752. Ebd., 180.

lung als Anpassungsprozess an eine sich wandelnde Umwelt, die Entsprechung zwischen individueller Entwicklung und kultureller Entwicklung der Menschheit, die Möglichkeit von Progression als auch Regression, die Pendelbewegung zwischen Innenwelt, „Ich" und Außenwelt, „Wir".[753]

An dieser Stelle findet sich die erste ausführliche Anwendung auf den Bereich von Bibel und Kirche: Für sie gehöre „die Ich-Wir-Polarität zu einer der wichtigsten Einsichten dieses Stufenmodells". Für spirituelles Wachstum seien die Ich-Stufen ebenso wichtig wie die Wir-Stufen. Ein Suchender müsse sich von seiner religiösen Gemeinschaft lösen, um seine ganz eigenen Erfahrungen zu machen, von denen zu einem späteren Zeitpunkt eine Gemeinschaft auf einer nächsthöheren Stufe profitiere. Damit könne das, was sonst als Glaubensabfall oder gefährlicher Individualismus gedeutet werde, auch als ein „Dienst für andere" verstanden werden. Gleichzeitig mache das Modell deutlich, dass viele spirituelle Erfahrungen zwingend auf Gemeinschaft angewiesen sind und durch diese geprägt werden, z.B. die Nächstenliebe. Jesus selbst habe eine Balance zwischen beiden Stufen gelebt und gelehrt.[754]

Die Beschreibung der Stufen erfolgt darauf nach dem immer gleichen Schema: Mensch 1.0, Gesellschaft 1.0., Gott 1.0., Jesus 1.0., Glaube 1.0., Mensch 2.0., Gesellschaft 2.0. und so fort. In der Beschreibung von Mensch und Gesellschaft lehnen sich die Autor*innen eng an „Spiral Dynamics" an, ergänzen diese aber durch Gedanken Ken Wilber oder andere Entwicklungsmodelle wie das von Susanne Cook-Greuter zur „Selbst-Entwicklung bei Erwachsenen."[755] Darauf folgt jeweils die Anwendung auf christliches Gedanken- und Traditionsgut. Im Folgenden gebe ich eine stichwortartige, kurze Übersicht ihrer Kernthesen für jede Stufe bezüglich der Entwicklung eines jeweils passenden Gottesbildes und Glaubens:

---

753. Vgl. ebd., 23-41.
754. Vgl. ebd., 41ff.
755. Vgl. ebd., 197.

- BEIGE, Ich-Stufe (pures Überleben): Der Mensch lebe in einer unbewussten Einheit mit Gott. In dem hilflosen und gefährdeten Jesuskind werde deutlich, dass Gott alle menschlichen Erfahrungen teile. Aus der Erfahrung des Säuglings von Stillen und Gestilltwerden an der Brust erwachse Urvertrauen.[756]

- 2.0 PURPUR Wir-Stufe (Überleben durch Kooperation): Es herrsche eine enge Verbundenheit mit den Ahnen. In der Bibel zeugten davon noch u.a. die langen Geschlechtsregister in der Chronik und dem Matthäus- und Lukasevangelium. Die Welt werde von einer Geisterwelt bestimmt, weswegen an die unmittelbare Wirkung von Fluch- und Segensworten geglaubt werde. Jesus sei primär Wundertäter. Das Aufsuchen von heiligen Orten, die Sakramente (v.a. die durch den geweihten Priester vollzogene Wandlung der Elemente beim Abendmahl), Weihehandlungen, Reliquien, aber auch Stoßgebete stammten aus dieser Stufe und hielten diese lebendig.[757]

- 3.0 ROT, Ich-Stufe (Auf(s)bruch und Kampf): Verschiedene Götter seien in Konkurrenz zueinander getreten. Sie wohnten an erhabenen Orten und ernährten sich von geschlachteten Opfertieren, darunter auch der Kriegsgott Jahwe und dessen Konkurrent Baal. Jesus habe seine Umgebung schockiert, indem er sich von seinem Clan, seiner Großfamilie, losgesagt habe. Rote Aspekte zeigten sich in seinem Kampf gegen Ungerechtigkeit, seinem mächtigen Exorzismus, und der Vorstellung seines mutigen Sieges über feindliche Mächte und den Tod, wodurch er Märtyrer aller Zeiten inspirierte.[758]

- 4.0 BLAU, Wir-Stufe (Regeln, Ordnung und Hierarchie): Es werde nur noch an einen Gott geglaubt, der unsichtbar, transzendent, allmächtig und allgegenwärtig gedacht werde. Dieser erlasse Gebote

---

756. Vgl. ebd., 50ff.
757. Vgl. ebd., 63-68.
758. Vgl. ebd., 78-84.

und Gesetze, in denen er seinen Willen kundtue. Wer dagegen verstoße, lade Schuld auf sich. Gott werde als väterlicher Erzieher gedacht, der bestrafe, oder aber auch, bei Reue, verzeihe. Das heilige Buch, die Bibel, sei verbalinspiriert, „Gottes Wort" und daher wörtlich zu nehmen. Es herrsche eine Tendenz zu Fundamentalismus, Verurteilung oder Bekämpfen von Andersdenkenden- oder gläubigen. Die Stufe gehe mit einer reichen Frömmigkeit, dem Bemühen um gute Werke und dem Kampf gegen Versuchungen einher. Hauptthema werde die Erlösung von der Sünde und Versöhnung mit Gott, die Jesus, der Sohn Gottes, als stellvertretendes Opfer am Kreuz vollbracht habe. Er werde als königlicher Herrscher und Weltenrichter gedacht.[759]

- ORANGE Ich-Stufe (Vernunft und Aufklärung): Die Aufklärung führe zu Konfessionalismus und Religionsfreiheit. Der Gott der mythischen, BLAUEN Stufe könne nicht mehr geglaubt werden, er sei entweder „tot", eine „Vater-Projektion" oder völlig anders. Die Bibel werde historisch-kritisch gelesen, ihre Erzählungen entmythologisiert, doch die wissenschaftlichen Erkenntnisse fänden in den immer noch mehrheitlich BLAU geprägten Gemeinden wenig Anklang. Jesus werde als der „Mensch schlechthin" oder als ethisches Vorbild gedeutet – er selbst verstoße gegen die starre Fixierung auf Gesetze und erhebe sich so über BLAU. Manche machten sich auf die Suche nach Gott „im Verborgenen", ihrem eigenen Inneren. Der Gottesdienstbesuch und die Kirchenmitgliedschaft gingen zurück.[760]

- GRÜN, Wir-Stufe (Mitgefühl und Harmonie): Es werde erkannt, dass es die eine Wirklichkeit nicht gebe, sondern immer nur Konstruktionen aus einer bestimmten Perspektive heraus. Dementsprechend bekomme jede Religion und Sichtweise ihre Berechtigung, der Absolutheitsanspruch werde aufgegeben und die Berechtigung von „Mission" anderer bezweifelt. Die BLAUEN Institutio-

---

759. Vgl. ebd., 93-103.
760. Vgl. ebd., 115-135.

nen mit Dogmen, Riten und Ämtern würden abgelehnt, die Suche nach eigenen Erfahrungen beginne. Viele verständen sich als ‚spirituell, aber nicht religiös'. Ökumenischer und interreligiöser Dialog würden selbstverständlich. Es komme zu einem immer größeren Methodenpluralismus bei der Bibelauslegung, wie feministische, jüdische, tiefenpsychologische, sozialgeschichtliche Ansätze u.v.m. Die Kirchentagsbewegung, Taizé, die Befreiungstheologie hätten ihren Ursprung in GRÜN. Jesus sei ein großer religiöser Lehrer unter anderen, der zärtlich, liebevoll und versöhnend gehandelt habe.[761]

- GELB, Ich Stufe (Paradox und integrativ denken): Scheinbar widersprüchliche religiöse Aussagen würden als eine tiefe religiöse Wahrheit erkannt. In Gott fielen die Gegensätze zusammen, das Entweder-Oder-Denken des logischen Verstandes löse sich auf. Der gescheiterte Jesus sei der Erlöser; Jesus sei zugleich Mensch und Gott; Jesus verwende die nonduale Redeweise. Die Trinitätslehre hebele das dualistische Denken aus. Sie werde als Modell der Struktur der Wirklichkeit überhaupt begriffen und vermittle ein holografisches Weltbild: So wie in jeder der drei Personen die gesamte Gottheit enthalten sei, so sei in jedem Teilstück das Ganze enthalten. Es gebe nicht mehr ein bestimmtes Jesusbild, sondern jeder Mensch bilde eine ganz eigene Perspektive auf Jesus. Statt sich nur als ein Teil einer Gemeinschaft, der Kirche, zu fühlen, nehme der Mensch sich selbst als eine Ganzheit wahr, durch die sich Christus verkörpere.[762]

- 8.0 TÜRKIS, Wir Stufe (Kollektive Intelligenz und Weltbürgertum): Auf der Stufe, die eine Oktave höher als PURPUR liege, wiederhole sich das Motiv der Verbundenheit von allem mit allem, Intuitionen und Instinkte gewännen wieder an Bedeutung und außergewöhnliche Fähigkeiten nähmen zu. Der Mensch erkenne, dass seine Realität und sein „Ich" reine Konstruktion seien. Religi-

---

761. Vgl. ebd., 139-166.
762. Vgl. ebd., 181-192.

onsvertreter kämen im Parlament der Weltreligionen zusammen und verabschiedeten gemeinsam eine Deklaration zum Weltethos. Gott auf TÜRKIS sei „pures Bewusstsein oder Geist" oder die tiefere Schicht der Wirklichkeit. Das kosmische Bewusstsein sehe das Universum als ein Netz, durch das alles mit allem verwoben sei. Zur näheren Beschreibung des Gottesbildes dieser Stufe greifen die Autor*innen auf den Prozessphilosophen Alfred North Whitehead und seine Vorstellung Gottes als eines Poeten in kreativem Prozess, der durch die „sanfte Überzeugung durch Liebe" hin zu mehr Wahrem, Gutem und Schönem angetrieben wird, zurück. Außerdem berufen sie sich auf Teilhard de Chardins Theorie der drei Sphären (Physio-, Bio-, und Noo-) und seiner Vorstellung Gottes als Omegapunkt des Universums. Das Jesusbild, das der türkisenen Stufe entspreche, sei der kosmische Christus als die Personifikation des Musters, durch das alles zusammengehalten wird. Symbol dafür sei das Kreuz.[763]

- KORALLE, Ich Stufe (Liebe zu allen und allem): Da diese Stufe noch in zu wenig Menschen in Erscheinung getreten sei, geben die Autor*innen an, nur Mutmaßungen anzustellen. Möglicherweise beschreiten Gottsucher auf dieser Stufe gänzlich neue Wege. Das Gottesbild, „Gott 9.0" sei noch unbekannt.[764]

- Im Anhang des Buches finden sich Tabellen, in denen die einzelnen Stufen anhand verschiedener Themen kompakt beschrieben werden und so direkt miteinander verglichen werden können.[765]

Stufen und Typen

Die Autor*innen zählen zunächst verschiedene Typologien auf und beleuchten dann anhand des Enneagramms das Verhältnis von Stufen und Typen. Der Typ, in diesem Fall also das jeweilige Persönlichkeitsmuster, bleibe auf jeder der Stufen erhalten. Reifung der

---

763. Vgl. ebd., 193-220.
764. Vgl. ebd., 221-225.
765. Vgl. ebd., 296-305.

Menschen finde sowohl vertikal über die Stufen hinweg als auch horizontal innerhalb einer Stufe statt.[766] Der Schwerpunkt auf dem Enneagramm hat auch biografische Gründe: Küstenmacher war früher Lektorin des Claudius Verlages und damit bei der Entstehung des Standardwerkes zum Thema, „Das Enneagramm. Die neun Gesichter der Seele" von Richard Rohr und Andreas Ebert, 2017, eng mit eingebunden. Heute blickt sie auf eine langjährige Erfahrung als Enneagrammlehrerin zurück. In ihrem nachfolgenden Buch „Integrales Christentum" geht sie auf diesen Punkt noch ausführlicher ein.

Entwicklungslinien

Bei der Beschreibung der Entwicklungslinien greifen die Autor*innen interessanterweise nicht auf das integrale Psychogramm Wilbers zurück, sondern ordnen diese drei Feldern zu, die sie aus der Dreifaltigkeit oder auch dem Wahren, Schönen und Guten ableiten: Feld A – Die Linien der Erkenntnis, Feld B – die Linien des Einfühlens, Feld C – die Linien des Wollens. Damit kommt ihr Modell dem anderer Forscher*innen und Philosoph*innen nahe, die ebenfalls von einer dreiteiligen Struktur ausgehen – darunter Steve McIntosh, der die Linien ebenfalls den „großen Drei" oder auch der „Kognition, Volition und Emotion" zuordnet.[767] Im Gegensatz zu diesem weisen sie aber das Modell „Spiral Dynamics" nicht ausschließlich dem Feld C, dem Bereich des Wollens, zu, sondern behandeln es als übergeordnetes Modell, dass die Bewusstseinsstufen für alle Entwicklungslinien abdecke.

Die spirituelle Linie definieren sie vorrangig über das „Streben nach Ganzheit", weswegen sie, im Gegensatz zu allen anderen Linien, felderübergreifend wachse, d.h. sowohl die Kognition, Emotion als auch Volition umfasse. Den „Wachstumsraum der spirituellen Linie" verorten sie in der Mitte, in der Überlappung der drei Felder – am selben Ort, an dem andere Forscher und Steve McIntosh die Ent-

---

766. Vgl. ebd., 16f.
767. Siehe dazu McIntosh, 2015, 268-270.

wicklung des „Selbst" ansiedeln, dass alle Bereiche zusammenhält.[768] Gradmesser für die tatsächliche spirituelle Intelligenz sei das Handeln eines Menschen.[769]

Bewusstseinszustände und Wilber-Combs-Raster

Die Geschichte der Religionen zeige, dass es immer wieder das Phänomen gäbe, dass Menschen mit besonderen spirituellen Erfahrungen sich dennoch „unerleuchtet, destruktiv oder unmoralisch" verhielten. Dieses Phänomen versuchen die Autor*innen wie Wilber mit dem Wilber-Combs-Raster aufzulösen: Tiefe Zustandserfahrungen bedeuteten nicht, dass jemand automatisch zu einer „hohen, moralisch integren Stufe des Bewusstseins" vorrücke.[770]

Um das Verhältnis von Zuständen zu Stufen besser zu veranschaulichen, entwerfen die Autor*innen eine Tabelle, in der sie beide Kategorien und dazu passende Stichworte einander gegenüberstellen. Wie Wilber plädieren sie dafür, die „beiden Stränge, historische Bewusstseinsevolution und die kontemplative Tradition gleichzeitig zusammenzuhalten und unterscheiden zu können". Die „Stufen" ordnen sie dabei der Außenwelt, die „Zustände" der Innenwelt zu. Dabei führen sie ein Jesuswort aus Lk. 17,21 an, dessen griechischer Urtext sich auf zweierlei Weise übersetzen ließe, einmal in Bezug auf die Stufen „Das Reich Gottes ist mitten unter euch", einmal in Bezug auf die Zustände: „Das Reich Gottes ist inwendig in euch."[771] Wie wir oben gesehen haben, ist Wilbers Definition an dieser Stelle etwas präziser, insofern er die „Zustände" innerhalb seines methodologischen Pluralismus in Zone eins, die „Stufen" in Zone zwei lokalisiert und damit beide dem linken Bereich, und damit dem der Innenwelt, zuweist, „Zustände" jedoch die Innensicht, „Stufen" die Außensicht dieser Innenwelt darstellen.

---

768. Vgl. Küstenmacher/Haberer, 2006, 232f.
769. Vgl. ebd., 234f.
770. Vgl. ed., 237.
771. Vgl. ebd., 238f.

Beim Thema „Zustände" übernehmen die Autor*innen nahezu eins zu eins Wilbers Konzept aus Phase 5 – was daraus ersichtlich wird, dass Stufen und Zustände bereits klar getrennt sind und daher prinzipiell jeder Zustand von jeder Stufe aus zugänglich ist. Die verschiedenen Zustände listen sie wiederum ebenfalls in einer Tabelle auf und orientieren sich dabei an Wilbers Einteilung in „Wachsein, Träumen, Traumloser Tiefschlaf und Nichtzweiheit (Übersetzung für Nondualität), die sie entsprechend der christlichen Tradition mit verschiedenen „Versenkungsgraden" (erster, zweiter, dritter und vierter) gleichsetzen. Sie geben jedoch selbst an, dass die Modelle diesbezüglich in der christlichen Tradition sehr variabel seien und zwischen drei bis zu dreißig Schritten/Stufen schwankten.[772]

Dabei übernehmen sie auch Wilbers Terminologie „grobstofflich, feinstofflich, formlos und nondual", dessen Zuordnung zu den verschiedenen Bereichen der Mystik (Natur-, Gottes-, formlose- und nonduale-). Anschließend führen sie zahlreiche Zeugnisse und dazu passende Techniken für alle Arten von Zuständen aus der christlichen Tradition an:

- für den ersten Versenkungsgrad das Staunen und Verweilen in der Gegenwart, „Sport, Tanz, Yoga, das Sitzen im Zen, Fasten, ein zeitweiliger Rückzug in Stille und Einsamkeit" oder auch die Begegnung mit der Natur.[773]
- für den zweiten Versenkungsgrad Phänomene wie „Visionen, bedeutungsvolle Träume, direkte Eingebungen, Auditionen, Ekstasen und Verzückungen" sowie meditativ-imaginative Methoden wie die Wertimagination, eine neuere Methode, die von dem Theologen und Psychotherapeuten Uwe Böschemeyer entwickelt wurde und von Küstenmacher praktiziert und gelehrt wird.[774]

---

772. Vgl. ebd., 242 u. Anmerkung Nr. 172, 312.
773. Vgl. ebd., 247.
774. Vgl. ebd., 250, Fußnote 180, 313 und Ökumenischer Arbeitskreis Enneagramm e.V., 2018.

- Der dritten Versenkungsrad, die bilderlose Schau, ließe sich beispielsweise beim „Herzensgebet der Ostkirche, beim Gebet der Sammlung oder beim Mantra-Gebet" erreichen, bei denen das Loslassen von „Gedanken, Bilder[n] und Wünsche[n]" geübt wird.[775]

Auch für die Erfahrung der „Nondualität" finden die Autor*innen Entsprechungen aus der christlichen Tradition: In dem Begriff der „Einfaltung" aus der deutschen Mystik, der das Zusammenfallen von Subjekt und Objekt meine. Jesus bezeichnen sie als den „erste[n] große[n] nonduale[n] Lehrer des Westens", der die „Einheit allen Seins" durch die Worte „Ich und der Vater sind eins (Joh. 10,33)" ausgedrückt habe. Die nonduale Einheit setzen die Autor*innen mit dem Begriff der „Vergottung" gleich.[776]

> *„Im vierten Versenkungsgrad wird man vom Christen zum Christus. Wie Jesus wird man in seinen eigenen ursprünglichen, ewig leuchtenden Zustand des göttlichen All-Einsseins mit allem verherrlicht. Das Einssein in der Christuswirklichkeit wird wahrgenommen im tiefsten Inneren und umspannt zugleich die gesamte Wirklichkeit, den gesamten Kosmos. [...] Man sehnt sich nicht mehr nach Gott, ganz einfach, weil man in Gott ist. Es ist das Ende, ja der „Tod" der großen Suche."*[777]

Obwohl sie davon sprechen, dass die Bibel unter dem Begriff „Gesicht" von einer „Vielzahl [...] subtiler Erlebnisse" berichtet, wie „große Träume, prophetische Visionen und endzeitliche Offenbarungen" und es wichtig sei, das bildhafte Sehen zuzulassen und die „Sprache der Seele" zu erlernen, werden die „bilderlose Schau" des kausalen und das nonduale Sehen[778], ganz Wilbers hierarchischem Schema entsprechend, höher gewertet. So schreiben sie im Zusam-

---

775. Vgl. Küstenmacher/Haberer, 2016, 255.
776. Ebd., 262f.
777. Ebd., 264.
778. Ebd., 250; 254 und 259.

menhang mit dem bildhaften Sehen von „Meditations-Einsteiger[n]"[779], während sich die „reiferen Mystiker [...] um das Loslassen und Leerwerden" bemühten und Jesus schließlich Nondualität gelehrt habe.[780]

Die Quadranten, die „kosmische Adresse" und das „1-2-3 Gottes"

Die drei Gesichter Gottes bzw. eine dreiteilige Struktur der Wirklichkeit scheinen bei den Autor*innen immer wieder in Ansätzen auf. So stellen sie bspw. fest, dass die Semiotik bei jeder Wahrnehmung drei Aspekte unterscheidet: Das Objekt, das Zeichen, den Beobachter. Ich werde später bei Smith darauf zurückkommen, der diese Erkenntnis dazu verwendet, das 1-2-3 Gottes zu beleuchten. Bereits das grüne Mem lassen sie formulieren: „Gott ist gleichzeitig personal, nicht personal und jenseits des Personalen".[781]

Auch innerhalb der Beschreibung der „Stufe „7.0, GELB" bedienen sich die Autor*innen der drei integralen Prinzipien oder, wie sie es nennen, „Antriebskräfte[...] der Evolution" „Wahrheit, Güte und Schönheit"[782], bringen sie jedoch nicht explizit in Zusammenhang mit den (verkürzten) Quadranten oder den „großen Drei" Wilbers.

So stehe der Vater für die alles durchdringende Güte („Und Gott sah, dass es gut war"), der Sohn für die Schönheit der Barmherzigkeit und der Hl. Geist für das „erwachte, göttliche Bewusstsein im Menschen", das sich für die Wahrheit öffne. Die Trinität verstehen sie als ein „Modell [...] für die Struktur der Wirklichkeit überhaupt", ein die Dualität überwindendes „nonduales Prinzip drei Drei", in dem, wie in einem Hologramm, jedes Teil immer das Ganze enthalte.[783]

Die Quadranten und die Idee der „kosmischen Adresse" führen

---

779. Ebd., 250.
780. Ebd., 254 und 263.
781. Ebd., 150f. Eine Ähnlichkeit zu Steve McIntosh Hypothese einer „triunity" ist unverkennbar.
782. Ebd., 183ff.
783. Ebd., 183ff.

die Autor*innen explizit erstmals im Zusammenhang mit der Beschreibung der „Gesellschaft 8.0, TÜRKIS" ein. Mit der Hilfe der Quadranten sei es leichter, sich ein Bild von der Wirklichkeit zu machen. Für eine ausführliche Darstellung verweisen sie selbst in einer Fußnote auf Literatur von Wilber.[784] Jedoch wenden sie die Quadranten dann im Folgenden nicht explizit auf „Gott 8.0" an, was zur Folge hat, dass die Verbundenheit der Ideen Quadranten, die „großen Drei" und das „1-2-3 Gottes" in Wilbers Denken nicht ausreichend zum Vorschein kommt.

Neben den integralen Prinzipien stellen die Autor*innen ebenfalls das „1-2-3 Gottes" von Wilber vor. Sie sehen darin großes Potential, da es „personale und apersonale Gotteserfahrungen nicht mehr gegeneinander ausspiele und so Menschen aller Weltreligionen helfen könne, ihre Erfahrungen einzuordnen und bestehende Ungleichgewichte zu beseitigen.

Dabei sehen sie die Berücksichtigung aller drei Dimensionen als ein „wichtiges Korrektiv"[785] für Einseitigkeiten: Wer sich nur auf den GEIST in der dritten Person beziehe, lasse sich durch die Begegnung nicht transformieren; wer den GEIST in der zweiten Person außer Acht lasse, wie es in den östlichen Religionen häufig der Fall sei, dem fehle das Element der Hingabe und Demut an etwas, das höher sei als man selbst; wer den GEIST in der ersten Person leugne, fühle sich von Gott getrennt. Das sei dort geschehen, wo ausschließlich Jesus „die volle Einheit mit Gott"[786] zugesprochen wurde und die Erfahrung des ersten Gesichtes Gottes als Tabu oder Gotteslästerung galt.[787]

---

784. Vgl. ebd., 209.
785. Ebd., 268.
786. Ebd., 273.
787. Vgl. ebd., 266-274.

Die Prä/Trans-Verwechslung und die Funktion von Spiritualität und Religion

Zum Abschluss stellen sie Wilbers Konzept der Prä/Trans-Verwechslung und die Idee der Religionen als Förderband vor. Hier wiederholen sie im Wesentlichen Wilbers Gedanken bezüglich der verhängnisvollen Verwechslung der Aufklärung von „Spiritualität/Religion" mit einer bestimmten Ebene „mythologisch/vormodern", die dazu führe, dass sich bei vielen die Spiritualität nicht weiterentwickeln könne und bei BLAU stecken bleibe. Die BLAUE Doktrin habe das Sprechen der Mystiker über ihre Einheitserfahrungen mit Gott nicht zugelassen. In der offiziellen Lehre habe man „ausschließlich Jesus allein die volle Einheit mit Gott" zugesprochen, da sonst „die Rolle der Religion als Heilsvermittlerin beschnitten" worden sei.[788]

Darüber hinaus berichten sie von einem Phänomen: Da Kirchen die „Wir-Stufen" näher seien, versuchten diese sich in der Abkürzung von BLAU direkt nach GRÜN. Dadurch werde aber der „Tod des mythischen Gottes […] nicht wirklich wahrgenommen und betrauert. Es kann sich kein modernes, rational verantwortetes Gottesbild entwickeln."[789] Es habe sich die verhängnisvolle Überzeugung in den Köpfen der Menschen festgesetzt: „Alles bis BLAU ist Glauben, alles ab ORANGE ist Unglauben".[790] Auch schließen sie sich Wilbers aus ihrer Sicht „sicher korrekte[n] Analyse"[791] an, wonach nur die großen Weltreligionen über die großen Mythen verfügten, die heute so nicht mehr entstehen könnten, für die spirituelle Entwicklung aber unentbehrlich seien. Aufgabe der Religionen sei daher heute, sich auch „den rationalen und transrationalen Entwicklungsstufen zu öffnen."[792] Derzeit blieben die meisten Gemeinden aber BLAU geprägt, was sich sowohl an der Form des Sonntagsgottesdienstes, dem Fest-

---

788. Ebd., 273.
789. Ebd., 283.
790. Ebd., 282f.
791. Ebd., 285.
792. Ebd.

halten an einem theistischen Gottesbild als auch dem Vorhandensein zahlreicher, konkreter Gottesbilder liege, denen es am Abstraktionsvermögen von ORANGE mangele.[793]

Schattenarbeit

Die Autor*innen sind der Ansicht, dass es „ohne Schattenarbeit kein wirkliches persönliches und spirituelles Wachstum gibt". Als Techniken empfehlen sie den „Voice Dialogue, [das] Enneagramm, [die] Wertimagination oder [den] Big-Mind-Prozess."[794]

Küstenmacher, „Integrales Christentum. Einübung in eine neue spirituelle Intelligenz", 2018

Ihre Motivation, dieses Buch zu schreiben, erklärt Küstenmacher im Vorwort folgendermaßen:

„Gott 9.0" wird in Schulen, kirchlichen Bildungshäusern, in Gemeinden, Hauskreisen und spirituellen Salons vermittelt, es ist zum Inhalt von Weiterbildungen für Pfarrerinnen, Pfarrer, Priester, Ordensleute und haupt- und ehrenamtliche Kirchenmitarbeiter geworden. Dabei tauchte immer wieder der Wunsch nach Vertiefung und praktischen Übungen auf, mit deren Hilfe man sich die Inhalte noch besser verständlich machen kann. In diesem neuen Buch „Integrales Christentum" versuche ich, diesem Wunsch nachzukommen."[795]

Dementsprechend gibt das Buch eine Einführung in nahezu alle wesentlichen Elemente der integralen Theorie: Unter dem Stichwort „Aufbauen" behandelt sie die Holone, unter „Aufklären" die Quadranten, unter „Aufwachsen" die Stufen, unter „Aufbrechen" die

---

793. Vgl. ebd., 285f.
794. Ebd., 17.
795. Küstenmacher, 2018, 14f.

Stufenwechsel und die Transformation, unter „Aufräumen" die Schattenarbeit, unter „Aufleuchten" die drei Gesichter Gottes, unter „Aufwachen" die Zustände, unter „Aufstreben" die Entwicklungslinien, unter „Aufleben" die verschiedenen Persönlichkeitstypen. Dazu kommen spezifische Themen hinzu wie unter „Aufschließen" eine integrale Exegese, unter „Aufschwingen" verschiedene, den Stufen entsprechende Gebetsweisen, und unter „Aufholen" eine integrale Sicht auf Kirche in den jeweiligen Stufen. Es handelt sich um eine Vertiefung, Ergänzung und Erweiterung der Inhalte von „Gott 9.0". Dabei machen den Großteil der Erweiterungen die im Buch enthaltenen Übungen aus, die sich jeweils an jedes Kapitel anschließen – was dem im Titel angegebenen Zweck des Buches, der „Einübung einer neue spirituelle Intelligenz" entspricht.

Im Vorwort gibt die Autorin einen kleinen Einblick in ihre eigene spirituelle Biografie. Zu Wilber habe sie in einer schweren persönlichen Krise über die Lektüre von „Eros, Kosmos, Logos" gefunden:

„Ich kaute diesen dicken Wälzer Satz für Satz durch und erlebte diesen Prozess als Heilungsweg und geistige Auferstehung zu GELB. [...] Zwanzig Jahre später kann ich sagen, dass die integrale Philosophie und Spiritualität mein Bewusstsein entscheidend verändert haben."[796]

Im Rest ihres Buches hält sich die Autorin allerdings sehr bedeckt und nüchtern und verwendet häufiger das unpersönliche „man."

Sie erweist sich in diesem Werk nicht nur als fundierte Kennerin der integralen Theorie, der es gelingt die Interdependenzen und Zusammenhänge zwischen den einzelnen AQAL-Elementen anschaulich aufzuzeigen, sondern darüber hinaus auch als eine Brückenbauerin zwischen verschiedensten Sachgebieten und Themen.

Wilber wird von Küstenmacher nicht nur als Philosoph, sondern auch als spiritueller Lehrer angeführt und anerkannt. So stammen ne-

---

796. Ebd., 17.

ben den theoretischen Überlegungen auch zahlreiche Ratschläge oder vorgeschlagene Übungen von Wilber selbst.[797]

Holone und Holarchie

Die Autorin beginnt mit dem Begriff „Holon" und dem holarchischen Aufbau der Welt, der sich auch in der Bibel, die aus Buchstaben, Wörtern, Sätzen, Kapiteln und Büchern zusammensetze, niederschlage. Da sich jedes Holon aus Subholons zusammensetze, könne die Zerstörung derer „den Untergang aller darüberliegender Holons bewirken."[798]

Auch wenn die Autorin an dieser Stelle auf die wilberschen Begriffe „basal („fundamental")" und „bedeutungsvoll („significant")" verzichtet, erkennen wir hier unschwer den neunten Satz der von Wilber in „Eros, Kosmos, Logos" beschriebenen „Muster der Evolution".[799] Durch diese einfache Anwendung gelingt es ihr, sowohl den Sinn der Hochachtung vor dem einzelnen Buchstaben der Schrift, als auch die höhere Bedeutung der Bibel als Ganzem, die als umfassendere Einheit eine größere Tiefe und Komplexität aufweist, argumentativ zu begründen.

Weiter widmet sie sich den unter Punkt zwei der „Muster der Evolution" von Wilber beschriebenen vier Eigenschaften von Holonen: Der Selbsterhaltung und Selbstanpassung als der horizontalen Bewegung und der Selbstüberschreitung und Selbstauflösung bzw. Regression als vertikalen Bewegung. Diese Tendenzen überträgt sie nun auf die derzeitige Erscheinungsform der evangelischen und katholischen Kirche und stellt fest: Während die katholische Kirche stark im Einbinden der Stufen von BLAU abwärts sei und sich mit der Entwicklung hin zu ORANGE und GRÜN schwer tue, seien zwar manche in der evangelischen Kirche bereits in diesen Stufen beheimatet, versäumten aber, die früheren Stufen miteinzubinden. In beiden Fällen

---

797. Siehe z.B. ebd., 48, 91, 132, 136, 158.
798. Vgl. ebd., 19.
799. Siehe Punkt .

drohe die Gefahr der Regression und Selbstauflösung.[800] Damit diagnostiziert sie bei beiden kirchlichen Konfessionen schwere Entwicklungsstörungen: Einmal eine Verzögerung und einmal eine fehlende Integration.

Jesu Verhalten interpretiert sie als perfektes Gleichgewicht zwischen Selbstanpassung/Kommunion und Selbsterhaltung/Agenz. Das Abendmahl als „Prinzip der offenen, nicht exklusiven Tischgemeinschaft" sei „das große Symbol für Kommunion schlechthin."[801] Gleichzeitig zeige Jesus in seinem Verhalten ein großes Maß an individueller Autonomie und Unabhängigkeit. Obwohl die Autorin es an dieser Stelle nicht explizit schreibt, rückt sie damit Jesus in die Mitte des Kreuzes, das sich durch die zwei vertikalen und zwei horizontalen Tendenzen der Holone ergibt und macht ihn damit zum Sinnbild für Ausgewogenheit und eine gesund verlaufende Entwicklung. Sie schreibt: „In Eros und Agape, in Agenz und Kommunion ist Gott selbst am Werk". Zugleich bestimmt sie damit die vier Zugrichtungen des Christentums: Der Eros strebe nach „Christusbewusstsein", die Agenz nach einem „freie[n] Leben im Geist Jesu", Agape nach der Umarmung „alle[r] Menschen und Lebewesen auf allen Stufen" und Kommunion nach Gemeinschaft „aller mit allem".[802]

Die Quadranten

Im zweiten Kapitel widmet sich Küstenmacher den Quadranten. Wie bereits in „Gott 9.0" geht es ihr in sowohl um die Vermittlung und Veranschaulichung der AQAL-Elemente – unterstützt durch die Illustrationen und Grafiken ihres Mannes Werner Tiki Küstenmacher – als auch um deren Übertragung auf den spirituellen, religiösen Bereich. So ordnet sie die verschiedene Bereiche von Spiritualität den jeweiligen Quadranten zu: Verschiedene Versenkungsgrade (Zustände) durch Meditation/Gebet, Schattenarbeit und Persönlichkeits-

---

800. Vgl. ebd., 22f.
801. Ebd., 23.
802. Ebd., 24.

entwicklung dem Quadranten oben links; religiöse Kommunikation, das Teilen unserer persönlichen Geschichten mit Gott und intersubjektives Verbundenheitsgefühl dem Quadranten unten links; unser individuelles, konkretes Handeln und Unterlassen dem Quadranten oben rechts; Strukturen und Systeme wie Dekanate, Synoden oder theologische Fakultäten usw. dem Quadranten unten rechts.[803] Auf diese Weise untersucht sie mithilfe der Quadranten den Wahrheitsbegriff,[804] das Kreuz Jesu[805], Leid allgemein[806] und christliche Ethik[807], die Bibellektüre[808], das Gebet[809] sowie das Böse[810], die Entwicklungslinien[811],[812] die Typen[813], die Kirche und eine integrale Organisation[814]. Ich möchte an dieser Stelle nicht auf jedes ihrer Beispiele detailliert eingehen, sondern lediglich an einem weiteren Beispiel aufzeigen, wie es ihr gelingt, zu beweisen, dass sich das Modell der Quadranten erkenntnisfördernd universell auf alle Bereiche (in diesem Fall auf die christliche Religion, ihr Traditionsgut und ihren Kontext) anwenden lässt, indem es hilft, alle Aspekte einer Sache aus vier wesentlichen Perspektiven zu betrachten: So gehe es bei dem Kreuz Jesu im Quadranten oben links um das individuell subjektive Erleben Jesu aus der Sicht eines nondualen Mystikers: Er wisse um sein Einssein mit Gott und den anderen, aber auch, dass die anderen darum nicht wüssten und kann ihnen deshalb vergeben. Beim individuell objektiven Aspekt der Passion gehe es um den formalen Grund seiner Hinrichtung (Gotteslästerung, Aufwiegler, Hochverrat). Durch

---

803. Vgl. ebd., 30-38.
804. Vgl. ebd., 39.
805. Vgl. ebd., 43.
806. Vgl. ebd., 45.
807. Vgl. ebd., 47.
808. Vgl. ebd., 50 u. 301.
809. Vgl. ebd., 51.
810. Vgl. ebd., 200.
811. Vgl. ebd., 382.
812. Vgl. ebd., 386.
813. Vgl. ebd., 413.
814. Vgl. ebd., 415.

die kollektiv intersubjektive Perspektive lässt sich erklären, wer warum mit Jesus in Konflikt geriet oder ihm nachfolgte (Geistlichkeit, religiöse Institutionen, Jünger). Und das kollektiv objektive System sei der geschichtliche Rahmen, innerhalb dem sich Jesus bewegte (ein von den Römern militärisch besetztes Israel, das versuchte, die radikale Botschaft Jesu zu unterdrücken)[815]. Durch diese vier Perspektiven auf das Leid Jesu werden nicht nur die tieferen Zusammenhänge von dessen, sondern auch von unserem Leid klarer überschaubar. Diese verfeinerte und erhöhte Wahrnehmung von Leid in all seinen Formen und dessen Ursachen offenbare uns zugleich eine „immer größere Möglichkeiten zu lieben".[816]

Ebenen des Bewusstseins

Ein Schwerpunkt des Buches bildet, ähnlich zu „Gott 9.0", die ausführliche Beschreibung der einzelnen Entwicklungsstufen des Bewusstseins, wobei sie die doppelten Bezeichnungen durch Farben als auch durch Zahlen (bis 9.0) aus dem Vorgängerbuch beibehält. Sie beginnt mit einer kurzen, stichwortartigen Wiederholung des Inhaltes von „Gott 9.0" und liefert dazu zusätzliches Material und Übungen. Hierbei schöpft die Autorin aus einem reichen Schatz an Zusatzinformationen zu jeder Stufe aus den Bereichen der Psychologie, Biologie, Soziologie, Philosophie und Theologie, die sie auf diese Weise miteinander in Beziehung bringt.

Im Folgenden gebe ich eine komprimierte Übersicht über die Kernthesen bezüglich jeder Stufe, wobei ich mir der Gefahr bewusst bin, dass durch die Verkürzung Inhalte nicht genügend gewürdigt werden oder gar missverstanden werden könnten. Mein Ziel dabei ist, zu illustrieren, wie die Inhalte von „Spiral Dynamics" der Autorin dazu dienen, christliche Traditionen und Glaubensinhalte neu zu beleuchten. Sie greift jeweils ein bestimmtes Merkmal oder bestimmendes Motiv der Stufe heraus, um dann dessen Bedeutung für den

---

815. Vgl. ebd., 43 ff.
816. Ebd., 46.

Glauben oder dessen Stellung innerhalb der Tradition herauszuarbeiten.

- BEIGE: Hier greift die Autorin das Berühren und Berührtwerden als zentrales Element heraus, das für uns Menschen überlebensnotwendig sei. Auch Jesus habe sich dieser „ersten[n] Sprache Gottes"[817] bedient. Dem entspreche die urchristliche Praxis der segnenden Handauflegung.[818]

- 2.0 PURPUR: Jesus habe das Zusammengehörigkeitsgefühl und die Vorstellung der Gruppenseele, die der Sippe galten, auf die ganze Menschheitsfamilie ausgeweitet. Dem Wunderglauben entspreche der christliche Reliquienkult. Die Autorin sieht darin die Gefahr, dass er ‚Gläubige an irrationale „Sakrometer' [binde], statt ihren Geist für seine rationalen und transrationalen Erkenntnisebenen zu öffnen." Bei der Versuchung in der Wüste sage Jesus sich von seinem PURPURNEN Gottesbild los, das auf der magischen Vorstellung basiere, die Welt im Sinne des eigenen Egos manipulativ gestalten zu können.[819]

- 3.0 ROT: Den Kern der Stufe sieht sie in der aggressiven Energie zum Exodus. Dabei geht es um einen Prozess der Befreiung, das Hinterfragen und Verlassen althergebrachter Strukturen und den mutigen Aufbruch und Übergang in Neuland. Beispiel sei die Exoduserzählung im 2. Buch Mose.[820]

- 4.0 BLAU: Jesus teile als Jude die positive Sicht auf das Gesetz und auf Normen, die für Recht und Ordnung sorgen, habe aber auch deren „dunkle Seite" erkannt, wenn diese „zum Selbstzweck mutier[en]" oder zu „machtvollen Blockaden werden".[821] Er pflegte daher einen freien Umgang mit diesen und beurteilte sie

---

817. Ebd., 63.
818. Ebd., 60-65.
819. Ebd., 74.
820. Vgl. ebd., 74f.
821. Vgl. ebd., 88ff.

danach, inwiefern sie dem Miteinander dienen oder nicht. Viele klammerten sich noch heute an einen BLAUEN Gott, den sie mit bestimmten mythologischen Vorstellungen verbinden, die verabschiedet werden müssen, um zu einer höheren Stufe zu gelangen. Dazu gehört u.a. ein wortwörtliches Verständnis der Bibel und der Glaube an Jesus als stellvertretendes Sühnopfer für unsere Sünden.[822]

- ORANGE: Der Wert der Religionsfreiheit und des Zweifels wird entdeckt, das BLAUE Gottesbild kann nicht mehr überzeugen. Menschen entwickeln ihren eigenen Glauben, werden Agnostiker oder wenden sich dem Atheismus zu.[823]

- GRÜN: Die Autorin benennt hier, ganz im Anschluss an Wilbers Kritik an den Extremen des grünen Mems, wie er sie v.a. in seinem Roman „Boomeritis" dargelegt hat, sowohl die positiven als auch die Schattenseiten dieser Stufe: Einerseits das erwachende Mitgefühl und die große Aufgeschlossenheit, andererseits die Verurteilung oder Jagd auf all oder all das, dem es scheinbar an diesen Qualitäten mangelt. Typische Kennzeichen sind weiterhin die subjektive spirituelle Suche und die Freude am interreligiösen Dialog.[824]

- GELB: Zur Beschreibung des Übergangs der vorhergehenden Stufen nach GELB und damit in den zweiten Rang oder „Second Tier" bezieht sich die Autorin sowohl auf „Spiral Dynamics" als auch auf Wilbers „Religion of Tomorrow."[825] Für diesen „bilden GELB und das nachfolgende TÜRKIS, die beiden integralen Stufen im zweiten Rang, eine neue „Transitzone" zwischen dem „erdgebundenen" ersten Rang (von BEIGE bis GRÜN) und dem „himmelgebundenen" dritten Rang, der ab KORALLE beginnt."

---

822. Ebd., 97.
823. Vgl. ebd., 97-100
824. Vgl. ebd., 106-115.
825. Vgl. ebd., 122-130.

Anhand des Beginns der Schöpfungsgeschichte zeigt die Autorin auf, dass paradoxes Denken von Anfang an in der Bibel tief verankert sei.[826] Die „natürliche Perspektive für GELBE Theologie"[827] sei es, Polaritäten „zusammen[zu]halten, ineinander [zu] verschränken und in einer höheren Einheit aufgehen [zu] lassen".[828] Unter den Übungen lädt sie dazu ein, über paradoxe Aussagen nachzusinnen und präsentiert ein von ihr selbst geschriebenes Lied „Der Dornbusch, der brennt und bleibt doch heil", dessen Strophen aus paradoxen Aussagen der Bibel und der mystischen Tradition stammen.[829]

- 8.0 TÜRKIS: Zur Beschreibung dieser Stufe bedient sie sich Jean Gebsers Rede von der Entwicklung der „Ichlosigkeit" über das „Ichbewusstsein" hin zur „Ich-Freiheit" als einem Merkmal integralen Bewusstseins. Es komme zur Des-Identifikation mit dem bisherigen „Ich", das als Konstruktion wahrgenommen werde. Durch die Erkenntnis, dass das Getrenntsein von anderen „Ichs" eine Täuschung sei, kommt es zu dem Entstehen eines Einheitsbewusstseins. Ein Bild für diese Allverbundenheit des Lebens sieht sie im 1. Korintherbrief, in dem Paulus die Gemeinde als einen Leib beschreibt, durch den alle Teile einer größeren Einheit sind oder auch Jesus Worte aus dem Matthäusevangelium 25,40: „Was ihr für einen meiner Brüder oder Schwestern getan habt, habt ihr für mich getan." Sie spricht in diesem Zusammenhang auch von einem ‚Christusfragment' oder ‚-fraktal', dessen Kennzeichen es sei, sich aus Liebe mit allem anderen zu verbinden.[830]

- KORALLE: Das kosmozentrische Bewusstsein identifiziere sich sowohl mit dem gesamten äußeren als auch inneren Universum, in dem sich alles im Werden und steten Wandel befinde, einem nach

---

826. Vgl. ebd., 139f.
827. Vgl. ebd., 135, von ihr zitiert und übersetzt aus Wilber, Ken, 2017b, 425.
828. Ebd., 142.
829. Vgl. ebd., 144f.
830. Vgl. ebd., 150-157.

oben offenen, voller Möglichkeiten steckenden Prozess, in dem alles, was ist, immer auch vorläufigen Charakter habe.[831]

Ähnlich wie mit dem Quadrantenmodell verfährt sie nun auch mit den Stufen, in dem sie einzelne Themen herausgreift und diese für jede Stufe durchspielt. Damit gibt es für jede Thematik nicht mehr DIE richtige Antwort, sondern nur ein der jeweiligen Stufe angepasstes Verständnis derselben. So untersucht sie diese hinsichtlich typischer Sprachmuster[832], ihre[r] wechselseitigen Kritik aneinander[833], ihr jeweiliges Verständnis des Bösen, der Sünde und Schuld[834], der Liebe[835] sowie auf typische Ängste[836], typische Schattenaspekte[837], ihre jeweilige Bibelhermeneutik[838] und jeweilige entsprechende Gebetsformen[839], verschiedene Ekklesiologien[840] und spirituelle Gemeinschaften.[841]

Stufenübergänge

Unter dem Stichwort „Aufbrechen" widmet sich die Autorin ausführlich dem Thema des Überganges von einer Stufe auf die nächste. Wie Wilber unterscheidet sie dabei zwischen einer horizontalen Entwicklung, der „Translation", bei der sich ein Individuum oder eine Gruppe innerhalb einer Stufe weiterentwickele und einer vertikalen, der „Transformation", bei der es zu einem Stufenwechsel komme.[842] Eng angelehnt an Clare Graves und „Spiral Dynamics", die hier

---

831. Vgl. ebd., 164ff.
832. Vgl. ebd., 170.
833. Vgl. ebd., 180.
834. Vgl. ebd., 187.
835. Vgl. ebd. 201.
836. Vgl. ebd., 229.
837. Vgl. ebd., 264f..
838. Vgl. ebd., 274-297.
839. Vgl. ebd., 304-327.
840. Vgl. ebd., 402-412.
841. Vgl. ebd., 421ff.
842. Vgl. ebd., 226.

ebenfalls sechs Punkte nennen[843], beschreibt sie zunächst sechs Bedingungen, die gegeben sein müssen, damit ein solcher Wechsel vollzogen werden kann:

- 1. Geistiges Potenzial und Offenheit gegenüber Weiterentwicklung
- 2. Genügend Zeit auf einer Stufe, damit diese richtig reifen kann
- 3. Die Werte der Stufe sind nicht mehr zufriedenstellend
- 4. Erkenntnis des Wertes, aber auch der Begrenztheit der gegenwärtigen Stufe
- 5. Hindernisse werden überwunden
- 6. Genügend Unterstützung und Ausdauer ist vorhanden.[844]

Ebenfalls in Aufnahme Graves, der bei Menschen eine Skala von offen über blockiert bis zu geschlossen beobachtete, beschreibt sie, unter der Verwendung der Metapher einer „Wandergruppe" verschiedene Menschengruppen nach dem Grad ihrer Offen- bzw. Geschlossenheit sich zu einer stattfindenden Transformation in Beziehung zu setzen: Die Visionäre, die mutigen Vorreiter, die aktiven Unterstützer, die abwartenden Skeptiker, die passiven Bremser und die aktiven Blocker oder Reaktionäre.[845]

Diese erkennt sie auch in den Gestalten der Bibel und der Kirchengeschichte wieder: In Jesus den Visionär, der ein „neues spirituelles Bewusstsein[…]" begründet habe und in den Aposteln die Vorreiter, die „eine Verlagerung des bisherigen spirituellen Schwerpunktes ihrer Gemeinden"[846] organisierten, in den Schriftgelehrten und Priestern die Reaktionäre, die sich dem Neuen entgegenstellten und es bekämpften.[847]

---

843. Potenzial, Lösungen, Dissonanz, Hindernisse, Erkenntnis, Konsolidierung.
844. Vgl. ebd., 227f.
845. Vgl. ebd., 232-240.
846. Ebd., 233.

Weiter beschreibt sie die von Graves entdeckten fünf Stadien des Übergangs: Alpha, Beta, Gamma, Delta und wieder Alpha. In der Gamma-Phase sei „der Glaube einer Stufe so zerschlissen, dass das jeweilige Gottesbild seinen Todesstoß erlebt."[848] So deutet sie das Reißen des Tempelvorhangs bei Jesu Tod als ein Symbol für die Entblößung des bis dahin „Allerheiligsten" der vorhergehenden Stufe. Jede neue Alpha-Phase deutet sie als eine Erfahrung von „befreiende[r] Auferstehung in ein ganz neues Denken".[849]

Schattenarbeit

Die Autorin schließt sich Wilbers hoher Wertschätzung der Schattenarbeit an. Ebenso teilt sie dessen Einschätzung, dass nicht einmal „Meditation, Kontemplation oder Zen-Praxis" vor dem eigenen Schatten schützen könnten und fügt dem noch hinzu: „Weder protestantische Bibelfestigkeit noch katholische Linientreue, weder ein Theologiestudium noch langjährige Mitarbeit in der Gemeinde können Schattenbildung verhindern."[850] Damit bescheinigt sie der Kirche indirekt, mit ihren üblichen Mitteln machtlos gegen die Ursache des Bösen zu sein. Das Jesuswort vom Balken im eigenen Auge (Matthäus 7,3) deutet sie als einen Hinweis auf den Schatten: Während wir den Splitter im Auge des Gegenübers erkennen, seien wir blind gegenüber dem eigenen Schatten.[851] Die Wüstenväter- und mütter hätten Schattenarbeit praktiziert und seien daher in der Lage gewesen, anderen wirklich zu helfen.[852] Zwar diene der ritualisierte Weg der Beichte und Buße eigentlich dem Zweck, den Schatten aufzudecken, doch oft seien dabei nur Symptome bekämpft worden, da erst die Psychologie uns dabei geholfen habe, die dabei stattfindenden

---

847. Vgl. ebd., 236f.
848. Ebd., 244.
849. Ebd., 245.
850. Ebd., 252.
851. Vgl. ebd., 253.
852. Vgl. ebd., 256.

Projektionen besser zu verstehen.[853]

Als Übung schlägt sie den von Wilber u.a. in „Integrale Lebenspraxis" vorgestellten 3-2-1 Schattenprozess vor und entdeckt ein Vorbild dessen in der Geschichte rund um David und Batseba. (2. Sam. 12) Nathan lässt David zunächst über das Fehlverhalten einer Person in der 3. Person ein Urteil fällen, um ihm dann den Spiegel vorzuhalten und ihn erkennen zu lassen, dass er selbst es ist, den er soeben verurteilt hat.[854]

Das 1-2-3 Gottes

Ergänzend zu „Gott 9.0" stellt Küstenmacher hier gleich zu Beginn ihres Kapitels zu den „drei Gesichtern Gottes" fest, dass Jesus selbst alle drei Perspektiven zusammengehalten habe: „Jesus sprach also über Gott (ES), zu Gott (DU) und als Gott (ICH BIN)."[855] Einzelne Formulierungen entlehnt sie Paul Smith, dessen Buch sie auch im Anschluss als Literaturtipp angibt. Das Verhältnis zu den jeweiligen Gesichtern Gottes überbeschreibt sie mit den Stichworten „staunende Ehrfurcht" (gegenüber der apersonalen göttlichen Quelle des Universums), „hingebungsvolle Liebe" (zu dem persönlich erfahrbaren Gott) und „Einsseins mit allem".[856]

Sie stellt fest, dass das 1. Gesicht Gottes „aus dogmatischen Gründen nur für Jesus Christus als Gottessohn akzeptiert [wurde], obwohl viele christliche Mystiker [...] bezeugen, dass jeder Mensch von seinem innersten Kern her wahrer Gott und wahrer Mensch ist wie Jesus".[857] Die Erfahrung des 1. Gesichtes Gottes fällt für sie mit dem nondualen Einheitsbewusstsein zusammen.[858]

---

853. Vgl. ebd., 268.
854. Vgl. ebd., 259ff.
855. Ebd., 329.
856. Ebd., 329-337.
857. Ebd., 338.
858. Vgl. ebd., 341.

Zustände des Bewusstseins

Küstenmacher nennt die „Zustände" „die Innenseite des Glaubens"[859] und verortet sie im Quadranten oben links. Wie in „Gott 9.0" ordnet sie im Anschluss an Wilber jedem Versenkungsgrad eine entsprechende Mystikform zu: dem Wachbewusstsein die Naturmystik; dem Traum die Gottesbildermystik; dem traumlosen Tiefschlaf die formlose Mystik und der Nicht-Zweiheit (Nondualität) die „unio mystica". Diesen fügt sie eine fünfte Stufe hinzu, die sie die „Rückkehr" nennt und die komplementäre Entsprechung zu dem Weg nach innen bildet. Es komme zu einem für andere äußerlich sichtbaren Wandel des Menschen, der nun in einer natürlichen Balance zwischen Aktion und Kontemplation seine Bestimmung in dieser Welt lebe. Ihr entspricht eine „volle Präsenz in allen Bewusstseinszuständen", d.h. ein Mensch nimmt nun jeden Zustand vollbewusst wahr. Jeden dieser fünf Zustände verknüpft sie mit der Angabe der jeweiligen Identität dessen, der die Zustände erlebt: Im Wachbewusstsein sei es das Ego oder Alltags-ICH, das mit den (fünf) Sinnen die Außenwelt oder grobstoffliche Welt wahrnehme. In der Traumschicht sei es die Seele, die den feinstofflichen oder subtilen Bereich der Innenwelt wahrnehme: „Gefühle, Gedanken, Konzepte, Träume und innere Bilder."[860] Im traumlosen Tiefschlaf oder der formlosen Meditation sei es das reine Selbst im Zeugenbewusstsein, das wahrnehme. In der Nicht-Zweiheit (Nondualität) werde die Subjekt-Objekt-Trennung aufgehoben und das „ICH BIN" vom Selbst als identisch mit Gottes „ICH BIN" erkannt. Den jeweiligen Zuständen ordnet die Autorin zusätzlich bestimmte Begriffsvariationen des Mystikers Meister Eckhart zu, derer sich dieser bediente, um den spirituellen Prozess zu beschreiben: Das „EIN-BILDEN", „AUS-BILDEN", „ENT-BILDEN", „EBENE-BILD-LICHKEIT" und „ÜBER-BILDEN" [sic!] [861]. Mittels einer selbst entworfenen Tabelle

---

859. Ebd., 342.
860. Ebd., 353.
861. Ebd., 349.

zieht sie eine Parallele zwischen christlichem Traditionsgut und Wilbers Modell der Bewusstseinszustände.[862]

Zum Abschluss widmet sie sich einem besonderen Beitrag der christlichen Tradition zum Thema „Zustände": Der Rede von den drei „dunklen Nächten" des Mystikers Johannes vom Kreuz. Dabei ordnet sie im Anschluss an Wilber die „dunkle Nacht der Sinne" dem Übergang von physisch zu subtil zu, die „dunkle Nacht der Seele" dem Übergang von subtil zu kausal, die „dunkle Nacht des Selbst" dem Übergang von kausal zu nondual. Bei jedem dieser Übergänge ginge es um das Loslassen einer Anhaftung, einer Des-Identifikation, zunächst von dem Alltags-Ich oder Ego (physisch), anschließend von der Seele (subtil) und schließlich von dem reinen Selbst (kausal). Beim ersten Übergang, der „Dunklen Nacht der Sinne" werden Abhängigkeiten hinterfragt, wie die von „Nahrung, Sex, Besitz, Rollenidentität und Macht", was sich auch an auftretenden Krisen im Außen zeige. In der „Dunklen Nacht der Seele" gehe es vor allem um das Ringen mit dem eigenen Inneren, wie „Gefühlen, Gedanken, inneren Zweifeln und Wünschen."[863] Kraft zum Durchhalten schenke die Orientierung an Jesu Leiden. Den letzten Übergang, die „Dunklen Nacht des Selbst" vergleicht sie mit einem „großen Tod des getrennten Selbstempfindens", der zugleich eine „große Auferstehung" in den „wahrhaftigsten und umfassendsten Bewusstseinszustand"[864], den es gebe, in dem alle Erscheinungen als eine nahtlose Einheit wahrgenommen werden. Ihre Ausführungen legen nahe, dass sie diese „Nächte" ähnlich wie Marion als besondere Lebensphasen, d.h. mit der Entwicklung der Stufen einhergehendes, linear ablaufendes und damit auch jeweils einmaliges Geschehen deutet, bei dem sich der Schwerpunkt von einem Zustand zu einem anderen verlagert.

---

862. Ebd., 349-367.
863. Vgl. ebd., 368ff.
864. Ebd., 372.

Entwicklungslinien

Küstenmacher orientiert sich bei ihrer Verknüpfung der Entwicklungslinien mit den Bewusstseinsstufen eng an Wilbers Ansatz, insofern sie annimmt, dass jede Linie sich durch die verschiedenen Bewusstseinsstufen hindurch weiterentwickelt. In einem entscheidenden Punkt folgt sie hier jedoch Don Beck, der davon ausgeht, dass sein Modell der WMeme sämtliche Intelligenzen einschließt. Für die verschiedenen Bewusstseinsstufen übernimmt sie die Bezeichnungen aus „Spiral Dynamics", d.h. die Nummerierung von 1.0 bis 9.0 und den entsprechenden Farbencode, während Wilber an dieser Stelle bewusst davon abweicht, um klarzustellen, dass es bei „Spiral Dynamics" um die Untersuchung einer bestimmten Entwicklungslinie („Werte") gehe und gerade nicht um das Aufdecken eines universalen Musters, das sich durch alle Entwicklungslinien hindurch zeige. In Folge dessen kann sie von BLAUEN Werten oder einer GRÜNEN kognitiven Linie sprechen.[865] Gleichzeitig kommt sie jedoch mit ihrer Aussage „Bewusstsein selbst ist der Raum, in dem sich alle Linien befinden"[866] wieder nahe an Wilbers Vorschlag, als Maßeinheit für das Psychogramm „Bewusstsein per se", also einen Raum der Leere und der Offenheit, zu verwenden. Ebenso erinnert die von Werner Tiki Küstenmacher dazu gezeichnete Grafik durch die parallel und unabhängig voneinander nach oben strebenden Linien stark an das Psychogramm Wilbers. Gleichzeitig schreibt sie, dass sich alle anderen Linien um die „Selbst-Linie" „herum gruppieren" [867], was möglicherweise durch eine andere Grafik (als die des Psychogramms) besser zum Ausdruck gebracht hätte werden können.

Darauf untersucht sie Gemeinden auf deren Umgang mit den verschiedenen Entwicklungslinien und stellt fest, dass diese, je nach ihrem Bewusstseinsschwerpunkt, BLAU, ORANGE oder GRÜN usw., anders mit bestimmten Linien umgingen: Entweder sie bremsten die

---

865. Vgl. ebd., 374f.
866. Ebd., 376.
867. Ebd., 375.

Entwicklung auf einem Gebiet (z.B. dem spirituellen), indem sie diese nur bis zu einer bestimmten Stufe, wie BLAU oder ORANGE, voranschreiten ließen. Oder sie hielten diese sogar gezielt klein, verdrängten beispielsweise die psychosexuelle Entwicklung. Damit gehe „den Gemeinden ein riesiges Feld menschlicher Intelligenz verloren". Sie folgert daraus, dass es notwendig sei, Freude an den „entwicklungsfördernden Linienkompetenzen [zu] wecken". Durch das Studium der Entwicklungslinien ließen sich „Einsichten in Gruppen- und Gemeindeprofile" [868] gewinnen. Als Übung schlägt sie vor, zu untersuchen, in welchen Bereichen eine Gemeinde bestimmte Entwicklungslinien fördere (wie z.B. die kognitive, die emotionale, die spirituelle, die moralische, soziale Intelligenz usw.). Als Hilfestellung bietet sie dazu eine Tabelle mit gezielten Fragen an, darunter „Wie sorgen wir für ein zunehmendes Wissensniveau in unserer Gemeinde?" oder „Wohin möchten wir uns als Gemeinde spirituell entwickeln?"[869] Sie bezieht sich dabei auf eine Tabelle von Tresher in dessen von uns ebenfalls untersuchtem Buch „Reverent irreverence." Zusätzlich verknüpft sie die Entwicklungslinien in einer Tabelle mit den Quadranten und zeigt so auf, dass jede dieser Linien ihren Schwerpunkt in einem der Quadranten hat: Die kognitive beispielsweise oben links, die moralische unten links. Anschließend schlägt sie vor, ein solches, wie sie es nennt, „Linien-Quadrantendiagramm" für sich selbst oder in einer Gemeindegruppe zu erstellen.[870]

Typen

Zunächst zeigt die Autorin auf, dass die unzähligen Typologien, die es gebe (Mann/Frau, die vier Elemente, das Enneagramm, Horoskop, Meyer Briggs usw.) sich sowohl von ihrer Herkunft her einer bestimmten Bewusstseinsstufe (PURPUR, BLAU usw.) als auch jeweils einem der vier Quadranten zuordnen ließen: Der Persönlich-

---

868. Ebd., 379.
869. Ebd., 381.
870. Vgl. ebd., 382f.

keitstyp dem Quadranten oben links, die Blutgruppe dem oben rechts, die Religionsrichtung dem unten links, die Regimetypen dem unten rechts und so weiter.[871] Wie bereits angemerkt, blickt die Verfasserin auf eine langjährige Erfahrung als Enneagrammlehrerin zurück. Für sie sei es erhellend gewesen, als sie durch das Stufenmodell verstand, dass das Enneagramm, im Gegensatz zu den Stufen, nur eine horizontale Beschreibung gebe; dass also Menschen mit dem gleichen Persönlichkeitsmuster sich auf unterschiedlichen Bewusstseinsstufen befinden und daher gänzlich andere Werte vertreten können. Bereits unter dem Punkt „Schattenarbeit" spricht Küstenmacher die Enneagrammarbeit an, die „im Wesentlichen Arbeit am eigenen (!) Schatten"[872] sei. Viele gelangten allein durch horizontale Translation, also die gründliche Auseinandersetzung mit ihren Mustern, zu mehr Reife. Bei einer Transformation käme es dagegen immer wieder dazu, dass diese fälschlicherweise für einen „Typenwechsel" gehalten würde – sich also eine ACHT auf einmal für eine VIER halte, weil sie durch den Stufenwechsel zu GRÜN mehr Sensibilität ausgebildet hatte. Darüber hinaus ordnet sie jedem Enneagrammtyp bestimmte Entwicklungslinien zu, bei denen jeweils der Schwerpunkt dieser Personen liege, so z.B. bei der acht auf „Wille, Meisterschaft, Führungsstärke" oder bei der neun auf der Ausbildung eines „mystisch-integrativen Einheitsbewusstseins".[873]

Haberer, „Von der Anmut der Welt", 2021

Haberer gibt an, dass die Grundideen seines Buches „untrennbar verknüpft" mit den Ideen Wilbers seien. Dieser Angabe lässt er eine kurze Einführung in dessen Leben und Wirken folgen. Als Zielgruppe seines Buches nennt er Menschen, die gerne glauben würden, es aber nicht mehr könnten, weil sie mit den hergebrachten religiösen Vorstellungen des Christentums nichts mehr anzufangen wüssten.

---

871. Vgl. ebd., 384ff.
872. Ebd., 264.
873. Vgl. ebd., 388-393.

Sein Buch unternehme den Versuch „die zentralen Begriffe und Ideen der christlichen Lehre – Gott, Schöpfung, Jesus Christus, Erlösung, Auferstehung und so weiter – auf der Basis des post-postmodernen, integralen Bewusstseins, das wir im Kapitel 7 von Gott 9.0 skizziert haben, in der Perspektive unseres Ansatzes [d.h. des integralen, Anm. d. Vf.] neu zu deuten".[874] Dementsprechend wird die Gliederung nicht – wie im Vorgängerbuch – durch die Elemente der integralen Theorie, sondern durch dogmatische Topoi bestimmt. Er beginnt mit Gott, dem Verhältnis von Gott zu Welt, und der Trinitätslehre, geht dann weiter über christologische Fragen zu der Anthropologie und verknüpft anschließend beide, „Gott" und „Mensch", durch die Annahme eines universellen Bewusstseins. Anschließend widmet er sich unter den Stichworten „Sünde 7.0" und „Erlösung 7.0" Fragen der Soteriologie entwirft, eine Unterscheidung aus Bonhoeffers „Ethik" aufgreifend, unter dem Punkt „Das letzte und das vorletzte" seine eigene Eschatologie.[875]

Wilbers Methode – Die Prinzipien integralen Denkens

Haberer führt kurz in Wilbers Leben und Werk ein, um dann ausführlicher auf dessen Methode einzugehen:

> *„Er denkt integrierend. Er sucht in den verschiedenen Denkrichtungen und – schulen nach Gemeinsamkeiten, nicht nach dem, worin sie sich unterscheiden. Bekannt ist sein Satz: „Niemand ist schlau genug, sich ständig zu irren (nobody is smart enough to be wrong all the time)."*

Das heißt, in (fast) jeder Meinung steckt ein Teil Wahrheit." Dieser Ansatz sei es, der sein Werk „so besonders"[876] mache. Er bringe ihn auch dazu, dass „verschiedene religiöse Lehren nebeneinander bestehen [könnten], die jede für sich (teilweise) wahr [seien]"[877]. Keine

---

874. Haberer, 2021, 14f.
875. Vgl. ebd., 7-10.
876. Ebd., 20.
877. Ebd., 21f.

Religion könne die ganze Wahrheit für sich beanspruchen, da alles unvollkommene Versuche seien, das Göttliche zu begreifen. Diese seien außerdem abhängig sowohl von der kollektiven Bewusstseinsstufe der religiösen Gemeinschaft als auch der individuellen Bewusstseinsstufe des Einzelnen.

Ebenen/Räume des Bewusstseins

Die Inhalte des Vorgängerbuches „Gott 9.0" werden von ihm wiederholend zusammengefasst., wobei er den Schwerpunkt auf die Weiterentwicklung des Gottesbildes legt und, ebenso wie in „Gott 9.0", diese von eins bis neun durchnummeriert. Zu dem Begriff „Stufen" selbst merkt er an, dass sich viele Leser*innen an ihm gestoßen hätten, da er eine Wertung im Sinne von „höher gleich besser" suggeriere. Deshalb bevorzuge er es nun, von „Bewusstseinsräumen" zu sprechen oder zur Veranschaulichung das Bild einer Baumscheibe zu verwenden, auf der die einzelnen Jahresringe den verschiedenen Bewusstseinsschichten entsprächen.[878]

Da es sich bei den einzelnen Beschreibungen im Wesentlichen um Wiederholungen handelt, werde ich mich im Folgenden auf die Punkte beschränken, die inhaltlich über das Vorwerk hinausgehen.

Um ein Buch wie seines, gibt er an, „zu schreiben, [...] zu lesen und zu verstehen, brauchen wir ein gewisses Maß an Second-Tier-Denken"[879], d.h. gewisse kognitive Voraussetzungen. Dazu gehöre, dass zwischen den positiven Beiträgen und den Schattenseiten jeder einzelnen Bewusstseinsräume differenziert werden könne und Paradoxien und Widersprüche nicht nur ausgehalten, sondern geradezu geliebt würden. Diese Haltung werde durch die moderne Physik gestützt, die gezeigt habe, dass Licht sowohl Teilchen als auch Welle sei. GELB könne durch den Überblick über die Bewusstseinsräume im Gegensatz zu GRÜN wieder Werturteile fällen, in Wachstumshierarchien denken und entwickele einen systemischen, die unterschiedlichen Räume integrierenden Blick auf das Ganze.[880]

---

878. Vgl. ebd., 23.
879. Ebd., 38.

In Bezug auf die Beschreibbarkeit von Türkis (oder gar noch höheren Stufen) bleibt Haberer skeptisch, „weil sich TÜRKIS erst da richtig entfalten kann, wo GELB umfassend ausgeformt ist und dann auch an seine Grenzen stößt – wo also die Lösungen, die GELB bietet, selbst wieder zum Problem werden."[881] Es könne sich also lediglich um eine Prognose handeln. Um diese anzustellen, zieht er eine Parallele mit dem PURPURNEN Bewusstseinsraum. Diese Analogie erklärt sich daraus, da es sich beides mal um die zweiten Stufe handelt, einmal in „First Tier", und einmal in „Second Tier", der Theorie nach also eine „höhere Oktave" desselben Motivs darstellt:

„In PURPUR gibt es, wie in TÜRKIS, ein intuitives Wissen um die großen Zusammenhänge und um die Einheit, die allem zugrunde liegt. Manche vermuten, dass in TÜRKIS mediale und parapsychische Fähigkeiten erwachen wie Telepathie oder Präkognition, was auch im PURPURNEN Raum vorkommt."[882]

Der Unterschied der Stufen liege allerdings darin, dass die eine prä-, die andere transrational sei.[883]

Für die Art, wie die Wirklichkeit in TÜRKIS empfunden werde, bedient er sich der beiden Begriffe des ‚Fraktals' [„ein geometrisches Gebilde, das aus sich immer wiederholenden, selbstähnlichen Formen besteht"[884]] und des ‚Hologramms' – dieses sei ein dreidimensionales Bild, das immer, auch wenn man es in viele kleine Stücke zerschneidet, sich auf jedem dieser kleinen Stücke in Gänze zeige.[885] Diese Bilder verwendet er später auch, um das Verhältnis von Gott und Mensch zu beschreiben.

Eine Aussage über KORALLE zu machen, halte er „nachgerade

---

880. Vgl. ebd., 39-41.
881. Ebd., 42.
882. Ebd. Siehe dazu auch Küstenmacher/Haberer, 166 und Beck & Cowan, 105, „Wiederholung des zweiten, aber in einer komplexeren Größenordnung".
883. Vgl. ebd.
884. Ebd., 43.
885. Vgl. ebd., 44.

für vermessen". Er schließe sich damit den Autor*innen von Spiral Dynamics an und zitiert diese mit dem Satz: „KORALLE ist diesen beiden Autoren immer noch unklar."[886]

In späteren Kapiteln wendet er die Bewusstseinsräume auf verschiedene Themen an, so auf die Trinitätslehre[887], die Theodizeefrage[888], die Suche nach dem historischen Jesus[889] und das Bibelverständnis.[890]

Während die Trinitätslehre auf BLAU einfach als etwas unverständliches hingenommen werde, werde sie auf ORANGE eher als „eine Beleidigung für die Vernunft" und als „ärgerlicher Ballast"[891] angesehen. Auf GRÜN werde sie vorrangig als ein „Hindernis für den interreligiösen Dialog" empfunden, bis sie schließlich im GELBEN Bewusstseinsraum, der bekanntlich Paradoxien liebe, „zu leuchten" begänne. Es ginge um die Möglichkeit einer „Annäherung an eine Wirklichkeit, die sich linear-logisch nicht erfassen"[892] ließe.

Bezüglich des Jesus- und Bibelverständnisses fasse ich im Folgenden die mir am bedeutendsten erscheinenden Punkte in eigenen Worten zusammen:

- BLAU verstehe die Bibel als historischen Bericht und Jesus als den Menschen, der damals für uns starb und auferstand, um die Sünden von uns zu nehmen.[893]

- ORANGE gehe mit wissenschaftlichen Methoden auf die Suche nach dem historischen Menschen Jesu, wie er wohl, gemessen an der allgemeinen Erfahrung, am wahrscheinlichsten gewesen sein mag. Dabei stürze es sich durch die historisch-kritische Methode

---

886. Ebd., 45, Cowen & Beck, 76.
887. Vgl. ebd., 79ff.
888. Vgl. ebd., 100ff.
889. Vgl. ebd., 133-7.
890. Vgl. ebd., 112f.
891. Ebd., 80.
892. Ebd., 81.
893. Vgl. ebd., 112 und 133.

auf allerhand widersprüchliche Beschreibungen (z.B. der Auferstehung) und Erzählungen von Geistern und Wundern, die sich mit dem modernen Weltbild (scheinbar) nicht mehr in Einklang bringen lassen. Auch werde jetzt mit Veränderungen und Verfälschungen der ursprünglichen Quellen gerechnet.

- GRÜN sehe in den biblischen Texten „archetypische[...], innere[...] Wahrheiten, öffne sich für andere Religionen und suche nach einer eigenen spirituellen Praxis.[894]
- GELB verstehe die biblischen Geschichten als mythologische Wahrheiten im Sinne „eine[r] Geschichte, die historisch nicht stattgefunden hat, [...] sondern [...] die sich täglich, damals wie heute, hier und jetzt ereignet."[895] Die mythologische Wahrheit sei deshalb wesentlicher umfassender als die historische, da sich in ihr die immer wieder gemachten Erfahrungen von Generationen niederschlugen.[896]

Die Quadranten

Haberer nennt sie die „vier Perspektiven auf die Wirklichkeit"[897] und gibt eine kleine Einführung in Wilbers Quadranten.

Ausführlich bedient er sich der Quadranten, um das Phänomen des „Ich-Bewusstseins" zu untersuchen. Die Neurowissenschaft (rechts oben) könne beschreiben, aber nicht erleben und wissen, wie es sich anfühle, jemand zu sein: [...]jede und jeder von uns hat ihre und seine eigene „Perspektive der Ersten Person", die nur dieser einen Person gehört."[898]

Auch bei Glaubensfragen bleibe die letzte Instanz die Subjektivität des einzelnen, der Quadrant links oben. Allein über eigene Erfahrungen, so meint Haberer, oder durch das Vertrauen auf fremde Er-

---

894. Ebd., 135.
895. Ebd., 138.
896. Vgl. ebd., 112-6, 134f.
897. Ebd., 45.
898. Ebd., 195.

fahrungen, die sich in der Bibel niedergeschlagen hätten, könnten wir etwas über Gott wissen. Es gäbe daher nur relative Wahrheiten.[899] Der Ausweitung des Wissenschaftsbegriffes, wie ihn Wilber mit seiner Erkenntnistheorie vornimmt, schließt sich Haberer damit offenbar nicht an.

Zustände des Bewusstseins

Haberer spricht einmal im Zusammenhang mit der Frage nach dem menschlichen Ich-Bewusstsein von „verschiedene[n] Grade[n] der Bewusstheit"[900] und unterscheidet dabei drei Felder des Tagesbewusstseins: das „unbewusste Handeln", die wache Aufmerksamkeit und einen Flow-Zustand der Selbstvergessenheit.[901] An anderer Stelle schreibt er davon, dass die tiefere Dimension der Welt immer gegenwärtig sei und „in der tiefen Meditation […] in Nahtoderfahrungen, in bestimmten ‚Gipfelerlebnissen' oder einfach im Spüren, in der Intuition" aufscheinen könne.[902]

Die Erfahrung der Erleuchtung spielt bei ihm insofern eine entscheidende Rolle, als dass sich der Mensch durch sie als eins mit dem Göttlichen erkenne. Gleichzeitig tendiert er dazu, den Zustand des Einheitsbewusstseins oder der Erleuchtung als temporär eng begrenzt zu sehen oder ganz in die Eschatologie zu verlagern: „Meine Hoffnung ist, dass wir eines Tages die Begrenzungen von Raum und Zeit hinter uns lassen und in einen Bereich jenseits von Tod und Leben gelangen. Dort und dann […] werden wir erkennen, dass alles eins ist."[903] Im „Epilog" äußert er sich ähnlich: „Das endgültige Erwachen, die ultimative Erleuchtung geschieht mir im Augenblick meines Sterbens."[904]

Das Einheitsbewusstsein bleibt für ihn eine zeitlich begrenzte

---

899. Vgl. ebd., 51ff.
900. Ebd., 184.
901. Vgl. ebd., 184f.
902. Ebd., 84.
903. Ebd., 103.
904. Ebd., 291.

Ausnahmeerscheinung: „Und dann gibt es jene kostbaren Momente, in denen der Panzer der Angst von uns abfällt (…). Es ist als bekäme der Panzer um unser innerstes, wahres Selbst einen Riss, durch den das ursprüngliche Licht hindurchscheint."[905]

Er räumt diesem jedoch keinen entscheidenden Stellenwert bei der Eschatologie ein. Ein Erwachen im Sinne der Bewusstwerdung unserer Einheit mit Gott, hält er nicht für notwendig zur Erlösung – denn erlöst seien wir in dieser vorgegebenen Einheit schließlich alle bereits.[906] „Es ist nicht notwendig, in diesem Leben erleuchtet zu werden, denn Erleuchtung bedeute|…| für Christen nicht die Erlösung. Erlöst seien wir, ganz „ohne unser Zutun und Erleuchtungserfahrungen jeglicher Art"."[907]

Einen Bewusstseinszustand, in dem wir bereits Zeit unseres Lebens von allem Leiden befreit wären, hält er gar nicht für erstrebenswert. Der christliche Glaube habe, seiner Sichtweise zufolge, ein anderes Verhältnis zum Leiden als es in den östlichen Religionen der Fall sei. Es sei notwendig, um daran zu wachsen und ein wahrer Mensch zu sein: „Ich will Blut, Schweiß und Tränen, und ich weiß, dass mein Gott das auch will." Deshalb wolle er „auch gar nicht erleuchtet werden".[908]

Entwicklungslinien, Schattenarbeit und integrale Lebenspraxis

Haberer verknüpft die Rede von Entwicklungslinien mit der von der Schattenarbeit. Denn unter dieser versteht er vor allem die Arbeit an den verschiedenen Persönlichkeitsanteilen, die er synonym zu dem Begriff der „Linie" zu verwenden scheint. Wie Wilber sieht er sie als notwendige Ergänzung zur spirituellen Praxis. Jede*r habe „Teilpersönlichkeiten", von denen einige bewusst und andere ins Unterbewusste verdrängt und damit im Schatten seien. Er bezieht sich dabei auf „Voice Dialogue" und andere Theorien.[909] Ziel der Arbeit

---

905. Ebd., 228.
906. Vgl. ebd., 291.
907. Ebd., 278.
908. Ebd., 295.

mit den Teilpersönlichkeiten sei es, die „im Schatten lebenden Anteile kennen" zu lernen, um nicht mehr von ihrem unvermutete[...] Hervorbrechen" überrumpelt zu werden.[910]

Diese unterschiedlichen Teilpersönlichkeiten seien daneben auch unterschiedlich erleuchtet:

> *„In der Erleuchtungserfahrung wird nun nicht der ganze Mensch erleuchtet, sondern ein Teilselbst oder mehrere Teilselbste [...]. Die übrigen inneren Personen müssen davon gar nichts mitbekommen, jedenfalls werden sie nicht automatisch in einen ‚heiligmäßigen' Zustand versetzt."*[911]

Damit lassen sich für ihn auch die Missbrauch Skandale in spirituellen Kreisen schlüssig erklären: Wenn die spirituelle Linie hoch entwickelt sei und somit in den Vordergrund trete, könnten andere Entwicklungslinien, wie die soziale oder emotionale, in den Hintergrund geraten. Die „Schattenarbeit" sei Bestandteil einer „Lebenspraxis", wie sie Wilber entworfen habe, und die darauf ziele, nicht nur die Spiritualität weiterzuentwickeln, sondern auch den Verstand und Körper zu trainieren und sich ‚Schattenanteile der Persönlichkeit' bewusst zu werden und sie zu bearbeiten.[912]

Die Funktion von Spiritualität und Religion

Haberer greift Wilbers Rede von translativer und transformativer Spiritualität auf und übt gleichzeitig Kritik daran, dass erstere bei diesem eher „schlecht weg" komme, wo hingegen letztere als das „Eigentliche" gelte. Unter der Überschrift „Ehrenrettung der Translation" warnt er, dass „die einseitige Betonung der Transformation als ‚eigentliches' Ziel aller Spiritualität sehr leicht elitär und unbarmherzig werden"[913] könne. Dazu zitiert er einen Abschnitt

---

909. Vgl. ebd., 186f.
910. Ebd., 187f.
911. Ebd., 275f.
912. Vgl. ebd., 275f.
913. Ebd., 272.

Wilbers, wo dieser den Unterschied zwischen „Translation" und „Transformation" erläutert und mit folgendem Satz enden lässt: „das Wesen einer radikalen Transformation besteht dagegen darin, dass das Selbst selbst erkundet, an der Gurgel gefasst und buchstäblich erdrosselt wird."[914] Haberer kritisiert daran zunächst die „militante Sprache", die er mit einer „männlichen, dualistischen Spiritualität" und einem Entweder-Oder-Denken assoziiert. Zwar sei dies ein durchaus „gängiges Motiv in den spirituellen Traditionen, dass das Ich getötet werden soll". Jesus selbst habe aber sich nicht derart geäußert, sondern stattdessen von „Wachstum, vom Hinüberwachsen ins Reich Gottes"[915] gesprochen und damit eine ganzheitlichere, inklusivere Spiritualität vermittelt. Paulus „Hohelied der Liebe" im 1. Korintherbrief 13 erkläre die Liebe als das wichtigste Kriterium für spirituelles Wachstum. Es sei nicht nur wichtig, dass ein Mensch sich „transformativ" von einem engeren in einen weiteren Bewusstseinsraum entwickele. Auch die Bearbeitung und Aufhellung des Unbewussten jeder Ebene sei von entscheidender Bedeutung.[916]

Darüber hinaus sieht er in der Überbetonung der „Transformation" auch die Gefahr des „Elitismus". Nicht jeder könne sich teure und lange Seminare zu diesem Zwecke leisten. Für „viele Menschen [käme] eine transformatorische Praxis gar nicht infrage, (...) weil ganz schlicht die Ressourcen fehl[t]en."[917]

In Rückgriff auf die Unterscheidung Bonhoeffers in dessen Ethik zwischen den „vorletzen" und „letzten" Dingen vertritt er, wie bereits angeklungen, den Standpunkt, dass es für einen Menschen gar nicht notwendig sei, in diesem Leben erleuchtet zu werden. Denn die „letzten Dinge" seien bereits entschieden: Bei unserer Rückkehr ins „Große Ganze" werde jeder ohnehin erleuchtet.[918] Daher sei es ausreichend, sich auf die „vorletzten" Dinge zu konzentrieren und die

---

914. Ebd., 272f.
915. Ebd., 273f.
916. Vgl. ebd., 273ff., Stichwort „Schattenarbeit".
917. Ebd., 277f.
918. Vgl. ebd., 261f.; 278.

Welt „translativ" zu einem besseren Ort zu machen. Jesu Lehre, wie sie sich beispielsweise in der Bergpredigt finde, richte sich „gerade nicht an die Allgemeinheit, sondern an den engeren Kreis der Jünger." Demnach gebe es zwei Möglichkeiten des spirituellen Weges: Den radikalen und den gemäßigten. „Translation und Transformation [stünden] gleichberechtigt nebeneinander."[919] Natürlich brauche die Welt Menschen, die sich in Meditation und Kontemplation übten, dabei tiefe Bewusstseinszustände erlebten und von diesen Zeugnis ablegten, doch es reiche aus, wenn das eine kleine Menge sei. Als Beleg für diese These führt er u.a. das Gleichnis Jesu an, wonach die Jünger das Licht und das Salz der Welt seien.[920]

Paul Smith, „Integral Christianity – The Spirit's Call to Evolve", 2011

Als Titelbild wurde ein Nautilus gewählt, da er die Form einer Spirale besitzt und damit bereits auf den Inhalt des Buches anspielt.

Das Vorwort zu diesem Buch stammt von Marion. Er nennt es ein wichtiges und fundiertes Buch, das mit großer Bescheidenheit und Einfachheit geschrieben worden sei. Smith habe das Werk Wilbers darin vollständiger und integraler auf das Christentum angewandt als jedes bisherige Buch und baue damit auf seinen, Marions, eigenen Bemühungen in seinen zwei eigenen Büchern auf.[921] Smith selbst wiederum empfiehlt die Lektüre beider Bücher Marions für die weitere Erforschung vieler wichtiger Aspekte.[922]

Smith beginnt sein Buch mit den drei Sätzen: „Ich liebe Gott. Ich liebe Jesus. Ich liebe die Kirche[923]." Schon immer, bereits als er das

---

919. Ebd., 280.
920. Vgl. ebd, 280f.
921. Vgl. Marion, 2011, xv-xvii.
922. Smith, 2011, 151f.
923. Vgl. ebd., xix.

theologische Seminar der „Southern Baptist" besuchte, habe er danach gefragt, wie es heute möglich sein könnte, derartige direkte Erfahrungen mit Gott zu machen, mit denen Jesus Leben und das der frühen Kirche durchtränkt gewesen seien. Doch erst vor einigen Jahren habe er einen Namen für das gefunden, was er auf dem christlichen Weg versucht habe, zu machen – „Integrale Philosophie." Die Lektüre von Wilbers Werk habe ihm auf faszinierende Weise zu größerer Klarheit verholfen. In seinem Buch versuche er zunächst, durch die Brille von Jesus auf die integrale Philosophie zu schauen, um dann rückwärts mit der Brille der integralen Weltsicht auf Jesus zu blicken. Damit bezeuge er ein neues Modell für das Christentum und die Kirchen.[924]

Die integrale Theorie vergleicht er mit einem Navigationssystem, das dazu diene, das eigene Leben, einschließlich der spirituellen Dimension, zu verorten und sich darin zurechtzufinden. Er nennt sie "das fortschrittlichste Lebensnavigationssystem auf dem Markt."[925]

Er gibt zu, dass Wilbers Werke zu lesen für viele, darunter auch ihn selbst, eine Herausforderung sei, und nennt sich bescheiden einen „integralen Dummkopf (dummy)". Neben der Lektüre von Wilber empfiehlt er außerdem Marions Bücher und Steve McIntosh „Integrales Bewusstsein."[926] Tatsächlich gibt er an, sich in seiner Beschreibung der Stufen eng auf dessen Buch statt auf Wilber oder Spiral Dynamics zu stützen.[927]

Er spricht von fünf Elementen, die innerhalb des Navigationssystems wie Satelliten fungierten und eine Mischung aus einigen AQAL-Elementen sowie weiteren Elementen der integralen Theorie Ken Wilbers darstellen: Stufen (stages), Zustände (states), Perspektiven (standpoints) (damit meint er die Quadranten, die „großen Drei" und das 1-2-3 Gottes), Schatten (shadows) und praktische Schritte (steps) (dahinter steht das Konzept der integralen Lebenspraxis). Zusam-

---

924. Vgl. ebd., xixff.
925. Ebd., 2.
926. Vgl. ebd., 1ff.
927. Vgl. ebd., 6.

men nennt er sie das „spirituelle Navigationssystem".⁹²⁸

In seiner Definition des Wortes „spirituell" folgt er Ken Wilbers Unterscheidung der vier unterschiedlichen Bedeutungen.⁹²⁹

Mit Hilfe seines Systems der fünf Satelliten bestimmt er die Ziele einer integralen Kirche und, wie ich aufzeigen werde, auch die wesentlichen Elemente der Liturgie und anderer Aktivitäten einer solchen Kirche.⁹³⁰

Aus diesen leitet sich schließlich auch die Gliederung des Buches ab.

Smith geht in diesem Werk systematisch alle AQAL-Elemente durch und wendet sie auf das Christentum an. Diese Gründlichkeit der Vorgehensweise merkt auch Wilber selbst an. Er nennt den Inhalt des Buches „einen wirklich großartigen und sehr beeindruckenden Anfang" [in der Anwendung der integralen Theorie auf das Christentum], in dem er praktisch alle wichtigen Dimensionen der integralen Theorie auf das Christentum anwende und aufzeige, dass das Ergebnis zutiefst umfassender, inklusiver und damit in gewissem Sinne auch effektiver sei.⁹³¹

Smith macht deutlich, dass er Wilber nicht nur als Philosophen, sondern auch als spirituellen Lehrer schätzt. Die Begegnung mit seinem Werk habe ihn spirituell wachsen lassen und ihn dazu gebracht, mehr auf seine eigenen spirituellen Erfahrungen zu vertrauen.⁹³² Von ihm übernimmt er daher auch das Konzept einer integralen Lebenspraxis, die Des-Identifikationsübung und das 3-2-1 der Schattenarbeit.⁹³³

Ebenen des Bewusstseins

Wie bereits erwähnt, orientiert sich Smith an den sieben von Steve

---

928. Vgl. ebd., 3f.
929. Vgl. ebd. 5, vgl. Wilber, 2007, 145.
930. Vgl. ebd., 7f.
931. Vgl. Wilber 2017a, 361 u. 4.
932. Vgl. Smith, 2011, 277.
933. Vgl ebd., 289 u. 272.

McIntosh beschriebenen Stufen. Seine von ihm parallel dazu benutzten selbstgewählten Bezeichnungen lässt er alle mit dem Buchstaben „f" beginnen: „fantasy, fighting, fitting in, flourishing, fulfilling, and frontier (Fantasie, Kämpfen, sich anpassen, erblühen, erfüllend, Grenzgebiet)."[934]

Der Schwerpunkt des Buches liegt auf der Beschreibung des jeder der sieben Stufen entsprechenden christlichen Glaubens in Bezug auf die Bereiche: 0. Die Kirche, 1. Die Bibel, 2. Gott, 3. Jesus, 4. Gebet, 5. Sünde und Erlösung, 6. Himmel und Hölle, 7. Das Reich Gottes, 8. Das Mystische. Diese untersucht er sowohl in Bezug auf ihre Stärken bzw. gesunde Seiten, als auch Schwächen bzw. ungesunden Seiten hin.[935] Erstere leisteten einen bleibenden Beitrag zur weiteren Entwicklung, letztere sollten besser überwunden werden.[936]

Im Folgenden fasse ich seine Beschreibungen, die er als bewusste Vereinfachungen und plakative Verallgemeinerungen verstanden wissen will („Ich werde stark vereinfachen"[937]) in einigen Stichworten zusammen.

Dabei beschränke ich mich auf die Beschreibungen, die sich explizit auf das Christentum beziehen und lasse die eher allgemeineren Einführungen, die diesen jeweils vorangehen, außen vor. Sie sind im Wesentlichen deckungsgleich mit denjenigen von Steve McIntosh.

- 1. Stammeskirche/ Fantasie und Familie: Dazu gehörten ultrakonservative Kirchen. 1. Die Bibel werde als ein magisches Buch mit übernatürlichen Kräften angesehen und mit Ehrfurcht behandelt. In der Bibel selbst seien legendenhafte Geschichten aus der Zeit des Stammesdenkens enthalten, die von Christen auf dem modernen Bewusstseinslevel hinterfragt würden, wie die Sintflut oder die Jungfrauengeburt. 2. Gott sei eine Art übernatürliches Wesen, ein Superheld, der getrennt von der Welt im Himmel lebe, mit Wun-

---

934. Vgl. ebd., 6.
935. Vgl. ebd., 11.
936. Vgl. ebd., 17.
937. Ebd., 10.

dern, Belohnung und Strafen in unser Leben eingreife und den es zu fürchten gelte. 3. Jesus sei vor allem ein göttlicher Bote, der Wunder wirke und dessen Opfertod vor Gottes Zorn schütze. 4. Das Gebet bitte Gott, der alles kontrolliere, um ein Wunder oder um Schutz vor einem Unglück. 5. Sünde sei alles, was Gott missfalle. Erlösung bedeute, von Gottes Zorn und einer ewigen Höllenqual gerettet zu werden. 6. Himmel und Erde würden örtlich und wörtlich verstanden. 7. Das Reich Gottes sei der Himmel, in den nach dem Tod nur derjenige komme, der zu einer ganz bestimmten Glaubensgemeinschaft gehört habe. 8. Es komme zur Verwechslung von Mystik mit Magie. Die Elemente der Eucharistie verwandelten sich in wirkliches Blut und Fleisch Jesu. Ihnen wie auch Bildern von Jesus oder Heiligen würden magische Kraft zugeschrieben. Überall lauerten dämonische Einflüsse, Besessenheit müsse durch Exorzismus ausgetrieben werden.

- Die Stufe fördere Gefühle von Verwundbarkeit und Machtlosigkeit und tendiere zu Gewalt und Manipulation. Gleichzeitig sei der Zusammenhalt in einer kleinen Gemeinschaft oder Stamm, wie es auch Jesus Jünger waren, förderlich für das persönliche spirituelle Wachstum.[938]

- 2. Kriegerische Kirche/ Kämpfen und leidenschaftlicher Eifer: Dazu gehörten heilige Kriege, Kreuzzüge, die Inquisition und heutige Fundamentalisten. 1. Die Worte der Bibel würden wörtlich verstanden und für fehlerfrei gehalten. Häufig werde sie als Waffe eingesetzt, um sich gegen andere abzugrenzen. 2. Gott werde als zorniger Krieger beschrieben und ausschließlich als Mann angesprochen. 3. Jesus führe einen Kampf gegen die Sünde, den Tod, den Teufel und die Ungläubigen. 4. Zum Gebet gehöre u.a. die Verfluchung der Feinde und die Bitte um Beistand im Kampf. 5. Nur der Glaube an Jesus stellvertretenden Tod könne von dem Zorn Gottes über die Sünden retten und führe die einen

---

938. Vgl. ebd., 15-25.

nach dem Tod in den 6. Himmel oder auch 7. das Reich Gottes, die anderen zu ewigem Leiden. 8. Rituale würden u.a. dazu eingesetzt, Mitglieder zu kontrollieren, indem sie an bestimmte Bedingungen geknüpft seien.

- Die Stufe führe automatisch zu irgendwelchen Formen von Kampf und Furcht, helfe aber gleichzeitig dabei, sich leidenschaftlich und entschieden für etwas oder jemanden einzusetzen – die Herausforderung sei, dies künftig ohne Gewalt zu tun[939].

- 3. Traditionelle Kirche/Treue und sich [in eine Gruppe] einfügen: Die große Mehrheit der Kirchen befinde sich auf diesem Level. 1. Die Bibel gelte als das Wort Gottes, jedoch teilweise bereits in unterschiedlichem Maß. 2. Gott sei der gerechte Richter, der zugleich liebend, als auch rachsüchtig sei und von einem (separaten) Himmel aus alle Vorgänge in der Welt steuere. 3. Jesus sei sowohl Mensch als auch Gott. Er sei der einzige Sohn Gottes, der für unsere Sünden gestorben sei und zu dem wir eine persönliche Beziehung pflegen könnten. 4. Im Gebet werde Gott gebeten, in den Verlauf der Welt einzugreifen oder es werde ihm persönlicher Dank und Anbetung entgegengebracht. 5. Der wichtigste Glaubensinhalt sei, dass Jesus uns von den Folgen unserer Sünden – dem Zorn Gottes – gerettet habe. 6. „Gute Menschen kommen in den Himmel, schlechte in die Hölle." 7. Paulus Soteriologie überschatte Jesus Lehre vom Reich Gottes. Diese sei ein Vision Gottes, die in ihm bereits gegenwärtig als auch eine zukünftige Realität sei. 8. Mystik und erhöhte Bewusstseinszustände würden abgelehnt. Wichtiger als die innere Bewusstseinswandlung sei es, mit den Regeln und Erwartungen konform zu gehen.

- Die Stufe sei für die spirituelle Entwicklung unverzichtbar und verdiene unsere Wertschätzung: Sie schaffe eine Verwurzelung, bewahre Traditionen und sorge für Stabilität und Zusammenhalt. Darin liege allerdings zugleich ihre größte Schwäche, da sie so die

---

939. Vgl. ebd., 27-35.

Weiterentwicklung des Einzelnen bremse.[940]

- 4: Moderne Kirche/ Aufblühen und um sich schlagen: Sie werde durch den protestantischen Liberalismus repräsentiert oder, wie von Atheisten und Agnostikern, generell abgelehnt. 1. Die Bibel werde entweder verworfen oder radikal umgedeutet, logische Widersprüche würden aufgedeckt. 2. Der Glaube an einen übernatürlichen theistischen Gott werde zurückgewiesen und durch eine abstraktere Vorstellung ersetzt. 3. Der historische Jesus, an dem das Interesse zunehme, werde als ein besonderer Mensch und Weisheitslehrer gesehen. 4. Gebet als Anrede Gottes als einer Person werde problematisch und eher als stille Gedenkzeit verstanden. 5. Bei Sünde gehe es um das Zufügen von Schaden und um ungerechte Verhältnisse. 6. Das Leben nach dem Tod werde angezweifelt, der Glaube an die Hölle ginge verloren. 7. Das Reich Gottes werde primär als eine soziale Utopie verstanden. 8. Mystik werde als irrational verworfen.

- Die Stufe beziehe ihre Stärke aus der Integration von Vernunft und Wissenschaftlichkeit in das Gebiet des Glaubens, zugleich leide sie jedoch an einer Absolutsetzung der Wissenschaft („Szientismus"), was andere Weisen der Erschließung von Wirklichkeit ausschließe.[941]

- 5. Postmoderne Kirche/ Erfüllend und Flach: Progressive Kirchen der "United Church of Christ" (eines Hauptzweiges des Protestantismus in den USA), die "Unity Church", "Religious Science" und andere der "Neu-Geist („New Thought")-Bewegungen. 1. Manche sähen sich bereits über die Bibellektüre erhoben, andere läsen sie aus befreiungstheologischer Perspektive. 2. Gott werde im Sinne des Panentheismus gedeutet: Er sei in allem und alles sei in Gott. 3. Erstmals tauche eine Unterscheidung zwischen dem historischen Jesus, der als Mystiker, Heiler, Lehrer und

---

940. Vgl. ebd., 37-48.
941. Vgl. ebd., 49-59.

Anführer einer Befreiungsbewegung verstanden werde, und dem universalen „Christus" auf, dessen Bewusstsein jedem offenstehe. 4. Alle möglichen Gebetsformen, darunter auch Energieheilung, würden praktiziert. 5. Die Ursache von Sünde werde primär im herrschenden System angesiedelt. 6. Der Himmel (und auch die Hölle) werde erstmals als eine innere Erfahrung gedeutet. Die Idee der Auferstehung werde teilweise durch Reinkarnationsvorstellungen abgelöst, das wahre Selbst als unsterblich erkannt. 7. Das Reich Gottes werde als ein Auftrag verstanden, die Welt nach Gottes Willen zu gestalten. 8. Das Prärationale und Post/Transrationale werde häufig nicht unterschieden bzw. verwechselt. (Stichwort „Prä-Trans-Verwechslung")

- Positiv sieht er die Integrationskraft der Stufe, negativ den damit einhergehenden Relativismus, der darauf verzichte, jegliche Wertungen vorzunehmen und Hierarchien per se ablehne, statt zwischen natürlichen und Herrschaftshierarchien zu unterscheiden. Daher nennt Smith sie „flat" [was stark an Wilbers Kritik der Postmoderne und seiner Rede vom „Flachland" erinnert].[942]

- 6: Integrale Kirche/ das neue Grenzgebiet (frontier): Als Vorbild dient Smith hier vor allem seine eigene Kirche. 1. Die Bibel werde als ein faszinierendes Zeugnis angesehen, das die evolutionäre Entwicklung der Spiritualität abbilde. Neues und Altes Testament seien außerdem unerlässliche Quellen für das Verständnis von Jesu Leben und Lehre. 2. Es werde davon Abstand genommen, Gott oder ein bestimmtes Gottesbild zu schützen oder zu verteidigen. Gott werde aus den drei Perspektiven (3./2./1. Person) heraus erfahren. Für die Umschreibung des unendlichen Gesichtes Gottes sei der Panentheismus das gegenwärtig umfassendste Modell. 3. Jesus sei ein Mystiker, Reformer und Prophet, der seine göttliche Identität erkannt und voll verwirklicht habe. Er sei die Personifizierung des Christusbewusstseins, das unser aller wahres

---

942. Vgl. ebd., 61-71.

Selbst sei. Wie auf Gott gebe es auch drei Perspektiven auf Christus: Den kosmischen Christus (3.), Jesus, unseren Freund (2.) und den Christus in uns (1.) 4. Gebet werde als ein Bewusstseinszustand angesehen, durch den wir Gott erfahren: Einmal in Kontemplation über ihn (3. Person), einmal in Beziehung zu ihm (2. Person) und einmal in der Identifikation mit ihm (1. Person). 5. Das Wort Sünde, so es denn überhaupt noch benutzt werde, meine hier die fälschliche Identifikation mit dem Ego statt unserem wahren, göttlichen Selbst. 6. Beim „Himmel" gehe es um die Bewegung des sich immer weiter expandierenden „Guten, Wahren und Schönen" und bei der Hölle dementsprechend um eine Entfremdung davon. 7. Das Reich Gottes sei die Erkenntnis, der Himmel immer schon in uns ist und das Bemühen, diesen auch im Außen zu verwirklichen. 8. Integrale Spiritualität heiße die Mystik willkommen und mache aus ihr eine kollektive Erfahrung.[943]

Die Schwächen dieser Stufe würden, so Smith, wohl erst mit der Zeit sichtbar werden. Ihre Stärke sieht er vor allem in ihrer Fähigkeit, überkommene Vorstellungen und Projektionen wie bspw. die Gottes als „Superman" zu überwinden, alles wertvolle der vorhergehenden Stufen zu bewahren („to transcend and include") und die Offenheit, von Kirchen aller Stufen zu lernen.[944]

Das Gottesbild, das Jesus lehrte, habe sich radikal von den vorhergehenden unterschieden, da er selbst bereits aus einem integralen Bewusstsein heraus gelebt habe.[945] Dies zeige sich daran, dass er auf die unterschiedlichen Stufen der Entwicklung hingewiesen und jede einzelne davon gewürdigt habe. Diese These untermauert er anhand einigen Passagen aus dem Neuen Testament, darunter der Bergpredigt: »Denkt nicht, ich sei gekommen, um das Gesetz oder die Propheten

---

943. Vgl. ebd., 233-257.
944. Vgl. ebd., 233-259.
945. Vgl. ebd., 82f.

außer Kraft zu setzen. Ich bin nicht gekommen, um außer Kraft zu setzen, sondern um zu erfüllen. (Matthäus 5, 17) Jesus würdige hier die traditionelle Stufe, gehe aber zugleich über diese hinaus.[946]

Aus seinem neuen Gottesverständnis heraus habe er auch das Sünden/Opfersystem des Tempels seiner Religion überwunden.[947] Darüber hinaus habe er seine Jünger mit den Worten: „Ich hätte euch noch viel zu sagen, aber ihr wärt jetzt überfordert. Doch wenn der ‚Helfer' kommt, der Geist der Wahrheit, wird er euch zum vollen Verständnis der Wahrheit führen (Johannes 16,12f.)" darauf hingewiesen, dass sich noch neue Bewusstseinsstrukturen entwickeln würden, die ihnen erlauben würden, ihn besser zu verstehen. Auch in seinen Worten am Kreuz: „Vater, vergib ihnen, denn sie wissen nicht, was sie tun (Lk. 23,34)" zeige sich dieses tiefe Verständnis der unfertigen menschlichen Natur. Jeder Mensch könne immer nur das wissen, was ihm seine Weltsicht erlaube, zu wissen und handle automatisch entsprechend.[948]

Da diejenigen, die Jesus Worte niederschrieben, dies oft selbst aus einer niedrigeren Bewusstseinsstufe heraus machten, gäbe es auch im Neuen Testament Passagen, die sich mit Jesu Geist nicht in Einklang bringen ließen. Daher sei auch hier die Kunst der Unterscheidung notwendig.[949]

Zustände des Bewusstseins und Wilber-Combs-Raster

Nachdem Smith mit wenigen Worten erläutert, was der integrale Ansatz unter „Zuständen" versteht, gibt er an, sich im Folgenden auf die Beschreibung der Zustände zu beschränken, die mit spirituellen Erfahrungen in Verbindung gebracht werden.[950] Er summiert diese unter dem Begriff „Die spirituelle Zone". Anhand der Geschichte in Lukas 10 von Martha, Maria und Jesus unterscheidet er drei verschie-

---

946. Vgl. ebd., 83ff.
947. Vgl. ebd., 87f.
948. Vgl. ed., 89f.
949. Vgl. ebd., 92.
950. Vgl. ebd,, 93.

dene Bewusstseinszustände: Den grobstofflichen, gewöhnlichen Zustand (Martha), den subtilen, mit dem spirituellen Bereich verbundenen Zustand (Maria) und den kausalen Zustand des reinen, göttlichen Seins (Jesus). Während sich bei dem Zustand, in dem Maria sich befinde, die Aufmerksamkeit auf die geistliche Welt richte und wir aus dieser Visionen, Botschaften, Gefühle oder Empfindungen empfingen, wisse Jesus in seinem Zustand um seine untrennbare Einheit mit Gott. Dies werde auch das Reich Gottes, das Christusbewusstsein, das Einheitsbewusstsein oder das erleuchtete Bewusstsein genannt.[951]

Eng an Wilber angelehnt vergleicht er den Übergang zwischen diesen Zuständen mit denen zwischen Wachen, Träumen und Tiefschlaf.[952] Ebenso schließt er sich dessen Unterscheidung zwischen Stufen und Zuständen und dessen Erkenntnis („Wilber-Combs-Raster") an, dass Zustände immer in Abhängigkeit von der Stufe, auf der Menschen sich momentan befinden, gedeutet werden. Davon ausgehend führt er einige Beispiele aus dem christlichen Kontext an, u.a. wie unterschiedlich eine Person mit einem bestimmten Trauminhalt umgehen wird, je nachdem, ob ihr Schwerpunkt im Stammes-, Krieger-, traditionellem, modernem, postmodernem oder integralem Bewusstsein läge. Sieht sie darin den Teufel am Werk, nur einen schlechten Traum, ein psychologisches Thema oder eine Schattenprojektion? Ebenso verhalte es sich mit Visionen von Jesus.[953]

Anschließend unterzieht er die biblischen Berichte von Jesu Leben einer Untersuchung im Hinblick auf besondere Bewusstseinszustände und kommt zu dem Schluss, dass diesen darin eine Schlüsselrolle zukommt. Das Wissen darum sei im Laufe der Jahre und im Prozess der Umwandlung der Kirche in eine Organisation verloren gegangen. Die ersten Christen jedoch hätten sich weniger über einer Zusammenstellung bestimmter Glaubenssätze definiert als vielmehr darüber, was sie gemeinsam mit Jesus erlebten.[954]

---

951. Vgl. ebd., 96-101.
952. Vgl. ebd., 99.
953. Vgl. ebd., 102ff.

Während der Taufe habe sich Jesus in einem erweiterten Bewusstseinszustand befunden. Er hatte eine Vision und hörte Gottes Stimme. Im Anschluss habe er sich auf eine „Visionssuche" in die Wüste begeben, wo er mit dem Teufel, einer Projektion seines eigenen Egos, um die Frage gerungen habe, wie er seine spirituellen Fähigkeiten einsetzen würde: Zugunsten des eigenen Egos oder im Dienst des Göttlichen oder, anders ausgedrückt, zugunsten des falschen oder des wahren Selbst. Jesus habe außerdem über mediale Fähigkeiten verfügt wie Telepathie und Energieheilung, Phänomene, die in der Geschichte und Gegenwart immer wieder aufträten. Daraus schließt Smith, dass Jesus sich bereits dauerhaft in einem erweiterten Bewusstseinszustand befunden haben müsse.[955]

Auch sein Gebet habe sich dadurch von dem auf einer magischen oder traditionellen Stufe unterschieden: Statt Gott um Heilung für jemanden zu bitten, habe Jesus selbst göttliche, heilende Energie ausgestrahlt.[956]

Die Verklärung Jesu deutete Smith, das Vokabular und die Vorstellungswelt postmoderner Spiritualität aufgreifend, dahingehend, dass es sich hier um eine Unterredung Jesu mit seinen spirituellen Geistführern Moses und Elija gehandelt habe. Denn obwohl Gelehrte viel über diese Szene geschrieben hätten, sei von diesen meistens der entscheidendste Punkt ausgelassen worden: Nämlich, dass Jesus hier mit längst Verstorbenen über seine persönliche Zukunft spreche, etwas, was im traditionellen Judentum durch 5. Mose 18,11 als verboten galt.[957] In seinem zweiten Buch und auch auf seinem Blog geht Smith später noch ausführlicher auf diese Deutung ein. Obwohl sie wohl nicht direkt mit integralem Gedankengut zusammenhängt, zeigt sich auch an dieser Stelle, wie die Beschäftigung mit verschiedenen Bewusstseinszuständen bei Smith dazu führt, dass er bei der Deutung einer biblischen Passage zu Auslegungen kommt, die stark von den

---

954. Vgl. ebd., 107.
955. Vgl. ebd., 108ff.
956. Vgl. ebd., 111f.
957. Vgl. ebd., 114ff.

bisher in der Theologie geläufigen Deutungsmustern abweichen.

Auch in der frühen Kirche seien erhöhte Bewusstseinszustände ein gängiges Phänomen gewesen, nicht lediglich als interessante Erfahrung, sondern als der Königsweg, um Gott selbst zu erfahren. Als Hauptursache, warum diesen in der theologischen Auslegung so wenig Aufmerksamkeit geschenkt wurde, sieht Smith darin, dass die meisten Theolog*innen diese selbst nicht erlebt hätten und ihnen daher der Bezug dazu fehle.[958]

Die traditionelle Behauptung, dass derlei Erfahrungen mit dem Abschluss des biblischen Kanons ihr Ende gefunden hätten und heute nicht mehr notwendig seien, entbehre jeglicher biblischen, historischen und empirischen Grundlage.[959] Smith bezieht sich dabei sowohl auf Passagen aus den Paulusbriefen als auch auf die Ereignisse in der Apostelgeschichte, wie das Kommen des Heiligen Geistes über die Jünger in Kapitel 2 als auch Erzählungen, in denen berichtet wird, dass Petrus, Paulus als auch der Nichtjude Kornelius in Trance (im Griechischen „ἔκστασις", Außersichsein, Verzückung) gefallen seien und dabei eine Vision gehabt hätten (z.B. Apg. 10, 10).[960] Offenbar hätten die Jünger nicht nur die Fähigkeit besessen, andere durch ihren erweiterten Bewusstseinszustand zu heilen, sondern auch, diesen Zustand durch Handauflegung weiterzugeben („Geistübertragung") (vgl. dazu Apg. 8,17).[961]

Smith setzt den „Heiligen Geist" an dieser und anderen Stellen mit einem außergewöhnlichen Bewusstseinszustand gleich. Paulus „Bekehrung" bei Damaskus (Apg. 9) sei durch einen erweiterten Bewusstseinszustand ausgelöst worden, anschließend habe er fortwährend weitere Visionen gehabt.[962] Obwohl solche Zustände und Visionen unter Christen bis heute häufig vorkämen, höre sich dies für viele bis heute seltsam an. Zu den Reaktionen, über die in der

---

958. Vgl. ebd., 134.
959. Vgl. ebd., 136.
960. Vgl. ebd., 122-125.
961. Vgl. ebd., 124.
962. Vgl. ebd., 124f.

Bibel am häufigsten berichtet werde, gehöre die Zungenrede (griechisch „ ἐν γλώσσαις λαλεῖν", siehe bes. 1. Kor 14) und die Prophezeiung, eine Art Channeling des Heiligen Geistes, Praktiken, die bis heute v.a. in den charismatischen Kirchen gepflegt würden. Smith misst dieser eine besondere Bedeutung zu und hält sie für eine echte Kirche für unabdingbar, denn es gäbe nichts, was mehr ermutige, tröste und herausfordere als Worte zu hören, die direkt vom Geist oder spirituellen Geistführern stammten.[963]

Im Anschluss berichtet er von seinem persönlichen Weg hin zur Entdeckung der Mystik und der Erkenntnis, dass jeder Mensch ein Mystiker werden könne, der Gott selbst erfahre. Dabei vergleicht er den traditionellen Umgang mit der Bibel mit einem Menschen, der im Restaurant vor der Speisekarte sitze und anstatt aus dieser eine Speise auszuwählen, zu bestellen und zu essen, die Speisekarte selbst verzehre.[964]

Eine integrale Kirche lade die Mystiker, die Jahrtausende von der Kirche ignoriert worden seien, wieder ein, indem sie zu einem Verständnis erweiterter Bewusstseinszustände beitrage.[965]

Das 1-2-3 Gottes

Smith nimmt die Idee Wilbers auf und spricht von den „drei Gesichtern Gottes" und der Notwendigkeit einer „erweiterten Trinität". Er fasst seine Überlegungen in einem Satz zusammen: „Jesus sprach über Gott, zu Gott und als Gott"[966] und entfaltet diese Idee über zwei Kapitel hinweg.[967]

Dabei tauchen bereits die grundlegenden Fragen und Formulierungen auf, die sein darauffolgendes Werk bestimmen werden und darin wesentlich vertieft werden.

Als Ausgangspunkt bezieht er sich auf Jesu Gottesbeziehung. Jesus

---

963. Vgl. ebd., 127ff.
964. Vgl ebd., 139-146.
965. Vgl. ebd., 150f.
966. Ebd., 168.
967. Vgl. ebd., 167-217.

habe über das unbegrenzte Gesicht Gottes, zu dem nahen Gesicht Gottes und als das innere Gesicht Gottes gesprochen. Diese These untermauert er mit biblischen Quellen: In seinen Gesprächen mit den Schriftgelehrten oder in seinen Gleichnissen habe Jesus „über Gott" geredet. Weiter habe er „zu Gott" gesprochen, als er sich regelmäßig zum Gebet zurückzog oder Gott „Abba" nannte. Darüber hinaus habe das Göttliche selbst „durch ihn" gesprochen, wie u.a. die „Ich-Bin-Worte" aus dem Johannesevangelium zeigen.[968] An dieser Stelle lässt Smith die Perspektiven bzw. Zugangsweisen einerseits und die Dimensionen andererseits noch in eins fallen – ganz im Gegensatz zu seinem darauffolgenden Werk, wo er durch die konsequente Unterscheidung dieser, wie ich weiter unten ausführe, zu insgesamt neun Facetten des Göttlichen gelangt.

In einer Fußnote verweist er auf Wilber und dessen Quadranten bzw. die „großen Drei". Dabei spricht er einmal von den drei verschiedenen Perspektiven oder Standpunkte, die Jesus (und wir) gegenüber Gott einnehmen können. Das entspreche auch den drei Personalpronomen unserer Sprachen: Ich, Du, und Es und Platons „Schönem, Guten und Wahren". Wir könnten „über", „zu" und „als er" sprechen, also über Gott nachdenken, mit ihm in Beziehung treten und das eigene Göttliche im Inneren finden. Gleichzeitig spricht er auch von den drei Dimensionen Gottes – dem unbegrenzten, dem nahen/intimen und dem inneren Gesicht („Infinite", „Intimate", „Inner Face").[969]

Indem Jesus alle drei Gesichter Gottes berücksichtige, zeige er uns die größtmögliche Gottesbeziehung auf und gebe uns damit ein nachahmenswertes Modell an die Hand.

Mit den drei Fragen „Ist dein Gott groß genug? Ist dein Gott nahe genug? Ist dein Gott „du" genug?" verweist er auf eben jene drei Dimensionen Gottes: Bei der ersten, dem unbegrenzten Gesicht Gottes, ginge es um die Ausweitung unseres Gottesbildes. Bei der

---

968. Vgl. ebd., 168f.
969. Vgl. ebd., 168f.

zweiten, dem nahen Gesicht, um die Vertiefung unserer persönlichen Beziehung zu Gott und bei der dritten, dem inneren Gesicht, um die Erkenntnis der Göttlichkeit in uns allen.[970]

Smith begründet, warum er eine Neufassung der klassischen Trinitätslehre für notwendig erachtet. Die Formel „Vater, Sohn und Heiliger Geist", die 325 n.Chr. auf dem Konzil in Nicäa erstmals zur offiziellen Doktrin erklärt wurde, stelle den Versuch der frühen Christenheit dar, die verschiedenartigen Erfahrungen, die sie gemacht hatten, mit dem, was ihnen an Traditionsgut zur Verfügung stand, in einen sinnvollen Zusammenhang zu bringen. Einerseits war da der Gott der Thora, den sie Jesus folgend als „Abba" ansprachen, andererseits die Erfahrung, dass Gott ebenfalls durch und in Jesus wirkte und als Geist über sie kam. Für die damalige Zeit stellte die Lehre einen Durchbruch dar, doch sie war auch Resultat der damaligen Bewusstseinsstufe. Heute jedoch hindere sie Menschen daran, über das traditionelle Bewusstsein hinauszuwachsen, indem sie behaupte, Jesus sei der einzige Sohn Gottes und indem sie eine theistische Gottesvorstellung suggeriere.[971]

Einen Schwerpunkt legt Smith darauf, die Gültigkeit der 1. Person Perspektive, das innerliche Gesicht Gottes, biblisch zu begründen, da er diese für die im Westen am umstrittenste oder ungewohnteste hält. Im Anschluss an Wilber in „Eros, Kosmos, Logos" sieht Smith das größte Hindernis unseres Verstandes, uns spirituell weiter zu entwickeln in dem Glauben, dass Jesus der einmalige und einzige Sohn Gottes sei.[972]

Genesis 1,27 spreche davon, dass wir „als Bild Gottes" geschaffen worden seien. Während die traditionelle Auslegung die Geschichte als den Sündenfall deute, da der Mensch sich „gottgleich" gemacht habe, deutet Smith die Erzählung genau umgekehrt: Die Fähigkeit zur Unterscheidung zwischen Gut und Böse sei der erste und notwendige Schritt des Menschen gewesen, sich seiner eigenen Gött-

---

970. Vgl. ebd., 170f.
971. Vgl. ebd., 185-189.
972. Vgl. ebd., 203.

lichkeit bewusst zu werden und spirituell zu wachsen. Gott selbst fasse das Ereignis in der Erzählung so zusammen: „Sieh, der Mensch ist geworden wie unsereiner." (Gen 3,22)[973]

Jesus habe zu seinen Jüngern gesagt: „Ihr seid das Licht der Welt" (Mt. 5,14) und von sich selbst „Ich bin das Licht der Welt" (Joh. 8,12). Daraus folgert Smith, dass jeder von uns das Bild Gottes in sich trage und es nach Jesu Lehre keinen wesensmäßigen Unterschied zwischen ihm und anderen Menschen gebe.[974]

Auch seine Aussage: „Wer an mich glaubt, wird die Dinge, die ich tue, auch tun; ja er wird sogar noch größere Dinge tun" (Joh. 14, 12) deute darauf hin, dass er es für möglich hielt, dass jeder sich zu dessen Bewusstseinsstufe oder gar darüber hinaus entwickeln könne.

Auch die Behauptung „Was immer ihr für einen meiner Brüder getan habt – und wäre er noch so gering geachtet gewesen -, das habt ihr für mich getan. (Mt. 25,40)" mache nur Sinn, wenn Jesus von einer wesensmäßen Einheit aller Menschen ausgegangen sei.[975]

Weiter bezieht Smith sich auf einen Abschnitt aus dem Johannesevangelium, den auch Wilber bereits als Beleg anführt. Als Jesus Gotteslästerung vorgeworfen wird, antworte dieser mit einem Zitat aus dem Psalm 82,6: „Ich habe gesagt: Ihr seid Götter. Hier werden also die, an die das Wort Gottes gerichtet war, Götter genannt" (Joh. 10,34f.) und weise die anderem damit darauf hin, dass für sie dasselbe wie für ihn gelte. Seine Entgegnung mache andernfalls als Gegenargument keinen Sinn.

Auch nenne das Neue Testament uns häufig „Söhne und Töchter Gottes", was unmöglich sei, wenn Jesus der einzige Sohn Gottes wäre. Auch Jesu Selbstbezeichnung als „Menschensohn" weise darauf hin, dass er sich uns gleichstellen wolle. Smith führt zahlreiche weitere Belege ins Feld, um schließlich zu der Schlussfolgerung zu gelangen, dass Jesus ganz Mensch und ganz Gott gewesen sei und wir es ebenso seien. Denkbar sei diese Einheit durch das Bild eines

---

973. Vgl. ebd., 204.
974. Vgl. ebd., 205.
975. Vgl. ebd., 206.

Fraktals, das ein Teil des Ganzen – in diesem Fall Gottes – sei und Selbstähnlichkeit mit diesem aufweise.[976]

In einem späteren Kapitel wendet er das „1-2-3 Gottes" auf Christus an und gelangt zu den drei Gesichtern Christi: 1. Der kosmische Christus als das universale Muster, das alles in unserer Welt zusammenhält; 2. Der historische Jesus als die (eine) Manifestation des kosmischen Christi und damit Prototyp der Menschheit; 3. Das Bewusstsein des kosmischen Christi in uns/ das Christusbewusstsein. Dabei könne der historische und als Auferstandener bis heute gegenwärtige Jesus durchaus verehrt und das Göttliche in ihm angebetet werden, doch Ziel dieser Verehrung sei nicht, ihn zu bewundern, sondern ihn als Lehrmeister anzunehmen, um selbst zu einem „Christus" zu werden.[977]

Mit diesen Überlegungen bereitet er dem später ausgereifteren Konzept seiner „erweiterten Trinität" den Boden. Denn obwohl die Grundidee, die drei Gesichter mit der klassischen Dreiteilung in Vater, Sohn und Heiliger Geist zu verknüpfen, bereits da ist, bleibt sie noch unvollständig und erhält erst in seinem nächsten Werk ihren Feinschliff und ihre Vollendung.

Die Funktion von Spiritualität und Religion

Smith greift die Förderband-These Wilbers auf und entwickelt aus ihr ein eigenes, alternatives Bild dazu: Das der Rolltreppe.

Die Stärke dieses Bildes liegt auf der Hand: Während ein Förderband im Allgemeinen die Assoziation eines Bandes hervorruft, das Waren von einem Punkt A zu einem anderen Punkt B transportiert, sehen wir bei der Rolltreppe ein Kaufhaus mit mehreren Ebenen vor uns. Die Rolltreppe erlaubt uns, uns frei zwischen den verschiedenen Ebenen hin- und her zu bewegen, aber auch beliebig auf einer bestimmten Etage zu verweilen, je nachdem, wohin es uns gerade zieht – außerdem erlaubt sie uns, während wir auf ihr stehen, einen guten Überblick über die verschiedenen Stationen.

---

976. Vgl. ebd., 213ff.
977. Vgl. ebd., 242-246.

Smith versucht also, durch diese Metapher auszudrücken, dass es innerhalb der Religion verschiedene Ebenen gibt. Anstatt der Religion ganz den Rücken zu kehren und also, um im Bild zu bleiben, das Kaufhaus zu verlassen, bestehe für jeden alternativ die Möglichkeit, mit der Rolltreppe innerhalb der Tradition, in der er*sie aufgewachsen ist, eine Etage höher zu fahren und sich da umzusehen. Gleichzeitig mache das Bild deutlich, dass es notwendig sei, zuerst alle vorherigen Etagen zu passieren, um zu einer höheren zu gelangen. Eine integrale Sichtweise strebe dabei das Wohlergehen jeder Etage an, erkenne, welche wichtige Rolle in unserer Entwicklung jeder einzelnen davon zukomme und räume jedem das Recht ein, solange dort zu verweilen, wie er*sie sich wohlfühle. Der Zweck einer integralen Kirche sei es, eine Gemeinschaft zu schaffen, die unser spirituelles Wachstum beschleunige, indem sie unser Verständnis von Gott und den verschiedenen Zuständen Gott zu erfahren, vertiefe.

In Anlehnung an Wilber geht auch Smith davon aus, dass immer alle Entwicklungsstufen co-existieren werden, da jedes Individuum diese neu durchlaufen müsse – es also auch immer Fundamentalismus geben werde. Für die meisten Stufen (Stammes-; Krieger-, traditionelles, modernes- und postmodernes Bewusstsein) gebe es dementsprechende Kirchen, während die integrale Spiritualität und alle weiterführenden Stufen derzeit hauptsächlich in der Form neu entstehender Netzwerke existiere.[978]

Das Ziel einer integralen Kirche sieht Smith darin, dass diese eine Gemeinschaft bilde, die das spirituelle Wachstum ihrer Mitglieder beschleunigen könnte: Sowohl durch die Stufen hindurch als auch in der Erfahrung und Vertiefung von verschiedenen Bewusstseinszuständen. Er knüpft damit an Wilbers These an, wonach die Hauptaufgabe von spirituellen Gemeinschaften in der „Schulung in Zuständen" liege, da diese die Bewusstseinsentwicklung von Menschen fördern könne.[979]

---

978. Vgl. ebd., 220-224.
979. Vgl. ebd., 312f.

AQAL auf die Kirche und den Gottesdienst angewandt

Bei der Frage, wie ein gewöhnlicher Sonntaggottesdienst einer integralen Kirche aussehen würde, wird Smith sehr konkret und beschreibt den Ablauf eines solchen in seiner eigenen Gemeinde, der Broadway Church.[980] Selbstverständlich steht dabei seine langjährige Erfahrung als Gemeindeleiter, sowie zahlreiche, größtenteils ihn enttäuschende Erfahrungen, die er in anderen Gemeinden und Kirchen sammeln konnte, im Hintergrund. Er spricht sich dafür aus, die Tradition des Sonntagsgottesdienstes nicht aufzugeben. Seinen Entwurf gliedert er anhand der fünf Elemente: Bewusstseinsebenen und – zustände, die drei Gesichter Gottes, Schattenarbeit und Lebenspraxis. Die Predigt sieht er dabei als Möglichkeit für Pfarrer*innen, die Gemeinde zunächst in das Wissen um die Stufen einzuführen. Durch „Stille, Meditation, Reflexion, tiefe Anbetung, freudigen Lobpreis, herzliche Gemeinschaft, heilende Energie, inspirierende und überzeugende Wahrheiten und wunderschöne Architektur, Symbole und Umgebung"[981] usw. könnten Möglichkeiten geschaffen werden, in veränderte Bewusstseinszustände einzutreten. Der Gottesdienst in seiner Gemeinde beginne üblicherweise mit 20-30 Minuten Musik, Gesang und stillem Gebet, um den Übergang in einen erweiterten Bewusstseinszustand zu erleichtern. Zudem könnten verschiedene Gebetsformen (wie das Gebet der Sammlung, formlose Meditation, hörendes Gebet) gelehrt als auch gemeinsam praktiziert werden. Die Liturgie selbst könnte durch das Modell der drei Perspektiven auf das Göttliche geformt bzw. an ihr ausgerichtet werden. Jeder Gottesdienst ziele zu den „großen Drei", hin zu mehr Schönheit, Güte und Wahrheit.[982] Auch Bewegung spiele eine wichtige Rolle, da sie es uns erlaube, ein breiteres emotionales Spektrum zu erreichen.[983]

---

980. Vgl. ebd., 324f.
981. Ebd., 316.
982. Vgl. ebd., 321.
983. Vgl. ebd., 323f.

Schattenarbeit und Integrale Lebenspraxis

Auch Smith bemisst dem Thema „Schattenarbeit" einen hohen Stellenwert zu, was sich auch darin zeigt, dass er ihr ein eigenes Kapitel widmet.

Diese hohe Wertschätzung hängt auch mit seinen persönlichen Erfahrungen diesbezüglich zusammen, über die er sehr ausführlich und offen berichtet. Er stamme aus einer dysfunktionalen Familie, habe in Folge fast sein gesamtes Leben verschiedene Therapien gemacht und verstehe sich selbst als einen „verwundeten Heiler."[984]

Er teilt dabei Wilbers Einschätzung, wonach es keine andere spirituelle Praxis gäbe, die diese ersetzen könne: „Das Gebet kann den Schatten nicht beseitigen. Anbetung kann es nicht. Lesen und Studieren kann es nicht."[985] Schattenarbeit sei für ihn ein „Grundnahrungsmittel". Dadurch verstehe er auch Jesu Worte in Mt. 7,3ff. besser als früher:

> *„Wie kommt es, dass du den Splitter im Auge deines Bruders siehst, aber den Balken in deinem eigenen Auge nicht bemerkst? [...] Zieh zuerst den Balken aus deinem eigenen Auge; dann wirst du klar sehen und kannst den Splitter aus dem Auge deines Bruders ziehen."*

Es gehe Jesus darum, dass wir lernen, den Splitter im anderen Auge als unsere eigene Projektion zu erkennen. Denn es sei der Splitter in unserem eigenen Auge, der überhaupt erst mache, dass uns der Balke im anderen Auge störe.

Deshalb gehe es darum, unsere Kritik an anderen als einen Hinweis für unseren Schatten anzunehmen, d.h. für all das, wir an uns selbst noch nicht vollständig wahrgenommen und akzeptiert haben, seien es negative als auch positive Eigenschaften. Obwohl er selbst diesen Prozess zusammen mit einem Psychotherapeuten durchlaufen habe, empfiehlt er die 3-2-1 Übung aus „Integrale Lebenspraxis" als

---

984. Vgl. ebd., 269.
985. Ebd., 279.

eine geeignete Alternative.[986]

Jesus selbst habe sich, als er in der Wüste mit dem „Satan" gerungen habe (Mt. 4), zunächst mit den Projektionen seines Egos auseinandersetzen müssen. Erst als er sich von diesen befreit habe, konnte er anderen wirklich selbstlos dienen, indem er das wirklich Böse in der Gesellschaft wahrnehmen und dagegen aufstehen konnte.[987]

Sehr aufschlussreich über Smiths Beziehung zu Wilber ist hier eine Passage, anhand derer er die Projektion positiver, verborgener Eigenschaften auf einen anderen Menschen am eigenen Beispiel illustriert: Als er das erste Mal mit Wilbers Werk Bekanntschaft gemacht hätte, sei er so von dessen Visionen und Einsichten überwältigt und entzückt gewesen, dass er seine eigene Macht auf ihn projiziert und ihn auf einen Sockel gestellt habe. Erst als ihm das durch Schattenarbeit bewusst geworden sei, habe sich sein Verhältnis zu ihm normalisiert. Er sei ihm immer noch dankbar, doch verehre er ihn nicht mehr.[988]

Auch unser Gottesbild habe viel mit Projektionen zu tun. Dann hasse Gott beispielsweise genau die Leute, die auch wir hassten oder sei ebenso launisch, wie wir es seien.

Ebenso erscheine es auf der integralen Bewusstseinsstufe offensichtlich, dass Jesus uns auf früheren Etappen unseres Glaubens als Projektionsfläche für unsere eigene Göttlichkeit gedient habe. Durch Schattenarbeit könnten wir auch diese Projektion zurücknehmen und erkennen, dass wir selbst im gleichen Sinne göttlich seien wie er. Er selbst habe diesen Prozess in einer Vision heilsam durchlaufen.[989]

Um wirklich die integrale Bewusstseinsstufe und höhere Stufen zu erreichen, hält Smith eine dementsprechende Lebenspraxis für unerlässlich. Es reiche nicht, nur über integrale Philosophie zu lesen. Um spirituell zu wachsen, reichten allerdings ein paar ausgewählte, regelmäßige Übungen aus. Im Hintergrund seiner Aussagen ist deutlich das Wilbersche Konzept einer Integralen Lebenspraxis erkennbar.

---

986. Vgl. ebd., 271ff.
987. Vgl. ebd., 274f.
988. Vgl. ebd., 277f.
989. Vgl. ebd., 278f.

Die Weisung aus der Thora (5.Mose 6,5), die von Jesus (Mt. 22, 37) zitiert werde, stelle dabei ein erstaunlich integrales Modell dar: „Du sollst den Herrn, deinen Gott, lieben von ganzem Herzen, mit ganzer Hingabe und mit deinem ganzen Verstand!" deutet er als eine Zusammenfassung der vier Bereiche spiritueller Praxis: Körper, Verstand, Emotionen und Geist.[990]

Eine Gemeinde könnte auch Raum und Gelegenheiten für Schattenarbeit bieten als auch dazu ermutigen.[991]

Paul Smith, "Is Your God Big Enough? Close Enough? You Enough? Jesus and the Three Faces of God", 2017

Während sich Paul Smith in seinem Buch „Integral Christianity" vor allem auf die Beschreibung der „Ebenen" konzentriert, legt er in dem Nachfolgewerk den Schwerpunkt auf die Quadranten und auf die Zustände. Er widmet das Buch Wilber selbst. Er bezeichnet Wilber dabei als persönliches Vorbild und als seinen Lehrer. Wilber habe ihm durch sein Leben ein zeitgemäßes Modell des spirituellen Lebens gegeben und durch seine integrale Landkarte einen entsprechenden Pfad, um dorthin zu gelangen.[992]

Das Vorwort stammt von Richard Rohr, das Nachwort von Ken Wilber. Auf der ersten Seite finden sich unter anderem Kurzrezensionen von Marion und Steve McIntosh. Smith, so Marion, erkläre die spirituelle Essenz von Jesus Lehre besser als jeder andere Autor, den er je gelesen habe. Er empfehle es jedem Christen und spirituellen Sucher.[993]

Steve McIntosh nennt das Buch einen „Juwelen". Das Buch sei sowohl theologisch durchdacht als auch pragmatisch zugänglich.[994]

---

990. Vgl. ebd., 286f.
991. Vgl. ebd., 322.
992. Smith, 2017, vii.
993. Vgl. Marion, 2017, i.
994. Vgl. McIntosh 2017, i.

Smith empfiehlt wiederum Steve McIntosh zur Lektüre.[995]

Richard Rohr gibt an, es an die Spitze der Liste der Bücher zu setzen, die er seinen Studenten empfehle zu lesen.[996]

Smith erweist sich in diesem Buch als erfahrener Mystiker und eigenständiger, innovativer christlicher Denker, der durch die Anwendung der integralen Theorie(n) zu neuen Ideen und Sichtweisen gelangt. Dabei schöpft er aus einem reichen Fundus an detailliertem Wissen aus den exegetischen Fächern, theologischen Denkrichtungen und Konfessionen, esoterischer Spiritualität und seiner eigenen spirituellen Erfahrung. Die integrale Theorie dient dabei als inspirierender Ausgangspunkt und Leitfaden für seine eigenen kreativen Gedankengänge. Cory deVos, ein Mitarbeiter von Integral Life, bescheinigt ihm einen „scharfen Intellekt, sanfte Weisheit und anmutigen Humor".[997]

Wilber hat Smith nicht nur als Theoretiker inspiriert, sondern auch als persönliches Vorbild. Das geht sowohl aus seiner Widmung hervor als auch persönlichen Abschnitten, wo er darüber berichtet, dass er sich von Wilber dazu anstiften ließ, mit einer ernsthaften, regelmäßigen Meditations-/Gebetspraxis zu beginnen und er ihm eine große Hilfe dabei gewesen sei, spirituell zu wachsen. Dies sei neben vielen Jahren Psychotherapie und Arbeit mit einer Energieheilerin der dritte Faktor gewesen, der dazu geführt habe, dass er heute regelmäßig spirituelle Erfahrungen mache.[998]

Wilbers Methode – Die Prinzipien integralen Denkens

Bereits in der ersten Erzählung, mit der er sein Buch beginnt, wendet die ersten zwei der drei Prinzipien integralen Denkens von Wilber an: Fünf Reisende träfen sich zufällig am selben Ort. Der erste Reisende erzählte, er fände Gott jenseits von sich, im Unendlichen, der zweite meinte, er fühle Gott als nahe Präsenz, einen Freund, der

---

995. Vgl. Smith, 2017, 68.
996. Vgl. Rohr, 2017, xxi.
997. Zitiert in: Smith, 2017, 142f.
998. Vgl. ebd., 249f. u. 257.

immer bei ihm sei und der dritte berichtete, er habe Gott als sein tiefstes Selbst erkannt, er selbst sei ein Teil Gottes. Der vierte Reisende zieht daraus den Schluss, dass niemand der dreien Recht haben könne und Gott nirgendwo sei. Der fünfte Reisende nun verkörpert das integrale Denken. Denn er geht alternativ davon aus, dass jeder der dreien Recht hat. Dadurch gelinge dem fünften Reisenden der Durchbruch zu einer umfassenderen Wahrheit, indem seine Sicht alle Teilwahrheiten einschließe.[999]

Die Quadranten und das „1-2-3 Gottes"

Das Buch hat eine dreiteilige Struktur, die einerseits auf der Trinitätslehre, andererseits auf der Idee Ken Wilbers vom 1-2-3 des GEISTES/Gottes fußt. Das bereits im Vorgängerbuch „Integral Christianity" begonnene Konzept einer „erweiterten Trinität" findet hier seine Vollendung.[1000]

Als Argument für diese Sichtweise verweist er einerseits auf Jesus, der eine solche drei-dimensionale Beziehung zu Gott gehabt habe, und andererseits auf seine eigene spirituelle Erfahrung. Jedes der drei Gesichter Gottes sei wahr und real und könne persönlich erfahren werden.

Smith beginnt erneut mit einer ausführlichen Begründung, warum er eine Neufassung der Trinitätslehre als eine Notwendigkeit ansieht. Das klassische Konzept der Trinität, die Lehre von „Gott in drei Personen", sei im 4./5. Jahrhundert von Kirchenführern entwickelt worden, um ihre unterschiedlichen Gotteserfahrungen einzufangen. Während das Konzept damals ein Durchbruch gewesen sei, erschwere das heute übliche Verständnis und die phrasenhafte Rede von „Vater, Sohn und Heiliger Geist" zu der vollen Bedeutung der Realität, die sich dahinter verberge, vorzustoßen.[1001]

Es geht Smith hier also nicht um eine Kritik der Lehre als solcher, sondern um ihre tatsächliche derzeitige Wirkungsweise. Er zählt

---

999. Vgl. ebd., 1f.
1000. Vgl. ebd., 11.
1001. Vgl. ebd., 4f. u. 32.

darunter drei Folgen auf: 1. Die Rede erwecke den Eindruck, Gott erscheine nur in der 2. Person, d.h. ausschließlich als Gegenüber. 2. Die Sprache wirke in unserer geschlechterbewussten Zeit patriarchalisch. 3. Das Bild von Gott als einer Gemeinschaft dreier sich liebender Personen scheine uns und auch den Rest des Universums auszuschließen.[1002]

Die Idee des 1-2-3 Gottes von Ken Wilber halte er für den größten Durchbruch im Verständnis und Erfahren Gottes seit der Formulierung der Trinitätslehre.[1003] Erst dadurch habe er ein einfaches Muster in Jesus Leben entdeckt, dass ihm davor nicht aufgefallen sei und dass sich in zwölf einfachen Worten ausdrücken ließe: „Jesus redete über Gott, zu Gott, als Gott. Wir können das auch!" Smith nennt dies eine "drei-dimensionale" Beziehung zu Gott. Jesus habe, dem biblischen Befund zufolge, über Gott den Schöpfer und liebevollen Vater in der dritten Person gesprochen, Gott in der zweiten Person mit der Anrede „Abba" angesprochen und in der ersten Person als Gott selbst gesprochen, d.h. sein tiefstes Selbst mit Gott identifiziert.[1004]

Smith wählt in seinem Ansatz, die Trinität neu zu fassen, bewusst und in Anlehnung an Wilber das Wort „(An)gesicht (face)" statt dem herkömmlichen „Person" für die drei Dimensionen Gottes. Dieses Wort sei die Übersetzung des griechischen Wortes „πρόσωπον" (Angesicht, Antlitz, Blick, äußere Gestalt, Rolle), das ursprünglich aus dem griechischen Theater stamme, wo es die Maske bezeichnete, die von den Schauspielern aufgesetzt wurde. Es sei ebenfalls bereits im 4. Jahrhundert verwendet worden, um über Gott zu sprechen. Wie in seinem vorhergehenden Werk, nennt Smith die drei Gesichter Gottes einmal „das unbegrenzte Gesicht Gottes", „das vertraute Gesicht Gottes", „das innerliche Gesicht Gottes" (Infinite Face of God, Intimate Face of God, Inner Face of God) sowie „Gott jenseits von uns", „Gott neben uns" und „Gott, der wir sind" (God-beyond-us,

---

1002. Vgl. ebd., 5f.
1003. Vgl. ebd., 8.
1004. Vgl. ebd., 8ff. u. 13f.

God-beside-us und God-being-us). Eine andere Benennung verwendet er im Titel seines Buches: das große, nahe und das Ich-Gesicht Gottes (Big Face, Close Face, You Face).[1005]

Den drei Dimensionen Gottes entsprechend stellt Smith drei Thesen auf, auf die der Titel seines Buches verweist:

- Wir brauchen einen Gott, der groß genug ist.
- Wir brauchen einen Gott, der nah genug ist.
- Wir brauchen einen Gott, der „ich" genug ist.
- 1. Ein Gottesbild müsse heute dem Weltverständnis, wie es die Naturwissenschaften vermitteln, entsprechen, damit es angenommen werden könne. Gott müsse so groß gedacht werden, dass er die Wissenschaft einschließe und noch über das hinaus gehe, was die Wissenschaft nicht beantworten könne.
- 2. Als soziale Wesen sei es für uns Menschen von großer Bedeutung, eine freundschaftliche und vertrauensvolle Beziehung zum Göttlichen zu pflegen.
- 3. Wir Menschen müssten durch ein erweitertes Bewusstsein erkennen, was es bedeute, dass wir nach dem Bilde Gottes geschaffen sind, nämlich, dass unser tiefstes, ewiges Selbst göttlich sei.[1006]

Smith knüpft in seinem Buch bewusst an der traditionellen Trinitätslehre an und betrachtet diese durch die drei Perspektiven, die der 1./2./3. Person entsprechen. Indem er diese drei Perspektiven oder Art und Weisen der Beziehung jeweils für alle drei Personen der Dreieinigkeit, Vater, Sohn und Heiliger Geist, durchspielt, entsteht die neunteilige Gliederung seines Buches.

Wilber geht in seinem Nachwort näher auf die dahinterliegende Struktur des Buches ein. Dabei verweist er auf seine integrale Theo-

---

1005. Vgl. ebd., 12f.
1006. Vgl. ebd., 15-18.

rie, die ein Rahmenwerk sei, das dazu diene, jedes beliebige Thema zu untersuchen. Die integrale Theorie gehe davon aus, dass die einzelnen Kategorien keine neue Erfindung seien, die einer Sache übergestülpt wird, sondern reale Dimensionen, die jeder Sache bereits anhafteten.[1007] So gesehen ließe sich nicht nur jede beliebige Sache aus den vier Dimensionen der Quadranten heraus betrachten und analysieren, sondern dies geschehe notwendigerweise, da es sich um eine Struktur handele, die wir bereits so vorfänden. Dies spiegele sich in den Pronomen der ersten, zweiten und dritten Person in allen menschlichen Sprachen wieder. Durch die Zusammenfassung des rechten oberen und unteren Quadranten zu einem (dem „objektiven") kämen wir auf drei Quadranten – oder die „großen Drei". Daher habe jede spirituelle Erfahrung drei Dimensionen. Die Wirklichkeit oder der Kosmos selbst seien trinitarisch strukturiert. Daher fänden sich ähnliche Dreiteilungen auch im Hinduismus und Buddhismus. Smith begreife damit Vater, Sohn und Heiliger Geist neu als unterschiedliche Dimensionen des Göttlichen.[1008]

Doch Smith gehe noch weiter, indem er uns als Betrachter und damit den Vorgang der Wahrnehmung also solche mit hineinnehme. Wilber deutet das als Ergebnis seines integralen methodologischen Pluralismus: Jede menschliche Erfahrung bestehe aus mindestens drei Elementen, die sich den Disziplinen der Epistemologie, Methodologie und Ontologie zuordnen ließen: Der Wissende, der Vorgang des Wissens, und das Gewusste. Bei der spirituellen Erfahrung entspräche das dem Menschen, dem Göttlichen und der Art und Weise der Bezugnahme des Menschen auf das Göttliche. Jedes dieser drei Elemente habe wiederum drei Dimensionen.[1009]

Während Wilber durch seinen integralen methodologischen Pluralismus auf acht mögliche (Forschungs-)methoden kommt, indem er jeden Quadranten einmal aus der Innen-/oder Außenansicht untersucht, kommt Smith auf neun verschiedene Aspekte Gottes, indem

---

1007. Vgl. Wilber, 2017a, 363f.
1008. Vgl. ebd., 367ff.

er durch die „Linsen der drei Gesichter auf den Gott in drei Personen" schaut. Die „drei Linsen" meinen dabei drei möglichen Methoden, sich Gott anzunähern: „als Gott ruhen (von innen), zu Gott in Beziehung treten (von innen nach außen (oder umgekehrt)) und über Gott nachdenken (von außen)". Das dialogische Element lässt hier also ein drittes entstehen, womit das Modell dynamisch wird.[1010]

Die Person, die die spirituelle Erfahrung macht, das dritte Element also, habe aber nicht nur all diese Dimensionen, sondern auch ihren Bewusstseinsschwerpunkt auf verschiedenen Ebenen und durchlaufe verschiedene Zustände. Die spirituelle Erfahrung stamme damit aus einer der neun verschiedenen Perspektiven, die jeder jeweils auf einer der Bewusstseinsstufen (archaisch, magisch, mythisch, modern, postmodern, integral) in einem bestimmten Zustand (grobstofflich, subtil, kausal, nondual) einnehme.[1011] Daraus ergäbe sich eine enorme Variationsvielfalt an möglichen Erfahrungen. Wilber pflichtet Smith darin bei, dass besonders die höheren Bewusstseinszustände eine wichtige Rolle bei der Entstehung und dem Fortleben jeder Religion spielten.

Er gibt ihm außerdem darin recht, dass er die Herkunft der klassischen Trinitätslehre der mythologischen Stufe zuordnet, die mit einer Übertonung der 2. Person Perspektive einherging.[1012]

Das Nachwort Wilbers lässt erkennen, dass an dieser Stelle die Beziehung der reinen Anwendung oder Aufnahme der integralen Theo-

---

1009. Vgl. ebd., 370ff. Diese Struktur findet sich ähnlich in der Semiotik, die es ebenfalls unternimmt, die Erfahrung in drei Aspekte aufzudröseln: das wahrgenommene Objekt, das Zeichen und den Beobachter. Küstenmacher/ Haberer ordnen diese Erkenntnis dem grünen MEM zu, interessanterweise, ohne sie jedoch selbst direkt auf Gott anzuwenden und dabei, wie hier Wilber/ Smith mit den Quadranten zu verbinden, 2016a, 150f.
1010. Ein Beispiel dazu: Im Gespräch über den Liebeskummer treten Dinge zutage, die weder die Betroffene allein durch Innenschau noch der Psychologe durch äußerliche Beschreibung entdecken können.
1011. Vgl. ebd., 370 u. 378.
1012. Vgl. ebd., 376.

rie aufgebrochen wird. Wilber begibt sich darin in einen direkten Dialog mit Smith, durch den er selbst wiederum zu neuen Gedankengängen kommt.

Die Gliederung des Buches ist also zugleich die Wiederspiegelung des Inhalts selbst, so dass sich der Inhalt direkt aus der Gliederung ergibt. Smith Intention ist es, quer durch die christliche Tradition, vor allem das Neue Testament, aber auch anderer Quellen, Belege für das Vorhandensein dieser neun Elemente zu finden:

Im ersten Teil geht es unter der Fragestellung: „Ist Dein Gott groß genug?" über das Öffnen unseres Verstandes (nachdenken) über das unbegrenzte, vertraute und innere Gesicht Gottes.

Im zweiten Teil geht es unter der Fragestellung: „Ist Dein Gott nah genug?" über das Öffnen unseres Herzens (in Beziehung treten) gegenüber 1. Gott als unser Vater/ Mutter, 2. Gott als unser Freund in Jesus u.a., 3. Gott als unser Helfer.

Im dritten Teil geht es unter der Fragestellung: „Ist dein Gott genug Du?" über das Öffnen unserer Identität (im Ruhen) in Gott. Auffällig ist, dass die sonst von ihm in der Gliederung im ersten und zweiten Teil strikt durchgehaltene Aufteilung in die drei Dimensionen/Gesichter Gottes im dritten Teil von ihm aufgebrochen wird. Thematisch widmet er sich darin der Erläuterung verschiedener Bewusstseinszustände und deren Spuren in der Bibel und der Tradition.

Ich versuche im Folgenden eine knappe Übersicht über das Gottesbild zu geben, dass Smith sich auf diesem Wege erarbeitet. Aus den folgenden Ausführungen wird ersichtlich, dass, indem Smith die integrale Theorie als Rahmenwerk und Ausgangspunkt verwendet, sie ihm als eine Art Zündfunken für eigene kreative Gedankengänge dient. Sie ermöglicht ihm, verschiedene Gedanken und Erwägungen in einer übergeordneten Struktur zusammenzuführen, in der diese einen passenden Ort finden und damit ihre jeweilige Berechtigung erfahren.

- Die 3. Person Perspektive/Nachsinnen über das unbegrenzte Gesicht Gottes:

- Gott sei kein „großer Mann da oben" und auch kein seiendes Wesen (Being), sondern das pure, unendliche Sein selbst, jenseits jeglicher Konzepte und Ideen. Als Beleg dafür führt er an: Den Gottesnamen יְהוָה (JHWH, Ich bin, der ich bin) in Exodus 3, die Erkenntnisse der Kosmologie und die Aussagen zahlreicher Theolog*innen.[1013]

- Die 3. Person Perspektive/Nachsinnen über das vertraute Gesicht Gottes: Smith unterscheidet zwischen dem historischen Jesus, dem auferstandenen Jesus und dem kosmischen Christus. Während der auferstandene Jesus einfach der historische Jesus sei, der in einem nicht-physischen, energetischen Körper bis heute gegenwärtig sei, handele es sich bei dem kosmischen Christus um ein Symbol für die alles vereinigende Ganzheit oder ungetrennte Wirklichkeit all dessen, was überall und jemals existiert(e) oder passiert(e). Er sei das persönliche Zentrum der Existenz, das sowohl die göttliche, als auch die menschliche als auch die materielle Wirklichkeit umfasse und zusammenhalte. Dieses veränderte Verständnis des Titels „Χριστός (der Gesalbte, Messias, Christus) finde sich vor allem bei Paulus, beispielsweise im Kolosserhymnus.[1014]

- Die 3. Person Perspektive/Nachsinnen über das innere Gesicht Gottes: Hier stellt Smith seinen eigenen Entwurf einer Lehre vom Heiligen Geist in sechs Punkten vor, in der er zwischen dem „Geist" allgemein und dem „Heiligen Geist" im Besonderen unterscheidet. Während mit ersterem das gemeint sei, worunter wir heute Bewusstsein (consciousness) verstehen, so meine letzteres ein erwachtes, erweitertes Bewusstsein (awakened, intensified spirit). Gott selbst sei „unbegrenztes Bewusstsein", dass durch den langen Prozess der Evolution auf diese Weise im Menschen seiner selbst bewusstwerde.[1015] An späterer Stelle präzisiert er,

---

1013. Vgl. ebd., 33-43.
1014. Vgl. ebd., 47- 66.
1015. Vgl. ebd., 71-87.

dass es bei diesem Bewusstsein um weit mehr als um erhöhte Achtsamkeit gehe, sondern um das Eintauchen in ein göttliches Energiefeld von Liebe und schöpferischer Absicht.[1016]

- Die 2. Person Perspektive/in Beziehung treten zu dem unbegrenzten Gesicht Gottes: Die Wahl einer persönlichen Anrede wirke sich direkt auf unser Verhältnis zu dem Göttlichen aus. Hier nimmt Smith Bezug auf sein erstes Buch mit dem Titel „Ist es in okay, Gott Mutter zu nennen? Überlegungen zum weiblichen Gesicht Gottes." In diesem zeigte er auf, dass die Bibel sowohl männliche als auch weibliche Gottesbilder kenne. Deshalb schlägt er die Anrede „Vater-Mutter" oder, noch emotionaler, im Anschluss an Jesu „Abba" das kindliche „Papa/Mama" vor.[1017]

- Die 2. Person Perspektive/in Beziehung treten zu dem vertrauten Gesicht Gottes: Smith wirbt für eine verwandelnde Freundschaft mit Jesus („transforming friendship with Jesus"), die er mit tiefer Verehrung verbindet. Gerade progressive Christen bereite diese Idee aus verschiedenen Gründen heute Schwierigkeiten, u.a. da es für sie mit den mythischen, prärationalen Vorstellungen eines Gottes, der sowohl liebend als auch zornig sei, und daher seinen Sohn für uns geopfert habe, verknüpft sei.[1018] Er schlägt eine eigene Gebetsform vor, die er „Mit Jesus sitzen" nennt und berichtet über die emotional tief berührenden Erfahrungen, die damit bei ihm und anderen einhergingen.[1019] Gottes persönliche Nähe könne dabei jedoch äußerst unterschiedlich erscheinen, da Jesus subtiler Körper unendlich wandelbar sei und so zu uns komme, wie wir es in diesem Moment brauchten: Auch als ein nicht-männlicher Jesus, Maria, oder ein*e Heilige*r.[1020]

1016. Vgl. ebd., 216.
1017. Vgl. ebd., 103-113.
1018. Vgl. ebd., 117-134.
1019. Vgl. ebd., 136-145.
1020. Vgl. ebd., 170ff.

In einem Einschub widmet sich Smith in diesem Zusammenhang der Frage, ob es eine ontologische Entsprechung gibt für das, was wir als „Gott" oder „Jesus" anbeten. Seine in diesem Zusammenhang geäußerte Kritik am sog. Szientismus und postmodernen Relativismus ist mit der von Wilber deckungsgleich. Tatsächlich gibt er an, dass er Wilbers Äußerungen hierzu hilfreich fand[1021] und schließt sich Wilbers gemäßigtem Konstruktivismus an, indem er alle spirituellen Phänomene als „mitgeschaffene Ereignisse", als eine Mischung zwischen einer realen Erfahrung und unseren Interpretationen, die wiederum davon abhängen, auf welcher Entwicklungsstufe wir uns befinden, begreift.[1022] Die Möglichkeit, heute und jetzt mit Jesus zu sprechen, ihn eventuell sogar zu fühlen, erklärt er sich im Anschluss an wissenschaftliche Berichte von geteilten Sterbebettvisionen und sog. Nachtodkontakten durch die reale Präsenz des Auferstandenen in einem spirituellen, subtilen Körper.[1023]

Weiter zitiert er Wilbers Äußerungen in „Integrale Spiritualität", in denen dieser die Wichtigkeit der Erfahrung des GEISTES in der zweiten Person unterstreicht.[1024]

- Die 2. Person Perspektive/in Beziehung treten zu dem inneren Gesicht Gottes: Der Abschnitt ist mit lediglich sechs Seiten mit Abstand der kürzeste, was das Schema an dieser Stelle etwas erzwungen wirken lässt. Bei dieser Perspektive gehe es um die Personifizierung oder den Anthropomorphismus des erleuchteten Bewusstseins. Als Beispiel führt er unter anderem die Rede vom Parakleten/Beistand im Johannesevangelium an und deutet ihn, neben „Vater-Mutter" und „Freund", als den persönlichen „Helfer". Eine andere derartige Veranschaulichung des auf einen Menschen herabkommenden Geistes fände durch das Bild der Taube statt.[1025]

1021. Vgl. ebd., 150ff.
1022. Vgl. ebd., 153.
1023. Vgl. ebd., 158f.
1024. Vgl. ebd., 160f., vgl. Wilber, 2007, 220f.

Zustände des Bewusstseins

- 1. Person Perspektive auf Gott: Bereits in seinem Buch „Integral Christianity" widmet er sich am ausführlichsten der Perspektive der 1. Person auf Gott, da dies diejenige sei, mit der die westlichen spirituellen Traditionen am wenigsten vertraut seien und für viele Christen wie eine Häresie klänge. Jesus habe gelehrt, dass nicht nur er, sondern alle Menschen eins mit Gott seien – nicht im Sinne von identisch oder gleich, sondern von ungetrennt, nicht zwei. Es gehe um die Teilhabe am göttlichen Wesen, das Einheitsbewusstsein mit dem Göttlichen, das allen Menschen, als Kindern Gottes, offenstehe. Jesus – ganz Mensch und ganz Gott – sei das lebendige Modell für diese Realität. Es gehe darum, der zu werden, der wir tief in uns, unserem wahren Selbst, geschaffen nach dem Bilde Gottes, in Wirklichkeit bereits seien. Dies geschehe durch einen schrittweisen Prozess der Auflösung unserer fälschlichen Identifikation mit dem Ego. Zur Untermauerung seiner Thesen bezieht sich Smith sowohl auf biblische Stellen, die orthodoxe Theosis-Lehre und Kirchenväter und christliche Autor*innen aus allen Jahrhunderten. Diese Göttlichkeit selbst zu erfahren und zu erkennen, gehe nur auf dem Weg der Einkehr nach Innen – er nennt es „Ruhen als Gott (Resting as God)".[1026]

Im Anschluss an Wilber unterscheidet er vier Bewusstseinszustände (grobstofflich, subtil, kausal und nondual), allerdings in eigener Terminologie: 1. das grundlegende Alltagsbewusstsein, das vom reinen Funktionieren bis zu hoher Achtsamkeit reichen könne, 2. das erwachte Bewusstsein, das sich in der Form von Trance, Visionen, einer veränderten Wahrnehmung und sog. Gipfelerfahrungen äußere, 3. das transzendente Bewusstsein, bei dem wir in einen formlosen Zustand der Leere eintauchten und das Unendliche in uns selbst fänden, und 4. das Einheitsbewusstsein, in dem wir alles in nahtloser Verbundenheit sähen und uns mit allem eins wüssten.

1025. Vgl. ebd., 175f., Smith 2019, Chapter Eight.
1026. Vgl. ebd., 183-209.

Nach einer Einleitung und Einführung in diese Bewusstseinszustände, widmet er die nächsten Kapitel der Beschreibung der drei Bewusstseinszustände „erwachtes Bewusstsein", „transzendentes Bewusstsein", „Einheitsbewusstsein" und verbindet diese mit biblischen Zeugnissen.

Wie bereits erwähnt, bricht Smith im dritten Teil mit der Gliederung der vorhergehenden Abschnitte, die sich an der klassischen Reihenfolge der Trinität orientierten: Vater, Sohn, Heiliger Geist. Dass er von der bisherigen Reihenfolge abweicht, begründet er damit, dass die Stufenfolge unserer inneren Erfahrungen von der traditionellen Reihenfolge der Trinität abweiche: Zuerst machen wir Erfahrungen mit dem Alltagsbewusstsein und dem erwachten Bewusstsein, dann dem transzendenten, und schließlich dem Einheitsbewusstsein, was der Reihenfolge Hl. Geist, Vater, Sohn entspreche.[1027]

- a) Das erwachte Bewusstsein oder: Die 1. Person Perspektive auf/ Ruhen in dem inneren Gesicht Gottes (Geist) Smith stellt dabei fest, dass die Bibel bald schon nach dem Entstehen der ersten Glaubenslehren durch die Linse dieser Lehren gelesen und verstanden wurde. Die spirituellen Erfahrungen hingegen, die den Texten und damit auch den Lehren ursprünglich zugrunde lägen, seien mehr und mehr ausgeklammert worden und kamen auch immer seltener vor. Das Glaubensbekenntnis sei zu dem geworden, was man zu glauben hatte, und der Klerus zu dem, dem man zu glauben hatte. Je mehr die Kirche zu einer Organisation und weniger zum realisierten Leib Christi wurde, desto weniger „Jesus"- und „Geist"-Erfahrungen habe es gegeben. Das Christentum sei zu einem System von Behauptungen geworden, anstatt die Erfahrungen zu fördern, die zu diesen Behauptungen geführt hatten.[1028]

Ein ungeschriebener Glaube sei es deshalb, dass die spirituellen Erfahrungen, von denen die Bibel berichtet, nur geschehen seien, um

---

1027. Vgl. ebd., 333.
1028. Ebd., 227.

zu den Glaubenslehren zu kommen und jetzt, wo wir diese Lehren besäßen, wir keine neuen Erfahrungen mehr bräuchten und uns diese höchstens in unserem Glauben verwirren könnten. Er unternimmt deshalb den Versuch, die Bibel auf das hin zu untersuchen, was allgemeinhin als „paranormal" oder „numinos" gilt.[1029] In diesem Abschnitt ist seine persönliche Erfahrung mit den charismatischen Kirchen, über die er selbst ausführlich berichtet[1030], besonders spürbar.

Wie bereits oben ausgeführt, setzt Smith den (Heiligen) Geist mit einem erweiterten Bewusstseinszustand gleich. Seine Untersuchung des biblischen Befundes bringt ihn zu der Schlussfolgerung, dass der Beginn des Christentums mit mystischen Erfahrungen wie außergewöhnliche Bewusstseinszustände, Träume, Visionen, Channeling/Prophetie, transrationales Gebet, einherging. Jesu Verkündigung und Wirken setzte ein, nachdem er während der Taufe in einen erweiterten Bewusstseinszustand versetzt worden sei. Während bereits im Alten Testament einzelne Menschen, besonders Anführer wie Mose oder David, über die Gabe eines erweiterten Bewusstseinszustandes verfügt hätten, stände dieser seit dem Pfingstereignis allen Menschen offen.[1031] Smith veranschaulicht das durch den Bericht einer eigenen spirituellen Erfahrung, die ihn an eine Vision des Propheten Jesaja erinnert habe. Diese Entdeckung verbindet er mit Kritik an den Kirchen. Denn obwohl viele Menschen bis heute die Erfahrung besonderer Zustände machten, werde diese Dimension im Christentum, als auch anderen Religionen häufig vernachlässigt oder heruntergespielt. Paulus habe sich noch um eine Mischung aus Ekstase und Ordnung bemüht und seine Gemeinden gebeten, den Geist nicht auszulöschen und das Reden aus Eingebung nicht zu verachten. (1. Thess. 5,19f.) Doch seit dem 4. Jahrhundert werde durch den Klerus versucht, alles unter Kontrolle zu bringen und damit der Geist effektiv gelöscht. Vieles, worüber die christlichen Texte schrieben, werde versucht zu

---

1029. Vgl. ebd., 226f.
1030. Vgl. ebd., 139f. und 142.
1031. Vgl. ebd., 229-243.

entmythologisieren oder schlicht ignoriert.[1032] Mystiker gerieten unter Häresieverdacht:

> *„Wir verbrennen heute keine Ketzer. Wir entlassen sie einfach aus ihren religiösen Berufen und vertreiben sie aus unseren Kirchen."*[1033]

- b) Das transzendente Bewusstsein oder Die 1. Person Perspektive auf das unbegrenzte Gesicht Gottes (Vater). Smith spricht hier von dem Prozess der Desidentifikation mit dem Ego und der Entdeckung des wahren Ich in der Leere/Fülle der eigenen Tiefe.[1034] Er zitiert dabei aus Steve McIntoshs Buch „The Presence of the Infinite", wo dieser unterstreicht, dass diese Realität über Eigenschaften einer Person verfüge wie Bewusstheit, Intelligenz, Absicht, Kreativität und Liebe.[1035] Das „Ich bin" offenbare sich als unser göttlicher Kern und unser Selbst als der individuelle Ausdruck Gottes. Zur Beschreibung dieses „Ich bin" Zustandes, den er auch das transzendente Bewusstsein nennt, zitiert Smith aus Wilbers spirituellem Tagebuch „One Taste" sowie eine Passage aus Marions „Der Weg zum Christusbewusstsein". In der dazugehörigen Fußnote empfiehlt er, das Buch zu lesen.[1036]

Anschließend beschreibt er den Übergang von der Identifikation mit einem Ego zu der mit allen und allem. Es scheint an dieser Stelle, dass Smith keine strikte Unterscheidung zwischen Stufen und Zuständen aufrechterhält, denn streng genommen wäre die Ego-Entwicklung dem Bereich der Stufen zuzurechnen, das transzendente Bewusstsein hingegen dem Bereich der Zustände. Smith erläutert jedoch, dass es Ziel der Entwicklung sei, alles aus der Sicht des Einheitsbewusstseins zu sehen. Dieses Einssein werde zwar oft als

---

1032. Vgl. ebd., 245-255.
1033. Ebd., 253.
1034. Vgl. ebd., 288-295.
1035. Vgl. ebd., 293. Siehe auch McIntosh, 2015, 188.
1036. Vgl. ebd., 297f.

Bewusstseinszustand bezeichnet, sei aber eher eine bestimmte Weise, die Welt anzuschauen."[1037]

c) Das Einheitsbewusstsein/Christusbewusstsein oder die 1. Person Perspektive auf/Ruhen in dem nahen Gesicht Gottes (Christus)

Für diesen Zustand verwendet Smith verschiedene Bezeichnungen: Christusbewusstsein, Nondualität oder Einheitsbewusstsein oder auch – im Anschluss an Jesus – das „Reich Gottes." Smith ist der Ansicht, dass Jesus mit diesem gemeint habe, die gesamte Realität als eine nahtlose Einheit zu erleben. Zur Untermauerung führt er verschiedene Zitate an, zwei darum wiederum von Wilber und Marion. Sie beschreiben das „Reich Gottes" einerseits als veränderten Bewusstseinszustand, andererseits als eine bestimmte Ebene der Bewusstseinsentwicklung, auf dem dieser Zustand sich bereits dauerhaft stabilisiert habe. Er verknüpft das mit der Idee eines einzigen non-lokalen Bewusstseins, am dem alle (zunächst unbewusst) teilnähmen. Im Anschluss an Richard Rohr bezeichnet er Jesus als den ersten „Lehrer für Nondualität" im Westen, wobei er unter Nondualität die Erfahrung der Ungetrenntheit von uns allen und von Gott versteht[1038].

Bei Abbildung 17 handelt es sich um meinen Versuch, Paul Smith Modell mit einer Grafik zu veranschaulichen. Darauf folgt Smith eigene Grafik in englischer Sprache (Abbildung 18).

1037. Ebd., 313.
1038. Vgl. ebd., 313-331.

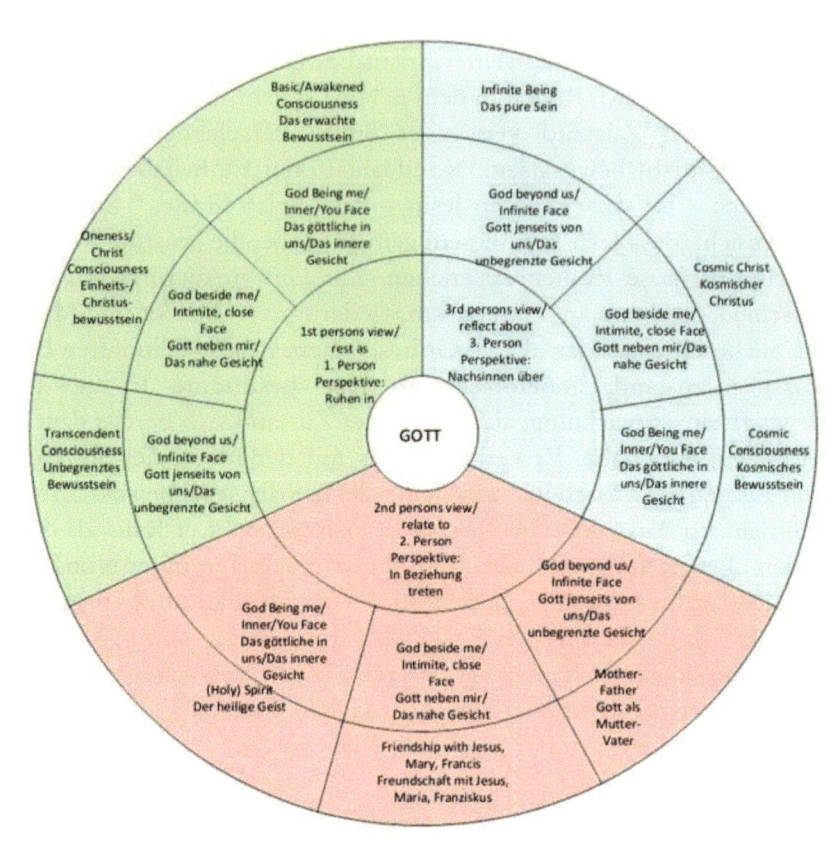

Abbildung 17: Die neun Facetten des Göttlichen

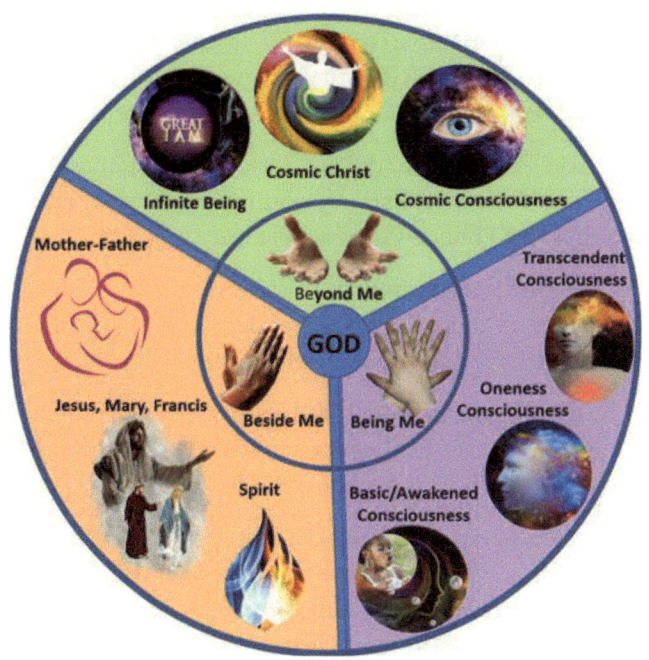

Abbildung 18: Die drei Gesichter nach Paul Smith, mit freundlicher Genehmigung.

Als Aufschlüsselung der Grafik(en) hier noch einmal eine Kurzzusammenfassung seines Modells, durch die sichtbar werden soll, wie Smith zu diesen „neun Facetten des Göttlichen" gelangt.

- Die 3. Person Perspektive/das Nachsinnen über das unbegrenzte Gesicht Gottes (Vater): Das pure, unendliche Sein selbst

- Die 3. Person Perspektive/das Nachsinnen über das vertraute Gesicht Gottes (Christus): Der kosmische Christus

- Die 3. Person Perspektive/das Nachsinnen über das innere Gesicht Gottes (Geist): Unbegrenztes, kosmisches Bewusstsein

- Die 2. Person Perspektive/das in Beziehung treten zu dem unbegrenzten Gesicht Gottes (Vater): „Vater-Mutter" oder Papa-

Mama"

- Die 2. Person Perspektive/das in Beziehung treten zu dem vertrauten Gesicht Gottes (Christus): Freundschaft mit Jesus (oder Maria, Franziskus usw.)
- Die 2. Person Perspektive/das in Beziehung treten zu dem inneren Gesicht Gottes: Geist: Personifizierung des erleuchteten Bewusstseins, der Heilige Geist als Person
- Die 1. Person Perspektive/das Ruhen in dem unbegrenzten Gesicht Gottes (Vater): Das transzendente Bewusstsein, dass das göttliche „ICH BIN" als tiefstes Selbst erkennt
- Die 1. Person Perspektive/das Ruhen in dem vertrauten Gesicht Gottes (Christus): das Einheitsbewusstsein oder auch das Christusbewusstsein, auch Nondualität oder Reich Gottes
- Die 1. Person Perspektive/das Ruhen in dem inneren Gesicht Gottes (Geist): das Alltags- als auch das erwachte Bewusstsein mit mystischen Erfahrungen wie außergewöhnlichen Bewusstseinszuständen, Träumen, Visionen, Channeling/Prophetie, transrationalem Gebet

Erkenntnisgewinnung

Smith nimmt Wilbers Methode der Erkenntnisgewinnung durch (1. Experiment (Injunktion), 2. Erfahrung und 3. gemeinschaftliche Bewertung und ggf. Bestätigung) auf und beschreibt sie mit eigenen Worten: 1. Gehe einer spirituellen Praxis nach, 2. Schau, was passiert und was du erlebst, 3. Beurteile, was passiert, mit anderen, die dasselbe Experiment gemacht haben und ziehe mit diesen die Schlussfolgerung, ob die Erfahrung in der Realität verwurzelt ist oder nicht. Hier wird spürbar, dass der Autor diese Anweisungen nicht nur in der Theorie eins zu eins von Wilber übernommen hat, sondern auch in seiner eigenen spirituellen Praxis anwendet. Seine eigenen Erfahrungen bewiesen ihm, dass das vertraute, zweite Gesicht Gottes eine ontologische Realität sei.[1039]

Spirituelle Phänomene als Co-Creation

Wie erwähnt, übt McIntosh Kritik an Wilbers Anspruch, absolute Aussagen über spirituelle Phänomene treffen zu können und bezieht sich dabei auf den transpersonalen Psychologen Jorge Ferrer. Paul Smith, den offenbar dieselbe Frage beschäftigt hat, gibt an, dass er beide Positionen wichtig findet: Wilbers Bemühung den extrem Relativismus zu überwinden, wonach wir gar nichts über den spirituellen Bereich wissen oder herausfinden könnten, aber auch Ferrers Hinweis, dass wir spirituelle Realitäten immer durch die Filter unserer Weltanschauung, Tradition und Bewusstseinsebene wahrnehmen würden. Er verstehe spirituelle Phänomene daher als Co-Creationen aus einer realen ontologischen Erfahrung und unserer Interpretation derselben.[1040]

Sanguin, "The Emerging Church: A Model for Change and a Map for Renewal", 2014

Im Vorspann zu Sanguins Werk „Advance for Love" von 2012 steht eine Leseempfehlung von Wilber, in dem dieser es als ein wunderschönes Buch bezeichnet, dass sich auf das integrale Modell stütze.[1041] Am selben Ort findet sich ebenfalls eine positive Rezension und Empfehlung von Steve McIntosh für das gesamte Werk Sanguins.[1042]

Sanguin selbst schreibt, dass die Gedanken Steve McIntoshs für ihn wie ein Kompass fungiert hätten und dass die integrale Theorie Wilbers vielen seiner Reflektionen zugrunde läge und er diesem großen Dank schulde.[1043]

Ich werde mich in meiner Analyse jedoch auf seine beiden letzten Werke stützen, da diese, was die Rezeption der integralen Theorie an-

---

1039. Vgl. ebd., 162.
1040. Vgl. ebd., 152f.
1041. Vgl. Wilber, 2012, i.
1042. Vgl. McIntosh, 2012b, i.
1043. Vgl. Sanguin, 2012, xviii.

belangt, am ertragreichsten sind.

Im Vorwort zu seinem Buch „The Emerging Church" zählt er die wichtigsten Denker auf, von denen er sich zu seinem Werk inspirieren ließ, darunter den Schöpfungstheologen Matthew Fox, den Kosmologen Brian Swimme, die Futuristin Barbara Marx Hubbard, den integralen Philosophen Carter Phipps und ebenso die integrale Theorie Wilbers, die er als horizonterweiternd beschreibt: „Sie hat mir eine Karte der Realität gegeben, die mir neue Welten und neue Perspektiven eröffnet hat."[1044]

Im Inhaltverzeichnis von 2014 bezieht er sich lediglich auf dessen Werke der 4. Phase[1045], 2012 weist er jedoch auf dessen „Integral Spirituality" von 2016, also der 5. Phase, hin.[1046] Daher können wir von einer Kenntnis des neueren Werks Wilbers ausgehen, was sich auch an dem Einschluss der Idee des Wilber-Combs-Rasters zeigt.

Häufige Bezüge finden sich weiterhin auf Teilhard de Chardin.[1047] Sein Schwerpunkt der Rezeption liegt auf dem Verständnis von Evolution als Holarchie und Emergenz, auf den Ebenen, Linien und dem Christusbewusstsein als anzustrebender Zustand.

Sein Buch wendet sich vornehmlich an Personen in kirchenleitender Funktion, Pastoren als auch Laien, und soll diesen als praktischer Ratgeber dazu dienen, die Kirche an den Grundsätzen evolutionärer Spiritualität auszurichten.[1048] Deshalb finden sich im Anschluss an jedes Kapitel gezielte Fragen oder Aufgaben zur Anwendung auf konkrete Gemeindesituationen. Als Motivation führt er den Wunsch an, dass unsere Kirchen vollständig lebendig seien."[1049]

Die Holarchie, Holone und der Zweck der Evolution

Sanguin lehnt sich eng an Wilber und Steve McIntosh Grundan-

1044. Sanguin, 2014, 10.
1045. Vgl. ebd., 238.
1046. Vgl. 2012, 156.
1047. Vgl. 2014, 13, 56, 112, 168, 171.
1048. Vgl. ebd., 17.
1049. Ebd., 11.

nahme an, dass es sich bei der Evolution um kein zufälliges Geschehen handele, sondern um einen zielgerichteten Prozess, der im Zuge einer holarchischen Entfaltung zu mehr Komplexität, Differenzierung, Integration und Organisation führe. Wie die beiden bezieht er sich dabei ebenfalls auf die Emergenztheorie und beschreibt den Prozess der Evolution als „kreative Emergenz". Ganzheiten werden Teile neuer Ganzheiten mit neuen, unvorhersehbaren und komplexeren Eigenschaften. Weil es sich dabei um die fundamentale Dynamik des Lebens selbst handele, gelte es ebenso für das Gemeindeleben wie für die Natur. Wenn eine Gemeinde sich bewusst mit diesem Prozess identifiziere, könne sie ebenfalls zu einem Raum für kreative Emergenz werden. Die Quelle dieser unerschöpflichen Kreativität bezeichnet er als „Geist" (spirit).[1050]

Nach einer Beschreibung der drei Grunddynamiken von Emergenz „1. Neuheit, 2. Selbst-Organisation, 3. Transzendenz und Inklusion" empfiehlt er diese zur Nachahmung in der Gemeindeentwicklung. Dabei knüpft er an Wilbers Rede von den zwei auf- und absteigenden Wirkkräften „Eros" und „Agape" an. Ersteres sei der aufwärtsgerichtete Impuls, durch den alle Lebensformen von innen heraus nach Transzendierung strebten. Durch letztere wirke das Ganze im Sinne einer Abwärtskausalität von außen durch Liebe auf ungezwungene Weise [hier hören wir unweigerlich Alfred North Whiteheads „sanfte Überredung zur Liebe" heraus] auf die Teile ein.[1051] Das Prinzip von 3. Transzendenz und Inklusion führt ihn zu einer feinen, aber folgenschweren Unterscheidung in Bezug auf die Tradition. Hier zeigt sich wie an vielen Stellen, dass er aus der konkreten Praxis herausschreibt. Als Pastor wisse er um die mit großen Veränderungen einhergehenden Verlustängste Bescheid. Weil im Zuge des Vorgangs der Transzendierung alles Vorherige, das funktioniert und sich bewährt habe, inkludiert bzw. miteingebunden werde, bliebe dieses als Tradition ganz automatisch erhalten – vom Traditio-

---

1050. Vgl. ebd., 22.
1051. Vgl. ebd., 29.

nalismus aber, der an bestimmten Formen der Vergangenheit hänge, gelte es sich zu trennen.[1052] Ein Veränderungsprozess der Gemeindekultur ermögliche es, dass nur die Formen erhalten blieben oder entstünden, die einer bestimmten Funktion dienten. Diese neuen Formen entstünden auf gänzlich natürliche Weise aus den vorherigen heraus, so dass nichts erhaltenswertes verloren ginge.[1053] Um das zu verdeutlichen, bezieht er sich explizit auf Wilbers Theorie der Holone: Als eine Ganzheit weise ein Holon Agenz (Selbstbewahrung) auf, als ein Teil Kommunion (Selbstanpassung). In der Übergangphase eines gemeindlichen Veränderungsprozesses könnten Menschen Angst davor bekommen Teil eines größeren Ganzen zu werden oder schlicht kein Interesse daran haben. Da dies aber die Weise sei, wie sich Leben entwickele, sei es Aufgabe des Teams, das einen solchen Übergang begleite, die Grenzen der Selbstdefinition zu erweitern und Strukturen als vorläufige Ausdrucksformen zu erachten. Ein guter Gemeindeleiter diene immer zwei Gemeinden: Der gegenwärtigen und der zukünftigen.[1054]

Obwohl er sich nicht explizit auf Steve McIntoshs „Evolution's Purpose" bezieht, empfiehlt er dieses zur Lektüre.[1055] Er selbst schreibt wiederholt vom ‚evolutionären Impuls'[1056], vermittels dessen das Universum danach strebe, sich durch uns selbst zu transzendieren und neues emergieren zu lassen. „Christus" ist bei ihm eine Metapher für diesen Impuls.[1057] Damit knüpft er direkt an einen Gedanken von McIntosh an, wonach die Evolution in unserem Impuls die Dinge verbessern zu wollen, unmittelbar von einem jeden von uns erfahren werden könne. Das Reich Gottes versteht er daher primär von der Zukunft her, als Potential, das zunehmender Verwirklichung zustrebe und auf eine subversive Weise gegenwärtige Herr-

---

1052. Vgl. ebd., 31ff.
1053. Vgl. ebd., 43f.
1054. Vgl. ebd., 45f.
1055. Vgl. ebd., 170.
1056. Vgl. ebd., 13 u. 176.
1057. Vgl. ebd., 94.

schaftsstrukturen und kulturelle Normen in Frage stelle.[1058] Diese Zukunftsorientierung verbindet er mit einem Paradigmenwechsel innerhalb der Theologie, den er mit „von der Erlösung zur Schöpfung" überschreibt. Im ersteren Fall seien wir primär die passiven Empfänger eines Geschenkes aus der Vergangenheit, dem Tod Jesu am Kreuz. Eine schöpfungsbasierte Theologie dagegen habe ihren Fokus auf dem, was jetzt gerade durch uns geschehen wolle. Das Christus-Ereignis sei vielmehr ein fortwährender Prozess.[1059] Die Idee eines „wortwörtlichen Eden", eines ursprünglich perfekten paradiesischen Zustandes, lehnt Sanguin ab und beruft sich auf Wilbers Ablehnung der Annahme einer „romantischen Phase" der Menschheit:

„Wir bewegen uns [...] „von Eden hinauf (up from Eden)"[1060]

Das Universum selbst sieht er als einen lebendigen Organismus, der sich fortwährend im Werden befindet. In unserer Tiefe, unserem „kosmischen Selbst" seien wir mit diesem Universum identisch und dessen „intimer Ausdruck und Manifestation."[1061] Wie Wilber bestimmt er Materie nicht als die unterste Ebene, sondern als den äußeren Aspekt der Realität auf allen Ebenen.[1062] Der Zweck der Religion bestehe darin, Menschen dabei zu helfen, sich bewusst weiterzuentwickeln und an der Evolution unserer sozialen, politischen und wirtschaftlichen Institutionen mitzuwirken, so dass diese immer durchscheinender für die Liebe und die Intelligenz des Ur-Mysteriums würden.[1063] Damit schließt er sich dem idealistischen Fortschrittsglauben, wie ihn Steve McIntosh vertritt, bis in die Wortwahl

---

1058. Vgl. ebd., 13 u. 48.
1059. Vgl. ebd., 33ff.
1060. Ebd., 35. [Eine Anspielung auf den Buchtitel des 1981 erschienenen Werkes „Up from Eden; A Transpersonal View of Human Evolution (dt. Halbzeit der Evolution)"]
1061. Ebd., 166.
1062. Vgl. bd., 37.
1063. Vgl. ebd., 173.

an – auch dieser schrieb, dass die zunehmende Vervollkommnung des Menschen, dessen Kultur und dessen Verhältnisses zur Natur durch eine zunehmende Durchlässigkeit für den göttlichen Geist ermöglicht werde.

Ebenen des Bewusstseins

Im fünften Kapitel seines Werks bezieht sich Sanguin explizit auf das Modell „Spiral Dynamics" und das diesem zugrundeliegende Werk Clare W. Graves.

In Anlehnung daran unterscheidet er verschiedene Ebenen, 1. BEIGE/Archaisches Wertesystem, 2. PURPUR/Stammes-Wertesystem, 3. ROT/Kriegerisches Wertesystem, 4. BLAU/Traditionelles Wertesystem, 5. ORANGE/Modernes Wertesystem, 6. GRÜN/ Postmodernes Wertesystem, 7. GELB/Integrales oder Evolutionäres Wertesystem, 8. TÜRKIS/ Mystisch oder Konstrukt-Bewusst.

Es fällt auf, dass er die einzelnen Ebenen mit dem Begriff „Wertesysteme" versieht und damit das ursprüngliche Modell „Spiral Dynamics" präziser anwendet als jene, die es als generelle Bewusstseinsstufen deuten.

Neben einer allgemeinen, kurzen Beschreibung der einzelnen Systeme geht er auf die diesen jeweils entsprechenden Gemeindeformen ein. Dabei entspreche

- BEIGE der Gemeinde, die um ihr finanzielles Überleben kämpfe
- PURPUR den Ritualen innerhalb der Kirche, die Verbundenheit schüfen
- ROT dominanter Machtausübung, individueller Ermächtigung („empowerment") und Handlungsorientierung
- BLAU der Emergenz der Religionen während der Achsenzeit. Die vielen Stammesgottheiten werden unter einem mächtigen Gott vereint; Kennzeichen seien ethnozentrische und dualistische Werte (richtig/falsch/gut/böse). 70 Prozent der Weltreligionen fungierten von dieser Wertebene aus. Erlösung könne nur durch ein bestimmtes Glaubenssystem geschehen.

- ORANGE der Umarmung der Vernunft, dem optimistischen Glauben an das Potential des Menschen und der Ablehnung aller Mythen. Auf dieser Ebene sei wenig oder gar kein Platz für Spiritualität.
- GRÜN dem bewusstseinsmäßigen Schwerpunkt der meisten Gemeinden im liberalen Mainstream in Nordamerika. Als Kennzeichen nennt er u.a. weltzentrisches Denken, Relativismus, Konstruktivismus, pluralistische Sensibilität.[1064]

Clare W. Graves zufolge sei es allen Stufen von „First Tier" (dem ersten Rang) eigen, die eigene Stufe als die einzig legitime anzusehen und alle niedrigeren Stufen abzulehnen. Ein solches Denken habe sich auch in der Bibel niedergeschlagen. Als Beispiel nennt er den Kolosserbrief, in dem der Verfasser die Position der anderen, die eine andere Werteebene verträten, als nichtchristlich disqualifiziere: „Lasst euch das Heil von niemand absprechen, der sich darin gefällt, in vorgespielter Demut nicht Gott selbst anzubeten, sondern die Engel, und der sich dafür auf irgendwelche Visionen beruft, die er angeblich gehabt hat". (Kol. 2,18)[1065]

Gemeinden, die ihren Schwerpunkt auf dem grünen WMem hätten, gerieten durch dieses Muster in ein Dilemma. Durch die Abwertung des orangen WMems, kritisierten (häufig im Gottesdienst von der Kanzel aus) diese gerade jene Leute in ihren eigenen Reihen, von denen sie die meiste finanzielle Unterstützung erhielten: Menschen, die erfolgreich im kapitalistischen System agierten. Auch zwischen Pastoren und ihren Gemeinden käme es unbewusst zu Konflikten, wenn deren Schwerpunkte in jeweils unterschiedlichen Werteebenen läge.[1066]

Die Bedeutung von Clare Grave's Werk liege daran, dass es dazu befähige, bei Werte-Diskussionen eine Metaebene einzunehmen. Es gebe uns eine Sprache und eine Reihe von Konzepten an die Hand,

---

1064. Vgl. ebd., 78-83.
1065. Vgl. ebd., 83.
1066. Vgl. ebd., 84f.

die es uns vielleicht zum ersten Mal ermöglichten, unsere Mitglieder bewusst in einen Dialog über Wertesysteme einzubinden, anstatt unbewusst auf unsere Unterschiede zu reagieren.[1067]

Es sei wichtig, der Versuchung zu widerstehen, Personen einem Ort auf der Spirale zuzuweisen, wie „Peter ist BLAU". Wir seien alle Mischungen aus allen Wertesystemen. Spezifische Erfahrungen könnten über den Tag verteilt den Krieger, den Traditionalisten, den Modernisten oder Postmodernisten in uns triggern. Die Weltsichten seien daher eher so etwas wie musikalische Noten, die zusammen Akkorde bildeten.

Wieder bezieht sich Sanguin direkt auf die Forschungsarbeit von Clare W. Graves, um die Stufen der zweiten Ordnung zu beschreiben. Es habe sich gezeigt, dass ein kleiner Prozentsatz der Menschen sich von den anderen dadurch unterscheide, dass deren Entscheidungsfindung auf einem weit komplexeren Niveau erfolge.[1068]

Durch ein direktes Zitat aus Steve McIntoshs „Integrales Bewusstsein" beschreibt er die erste Stufe des zweiten Rangs als diejenige, die in der Lage sei, sowohl die „Würde als auch die Katastrophe" jeder der vorhergehenden Stufen zu erkennen. Wer auf dieser Stufe lebe, verbünde sich mit dem evolutionären Impuls, der immerfort transzendiere und einschließe.[1069]

Während die gelbe Stufe vorwiegend innen-orientiert und individualistisch sei, liege bei „Türkis" der Schwerpunkt wieder auf dem Kollektiv. Da der derzeitige Prozentsatz der Menschen, die aus dieser Stufe heraus agierten, vielleicht ein Prozent sei, sei die Beschreibung hoch spekulativ. Die Menschheit habe sich von einer Identifikation mit dem „ich" (BEIGE/ROT), dem „wir" (BLAU/ORANGE), dem „alle von uns" (ORANGE/GELB) zu „allem, was ist" (TÜRKIS/ mystisch) entwickelt.[1070]

Weiter beschreibt er in enger Anlehnung an Spiral Dynamics die

---

1067. Ebd., 85.
1068. Vgl. ebd., 85ff.
1069. Vgl. ebd., 87f., vgl. McIntosh, 2007, 39.
1070. Vgl. ebd., 88f.

Gesetzmäßigkeiten der Werteentwicklung durch die Ebenen hindurch: dass jede Stufe alle vorhergehende enthalte; dass es um Schwerpunkte gehe; dass keine ausgelassen werden könne; dass es einen Wechsel zwischen einer Ich-Orientierung und einer Wir-Orientierung gebe usw.[1071]

Ebenso, wie er im fünften Kapitel die den Werteebenen entsprechenden Kirchen- und Gemeindeformen durchnimmt, widmet er sich im sechsten Kapitel unter der Überschrift „Welche Farbe hat dein Christus?" anschließend der Beschreibung, welches Verständnis von „Christus" in den einzelnen Wertebenen vorherrsche. Dabei fragt er wiederum gezielt nach der „Katastrophe" und der „Würde" jeder einzelnen Ebene.

- Der traditionelle Christus
- Der moderne entmythologisierte Christus
- Der egalitäre/postmoderne Christus
- Der integrale/evolutionäre/kosmische Christus
- Der mystische Christus[1072]

Je nachdem, auf welcher Wertebene eine Gemeinde ihren Schwerpunkt habe, könne sie mehr oder weniger Menschen erreichen. Zur Erklärung beruft er sich auf Wilbers Schätzungen der prozentualen Anteile von Menschen in den jeweiligen Ebenen. Je komplexer das Wertesystem ausfalle, desto weniger Menschen verfügten darüber. Für eine integrale Kirche könnte das bedeuten, dass Menschen bereit sein müssten, eine lange Fahrt auf sich zu nehmen.[1073]

Zustände des Bewusstseins und das Wilber-Combs-Raster

Ausgehend von der Frage, wie ein Jesus (oder ein Buddha oder Mohammed usw.) aus der Bewusstseinsstufe TÜRKIS handeln konn-

---

1071. Vgl. ebd., 90ff.
1072. Vgl. ebd., 94ff.
1073. Vgl. ebd., 98.

ten, obwohl diese Stufe doch erst heute am emergieren sei, unterscheidet er im Anschluss an Wilber zwischen den Bewusstseinszuständen (Wachen, Träumen, Tiefschlaf, mystisches Gewahrsein) und Bewusstseinsstufen.[1074] Habe jemand viele Zustandserfahrungen, die der Wahrnehmung auf der türkisenen Werteebene ähnelten, lege dieser, wie Jesus, die Grundlage für die Emergenz dieser neuen Stufe, so wie die antiken Philosophen der Moderne den Weg bereitet hätten.[1075] Darauf zitiert er Wilbers Definition von Erleuchtung, wonach diese im Einssein mit allen Zuständen und Stufen bestehe, die sich bis dahin entwickelt hätten.[1076]

Die Funktion von Spiritualität und Religion

Sanguin greift die Idee Wilbers Religionen als „Förderband" anzusehen, auf. Er lädt Gemeinden dazu ein, als „Attraktor" zu fungieren, der Menschen dabei helfe, auf die nächsthöhere Ebene spiritueller Reife zu gelangen.[1077]

Paulus selbst habe als „Förderband" gehandelt. Von einigen Vertretern der postmodernen Werteebene werde er für seinen Standpunkt in Beziehung auf Sklaven, Frauen und die Beziehung zwischen Kirche und Staat als rückständig kritisiert. Sanguin sieht in Paulus Aussagen jedoch den Pragmatismus eines Bewusstseins, dass sich bereits auf dem zweiten Rang (Second Tier) befände. Dieses evolutionäre Bewusstsein werde implizit sichtbar in Paulus Brief an die Korinther:

> *„Als ich noch ein Kind war, redete ich, wie Kinder reden, dachte, wie Kinder denken, und urteilte, wie Kinder urteilen. Doch als Erwachsener habe ich abgelegt, was kindlich ist... Wenn ich jetzt etwas erkenne, erkenne ich immer nur einen Teil des Ganzen... (1. Kor. 13,11ff.)".*

1074. Vgl. ebd., 89.
1075. Vgl. ebd., 87f.
1076. Vgl. ebd., 90. Siehe dazu auch Wilber, 2007, 137.
1077. Vgl. ebd., 99f.

Paulus habe dazu beigetragen, seine Gesellschaft in Richtung mehr Inklusion zu bewegen, sowohl bezüglich der Frauen, Sklaven als auch in Richtung eines aufgeklärteren Verhältnisses zwischen Staat und Religion. Durch die von ihm angestoßene Öffnung der christlichen Botschaft gegenüber den Nicht-Juden, habe er den ethnozentrischen Standpunkt transzendiert und einen weltzentrischen vorweggenommen. Zu dem damaligen Zeitpunkt sei das ein radikaler Umschwung gewesen, den wertzuschätzen uns heute schwerfalle. Von daher sei nicht Paulus das Problem, sondern die nachfolgenden Generationen, die seinen evolutionären Kurs nicht weitergeführt hätten.

Entwicklungslinien

Die „Linien" erwähnt er zuerst nur in einer Fußnote,[1078] kommt aber beim Thema Gemeindeleitung darauf zurück. Seiner Erfahrung nach habe das Seminar, wo er seine theologische Ausbildung absolviert habe, nur die kognitive Linie im Blick gehabt, die anderen aber vernachlässigt. Es sei aber entscheidend, dass die Leitung einer Gemeinde auch ihre anderen Linien entwickle, da eine Gemeinde als Ganzes seiner Einschätzung nach sich insgesamt nur bis zu der Tiefe und Komplexität der Leitung selbst entwickeln könne. Er selbst sei lange Jahre in die Therapie gegangen. Es gehe bei Leitung nicht (nur) um Technik, sondern um Persönlichkeit. Es gehe also darum, an der eigenen inneren Verfassung zu arbeiten und sie sich bewusst zu machen. Darunter falle innere Klarheit und das Wissen um die eigenen Grenzen (er nennt es „Selbst-Definition"); die Fähigkeit auch über Differenzen hinweg mit anderen verbunden zu bleiben; die Entwicklung der emotionalen Intelligenz und die Schattenarbeit.[1079] Nur durch diese grundlegenden Fähigkeiten sei Gemeindeentwicklung möglich und erfolgversprechend.[1080]

1078. Vgl. ebd., 104.
1079. Vgl. ebd., 149ff.
1080. Vgl. ebd., 159.

Schattenarbeit

Auf das Thema „Schattenarbeit" kommt Sanguin im Zusammenhang mit Gemeindeleitung zu sprechen, da diese aus seiner Sicht besonders wichtig für Personen sei, die einer Gemeinde vorstehen. Da viele Geistliche bestimmte Annahmen darüber hätten, was heilig sei und was nicht, tendierten diese dazu, eigene Impulse, Wünsche und Gefühle zu verdrängen. Viele Predigten, die verurteilten und verdammten, seien durch den eigenen Schatten motiviert. Jesus selbst hätte sich in der Wüste in seinem Ringen mit dem Satan der Schattenarbeit gestellt, denn der Satan könne psychologisch als der Schatten verstanden werden. Sein Bedürfnis nach Sicherheit, nach Macht, nach Status, nach Reichtum sei sein Schatten gewesen, den er sich bewusst hätte machen müssen.[1081]

Sanguin, "The „Way of the Wind. The Path and Practice of Evolutionary Christian Mysticism", 2015

Der Schwerpunkt des genannten Buches liegt in einer ausführlichen Auseinandersetzung mit der Frage, was die Tatsache der Evolution – das heißt: eines sich schöpferisch entwickelnden Universums, wie es heute die neusten Erkenntnisse der Naturwissenschaften nahelegen – für das Christentum bedeuten könnte. Im Hintergrund seiner Ausführungen steht der Gedanke einer „bewussten Evolution", wie er besonders von Steve McIntosh oder Barbara Marx Hubbard, der Gründerin des Institutes für bewusste Evolution, betont wird.

Von beiden ist auch eine positive Besprechung des Buches im Vorderteil abgedruckt. Dabei geht es, wie bereits im Kapitel „Der Zweck der Evolution" besprochen, um die der evolutionären Spiritualität zugrunde liegende Annahme, dass sich das Universum durch uns Menschen erstmals seiner selbst bewusstwerde und durch die kulturelle Evolution der Menschheit danach strebe, sich weiterzuentwi-

---

1081. Vgl. ebd., 155f.

ckeln – die Rede von einer „neuen Menschheit" und einem „neuen Menschen" ist die Konsequenz davon.

Bereits im Vorwort fasst er die neue Rolle, die uns in diesem Verständnis zukommt, kurz zusammen: Es gehe darum, wie Jesus und andere Mystiker uns gezeigt hätten, dem kleinen Ego gegenüber zu sterben, um für die Liebe – oder die göttliche Präsenz, für ihn gleichbedeutend – aufzuerstehen, die sich durch uns zeigen und entwickeln wolle. Dieser Transformationsprozess gehe damit einher, dass zunächst alles ausgeräumt werden müsse, was der Liebe, unserem natürlichen Wesen – er nennt sie auch unsere „Christusnatur" – entgegenstehe: Persönliche, kulturelle und historische bewusste als auch vor allem unbewusste Traumata. Den gesamten evolutionären Prozess sehe er im Anschluss an Teilhard de Chardin als eine Zugkraft hin zu einer idealen Zukunft.[1082] Er gibt selbst an, dass vieles, von dem, was er schreibe, nicht originell sei, sondern sich zahlreichen anderen Denkern verdanke, durch die er inspiriert wurde. Darunter nennt er neben Jesus und Paulus u.a. die integralen Denker Teilhard de Chardin, Sri Aurobindo, den Kosmologen Brian Swimme und Wilber.[1083]

Im ersten Kapitel seines Buches widmet er sich dem Phänomen der Evolution als solchem, im zweiten geht es ihm um die Verbindung des Evolutionsgedankens mit der Hl. Schrift. Darauf widmet er sich dem von ihm so genannten „evolutionären Mystizismus", ungewöhnlichen Jesusbildern, seinem Verständnis des Reiches Gottes und der Kirche. Abschließend schlägt er verschiedene Praktiken vor. Im zehnten und letzten Kapitel erzählt er, wie er es nennt, „evolutionäre Midrasch" [in Anspielung an die Kommentare zu heiligen Texten im Judentum] und legt die Geschichten vom Garten Eden und das Gleichnis vom Verlorenen Sohn auf neue Art und Weise aus.

Der Zweck der Evolution

Seinen Entwurf eines „evolutionären Mystizismus" führt Sanguin

---

1082. Vgl. Sanguin, 2015., xiff.
1083. Vgl. ebd., xiv.

auf eine Erfahrung zurück, die ihn erkennen ließ, dass es eine wesenshafte Einheit zwischen dem Kosmos und seiner eigenen spirituellen Reise gebe.[1084] Charles Darwin selbst habe in seinem Werk „The Descent of Man" Liebe, und nicht wie allgemeinhin angenommen, „das Überleben des Stärkeren" als die maßgebliche Kraft gesehen, die die Evolution vorantreibe. Das Göttliche handle in und durch den evolutionären Prozess, indem es nicht eingreife, sondern werbend überrede – es fällt nicht schwer, hier Whitehead und in Folge Wilber und McIntosh im Hintergrund herauszuhören. Das trifft auch auf die folgenden Ausführungen zu, in denen er sich von einem rein naturalistischen Verständnis der Evolution abgrenzt und dieser eine Richtung – hin zu mehr Komplexität und Differenzierung, Kreativität, Bewusstsein und Mitgefühl – zuschreibt.[1085]

Diese evolutionäre Weltsicht bringt Sanguin anschließend mit der Schrift und dem Narrativ von Jesus in Verbindung. Durch sein Leben, Sterben und Auferstehen – und damit das Aufdecken eines universalen Musters – habe er den Inhalt der Mysterienschulen in Griechenland und Ägypten, der einst geheim weitergegeben wurde, öffentlich zugänglich gemacht.[1086]

Sanguin stellt fest, dass die hebräische Schrift, im Gegensatz zu den Mythen der Umwelt, in der sie entstand, kein zyklisches, sondern ein lineares Geschichtsverständnis entwerfe, denn sie schildere, wie das Volk Israel mit Gott auf der Reise, d.h. unterwegs zu einem Ziel sei. Durch die Verheißung einer besseren Zukunft bringe Gott die Menschen dazu, sich auf den Weg zu machen: Abraham und Sarah, das Volk Israel in ägyptischer Gefangenschaft usw. Er verwendet an dieser Stelle wie Steve McIntosh das Wörtchen ‚pull' (Zug, Sog, die Anziehungskraft), um das Mittel beschreiben, durch das Gott wirke. In der göttlichen Aufforderung an Menschen, z.B. die Propheten, immer wieder über sich hinaus zu wachsen, sieht er den „evolutionären Impuls" am Wirken. Während Gott in der traditionellen Theologie

---

1084. Vgl. ebd., 1.
1085. Vgl. ebd., 4f.
1086. Vgl. ebd., 13f.

„von oben" lenke, lenke er in der evolutionären Sichtweise aus der Zukunft, von vorne – im Rahmen eines linearen Zeitverständnisses. Er sei der Raum der unendlichen Möglichkeiten, der uns brauche, damit diese Möglichkeiten in die Realität umgesetzt werden könnten.[1087]

Jesus selbst sieht Sanguin als ein Beispiel für einen Menschen, der vollständig transparent gegenüber Gott gewesen sei, ein radikaler Ausdruck des Herzens und Geistes Gottes, und damit dem Zweck der Evolution gedient habe. Er beruft sich dabei u.a. auf den Johannesprolog, wo es heiße, dass das „Wort" (griechisch „λόγος") Fleisch werde – denn „logos" bezeichne in der griechischen Philosophie das „kreative Prinzip". In ihm seien die Voraussetzungen für das Aufkommen (emergence) einer „neuen Menschheit" errichtet worden.[1088]

In und durch uns Menschen sei das Universum erstmals fähig, sich bewusst weiter zu entwickeln. Wir seien der verkörperte Ausdruck des ‚Drücken' und ‚Ziehen' – hier übernimmt er wieder die Begrifflichkeiten von Steve McIntosh.[1089] Bewusst an dem Prozess der Evolution teilzunehmen, bedeute unsere tiefsten Wünsche für uns und unsere Welt aufzuspüren und unser Leben danach auszurichten.[1090]

Sanguin unterscheidet dabei zwei Arten von Wünschen oder Sehnsüchten: Begierde (desire) und heiliges Verlangen (holy longings). Erstere ordnet er dem Ego oder dem verengten Selbst zu, dass immer mehr von etwas wolle, das wir bereits in ausreichendem Maße hätten. Durch diese Art der Sucht sträubten wir uns gerade gegen jegliche Entwicklung. Unsere heiligen Sehnsüchte dagegen sei die Weise des Hl. Geistes in uns und durch uns zu beten. Diese Wünsche unterschieden sich je nach Lebensabschnitt voneinander, formten unser Leben und sorgten dafür, dass wir uns weiterentwickelten. Denn während uns unsere Begierden in unseren Routinen stecken

---

1087. Vgl. ebd., 15f.
1088. Vgl. ebd., 17f.
1089. Vgl. ebd., 31.
1090. Vgl. ebd., 36.

bleiben ließen, in die Angst und Isolation führten, zwängen uns unsere heiligen Sehnsüchte zum risikoreichen und abenteuerlichen Aufbruch in Neuland. In diesem Kontext bedeute die „Sünde gegen den Hl. Geist" sich gegen diese Wünsche zu stemmen.[1091]

Ausgehend von diesen Überlegungen entwirft Sanguin ein neues Jesusbild, das er den „evolutionären Provokateur" nennt. Darunter versteht er einen Menschen, der anderen dabei geholfen und sie dazu inspiriert habe, sich weiterzuentwickeln und ein neuer Mensch zu werden. Durch seine Gleichnisse, Lehre und Heilungen, forderte er Menschen heraus, stachelte Menschen zum Andersdenken an – auch in Bezug auf das Göttliche – und brachte Menschen mit ihren Potentialen in Verbindung. Als Beispiel bringt er u.a. das Gleichnis vom Weingärtner, das bis heute mit dem Wertesystem vieler in Kollision gerate.

Es sei nicht seine Intention gewesen, eine neue Religion zu gründen, sondern diejenige, in der er aufwuchs, die jüdische, weiterzuentwickeln. Das macht Sanguin beispielhaft an folgenden Punkten fest: Seine Lehre habe er (in der Bergpredigt, siehe Mt. 5) begonnen mit „Ihr habt gehört, das..., aber ich sage euch...", um anzuzeigen, dass er eine neue Weisheit anzubieten habe, die die alte mit einschließe, aber transzendiere.[1092]

Mit der gleichnishaften Rede von der Unsinnigkeit von „neuem Wein in alten Schläuchen" habe Jesu außerdem darauf hingewiesen, dass seine neue Lehre einer erneuerten Form bedürfe. In den Gleichnissen von der aufgehenden Saat, dem Senfkorn, dem Sauerteig und dem verborgenen Schatz im Acker (Mt. 13) sieht Sanguin verschiedene Bilder für das evolutionäre Phänomen der Emergenz.[1093] Durch diese Bilder habe Jesus das Phänomen illustriert, dass das komplexere und subtilere in dem weniger komplexen, groben enthalten sei, so wie im Kern der Materie bereits das Leben, in diesem der Geist, in diesem das Bewusstsein und in diesem schließlich das

---

1091. Vgl. ebd., 42-45.
1092. Vgl. ebd., 54f.
1093. Vgl. ebd., 20ff.

Selbst-Bewusstsein enthalten sei. Im Hintergrund dieser Deutung steht unverkennbar das Bild einer holarchisch verlaufenden Entwicklung. Scheinbar will Sanguin Materie an dieser Stelle im Sinne der Elemente, aus denen alles sich alles übrige zusammensetzt, als die unterste Stufe dieser spiral/leiterförmigen Entwicklung verstanden wissen.[1094] Gleichzeitig schließt er sich jedoch Wilbers Sichtweise an, wonach Materie nicht (nur) die unterste Stufe, sondern das Äußere auf jeder Stufe sei.[1095]

Paulus sei viel mehr an dem kosmischen Christus als an dem Menschen Jesu interessiert gewesen. Dieser sei identisch mit dem Wort „logos" aus dem Johannesprolog, dem kreativen Prinzip oder auch einer liebenden Macht, die sich, so wie in Jesus, in der gesamten Menschheit inkarnieren wolle.[1096]

Zustände und die Unterscheidung zwischen Innen und Außen

Sanguin deutet das griechische, aus „μετά", (mit, hinter) und „νοῦς/νοῖ" (Verstand, Vernunft, Gesinnung) zusammengesetzte Wort „μετάνοια" (Buße, Umkehr, Sinnesänderung) im Sinne der Notwendigkeit, ein „erweitertes Bewusstsein" oder das „Christusbewusstsein" anzunehmen, auch, um überhaupt erst verstehen zu können, wovon Jesus spreche. Weil Menschen aber versuchten, Jesu Lehre aus einem Bewusstsein heraus zu verstehen, dass er das „alte Betriebssystem" nennt, käme es zwangsläufig zu Missverständnissen.[1097]

Für ihn geht es bei der Nachfolge Christi um die Annahme des Glaubens, den Jesus selbst hatte, und nicht um einen Glauben an Jesus. Allen religiösen Traditionen läge eine von Mystikern geteilte Einheitserfahrung zugrunde. Die Wissenschaft unterstütze diese „mystische Intuition" der Einheit allen Seins, indem sie mit dem Urknall einen gemeinsamen Ursprung annehme. Bei diesen Aussagen

---

1094. Vgl. ebd., 22f.
1095. Vgl. ebd., 37.
1096. Vgl. ebd., 26.
1097. Vgl. ebd., 25 u. 56.

geht Sanguin offenbar, anders als Wilber in seiner Kritik des sog. „neuen Paradigmas", davon aus, dass Erkenntnisse aus dem rechten Quadranten (wissenschaftliche Erkenntnis/objektive äußere Welt) durchaus Wahrheiten aus dem linken Quadranten (Einheitserfahrung, subjektive innere Welt) stützen könnten. Das Element der Quadranten taucht bei Sanguin lediglich verkürzt in der Unterscheidung zwischen Innen und Außen auf.[1098] So schreibt er von unserem Bewusstsein als von der „inneren Dimension"[1099] des Universums.

Die Unterscheidung von Innen/Außen spielt auch eine wesentliche Rolle für sein Gesetzesverständnis: Da Jesus aus einer inneren Weisheit handele, die – im Gegensatz zu einem gesellschaftlichen Konsens – fluide und spontan sei, sehe er, wo Gesetze und Regeln den Menschen dienten und wo es umgekehrt sei. Durch spontane Gesten untergrabe er festgefahrene Strukturen, wie z.B. das Patriarchat. Jesus zu folgen bedeute deshalb gerade nicht, dessen Lehre in einen neuen Götzen umzuwandeln, sondern schließe gerade jede Parteilichkeit, in der man sich es gemütlich einrichte, aus. Denn niemand könne im Voraus wissen, was die Liebe in einem bestimmten Moment verlange. Durch seine Bilder und Geschichten habe er Menschen dazu eingeladen, ihr Bild von Gott auszuweiten.[1100]

Jesus habe den Sabbat gebrochen, weil jedes Gesetz und jede Regel, die nicht bewusst und frei befolgt wird, zu einem Götzen werde, den es zu zerstören gelte. Götzendienst dieser Sorte sei auch heute in den meisten Kirchen lebendig.[1101]

Jesus selbst habe eine nomadische Lebensweise gewählt, durch die er immer in Bewegung geblieben sei, sowohl, indem er keine feste Bleibe hatte, als auch, indem er sich auf keinen Standpunkt habe festnageln lassen. Diese „gesegnete Unrast", ein Wort, das er von der Choreographin Martha Graham entlehnt, habe ihm ermöglicht, immer für die neue Sache, die im nächsten Moment durch ihn emergie-

---

1098. u.a. ebd., 105.
1099. Ebd., 31.
1100. Vgl. ebd., 58ff.
1101. Vgl. ebd., 105.

ren wolle, wach zu sein.[1102]

Jesus habe die religiösen Autoritäten seiner Zeit dafür kritisiert, dass sie durch ihren engen Moralismus, den sklavische Gehorsam gegenüber dem Gesetz, dem Einhalten von Reinheitsvorschriften und durch andere Rituale den Geist eher ersetzt hätten als sein Wirken widerzuspiegeln.[1103] Das Reich Gottes interpretiert Sanguin als eine Fähigkeit, sehen zu können, dass in jedem Teil die Ganzheit präsent sei. Um in dieses Reich einzutreten, sei eine Wendung nach innen Voraussetzung, weg von Äußerlichkeiten und Oberflächlichkeit hin zu der tieferen Dimension des Lebens.[1104] Als Beispiele führt er Jesu Gleichnisse vom Schatz im Acker und der kostbaren Perle aus Mt. 13,44-46 an, die darauf hindeuteten, dass es gelte, auf die Suche nach innen zu gehen, um zu erwachen. Dann sähen wir uns selbst als den Logos, das kreative Prinzip, das sich durch uns in menschlicher Form manifestiert. Neben dem Begriff des kreativen Prinzips verwendet Sanguin synonym auch die Formulierung „der evolutionäre Impuls" oder „der kosmische Christ[1105]us". Anhand einer Schilderung der Begegnung von Nikodemus und Jesus führt er aus, dass es für einen Mystiker sowie eine Gemeinschaft von Mystikern notwendig sei, (mehrmals) spirituell neu geboren zu werden – das alte Selbst(bild) abzustreifen und unsere wahre Natur zu erkennen, individuell als auch kollektiv.[1106]

Ebenen des Bewusstseins

In diesem Werk spielen Stufen eher am Rande eine Rolle und werden von Sanguin häufig nicht extra benannt, sondern implizit vorausgesetzt. Erst im letzten Kapitel des Buches folgt eine kleine Einführung in das Thema Stufen und darauf zwei Anwendungsbeispiele: Die Schöpfungsgeschichte und die Geschichte vom verlo-

---

1102. Vgl. ebd., 68f.
1103. Vgl. ebd., 99.
1104. Vgl. ebd., 101ff.
1105. Vgl. ebd., 106f.
1106. Vgl. ebd., 110ff. u. 117.

renen Sohn werden vor dem Hintergrund der Stufen neu interpretiert.[1107]

In der Einführung beruft er sich auf den Psychologen Robert Kegan, auf den sich, wie wir gesehen haben, sich auch Wilber u.a. berufe und verweist für eine Vertiefung des Themas selbst auf sein Vorgängerwerk „Emerging Church."

Aus den zwei von ihm gewählten Beispielen wird gut ersichtlich, welche Auswirkungen die Einbeziehung der Stufen für die Hermeneutik und Interpretation einer Bibelstelle haben kann. Das beginnt damit, dass er den Versuch unternimmt, die Schöpfungsgeschichte nicht, wie häufig üblich, als einen Ausdruck einer zeitlosen Wahrheit zu deuten, sondern als Ausdruck des Bewusstseins, mit dem sie geschrieben wurde. Das ermöglicht ihm, wie aus der folgenden Zusammenfassung ersichtlich wird, zu der Geschichte eine kritische Distanz zu bewahren. Seine leitende Annahme hierbei ist, dass sie aus einem traditionellen Bewusstsein (oder BLAUEN Mem) der Repräsentanten des religiösen Systems heraus verfasst wurde, deren Interesse primär darin bestand, die bestehende Ordnung aufrecht zu erhalten. Dazu errichte sie klare Grenzen zwischen dem, was richtig und dem, was falsch sei, und verhalten sich dem evolutionären Impuls und der Sehnsucht nach Weiterentwicklung gegenüber misstrauisch und ablehnend. Aus dieser Sichtweise heraus werden Eva und Adam für ihren Ungehorsam gegenüber Gottes Gebot bestraft. (Diese Strafe werde später im traditionellen Bewusstsein der Christen durch Jesu Tod am Kreuz wieder aufgehoben.) Es stehe Adam und Eva nicht zu, nach der Frucht und damit in den göttlichen Bereich zu greifen. Dahinter stehe die Angst, dass beide durch eine Bewusstseinserweiterung lernten, von innen heraus zwischen gut und böse zu unterscheiden, ohne dabei auf eine äußere Autorität vertrauen zu müssen. Gott – oder die Götter (elohim) seien eine Projektion des Freudschen Über-Ichs der Verfasser, ängstlich, kontrollierend und bestrafend. Ihr Interesse sei es, dass der Mensch nicht lerne, auf seine eigene Erfah-

---

1107. Vgl. ebd., 153f.

rung zu vertrauen, sondern von einer Weisung des Priesters abhängig bleibe.

Der Garten Eden stehe für eine Umgebung, die so lange angenehm für den Menschen bleibe, solange er sich an alle Regeln halte. Evas Wunsch, die Frucht zu essen, entspringe gerade nicht einem realen Mangel, sondern einer heiligen Sehnsucht nach mehr, nach Weiterentwicklung und dem Besitz einer inneren Weisheit. Sie stehe stellvertretend für den femininen Aspekt, der in der damaligen (und heutigen) patriarchalen Kultur unterdrückt werde: Das Intuitive, Sinnliche, Empfangende, Nährende, Wilde (und damit Unkontrollierbare). Die Verfasser wollten jedoch keine neue Ordnung zulassen. Ihr Interesse bestand darin durch die Erzählung des Mythos, Unterordnung unter die bestehenden Verhältnisse zu erreichen. Diese ließe sich aber, da sie so etwas unmögliches versuche, wie die Geburt oder das Älterwerden eines Kindes aufzuhalten, nur durch schreckliche Gewalt durchsetzen. Dementsprechend wurde auch die Schlange als eine teuflische Versucherin dargestellt. Wenn nun aber die beschriebenen Götter nur das Über-Ich der Verfasser repräsentierten, sei das wahre Göttliche, in Sanguins Interpretation, die Schlange, Symbol für den kreativen Impuls. Denn diese sage die Wahrheit und fordere Eva dazu auf, althergebrachte Annahmen zu hinterfragen und dadurch persönlich zu wachsen. Dem traditionellen Mythos zufolge werde der Lauf der Geschichte als eine Bestrafung und Tilgung einer Schuld angesehen statt als eine Entwicklung voller unumkehrbarer Wandlungen und Gelegenheiten. Dies sei Folge von nicht geheilten Traumata, die uns getrennt von dem Kosmos, der Erde, Gott, den Geschöpfen und unserer wahren Natur fühlen ließen.[1108]

Auch den Ausbruch des verlorenen Sohnes aus seiner gewohnten Umgebung deutet Sanguin dementsprechend positiv im Sinne einer notwendigen Weiterentwicklung, durch die der Sohn zu einem höheren Bewusstsein gelangt sei.[1109]

1108. Vgl. ebd., 156-168.
1109. Vgl. ebd., 168-173.

Dabei zieht er eine Parallele zwischen dem Verhalten des Sohnes gegenüber seinem Vater und dem der Menschheit gegenüber dem Planeten: Auch diese sei verschwenderisch mit ihrem Erbe, der Umwelt, umgegangen, weswegen es Zeit sei, das moderne Weltbild zu überwinden und eine neue Beziehung zu unserer Herkunft zu finden[1110]: Wir hätten uns vom Planeten und anderen Arten unterschieden, jedoch sei diese Differenzierung in Dissoziation übergegangen.[1111]

Im Rest seines Werkes werden die Stufen nicht explizit benannt, aber doch indirekt vorausgesetzt: So zum Beispiel, wenn er schreibt, dass der Gehorsam gegenüber einer äußeren Autorität wie dem Gesetz in einem bestimmten Stadium der spirituellen Entwicklung notwendig sei. Kindern brauchten es, an der Hand genommen zu werden und gesagt zu bekommen, was richtig und falsch sei. So verhalte es sich auch mit Religionen, wenn die Gemeinde sich durch ein „Hören über Gott" durch Autoritäten wie den Geistlichen formiere. An diesem Punkt sei noch der alte Bund in Kraft – der neue werde erst dann eingesetzt, wenn das äußere Gesetz zu einem inneren, spirituellen Gesetz werde. Das schließe ein, zu lernen, der eigenen Erfahrung zu vertrauen und diese zu interpretieren[1112]. Obwohl er es nicht explizit schreibt, wird klar, dass hier die Rede von einem Ausbruch aus dem BLAUEN Bewusstsein in höhere Bewusstseinsstufen ist.

Paulus habe nach seiner Begegnung mit Jesus einen Bewusstseinswandel durchgemacht und sei anschließend ebenfalls zu einem Weiterentwickler seiner eigenen Tradition geworden. Aus dem Christusbewusstsein heraus habe sich Paulus Verständnis von der Funktion des Gesetzes gewandelt: Er habe es forthin nur noch als „Babysitter" angesehen, dass Menschen auf ihrem Reifeweg so lange unterstütze, bis sie dazu fähig seien, sich frei von äußerer Autorität allein vom Geist leiten zu lassen.[1113]

1110. Vgl. ebd., 168ff.
1111. Vgl. ebd., 171.
1112. Vgl. ebd., 72f.
1113. Vgl. ebd., 24f.

Sanguin sieht Jesus vor allem als Schamane und als Mystiker. Jede neue Religion zeichne sich dadurch aus, dass sie frühere Elemente integriere und weiterführe. Die Geschichten des Neuen Testaments deuteten darauf hin, dass Jesus die wesentlichsten Elemente des Schamanismus aufgegriffen und weitergeführt habe.[1114] Damit hätte Jesus auch wesentliche Elemente der PURPURNEN Bewusstseinsstufe (oder des Stammesbewusstseins) gut integriert.

Schattenarbeit und integrale Lebenspraxis

Er nennt die Schattenarbeit als eine von acht Grundvereinbarungen für eine Kultur der Emergenz, zu denen er durch den spirituellen Lehrer Craig Hamilton inspiriert worden sei. Dabei beruft er sich explizit auf Wilbers 3-2-1-Übung. Eine spirituelle Gemeinschaft, die ihre Schattenarbeit nicht mache, individuell als auch kollektiv, könne sich nicht weiter entwickeln.[1115] Als weitere Praktiken führt er an u.a. an eine „We-Space"-Praktik, Meditation, Traumarbeit, Hingabe.[1116]

Zusammenfassender Vergleich und Fazit

Die Untersuchung zeigt, dass bereits die Art und Weise der Rezeption integraler Theorie(n) je nach konfessioneller und biografischer Prägung, Persönlichkeit, Kenntnissen und Vorlieben der Autor*innen äußerst unterschiedlich ausfällt, in einigen Punkten jedoch erstaunliche Einigkeit herrscht.

Zu dieser Einigkeit zählt zunächst, dass es kein Element der Theorie gibt, dass bei den Autor*innen auf prinzipielle Ablehnung stoßen würde und damit bewusst bei einer Rezeption außen vorgelassen würde.

Die Art und Weise der Rezeption reicht weiter von dem direkten, einfachen Zitat über Paraphrasierungen und inhaltliche Zusammenfassungen, Übertragungen der AQAL-Elemente auf biblische Texte

---

1114. Vgl. ebd., 74f.
1115. Vgl. ebd., 138ff.
1116. Vgl. ebd., 123-151.

und christliche Themen bis hin zur Anwendung der Theorie, um neue Antworten auf offene Fragen zu finden oder gar eigene, innovative, theologische Konzepte zu entwickeln – letzteres wird besonders bei Sanguin und Smith sichtbar.

Während die Rezeption in Werken wie „Der Weg zum Christus Bewusstsein", „Gott 9.0", „Integrales Christentum", „Integral Christianity" und „Reverent irreverence" meist systematisch, explizit und transparent (mit Angabe von Quellen) erfolgt, steht sie bei anderen wie „Is your God Big Enough, Close Enough, You Enough" und „The way of the Wind" mehr im Hintergrund und dient eher der Untermauerung der Thesen oder der Inspiration neuer Gedanken der jeweiligen Autor*innen.

Nur in „Reverent irreverence" von Tresher, „Gott 9.0" von Küstenmacher/Haberer, „Integrales Christentum" von Küstenmacher sowie Smith „Integral Christianity" wird das Bemühen, alle AQAL-Elemente gleichermaßen zu berücksichtigen und miteinander zu verknüpfen, deutlich sichtbar.

Die einzelnen Elemente von AQAL werden unterschiedlich oft und gründlich aufgegriffen: Das Element der „Ebenen" steht dabei in der Rangfolge ganz oben, da ihm durchgängig in allen Werken eine Schlüsselfunktion zukommt. Ausnahmslos alle Autor*innen legen mindestens in einem ihrer Werke den Schwerpunkt auf die Beschreibung der einzelnen Entwicklungsstufen und die Verknüpfung mit christlichem Traditionsgut. Damit schließen sich alle implizit auch der These von einer kulturellen Evolution und der Parallelsetzung von individueller und kollektiver Entwicklung an (die sog. Rekapitulationsthese).

Darauf folgen die Elemente „Zustände" und „Linien", da auch diese ausnahmslos von allen aufgegriffen werden, wenn auch in unterschiedlicher Gründlichkeit und Zielsetzung.

Immer noch oft, aber schon nicht mehr bei allen, taucht das Element der Quadranten auf – oder die „großen Drei" und damit verbunden das „1-2-3 Gottes". Nur bei Sanguin und Marion bleibt das Modell außen vor.

Das Element der „Typen" landet auf dem letzten Platz: Eine wichtige Rolle spielt es deutlich erkennbar nur bei Küstenmacher, Tresher und Smith. Dabei liegt der Schwerpunkt auf zwei Typologien: Der Zweiteilung in feminin/maskulin und dem Enneagramm. Bei Sanguin liegt der Fokus auf den Geistesgaben zur Gemeindeentwicklung, einer biblischen Typenlehre, die er jedoch nicht explizit mit AQAL in Verbindung bringt.[1117]

Teilweise werden Ebenen und Zustände nicht genügend unterschieden, wie bei Marion der Fall, da er sich auf das nun veraltete Leitermodell Wilbers aus dessen 3. und 4. Phase stützt. Auch die Differenzierung der Linien (kognitiv/spirituell/Werte-) fällt unterschiedlich gründlich aus.

Alle Autor*innen greifen neben den AQAL-Elementen weitere Themen und Thesen der integrale(n) Theorie(n) auf. Dazu gehört die Rede von Holonen, der Holarchie und bestimmten Mustern der Evolution (wie bspw. deren Zweckgerichtetheit) sowie die Überzeugung, dass die Funktion von Spiritualität in der Beschleunigung des Bewusstseinswachstums gesehen werden kann als auch Wilbers These, wonach das Christentum derzeit auf der traditionellen Bewusstseinsebene und dem damit verbundenen Mythos vom einzigen Gottessohn stecken bleibe.

Auch das Thema „Schattenarbeit" wird von jedem*r aufgegriffen, jedoch mit recht unterschiedlichem Inhalt gefüllt – am größten scheint hier die Divergenz zwischen einem Marion (Stichwort „negatives Karma") und Haberer (Stichwort „Teilpersönlichkeiten").

Mit Ausnahme von Marion beziehen sich alle untersuchten Werke auf die 4. und 5. Phase von Wilbers Werk und damit auch auf sein Wilber-Combs-Raster.

Zu den weiteren Thesen und Themen, die nicht mehr von allen, aber doch einigen aufgenommen werden, zählen: Die Prä-Trans-Verwechslung (Küstenmacher, Haberer, Smith), die Prinzipien integralen Denkens (Smith, Haberer), Stufenwechsel und Transformation (Ma-

---

1117. Sanguin, 2014, 173 u. 207f.

rion, Küstenmacher, Haberer, Tresher), die Rede von Eros und Agape (Küstenmacher, Tresher, Sanguin), die Erkenntnisgewinnung (Marion, Smith). Wilbers integraler methodologischer Pluralismus, seine Post-Metaphysik und seine Energienlehre finden dagegen so gut wie keine Aufnahme. Auch Steve McIntosh Werte-Metabolismus sowie sein Versuch, eine Synthese aus nondualen und theistischen Traditionen zu bilden, werden nicht explizit aufgegriffen.

Neben Ken Wilber werden von den integralen Denkern und deren Theorie(n) am meisten Clare Graves und seine Schüler mit „Spiral Dynamics" und Steve McIntosh rezipiert. Es finden sich aber auch zahlreiche Rückbezüge auf weitere Denker*innen und Theolog*innen, einerseits der Vergangenheit (siehe dazu die Geschichte der integralen Bewegung), und da besonders auf Teilhard de Chardin, andererseits der Gegenwart, von denen ich unter Punkt die wichtigsten aufgezählt habe.

3. Gemeinsamkeiten und Differenzen der Autor*innen in Bezug auf eine neue integrale christliche Lehre und Praxis

Wie in der Einleitung bereits angekündigt, werde ich mich bei der Untersuchung der christlichen Lehre an den klassischen Topoi einer systematisch-theologischen Dogmatik orientieren, um die Ansätze der von mir bereits vorgestellten Autor*innen untereinander zu vergleichen. Anschließend widme ich mich der Frage, welche Gestalt integral christliche Spiritualität in der Praxis gewinnt. Dazu nehme ich exemplarisch eine gegenwärtige Ausformung, das „Integral Christian Network" in den USA, genauer in den Blick, auch wenn es auch bereits in Deutschland ähnlich praktische Ansätze gibt.

INTEGRALE DOGMATIK

Bei der Gliederung des folgenden Teils folge ich zunächst dem trinitarischen Prinzip hinsichtlich der Gotteslehre (Trinitätslehre, Verhältnis Gott/Welt, Christologie, Pneumatologie). Darauf folgt die Gliederung einer heilsgeschichtlichen Logik: Zunächst stelle ich dar, wie die Autor*innen den Menschen verstehen, darauffolgend jeweils die Orte, wo sich Offenbarung des Göttlichen ereignet: Im Diesseits, der Schöpfung, in der Evolution und Geschichte, im Jenseits, in der Bibel, den Sakramenten, der Kirche und anderen zeitgenössischen spirituellen Strömungen. Die Reihenfolge der einzelnen Themen spiegelt dabei zugleich bereits den zentralen Inhalt integraler Theologie wider: Zunächst eine Abwärtsbewegung des Göttlichen in das Menschliche (Inkarnation, Kenosis), darauf die Aufwärtsbewegung des Menschen in das Göttliche (Erwachen, Erleuchtung, Vergöttlichung). Ich habe mich also im Folgenden um eine Chronologie bemüht, die das Verständnis erleichtern soll, konnte es jedoch nicht vollständig vermeiden, dass manches Gesagte seine umfassende Bedeutung erst durch nachfolgende, ausführliche Erörterungen erhält.

Bevor ich einsteige, möchte ich auf eine Schwierigkeit aufmerksam machen. Meine Ausgangsfrage lautete, ob die Rezeption integraler Theorie(n) zu so etwas wie einem einheitlichen integralen Christentum führt, das sich durch bestimmte Merkmale auszeichnet und eingrenzen lässt.

Hier stellt sich die Frage, ob sich die beschriebenen Gottesbilder und religiösen Vorstellungen überhaupt klar gegen andere, vorhergehende abgrenzen lassen. Tresher weist darauf hin, dass aus einer integralen Perspektive kein Verständnis Gottes das höchste sein kann: Jede Bewusstseinsstruktur integriere Aspekte der vorhergehenden, baue auf diese auf und füge neue hinzu, so dass es immer komplexer werde.[1118] Er geht dabei von der Gesetzmäßigkeit einer holarchischen Entwicklung aus, wie sie Wilber in seinen „Mustern der

---

1118. Vgl. Tresher, 2009, 76.

Evolution" beschreibt.

Meine Untersuchung scheint diese Annahme zu stützen. Alles deutet darauf hin, dass es sich tatsächlich eher um einen integrierenden Prozess mit fließenden, unscharfen Übergängen handelt: Eine theistische Sichtweise Gottes wurde beispielsweise bereits in der Moderne angezweifelt und entwickelte sich nach und nach zu der panentheistischen, inkarnatorischen Sichtweise, wie sie von den integralen Theolog*innen vertreten wird. Auch vieles weitere von dem, worin sich die integralen Autor*innen von einer traditionellen Sichtweise unterscheiden, scheint sich bereits in der postmodernen Spiritualität und Theologie abzuzeichnen, wie bspw. das Verständnis von Himmel und Erde als interne Prozesse oder die Ablehnung eines exklusiven Verständnisses von Jesus als einzigem Sohn Gottes. Es ist daher wichtig, im Hinterkopf zu behalten, dass es nur um die Beobachtung von theologischen Tendenzen gehen kann, und nicht um statische, eindeutig abgrenzbare Positionen.

Verständnis Gottes

Von den Autor*innen als selbstverständlich vorausgesetzt wird die postmoderne Erkenntnis des Konstruktivismus, dass wir nicht über Gott selbst, sondern lediglich über unsere Bilder von Gott zu sprechen vermögen. So schreibt Haberer:

> „Wir sprechen [...] nicht über „Gott an sich", sondern über unsere Gottesbilder." [...] „Ohne Bilder könnten wir gar nicht reden – aber es muss uns klar sein, dass es sich um Bilder handelt, um jeweils meine Bilder, und nicht um Gott selbst."[1119]

Diese Erkenntnis wird ergänzt durch die Einbeziehung der entwicklungspsychologischen Erkenntnisse, dass sich diese Gottesbilder, zusammen mit unserem Weltbild und unseren Werten, im Laufe unseres Aufwachsens und Älterwerdens verändern. Die Be-

---

1119. Haberer, 2021, 17 u. 66.

schreibung, wie sich unsere Gottesbilder, als auch andere religiösen Vorstellungen entsprechend den Bewusstseinsstrukturen, die wir dabei durchlaufen, wandeln, nehmen in den Werken aller Autor*innen viel Raum ein.[1120]

Zunächst untersuche ich 1) die Trinitätslehre, 2) das Verhältnis Gott und Welt, ausgedrückt a) in der Vorstellung der Schöpfung als Inkarnation Gottes, b) dem Panentheimus, und c) dem Panpsychismus. Weiter gehe ich auf 3) die beobachtbare Überwindung eines männlich geprägten Gottesbildes ein, und schließe 4) mit der Theodizeefrage ab.

Trinitätslehre

Bei der Neuformulierung der Trinitätslehre durch die Autor*innen, trotz oder gerade wegen des unterschiedlichen Rückgriffs auf Wilbers „große Drei", zeigen sich erhebliche Differenzen und unterschiedliche Schwerpunkte. Daneben lässt sich jedoch eine Tendenz feststellen: Die Mehrheit der von mir untersuchten Autor*innen (Tresher, Küstenmacher, Haberer, Smith) stufen diese durchweg als relevant ein, werben für neue Ansätze zum Verständnis dieser und gelangen durch sie tatsächlich zu einer neuen spirituellen Praxis und einem neuen Selbstverständnis. Mit Abstand am meisten Raum nimmt die Neuformulierung der Trinitätslehre bei Smith ein.[1121]

Im Wesentlichen begegnen uns in den von mir untersuchten Autor*innen zwei verschiedene Ansätze, die sich beide auf die Denkfigur der „großen Drei" zurückführen lassen: 1. Die Rede von dem

---

1120. Vgl. Marion, 2003, 50-197, 2004, 71-159, Tresher 2009, 28-89, Küstenmacher/Haberer 2010, 45-228, Küstenmacher 2018, 56-223, Haberer, 2021, 19-45, Smith 2011, 15-71 u. 233-266, Sanguin 2014, 79-92.

1121. Neben den von mir untersuchten Autor*innen wären hier als zwei weitere Werke von christlich integralen Autor*innen zu nennen: „The Divine Dance: The Trinity and Your Transformation (2016)" von Richard Rohr und Mike Morell, und „The Holy Trinity and the Law of Three: Discovering the Radical Truth at the Heart of Christianity (2013)" von Cynthia Bourgeault. Beide bedienen sich dabei jedoch in erster Linie nicht der integralen Theorie, sondern greifen schwerpunktmäßig auf andere Ansätze zurück.

„1-2-3 Gottes" oder den drei Gesichtern, 2. Die Rede von drei wesentlichen Eigenschaften oder Prinzipien Gottes.

Beide Konzepte, das „1-2-3 Gottes" als auch die drei Prinzipien „das Gute, Wahre, Schöne", bleiben in Küstenmacher/Haberer relativ unverbunden[1122], obwohl sich bei Wilber beides aus derselben Denkfigur der „großen Drei" (den verkürzten Quadranten) herleitet. Bei Tresher dagegen scheinen sie vollständig in eins zu fallen, die Trinität (Vater, Sohn, Heiliger Geist) und die drei Perspektiven werden von ihm gleichgesetzt.[1123]

Eine Verbindung der klassischen Trinität mit den drei Gesichtern Gottes zu den insgesamt neun Facetten Gottes finden wir in dieser Weise nur bei Smith, der sich damit eng an Wilber anlehnt.

Insgesamt scheinen bei der Rezeption des „1-2-3 Gottes" die Art der unterschiedlichen Erfahrbarkeit des Göttlichen[1124], bei der Rezeption der „großen Drei" die Eigenschaften der göttlichen Personen und deren Verhältnis zueinander[1125] im Vordergrund zu stehen. Diese zwei Blickwinkel erinnern ein wenig an die Rede von einer „immanenten" und einer „ökonomischen" Trinität, wie sie u.a. von Karl Rahner vorgenommen wurde: Die eine als Art und Weise, wie wir Gott in der Geschichte erführen, die andere als Gottes Vielfalt und Einheit, wie sie in ihm selbst bestehe.[1126] Diese zwei Aspekte entsprechen der Unterscheidung zwischen den Dimensionen des Göttlichen und unseren Perspektiven auf das Göttliche bei Smith.

1. Vier von den insgesamt sechs untersuchten Autor*innen greifen in ihren Werken die Idee Wilbers des 1-2-3 Gottes vier auf (Tresher, Küstenmacher, Haberer, Smith)[1127], zwei nicht (Marion, Sanguin). Haberer lässt sie in „Die Anmut der Welt" ebenfalls wieder weg. Diese Idee ersetzt dabei entweder ganz die klassische Trinitätslehre[1128],

---

1122. Vgl. Küstenmacher/Haberer, 2016, "1-2-3 Gottes", 266ff., "das Gute, Schöne Wahre", 183f.
1123. Vgl. Tresher, 2009, 23.
1124. Vgl. Küstenmacher/Haberer, 2016, „Erfahrungsmöglichkeiten", 274.
1125. Vgl. ebd., „Struktur der Wirklichkeit", 183.
1126. Vgl. McGrath, 2020, 359.

ergänzt sie[1129] oder erweitert diese.[1130]

Durch die Idee der drei Gesichter Gottes wird von den Autor*innen der Gegensatz zwischen der Vorstellung eines personalen – oder besser: transpersonalen – und eines nicht-personalen Gott aufgehoben und gleichberechtigt nebeneinandergestellt. Dennoch lässt sich beobachten, dass in den Ausführungen der Autor*innen das erste Gesicht Gottes – also die Vorstellung, dass wir alle einen göttlichen Wesenskern haben, in den Vordergrund rückt. Tresher gibt an, die 2. Perspektive, d.h. die Beziehung zu einem persönlichen Gott oder zu Jesus selbst nicht zu praktizieren und sie daher von anderen vertreten zu lassen.[1131] Auch bei Smith nehmen die Erläuterungen zu der 1. Perspektive am meisten Raum[1132] ein, allerdings mit dem Unterschied, dass er dies damit begründet, dass diese Sichtweise innerhalb des Christentums noch wenig verbreitet und daher ungewöhnlich sei: „Für viele Christen ist das ein schockierender Gedanke, der nach Häresie klingt."[1133] Bei Marion scheint die 1. Perspektive gar das zweite, persönliche Gesicht nahezu zu verdrängen, trotzdem – oder gerade weil – er die Idee Wilbers, das „1-2-3 Gottes" nicht aufgreift.[1134]

2. Neben den drei Gesichtern Gottes dient den Autor*innen die Rede von jeweils drei wesentlichen Eigenschaften oder Prinzipien Gottes einem neuen Verständnis der Trinität.

Einerseits wird sie als Offenbarung dreier wesentlicher Eigenschaften oder Prinzipien Gottes gedeutet, wobei allerdings jeweils

---

1127. Vgl. Tresher, 2009, 77, Küstenmacher/Haberer, 2016, 266ff., Küstenmacher, 2018, 329-339, Smith, 2011, 167-197 und ders., 2017 Grundthema des Buches.
1128. Vgl. Tresher, 2009, 23 u. 110.
1129. Vgl. Küstenmacher/Haberer, 2016, 266ff.
1130. Smith, 2017, 11: „expanded trinity".
1131. Vgl. Tresher, 2009, 103.
1132. Vgl. Smith, 2011, 199-217 und 2017, 183-337.
1133. Smith, 2011, 180.
1134. Vgl. Marion, 2004, 61ff.

unterschiedliche genannt werden: Unbegrenzte Kreativität (Vater/ Mutter), Unbegrenztes Bewusstsein (Sohn), Unbegrenzte Intelligenz (Heiliger Geist) bei Marion[1135]; radikale Subjektivität (Vater), Verbundenheit (Sohn), Differenzierung (Heiliger Geist) bei Tresher[1136]; das Gute (Vater/Mutter), das Schöne (Sohn), das Wahre (Heiliger Geist) bei Küstenmacher/Haberer.[1137] Auch Sanguin sieht in Jesus, der zweiten Person der Trinität, das „kreative Prinzip".[1138]

Gerne wird die Trinität auch als innergöttliches Beziehungsgeschehen angesehen. So übernehmen Marion und Haberer von Augustin die Beschreibung der Trinität als „der Liebende, Geliebte und die Liebe".[1139]

Marion umschreibt sein eigenes Gottesverständnis mit drei Formulierungen: „[...] unendliche Kreativität, unendliches Bewusstsein oder Gewahrsein und unendliche Intelligenz."[1140] Er bringt diese jedoch nicht explizit mit „den großen Drei" bei Wilber o.a. in Verbindung. So beschreibt er Gott in der dritten Person als „die transzendente Quelle aller Kreativität", dessen „bewusste Töchter und Söhne" wir Menschen seien.[1141] Er selbst habe erkannt, „dass ich, wie Jesus, ein christlicher Sohn und eine christliche Tochter Gottes bin, der in mir lebt und sich durch mich ausdrückt."[1142]

1135. Vgl. ebd., 65.
1136. Vgl. Tresher, 2009, 110.
1137. Vgl. Küstenmacher/Haberer, 2016, 183f.
1138. Vgl. Sanguin, 2015, 27.
1139. Vgl. Marion, 2004, 65; Haberer, 90. Gerade durch diesen Rückbezug auf Augustin bleibt diese Trinitätslehre stark ihrer westlichen Version verhaftet. Die ostkirchliche Trinitätslehre, die sich bis heute v.a. auf die Formulierungen der Kappadokier stützt, sieht bis heute die augustinische Theologie als Ursache für den westlichen filioque-Zusatz im Glaubensbekenntnis, durch den zwei Quellen der Göttlichkeit in die Gottheit eingeführt würden und es zu einer Subordination des Heiligen Geistes komme. Vgl. McGrath, 249f., Makarij, 2007, 344.
1140. Marion, 2004, 63.
1141. Ebd., 63f.
1142. Ebd., 65.

Gott als persönliches Gegenüber, als „Du" wird von ihm zwar nicht explizit negiert und begegnet wage in der von Augustin übernommenen Beschreibung der Trinität als „der Liebende, die Geliebte und die Liebe selbst"[1143], aber auch nicht explizit genannt. Besonders auffällig ist das Fehlen dieses Gegenübers beim Thema Gebet. Dieses richte sich, so Marion, an das eigene innere, unbegrenzte Selbst: „wir beten zu uns selbst."[1144] Damit folgt er auch hier Wilber, der in dieser Hinsicht stark durch den Buddhismus geprägt war, und die 2. Person Perspektive auf Gott erst in seinen späteren Werken, die Marion noch nicht vorlagen, für sich wiederentdeckt hat.

Küstenmacher/Haberer sehen in dem Verhältnis der göttlichen Personen zueinander ein Modell für die Struktur der Wirklichkeit, nämlich die des Hologramms: In jedem Teil sei das Ganze enthalten, alles sei eins und doch zugleich unterschieden.[1145]

Haberer erfindet in Anlehnung an das lateinische Kunstwort „trinus", eine Zusammensetzung aus „tres" (drei) und „unus" (einer) das deutsche „Dreins" (drei/eins), um über die Trinität zu sprechen.[1146] Die göttliche Wirklichkeit sei auf dreifache Weise erfahrbar: So erfuhren auch die ersten Christen Gott: Als „über ihnen" im Sinne des Schöpfers, der allem zugrunde liegt, als „gegenüber" in dem Menschen Jesus und als „in ihnen" in Form einer heiligen Geistkraft. Anders als Smith setzte er diese „Aspekte Gottes", wie er sie nennt, jedoch nicht mit den drei Gesichtern Gottes gleich, wenngleich er das Konzept Wilbers kennt.[1147] In jedem Aspekt begegne Gott uns ganz, so wie in einem Hologramm.[1148]

Vater und Sohn vergleicht er anschließend sowohl mit einem Kippbild, das je nach der Art und Weise unseres Sehens, hin- und herwechselt, als auch einer Münze mit zwei Seiten: Auf der einen Sei-

---

1143. Ebd.
1144. Ebd., 54.
1145. Vgl. Küstenmacher/Haberer, 2016, 183f.
1146. Vgl. Haberer, 2021, 79.
1147. Vgl. Küstenmacher/Haberer, 2016.
1148. Vgl. ebd., 82f.

te die Leere/Fülle, der Ursprung, aus dem alles komme und auf der anderen, exemplarisch sichtbar in Jesus Christus, die Schöpfung oder die „Welt der Erscheinungen". Den Geist, den dritten Aspekt der Trinität, versteht er als „Schnittstelle", die Kommunikation und Einsicht ermögliche.[1149]

Von Sanguin konnte ich keine Äußerung zu dem Thema finden.

Verhältnis Gott und Welt

Die Beschreibung des Verhältnisses zwischen Gott und Welt lässt sich durch drei Stichworte gliedern: a) Inkarnation, b) Panentheismus, c) Panpsychismus.

a) Die Schöpfung als Inkarnation Gottes

Die Schöpfung wird von allen Autor*innen als eine Inkarnation Gottes gedacht: Gott drückt sich nach und nach in der Schöpfung selbst aus. Damit wird sie, wie von den Vertretern der Prozesstheologie, als ein evolutionärer, fortdauernder Prozess gedacht. Ähnlichkeiten zur Prozesstheologie ergeben sich außerdem teilweise durch (impliziten oder expliziten) gemeinsamen Rückbezug auf den Philosophen Whitehead.[1150]

Marion sieht die Evolution als einen kreativen Prozess in der Raum-Zeit des Universums, in dem sich Gott entfalte und manifestiere. Gott und Schöpfung seien wie „Wesen" und „Substanz". Durch die Schöpfung bringe das Göttliche sich auf unbegrenzte und jede denkbare Weise zum Ausdruck.[1151]

Tresher schildert die Schöpfung als ein Versteckspiel der „Leere" – ein Begriff, den er lieber als das Wort „Gott" verwendet, da er letzteres, seiner Aussage zufolge, mit zu viel Bildern eines weißhaarigen Mannes assoziiere. Die Leere vergesse sich, völlig hingegeben an ihr

---

1149. Vgl. ebd., 84-90.
1150. Vgl. Küstenmacher/Haberer, 2016, 215; Küstenmacher, 2018; 24, Sanguin, 2015, 4.
1151. Vgl. Marion, 2004, 88 u. 156.

Spiel, in ihren Schöpfungen, damit sie in diesen wieder und wieder zu sich selbst erwachen könne.[1152] Diese Leere sei der Urgrund des Seins, immer gegenwärtig,[1153] die „Quelle und Substanz von allem."[1154]

Küstenmacher analysiert den hebräischen Urtext von Genesis 1 und kommt zur Schlussfolgerung, dass es sich bei der Schöpfung um einen Prozess handelt, der jenseits von „linearen Zeitabläufen" (klarer Anfang, klares Ende) steht. Die Verbform von „schaffen", hebräisch „ ברא ", umfasse Vergangenheit, Gegenwart und Zukunft und könne mit „er/sie/es schuf/schafft und wird schaffen" wiedergegeben werden.[1155] „Elohim" sei ein Prozess.[1156] „Creatio continua, die fortlaufende Schöpfung, geschieht ständig als Evolution", so Küstenmacher. Sie „erfolgt nicht nach Plan, sondern ist ein prozesshaftes, offenes Geschehen […].[1157]

„Die erste Inkarnation Gottes", schreibt Haberer in Anlehnung an Richard Rohr, sei „die Schöpfung". Das griechische Wort „σάρξ", Fleisch, stehe für alles Vergängliche, für die Materie. Gott selbst drücke sich „in dem sich entwickelnden, evolvierenden Kosmos" aus. Damit sei Schöpfung auch nicht „(nur) etwas, das am Anfang der Zeiten stattgefunden [habe], sondern sie ereigne[…] sich in jeder Nanosekunde."[1158] Der göttliche Logos, auch als kosmischer Christus bezeichnet, inkarniere sich nicht nur in dem einen Menschen Jesus, sondern in der gesamten Schöpfung.[1159]

1152. Vgl. Tresher, 2009, 8.
1153. Vgl. ebd., 8f.
1154. Ebd., 88.
1155. Anm. d. Vf.: Mit den Vokalen, wie sie in der derzeitigen Fassung des hebräischen Originaltextes gesetzt sind, hat das Verb jedoch die Zeitform des Perfekt, das für vollendete, abgeschlossene Handlungen verwendet wird (Neef, Arbeitsbuch Hebräisch, 78). Da die Vokale erst nachträglich hinzugefügt wurden, ist eine andere Deutung zumindest möglich.
1156. Vgl. Küstenmacher, 2018, 140.
1157. Ebd., 164f.
1158. Haberer, 2021, 68.
1159. Ebd., 143.

Smith plädiert dafür, Gott als „das unendliche Sein/die Existenz selbst (Being Itself)" statt als ein Wesen (a being) zu begreifen und führt zahlreiche Belege für diese Auffassung aus der Bibel und der christlichen Tradition auf.[1160] Er greift den Vorschlag des US-amerikanischen Autors Buckminister Fuller auf, Gott eher mit einem Verb als einem Substantiv zu beschreiben: Gott sei weniger ein Objekt als vielmehr ein Prozess – „der schöpferische Drang und der evolutionäre Impuls."[1161] Der kosmische Christus sei das Licht des gesamten Universums, das fleischgewordene Wort (logos), das überall und alles sei.[1162]

Sanguin beschreibt das Verhältnis Gott und Welt in Anlehnung an die moderne Physik als eine komplementäre Beziehung, die „Verschränkung". Er sei kein von der Welt getrenntes „Wesen (Being)", dass die Evolution steuere, sondern vielmehr eine Art Geschichtenerzähler, der ein Drama erschaffe.[1163] Er sieht in Bakterien gleichermaßen eine Inkarnation Gottes wie in uns:[1164]

> *„[...]die Inkarnation ist nicht auf Jesus beschränkt. Sie ist das, was das ganze Universum ist [...]"*[1165]

b) Panentheismus

Alle Autor*innen vertreten, explizit oder implizit die Denkform des Panentheismus, wenn sie über Gott aus der Perspektive der 3. Person sprechen. Hierbei wird Gott weder als reines Gegenüber zur Welt (Theismus), noch als identisch mit der Welt (Pantheismus) gedacht. Gott wird vielmehr sowohl in als auch außerhalb der Welt gedacht. SIE/ER ist in allem und alles ist in Ihr*Ihm.[1166]

1160. Vgl. Smith, 2017, 34-40.
1161. Ders., 2011, 177.
1162. Vgl. ders., 2017, 50f.
1163. Vgl. Sanguin, 2015, 6 u. 9.
1164. Vgl. ebd., 32.
1165. Ders., 2014, 25.
1166. Vgl. Macquarrie, 2000.

Damit verbunden ist eine starke Abgrenzung gegenüber dem klassischen Theismus, der Gott jenseitig, oben, im Himmel usw. verortet.

Das Gottesbild wird entweder zu einem transpersonalen ausgeweitet: „ICH BIN ist keine Person. Es ist weder persönlich noch unpersönlich. Vielmehr ist es transpersonal."[1167], „ Aber dieser Gott (G_d [!]) ist das, was wir unter 'personal plus' verstehen"[1168] oder apersonal beschrieben als unbegrenztes bzw. transzendentes Bewusstsein[1169], „Realität" bzw. „das Ganze"[1170]; „Die große unpersönliche, evolutionäre Ordnung aller lebendigen Systeme", „ewige[r] kosmische[r] Prozess", „Gewebe des Lebens", „Gaia"[1171] usw.; „Quelle, evolutionärer Impuls, Grundlage der schöpferischen Energie oder des Seins"[1172]; „Unbegrenztes Sein".[1173]

Die persönliche Erfahrung Gottes nimmt daher einen zentralen Stellenwert ein:

> *„Er/Sie ist eine erfahrbare Realität, der man nur in den Tiefen des eigenen Seins begegnen kann."*[1174]

Marion entwirft sein Gottesbild ganz in Opposition zu einem „mythischen Himmelsgott", den er mit folgenden Attributen versieht: Er sei getrennt von den Menschen und wohne in einem räumlich gedachten Himmel. Er sei männlich, ein Vertreter des Patriarchats, bevorzuge ethnozentrisch ein Volk gegenüber dem anderen, fordere Gehorsam gegenüber seinen Weisungen und Geboten, greife übernatürlich in die Welt ein, fordere zu Mission auf, lebt in einem Jenseits, das als eine ewige Zeitspanne gedacht werde, existiere, um menschliche Bedürfnisse zu erfüllen und verlange dem In-

---

1167. Smith, 2017, 41 u. 89.
1168. Sanguin, 2015, 50.
1169. Vgl. Marion, 2004, 62; Smith, 2017, 287f.
1170. Tresher, 2009, 79.
1171. Küstenmacher/Haberer, 2016, 267.
1172. Smith, 2011, 171.
1173. Ders., 2017, 31.
1174. Marion, 2004, 61.

dividuum nicht viel Verantwortung ab, da er den „Sünder" am Ende von seinen „Sünden" befreie.[1175] Dieses Gottesbild und das mythologische Narrativ vom stellvertretenden Tod Jesu am Kreuz, das gemeinhin damit verbunden wird, hält er für überholt, schlichtweg unglaubwürdig und mit der Vernunft und erst recht den heutigen wissenschaftlichen Erkenntnissen, beginnend seit Galileo, nicht in Einklang zu bringen. So ginge es heute Millionen von Christen.[1176]

Tresher gibt an, dass er gar nie einen Zugang zu einer theistischen Sichtweise gefunden habe. Er nenne „Gott" daher auch lieber anders, da dieses Wort für ihn eine persönliche, gegenseitige Beziehung einschließe, die ihm fremd sei. Bevorzugt nennt er das Göttliche die ‚Leere'[1177].

Auch Küstenmacher/Haberer sehen den Abschied vom „Theismus" – im Sinne eines jenseitigen, über allem schwebenden Gottes – als notwendige Voraussetzung zur spirituellen Weiterentwicklung[1178]. Angesichts der Erkenntnisse der Naturwissenschaften könne die Theologie „das alte mythische Konzept vom Schöpfergott nicht mehr vertreten[1179]." Auch sie verwenden den Ausdruck vom „Tod des mythischen Gottes" auf ORANGE.[1180] Die Stufe Türkis komme zu

> *„einer Position des offenen Monotheismus oder auch Panentheismus." „[...]das Universum [offenbare sich] als das kreative Versöhnungsabenteuer Gottes, der im ‚Netz der Verwobenheit' als zugleich gebend und empfangend, innewohnend und umfangend erscheint".[1181]*

Sie nehmen Bezug auf das Gottesbild des Prozessphilosophen

1175. Vgl. ebd., 47-60.
1176. Vgl. ebd., xivff.
1177. Vgl. Tresher, 2009, 6f.
1178. Vgl. Küstenmacher/Haberer, 2016, 286.
1179. Ebd., 214.
1180. Ebd., 283.
1181. Ebd., 215f.

Whitehead, dass ein „paradoxer Gegenentwurf zu einem omnipotenten, gewaltigen Schöpfergott" sei: Dieser Gott schaffe durch

> *„‚sanfte Überzeugung durch Liebe'"; er sei „Welt-Poet", „Grund" und „der Prozess, der zu mehr Wahrem, Gutem und Schönem führ[e].*[1182]

Damit entfalle auch das Problem, die "Existenz oder Nicht-Existenz" Gottes als einem „höchsten Wesen" beweisen zu müssen.[1183]

Küstenmacher spricht von einem „mythischen Vorstellungsprogramm" des Christentums in BLAU, wozu u.a. gehöre: Gott wähle die unbefleckte Jungfrau Maria aus, die seinen Sohn zur Welt bringe. Dieser sterbe freiwillig für unsere Sünden am Kreuz, um die Menschen vor dem Zorn des Vatergottes zu bewahren.[1184] Auf ORANGE kämen unzählige Menschen zu dem Schluss, dass es solch einen widersprüchlichen Gott nicht geben könne.[1185] Für KORALLE sei es „Sünde […] Gott […] getrennt von uns zu betrachten und ihn deswegen außerhalb von uns zu suchen".[1186]

Haberer sieht im Panentheimus eine alternative Vorstellung zum klassischen Theismus, aber auch zum Pantheismus. Während erstere Gott „zu klein" mache und nicht zu unserem heutigen Bild vom Universum passe, fehle letzterer jegliche Transzendenz. Im Pan-en-theismus sei dagegen zwar alles in Gott, aber Gott immer noch mehr als alles. Gott sei zwar in der Schöpfung, gehe aber in der Schöpfung nicht auf.[1187]

Ebenso wie Marion stellt er insbesondere das Gottesbild infrage, dass hinter der klassischen Sühnetheologie stecke und nennt es „abstrus":

1182. Ebd.
1183. Ebd., 211.
1184. Küstenmacher, 2018, 100.
1185. Vgl. ebd., 111.
1186. Ebd., 198.
1187. Vgl. Haberer, 2021, 61-68.

> *„Was ist denn das für ein Gott, der in seiner Majestät so gefangen ist, dass er nicht mehr die Freiheit hat, seine Kinder zu lieben, zu befreien und vor seinem eigenen Zorn zu schützen?"*[1188]

Smith stellt ähnlich wie Haberer zunächst die drei Optionen "(übernatürlicher) Theismus, Pantheismus und Panentheismus" nebeneinander, um sich dann begründet für letztere Position zu entscheiden.[1189] Er beschreibt das traditionelle, theistische Gottesbild auf ähnliche Weise wie Marion: Er sei ein höchstes Wesen, getrennt von seiner Schöpfung, der „Mann oben", der ab und zu eingreife, gewöhnlich männlich und mächtig, launisch, aber immer im Recht und verbunden mit einem Weltbild, das seit Galileo immer mehr ins Wanken gerate.[1190] Während der Pantheismus Gott begrenze, indem er Gott mit dem Universum oder der Realität gleichsetze, sei im Panentheismus Gott sowohl im Universum als auch das Universum in Gott, immanent als auch transzendent.[1191] Er nennt diese Position „die fortschrittlichste Art, über das Unendliche Gesicht Gottes nachzudenken", die er bereits im Postmodernismus fest verankert sieht.[1192] Sein Fazit lautet:

> *„Der Große Mann Da Oben muss durch den Unendlichen Gott Überall ersetzt werden!"*[1193]

Jedoch bedeute das auch, dass nicht der Theismus als solcher, sondern nur eine bestimmte Form, der, wie er ihn nennt, „magische" oder „übernatürliche Theismus" abgelehnt werde. Denn das Christentum sei in dem Sinne immer theistisch, als dass es die 2. Person Perspektive auf Gott miteinschließe. Nondualismus und Theismus schließen sich für Smith, anders als für McIntosh, nicht gegenseitig

---

1188. Ebd., 213.
1189. Vgl. Smith, 2011, 171ff.
1190. Vgl. ebd., 172.
1191. Vgl. ebd., 173f.
1192. Ebd., 66.
1193. Ders., 2017, 42.

aus.[1194] Als Alternative schlägt er die Bezeichnung „mystischer Theismus" vor.[1195]

Sanguin beschreibt Gott als „Liebe", die er sowohl transzendent als auch immanent erfahre. Sie sei keine Person („a" person), aber habe mehr persönlichen Charakter als alles, was wir uns unter diesem Wort vorstellen könnten. Sie wirke sowohl innerhalb des Prozesses als auch außerhalb an der Front.[1196] Da die Persönlichkeit zu den höchsten Errungenschaften des evolutionären Prozesses gehöre, könne Gott nicht weniger als persönlich, sondern nur unendlich mehr sein.[1197]

c) Panpsychismus

Der Panentheismus wird in allen Fällen durch den Panpsychismus ergänzt und vertieft. Alles wird gleichermaßen zu einer Inkarnation Gottes, wenn auch mit unterschiedlichem Bewusstheitsgrad. Dadurch scheint sich tatsächlich ein Motiv der zweiten Stufe (PURPUR/Magisches Bewusstsein) auf einer höheren Ebene zu wiederholen: Der Animismus, der Glaube an die Allbeseeltheit der Natur.

Den Begriffen „Bewusstsein (consciousness)" und „Geist (SPIRIT)" kommt eine Schlüsselfunktion zu, da durch sie im Anschluss an Wilber eine Brücke zwischen den drei Perspektiven Gottes geschlagen wird:

„Gott schaut nicht nur von oben herab, sondern sieht durch die Augen jedes Geschöpfes."[1198]

Marion knüpft bei seiner Beschreibung des archaischen Bewusstseins an die moderne Wissenschaft an und kommt zu dem Schluss, dass

---

1194. Vgl. ebd., 155f.
1195. Ebd., 156.
1196. Vgl. Sanguin, 2015, xi u. 14.
1197. Vgl. ebd., 50.

> *„viele führende[...] Quantenphysiker"* sich bewusst seien, dass bereits Materie – im Sinne der kleinsten Einheiten wie Moleküle, Atome und subatomare Teilchen, aus denen sich alles Materielle zusammensetzt –, über Bewusstsein verfüge, allerdings im Vergleich zum Menschen in sehr geringem Umfang[1199].

Der Heilige Geist habe, so Marion, die „Jungfrau Maria", Sinnbild für das materielle Universum, gleich zu Beginn mit einem Funken Bewusstsein geschwängert, das sich durch alle Entwicklungsstufen hindurch bis zum Menschen weiter entfaltet habe.[1200]

Auch Tresher schließt sich dieser Sichtweise an: „Alles hat ein intrinsisches Gefühl des Daseins."[1201]

Küstenmacher/Haberer stellen dem „äußeren Universum" das „innere" gegenüber und schreiben:

> *„In jedem Aspekt oder Element des Universums steckt ein Stück Bewusstsein".[1202] „Als Geist ist Gott natürlich auch in seinen niedrigeren Manifestationen auf allen früheren Stufen gegenwärtig."[1203]*

Haberer zitiert David Chalmers, der von der „radikalen" und „verrückten Idee" schreibt, anzunehmen, dass Bewusstsein universal und damit von Anfang an überall vorhanden sei, von den Photonen bis hin zu den Menschen. Als Lösung für das Problem des „Ich-Bewusstseins" und das Verhältnis von Geist/Bewusstsein schlägt er,

---

1198. Tresher, 2009, 79. Don McGregor beschreibt Gott als „mitfühlendes Bewusstsein." McGregor, 2014, 42. Alle Materie besäße elementares Bewusstsein, doch je höher das Bewusstsein entwickelt sei, desto mehr Mitgefühl komme auf und die Bereitschaft, andere einzubeziehen: „Auf höheren Stufen des Bewusstseins umfasst das Mitgefühl alles und alle." Ebd., 45f.
1199. Marion, 2003, 51.
1200. Vgl. ders., 2004, 64.
1201. Tresher, 2009, 110.
1202. Küstenmacher/Haberer, 2016, 215.
1203. Ebd., 211.

nach ausführlicher Darstellung der üblichen geistesgeschichtlichen drei Alternativen Materialismus, Idealismus und Dualismus, den Panpsychismus als vierte Variante vor: Bewusstsein wäre damit etwas, was schon immer universell wie die „andere Seite" der Materie vorhanden wäre. Damit reiht er sich in eine ideengeschichtliche Reihe mit Teilhard de Chardins und Wilber (Materie als die Außenseite und Bewusstsein als die Innenseite jeder Begebenheit). Er schlägt vor, Geist und Materie als zwei Seiten einer Medaille zu betrachten, so wie das Konzil von Chalzedon unternommen habe, die menschliche und göttliche Natur in Jesus Christus in der Zwei-Naturen-Lehre in Beziehung zu einander zu setzen: „unvermischt, unverwandelt, ungetrennt und unzerteilt". Das Verhältnis zwischen Geist und Materie sei damit weder dualistisch, noch monistisch, sondern dual oder vielmehr „inkarnatorisch". Gott sei mit dem Urknall Fleisch geworden.[1204]

Smith setzt Gott mit unbegrenztem Bewusstsein gleich. Dieses sei ewig, intelligent, liebend, allwissend, allmächtig, kreativ und durch alle Dimensionen von Raum und Zeit gegenwärtig.[1205]

Sanguin nimmt wie Steve McIntosh den Begriff der „Information" zur Hilfe, um zu beschreiben, was dem evolutionären Prozess der Fleischwerdung oder Formierung zugrunde liege. Diese Information schließe Geist (mind) immer mit ein, selbst in den fundamentalsten Bereichen des Lebens. Dieser Geist sei jedoch nicht mit dem Bewusstsein im Sinne von Selbstbewusstsein (Gewahrsein) gleichzusetzen, dass sich lediglich im Menschen und eventuell in einigen anderen Tierarten entwickelt habe.[1206]

Überwindung eines männlich geprägten Gottesbildes als Erbe der Postmoderne

Die Frage nach dem Geschlecht Gottes hat in der westlichen Kul-

---

1204. Vgl. Haberer, 2021, 200ff.
1205. Vgl. Smith, 2017, 87f.
1206. Vgl. Sanguin, 2015, 7.

tur seit den 1960er Jahren an Bedeutung zugenommen.[1207] Die von mir untersuchten Autor*innen zeigen eine hohe Sensibilität im Umgang mit diesem Thema.

Von einem Gottesbild, das männlich sei und die Unterordnung der Frau verlange, müsse Abschied genommen werden, so Marion.[1208] Obwohl Jesus Gott „Vater" genannt habe, habe er gelehrt, dass Gott die Geschlechtlichkeit transzendiere, sei anders mit Frauen umgegangen und habe das patriarchale System sogar angegriffen.[1209] Er nennt Gott daher sowohl Mutter als auch Vater.[1210] Darüber hinaus gelangt Marion zu einer neuen Wertschätzung der Marienfrömmigkeit und sieht in der Weiterentwicklung der Marientheologie der katholischen Kirche einen tiefen Sinn: Würde ihre Göttlichkeit offiziell anerkannt, würde damit auch das materielle Universum, für das diese mythologisch stehe, neu beleuchtet.[1211]

Tresher macht den Beginn dieser Entwicklung in der Postmoderne fest:

„Der postmoderne Gott ist auch politisch korrekt: Das Weibliche wird mit einbezogen oder bevorzugt, oder das Geschlecht wird vermieden, wenn man sich auf eine Gottheit bezieht."[1212]

Da er selbst jedoch primär ein apersonales Gottesbild vertritt, spielen diese Überlegungen in seinen Ausführungen ansonsten keine Rolle.

Küstenmacher/Haberer schließen sich dieser Sichtweise an. Im grünen Mem würden

„[d]ie weiblichen Aspekte Gottes [...] aufgespürt und weibliche Gottesaussagen in der Bibel entdeckt: Gott ist nicht nur Vater,

---

1207. Vgl. McGrath, 2020, 275.
1208. Vgl. Marion, 2004, 48.
1209. Vgl. ebd., 49.
1210. Vgl. bd., 65.
1211. Vgl. ders., 2003, 135.
1212. Tresher, 2009, 72.

sondern auch Mutter, Gebärende oder Hausfrau."

Außerhalb der Bibel fänden Frauen weitere weibliche Gottesbilder. „Die Lehre von Sünde und Erlösung, vom stellvertretenden Sühnetod Jesu am Kreuz [sei] sexistisch und eingeengt auf die männliche Perspektive."[1213] Das zweite Gesicht könne als „lieber Vater, liebe Mutter, Jahwe, Allah, Maria" angesprochen werden.[1214]

Küstenmacher schreibt, Jesus habe Gott „Vater nennen" können, und ihn „gleichzeitig als Mutter denken". Das Hebräische mische absichtlich männliches und weibliches, wenn es um Gott gehe.[1215]

„Statt von Gott", so Haberer, spreche man in GRÜN gerne von „dem Göttlichen", man bete nicht mehr „Vater unser", sondern „Gott, unsere Mutter und unser Vater".[1216] Dennoch behält er interessanterweise selbst die traditionelle Redeweise von „Gott" in seinem Werk durchgängig bei.

Smith, der bereits sein erstes Buch dem femininen Gesicht Gottes widmete [„Ist es okay, Gott Mutter zu nennen?", Smith, 1993], beschreibt ausführlich, wie sich seine Ansprache Gottes im Laufe des Lebens geändert habe: Von „Himmlischer Vater" über „Vater-Mutter" zu „Papa (daddy)". Durch intellektuelle Studien sei er zu der Schlussfolgerung gelangt, dass die Bibel als auch Christen aller Zeiten Gott sowohl durch weibliche als auch männliche Bilder und Attribute beschrieben hätten. Gott schlicht mit „Papa" anzureden, habe ihm schließlich geholfen, die emotionalen Wunden seiner Kindheit zu heilen, indem er zu einem Ersatz-Vater fand.[1217] Er sieht ganz ähnlich wie Marion die Weiterentwicklung der Marientheologie der katholischen Kirche nicht als etwas, das von der kirchlichen Hierarchie ausgegangen sei, sondern als das Ergebnis einer spirituellen Massenbewegung, der das feminine Element gefehlt hätte.[1218] Vermehrte

---

1213. Küstenmacher/Haberer, 2016, 158.
1214. Ebd., 270.
1215. Küstenmacher, 2018, 141.
1216. Haberer, 2021, 36.
1217. Vgl. Smith, 2017, 104-111.

Marienerscheinungen hätten dabei eine wichtige Rolle gespielt. Gott komme in der Form zu uns, die wir bräuchten.[1219]

Die Theodizeefrage und Gottes Handeln in der Welt

Da die klassische Theodizeefrage „Wieso lässt ein guter, allmächtiger Gott Leid zu?" nur im Rahmen der Annahme eines (übernatürlichen) Theismus Sinn macht, wird sie zusammen mit diesem von den Autor*innen entweder ganz fortgelassen (Tresher, Smith, Sanguin) oder als verkehrt bzw. hinfällig (Marion, Küstenmacher, Haberer) angesehen.

Von einer 1. Person Perspektive Gottes, also der Erkenntnis des eigenen inneren göttlichen Wesenskerns wird verständlich, dass sich das Göttliche nicht nur mit dem Leiden identifiziert oder lediglich daran Anteil nimmt, sondern, dass ES wirklich die Erfahrung von Leid macht – auch durch uns, aber ebenfalls durch eine Heuschrecke und durch alles, in dem ES sich inkarniert:

> *„Gott geht selbst mitten hinein, geht und steht und liegt auf unserer Seite, in unserem Herzen, im Innersten unseres Seins."*[1220]

Die Theodizeefrage ist eng verknüpft mit der, wie Gott in der Welt handelt. Wie bereits erwähnt, gibt es eine Verwandtschaft mit der Prozesstheologie als Erbe Alfred North Whiteheads, an den auch drei unserer Autor*innen anknüpfen (Küstenmacher, Haberer, Sanguin). Dieser sprach, wie erwähnt, davon, dass Gott durch ‚sanfte Überredung zur Liebe' wirke. Daher

---

1218. Auch der Philosoph Jean Gebser (wie auch C.G. Jung) deutet das Marien-Dogma positiv als eine Korrektur des rein männlich gedachten Gottesbildes und als Zeichen der Hinwendung auf das Geistige. Siehe dazu Gebser, 1986b, 456.
1219. Vgl. Smith, 2017, 167f.
1220. Haberer, 2021, 296.

> *"geht [das Prozessdenken] davon aus, Gott könne die Natur nicht zwingen, dem göttlichen Willen oder den göttlichen Zielen zu gehorchen. Gott kann lediglich versuchen, den Prozess von innen heraus – durch Überzeugung und Anziehung – zu beeinflussen. [...] Gott wird auf diese Weise von der Verantwortung sowohl für das moralische als auch das natürliche Übel freigesprochen."*[1221]

Einige Autor*innen (Marion, Küstenmacher und Haberer) vertreten daneben explizit einen monistischen Ansatz, wonach das Göttliche auch als Verursacher des Leids und des Bösen gedacht wird:

> *"Alle [...] natürlichen Polaritäten bilden vereinigte Ganze, so auch Licht und Dunkelheit und positiv und negativ. [...] Diese Ganzheit ist es, die Gott immer für „gut" befindet."*[1222]*; „Wisse, auch das Böse ist gut – es ist die unterste Stufe des vollkommenen Guten [...]"*[1223]*; „Gott ist der gesamte komplexe Prozess, in dem Gutes und Böses, Glück und Leid entstehen und vergehen".*[1224]

Dem Leid wird insgesamt eine positive Funktion zugeschrieben, da es für das Bewusstseinswachstum notwendig zu sein scheint. Wir erinnern uns: Für Wilber ist das Leiden Teil des Spiels des Lebens, das vom GEIST/Gott aus freien Stücken gewählt wird.

1221. McGrath, 2020, 302.
1222. Marion, 2003, 216.
1223. Küstenmacher, 2018, 195.
1224. Haberer, 2021, 103. Der Philosoph Armin Risi weist auf die Gefahr hin, die Existenz des Bösen mit ganzheitlichen Philosophien zu rechtfertigen. Er sieht die Ursache hierfür in der mangelnden Unterscheidung von Polarität und Dualität. Während es in einem Fall um eine Zweiheit von zwei sich ergänzenden Polen handle, gehe es im letzteren um zwei sich gegenseitig ausschließende Gegensätze, die gerade dadurch entständen, dass jemand aus der Polarität, das in der Schöpfung angelegte Gleichgewicht, herausfalle. „Licht schafft keine Dunkelheit, lässt die Dunkelheit aber zu, wenn sich jemand von „ihm" abtrennen will. [...] Wäre das Böse notwendig, wäre es gleichwertig wie das Gute, so wie dies von monistischen und atheistischen Weltbildern letztlich impliziert wird." Risi, 2021.

Marion schreibt in einem Kapitel mit der Überschrift „Das Problem von Gut und Böse", dass die raumzeitliche Welt, in der wir uns befinden, notwendigerweise aus positiven wie negativen Polaritäten bestünde, die erst zusammen eine Ganzheit bildeten. Vom Standpunkt des Göttlichen aus gäbe es jedoch keine Werturteile wie „böse" oder „gut" Dies sei eine unnatürliche Denkweise, die vom dualistischen Verstand herrühre: „'Böse [sei] nur ein Begriff, den wir verwenden. Vom Standpunkt der Unendlichkeit aus betrachtet, existiert alles ohne Urteil darüber, was es ist.'" Stattdessen bevorzugt er die Kategorien „negativ" und „positiv" im Sinne zweier sich ausgleichender Pole, die zusammen eine Ganzheit bilden.[1225] Ein Fehler bestünde daher in der Gleichsetzung von negativ mit böse und positiv mit gut, da all diese Bewertungen relativ seien.[1226] Der Mensch müsse negative wie positive Erfahrungen in dieser Welt machen, um aus ihnen zu lernen und im Bewusstsein zu wachsen. Ausgleichendes Prinzip ist für ihn das universell und unpersönlich wirkende Gesetz des Karma.[1227] Das Konzept eines mythischen Gottes, der übernatürlich in den Lauf der Geschichte eingreife, sei, spätestens nach dem Holocaust, tot.[1228] Gott sei die „Innerlichkeit der Dinge". Er entwickle die Welt durch uns. Wir seien dafür verantwortlich, Gottes Werke auf der Erde zu tun und voll dafür verantwortlich, was sich in unserem Leben manifestiere, Wunder oder Elend.[1229]

Küstenmacher verortet die Theodizee-Frage im traditionellen BLAU: „BLAU fragt Gott, warum er Gute wie Böse leiden lässt, woher das Böse kommt."[1230] Ab GELB werde jedoch die Einheit zwischen den Gegensätzen erkennbar, die in Gott zusammenfielen.[1231] Gott selbst sieht sie, im Anschluss an Whitehead, als ‚sanfte Über-

---

1225. Vgl. Marion, 2003, 215f.
1226. Vgl. ebd. 225.
1227. Vgl. ebd., 222.
1228. Vgl. ders., 2004, 29 u. 53.
1229. Vgl. ebd., 54f.
1230. Küstenmacher, 2018, 194.
1231. Vgl. ebd., 195.

redung zur Liebe' in den vier Zugkräfte jedes Holon nach Eros, Agape, Agenz und Kommunion am Werk.[1232]

Haberer nennt die Theodizeefrage „die ultimative Infragestellung des theistisch verstandenen Gottes." In ROT und BLAU werde das Böse noch als Gegenmacht zu Gott verstanden. Für viele im ORANGENEN Bewusstseinsraum bedeute diese Frage meist das „Aus für den Glauben an Gott". In GRÜN werde Gott erstmals als das Ganze gedacht, das auch das Böse miteinschließe, doch auch diese Erklärung hält Haberer letztendlich für unbefriedigend. Die Frage sei mit menschlicher Logik nicht aufzulösen.[1233] Zunächst weist er darauf hin, dass sich die ganze Frage einem postmodernen-integralen Bewusstsein anders stelle, da es den Theismus, die Vorstellung Gottes als ein höchstes Wesen, das irgendwo im Jenseits sitze und von dort aus die Geschicke der Menschen steuere und ihnen ihr Lebenslos zuteile, aufgegeben habe. Er plädiert dafür, Gott trinitarisch zu denken: Sowohl als Verursacher des Leids als auch als der, der leidet: „der gesamte komplexe Prozess, in dem Gutes und Böses, Glück und Leid entstehen und vergehen".[1234] Unter der Überschrift „Der leidende Gott"[1235] vertieft Haberer diese Idee. Er hält es durchaus für möglich, dass „das Leiden notwendig dazugehört zum Tanz der Gottheit, zur Ganzheit des Großen Ganzen" und dass die „Dreinsheit", d.h. die Trinität, ohne Leid „zwar vollkommen [sei], aber nicht vollständig". Er fragt sich:

„Könnte es sein, dass die göttliche Dreinsheit die Notwendigkeit gespürt hat, eine Welt zu schaffen, in der nicht alles harmonisch und glückselig ist – um in ihr eine andere Qualität von Liebe zu erfahren?[1236]"

Gott hielte sich jedoch nicht heraus aus dem Leid, sondern der

---

1232. Vgl. ebd., 24.
1233. Vgl. Haberer, 2021, 99- 101.
1234. Ebd., 102f.
1235. Ebd., 159.
1236. Ebd., 163f.

„Gott, der sich inkarniert, ist ein Gott, der das Leid der Welt selbst erleidet", sichtbar ausgedrückt in dem Symbol des Kreuzes. Dies sei mit dem Verstand nicht begreifbar, eher noch mit dem Herz zu erahnen.[1237] Die Vorstellung eines „leidenden Gottes" wird im paradoxen Denken aufgehoben. Es gilt beides zugleich: Gott leidet und Gott leidet nicht.

> *„Leid und Tod sind Gott nicht fremd. Gott ist unsterblich, allmächtig und ewig – und Gott ist sterblich, ohnmächtig und vergänglich.*[1238]*"*

Er behauptet, dass – im Gegensatz zu den östlichen Religionen – Leid nach christlichem Verständnis „nicht per se und von vornerein schlecht" und um „jeden Preis" zu vermeiden sei. Im Gegenteil schienen wir Menschen „das Leid zu brauchen, um wahrhaft Mensch zu werden.[1239]"

Sanguin erteilt dem übernatürlichen Theismus eine schroffe Absage:

> *„Wenn es „einen" Gott gibt, der den Holocaust hätte verhindern können und es nicht getan hat, bin ich nicht interessiert."*[1240]

Aus seiner Sicht handelt Gott nicht durch Eingreifen, sondern durch Überredung (non-interfering yet persuasive) und durch eine evolutionäre Stoß- und Zugkraft (push and pull). Mit diesen Gedanken schließt er sich eng an Whitehead und McIntosh an.[1241] Wenn Gott jedoch seine Macht lediglich durch Liebe ausübe, könne er nicht episodisch intervenieren, um den Lauf der Geschichte zu ändern. Der evolutionäre Prozess hätte somit auch eine tragische Dimension.[1242] Die Zugkraft äußere sich in dem evolutionären Impuls, die

---

1237. Ebd., 166.
1238. Ebd., 92.
1239. Ebd., 293f.
1240. Sanguin, 2015, 8.
1241. Vgl. ebd., 4 u. 31.
1242. Vgl. ebd., 8ff.

Umstände zu überwinden. Gott schöpfe jetzt als wir, in und durch uns.[1243]

Sowohl Tresher als auch Smith schweigen zu dem Thema.

Christologie

Die Ergebnisse lassen sich hier grob in zwei Sätzen zusammenfassen: Jesus verliert seinen Ausnahme-Stand als einziger Gottessohn, bleibt aber als Prototyp und mythologisches Symbol von herausragender und einzigartiger Bedeutung. Sein Werk vollbringt Jesu nicht im Sinne der Sühnetheologie durch den Tod am Kreuz, sondern dadurch, dass er das Christusbewusstsein, das Bewusstsein unserer eigenen Göttlichkeit, nach und nach in allen Menschen weckt.

Genauer betrachtet, lassen sich einige klar ersichtliche, übergreifende Entwicklungen ausmachen: 1) Es wird zwischen dem historischen Jesus und dem universalen, kosmischen Christus unterschieden; 2) Die Zwei-Naturen Lehre wird auf alle Menschen und die gesamte Schöpfung ausgeweitet; 3) Der historische Jesus wird verstanden als spiritueller Lehrer, Vorbild und Prototyp einer neuen Menschheit; 4) Jesu Leben und Tod werden als Metapher für den Prozess des Erwachens gedeutet; 5) Es kommt zu einer Ablehnung des klassischen Verständnisses von Jesu Heilswerk der Sühnung. In Verbindung damit kommt es 6) aber nicht [!] automatisch zu einer Aufgabe eines persönlichen Verhältnisses zu Jesus, sondern sogar häufig zu einer Vertiefung desselben.

Die Unterscheidung zwischen dem historischen Jesus und dem universalen Christus

Eine auffallende Gemeinsamkeit aller Autor*innen liegt in einer deutlichen Unterscheidung zwischen dem historischen Jesus und dem universalen bzw. kosmischen Christus.

In seiner Habilitationsschrift unter dem Titel: „Wer ist der kosmische Christus?" begibt sich der Theologe Werner Thiede auf die

---

1243. Vgl. ebd., 15f. u. 92.

Suche nach der Herkunft der Metapher „kosmischer Christus" und stellt fest, dass sie ursprünglich extern aus dem Umfeld der Theosophischen Gesellschaft geprägt wurde.[1244] Später übernahm auch der integrale Philosoph Teilhard de Chardin diese Idee:

> *„Als Prinzip universeller Lebenskraft hat Christus, indem er als Mensch unter Menschen erstanden ist, seine Stellung eingenommen, und er ist seit je dabei, den allgemeinen Aufstieg des Bewusstseins, in den er sich hineingestellt hat, unter sich zu beugen, zu reinigen, zu leiten und aufs höchste zu beseelen."*[1245]

Der Begriff erfreut sich großer Beliebtheit in der neueren theologischen Literatur. So hat der Befreiungstheologe Leonardo Boff 2013 ein Buch veröffentlicht mit dem Titel „In Ihm hat alles Bestand: der kosmische Christus und die modernen Naturwissenschaften", der Schöpfungstheologe Matthew Fox schrieb 1991 über seine „Vision vom kosmischen Christus. Aufbruch ins dritte Jahrtausend". Auch einer der Wegbereiter integraler Theologie, Richard Rohr, veröffentlichte 2019 ein Werk zu dem Thema: „Alles trägt den einen Namen: Die Wiederentdeckung des universalen Christus".

Viele Autor*innen beziehen sich dabei auf den Kolosserhymnus, wo es heißt:

> *„Der Sohn [Christus] ist das Ebenbild des unsichtbaren Gottes, der Erstgeborene, der über der gesamten Schöpfung steht. Denn durch ihn wurde alles erschaffen, was im Himmel und auf der Erde ist, das Sichtbare und das Unsichtbare, Könige und Herrscher, Mächte und Gewalten. Das ganze Universum wurde durch ihn geschaffen und hat in ihm sein Ziel. Er war vor allem anderen da, und alles besteht durch ihn. (1. Kol. 1,15-17)*[1246]

1244. Siehe dazu Thiede, 2001.
1245. de Chardin, 1994, 305.
1246. Vgl. Küstenmacher/Haberer, 2016, 218, Smith, 2017, 51, Sanguin, 2015, 27.

Die Unterscheidung zwischen historischem Jesus und dem „Christus" als Titel ist insofern folgenreich, als dass der Titel damit nicht mehr ausschließlich für den historischen Jesus geltend gemacht wird. Das sog. „Christusbewusstsein", das nach ihm benannt ist, wird als das Bewusstsein der eigenen Göttlichkeit angesehen, analog zu der im Buddhismus geläufigen Rede von der „Buddha-Natur".[1247]

Smith übersetzt daher Phil. 2.5 folgendermaßen: „Euer Geist (mind) muss dem von Christus Jesus gleich sein."[1248]

Die Erkenntnis, dass wir selbst ebenfalls Christus seien, wird „Christusbewusstsein" genannt und als Ziel des Christenlebens definiert:

> *„[...]im Christus-Bewusstsein zu leben, ist das Ziel des christlichen spirituellen Weges"*[1249]*; „Das Erwachen zum Christus-Bewusstsein ist unsere Bestimmung"*[1250]*; „Die Zielrichtung des Christentums [ist] es, immer mehr Christusbewusstsein zu wecken"*[1251]*; „dies schöpferische, liebende Kraft (der kosmische Jesus) [...] ist unsere Bestimmung."*[1252]

Marion widmet der Frage ein ganzes Kapitel, das er mit „Das Problem von Jesus Nachname" überschreibt. Der herkömmliche Sprachgebrauch, wonach „Christus" wie Jesus Nachname verwendet werde, könne zu einem ernsthaften Verständnisproblem führen, da er uns daran hindere, zu verstehen, was mit „Christus" gemeint sei und auch, wer wir selbst in Wirklichkeit seien. Den meisten Christen sei „natürlich klar, dass „Christus" nicht der Nachname Jesu war, sondern ein Titel, der Jesus von den früheren Christen verliehen wurde.[1253] Dieser „Christus" gehöre zum kausalen Level, wo das ewige

---

1247. Vgl. Marion, 2003, 203, Tresher, 2009, 88, Küstenmacher, 2018, 155ff., bei Smith „Transcendent consciousness", 306.
1248. Smith, 2017, 306.
1249. Marion, 2003, 15.
1250. Tresher, 2009, xvi.
1251. Küstenmacher, 2018, 24.
1252. Sanguin, 2015, 28.

Wort, der Logos, von Gott ausgehe.[1254] Bei der Rede vom „mystischen Körper Christi" gehe es darum, dass die gesamte Schöpfung fleischgewordenes Wort Gottes, Christus, sei. Wir Menschen seien, wie Jesus, Inkarnationen Gottes.[1255]

Der historische Jesus bleibe zwar immer noch das primäre Beispiel, mache aber schlussendlich nur sichtbar, was für alle gleichermaßen gelte: „Nicht Jesus, sondern Christus ist Gottes eingeborener Sohn". Umgekehrt sei es ein theologischer Irrtum, der daran hindere, zu verstehen, dass auch wir, wie Jesus, als Christus „aus aller Ewigkeit direkt von Gott gezeugt" seien und daher „unsere Realität und Bestimmung der seinigen gleich" sei.[1256]

Tresher zeichnet ein bestimmtes Jesus-Bild der Postmoderne, das er den „New Age Jesus" nennt. Hier werde Jesus als der erleuchte Meister des Fischezeitalters verstanden, der durch zahlreiche Reinkarnationen hindurch den Prozess spiritueller Entwicklung vollendet habe und dadurch das Amt („office") des „Christus" erhalte. Der „Christus"-Titel steht bei ihm also für die besondere Funktion oder die Mission des Menschen Jesu.[1257]

Küstenmacher/Haberer nehmen an, dass der „Kosmische Christus" zum Leitbild der Bewusstseinsstufe TÜRKIS werden könnte. Er sei das

> *‚verbindende Muster' des gesamten Universums, das „Fraktal", „das Prinzip maximalen Zusammenhalts aller widersprüchlichen, paradoxen, schmerzlich gegeneinanderstehenden Erfahrungen im Universum durch gewaltlose, frei sich verschenkende Liebe".[1258]*

Symbol dafür sei das Kreuz, in dem die Einheit aller Dimensionen

---

1253. Vgl. Marion, 2003, 202ff. „Χριστός (Christos) ist die griechische Übersetzung des aramäischen „מְשִׁיחַ" mit der Bedeutung „der Gesalbte".
1254. Vgl. ebd., 77.
1255. Vgl. ebd., 157.
1256. Ebd., 203.
1257. Vgl. Tresher, 2009, 73.
1258. Küstenmacher/Haberer, 2016, 218f.

sichtbar werde. Ein Mensch im „Christusbewusstsein" höre auf „ein Christ zu sein, und [fange an] Christus zu sein, da der mystische Leib Christi nach und nach „als Ganzer in jedem Einzelnen gegenwärtig" werde, „wie in einem Hologramm."[1259] Sie sprechen außerdem (in Bezugnahme auf den Künstler Beuys) von dem „Christusimpuls", der durch Jesus in die Welt gekommen sei und von jedem Menschen erfahren werden könne.[1260]

Küstenmacher verwendet wie Smith den Ausdruck ‚Christusfraktal': In allem, und so auch in jedem Menschen sei Gott wie in einem „transpersonalen Hologramm" immer vollständig gegenwärtig und mit allem anderen durch die All-Einheit verbunden. Den griechischen Logos deutet sie (in wörtlicher Anlehnung an Wilber) als „Geist-in-Aktion", der aller Entwicklung, sowohl im Äußeren als auch Inneren, zugrunde läge[1261]. Das Christusbewusstsein sei daher „in allen Lebewesen präsent". Sie beschreibt es auch als „völlige Verschränkung mit allem Existierenden" und „die absolute Identität mit allem[1262]". Sie schreibt von Jesus als dem „kosmische[n] Christus", den sie außerdem „musterbildendes Fraktal im Universum" und „maximaler Kreuzungspunkt des Liebens und Mitleidens im Universum" nennt.[1263]

Auch Haberer unterscheidet den „historischen Jesus" und den „Kosmischen Christus" und meint, „Christus" wie den Nachnamen von Jesus zu gebrauchen" „geh[e] am Wesentlichen vorbei".[1264] Während der Vater/Schöpfer das Sein, das Ewige, Unveränderliche und die Leere/Fülle bezeichne, sei

> „Christus, verstanden als Prototyp der gesamten Schöpfung, [...] das Seiende, das der Evolution unterworfen ist, das sich in Myria-

---

1259. Ebd., 191.
1260. Vgl. ebd., 188.
1261. Vgl. Küstenmacher, 2018, 155f.
1262. Ebd., 341.
1263. Ebd., 59.
1264. Haberer, 2021, 141.

den von verschiedensten Erscheinungsformen ausfaltet und ‚inkarniert'.[1265]"

Er spricht von „zwei verschiedenen Zeitebenen": „Wer war Jesus, wer ist Christus"[1266], wobei das eine die Frage nach der historischen Persönlichkeit Jesu meine, das andere einen „Ehrentitel". Beide Konzepte sieht er im Neuen Testament abgebildet, wo einmal mehr die Göttlichkeit, einmal mehr die Menschlichkeit Jesu betont werde.[1267] Er weist darauf hin, dass Jesus im Johannesevangelium in enger Verbindung mit dem griechischen Begriff „Logos" gebracht werde, der auch mit „Weltvernunft" wiedergegeben werden könne und „de[n] große[n] Zusammenhang, in dem alles miteinander verbunden ist" meine. „Logos" und „kosmischer Christus" verwendet er daher synonym.[1268] In Jesus sei der „kosmische Christus" erkennbar geworden.[1269]

Smith widmet dem „Kosmischen Christus" ein ganzes Kapitel. „Christus" sei das christliche Symbol für die gesamte Realität, die in ihrer Einheit gesehen werde. Er nennt sie „all-ness" und führt dazu verschiedene biblische Passagen an.[1270] Gott habe Jesus zum „Christus" gemacht, einer lebendigen Blaupause und einem kosmischen Symbol für die Einheit der göttlichen, menschlichen und materiellen Realität.[1271] Der „auferstandene Jesus" sei nicht mit dem kosmischen „Christus" gleichzusetzen, was häufig geschehe. Denn der auferstandene sei der historische Jesus, den die Jünger nach seinem Tod in seiner nicht-physischen Form, einem spirituellen Körper, antrafen und wieder erkannten.[1272] Christus sei das universelle Symbol für die göttlich-menschliche Einheit, das menschliche Gesicht Gottes und

---

1265. Ebd., 88.
1266. Ebd., 105.
1267. Vgl. ebd., 145.
1268. Vgl. ebd., 142f.
1269. Vgl. ebd., 162.
1270. Vgl. Smith, 2017, 47ff.
1271. Vgl. ebd., 209.
1272. Vgl. ebd., 48ff.

das göttliche Gesicht der Menschheit.[1273]

Der im Zusammenhang mit dem „Universalen Christus" häufig verwendeten Phrase „Christus ist nicht Jesus Nachnahme" begegnen wir auch bei Sanguin.[1274] Er äußert sich in eine ähnliche Richtung: Obwohl „Jesus" und „Christus" häufig so verwendet würden, als handele es sich um austauschbare Begriffe, so handele es sich doch bei „Jesus" um einen Namen und bei „Christus" um einen Titel. Der Titel „Sohn Gottes" wird damit als eine enge Gemeinschaft zwischen Jesus und Gott, aber nicht als Wesensbezeichnung, die ihn von anderen Menschen abhebt, verstanden.[1275] Der Apostel Paulus habe mehr über den „kosmischen Christus" geschrieben als den „historischen". Wenn Paulus „in Christus" schreibe, meine er damit nicht Jesus. Das Wort „Christus" sei vielmehr unter dem Einfluss der griechischen Philosophie mit dem griechischen „Logos" in Verbindung gebracht worden, worunter er das „kreative, ordnende Prinzip des Universums" versteht.[1276] Sanguin bringt daher den „Christus"-Titel direkt mit dem griechischen „Logos" aus dem Johannesprolog in Verbindung und versteht Jesus als den personifizierten Ausdruck diesen „kreativen Prinzips." Jeder, der sich entscheide, zu einem bewussten Agenten der Evolution hin zu mehr Schönheit, Güte und Wahrheit zu werden, werde damit ebenfalls zu einem „Christus."[1277] Der „kosmische Christus" sei deshalb nicht „oben", sondern uns voraus: Er/Sie sei die Zukunft als unser größtes Potential, das darauf warte, verwirklicht zu werden.[1278]

1273. Vgl. ebd., 65.
1274. Vgl. Sanguin, 2014, 25 und 2015, 17.
1275. Vgl. ders., 2015, 93.
1276. Vgl. ders., 2014, 25f.
1277. Vgl. ders., 2015, 17f.
1278. Vgl. ebd., 107.

Die Ausweitung der Zwei-Naturen-Lehre auf alle Menschen und die gesamte Schöpfung

Die Grundaussage der Zwei-Naturen-Lehre, wie sie im Konzil von Chalkedon im Jahre 451 getroffen wurde, wird von den Autor*innen einstimmig für alle Menschen für gültig erklärt sowie auf die gesamte Schöpfung ausgeweitet. Dieses Konzil hielt, im Anschluss an den Kirchenlehrer Cyrill von Alexandrien, fest, dass Jesus sowohl weseneins mit der Gottheit als auch weseneins mit der Menschheit gewesen sei und „in zwei Naturen unvermischt, unverwandelt, ungetrennt, unzerteilt erkannt" werde.[1279]

Im Anschluss an Wilber sehen die Autor*innen das größte Hindernis – neben den emotionalen Verwundungen – für unser spirituelles Wachstum in der Verengung dieses Dogmas auf Jesus, der Lehre von der Einzigartigkeit des Gottessohnes. Sie kommen einhellig zum Schluss, dass es zwischen Jesus und uns Menschen keinen wesenhaften Unterschied gibt, sondern lediglich einen bewusstseinsmäßigen: Den hohen Grad an Bewusstsein von der eigenen Göttlichkeit sehen die Autor*innen durchweg als das an, was Jesus so einzigartig mache. Gleichzeitig sei genau deshalb die Projektion unserer Göttlichkeit auf Jesus zum größten Hindernis für unser spirituelles Wachstum geworden.

Marion schreibt:

„Alle zur Lehrmeinung erhobenen Erklärungen der frühen christlichen Konzile, die das Verständnis der Kirche von Jesus als Christus festschrieben, sind Erklärungen über uns. Sie sagen uns, wer wir sind."[1280]

Er ist der Ansicht, dass, „Jesus [...] auch [erkannte], dass diese Wahrheit nicht auf ihn allein zutraf."[1281] Nachdem er einige Bibelstellen als Belege anführt, kommt er zum Schluss:

1279. Hausschild, 193.
1280. Marion, 2003, 208.
1281. Ebd., 29.

> „Aus einer großen Zahl [von] Passagen im Neuen Testament [gehe hervor,] dass wir in gleichem Maße göttlich sind, wie Jesus es war, und dass unsere spirituelle Suche auf dem christlichen Weg allein darin besteht, bewusst Anspruch auf unsere Göttlichkeit zu erheben, wie Jesus es tat."[1282]

Genau darin liege

> „die „große Freude", die das Evangelium verkünde[...] Wir sind göttlich, und wir sind es immer gewesen. Alle zur Lehrmeinung erhobenen Erklärungen der frühen christlichen Konzile, die das Verständnis der Kirche von Jesus als Christus festschrieben, sind Erklärungen über uns."[1283]

Wenn Jesus im Johannesevangelium sage, er und der Vater seien eins, bedeute das, dass wir alle eins mit Gott seien:

> „Die gesamte Schöpfung, wir selbst eingeschlossen, besteht aus der Substanz und dem Wesen Gottes."[1284]

Er behauptet:

> „Indem wir Jesus auf einen unerreichbaren Sockel stellen, so dass andere – wie etwa Buddha und Mohammed – ihm nicht nahekommen können, [...] verhindern wir zugleich, dass wir selbst Jesus nahe kommen."[1285]

In seinem Buch beschreibt er die allmähliche Auflösung von negativen Gefühlen, seelischen Verletzungen und Traumata als Voraussetzung zur Erlangung des „Christusbewusstseins". Das größte Hindernis zu einem höheren Bewusstsein läge in unseren emotionalen Verwundungen.[1286]

1282. Ebd., 207.
1283. Ebd., 208.
1284. Ders., 2004, 157.
1285. Ders., 2003, 205.
1286. Vgl. 2004, 154.

Nach Tresher wird spätestens ab der Postmoderne jegliches exklusive Verständnis Jesu als einzigem Sohn Gottes und Erlöser abgelehnt. Im New Age laute die neue „Frohe Botschaft", dass wir alle göttlich und eins mit Gott seien. Jesus sei zwar göttlich, aber nicht mehr als jede andere Person.[1287]

Küstenmacher kommt zu der Feststellung, dass das 1. Gesicht Gottes nur für Jesus Christus als Gottessohn akzeptiert wurde, obwohl viele Mystiker bezeugten, „dass jeder Mensch von seinem innersten Kern her wahrer Gott und wahrer Mensch ist wie Jesus". Diese Erkenntnis setzt sie mit der nondualen Bewusstseinsstufe gleich, von ihr auch „ICH-BIN-Erfahrung" genannt, oder „Christusbewusstsein". In einer Übung, die sie mit dem Wort „Tabubruch" überschreibt, lädt sie dazu ein, sich im Anschluss an die „Ich-bin-Worte" des Johannesevangeliums probeweise mit Gott zu identifizieren.[1288]

Haberer schreibt:

„Wie Jesus Christus zwei Naturen hat, eine göttliche und eine menschliche, so haben auch wir zwei Naturen, eine göttliche und eine menschliche."

Diese Wahrheit sieht er in dem altkirchlichen Dogma der Zwei-Naturen-Lehre Christi angedeutet.[1289] Sie wird bei ihm zu einem Bild für die gesamte paradoxe Natur der Wirklichkeit, die er, wie bereits erwähnt, mit einem Kippbild vergleicht: Auf der einen Seite sei die Fülle/Leere Gottes, auf der anderen die „Welt der Erscheinungen".[1290] Der Gedanke, dass wir in unserem innersten Kern göttlich seien, sei „kein postmoderner, esoterischer Firlefanz", sondern bereits durch die „ältesten Lehraussagen der Christenheit" vorbereitet worden, „auch wenn die Theologen der Alten Kirche es mehrheitlich so nicht formuliert hätten".[1291] Paulus habe die Lehre

---

1287. Vgl. Tresher, 2009, 73.
1288. Vgl. Küstenmacher, 2018, 338f.
1289. Vgl. Haberer, 2021, 175.
1290. Vgl. ebd., 84ff.

des historischen Jesus nicht verfälscht, sondern ganz im Gegenteil zugespitzt.[1292] An Jesus sei „deutlich [geworden], dass Göttliches und Menschliches sich nicht aus-, sondern einschließen."[1293] Jesus habe offenbart, dass wir Gottes geliebte Kinder seien. Die Besonderheit des Menschen Jesu läge darin, dass er „in seiner Persönlichkeit so geklärt war, dass er ein klares Bewusstsein seiner – unserer – göttlichen Natur hatte. Dieses klare Bewusstsein unterscheidet Jesus von den allermeisten anderen Menschen."[1294]

Smith schließt sich Wilbers These in „Eros, Kosmos, Logos" an und meint, dass die größte kognitive Blockade für unsere spirituelles Wachstum in dem Glauben liege, dass Jesus der einzigartige und einzige Sohn Gottes sei. Die andere Blockade sei eine psychologische – unsere emotionale Verwundbarkeit.[1295] Er zitiert den Religionswissenschaftler Dustin DiPerna, der schreibt, Jesus sei nach und nach von einem Vorbild zu einer Ausnahme gemacht worden:

> *„Nach und nach wurde die ursprüngliche Gipfelerfahrung Christi auf ein Podest gestellt. Mit der Zeit war es nur noch Christus erlaubt, die Identifikation mit dem Göttlichen zu beanspruchen. Im Osten blieb die ursächliche Vereinigung oder die Vereinigung mit dem Göttlichen für alle Anwärter zugänglich. Im Westen wurde die Göttlichkeit um jeden Preis nur für Christus reserviert."*[1296]

Obwohl ein integrales Christentum darauf fokussiere, Jesus nachzufolgen, habe es die Idee von Jesu Einzigartigkeit in zweierlei Hinsicht aufgegeben: Einmal sei er nicht die einzige Person, die uns Gott auf eine außergewöhnliche Weise offenbart habe, wie andere religiösen Traditionen bezeugten. Außerdem sei er gekommen, um uns et-

---

1291. Ebd., 176.
1292. Ebd., 158f.
1293. Ebd., 153 u. 158.
1294. Vgl. Ebd., 162.
1295. Vgl. Smith, 2011, 203.
1296. Dustin diPerna, The Infinite Ladder, 123, zitiert nach Smith, 2011, 181.

was über unser tiefstes Selbst und unser wahres Potential zu lehren, das mit dem seinen identisch sei.¹²⁹⁷ Auch für Smith ist also der Unterschied zwischen Jesus und uns kein wesenhafter mehr, sondern nur ein gradueller im Bewusstsein:

> *„Wir sind göttlich, genauso wie Jesus göttlich war. Der Unterschied ist, dass Jesus dies wusste und erlebte. Wir tun das nicht. Der Unterschied zwischen uns und Jesus ist eine Frage des Grades, nicht der Art."*¹²⁹⁸

Jesus sei ganz Gott und ganz Mensch – wie wir auch¹²⁹⁹. Die Beziehung von uns zu Jesus vergleicht er mit der zu einem Ausbilder: In einem ersten Schritt ginge es darum, diesen kennenzulernen und für sein Können zu bewundern, in dem zweiten, darauffolgenden Schritt darum, zu lernen, selbst so zu sein wie der Ausbilder. Die Kirche jedoch sei bei dem ersten Schritt der Bewunderung stehen geblieben.¹³⁰⁰

Auch Sanguin meint, wir seien, wie Jesus, das fleischgewordene Wort. Die frühe Kirche habe das in Jesus erkannt. Es sei aber auch für uns wahr:

> *„Auch wir sind dieses Prinzip der schöpferischen Transformation (das fleischgewordene Wort)."*¹³⁰¹

Es gehe beim Christusbewusstsein um den Glauben von Jesus, nicht an Jesus, so Sanguin.¹³⁰²

Die Mehrheit der Christen hätten Jesus selbst in einen Götzen (idol) verwandelt, statt von dessen lebendiger Weisheit, die auch in ihnen selbst sei, zu schöpfen.¹³⁰³

1297. Vgl. Smith, 2011, 249.
1298. Ebd., 181. Vgl. auch 212.
1299. Vgl. 2017, 185.
1300. Vgl. 2011, 248.
1301. Sanguin, 2015, 92f.
1302. Vgl. ebd., 25.

Das Verständnis des historischen Jesu als spiritueller Lehrer, Vorbild und Prototyp einer neuen Menschheit

Die Person Jesu wird von den Autor*innen vorrangig als spiritueller Lehrer und Vorbild verstanden. Dadurch kommt es automatisch zu einer neuen Wertschätzung und Interesse am historischen Jesus und im Zuge dessen auch zur Wertschätzung außerbiblischer Quellen, wie zum Beispiel dem Thomasevangelium. Jesus wird von vielen der Autor*innen daher auch als „Prototyp" bezeichnet (Marion, Smith, Haberer, Sanguin). Mit diesem Begriff wird Jesu als Vorbild hingestellt, nach dem Motto „So sind wir als Menschen eigentlich gemeint." Als „Prototyp" wird er zugleich als Vorwegnahme und damit Vorreiter des „neuen Menschen" angesehen, und damit in Verbindung gebracht mit aktuellen wissenschaftlichen Theorien zur Bewusstseinsentwicklung der Menschheit. Dabei kommt es vereinzelt, eng mit der Adam-Jesus-Typologie verbunden, zu der Rede von einem „Neuen" Menschen, der den „alten Menschen" ablöse (Marion, Sanguin).

An Jesus wird damit exemplarisch sichtbar, in welche Richtung sich die Menschheit als Ganze weiter entwickeln wird.[1304] Dazu gehört auch das neue Verständnis der körperlichen Auferstehung Jesu, die etwas vorwegnimmt, was irgendwann alle Menschen betrifft.

Damit verbunden ist auch die Überzeugung, dass Jesu Bewusstsein für seine Zeit sehr weit entwickelt gewesen sei, mindestens bis zur integralen Stufe und darüber hinaus in den transpersonalen Bereich. Die Autor*innen sind sich allerdings nicht einig darin, inwiefern diese Stufen für uns heute schon beschreibbar oder denkbar sind.

Für Marion scheint klar, dass Jesus auf der höchsten Bewusstseinsstufe unterwegs war, die ein Mensch überhaupt erreichen kann: „Das Reich Gottes" oder das „nicht-duale Bewusstsein". Sein Buch lässt

---

1303. Vgl. ebd., 58. Die Unterscheidung zwischen unserer menschlichen und unserer göttlichen Natur wird dabei von allen Autor*innen vorausgesetzt.
1304. „Was aber, wenn dies der Richtung entspricht, in welche die Menschheit in ihrer evolutionären Entwicklung unterwegs ist?", schreibt auch Don McGregor. McGregor, 2014, 120.

außerdem keinen Zweifel daran, dass der Autor sich mindestens sehr nahe daran wähnt, dasselbe Bewusstsein zu verwirklichen.[1305] Er vermutet allerdings auch, dass Jesus uns immer vorangehen würde, egal, auf welche Stufe wir gelangen würden.[1306]

Tresher ist der Ansicht, dass, auch wenn noch wenig Forschung dazu vorläge, eine Diskussion des Themas unvollständig wäre, wenn sie die transpersonalen Stufen ab Koralle/Indigo auslasse, da diese das Ziel der religiösen und spirituellen Praxis seien.[1307]

Küstenmachers Buch enthält ausführliche Beschreibungen von Koralle[1308], wohingegen Haberer solche Beschreibungen „für vermessen" hält und der Ansicht ist, dass es „praktisch allen Menschen, die heute leben, [...] unmöglich sein [dürfte], sich in KORALLE einzudenken".[1309]

Sicherlich sind solche Einschätzungen auch in Abhängigkeit davon zu sehen, wo die Autor*innen selbst ihren Bewusstseinsschwerpunkt sehen, aber auch, wo sie ihn, möglicherweise davon abweichend, in Wirklichkeit haben. Denn je nachdem dürfte ein solches „sich eindenken" leichter oder schwerer fallen.

Marion sieht Jesus als Prototyp der höchsten Stufe, die ein Mensch überhaupt erreichen kann. Die Typologie vom „alten" und „neuen Adam" bringt er in Verbindung mit der Annahme, dass Jesus „ein[...] neue[...] Rasse [!] Christus gleicher Geschöpfe" begründet habe.[1310] Die Deutung einer neuen Rasse bringt er auch durch den Vorschlag zum Ausdruck, den zukünftigen Menschen „homo spiritus" statt „homo sapiens" zu nennen. Der zeitgenössische, amerikanische Mystiker und Autor Walter Starcke habe festgestellt, dass Jesu Bedeutung gut zu der Definition einer „Mutation" passe. Jesus repräsentiere nicht nur etwas Neues für die Menschheit, er offenbare

---

1305. Vgl. Marion, 2003, 15.
1306. Vgl. ebd., 211.
1307. Vgl. Tresher, 2009, 86.
1308. Vgl. Küstenmacher, 2018, 162-169.
1309. Haberer, 2021, 45.
1310. Marion, 2003, 211.

auch eine neue Dimension, die alle, die ihm nachfolgten, haben könnten.[1311]

Diese These ist bei ihm eng verzahnt mit seiner Annahme einer Seelen- und Reinkarnationslehre: Im Anschluss an eine esoterische Tradition geht er davon aus, dass Jesus die erste individuelle Seele gewesen sei, die auf diesem Planeten das Christus-Bewusstsein erlangt habe, also Auslöser und Vorreiter einer Entwicklung sei. Er bringt dessen Rolle in Verbindung mit der östlichen Lehre von „Avataren", die auf der Erde inkarnierten, um der Menschheit zu helfen.[1312] Das Ziel der kollektiven evolutionären Entwicklung steht bei ihm damit bereits fest: Es ist das Reich Gottes, in dem alle Menschen das Christus-Bewusstsein erlangt haben.[1313] Zugleich ist er der Ansicht, dass auch dieses Ziel nur ein vorübergehendes sein könne, da „Gott kein Ende hat."[1314]

Ähnlich äußert sich Tresher. Zu dem Christusbewusstsein zu erwachen sei unser Schicksal und könne nicht vermieden werden. Es geschehe entweder jetzt, bei unserem physischen Tod oder durch viele Leben hindurch.[1315]

Bereits ab der Stufe ORANGE, so Küstenmacher/Haberer würde Jesus, in Anlehnung an den „Menschensohn"-Titel im aramäischen, als der „Mensch schlechthin" gedeutet, der „exemplarisch" „den integrierten, freien und erwachsenen Einzelnen" verkörpere, der durch sein Herauswachsen aus dem BLAUEN Bewusstsein das „spirituelle Erwachsenwerden" vorgelebt habe und dem Humanismus als moralisches Vorbild diene.[1316] In GRÜN werde sichtbar, dass Jesus auch von anderen Religionen als eine (d.h. nicht die einzige) Inkarnation Gottes verstanden werde. Er gelte fortan als bedeutender „geistiger[...] Lehrer[...] neben Buddha u.a."[1317] In ihrer Beschreibung

---

1311. Vgl. 2004, 147.
1312. Vgl. 2003, 209 u. 211.
1313. Vgl. ebd., 262.
1314. Ebd., 211.
1315. Vgl. Tresher, 2009, xvi.
1316. Vgl. Küstenmacher/Haberer, 2016, 129.

eines integralen Jesusbildes scheinen die Autor*innen davon auszugehen, dass Jesus selbst in der Lage war, Menschen auf verschiedenen Stufen anzusprechen und aus einem GELBEN Bewusstsein heraus zu agieren.[1318] Auch in ihrer Beschreibung von KORALLE und jenseits davon nennen sie Jesus als ein Beispiel dafür, dass solche Menschen, die ihrer Zeit und Kultur derart voraus seien, prinzipiell gefährdet seien, weil sie von ihrem Umfeld nicht verstanden und vermutlich sogar abgelehnt oder bekämpft würden.[1319]

Küstenmacher nennt Jesus einen „Mensch[en] der Zukunft und Prototyp[en] unserer Entwicklung im klaren Geist und permanenten Gottesbewusstsein."[1320]

Sie sieht ihn als nondualen Mystiker[1321] und als Vorbild für „Mitgefühl, Inklusivität und Liebe", die „uns Jesus, der Lebendige, vorgelebt hat".[1322]

Auch Haberer spricht von Christus als einem „Prototyp oder Blaupause für unser Menschsein"[1323] bzw. „der gesamten Schöpfung"[1324], lehnt dabei aber die Vorstellung einer Reinkarnation ab.[1325] Er sieht Jesus als „erleuchteten Meister", bei dem „die göttliche Natur durch sein Menschsein hindurchgestrahlt hat, wie das bei anderen Menschen nur äußerst selten bis niemals der Fall ist."[1326] Dadurch sei er auch Vorbild: „[...] Jesus von Nazareth hat gelehrt und vorgelebt, was das in der Praxis heißt. [...] sich in Liebe üben."[1327]

Auch Smith nennt Jesus einen "Prototyp". Gleich zu Beginn seiner

---

1317. Ebd., 162.
1318. Vgl. ebd., 186f.
1319. Vgl. ebd., 224.
1320. Küstenmacher, 2018, 59.
1321. Ebd., 41 u. 43.
1322. Ebd., 17.
1323. Haberer, 2021, 176.
1324. Ebd., 88.
1325. Ebd., 240, 246.
1326. Ebd., 148.
1327. Ebd., 258.

Einleitung schreibt er:

> *"Jesus ist mein Prototyp für die intensivste Beziehung zu Gott, die in diesem Leben möglich ist. Er hat sein Einssein mit Gott voll erkannt und manifestiert und ruft uns auf, dasselbe zu tun."*[1328]

Jesus zeichne aus, dass er seine Menschlichkeit und Göttlichkeit, d.h. seine zwei Naturen, voll realisiert und manifestiert habe. Daher sei er als Jesus, der Christus, der Prototyp für eine neue Menschheit, da er modellhaft zeige, was es für eine Person bedeute, diese zwei Naturen zu umarmen und auszudrücken.[1329] Er deutet Jesus als einen evolutionären Durchbruch für den „Übermenschen (superhuman)", der sich seiner Göttlichkeit bewusst geworden ist[1330] – damit auch wir unsere Göttlichkeit erkennen könnten.[1331] Er bescheinigt Jesus, bereits in einer integralen Haltung gelebt zu haben: „Jesus praktizierte die integrale Philosophie."[1332]

Auch Sanguin deutet Jesus als Voraussetzung für das Aufkommen einer neuen Menschheit: „Jesus ist der Prototyp für die neue Menschheit."[1333] Der wahre Mensch läge gewissermaßen noch in der Zukunft.[1334] Die Redewendung „er hat das Leben für uns gegeben" will er dahingehend verstanden wissen, dass Jesus die Voraussetzungen für das Kommen eines neuen Menschentyps geschaffen habe: „Das Universum kann jetzt einen Jesus machen."[1335] Es gehe jedoch nicht darum, den Jesus vor über zweitausend Jahren einfach zu kopieren („sei wie Jesus"), sondern das Herz und den Geist des Christusmysteriums zu verkörpern.[1336] Jeder, der das Bewusstsein Jesu haben

---

1328. Smith, 2011, xix.
1329. Vgl. ebd., 242.
1330. Vgl. 2017, 55, 58 u. 209.
1331. Vgl. ebd., 294 und 319.
1332. 2011, 82.
1333. Sanguin, 2015, 18.
1334. Vgl. ders., 2014, 37.
1335. 2015, 18.
1336. Vgl. 2014, 227.

würde, wäre eine „neue Schöpfung."[1337]

Der historische Mensch Jesus interessiere uns, weil wir hoffen, durch ihn etwas über das wahre Menschsein zu erfahren. Er selbst fungiere als Archetyp des wahren Menschen, zu dem der heutige Mensch nur ein Bindeglied sei.[1338] Als Beleg für diese These führt er u.a. Jesu Rede von sich selbst als „der Menschensohn" an.[1339] Jesus sei eine notwendige Projektion gewesen, damit die Menschheit in ihm ihr wirkliches Potential erkennen könne, in dem es außerhalb von uns selbst für uns erkennbar werde:

„Jesus wurde zu einer lebendigen Ikone, und durch die Kontemplation werden wir zu dem, was wir betrachten."[1340]

Sanguin zeichnet seine Vision dieses „neuen Menschen" in klarer Abgrenzung zu Friedrich Nietzsches „Übermensch" und stellt ihr Aurobindos Vision entgegen. Nietzsche habe den Übermenschen, aufgrund seines profanen und antireligiösen Humanismus, nur biologisch begründen können. Er knüpft mit diesen Gedanken auch an die Futuristin Barbara Marx Hubbard und deren Konzept des „homo universalis" an. Jesus sei der zweite Adam, der unsere höchste, evolutionäre Berufung als Menschheit insgesamt darstelle.[1341] Dieser Mensch der Zukunft sei wie Jesus ein Mystiker, der sich einem langen Transformationsprozess unterwerfe, bei dem er viele Tode sterben müsse, um zu einem höheren Bewusstsein zu gelangen. Dieser Übermensch („supermind") zeichne sich durch ein erweitertes Bewusstsein, höhere Moralkompetenz und höhere Fähigkeiten aus.[1342] Damit spricht Sanguin die höchstmöglichsten Bewusstseinsstufen an, die in der Menschheit zum gegenwärtigen Zeitpunkt noch nicht kollektiv in Erscheinung getreten seien.[1343]

1337. 2015, 25.
1338. Vgl. ebd., 84.
1339. Vgl. ebd., 53, 79f., 84 und 2014, 188f.
1340. Vgl. ebd., 73.
1341. Vgl. ebd., 189.
1342. Vgl. 2015, 85-89.

Die Autor*innen eint insgesamt eine eher nüchterne Sichtweise auf die Rekonstruierbarkeit des historischen Jesus.

Marion geht sogar davon aus, dass Jesus eine bestimmte spirituelle Praxis gehabt habe, die er mündlich und geheim lehrt habe, aber dieser „Pfad" sei endgültig verloren gegangen, als das Christentum von Menschen auf einem wesentlich niedrigeren Bewusstseinsebene übernommen worden sei.[1344] Sowohl Küstenmacher, Haberer, Smith als auch Sanguin sehen das Bemühen, durch die historisch-kritische Methode die Originalstimme Jesu zu rekonstruieren, als gescheitert an.[1345] Damit gehen sie in eine ähnliche Richtung, wie diejenigen Neutestamentler, die unter dem Einfluss der konstruktivistischen Geschichtstheorie und der Gedächtnisforschung zu dem Schluss kommen, dass nicht der „historische", sondern immer nur der „erinnerte" Jesus im Mittelpunkt der Forschung stehen könne.[1346]

Jesu Leben und Tod als Metapher für den Prozess des Erwachens

Jesu Leben, abgebildet im liturgischen Kirchenjahr, wird von den Autor*innen entweder ausschließlich als eine Metapher für unser eigenes Erwachen oder aber auch für jeglichen Stufenwechsel in unserem Leben verstanden. Die Kreuzigung steht dabei als Metapher für den Tod des Egos oder des alten Ich – oder vielmehr der Identifikation mit diesem –; die Auferstehung für die Erkenntnis des wahren Selbst. Wie ich weiter unten vertiefend erhellen werde, ist die Unterscheidung zwischen einem „fälschlichen Ich/Ego" und einem „wahren Ich/Selbst" zentral für das Menschenbild der integralen

---

1343. Don McGregor zieht in diesem Zusammenhang einen interessanten Vergleich: So wie die Zellen der Pflanzen die Fähigkeit zur Photosynthese entwickeln mussten, um zum Empfänger der Lichtenergie zu werden, habe Jesus durch einen Durchbruch im menschlichen Bewusstsein die Menschheit erstmals dazu befähigt, zum Empfänger der Liebe Gottes zu werden. McGregor, 2014, 100f.
1344. Vgl. Marion, 2004, 151.
1345. Vgl. Küstenmacher/Haberer, 2016, 120; Haberer, 2021, 115f., Smith 2017, 21; Sanguin 2015, 95.
1346. Vgl. Zimmermann, 2008, 102f.

Theolog*innen.

Marion nennt es das „zentrale Mysterium in der Entwicklung des menschlichen Bewusstseins", welches von Jesus sinnbildhaft durch seine Kreuzigung und Auferstehung vorgelebt wurde. Die Einzigartigkeit Jesu läge genau darin, dass dieser im Fleisch das durchlebte, was wir alle im Inneren durchleben müssten.[1347] Die Evangelisten hätten ihre Berichte über Jesu Kreuzigung mit Absicht so gestaltet, dass sie diese „inneren spirituellen Ereignisse versinnbildlichen"[1348]: Die Finsternis, die sich auf Jerusalem herabsenke, das Erdbeben, der Riss durch den Vorhang des Tempels usw.[1349]

Auch Tresher sieht im Leben Jesu, das im liturgischen Jahr der Kirche institutionalisiert worden sei, eine Allegorie für den Prozess des Erwachens sowie jeden Stufenwechsel im Leben. Das alte Ich werde gründlich dekonstruiert.

Küstenmacher sieht in Jesu Leiden und Sterben ein Bild für den „schmerzlichen Tod des Seelen-Ichs" im Sinne einer Des-Identifikation in der „Dunklen Nacht der Seele", dem Übergang vom subtilen in den kausalen Bereich, dem „formlosen Nicht-Ich".[1350]

Auch Smith sieht ihn der Kreuzigung eine treffende Metapher für das einmalige, aber vor allem das tagtägliche Sterben des Egos.[1351]

Auch Sanguin spricht von der Notwendigkeit zu „einen Tod zu erleiden".[1352] Durch Jesu Leben, Sterben und Auferstehen sei das universale Muster, das auch die Mysterienschulen in Griechenland und Ägypten einst geheim weitergegeben hätten, öffentlich zugänglich gemacht worden.[1353]

1347. Vgl. Marion, 2003, 118 u. 124.
1348. Vgl. ebd., 137.
1349. Vgl. ebd., 137-142.
1350. Küstenmacher, 2018, 370f.
1351. Vgl. Smith, 2017, 290.
1352. Sanguin, 2015, 82.
1353. Vgl. bd., 13f.

Jesu Heilswerk der Sühnung

Das Kreuz Jesu hat also bei den Autoren*innen vorrangig symbolische, archetypische Funktion. Die Sühnetheologie, im Sinne der Vorstellung Jesu als Opfer für die Sünden der Menschheit und eine forensischen Rechtfertigungslehre wird durchweg von ihnen als durch die Ratio überholte mythologische Vorstellung abgelehnt.

Obwohl die Autoren*innen die klassische Sühnetheologie ablehnen, begegnet uns bei dreien (Marion, Küstenmacher, Sanguin) von ihnen jedoch eine neue Deutung des Kreuzesgeschehens, die durchaus die Möglichkeit einer (zumindest teilweisen) Sühnung bzw. Stellvertretung einschließt. Das Heilswerk der Sühnung wird dabei von den Autor*innen, ähnlich wie die Zwei-Naturen-Lehre, auf alle Menschen gleichermaßen ausgeweitet: Jede*r könne (ein Stück weit) Sühne leisten, wie es Jesus getan habe.[1354]

Da Marion das theistische Gottesbild und alles, was damit verbunden wird, ablehnt, lehnt er konsequenterweise auch die Vorstellung eines Gottessohnes, der stellvertretend für unsere Sünden am Kreuz stirbt, ab. Vielen erscheine dieser Glaube von einem rationalen Standpunkt aus einfach lächerlich.[1355] Jesus sei nicht gestorben, um uns von unseren Sünden zu erlösen oder uns zu retten, denn zu beidem sei er gar nicht in der Lage, zumindest nicht als Persönlichkeit oder auch als individuelle Seele. Beides vollbringe allein das Christus-Bewusstsein, also der Eintritt in dieselbe Bewusstseinsstufe, auf der auch Jesus sich befunden habe.[1356] Die Vorstellung, dass Jesus stell-

---

1354. Eine solche Ausweitung des Sühnegedankens findet sich auch bei Don McGregor. In Rückgriff auf die Theorie der morphogenetischen Felder von Rupert Sheldrake sieht er Jesus Sühnewerk darin, dass dieser erstmalig ganz sein Ego aufgegeben habe, um in das Gottes-Bewusstsein einzutauchen. Damit habe er eine Veränderung im morphogenetischen Feld der Menschheit bewirkt, die es allen Nachfolgenden leichter machte, es ihm nachzutun. Zugleich gelte, dass jeder von uns gleichermaßen durch sein Handeln das morphogenetische Feld der Menschheit beeinflusse, so dass „jeder von uns Verantwortung [habe], zur Erlösung der Menschheit beizutragen". McGregor, 2014, 75-88, 176.
1355. Vgl. Marion, 2004, 139.

vertretend für unsere Sünden gestorben sei, führe dazu, dass das einzelne Individuum seine Verantwortung für seine innere Entwicklung als auch für seine negativen Taten auf Jesus abschiebe – was aber gar nicht möglich sei. Ganz im Gegensatz dazu habe Jesus die Notwendigkeit inneren Wachstums sowie das Gesetz von Karma („Ursache und Wirkung") – von ihm verstanden als die persönliche Verantwortung für Gedanken, Worte, Taten und Unterlassungen – gelehrt.[1357]

Zugleich ist Marion davon überzeugt, dass Jesus „durch sein Leiden einen großen Teil unserer Negativität auf sich genommen und transmutiert habe." Allerdings weitet diese Deutung – Sühne als Umwandlung von Energien – den Vorgang derart aus, dass nicht nur Jesus allein, sondern jeder auf höheren Bewusstseinsebenen daran Anteil gewinnt. Dies täten „in geringem Maße alle Christen [...], die diese Initiation der Kreuzigung [gemeint ist die „Dunkle Nacht der Seele", Anm. d. Vf.] auf sich nehmen.[1358]"

An anderer Stelle erläutert er diesen Punkt genauer:

> *„[Wir nehmen] während unserer Reise durch die transpersonalen Ebenen des Bewußtseins [!] ein gewisses Maß der Negativität der Welt in unserer Psyche auf[...], und wir transmutieren diese Negativität wieder zurück in den Grundstoff des Universums – Bewusstsein und Liebe.[1359]"*

Das sei möglich, da sowohl das Licht als auch die Dunkelheit in uns mit dem Licht und der Dunkelheit anderer Menschen verbunden sei.

Für Tresher hat gar der Tod und überhaupt der historische Mensch Jesus keinerlei Bedeutung:

> *„Es ist mir sogar egal, ob Jesus existiert hat oder nicht. Das ist nicht der Punkt. [...] Bei jedem Erwachen geht es nicht um*

1356. Vgl. ebd., 59 und 2003, 208f.
1357. Vgl. 2004, 59 u. 137.
1358. 2003, 208.
1359. Ebd., 123.

Jesus.[1360]

Küstenmacher bezeichnet die „Deutung des Kreuzestodes Jesu als gottgewolltes Opfer zu unserer Erlösung und Wiedergutmachung der Sünden der Welt" als ein „archaisches Konzept, das aufgegeben werden m[üsse].[1361] „Jesus selbst ha[be] nie das Kreuz verkündigt", sondern „Gottes Schönheit, […] Güte, […] Wahrheit und […] Liebe". Sein hingebungsvolles Leben mache „als erleuchtetes Leben in Gott in sich Sinn, auch ohne Kreuzigung."[1362]

Gleichzeitig äußert sie Gedanken, die an Marions Gedanken zur Umwandlung von Negativität erinnern. Wer die eigenen negativen Kräfte bei sich behalte und mit Hilfe von Schattenarbeit transformiere, verhalte sich „nicht-infektiös", eine Formulierung, die sie dem Psychoanalytiker Erich Neumann entlehnt. Jesus sei „in diesem Sinn der nicht-infektiöse Mensch schlechthin" gewesen und „ein maximaler Stützpunkt, der das gesamte Menschheitsfeld entlastet, entgiftet und „entsühnt". Es sei „die heilige Gemeinschaft der ihres Schattens bewusster Sünder – die durch persönliche Bearbeitung des eigenen Bösen […] immer auch ein Stück Böses im Kollektiv mit erlös[e]. Diese Menschen hätten den „Mut, ganz von dieser Welt zu sein und ihr Leiden am Bösen stellvertretend für viele mitzutragen.[1363]"

Nach Haberer sei es für modern und postmodern empfindende Menschen nicht mehr nachvollziehbar, wie ein Mensch die Sünden aller Menschen tragen könnte, ja überhaupt wie man „von einem zornigen Gott sprechen [kann], der Blut sehen will, um sich wieder versöhnt zu zeigen".[1364] Er zeichnet unter dem Stichwort „klassische BLAUE Erlösungslehre" in der Form dreier Akte (1. Schöpfung, 2. Sündenfall, 3. der stellvertretende Tod des Gottessohnes zur Sühne aller Menschen) ein gründliches Bild der Sühnetheologie, die von

---

1360. Tresher, 2009, xxiii.
1361. Küstenmacher, 2018, 192.
1362. Ebd., 43.
1363. Ebd., 197f.
1364. Haberer, 2021, 161.

Anselm von Canterbury entwickelt wurde und das christliche Denken und Sprechen über Erlösung bis heute präge.[1365] Eine solche Theologie ist es, die ihm als negatives Abziehbild dient, vor dessen Hintergrund er seine alternative Deutung der Erlösung vorschlägt. Sein Fazit bei dem Thema lautet:

> *„Es braucht ihn tatsächlich nicht in dem kosmischen Erlösungsdrama, es braucht ihn nicht als Mittler zwischen Gott und den Menschen, es braucht ihn nicht als unschuldiges Opferlamm, „das die Sünde der Welt trägt". Es braucht ihn nicht als Erretter vor dem Zorn Gottes und vor Hölle, Tod und Teufel. Denn die Sünde ist nicht relevant, was das Verhältnis zu Gott angeht."*[1366]

Auch nach Smith gilt: Eine integrale Kirche lasse Sünde-, Opfer- und Sühnetheologien hinter sich, da diese als „strafend, rachsüchtig und weniger als christusähnlich" angesehen würden.[1367]

Sanguin stellt dem Paradigma der Erlösung das der Schöpfung entgegen. In dem alten Modell liege der Fokus auf einem Ereignis oder Event, das vor über zweitausend Jahren stattgefunden habe: Jesu Tod am Kreuz für unsere Sünden. Diese Sichtweise ziehe unvermeidbar Passivität nach sich: Wir seien Empfänger, keine Akteure. Er gehe dagegen davon aus, dass das Christusereignis ein immer noch fortdauernder Prozess sei, bei dem Jesus als eine Ikone fungiere. Indem wir auf sein Leben, Sterben und Auferstehen zurückblickten, blickten wir zugleich nach vorne in die Zukunft, die durch uns vorbereitet werde.[1368] Den Tod Jesu deutet er dementsprechend neu als einen schamanischen Akt Jesu und Fortsetzung von dessen exorzistischer Tätigkeit, bei der dieser alles, was nicht Liebe sei, ausgetrieben und durch Liebe transformiert habe.[1369] Er würde nicht, wie konservative Christen es tun, davon sprechen, dass Jesus für un-

---

1365. Vgl. ebd., 207-213.
1366. Vgl. ebd., 249.
1367. Smith, 2011, 253.
1368. Vgl. Sanguin, 2014, 34f.
1369. Vgl. 2015, xii.

sere Sünden gestorben sei, sondern vielmehr, dass Jesus, ausgestattet mit den Kräften eines Schamanen, alle Hindernisse, die der Liebe im Wege ständen, in sein eigenes Wesen gezogen und einer großen Säuberung unterzogen habe. Dieses Aus-dem-Weg-räumen von Hindernissen sei das Herz spiritueller Praxis.[1370]

Jesus in der persönlichen Frömmigkeit

Die Wichtigkeit einer persönlichen Beziehung zu dem auferstandenen Jesus scheint für die Autoren*innen unterschiedlich groß eingeschätzt und gelebt zu werden.

Bei Marion sind Sätze wie folgender ein Anzeichen dafür, dass eine persönliche Beziehung zu Jesus, als auch anderen Heiligen, von starker Bedeutung für ihn war, ja deren Notwendigkeit sogar im Lauf der Zeit noch zunahm: „Wenn wir in die Dunkle Nacht der Seele erreichen, sind Jesus und unsere spirituellen Führer stets da, um getreulich über uns zu wachen."[1371] Er empfiehlt außerdem, sich auf der spirituellen Suche direkt an Gott, Jesus, Maria oder andere Heilige zu wenden.[1372]

Tresher gibt an, dass er Jesus nicht anbete und ihn nie als Retter und Erlöser gesehen habe. Aber er sei daran interessiert, so zu werden wie er und sehe ihn als Bruder und Freund:[1373]

> *"Ich bete Jesus nicht wirklich an, so eine Interpretation macht für mich wenig Sinn. Ich beziehe mich auf Jesus als einen liebenden Freund, der mir helfen kann, meine eigene Göttlichkeit zu erkennen und jetzt im Königreich zu tanzen."*[1374]

Smith beginnt sein Buch „Integral Christianity" u.a. mit den Worten: „Ich liebe Jesus[1375]." Die Liebe zu Jesus drückt sich in seinen

---

1370. Vgl. ebd., 134.
1371. Marion, 2003, 150.
1372. Vgl. 2004, 153.
1373. Vgl. Tresher, 2009, xx.
1374. Ebd., 111.
1375. Vgl. Smith, 2011, xix.

Werken vielfältig aus: Er sieht ihn als sein Vorbild und seinen Lehrer, aber auch als Freund. Dabei entwickelt er ein sein eigenes Konzept einer ‚Freundschaft mit Jesus'. Die Basis oder das Herz des Christentums sieht er in einer transformierenden Freundschaft mit Jesus.[1376] Viele Mystiker legten darüber ihr Zeugnis ab. Doch zunächst analysiert er, warum viele Christen keine persönliche Beziehung mehr zu Jesus pflegten. Er nennt neun mögliche Gründe dafür, darunter, dass die Verehrung Jesu häufig mit einem exklusiven Verständnis der eigenen Religion (und damit dem Ausschluss anderer spiritueller Meister) in Verbindung gebracht werde, oder dass befürchtet werde, die Verehrung ersetze die echte Nachfolge oder dass ein traditionelles oder gar fundamentalistisches Verständnis des Glaubens damit assoziiert werde. Manchmal bereite auch das männliche Geschlecht Jesu Schwierigkeiten, eine Beziehung zu ihm aufzubauen.[1377] Smith ist einerseits der Überzeugung, Jesu wollte keine „Untertanen", sondern eine wechselseitige, partnerschaftliche Beziehung mit seinen Jüngern.[1378] Zugleich stellt er fest, dass ihm ausgerechnet von seinen Freunden am meisten Verehrung entgegengebracht wurde. Mit ihrer Verehrung hätten die frühen Christen einen radikalen Bruch mit dem strikten Monotheismus des Judentums vollzogen, indem sie Jesu als Christus, eine Offenbarung des Göttlichen, anbeteten.[1379] Beides verbindet er durch die Annahme, dass wir Menschen immer selbst zu dem werden wollten, was wir an anderen bewunderten. Jesus zu bewundern und anzubeten helfe uns also, mehr Christus ähnlich zu werden. Um diese gegenseitige Herzensverbindung herzustellen, entwickelte Smith u.a. eine spirituelle Praxis, die er das „Sitzen mit Jesus" nennt.[1380] Dazu passt auch seine an anderer Stelle getroffene Annahme, dass wir Menschen unseren goldenen Schatten, unsere Göttlichkeit, zunächst auf Jesus projizieren müssten, um ihn schließ-

---

1376. Vgl. 2017., 117.
1377. Vgl. ebd., 121ff.
1378. Vgl. ebd., 127.
1379. Vgl. ebd., 129ff.
1380. Vgl. ebd., 136f.

lich in uns selbst zu finden.[1381]

Sanguin äußert sich in einer Predigt, die er als Pfarrer der „United Church" hielt, dahingehend, dass seine Kirche Probleme mit der Verehrung von Jesus habe und diese als „Jesuslatrie" ablehne. Jesus sei aber für Christen immer das ‚persönliche Gesicht Gottes' gewesen. Der Praxis der Verehrung schreibt er eine gesunde Kontrollfunktion gegenüber dem Ego zu, dass über alles die absolute Kontrolle anstrebe[1382].

Küstenmacher und Haberer halten sich in den untersuchten Werken bedeckter zu der Frage, ob und wie sie eine persönliche Beziehung zu dem auferstandenen Jesus pflegen.

Pneumatologie – der Heilige Geist

Die Konzepte rund um das Verständnis des „Heiligen Geistes" fallen im Detail recht unterschiedlich aus. Eine erstaunliche Parallele zeigt sich darin, dass der „Heilige Geist" meist im Zusammenhang mit höheren Bewusstseinszuständen gedeutet und verstanden wird. (Marion, Smith, Küstenmacher/Haberer). Ebenso oft wird er aber als eine Art „Kraft" oder eine etwas bewirkende Ursache verstanden (Küstenmacher/Haberer, Sanguin).[1383]

Von zwei Autoren (Marion, Smith) wird zusätzlich die Möglichkeit angedacht, dass dieser besondere Bewusstseinszustand oder die Kraft des Heiligen Geistes durch die sog. Transmission, z.B. durch Handauflegung, von einem Menschen gezielt auf einen anderen übertragen werden könnte.

1381. Vgl. ebd., 278f.
1382. Vgl., Sanguin, 2012, 62.
1383. Vor dem Hintergrund der integralen Theorie müssten diese unterschiedliche Redeweise nicht als Gegensatz gewertet werden, höchstens als eine Einseitigkeit: Das „Bewusstsein" entspräche hier einfach dem linken oberen Quadranten; das damit zusammenhängende Energiefeld/die „Kraft" dem oberen rechten Quadranten – ich habe das allerdings bei keinem der Autor*innen in dieser Weise aufgeschlüsselt gefunden.

Marion verwendet bevorzugt den Begriff des „Christusbewusstseins", wenn er von dem Bewusstsein eines Menschen spricht, der seine eigene Göttlichkeit erkannt hat, bringt diesen aber nicht explizit mit dem Begriff des „Heiligen Geistes" in Verbindung. Noch über diesem Christusbewusstsein steht für ihn die „nicht-duale Schau des Reiches Gottes auf der Erde"[1384], die er Jesus und einigen Heiligen bescheinigt.[1385] Diesem „Heiligen Geist" schreibt er auch eine wesentliche Rolle innerhalb des evolutionären Prozesses und der spirituellen Entwicklung des Menschen zu: Er begleite und lenke diese.[1386]

Hinter der Praxis der Handauflegung, wie beispielsweise bei der Firmung, stehe vermutlich die Überzeugung der frühen Kirche, dass Bischöfe, wie die Jünger Jesu, die spirituelle Kraft oder Energie (den Heiligen Geist) übertragen könnten. Diese Einweihung sei die „Taufe durch Feuer und den Heiligen Geist" genannt worden und „in einem [...] veränderten Bewusstseinszustand" erteilt und auch empfangen" worden.[1387] In Bezugnahme auf sein eigenes spirituelles Erleben bezeichnet er so auch den Übergang von der subtilen auf die kausale Stufe.[1388] Als Belege führt er u.a. Stellen aus der Apostelgeschichte an wie 8, 17:

„Nach dem Gebet legten Petrus und Johannes ihnen die Hände auf, und jetzt bekamen auch sie den Heiligen Geist."[1389]

Tresher schreibt insgesamt wenig über den Hl. Geist. In seiner Umschreibung der Trinität nimmt dieser neben der Subjektivität (Vater), Kommunion (Sohn) die Rolle der Differenzierung (differentiation) ein. Dabei gehe es um den Umstand, dass das Universum immerzu neues schaffe und keine Schneeflocke der anderen glei-

---

1384. Marion, 2003, 16.
1385. Vgl. ebd., 39.
1386. Vgl. 2004, 65.
1387. Vgl. 2003, 64f.
1388. Vgl. ebd., 166.
1389. Ebd., 64.

che.¹³⁹⁰

Küstenmacher/Haberer verwenden den Hl. Geist an einer Stelle synonym mit dem „erwachte[n], göttlichen[n] Bewusstsein". Es gehe bei diesem Aspekt der Trinität um die Art und Weise „wie Menschen Gottes Gegenwart in ihrem Bewusstsein erfahren". Bilder dafür seien das Feuer oder die Taube.¹³⁹¹ Die Sichtweise des Heiligen Geistes als „erweiterter Bewusstseinszustand" wird von den Autoren*innen in ihren Folgewerken jedoch nicht vertieft.

Küstenmacher beschreibt den Heiligen Geist eher als Ursache für Bewusstseinswachstum:

> *„Es ist der Heilige Geist selbst, der mit jeder Stufe unseren religiösen Horizont erweitert."*¹³⁹²

Haberer beschreibt Gottes Geist als „Kraft" und „das Verbindende, so etwas wie die Schnittstelle zwischen dem ewigen, unveränderlichen Sein […] und dem Konkreten, Gewordenen und Werdenden", d.h. zwischen Vater und Sohn, und stellt sich mit dieser Sichtweise bewusst in die Reihe der westlichen Kirchenväter wie Augustinus oder Richard von St. Viktor, die das ähnlich sahen.¹³⁹³

Smith äußert sich am ausführlichsten zu der Frage des Heiligen Geistes. Er nähert sich diesem, den er auch das innere¹³⁹⁴ Gesicht Gottes nennt, zunächst aus einer 3. Person Perspektive und entfaltet diese in sechs aufeinander folgenden Punkten: 1) Ebenso wenig wie Gott ein Wesen sei, sei Gott ein ‚Geist', sondern vielmehr Sein, Geist selbst. 2) Der Geist sei sowohl menschlich als auch göttlich. Denn sowohl das hebräische ‚רוּחַ (ruach)' als auch das griechische ‚πνεῦμα (pneuma)' bezeichne den göttlichen als auch menschlichen Geist oder Atem. Im Anschluss an Jack Levinson, einen Professor für Altes Testament, entscheidet er sich bewusst für eine Kleinschrei-

---

1390. Vgl. Tresher, 2009, 109.
1391. Küstenmacher/Haberer, 2016, 185.
1392. Küstenmacher, 2018, 56.
1393. Haberer, 2021, 89.
1394. Vgl. Smith, 2011, 169.

bung des Wörtchens „heilig" in „heiliger Geist", um damit keine irreführende Trennung zwischen göttlichem und menschlichem Geist aufzumachen. 3) Diesen Geist, den jeder Mensch gleichermaßen besäße, unterscheidet er von einem „erleuchteten, höheren Bewusstsein". Im Neuen Testament sei fast ausschließlich dieser Zustand gemeint, wenn von dem Heiligen Geist die Rede sei. Der Heilige Geist ist für ihn also ‚erleuchtetes Bewusstsein'. 4) Der Begriff „Bewusstsein" selbst tauche in der Bibel schlicht deshalb nicht auf, weil die mit ihm heute verknüpfte Vorstellung eng mit dem modernen Gedankengut des 17. Jahrhunderts zusammenhänge, wo der Begriff das erste Mal aufgetaucht sei. Smith sieht die biblische Rede vom ‚Geist' daher mit dem heutigen Sprachgebrauch des Wortes ‚Bewusstsein' am treffendsten wiedergegeben. 5) Wenn die Bibel von Gott spreche, sei damit „unbegrenztes Bewusstsein" gemeint. Zur Stützung dieser These bezieht er sich auf mehrere Kirchenväter und spirituelle Lehrer*innen. 6.) Dieses Bewusstsein sei bis heute auch für Naturwissenschaftler ein Mysterium. Hierbei beruft er sich auf Physiker wie David Bohm oder Erwin Schrödinger, die ebenfalls die These von einem einzigen, nicht-lokalen Bewusstseinsfeld, das allem zugrunde liege, vertraten.[1395]

Die Anwendung der 2. Person Perspektive auf das innere Gesicht Gottes führt, so Smith, zu einer Personifizierung des Heiligen Geistes.[1396] Bei der 1. Person Perspektive handele es sich um das Einheitsbewusstsein. Dieses Einssein werde zwar oft als Bewusstseinszustand bezeichnet, sei aber eher eine Art, die Welt zu betrachten."[1397] Das Ziel sei schrittweise, alles so zu sehen, wie es sei, als eine einzige, ungetrennte Einheit. Damit setzt er, scheint mir, implizit den Prozess des Aufwachens und den des Aufwachsens zueinander in Verbindung: als zwei Wege zum selben Ziel.

Diese dreiteilige Deutung von Smith erweist sich also in zweierlei Hinsicht als fruchtbar: Nicht nur lassen sich dadurch zahlreiche neu-

---

1395. Vgl. 2017, 71-87.
1396. Vgl. ebd., 175f.
1397. Ebd., 313.

testamentliche Texte (wie das Pfingstereignis in Apg. 2) neu verstehen, sondern auch die Funktion des „Heiligen Geistes" an sich: Diese bestände dann möglicherweise darin, uns durch besondere Bewusstseinszustände unsere immer schon bestehende, aber unbewusste Einheit mit Gott erkennen zu lassen und diese geschaute Erkenntnis nach und nach im Prozess des Aufwachsens durch die Stufen hindurch zu reflektieren und nach und nach in unsere Werte, unser Handeln und verkörpertes Sein einfließen zu lassen.

Er bringt außerdem, wie Marion, die Idee einer Transmission ins Spiel. Eventuell hätte Jesus seinen erhöhten Bewusstseinszustand durch Hauchen auf seine Jünger übertragen: „Und er hauchte sie an und sagte: »Empfangt den Heiligen Geist!" (Joh. 20, 22) Dasselbe sei an Pfingsten geschehen.[1398]

Auf seinem Blog äußert er sich später ausführlicher zu diesem Thema und macht es zu einem festen Bestandteil der We-Space-Gruppen.[1399]

Sanguin deutet den Heiligen Geist im Zusammenhang mit der Rede McIntoshs von dem „evolutionären Impuls in uns" und seiner Rede von den „heiligen Wünschen".[1400] Er vergleicht den Heiligen Geist mit dem Sauerteig/der Hefe in Jesu Gleichnissen, der oder die den ganzen evolutionären Prozess antreibe.[1401] Im Anschluss an den evangelischen Theologen Ernest Benz stellt er fest, dass die Theologie eines Augustin ihren Fokus von den außerordentlichen Fähigkeiten einiger (weniger) Personen, die durch den Heiligen Geist beseelt gewesen seien, auf den Fokus einer generellen Gnade und Erlösung gelegt habe, die auch für den gewöhnlichen und durchschnittlichen Menschen erhältlich sei. Damit attestiert er der traditionellen Pneumatologie eine Tendenz zum Mittelmaß, die in direktem Widerspruch zum eigentlichen Wirken des Heiligen Geistes stehe.[1402] Die

---

1398. Vgl. ebd., 234f.
1399. Vgl. Smith, 2022a; 2022b.
1400. Vgl. Sanguin, 2014, 113 u. 2015, 44.
1401. Vgl. ebd., 105.
1402. Vgl. ebd., 89.

„Sünde gegen den Heiligen Geist" sei es, sich gegen die heiligen Wünsche unserer Seele zu stellen und dem Flow des evolutionären Impulses in uns nicht nachzugehen.[1403]

Verständnis des Menschen

Als übergreifende Themen konnte ich rund um den Versuch einer Bestimmung dessen, was Menschsein bedeutet, bei den Autor*innen folgende feststellen: 1) Die Rede vom Menschen als einem Bild und Mitschöpfer Gottes; 2) ein neues Verständnis von Leib als grobstofflichem Körper; 3) von Psyche und Seele als feinstofflichen, subtilen Körpern, 4) die Unterscheidung von Ego und Selbst; 5) die Auffassung der Sünde als Unwissenheit oder Mangel an Gewahrsein; 6) die Sicht der Erlösung als Erkenntnis/Erwachen/Erleuchtung und als Transformationsprozess der Ganzwerdung und Heilung.

Bild und Mitschöpfer Gottes

Der Mensch wird von den Autoren*innen nicht dualistisch von seiner Unterschiedenheit zu Gott gedacht, sondern non-dualistisch von seiner Einheit her. Er ist, anders als in traditionellen Dogmatiken, nicht primär Gegenüber („dass der Mensch auf eine Gemeinschaft mit Gott hin geschaffen ist"[1404]), sondern als spirituelles Wesen ein Teilchen Gottes, das sich als Mensch inkarniert. Jesus Christus wird zum Symbol dieser Einheit von Gott und Mensch. Um das Verhältnis von Gott und Mensch näher zu beschreiben, werden verschiedene Bilder gebraucht: Der des Fraktals, des Ebenbildes Gottes (Imago Dei), der Tochter/des Sohnes Gottes und des Mitschöpfers. Die Autoren*innen weisen dem Menschen durchgängig eine hervorgehobene Stellung auf der Erde zu. Ursache dafür sehen sie in der Besonderheit, dass der Mensch seiner selbst bewusstwerden könnte und damit erstmals die Evolution bewusst mitgestalten.

Jesus habe, so Marion, mit seinen Worten „Der Vater und ich sind

---

1403. Vgl. ebd., 45f.
1404. Leonhardt, 2008, 264.

eins" die Identität zwischen Gott und Mensch herausgestellt:

> *„Mit anderen Worten, für Jesus gab es keinerlei Trennung zwischen den Menschen und Gott."*[405] *„Wir sind, wie Gott, unendliches Bewusstsein."*[406]

Er nennt den Menschen einen „primären Agenten"[1407] der Evolution. Durch den Menschen werde sich die Schöpfung ihres göttlichen Ursprungs bewusst.[1408]

Tresher schreibt mit einem amüsierten Unterton über uns Menschen:

> *„[...] wir glauben, dass wir von allem anderen getrennt sind. Das ist natürlich verrückt. Wie könnten wir getrennt sein?"*[409]

Aus einem Einheitsbewusstsein werde um diese Einheit direkt gewusst: „Ich bin Nichts („no-thing/kein-Ding"), die Leere, die alles ist."[1410] Für ihn ist der Mensch die Manifestation der Erde, durch die diese ihrer selbst bewusst wird.[1411] So wie jedes Lebewesen seinen Habitat habe, sei der Mensch im symbolischen Bereich, besonders dem der Sprache, beheimatet. Dies verleihe ihm eine ungeheure Macht ähnlich der anderer Naturgewalten und -elemente.[1412]

Küstenmacher/Haberer sprechen von einem „wechselseitig[...] ineinander wohnen" und einem „unauflöslichen „Ineinandersein" von Gott und Mensch.[1413] Sie bezeichnen den Menschen als „Mitschöpfer Gottes" und sehen ihn als einen Mitgestalter des evolutionären Prozesses.[1414]

1405. Marion, 2004, 47.
1406. Ebd., 62.
1407. Ebd., 93.
1408. Vgl. ebd., 64.
1409. Tresher, 2009, 9.
1410. Vgl. ebd., 82.
1411. Vgl. ebd., 80.
1412. Vgl. ebd., xvii.
1413. Küstenmacher/Haberer, 2016, 183.

Küstenmacher beschreibt die derzeit höchste Bewusstseinsstufe folgendermaßen:

> *„[A]lle Lebewesen sind [...] als Mitschöpfer beteiligt. Wir sind weniger Gottes Kreaturen, wir sind eher von Gott ermöglichte Kreativität. [...] KORALLE schaut nicht mehr auf das Universum (als ein „Riesenetwas"), sondern es kann sich mit dem Universum selbst identifizieren: Ich bin das! [...] Durch diese transpersonale Identifikation von KORALLE wird sich das Universum seiner selbst bewusst."*[1415]

Haberer ist der Überzeugung:

> *„Gott macht unser tiefstes Wesen aus. Das gilt nicht nur für uns Menschen. Gott ist das tiefste Wesen des gesamten Kosmos."*[1416]

Der Mensch sei, so Haberer, „in seinem tiefsten, innersten Wesen nach [...] ein holografisches Fraktal Gottes."[1417] Er zieht eine Analogie zwischen dem menschlichen und göttlichen Geist: Insofern „unser Geist ein winzig kleines holografisches Fraktal von Gott" sei und er „unser tiefstes Wesen, unser wahres Sein" ausmache, seien wir Gottes Ebenbild. Die Eigenschaften unseres menschlichen Geistes wie „Phantasie und Kreativität, [...] die Fähigkeit, Neues zu denken und zu schaffen, oder eben die Tatsache, dass unser Geist Raum und Zeit überwinden [könne]" sieht er als Hinweis auf eine grundlegende Ähnlichkeit mit Gott. Ein Abbild sei etwas anderes als ein Ebenbild, denn in letzterem sei Gott selbst gegenwärtig.[1418]

Smith bedient sich verschiedener Bilder aus der Tradition, um die Einheit von Gott und Mensch zu beschreiben: Die Rede vom „Bild Gottes" in der Schöpfungserzählung; der ostkirchliche Gedanke der

---

1414. Vgl. ebd., 189 u. 184.
1415. Küstenmacher, 2018, 165.
1416. Haberer, 2021, 69.
1417. Ebd., 44.
1418. Ebd., 172f.

Partizipation an der göttlichen Natur aus 2. Petr. 1,4 („[…]könnt Anteil an seiner göttlichen Natur bekommen"); die Rede von den Söhnen und Töchtern Gottes; das Bild eines Fraktals u.a.m.[1419] Würde man Jesus Worte in Verbindung mit der Idee eines Fraktals bringen, hätte er wohl zu uns gesagt:

> *„Ich bin ein exaktes Fraktal von Gott. Ich bin eine verkleinerte Kopie des Ganzen. […] Auch ihr seid alle Fraktale von Gott."*[1420]

Im Christusbewusstsein erführen wir uns als eins mit allem und wüssten, dass wir spirituelle Wesen seien, die von Gott kämen und zu ihm zurückkehrten. Die tiefste Gotteserfahrung sei nicht nur eine Beziehung, sondern eine Identifikation.[1421] Wir alle seien Fleisch gewordener Gott.[1422] Das Wort „Identifikation" sei aber nicht in dem Sinne misszuverstehen, dass wir „identisch" mit Gott oder „dasselbe" wie Gott seien, sondern, dass wir eins mit ihm und ungetrennt von ihm seien.[1423] Im Neuen Testament und der christlichen Tradition werde unsere Göttlichkeit teils als etwas bereits Bestehendes und teils als etwas, das noch im Prozess der Vollendung sei, beschrieben: Als Beispiel für letzteres führt er u.a. die „Theosis"- Lehre der orthodoxen Kirchen an, für ersteres die Schöpfungserzählung mit ihrer Rede von der Ebenbildlichkeit des Menschen.[1424]

Sanguin schreibt in seinem Vorwort auf der ersten Seite: „Das bist du, Leser […]".[1425] Die Manifestation Gottes, das Universum, seien wir, in menschlicher Gestalt.

Er spricht von uns Menschen als „Co-Creatoren", die dafür verantwortlich seien, mittels unserer Freiheit und Kreativität für die

---

1419. Vgl. Smith, 2011, 204-215.
1420. Ebd., 216.
1421. Vgl. ebd., 295.
1422. Vgl. ders., 2017, 184.
1423. Vgl. ebd., 190f.
1424. Vgl. ebd., 192-196.
1425. Sanguin, 2015, xi.

Emergenz einer Zukunft hin zu mehr Schönem, Gutem und Wahren zu sorgen.[1426] Wir Menschen seien diejenigen, die durch eine bewusste Kooperation mit dem göttlichen Impuls zu einer zunehmenden Verwirklichung des Reiches Gottes auf Erden strebten.[1427] Wir seien der innere, persönliche Ausdruck eines kreativen Prozesses, der Milliarden Jahre alt sei, und in uns erwache. Wir selbst seien durch unsere Wünsche der Beweis dafür, dass das Universum einen Zweck habe.[1428] Nach dem Bilde Gottes geschaffen zu sein, bedeute in einer evolutionären Theologie, dass wir selbst die Kreativität, aus der das Universum hervorging, seien – in menschlicher Form.[1429] Aus Röm. 8, 20 leitet er ab, dass die ganze Schöpfung darauf warte, dass die Menschen zu bewussten Töchtern und Söhnen Gottes werden.[1430] Unser Privileg sei es, bewusst den evolutionären Prozess mitzubestimmen, indem wir alle Hindernisse aus dem Weg räumten, die der Verfolgung unserer heiligen Wünsche im Wege stünden.[1431]

Der Leib – der grobstoffliche Körper

Sowohl in der Antike als auch in der alten Kirche gab es die Vorstellung des Menschen als ein aus sterblichem Leib und unsterblicher Seele (griechisch Psyche, „ψυχή") zusammengesetzten Wesens. Bei Platon wird der Leib gar zum „Kerker" der Seele, aus dem sie nach dem Tod befreit wird.[1432] Aus diesem Leib-Seele-Dualismus resultierte häufig eine Abwertung des Materiellen und Leiblichen zugunsten des Seelischen und Geistigen.

Später wurde diese Vorstellung im Zuge der Aufklärung und dem Einzug historisch-kritischer Exegese, v.a. in der protestantischen Theologie angezweifelt, und ein Gegensatz zwischen der antiken

---

1426. Vgl. ebd. 49 und 123.
1427. Vgl. ebd., 19.
1428. Vgl. ebd., 41.
1429. Vgl. 2014, 134.
1430. Vgl. ebd., 112.
1431. Vgl. 2015, 36.
1432. Vgl. Klessmann, 2009, 26.

Vorstellung und dem biblischen Menschenbild behauptet: Beim Tode sterbe der ganze Mensch, Leib und Seele.[1433] Im Hebräischen gäbe es kein unmittelbares Äquivalent für das Wort für Seele. Das von Luther mit „Seele" übersetzte Wort „ נֶפֶשׁ ", „näfäsch", bezeichne ein Organ, die Kehle, den Sitz von Verlangen, Sehnsucht, Mitgefühl u.a. Emotionen.

> *„Der Mensch im hebräischen Verständnis ist durch und durch näphäsch, er hat keine näphäsch, wie es die Griechen formulieren würden. Eine Trennung von Leib und Seele ist der frühen hebräischen Anthropologie fremd."*[1434]

Die von mir untersuchten Autoren*innen gehen, im Anschluss an Wilber und die transpersonale Psychologie, eine Art Zwischenweg: Leib und die Seele werden weder dualistisch als voneinander losgelöste Entitäten noch als eine untrennbare Einheit verstanden, sondern vielmehr als Existenzweisen auf unterschiedlicher Ebenen. So unterscheiden sie einerseits im linken Quadranten (subjektiv, innerlich) verschiedene Bewusstseinszustände wie Wachen, Träumen, Schlafen, und andererseits, einen grobstofflichen und einen (oder mehrere) subtile und einen kausalen Körper im rechten Quadranten (objektiv, äußerlich). Dabei wird der Leib dem grobstofflichen Körper und dem Wachzustand, die Psyche/Seele dem feinstofflichen, subtilen Körper und dem Traumzustand und die Seele/das Selbst dem kausalen Körper und dem Tiefschlaf zugeordnet.[1435] Allerdings sind diese Zuordnungen nicht immer ganz eindeutig. Denn der Übergang zwischen Materie, Seele und Geist wird als fließend gedacht. Tatsächlich vertreten

> *„viele Anhänger der Transpersonalen Psychologie [...] die Auffassung, dass es zwischen der Welt der Materie sowie der Welt der Psyche einerseits und dem höchsten Gott andererseits noch zwei*

1433. Vgl. Leonhardt, 2008, 415.
1434. Klessmann, 28f.
1435. Vgl. Wilber, 2007, 295.

weitere Welten gibt, nämlich die astrale und die kausale Welt."[1436]

Da der kausale holarchisch den subtilen, der subtile den grobstofflichen Bereich und dessen zugehörige Körper umfassen, ist es in diesem Fall korrekter, davon zu sprechen, dass der Körper innerhalb der Seele ist, als umgekehrt:

„Das Christentum glaubt eigentlich nicht, dass die Seele etwas ist, das im Körper enthalten ist, geschweige denn in diesem Körper ‚gefangen' ist. Der Körper ist etwas, das in der Seele enthalten ist, von der Seele durchdrungen.[1437]*"*

Der Leib wird also nicht, wie bei Platon oder in manchen gnostischen Strömungen, abgewertet, sondern erfüllt eine wichtige Funktion, in dem er der Seele und dem Göttlichen eine bestimmte Art von Erfahrung im Außen erst ermöglicht, nämlich die des Seins in einem grobstofflichen, physischen Körper. Alle Körper, der grobstoffliche, die subtilen und der kausale stehen in ständiger Wechselwirkung miteinander und bedingen einander. Damit schließt das Wort „integral" auch das herkömmliche Verständnis von Ganzheitlichkeit, d.h. die Verbundenheit des Seelischen und Psychischen mit dem Körperlichen, mit ein.

Marion unterscheidet, ganz ähnlich wie Wilber, zwischen sechs verschiedenen Ebenen von Energiefeldern/Schwingungen und entsprechenden Körpern: Physisch, ätherisch, astral, subtil, kausal, nondual. Dabei entspräche die kausale Ebene der Seele, die physische dem Körper – und dazwischen lägen im subtilen die Bereiche der Engel und Dämonen und im astralen die Träume als Boten der Seele. Diese Ebenen leiten sich direkt aus der spirituellen Erfahrung tausender Mystiker aus Ost und West ab[1438].

Es sei ein Irrtum, so Marion, zu denken, als hätten wir eine Seele.

1436. Schmitz, 2010, 74f.
1437. Consiglio, 2015, 135.
1438. Vgl. Marion, 2004, 76.

Das wahre „Ich" sei die Seele, „die Form gewordener Geist ist." Die Seele beschreibt er als

> *„die immerwährende lebendige Realität, die alle drei Körper der Persönlichkeit, [...] den stofflichen, den astralen und auch den mentalen Körper, erschafft, mit Leben erfüllt und am Leben erhält."*[1439]

Gewöhnlicherweise, so Tresher, denken wir von uns selbst als Körpern (grobstofflicher Bereich), der einen Geist (den subtilen Bereich) habe, der manchmal von ganz tief innen (dem kausalen Bereich) Intuitionen empfange. Diese Wahrnehmung verlaufe genau umgekehrt zu der Holarchie der Bewusstseinszustände.[1440]

Küstenmacher verweist auf Paulus, der den Körper als „Tempel des göttlichen Bewusstseins" gewürdigt habe. BEIGE zeige uns den „Körper als sensibles Instrument des Geistes." Arbeit mit dem Körper sieht sie im Anschluss an die Autorin Katharina Ceming als wichtige[n] Zugang zur Spiritualität". Jesus habe seine Gebete mit „Sich-zu-Boden-werfen oder Niederknien" verbunden.[1441] Die erste Sprache Gottes in BEIGE sei das „Berühren und Berührtwerden".[1442] Jesus habe sich den Menschen liebevoll durch Berührung zugewandt und sie dadurch geheilt. Bei der Praxis der Handauflegung könne „die Kraft des göttlichen Geistes [...] durch die Hände hindurch [strömen]".[1443] Der Körper bleibe „unser Leben lang das entscheidende Medium [...] all unserer Erfahrungen [...] mit der Welt, mit Gott."[1444] In Übungen lädt sie dazu ein, unsere Körperwahrnehmung zu vertiefen.[1445]

Nach Smith sei eine Dichotomie zwischen Materie, Leiblichkeit

---

1439. 2003, 82.
1440. Vgl. Tresher, 2009, 12.
1441. Küstenmacher, 2018, 305.
1442. Ebd., 63.
1443. Ebd., 64.
1444. Ebd., 65.
1445. Vgl. 65ff.

und Geist nicht biblisch zu belegen, sondern das Gegenteil. Kol. 1, 9 meine, dass „in Christus die ganze Fülle von Gottes Wesen in leiblicher Gestalt wohn[e]."[1446] Im Anschluss an den transpersonalen Psychologen Jorge Ferrer geht Smith von drei spirituellen Zentren aus, die– zusammen mit den Füßen – die Grundlage für seine mit Luke Healy eigens für die We-Space-Gruppen entwickelte „Ganzkörpermeditation" darstellen.[1447]

Sanguin spricht von der Verkörperung (embodiment) der Spiritualität. Unsere Körper seien Tempel des Heiligen.[1448] Auch er spricht diese drei Zentren bzw. drei Hauptnervensysteme in unserem Körper an: Gehirn, Herz und Darm, und unterstreicht die Wichtigkeit, diese alle drei in unsere Entscheidungsfindung einzubeziehen.[1449] Auch er beschreibt, wie Smith, eine We-Space-Praxis, die sich im Detail zwar unterscheidet, aber eine wichtige Gemeinsamkeit aufweist: Die Aufmerksamkeit auf den eigenen Körper gehe dabei dem Sprechen voraus. Wir hätten durch Sozialisation, besonders die christliche, verlernt, unseren Körpern zu vertrauen und aus der Wahrheit heraus zu sprechen, die durch ihn vermittelt würde. Doch der beste Verbündete unserer Seele sei der Körper. Sanguin nimmt ebenfalls Bezug auf eine „Ganzkörpermeditation", die von der Futuristin Barbara Marx Hubbard entwickelt worden sei, und sich an den Chakren orientiere.[1450] In einem nicht-materialistischen Paradigma, so Sanguin, sei der Körper lediglich der äußere Aspekt einer unergründlichen Innerlichkeit. In einer holistischen Sichtweise seien wir Gefühle, Werte,

---

1446. Vgl. Smith, 2017, 52.
1447. Die Idee von den drei Intelligenzzentren (Bauch-Becken-Raum als Sitz der Lebenskraft, Brust als Sitz der Emotionen, Kopf als Sitz des Verstandes) findet sich bereits bei G.I. Gurdjieff, dem Lehrer des sog. „Vierten Weges" und einem der Väter des Enneagramms, der in Abhängigkeit davon, wo jemand jeweils seinen Schwerpunkt habe, drei Grundtypen von Menschen ableitete. Vgl. Schmitz, 2010, 14.
1448. Vgl. Sanguin, 2014, 169.
1449. Vgl. ebd., 72.
1450. Vgl. ebd., 117-120.

Glauben, Energiesysteme, Seele und Manifestationen des Ganzen, des Göttlichen, wobei das Ganze jeden Teil belebe und jeder Teil das Ganze enthalte.[1451]

Die Autoren*innen betonen darüber hinaus den wichtigen Beitrag einer gesunden Beziehung zur Sexualität für eine ganzheitliche Spiritualität.[1452]

Marion kritisiert die Sexuallehre seiner katholischen Kirche, wonach jede Ausübung für die körperliche Fortpflanzung offen sein müsse. Die daraus resultierenden Einschränkungen sieht er gerade deshalb als fatal an, da Gott seiner Ansicht nach, und auch seiner persönlichen Erfahrung nach, über die er äußerst offen in seinem Buch berichtet, die Sexualität zu der „machtvollsten natürlichen „Technologie" für das Wachstum des Bewusstseins bestimmt" habe. Deshalb sei eine negative Sicht auf Sexualität von Seiten der Kirche besonders verhängnisvoll, da sie die Weiterentwicklung bremse.[1453]

> *„Das Ausüben der Sexualität hat immer eine machtvolle spirituelle (innere psychologische) Wirkung. [...] Aus genau diesem Grund [...] sollte sie stets bewusst und ehrfurchtsvoll ausgeübt werden [...]."*

Er selbst habe deren machtvolle spirituelle Wirkung selbst erfahren, als er sich endlich getraut habe, seine Homosexualität, gegen die er sich lange Zeit widersetzt habe, auszuleben: „Meine emotionalen

---

1451. Vgl. 2015, 101.

1452. Eine interessante Erklärung bietet der Mönch und integral christliche Denker Cyprian Consiglio an: Die Kulturen im Westen, so schreibt er, hätten eine Art Misstrauen in den Körper, und in die Materie im Allgemeinen, geerbt. Das gestörte Verhältnis zur Körperlichkeit und die Unterdrückung körperlicher Funktionen, wie der der Sexualität, hätte zu einem endlosen Kreislauf von Obsession, Zwanghaftigkeit und Scham geführt. Es sei aber notwendig, eine tiefe Erfahrung unseres erotisch-physischen Selbst und unserer körperlichen Existenz zu machen, weil sonst etwas unklar bleibe und uns damit festbinde. Consiglio, 2015, 8f.

1453. Marion, 2003, 64.

und medialen Pforten öffneten sich wieder [...]."[1454]

Küstenmacher weist darauf hin, dass in BEIGE, wo keine Differenzierung zwischen Person und Welt stattgefunden habe, Berührung, Nahrung, aber auch „Sex [...] als un- bzw. vorbewusste Gebetsstruktur des Körpers erfahren" wird.[1455]

Smith schreibt in einem Artikel:

> „In der christlichen Literatur gab es im Laufe der Geschichte wenig Dankbarkeit für und Freude an Sexualität. Sie wurde meist als Fluch und gefährliche Last gesehen, die man tragen und fürchten muss."[1456]

Ein Thema, dass öfter auftauchte, war auch die Homosexualität. Nicht nur, weil die Annahme verschiedener sexueller Orientierungen als eine natürliche Folge zunehmender Inklusion zu erwarten ist (so schreiben Küstenmacher/Haberer, dass ab GRÜN Patchworkfamilien und gleichgeschlechtliche Lebenspartnerschaften [...] toleriert"[1457] werden, sondern auch, weil sowohl Marion, Smith[1458] als auch der integral christliche Blogger Joe Perez sich selbst zu einer homosexuellen Orientierung bekennen. Letzterer hat sich in seinem Buch besonders intensiv mit dem Thema Homosexualität, integrale Theorie und Christentum auseinandergesetzt und versucht, die Frage nach dem tieferen Sinn von Homosexualität zu beantworten. Er beruft sich dabei u.a. auf den Mystiker Harvey, der in seiner Anthologie mit dem Titel „The Essential Gay Mystics" festgestellt habe, dass homosexuelle Personen beiderlei Geschlechts auf der ganzen Welt häufig hoch angesehene, spirituelle Lehrer*innen gewesen seien.[1459]

Auch Marion vermutet in einer Fußnote, dass es „anekdotenhafte Beweise aus vielen Kulturen und Zeitepochen" dafür gebe, „dass

---

1454. Ebd., 127.
1455. Küstenmacher, 2018, 304.
1456. Smith, 1998/9, 18.
1457. Küstenmacher/Haberer, 2016, 303.
1458. Vgl. Smith, 2017, 166.
1459. Vgl. Perez, 2007, 184.

überproportional viele Führer oder „Seher" sexuell gleichgeschlechtlich orientiert waren. Früher oder später würde die Forschung möglicherweise belegen, dass homosexuelle Männer und Frauen über besondere Anlagen verfügten.[1460]

Smith, dessen Gemeinde wegen der Durchführung einer gleichgeschlechtlichen Trauung aus der Baptistischen Kirche ausgeschlossen wurde[1461], untersucht in einem Artikel mit dem Titel „Die Bibel und Homosexualität. Bejahung aller sexuellen Orientierungen als Gaben Gottes", biblische Aussagen bezüglich Homosexualität und argumentiert dafür, dass alle sexuellen Orientierungen gleichermaßen ein Geschenk Gottes seien.[1462]

Auch Sanguin berichtet davon, dass er, auch gegen Widerstände, mit seiner Gemeinde die gleichgeschlechtliche Trauung eingeführt habe.[1463]

Die Psyche und die Seele – die feinstofflichen, subtilen Körper

Wie bereits dargestellt, ist ein roter Faden, der sich durch alle Werke zieht, die Zuordnung der Seele zu dem Bereich des Subtilen, wie sie auch bei Wilber zu finden ist. Wie wir gesehen haben, geht Wilber von fünf Hauptbewusstseinszuständen aus: „Wachen, Träumen, Tiefschlaf, Zeuge sein und nichtdual", denen wiederum bestimmte (Energie-)körper zugeordnet werden: der grobstoffliche, die subtilen und kausalen Körper.[1464]

Es geht bei der Psyche und der Seele also um Phänomene, die subjektiv erlebt werden (wie Gefühle, innere Bilder, Träume) als auch um die feinstofflichen, subtilen und kausalen Energiekörper bzw. Energiefelder, die damit im Zusammenhang stehen und mittlerweile teilweise messbar sind und von feinfühligen Menschen wahrgenommen werden können. Wilber selbst bezieht sich auf Forschungen des US-amerikanischen Anatomieprofessors Harold Saxon Burr, der die

---

1460. Vgl. Marion, 2003, 288.
1461. Vgl. Smith, 2017, 122.
1462. Siehe Smith, 1998/9.
1463. Vgl. Sanguin, 2014, 146.

elektrischen Felder untersuchte, die von Lebewesen allgemein und dem Menschen im Speziellen ausgehen.[1465] Heute werden subtile Energien von verschiedenen Einrichtungen weltweit mit unterschiedlichen Methoden wissenschaftlich erforscht, bspw. im Zusammenhang mit Energiemedizin.[1466] Auch die Forschungen des HearthMath Institutes in Kalifornien gehören dazu, auf die sich u. a. Cynthia Bourgeault bezieht, um die Wirkung kontemplativer Praxis zu erläutern.[1467]

Aufgrund der Stellung der Seele als „Übergangsstation" zwischen dem Grobstofflichen und Kausalen laden manche Autor*innen (Küstenmacher, Haberer) einerseits dazu laden ein, sich intensiv auf den Bereich einzulassen und ihn nicht zu übergehen, zugleich aber, nicht zu lange in diesem Bereich zu verweilen. Das Leitermodell Wilbers führt darüber hinaus, wie bereits erwähnt, zu einer Wertung von verschiedenen Arten der Mystik, bei der die eine, die Schau der Seelenbilder, als weniger entwickelt oder unreifer gilt als die bilderlose Schau.

Marion warnt gar vor den lauernden Gefahren in der geistlichen Welt durch negative Entitäten („Gedankenformen, nicht inkarnierte[...] Menschen und Dämonen"), die unserer Psyche Schaden zufügen könnten. Er rät dazu, „möglichst keine Zeit auf dieser Stufe

---

1464. Siehe dazu die Punkte und . Der integrale spirituelle Lehrer Nikola Anandamali Ristic erklärt in seinem Buch „Spirit X", dass die Identifikation mit der Seele (statt wie davor, mit dem Ego) ein wichtiger Schritt in der spirituellen Entwicklung sei, bevor sie sich voll mit dem „wahren Selbst", dem „universellen Geist" vereinige und in diesem aufgehe. Sie sei der Teil unseres Seins jenseits von Körper und Geist, der den physischen Tod überlebe, der letzte Sinn von Individualität. Dabei stellt er fest, dass die Seele in manchen Weisheitstraditionen, wie dem Advaita Vedanta oder dem Zen Buddhismus umgangen (bypassed) werde, und in manchen, wie im Christentum und Islam, missverstanden. (Ristic, 2020, 60) Das könnte eine schlüssige Erklärung für viele widersprüchliche Aussagen zu diesem Thema sein.
1465. Vgl. Wilber, 2004, 25.
1466. Siehe Ross, 2019.
1467. Vgl. Bourgeault, 60. Siehe dazu auch https://www.heartmath.org.

zu verschwenden oder uns in all ihren faszinierenden Aspekten [...] zu verirren", wenn wir die das Reich Gottes, im Sinne der persönlichen Erleuchtung, verwirklichen wollten.[1468]

> *„Alle bedeutenden spirituellen Traditionen raten jedem, [...] sich nicht auf der medialen Stufe aufzuhalten, sondern auf dem Weg weiterzugehen."*

Diesen Rat habe auch Paulus (1. Kor 12) den Korinthern erteilt, indem er ihnen klar gemacht habe, „dass all ihre medialen Gaben und Praktiken umsonst sein würden", wenn sie nicht zur Liebe und zum Christus-Bewusstsein gelangten.[1469] Zugleich sieht er in den medialen Gaben durchaus eine „lohnenswerte[...] spirituelle[...] Wegführung"[1470] und bedauert, dass diese im etablierten Christentum nicht mehr praktiziert würden.

Bei Küstenmacher/Haberer ist der „subtile Bereich" nur der zweite von insgesamt vier Versenkungsgraden und das „Loslassen", auch von Bildern das Ziel „gerade d[er] reiferen Mystiker":

> *„Die Versuchung ist groß, sich auf Visionen, Stimmen und Ekstasen in „geistlicher Eitelkeit" etwas einzubilden."*[1471]

Die formlose, bildlose Mystik nennt Küstenmacher dagegen „den Königsweg".[1472]

Smith stellt dagegen fest, dass in der integralen Bewegung häufig die Leere oder das Formlose gegenüber dem Subtilen höher gewertet würde und sieht das als „einen großen Verlust."[1473] Viele Meditierende zielten nur auf den kausalen Bewusstseinszustand und tendierten dazu, die subtile Ebene auszulassen, weil sie mit ihr nicht vertraut seien oder ihnen gar davon abgeraten würde.[1474]

1468. Marion, 2003, 87.
1469. Ebd., 88f.
1470. Ebd., 85.
1471. Küstenmacher/Haberer, 253f.
1472. Küstenmacher, 2018, 357ff.
1473. Smith, 2011, 153.

Die Beschäftigung mit der subtilen Ebene macht die Autor*innen offen gegenüber allen möglichen Phänomenen, die damit in Zusammenhang stehen. So greifen sei auf weitere transpersonale Psychologen (neben Wilber) (Küstenmacher/Haberer, Smith), die Parapsychologie (Smith), aber auch das Wissen der Schamanen (Sanguin) zurück.

Sie stehen parapsychologischen Phänomenen wie übersinnliche Fähigkeiten beim Menschen (darunter Hellhören, Hellsehen, Telepathie, Fernwahrnehmung, Channeling) auffällig aufgeschlossen gegenüber und verbinden sie mit einer höheren Bewusstseinsstufe–, aber auch einem veränderten Bewusstseinszustand, der die Wahrnehmung erweitere[1475].

Weiter kommt es bei den Autor*innen zu unterschiedlichen Formen von Energiearbeit, einer Wiederaufnahme der Heiligenverehrung und Kommunikation mit spirituellen Wesen wie Verstorbenen, aber auch Engeln, aber auch zum Auftreten von Visionen.

Wie oben bereits erwähnt, beschreibt Marion die mediale Stufe durch das Erwachen zahlreicher neuer Fähigkeiten wie Klarfühligkeit,-hörigkeit,-sichtigkeit, Heilen, Weissagen oder das Sehen von Auren. Auch spirituelle Wesenheiten wie Engel und Dämonen würden erst auf dieser Stufe erfahrbar.[1476] Da sich die Bewusstseinsstufen durch ihre Schwingungsfrequenz voneinander unterschieden, überforderten sich Menschen auf niedrigeren Stufen mit derartigen

---

1474. Ebd., 153 und 161.
1475. „Auf der medialen Stufe erlangen wir allmählich die Fähigkeit, Wissen zu erfahren, dass nicht von den fünf Sinnen oder davon abhängig ist, dass wir mit der Person oder mit der Sache, über die wir etwas wissen, im selben Raum sind", Marion, 2003, 80; „metanormale Fähigkeiten", Küstenmacher/ Küstenmacher, 2016, 196; "mediale und parapsychologische Fähigkeiten", Haberer, 2021, 42; „im erwachten, mystischen Bewusstsein werden wir uns der Realität verschiedener Energien und nicht-physischer Formen bewusst", Smith, 2017, 221; „außergewöhnliche Fähigkeiten der vom Heiligen Geist beseelten Person", Sanguin, 2015, 89.
1476. Vgl. Marion, 2003, 80-85, 98.

Fähigkeiten, da sie mit den hoch schwingenden Energien noch nicht umgehen könnten.[1477] Auf der subtilen Stufe sei für Menschen auch das erste Mal eine direkte Kommunikation mit ihrem Schutzengel und ihren spirituellen Meistern möglich.[1478] Er berichtet selbst von Visionen, die er hatte.[1479] Wie bereits erwähnt, empfiehlt Marion, sich auf der spirituellen Suche direkt an Gott, Jesus, Maria oder andere Heilige zu wenden.[1480]

Küstenmacher/Haberer zählen den „subtilen Bereich" zu dem „zweiten Zustand mystischer Versenkung". Während jeder Mensch seinen „feinstofflichen Körper" aus den Träumen kenne, habe der erwachte Mensch jederzeit Zugang zu diesem. Zu den „subtilen Phänomenen" zählen sie „Visionen, bedeutungsvolle Träume, direkte Eingebungen, Auditionen, Ekstasen und Verzückungen."[1481] Sie nehmen Bezug auf das Buch „Der Quantenmensch" des Psychologen Michael Murphy, Gründer des Esalen-Instituts in Kalifornien, der darin „eine Fülle ungewöhnlicher phänomenologischer Beobachtungen zum Transformationsvermögen des Körpers zusammengetragen" habe und nehmen an, dass dank TÜRKIS die Fähigkeit „den eigenen Körper als geistig-spirituelles Wahrnehmungsinstrument […] zu gebrauchen [ansteigen]" wird.[1482]

Küstenmacher nennt die Seele das „feinere Ich" und „feinstofflich"[1483] und sieht ihre Rolle als „Vermittler zwischen dem Unendlichen und dem Endlichen" und „Drehpunkt zwischen dem Weltlichen und dem Göttlichen."[1484] Zu den „ungewöhnlichen Phänomene[n], die sich im Subtilen" zeigten, zählt sie „Visionen, Lichterscheinungen, Auditionen, Glücksgefühle, unbändige

---

1477. Vgl. ebd., 83f.
1478. Vgl. ebd., 111f.
1479. Vgl. ebd., 133.
1480. Vgl. 2004, 153.
1481. Küstenmacher/Haberer, 2016, 249f.
1482. Ebd., 196.
1483. Vgl. Küstenmacher, 2018, 349 und 353.
1484. Ebd., 354 und 369.

Freude…".[1485] In einer Übung lädt sie dazu ein, fließende Energien wahrzunehmen.[1486]

Smith bezieht sich auf die transpersonalen Psychologen Jorge Ferrer und Stanislav Grof[1487], auf Raymond Moodys Forschung zu Nahtoderlebnissen, die Forschung von Peter Fenwick und Allan Botkin zu Nachtodkontakten[1488], aber auch die Forschung eines Professors für Psychiatrie, Ian Stevenson, zu Medienkontakten[1489] usw. Er sieht sein Buch als Beitrag zu dem Versuch, einen Blick auf die paranormalen Phänomene in der Bibel und dem Christentum zu werfen.[1490] Das Gebet, die Handauflegung und das Segnen sieht Smith als eine Form der Energiearbeit an.[1491] Das heutige „Channeling" stehe für das, was die Bibel mit „Prophezeiung/Weissagung" [in den Aufzählungen der Geistgaben in Röm. 12, Eph. 4, 1. Kor. 12][1492] meine. Schließlich entwickelt er daraus eine Form des gemeinsamen hörenden Gebets, das Channeling/Weissagung und Fürbittgebet/Segnen/Energiearbeit miteinander verbindet und innerhalb einer Gruppe ausgeübt wird – den sog. „We-Space-Gruppen."

Smith sieht es als völlig legitim an, Jesus, aber auch andere Personen, die für uns zu Repräsentanten des zweiten Gesichtes Gottes würden, zu verehren und bezieht sich dabei auch auf die ostkirchliche Bilderlehre bezüglich der Ikonen. Zugleich rät er jedoch davon ab, irgendeinem anderen Guru oder Heiligen dieselbe Verehrung und Hingabe wie Jesus zukommen zu lassen.[1493] Die Verklärung Jesu deutet Smith, wie oben bereits erwähnt, als eine Unterredung Jesu mit seinen spirituellen Geistführern Moses und Elija – und ermutigt

---

1485. Ebd., 359.
1486. Vgl. ebd., 66.
1487. Vgl. Smith, 2017, 152ff. und 159.
1488. Vgl. ebd., 158.
1489. Vgl. ebd., 260.
1490. Vgl. ebd., 226.
1491. Vgl. 2011, 112f., 156.
1492. Vgl. 2017, 237.
1493. Vgl. ebd., 246f.

daher alle Christen, selbst Kontakt mit spirituellen Geistführern, d.h. verstorbenen Heiligen, aufzunehmen, um Ermutigung und Führung zu erhalten. Die Unterredung mit und Verehrung von Heiligen, aber auch Jesus und Maria, deutet er als eine Art bewusst herbeigeführtem Nachtodkontakt. Die katholische und orthodoxe Tradition, auch mit den Freunden Jesu, Kontakt zu halten, deutet er als natürliche Folge dieser Freundschaft selbst.[1494] Er legt ausführlich Zeugnis über Visionen ab, die ihm selbst zuteilwurden.[1495]

Sanguin deutet, wie bereits erwähnt, Jesus als Schamanen. In den Erzählungen des Neuen Testaments habe Jesus „Wunder", Exorzismen, Telepathie, Fernheilung und sogar Seelenrückführungen vollbracht, z.B. als Jesus ein Mädchen in Mk. 5,41 ins Leben zurückholte oder, dem Apostolischen Glaubensbekenntnis zufolge, in das Reich der Toten hinabstieg. Die Zurückweisung dieser Phänomene als Aberglaube aus einer wissenschaftlichen Weltsicht heraus sähe er mittlerweile als reduktionistisch an. Der Schamanismus zeichne sich dadurch aus, dass er geistige Wesen und Verstorbene wahrnehme, die für das gewöhnliche Bewusstsein unsichtbar seien.[1496]

Er empfiehlt, mit den eigenen Träumen zu arbeiten, da sie uns eine anschauliche Darstellung des Zustands unserer Seele gäben.[1497]

Außerdem bringt er die Seele in Verbindung mit den morphogenetischen Feldern von Rupert Sheldrake. Diese Theorie sei die neue wissenschaftliche Version von der Funktion der Seele, wie sie Aristoteles und Thomas von Aquin bestimmt hätten, nämlich als organisierendes Prinzip jeder Lebensform. Dieses unsichtbare, aber mächtige Energiefeld an gespeicherten Erinnerungen, Verhaltensweisen und Tätigkeiten forme auch den Charakter jeder Gemeinde mit. Dieses Feld werde automatisch von jedem heruntergeladen, der den Ort der Gemeinschaft beträte, bestimme, wer davon angezogen werde und ändere sich im Laufe der Zeit durch die Einwirkung der Menschen.

1494. Vgl. ebd., 115f., 303 und 2017, 341-356.
1495. Vgl. 2011, 159, 2017, 250 u.a.
1496. Vgl. Sanguin, 2015, 75ff.
1497. Vgl. ebd., 142.

Er spricht dabei, in Anlehnung an die Offenbarung, von einem „Engel", den jede Gemeinde habe, und bezieht sich u.a. auf ein Buch von Sheldrake und Matthew Fox, in dem diese den Versuch wagen, das Phänomen der Engel in die Sprache der modernen Naturwissenschaften zu überführen, „Engel – Die kosmische Intelligenz"[1498].

Unterscheidung von Ego und Selbst

Alle Autor*innen unterscheiden zwischen einem falschen und einem wahren Selbst. Obwohl in der Sache meist zumindest etwas ähnliches gemeint zu sein scheint, schafft die unterschiedlich verwendete Terminologie und die Bandbreite verwendeter Begriffe durch die Autor*innen selbst jedoch viel Verwirrung und weist auf inhaltliche Unschärfe hin.

Richard Rohr führt in seinem Buch „Das wahre Selbst" die Rede von dem „falschem Selbst" auf den Trappistenmönch Thomas Merton zurück, der damit den paulinischen Begriff „σάρξ" (Fleisch, Leib(lichkeit), äußere Seite) wiedergegeben habe: Es sei die falsche Identität, die wir uns in der ersten Lebenshälfte aufbauten.[1499] Die Rede vom „wahren Selbst" lässt sich zurückverfolgen bis hin zum christlichen Neuplatonismus, wo sie ihre Wurzel in Plotins Philosophie hat.[1500]

Die Unterscheidung begegnet aber ebenso in der Psychologie. Der Theologe und Psychotherapeut Siegfried Essen unterscheidet zwischen dem Ich, einem Ego, dem Selbst und dem Über-Ich[1501], der transpersonale Psychologe R. Assagioli, aufbauend auf die Tiefenpsychologen Sigmund Freud und C. G. Jung, sogar sieben verschiedene Bewusstseinsfelder: das (tiefere, mittlere, höhere) Unbewusste, das Bewusstseinsfeld, das personale Selbst, das transpersonale Selbst und das kollektive Unbewusste).[1502]

1498. Vgl. Sanguin, 2014, 107f.
1499. Vgl. Rohr, 2013, 56.
1500. Vgl. Beierwaltes, 2001.
1501. Vgl. Essen, 2021, 87.
1502. Vgl. Schmitz, 2010, 89.

Diese großen Differenzen sind jedoch keineswegs verwunderlich, wenn wir bedenken, dass im Hintergrund die persönlichen spirituellen Erfahrungen der jeweiligen Autor*innen stehen, die zwar ähnliche Strukturen zu haben scheinen, im Kern aber zutiefst individuell und einzigartig sind. So vergleicht beispielsweise Smith sein Konzept mit dem Marions und schreibt dazu:

„Zwar verwendet er manchmal eine andere Terminologie, aber wir sprechen beide über dieselbe Sache."[1503]

Grob vereinfachend lässt sich sagen, dass es sich um verschiedene Stufen der Identifikation handelt. Meistens ist mit dem Wörtchen „Ego" die Identifikation mit der eigenen, menschlichen, abgrenzbaren Persönlichkeit gemeint, bei dem Selbst dagegen die Identifikation mit der göttlichen, allen und allem gemeinsamen Innerlichkeit.

Dieses so gefasste Verständnis des Selbst liegt auch dem Zusammenfallen der Anthropologie und der Christologie bei den Autor*innen zugrunde. Denn jeder Mensch sei wie Jesus „von seinem innersten Kern her wahrer Gott und wahrer Mensch"[1504], also ein inkarnierter „Christus". Der Mensch wird damit als spirituelles Wesen verstanden, das seinen Ursprung in Gott hat. Damit kommt auch die Vorstellung einer Präexistenz der Seele ins Spiel.[1505]

Auffällig ist, dass bei dem Versuch der Autor*innen, den Übergang zwischen Ego und Selbst zu beschreiben, sowohl Übergänge zwischen den Stufen als auch Übergänge zwischen den Bewusstseinszuständen beschrieben werden. Der Prozess des Aufwachsens und der des Aufwachsens scheinen sich jeweils zu ergänzen und auf ein und dasselbe, nämlich eine schrittweise Veränderung des Selbstverständ-

---

1503. Smith, 2017, 298.
1504. Küstenmacher, 2018, 338.
1505. Zugleich bewahre, so Kosnick, die Unterscheidung jedoch davor, das Ego zu vergöttern: Nicht das Ego ist Gott, sondern das (wahre) Selbst. Andernfalls droht eine Aufblähung des Ego durch das Selbst, wie sie von C.G. Jung beschrieben wurde. Erleuchtungserfahrungen sind damit immer auch mit der Gefahr der Hochmut verbunden. Vgl. Kosnick, 2019, 34f.

nisses, hinauszulaufen. Die Vorstellung geht dabei aber nicht von „eine[r] einseitige[n] Höherentwicklung vom Ich-Ego zum Selbst"[1506] aus, sondern betont deren fortdauernde Co-Existenz. Denn, im Anschluss an Wilber und an die Modelle menschlicher Entwicklung, gehen die Autor*nnen davon aus, dass jeder zuerst ein (gesundes) Ego entwickeln muss, um sich anschließend wieder von der ausschließlichen Identifikation mit diesem Ego lösen zu können.

Marion beschreibt in „Der Weg zum Christus-Bewusstsein" den Übergang von einem alten zu einem neuen Selbstverständnis des Menschen, der sich als göttlich erkannt habe. Dieses Selbstverständnis bezeichnet er als das „Christus-Selbst", denn hier wird für ihn klar, dass wir im Tiefsten ungetrennt voneinander sind:

„Die(...) uns eigene zeitlose und raumlose Innerlichkeit (die der zeit- und raumlosen Innerlichkeit in allen Menschen entspricht), ist niemand anderer als Gott."[1507]

An anderer Stelle schreibt er sowohl von einem wahren (true), als auch inneren (inner) und wirklichen (real) Selbst. Dieses sei nicht identisch mit unserer Persönlichkeit, unsterblich und jenseits von Zeit und Raum.[1508] Es sei schwer, Menschen das Einheitsbewusstsein oder die Erleuchtung zu erklären, die sich mit dieser ihrer Persönlichkeit, von ihm auch „Ego" genannt, identifizierten. Er schließt sich hier den Ansichten des spirituellen Lehrers Eckart Tolles an, der meint, dass die Entwicklung eines individuellen „Egos" in unserer Entwicklung ein wichtiger Schritt sei, dass das Ego und der rationale Verstand (mind) jedoch gleichzeitig das sei, was uns daran hinderte, erleuchtet zu werden und uns weiter spirituell zu entwickeln.[1509]

Tresher verwendet die Begriffe „Selbst", „Ego" und „Persona" synonym. Einerseits schreibt er diesem Selbst eine wichtige Funktion zu, da dieses die verschiedenen Linien/Intelligenzen zusammenführe

---

1506. Essen, 75.
1507. Marion, 2003, 192.
1508. Vgl. 2004, 57.
1509. Vgl. ebd., 102 u. 148.

und der „Ort der Aktion" (in dieser Welt) sei.[1510] Die Ironie des menschlichen Daseins läge darin, dass wir uns zuerst dieses „Selbst" oder auch das „Selbstgefühl" erschaffen müssten, um es dann anschließend auseinanderzunehmen.[1511] Die notwendige „Dekonstruktion des Ego" bringt er mit der Stufe Türkis in Verbindung.[1512] Statt von Ego oder Persönlichkeit spricht er auch von „persona", ein Wort, das im Griechischen, („πρόσωπον") „Maske" bedeutet habe und später mit „Ego" übersetzt worden sei. Sünde und Leid resultiere aus dem Irrglauben, dass wir mit dieser „persona" und der damit verbundenen Rollen oder auch dem „Gewand", dass wir in dieser physischen Welt trügen, identisch seien.[1513] Dieser Glaube werde als Konstruktion entlarvt und in einem schmerzhaften Prozess, der allegorisch in der Folter und Kreuzigung Jesu ausgedrückt werde, zerstört.[1514] Da das Ego sich jedoch nicht selbst zerstören könne, sondern immer darum bemüht sei, sich zu bewahren, werde für das Erreichen der Stufe Türkis die Notwendigkeit und das Wirken der Gnade erkennbar.[1515]

Auch Küstenmacher/Haberer sprechen, in Anlehnung an die Forscherin Susanne Cook-Greuter von der Auflösung der „Ego-Konstrukte" auf der Stufe Türkis. Während sich auf der GELBEN Bewusstseinsstufe immer noch das Ich, d.h. eine selbst durch Gedanken, Vorstellungen und Urteile gebaute Selbstidentität, in den Mittelpunkt stellen kann, entweder „in aller Pseudo-Demut oder umgekehrt als „erleuchtetes Ego", suche „TÜRKIS […] nach dem Punkt, an dem sein ICH endgültig zugunsten des Selbst abtr[ete].[1516] Zugleich findet nach Aussage der Autor*innen diese Auflösung des Ichs auch bei der mystischen Versenkung statt: Im nondualen Sein

---

1510. Vgl. Tresher, 2009, 16.
1511. Vgl. ebd., 157.
1512. Ebd., 81.
1513. Vgl. ebd., 105.
1514. Vgl. ebd., 115.
1515. Vg. ebd., 39.
1516. Küstenmacher/Haberer, 2016, 197.

verschwinde das Ich, da „Gottes Geist und unser Geist als eins erfahren"[1517] werden.

Ebenso begegnet uns auch in Küstenmachers „Integrales Christentum" die Unterscheidung sowohl im Zusammenhang mit dem Aufwachsen durch die Stufen als auch dem Aufwachen durch die Zustände: Beide Male findet eine Auflösung der Identifikation statt. So verwendet Küstenmacher den Ausdruck der „Ich-Freiheit" von TÜRKIS, zu es komme, wenn ein Mensch verstehe, dass er sein „Ich-Konstrukt opfern m[üsse]" und die „Des-Identifikation mit dem GELBEN Ich" gelänge. Es handele sich dabei um einen „großen Bogen der Ich-Entwicklung [...], von der allmählichen Entstehung seines individuellen Ich auf den früheren Stufen, über das rationale Ichbewusstsein bis hin zum verflüssigten Ich bzw. [der] Ich-Freiheit der Selbst-Transzendenz."[1518] Zudem bringt sie die Begriffe in Zusammenhang mit den Versenkungsgraden in der Kontemplation und geht von einem fließenden Übergang aus: vom „EGO (Alltags-Ich") über die SEELE (feineres Ich), das REINE SELBST (Nicht-Ich) hin zu dem GEEINTEN SELBST, das sich als eins mit Gottes ICH BIN erfahre.[1519]

Küstenmacher betont, dass es falsch sei, „das Ego mit ungesunder Askese zu bekämpfen, es zu verteufeln und als sündig zu verdammen". Die „reiferen Mystiker" gingen wohlwollend mit ihrem „Alltags-Ich" um und wiesen ihm „einen guten Platz" zu.[1520]

Haberer verhält sich zurückhaltend gegenüber „kämpferische[...], mörderische[...] Bilder[...] der spirituellen Traditionen". Er kritisiert vor allem die brachiale Redeweise. So schreibe Wilber vom „Erdrosseln des Selbst". Das habe „nichts Inklusives, Versöhnendes, das sind kämpferische, mörderische Bilder". Die metaphorischen Bilder, die Jesus verwendet habe, wiesen eher auf ein allmähliches Heranwachsen des „Reich[es] Gottes (des „Wahren Selbst") in uns" hin.[1521]

1517. Ebd., 262.
1518. Küstenmacher, 2018, 150f.
1519. Vgl. ebd., 349.
1520. Ebd., 369.

Smith greift einen häufig zitierten Satz Teilhard de Chardins auf, wonach wir keine menschlichen Wesen seien, die spirituell Erfahrungen machten, sondern spirituelle Wesen, die menschliche Erfahrungen machten.[1522] Diese Erkenntnis habe seine Weltsicht um 180 Grad gedreht. Zuvor dachte er, Jesus sei die einzige Person, die ein göttliches spirituelles Wesen sei, das eine menschliche Erfahrung mache. Dann habe er erkannt, dass sein „inneres Selbst" und seine „wahre Identität" eins mit der von Jesus sei.[1523] Er wisse nun, dass Jesu Ausspruch in Joh. 8, 58, „Ehe Abraham wurde, bin ich", auch für ihn gelte: Sein tiefstes, höchstes, wahres Selbst werde niemals geboren und werde niemals sterben.[1524] Paulus habe dasselbe gemeint, wenn er bspw. in Gal. 2, 20 sage: „Ich lebe, doch nun nicht ich, sondern Christus lebt in mir." In unserer Tiefe fänden wir nicht das Ego, sondern den universalen Christus, eine*n göttliche Tochter*Sohn Gottes.[1525]

Die Versuchung Jesu in der Wüste deutet Smith als Jesu Auseinandersetzung mit seinem Ego-Selbst, personifiziert und nach außen projiziert als „Satan". Es sei dabei um die Frage gegangen, ob er seine hoch entwickelten spirituellen Fähigkeiten in den Dienst seines Egos oder den Dienst Gottes stelle. Vor dieser Herausforderung stünden auch alle heutigen spirituellen Sucher. Jesus habe dabei das „falsche Selbst", die Identifikation mit dem Ego, aufgegeben, um aus dem „Wahren Selbst", dem Christusbewusstsein einer kompletten Identifikation mit Gott, zu handeln.[1526]

Er unterscheidet vier Stufen auf dem Weg zu unserem wahren Selbst, die er mit einem Wortspiel verknüpft: „Von Jemandem zu Niemandem zur Verkörperung zu Jedermann (from Somebody to Nobody to Embody to Everybody)." Zunächst gehe es um den Auf-

---

1521. Haberer, 2021, 273f.
1522. Vgl. Smith, 2011, Fußnote 5, 360f.
1523. Vgl. ebd., 289.
1524. Vgl. ebd., 217.
1525. Vgl. ebd., 211.
1526. Vgl. ebd., 109.

bau eines gesunden Egos („jemand" zu sein), das gelernt habe, sich von anderen zu unterscheiden. Erst danach, meist in der zweiten Hälfte seines Lebens, sei jemand bereit, sich wieder schrittweise von diesem Ego zu desidentifizieren, um ein „Niemand" zu werden. Jesus setze das in Lk. 9, („[...] wer sein Leben [von Smith mit „Selbst" übersetzt] retten will, wird es verlieren; wer aber sein Leben/Selbst um meinetwillen verliert, der wird es retten.") implizit voraus. Dieser Prozess, indem allmählich die Anhaftung an das Ego aufgegeben werde, fühle sich wie Sterben an, weswegen Jesus ihn mit der Aufforderung „das Kreuz auf sich nehmen" umschreibe. Darauffolgend gehe es um die schrittweise Verkörperung (embody) des Göttlichen und schließlich die Identifizierung mit allem und jedem (everybody) im Einheitsbewusstsein.[1527]

Sanguin spricht von unserem „Authentischen Selbst"[1528] im Gegensatz zum kleinen Selbst, dem „Ego-Verstand". Das „authentische" oder auch "kosmische Selbst" sei zugleich unser Christusbewusstsein.[1529] An anderer Stelle unterscheidet er das „kleine Selbst", „das Ego", das wir konstruierten, um unsere frühkindlichen Traumata zu kompensieren von dem „wahren Selbst", unserer Wesensnatur.[1530] Wie Smith bedient auch er sich der Worte „somebody" und „nobody": Wir gäben uns Mühe, uns selbst als „jemanden" zu erschaffen, weil wir annähmen, darunter eigentlich ein „niemand" zu sein. Daher müssten wir das Christusbewusstsein erlangen, das darum weiß, dass es tief geliebt ist und nichts beweisen muss. Die Folge davon sei ein souveränes Selbst, das von einer tiefen Selbstakzeptanz und Selbstbestimmtheit heraus fähig ist, über Unterschiede hinweg verbunden zu bleiben.[1531]

1527. Ders., 2017, 288-308.
1528. Sanguin, 2014, 163.
1529. Vgl. ebd., 166.
1530. Vgl. 2015, 146.
1531. Vgl. ebd., 121f.

Auffassung von Sünde als Unwissenheit oder Mangel an Gewahrsein

In der Hamartiologie, der Lehre von der Sünde, und der Soteriologie, der Lehre von der Erlösung, lassen sich zwei übergreifende, allen Autor*innen gemeinsame Tendenzen ausmachen: 1) die Auffassung von Sünde als Unwissenheit, und daraus folgend, 2) die Sicht der „Erlösung" als eine Erkenntnis, ein Erwachen, eine Erleuchtung. Dabei bedingen sich Punkt 1) und 2) gegenseitig: Wo Erlösung dadurch definiert wird, dass in ihr die Verbundenheit mit Gott erkannt wird, ist Sünde das Noch-Nicht-Erkennen dieser, d.h. sich getrennt fühlen von seinen Mitmenschen, der Schöpfung und der letzten Wirklichkeit.

Der Begriff „Sünde" wird dabei auf zweierlei Weise verwendet. So lassen sich bei den Autor*innen sowohl Aussagen finden, wo „Sünde" im Sinne eines Zustandes der Unwissenheit oder Illusion gemeint ist, als auch Aussagen, wo es um die problematischen Folgen daraus geht, wie trennende Strukturen oder Verhaltensweisen als Auswirkungen dieser primären Unwissenheit. Eine solche Unterscheidung steht im Einklang mit der traditionellen Unterscheidung zwischen der Erbsünde oder der Sünde im Singular („peccatum originale") und den Tatsünden oder den Einzelsünden im Plural („peccata actulia").[1532]

Der Zustand wird dabei von den untersuchten Autor*innen durchweg als Unwissenheit oder fehlendes Bewusstsein für die Verbundenheit mit dem Göttlichen angesehen oder auch umgekehrt: Als illusionärer Glaube an eine reale Getrenntheit von Gott und Welt und Gott und Mensch. Dabei wird häufiger an die Grundbedeutung des hebräischen Verbes „חטא" und des griechischen Verbes „ἁμαρτάνω", „(das Ziel) (ver)fehlen" angeknüpft.[1533] Küstenmacher kommt durch den Rückbezug auf das germanische [eigentlich lateinische] "sunnia" zu einer ähnlichen Bedeutung: Sünde bezeichne

---

1532. Siehe dazu auch Härle, 1995, 476 u. 480.
1533. Vgl. Marion, 2013, 213; Haberer, 2021, 229; „the Greek word „sin" simply means „missing the mark", Smith, 2011, 252; Sanguin, 2014, 130.

das, was im Bewusstsein fehle.[1534]

Sünde wird dagegen an keiner Stelle mit der Übertretung eines Gebotes aus Ungehorsam, mit Schuldhaftigkeit, oder einer unwissentlichen/wissentlichen oder willentlichen Verletzung der Gemeinschaft mit dem Göttlichen in Verbindung gebracht – Momente, die auch in einer zeitgenössischen Dogmatik nicht mehr zwingend im Vordergrund stehen[1535].

Von einigen wird die Entwicklung des Begriffes „Sünde" durch die Bewusstseinsstufen im Detail analysiert.[1536]

Es finden sich verschiedene Erklärungsversuche und Bestimmungen dessen, was allgemeinhin als „schlecht", „negativ" oder „böse" angesehen wird: als negatives karmisches Erbe (Marion), als Verhaltensweisen, die sich gegen die natürliche holarchische Ordnung richten (Tresher), als unterdrückter Schatten (Küstenmacher), als unvollständig entwickelte Teilselbste bzw. Persönlichkeitsanteile (Haberer), als Folge von Traumatisierung (Sanguin).

Die Symbolik der Schöpfungserzählung in Gen 3, häufig auch als die „Geschichte vom „Sündenfall" bezeichnet, wird von den Autor*innen sehr unterschiedlich gedeutet und dementsprechend eher negativ oder positiv gewertet.

Marion unterzieht den Begriff des „Teufels" einer Untersuchung und kommt zum Schluss, dass es sich dabei um die dualistische Sichtweise handele: „Die Begriffe „Teufel", „Diabolus", „Dämon" und „Dualität" stammen alle von der Wortwurzel „zwei" her (griechisch δύο)."[1537] Das Wort „Sünde" habe im Aramäischen bedeutet, „sich irren", „das Ziel verfehlen", „einen Fehler machen". Es gehe nicht um das „Böse" im moralischen Sinn, sondern um einen Irrtum, ein Nichtwissen, eine Illusion.[1538]

1534. Vgl. Küstenmacher, 2018, 255.
1535. Vgl. dazu Härle, 1995, 485f.
1536. Vgl. Tresher, 2009, 56-88, Küstenmacher, 2018, 189-198, Smith 2011, 15-71 u. 252f.
1537. Vgl. Marion, 2003, 193.
1538. Vgl. ebd., 213f.

Für Marion steht die Schlange in der Schöpfungserzählung für das Aufkommen des dualistischen Denkens. Dieses Denken habe neben den natürlichen Polaritäten, wie Licht und Dunkel, positiv und negativ, die zusammen jeweils eine Ganzheit bildeten, eine unnatürliche, künstliche Polarität in die Welt gebracht, die von Gut und Böse und damit auch die Vorstellung von Sünde. „Die wirkliche Erbsünde", so Marion, sei „die Überzeugung, dass es so etwas wie Sünde überhaupt [gebe]. Diese Vorstellung sei es, die nicht „nur zur Scham, sondern auch zur Trennung von Gott" geführt habe. Erst das Konzept der Sünde sei es, dass „alle mentalen und emotionalen Höllen" hervorbringe. Überwunden werde es durch das Christus-Bewusstsein, dass nicht mehr in den Kategorien Gut-Böse denke.[1539] Für jemanden, der das Christus-Bewusstsein erlange und sich damit als ungetrennt von Gott erfähre, sei daher Sünde nicht weiter existent. Was der Mensch aber stattdessen als Ursache seiner Negativität und der anderer Menschen sehe, sei Unwissenheit, Mangel an Gewahrsein. Als Beleg führt er u.a. Jesu Worte am Kreuz an: „Denn sie wissen nicht, was sie tun" (Lk. 23,34).[1540] Den Begriff „Sünde" ordnet Marion der Vorstellung eines mythischen Gottes zu, der diese Sünde als Angriff gegen sich sehe und sie daher bestrafen müsse.[1541] Alternativ zu dem Begriff der „Sünde" begegnet uns bei Marion einerseits der Begriff der „Negativität" als eines natürlichen Pols der Schöpfung sowie der des Karmas im Sinne einer unpersönlichen Gesetzesmäßigkeit.[1542] So deutet er auch die Erbsünde als „negatives karmisches Erbe" oder auch „vererbte Gewohnheiten". Hierbei nimmt er Bezug auf Wilber, der Karma als „Erbe der Vergangenheit" bezeichnet habe.[1543] Unter sein Verständnis dieses karmischen Erbes fallen alle Wirkungen, die aus der Vergangenheit herrühren, die negativen, neutralen als auch positiven Gewohnheiten des Kollektivs, Gene, Bewusstseinsgrad,

---

1539. Vgl. ebd., 216-9.
1540. Vgl. ebd., 160.
1541. Vgl. 2004, 138 und Fußnote 1, 176.
1542. Vgl. 2003, 222.
1543. Eine diesbezügliche Quellenangabe fehlt allerdings.

Kultur. Diesem Karma, dem er innerhalb der Evolution die Rolle des stabilen Elements zuordnet, stehe das Gesetz der Kreativität oder Neuheit gegenüber, das ersteres überwinde und für Weiterentwicklung des Bestehenden sorge.[1544]

Tresher bestimmt Sünde, die für ihn zugleich die Ursache allen Leidens sei, einerseits als den Irrglauben, mit dem „Ego" oder der „persona" identisch zu sein. Dieses „Ego" sei der „Teufel".[1545] In Bezugnahme auf den Autoren Alan Watts setzt er Sünde mit „Unwissenheit" gleich. Der Begriff der Erbsünde drücke aus, dass wir in eine Welt hineingeboren würden, die aus dieser Unwissenheit heraus von uns verlange, an ein abgegrenztes „Ich" zu glauben, statt zu unserer wahren Natur zu erwachen.[1546]

Anderseits bestimmt er Sünde im Anschluss an Michael Dowd als all das, was uns trenne: Handlung oder Gedanken, die uns von uns selbst, voneinander oder von Gott trennten.[1547] Tresher nimmt hier das Konzept der Holone zur Hilfe: Wann immer ich etwas auf Kosten derer Holone tue, aus denen ich gemacht bin oder des Holons, dessen Teil ich bin, sündige ich. Er trifft dabei keine Unterscheidung zwischen „Bösem" und der „Sünde", so dass für ihn vermutlich auch die Ursache von Leid und Bösem bzw. dem, was wir so bewerten, allein unserem fehlenden Bewusstsein der Verbundenheit liegt.

Die Schöpfungsgeschichte deutet Tresher in einem neutralen Sinne: Bei dem Wissen um Gut und Böse gehe es um die erworbene kognitive Fähigkeit des Menschen, sich seiner selbst-bewusst zu werden. Damit sei gleichzeitig die Vorstellung aufgetaucht, dass wir von Gott getrennt seien. Die Wächter des Gartens Eden symbolisierten die Gedanken und Überzeugungen, die uns daran hinderten, unsere Göttlichkeit zu erkennen.[1548]

Küstenmacher/Haberer versehen den „Karma-Gedanken der

1544. Vgl. 2004, 141ff.
1545. Vgl. Tresher, 2009, 105f.
1546. Vgl. ebd., 82.
1547. Vgl. ebd., 79.
1548. Vgl. ebd.,130.

östlichen Religionen (und ihren westlichen Ablegern)" ganz anders als Marion mit dem Attribut „gnadenlos" und stellen ihn der christlichen Lehre „vom uneingeschränkten göttlichen Segen" entgegen.[1549] Küstenmacher schreibt:

> *„Sünde ist es für KORALLE, Gott, den absoluten Geist oder letzten Urgrund als getrennt von uns zu betrachten und ihn deswegen außerhalb von uns zu suchen."*[1550]

Sünde sei also die Sichtweise, die sich aus dem Glauben an die Separation ergebe. Sie untersucht die Entwicklung des Begriffes „Sünde" und des „Bösen" durch die Stufen hinweg und demonstriert damit eindrücklich die schillernde Bedeutungsvielfalt des Begriffes.[1551] In der Postmoderne werde erkennbar, wie aus der Sünde, einem „Abgrund aus Angst, Gottesferne und Entfremdung" schließlich das Böse, das die Beziehungen zerstöre, hervorgehe.[1552] Für sie scheint klar, dass wir ab der Moderne alle Erklärungen für das Böse mithilfe des Teufels (und damit unsere Projektionen nach außen) aufgeben und das Böse stattdessen in uns selbst verorten und wissenschaftlich erforschen:

> *„Wer [in GELB] das Böse in sich bewusst annehmen, erleiden und damit integrieren und transformieren kann, entkommt paradoxerweise der Welt der Gegensätze und erreicht so den ‚bewussten Himmel'".*[1553]

Das Böse wird so von ihr als der nicht bearbeitete Schatten bestimmt. Von dort zieht die Autorin wiederum eine Verbindung zur Sünde: Sünde bezeichne das, was „fehlt", da es in den unbewussten Schatten geraten sei und von dort aus „uns selbst und anderen

---

1549. Küstenmacher/Haberer, 2016, 181.
1550. Küstenmacher, 2018, 198.
1551. Vgl. ebd., 189-198.
1552. Ebd., 193.
1553. Ebd., 195.

schad[e]."¹⁵⁵⁴

Haberer widmet den Themen „Sünde und Erlösung" in seinem Buch „Anmut der Welt" ein eigenes Kapitel und überschreibt es mit: „ein kosmisches Drama in mehreren Akten¹⁵⁵⁵". Er rekapituliert zuerst das Verständnis in einem BLAUEN, traditionellen Bewusstseinsraum, um ihm anschließend ein alternatives Modell gegenüber zu stellen. Sünde habe mit Moral nichts zu tun, moralische Fehlverhalten sei höchstens deren Folge. Er definiert sie als

> *„Zweiheit. Oft wird auch gesagt: Sünde ist Trennung. Doch selbst dieser Begriff ist mir fürs Erste noch zu wertend. Sünde ist Zweiheit, das heißt die Tatsache, dass wir Menschen nicht in der ursprünglichen Einheit leben, zumindest, solange wir in dieser Welt sind. Und das ist kein moralisches Defizit.*¹⁵⁵⁶"

Die Schlange der Schöpfungserzählung deutet er als die aufkommende intelligente Bewusstheit der Menschen. Der Mythos erzähle den Moment, in dem Menschen anfingen, über sich selbst nachzudenken und selbst-bewusst zu werden. „Mühen und Schmerzen seien „eine Konsequenz aus der Bewusstheit".¹⁵⁵⁷ Der Verlust des (unbewussten) Zustandes der Einheit und der Eintritt in die Zweiheit werde von Geburt an von uns Menschen als Trennung erlebt.¹⁵⁵⁸ Weil das gar nicht anders gehe, nehme er, Haberer, hier sogar das „theologische Reizwort" „Erbsünde" auf.¹⁵⁵⁹ Für Paulus sei die Sünde ein Zustand (Singular), in dem der Mensch gefangen sei, aus dem heraus die einzelnen Sünden (Plural) folgten.¹⁵⁶⁰

In Smith Ausführungen zur Sündenthematik schwingen noch einmal andere Nuancen mit. Während die postmoderne Kirche die

---

1554. Ebd., 255.
1555. Haberer, 2021, 205.
1556. Ebd., 222f.
1557. Ebd., 218f.
1558. Ebd., 218 und 224.
1559. Ebd., 224.
1560. Ebd., 229.

Sünde als eine Entfremdung ansehe und die Erlösung in der Verbundenheit suche, werde die integrale Kirche das Wort „Sünde" sehr wahrscheinlich gar nicht mehr verwenden, weil es aufgeladen sei mit zweitausend Jahren missbräuchlichem religiösem Ballast. Er schlägt vor, das Wort einmal bezüglich des Innenlebens durch die Idee der Identifikation mit dem Ego zu ersetzen, und bezüglich des Außenlebens lieber von „Unterdrückung" zu sprechen.[1561] Es gehe um die Manifestation einer fälschlichen Identität: „Sünde ist, unserem göttlichen Selbst nicht treu zu sein."[1562]

Er weist darauf hin, dass in der Schöpfungserzählung, die er eine „metaphysische Erzählung" nennt, Gott als auch die Schlange nie von „Sünde" oder gar einem „Fall der Menschheit" sprächen, sondern davon, dass der Mensch mehr wie Gott werden werde. Es gehe, so der Rabbi Harold Kushner, um Emergenz, um die Evolution des Menschen vom Tier zum Menschen. In diesem Sinne sei Eva als eine mutige Pionierin anzusehen, die dasselbe Schicksal erlitt wie es alle mit derselben Rolle erleiden: Verfolgung, Verunglimpfung, Beschuldigung.[1563]

Sanguin gelangt zu einer ähnlichen Deutung: Auch für ihn war Eva eine Pionierin, die dafür, dass sie dem evolutionären Impuls folgte, von der Gemeinschaft als ungehorsam gebrandmarkt, beschämt und bestraft wurde. Im traditionellen Christentum gehe es darum, sich korrekt zu verhalten, Gott zu gehorchen, seinen Platz zu wissen, die richtigen Dinge zu glauben (dass Jesus für deine Sünden gestorben sei) und das Geschenk des ewigen Lebens anzunehmen. Dieses Verständnis diene vielen, da es mit der Intuition übereinstimme, dass die menschliche Verfassung nicht ideal sei und daher der Erlösung bedürfe – doch dahinter stehe auch eine tiefe Angst, sich weiterzuentwickeln. Während die Schlange in der Erzählung die Wahrheit sage und als subversiver, kreativer Impuls wirke, verhalte sich Gott wie eine Projektion des strengen Über-Ichs. Nach Evas Weiterentwick-

---

1561. Vgl. Smith, 2011, 252f.
1562. Ebd., 253.
1563. Vgl. 2017, 197.

lung, einer irreversiblen Transformation, gäbe es kein Zurück mehr in den Garten Eden, das gewohnte Umfeld.[1564]

Die eigentliche Ursache für die Entfremdung sieht Sanguin in Traumata – persönlichen, kulturellen, und historischen. Diese Traumata hätten uns energetisch sehr dicht gemacht und uns von unserer Wesensnatur getrennt. Sie bestimmten unsere Persönlichkeit, und unsere sozialen, politischen und wirtschaftlichen Institutionen. Wenn diese nicht bewusst gemacht würden, sei es für uns unmöglich, etwas aus unserer wahren Natur heraus zu erschaffen.[1565] Bei spirituellen Praktiken gehe es darum, die Illusion der Trennung zu überwinden und zu unserem ‚wahren Ich' zu erwachen.[1566] Die ausschließliche Identifikation über das „kleine Ich" führe zu einem Zustand der „Kontraktion".[1567]

In „The Advance of love" kommt Sanguin zu dem Schluss, dass Paulus zur damaligen Zeit gar nicht anders konnte, als die Sünde als eine Macht zu beschreiben, die von außen über ihn hereinbreche. Da er noch keine Kenntnis darüber haben konnte, dass wir evolutionäre Kreaturen seien, die ein Reptiliengehirn und dementsprechende tierische Instinkte und Impulse geerbt haben, habe er die Kräfte und Kämpfe in seinem Inneren nach außen projiziert. Es gehe jedoch nicht darum, diese als Feinde zu betrachten, sondern sie zu beobachten und kontrollieren zu lernen.[1568]

Erlösung als Erkenntnis/Erwachen/Erleuchtung und als Transformationsprozess der Ganzwerdung und Heilung

So wie Anthropologie und Christologie in eins fallen, fällt auch die Anthropologie im Grunde mit der Soteriologie zusammen:

„Integrale Erlösung bedeutet einfach, zu dem befreit zu werden,

---

1564. Vgl. Sanguin, 2015, 159-164.
1565. Vgl. ebd., xiii.
1566. Vgl. ebd., 122.
1567. Vgl. 2014, 125f.
1568. Vgl. 2012, 39ff.

was wir wirklich sind."[1569]

Die Erlösung oder Rettung besteht für die Autor*innen in der Erkenntnis unserer wahren Natur, die in den zwei Naturen Christi sichtbar wird: Wir sind menschlich und göttlich zugleich. Die Opfer-Sühnetheologie wird damit durchgängig von dem Gedanken des Erwachens bzw. der Erleuchtung abgelöst. Es bedürfe keines Opfers und keiner Erlösung, durch die eine real bestehende Getrenntheit von Gott überwunden werden müsste, sondern es mangele lediglich an der Erkenntnis und dem beständigen Bewusstsein einer realen Nicht-Getrenntheit und unauflöslichen Verbundenheit mit dem Göttlichen.[1570]

Das Erwachen bzw. die Erleuchtung wird von allen Autor*innen mit einem Prozess der Transformation, Ganzwerdung und emotionaler Heilung verbunden, der als notwendige Ergänzung zur spirituellen Entwicklung angesehen wird.

Vereinzelt (Marion, Küstenmacher) wird zur Beschreibung der individuellen spirituellen Entwicklung das Konzept der „dunklen Nächte" des Mystikers Johannes vom Kreuz aufgegriffen und, im Anschluss an Wilber, als Übergänge zwischen den Bewusstseinszuständen physisch, subtil, kausal, nondual gedeutet. Beide deuten sie als besondere, einmalige Lebensphasen, die dann auftreten, wenn sich der Schwerpunkt von einem Zustand zu einem anderen hin verlagert.

Aus Marions Sicht besteht keine Notwendigkeit, dass wir gerettet werden müssten, denn wir seien bereits Söhne und Töchter Gottes: „Wir glauben, dass wir gerettet werden müssen. Wir müssen es nicht."[1571] Unser einziger Unterschied zu Jesus sei, dass er um seine

---

1569. Smith, 2011, 253.
1570. In der Idee einer Bewegung von dem Zustand der Trennung/Seperation zu dem Zustand der Verbundenheit finden wir eine Schnittmenge mit den Grundgedanken, die der integrale Philosoph und Redner Charles Eisenstein in seinem Buch „Die schönere Welt, die unser Herz kennt, ist möglich" vertritt. Siehe Eisenstein, 2017.
1571. Marion, 2004, 148.

Einheit mit dem Göttlichen gewusst habe. Was uns erlöse, sei also nicht eine Person, nicht „Jesus als menschliche Persönlichkeit oder gar individuelle Seele", sondern eine Änderung unseres Selbstverständnisses, das „Christus-Bewusstsein."[1572] Der Christ habe daher an der Erlösungsarbeit notwendigerweise Anteil, da ihm niemand den Weg der eigenen Erkenntnis abnehmen könnte:

> *„Vielen Christen gefällt die Vorstellung, dass Jesus ihnen die gesamte Arbeit der Erlösung schon abgenommen hat (schließlich war er göttlich, sie hingegen nur menschlich.)"*[d573]

Sie fänden Trost in der Vorstellung Jesu als ihr Stellvertreter. Auch wenn Jesus durch sein Leiden „einen großen Teil unserer Negativität auf sich genommen und transmutiert" habe, könne er aber nicht das tun, was unsere Aufgabe sei.[1574] Das Christus-Bewusstsein könne nur jeder einzelne für sich erlangen. Die Taufe mit dem Heiligem Geist – verstanden als das höhere Bewusstsein – sei das einzig christliche Sakrament, dass zur Erlösung notwendig sei.[1575] Wenn die Kirche lehre, Jesus sei ohne Sünde geboren, also selbst nicht erlösungsbedürftig gewesen, so meine sie damit eigentlich, dass er bereits mit dem Christus-Bewusstsein auf die Welt gekommen sei.[1576] Aus diesem Bewusstsein heraus werde erkennbar, dass Sünde nicht existiere, sondern lediglich Mangel an Gewahrsein.[1577]

Marion unterscheidet zwischen einer rein kognitiven Erleuchtung und einer, die das Erlangen psychischer Ganzheit miteinschließe. Jesus habe seines Erachtens letzteres gelehrt:

> *„Ich glaube, dass der Zweck der dunklen Nacht der Seele, die Jesus uns durch seine Kreuzigung und Auferstehung symbolisch*

1572. Vgl. 2003, 209.
1573. Ebd., 208.
1574. Ebd.
1575. Vgl. ebd., 119.
1576. Vgl. ebd., 209.
1577. Vgl. ebd., 160f.

vor Augen geführt hat, nicht nur die Verwirklichung des Einsseins mit Gott ist, sondern auch das Erreichen der psychischen Ganzheit."^1578

In dieser dunklen Nacht stelle sich ein Mensch seinen tiefsten emotionalen Verwundungen und wandle diese um. Durch die dadurch stattfindende radikale Transformation werde der Mensch zu einem neuen Wesen.^1579

Marion sieht Erleuchtung also als einen ganzheitlichen, transformierenden Prozess, der miteinschließe, dass jede*r sich früher oder später mit aller Arten an Ängsten und Projektionen auseinandersetzen müsse. Denn die größten Hindernisse für spirituelles Wachstum seien, neben allerhand kognitiven Missverständnissen, emotionaler Natur.^1580 Er schildert diesen Prozess daher auch als schwer und anspruchsvoll:

„*Der spirituelle Weg zu einer nicht-dualen Schau des Reiches Gottes ist lang und mühsam.*"^1581

Küstenmacher/Haberer sehen die Kernbotschaft Jesu in der Wandlung des Bewusstseins. Sie übersetzen dementsprechend Mk. 1,15 mit: „Ändert euren Sinn, wandelt euch, erneuert euer Bewusstsein".^1582

Küstenmacher beschreibt das Heil als einen endlosen Wachstumsprozess in das Christusbewusstsein hinein, bei dem der Heilige Geist uns „durch immer komplexere und heilsamere Versionen von Christsein" führe.^1583 Diesen mystischen Weg bezeichnet sie auch als „geistige[n] Prozess in gut unterscheidbaren Phasen" oder, in Anlehnung an Meister Eckhart, als „Bildungsweg der Seele" durch die Stationen

---

1578. 2004, 150.
1579. Vgl. ebd., 145.
1580. Vgl. ebd., 154.
1581. 2003, 182.
1582. Küstenmacher/Haberer, 2016, 293.
1583. Küstenmacher, 2018, 56.

ein-bilden, aus-bilden, ent-bilden, Ebenbildlichkeit und Überbilden. Bildung sei für ihn ein „transformatorische[r] Prozess seelischer Umwandlung" mit dem klaren Ziel der Gottähnlichkeit.[1584] Beim „Überbilden" transformiere sich das Ich eines Menschen auch nach außen sichtbar. Es äußere sich dann durch einen Wandel in der Lebensführung und schöpferischem Wirken, das sich nicht davor scheue, sich die „Hände schmutzig [zu machen], ohne das Gefühl für die Einheit von allem zu verlieren".[1585]

Haberer meint:

> *„Das Christentum ist im Kern keine Erlösungsreligion, [...] Zumindest nicht, wenn Erlösung die Rettung vor einem sonst drohenden ewigen Unheil bedeutet."*[1586]

Für Christen sei von Bedeutung, dass Jesus uns gezeigt habe, „wie wir die Sünde, das heißt die Zweiheit, die Trennung oder Separation überwinden können." Durch das Hineinwachsen „in die Liebe und Gemeinschaft [...] verwirklich[e] sich die Erlösung." Eine erlösende Botschaft könne sein, wenn jemand einen darauf hinweise, dass dieser noch viel mehr Potential besäße, als er bisher verwirklicht habe und er keine Angst zu haben brauche, weder vor dem Tod am Ende des Lebens noch vor den „kleinen Toden mitten im Leben".[1587] Glaube im Sinne von Vertrauen

> *„rettet [...] nicht vor dem ewigen Tod (den gibt es nicht), sondern vor der Angst, der Todesangst. Das ist die Erlösung. Erlösung ist etwas, das sich im Hier und Jetzt abspielt, im Diesseits. Denn für mein „ewiges Heil" ist gesorgt, darum muss ich mir keine Sorgen machen. Das ist die Gute Nachricht, die frohe Botschaft, das ist das Evangelium."*[1588]

1584. Vgl. ebd., 348f.
1585. Ebd., 366f.
1586. Haberer, 2021, 255.
1587. Ebd., 249ff.
1588. Ebd., 251.

Ausgehend von dem biblischen Sprachgebrauch kommt Haberer zu einem neuen Verständnis des Begriffs der „Gnade": Diese impliziere kein Machtgefälle, wonach der Mächtige dem anderen eine Schuld oder Strafe erlasse, sondern drücke aus, dass Gott uns wohlgesonnen sei.[1589]

Weiter bedient sich Haberer der Bonhoefferschen Unterscheidung zwischem Vorletztem und Letztem: Während die „letzten Dinge" wie die Frage nach unserem wahren Wesen und dem Weiterleben nach dem Tod „geregelt" seien, hätten wir im „Vorletzten" „Anteil an der Bewegung der göttlichen Liebe, die in der Welt Gestalt finden will – durch uns."[1590] Die Rechtfertigungslehre führe bei evangelischen Christen häufig dazu, dass sie fälschlicherweise annähmen, wir bräuchten weder spirituelles Wachstum noch gute Werke. Dass sei ein „grobes Missverständnis". „Gott brauche unsere guten Taten [tatsächlich] nicht. *Aber die Welt brauch[e] sie.*"[1591] Deshalb spreche Jesus unentwegt von der Liebe.

Haberer hält dabei das Bemühen der „Translation" „diese Welt zu einem besseren, menschlicheren Ort zu machen" für genauso wertvoll und wichtig wie die „Arbeit an der eigenen Transformation".[1592] Er unterscheidet daher zwischen „Erlösung" und „Erleuchtung": Während er den Zustand der Erlöstheit dem Bereich des „Letzten" zuordnet, gehöre alles, was wir im spirituellen Bereich erlebten, auch die „Erleuchtung" zum Bereich des „Vorletzten." Da er davon ausgeht, dass wir bei unserem Tod, der Rückkehr ins Große Ganze, „ganz bestimmt" erleuchtet würden, hält er es nicht für notwendig in diesem Leben erleuchtet zu werden."[1593] Diese Einschätzung hängt sowohl mit seinem Verständnis des Begriffes „Erleuchtung" als auch direkt mit seinem Verständnis des Lebens nach dem Tode zusammen. Offenbar versteht er unter „Erleuchtung" eine tiefe spirituelle

---

1589. Vgl. ebd., 252ff.
1590. Ebd., 263.
1591. Ebd., 259.
1592. Vgl. ebd., 278ff.
1593. Vgl. ebd., 278.

Einheitserfahrung und nicht die rein kognitive Erkenntnis der Einheit mit dem Göttlichen, die er seinen Leser*innen durch sein Buch zu vermitteln versucht. So hält er es auch für möglich, dass „religiös begabte Menschen", die über spirituelle Erfahrungen verfügten, diese so überzeugend weitersagen könnten, dass andere sich daran anschließen könnten, ohne es „selbst in dieser Tiefe gemacht zu haben".[1594] Zugleich hält er jede spirituelle Erfahrung für ergänzungsbedürftig durch Arbeit an anderen Persönlichkeitsanteilen. Ebenso wichtig, wie das Aufwachsen und Aufwachen sei es „die eigene[...] Psyche aufzuräumen".[1595]

Da Smith die Sünde als fälschliche Identifikation mit dem Ego statt dem göttlichen Selbst bestimmt, sieht er ein integrales Verständnis von Erlösung in der Erkenntnis, dass wir in unserem wahren, authentischen Ich bereits wie Jesus seien.[1596] Emotionale Verwundungen könnten uns jedoch daran hindern, die Erfahrung von Gottes Gegenwart oder von Lieben und Geliebtwerden zu machen. Er selbst sei sein Leben lang in Therapie gewesen, um sich heilen zu lassen.[1597]

Sanguin spricht von einem Paradigmenwechsel, den er selbst durchgemacht habe: Weg von einem Erlösungs-zentrierten Paradigma, das auf die Sünde, zu einem schöpfungs-zentrierten Paradigma, das auf den ursprünglichen Segen fokusiere.[1598] Wir bräuchten "spirituelle Weisheit, keine Beseitigung der Erbsünde."[1599] Er definiert das Heil (salvation), ausgehend von der hebräischen Wortwurzel „ישע" (retten, befreien) als Geräumigkeit, die sich sowohl in einer äußeren als auch inneren Freiheit ausdrückt. Diese nehme sowohl beim Aufwachsen durch die Stufen von BLAU zu GRÜN usw. zu, als auch beim Erwachen vom verengten „kleinen Ich" zum „wahren Ich". Ein

---

1594. Ebd., 282.
1595. Ebd., 275ff.
1596. Vgl. Smith, 2011, 253.
1597. Vgl. ebd., 288.
1598. Vgl. Sanguin, 2014, 15.
1599. Vgl. ebd., 36.

Hindernis dabei seien frühe Traumata.[1600]

Sanguin macht deutlich, dass es einen Unterschied zwischen der rationalen Schlussfolgerung, dass das Universum für uns sei – und nicht etwa neutral oder gar gegen uns – und dem tiefen Vertrauen darauf. Dieses Vertrauen könne nicht gemacht werden, sondern nur durch eine Therapie wiederhergestellt werden.[1601] Zum Leben eines evolutionären Mystikers gehöre es, so Sanguin, sich der unterschiedlichen Filter – wie Weltanschauung, Glauben, Werte und emotionale Traumata, durch die man die Wirklichkeit wahrnehme und seine eigene Realität erschaffe – bewusst zu werden und Blockaden inner- und außerhalb von uns selbst zu entfernen. Diese Filter, in östlichen Traditionen „Karma" genannt, hielten uns in der Vergangenheit gefangen. In dem Maß, in dem uns das gelänge, gewännen wir an Freiheit dazu.[1602]

Verständnis der Welt

Auch im Bereich der Heilsgeschichte und Eschatologie findet eine massive Neu- und Uminterpretation traditionellen Gedankengutes statt. Jedoch herrscht, wie ich im Folgenden aufzeigen werde, auf diesem Gebiet wesentlich weniger Einigkeit als es beispielsweise bei der Gotteslehre, Christologie oder der Soteriologie der Fall ist. Ich werde im Folgenden nach und nach einen Blick auf die verschiedenen Bereiche der Welt aus Sicht der Autor*-innen werfen. Dabei steht zunächst das diesseitige Leben (Schöpfung (1), Geschichte (2), anschließend mit dem Reich Gottes (3), der Seelenwanderung (4), der Auferstehung (5) und dem Thema Gericht/Himmel und Hölle (6) das jenseitige Leben im Vordergrund. Allerdings gibt es keine feste

---

1600. Vgl. ebd., 124ff.
1601. Vgl. 2015, 149f.
1602. Vgl. ebd., 47ff. Ähnlich argumentiert Sven Kosnick: „Jeder Mensch hat einen Müllhaufen und eine Schatzkammer in sich. Wer nicht bereit ist, den Müllhaufen anzusehen, dem erschließt sich die Schatzkammer auch nicht." Kosnick, 2019, 31.

Grenze zwischen diesen Bereichen, da alle sowohl präsentische, als auch futurische, diesseitige als auch jenseitige Aspekte aufweisen.

Schöpfung

Die Schöpfungslehre und die apokalyptische Eschatologie wird von den Autor*innen durch eine evolutionäre Kosmologie ersetzt. In dem Bemühen, die Schöpfungsgeschichte mit den Erkenntnissen aus der Kosmologie zu verbinden, entstehen teilweise neue Schöpfungsgeschichten, so bei Tresher, Haberer und Sanguin. Dabei kommt es zur Aufnahme von wissenschaftlichen Erklärungsmodellen wie der Urknalltheorie aus der Physik und der Evolutionstheorie aus der Biologie und deren Schlagworten in neue religiöse Mythen (hier gemeint im Sinne eines Narrativs, das als Träger einer überzeitlichen Wahrheit fungiert). Die kategoriale Vermischung „Gott" (Metapher) und „Schwarze Löcher" (naturwissenschaftlicher Begriff) und damit Aufhebung der für die Moderne typischen strikten Trennung von Wissenschaft und religiösem Mythos kann sicherlich befremden und Widerstand hervorrufen. Gleichzeitig antworten solche Narrative auf ein Grundbedürfnis des Menschen nach Ganzheitlichkeit und Kompatibilität von Religion und Naturwissenschaft auf der integralen Stufe.

So schreibt Tresher, dass es zu dem Bestreben dieser Stufe gehöre, Wissenschaft und Religion zu integrieren. Dazu passende Geschichten seien die „Universe Story" von Brian Swimme/Thomas Berry, „Evolutionary Christianity" von Michael Dowd und „Darwin, Divinity and the Dance of the Cosmos" von Sanguin. Auch er selbst unternimmt im ersten Kapitel seines Buches den Versuch, „einen Mythos für unsere Zeit" zu verfassen und nimmt darin Bezug auf den Urknall als Startdatum, die Entstehung der chemischen Elemente und die biologischen Eigenschaften des Mensch[1603]en. Weiter hinten im Buch zitiert er den bereits genannten Michael Dowd mit einem ähnlichen Mythos, der wiederum die Entstehung des Univer-

---

1603. Vgl. Tresher, 2009, 6-9.

sums, seiner Elemente und Eigenschaften zum Thema hat. Der Mensch wird darin herausgestrichen als „das Wesen, in dem die Schöpfung – nach einer Entwicklungszeit von knapp 14 Milliarden Jahren – einen solchen Grad an Kooperation und Komplexität erreicht hat, dass sie nun bewusst über sich selbst reflektieren kann, über ihren Sinn, woher sie stammt, woraus sie besteht und wohin sie unterwegs ist."[1604]

Ebenso verfasst auch Haberer seine „persönliche Schöpfungsgeschichte". Er berichtet selbst in einer Fußnote, dass er gerade „zwei Tage, nachdem ich diesen Schöpfungsmythos aufgeschrieben hatte (ungelogen!)" über den eben erwähnten Mythos von Michael Dowd in Tom Teshers Buch gestoßen sei und gibt diesen in eigener Übersetzung wieder. Tatsächlich weist Haberers Versuch überraschend große inhaltliche Parallelen auf mit den Mythen von Dowd und Tresher. Wie diese nimmt auch er Bezug auf den Urknall, die Entstehung von Sternen, Molekülen, Zellen, Organen, Lebewesen und schließlich des Menschen, der erstmalig die Fähigkeit besäße, „sich seiner selbst bewusst zu werden."[1605]

Auch Sanguin bemüht sich vor allem in seinem bereits genannten Werk, „Darwin, Divinity and the Dance of the Cosmos" von 2007, um die Verbindung der Evolutionslehre mit dem biblischen Schöpfungsgedanken.

Geschichtsverständnis

Der Geschichte und/oder Evolution als solcher wird ein Wert beigemessen, da sich das Göttliche durch sie in Raum und Zeit manifestiere. Heilsgeschichte und Evolutionslehre werden nicht als gegensätzlich betrachtet, sondern fallen in eins. Die biologische Evolution setze sich beim Menschen in der kulturellen und schließlich spirituellen Evolution fort. Obwohl sich nicht alle explizit auf die Omega-Theorie eines Teilhard de Chardin berufen, schimmern dessen Ideen immer wieder durch. Mit dieser Art von Geschichtsopti-

---

1604. Vgl. ebd., 78f., Übersetzung aus Haberer, 2021, Fußnote 17, 304.
1605. Haberer, 2021, 76ff.

mismus knüpfen sie an den Gedanken der Vervollkommnung des Christentums an, der bereits in der Aufklärung geäußert wurde, beispielsweise von Johann Salomon Semler.[1606]

Alle Autor*innen gehen, einerseits aufgrund ihrer gründlichen Rezeption von Entwicklungspsychologie und andererseits der Wiederaufnahme alter mystischer Tradition, von der Vorstellung aus, dass der Mensch, individuell als auch kollektiv, zur spirituellen Weiterentwicklung angelegt ist. Über das Ziel herrscht allerdings keine Einigkeit: Während Marion und Tresher davon ausgehen, dass jede*r früher oder später zwangsläufig, nach wiederholter Reinkarnation, die Erleuchtung oder das „Christusbewusstsein" erlangen wird, soll und muss, geht es Haberer primär darum, sich zu einem liebevollen Menschen zu entwickeln und seinen Beitrag zu leisten. Hinter den großen Differenzen, die hier sichtbar werden, stehen vor allem verschiedene Vorstellungen von dem Leben nach dem Tod, wie ich weiter unten ausführlicher zeigen werde. Denn teilweise wird die spirituelle Weiterentwicklung mit dem Gedanken der Seelenwanderung verknüpft, besonders bei Marion, aber auch bei Tresher und Sanguin.

Für Marion liegt der „Sinn des menschlichen Lebens im Wachstum des Gewahrseins oder des Bewusstseins"[1607] und das Ziel des Menschenlebens in der Erlangung der Erleuchtung oder des Christusbewusstseins:

> *„[Die Schöpfung] hat Zweck und Sinn, und dieser besteht darin, aus jedem Menschen einen Christus zu erschaffen, der seiner selbst gewahr ist."*[1608]

An anderer Stelle spricht er davon, dass „das Lebensziel eines Christen darin besteh[e], ein Heiliger zu werden."[1609] Daher kommt es bei ihm zwangsweise zu einer Annahme einer Reinkarnationsidee,

---

1606. Vgl. Grath, 69f.
1607. Marion, 2003, 259.
1608. Ebd., 250.
1609. Ebd., 243.

da bekanntlich nicht jeder Mensch erleuchtet stirbt:

> *"[W]ir selbst müssen durch unsere Entscheidungen im Laufe vieler Lebenszeiten das Haus bauen, in dem das Christus-Bewusstsein endlich ein Heim finden und leben kann."*[1610]

Der gesunde Menschenverstand, so sein Argument, sage uns, dass die Heiligen „ihren spirituellen Weg nicht am Nullpunkt begonnen"[1611] haben könnten, sondern vieles dafür spreche, dass diese entweder bereits von einem höheren Bewusstsein starteten bzw. dieses wesentlich schneller erreichten als dies bei normalem Tempo der Fall wäre. Die Entwicklung eines Menschen ist seiner Anschauung zufolge also mit dessen Tod nicht abgeschlossen, sondern setzt sich über viele Erdenleben hinweg fort. Dementsprechend gliedere sich auch das jenseitige Leben in verschiedene Ebenen bzw. Bereiche auf, in die ein Mensch in Abhängigkeit seines Entwicklungsgrades eintrete oder Zugang erhalte. Als Quelle für diese These dienen ihm u.a. das tibetische Totenbuch und Berichte von Nahtoderfahrungen.[1612]

Tresher geht ebenfalls davon aus, dass das Schicksal unseres Lebens das Christusbewusstsein sei, entweder in diesem oder einem späteren Leben, und nimmt eine Seelenwanderung an.[1613]

Auch Sanguin verknüpft den Gedanken der spirituellen Entwicklung ebenfalls, wenn auch nur in einem einzigen Satz, explizit mit einer Seelenlehre:

> *"Unsere Seelen sind gekommen, um etwas Bestimmtes zu lernen, und wir gestalten unser Leben so, dass wir die Erfahrungen machen, die wir brauchen, um uns als Seelen weiterzuentwickeln."*[1614]

1610. Ebd.
1611. Ebd., 243.
1612. Vgl. ebd., 255-261.
1613. Vgl. Tresher, 2009, XVI u. 130f.
1614. Sanguin, 2015, 170.

Ein weiterer Unterschied findet sich darin, welche Stufen die Autor*innen jeweils als noch beschreibbar halten. So hört Haberer bereits vor KORALLE auf[1615], Küstenmacher mit KORALLE[1616], während Marion durch die Aufnahme des Leitermodells Wilbers noch über KORALLE hinausgeht.[1617] Smith fasst die Begriffe jenseits von integral schlicht mit „integral und darüber hinaus" oder „postintegral" zusammen[1618] und auch Tresher spricht vom „Zweiter Rang und darüber hinaus."[1619] Auch Sanguin endet bereits bei TÜRKIS.[1620]

Im Anschluss an Teilhard de Chardins Vorstellung eines Omega-Punktes nimmt auch Marion an, dass die Evolution ein Ziel hat. Die jüdisch-christliche Tradition habe die Geschichte schon immer als „Heils"-Geschichte gedeutet, d.h. als einen linear ablaufenden Prozess, der zu einem idealen Abschluss führe.[1621] Die Schöpfung gehe nicht „irgendwo hin", sie habe „Zweck und Sinn, und dieser besteh[e] darin, aus jedem Menschen einen Christus zu erschaffen, der seiner selbst gewahr ist."[1622] Das Ziel der Evolution sieht er im Menschen, der sich seiner Göttlichkeit bewusstwerde und zu einem bewussten „Co-Creator" werde.[1623] An anderer Stelle formuliert er:

> *„Der Aufstieg zur nicht-dualen Schau des Himmelreiches ist der einzige Grund für das Unternehmen Menschheit, das Gott auf diesem Planeten ins Leben gerufen hat."*[1624]

Paulus habe (der Autor lehnt sich an Röm 8,19 an) davon geschrie-

---

1615. Vgl. Haberer, 2021, 45.
1616. Vgl. Küstenmacher, 2018, 162.
1617. Vgl. Marion, 2004, 73.
1618. Vgl. Smith, 2011, xxii.
1619. Tresher, 2009, 35.
1620. Vgl. Sanguin, 2014, 88f.
1621. Vgl. Marion, 2004, 70.
1622. 2003, 250.
1623. Ders., 2004, 93.
1624. Ebd., 193.

ben, dass die gesamte Schöpfung in Wehen liege, um Söhne und Töchter Gottes zu produzieren, Menschen, die sich ihrer Göttlichkeit bewusst seien. Das ganze Universum sei darauf ausgerichtet, diesen evolutionären Prozess zu beschleunigen. Eines Tages hätten alle Seelen das Christus-Bewusstsein. Die Folge davon sei das Reich Gottes auf Erden.[1625] Denn dieses manifestiere sich im Außen, wenn alle Menschen in einem nicht-dualen Bewusstsein angekommen seien.[1626] Aus einer Nebenbemerkung wird jedoch ersichtlich, dass Marion auch nicht gänzlich ausschließt, dass die Menschheit ihren freien Willen derart missbrauchen könnte, dass dieses Unterfangen, wenigstens auf dieser Erde, [„zumindest in diesem konkreten Sonnensystem"], scheitern könnte.[1627] An anderer Stelle formuliert er optimistischer:

„Zu guter Letzt wird das Bewusstsein der Schau-Logik die Oberhand gewinnen. Der Geist fordert es. Christus fordert es. Denn es ist Christus, der sich in der Geschichte entfaltet."[1628]

Tresher schildert die Schöpfung und Heilsgeschichte in seinem Mythos als ein Versteckspiel der Leere (oder des großen Mysteriums oder Gottes): Diese vergesse sich, damit sie wieder und wieder erwachen könne. Die Menschen vergleicht er mit einem vergleichsweise neuen Spiel Gottes. Es gebe keine Möglichkeit, zu wissen, wie dieses Spiel ausgehe – ob die Menschheit möglicherweise die Erde und sich selbst zerstöre oder Gott das nicht zulasse. Von einem transpersonalen Standpunkt aus spielen solche Fragen aus Treshers Sicht auch keine Rolle, da es nur darum gehe, die eigene Natur zu erkennen[1629]. Sei diese erkannt, werde auch klar: „Das Leben hat kein Drama, keine Geschichte [...][1630]."

Küstenmacher/Haberer geben für die Stufe TÜRKIS die Gedan-

1625. Vgl. ebd., 93f.
1626. Vgl. 2003, 262.
1627. Vgl. 2004, 93.
1628. 2003, 77.
1629. Vgl. Tresher, 2009, 8f.
1630. Ebd., 88.

ken Teilhard de Chardins wieder, wonach die „Menschwerdung hin zu mehr Vergeistigung, Selbstbestimmung und Selbsthingabe [...] ein fortlaufendes Projekt der Evolution" sei, dass von Christus selbst begleitet werde. Die Zukunft sei eine bewusste „zweite Menschwerdung", diesmal aber „der gesamten Menschheit".[1631]

Küstenmacher beschreibt die Zielrichtung des Christentums mit Hilfe der vier Zugkräfte jedes Holons: Durch das Streben nach Eros käme es zur Weiterentwicklung auf höhere Stufen, durch Agape zur Integration der früheren Stufen. Durch das Streben nach Agenz nehme die Freiheit und Autonomie, durch das Streben nach Kommunion die Inklusion in die Gemeinschaft zu.[1632] Letztlich sei der spirituelle Weg „dazu da, dass man seinen ureigensten Beitrag zur Weiterentwicklung der Welt leiste[...]". Der Weg nach innen müsse seine komplementäre Entsprechung in äußerlichen Handlungen bekommen. Dadurch verkörperten wir selbst „den Wachstumsprozess der kosmischen Ordnung", den sie nach oben offen denkt.[1633] Ein „Lästern gegen den Heiligen Geist" wäre es, wenn „man das Christentum als abgeschlossene Religion definieren wollte."[1634]

Haberer formuliert bewusst salopp in seinem „Epilog": „Erwachen ist [...] ein ‚Nice-to-have', kein ‚Must-have'"[1635]. Man könne meditieren, es aber auch lassen. Da Erleuchtung im Christentum nicht als Erlösung aus einem ewigen Kreislauf der Wiedergeburten gedacht werde, sei sie auch nicht notwendig.[1636] Es reiche, wenn einige „religiös begabte Menschen diese Erfahrung [machten] und [...] sie weiter[sagten]."[1637]

Smith schreibt: So wie der kosmische Christus mit dem Urknall gekommen sei, so finde das zweite Kommen Jesu, die Personifikation

---

1631. Küstenmacher/Haberer, 2016, 217.
1632. Vgl. Küstenmacher, 2018, 23f.
1633. Ebd., 366f.
1634. Ebd., 56.
1635. Haberer, 2021, 291.
1636. Vgl. ebd., 291-295.
1637. Ebd., 282.

des kosmischen Christus, statt, indem immer mehr und mehr Menschen in das nonduale Einheitsbewusstsein kämen.[1638] Es sei also kein einmaliges historisches Ereignis in der Zukunft, sondern ein Prozess. Er geht davon aus, dass die spirituelle Welt, und damit insbesondere der Mensch, sich als Gegenstück zu der physischen Welt weiterentwickelt. Der Schritt, der der Menschheit als nächstes bevorstehe, sei der zu einer integralen und kosmozentrischen Kultur und Spiritualität.[1639]

Sanguin deutet, Tresher ganz entgegengesetzt, Gott als einen Geschichtenerzähler und die Evolution als ein Drama in drei Akten (Anfang, Mitte, Ende), an dem wir teilnähmen. Das Versprechen eines „sinnvollen" Ausgangs der Geschichte sei zentral für die Hl. Schrift. Eine evolutionäre Weltsicht sei intrinsisch hoffnungsvoll: Eine Krise sei häufig zugleich eine Neugeburt.[1640] Die traditionelle Deutung des Schöpfungsmythos verstehe die Geschichte, möglicherweise unbewusst, als Bestrafung, statt als ein Abenteuer in eine unbekannte Zukunft und als Möglichkeit mit dem Göttlichen eine bessere Welt zu erschaffen.[1641] Jesu apokalyptische Lehren versteht Sanguin (ähnlich wie Doug King, s.o.) nicht als die Prophezeiung eines wörtlich verstandenen Untergangs der Welt, sondern im Sinne einer Zeitenwende als das Ausrufen des Endes und des Beginns einer neuen Ära und einer neuen Menschheit.[1642]

In Anlehnung an die hebräische Wurzel „ישע" (retten, befreien), aus der sich der Name „Jesus" ableitet, sieht er diesen als jemanden, der neuen Raum schaffe. Das Ziel der ganzen Evolution könne in der schrittweisen Befreiung der Schöpfung gesehen werden, denn jeder Entwicklungssprung sei mit einem Zugewinn an Freiheit verbunden, sowohl der von den Atomen hin zu einem selbstbewussten Menschen als auch der von einer Bewusstseinsstufe zur anderen.[1643] Er

---

1638. Vgl. Smith, 2017, 65f.
1639. Vgl. ebd., 300.
1640. Vgl. Sanguin, 2015, 10.
1641. Vgl. ebd., 163.
1642. Vgl. ebd., 55.

greift auf Paulus in 1. Kor 13,11 zurück, der darin die Entwicklung von einer kindlichen zu einer erwachsenen Spiritualität beschrieben habe. Wie bereits erwähnt, sieht er das Gesetz bzw. jegliche äußere Autorität in der Funktion eines Babysitters, die später dadurch abgelöst werde, dass ein Mensch lerne, eigenständig aus dem Christusbewusstsein heraus zu handeln.[1644]

Das Reich Gottes

Nahezu alle Autor*innen sind sich darin einig, dass es sich bei dem „Reich Gottes" um eine besondere Sichtweise handelt, die Jesus eigen war – also zunächst um ein diesseitiges Phänomen. Diese Sichtweise wird teilweise einem Bewusstseinszustand, einer Bewusstseinsebene oder beidem zugeschrieben[1645].

Typische Merkmale sind Nondualität, Nicht-Getrenntheit, Verbundenheit, Einheit, Ganzheit. Dabei ist das „Reich Gottes" zunächst ein Bewusstseinswandel einzelner, der sich erst allmählich auch kollektiv im Außen manifestieren werde. Es habe also sowohl einen präsentischen als auch futurischen Aspekt wie einen innerlichen als auch systemisch-politischen.

Für Marion ist das Reich Gottes das nicht-duale Bewusstsein, „die höchste Stufe des menschlichen Bewusstseins."[1646] Zur Erinnerung: Da er in diesem Werk noch nicht zwischen Stufen und Zuständen unterscheidet, ist beides damit gemeint. Zugleich sei dieses „Reich Gottes" jedoch nur im Inneren einzelner Menschen, die sich bis zu dieser Stufe weiterentwickelt hätten. Erst nach und nach gehe mit diesem Zustand eine Veränderung im Außen einher. Wenn alle Menschen innerlich im Reich Gottes lebten, manifestiere sich dieses Reich auch auf Erden.[1647] Dies sei das Ziel der Evolution: „Die Evolution wird eines Tages das Reich Gottes auf die Erde bringen".[1648]

1643. Vgl. 2014, 124f.
1644. Vgl. 2015, 24f.
1645. Vgl. Marion, 2003, 34, Smith, 2017, 313, Sanguin, 2015, 100f.
1646. Marion, 2003, 34.
1647. Vgl. Marion, 2003, 262.

Küstenmacher/Haberer beziehen zur präzisieren Unterscheidung die Quadranten mit ein: So gibt es sowohl eine innere individuellen (links) als auch einen äußeren individuellen Aspekt (rechts) des Reiches Gottes. Im Plural lässt es sich so als eine „dynamische Größe", ein „System" verstehen (Quadrant rechts unten).[1649]

Haberer nennt die Botschaft vom Reich Gottes eine „äußerst brenzlige Botschaft"[1650] für die Römer, die dieses nur als Konkurrenz zu ihrer eigenen Herrschaft sehen konnten. Jesu Aufruhr im Tempel sieht er als „eine wohlkalkulierte politisch-religiöse Zeichenhandlung"[1651], mit der dieser an die kultkritische Tradition der Propheten angeknüpft habe und wegen dieser der römische Staat sich gezwungen sah, ihn zum Tod am Kreuz zu verurteilen.[1652] Mit dem Bild vom „Reich Gottes" habe Jesus „eine weit verbreitete Hoffnung seiner Zeitgenossen auf[gegriffen]", die unter der Fremdherrschaft litten. Allerdings habe er die diesbezüglichen Vorstellungen und Erwartungen radikal umgeformt.[1653] In diesem „Reich" würde „die Trennung zwischen drinnen und draußen", zwischen rein und unrein, Frauen und Männern, Juden und Anderen, die Guten und die Bösen aufgehoben.[1654] Haberer sieht damit das „Reich Gottes" ebenfalls als eine besondere Sichtweise Jesu, bringt diese jedoch nicht explizit (wie Marion oder Smith) mit einem erweiterten Bewusstseinszustand Jesu in Verbindung.

Auch Smith zufolge wird das Reich Gottes auf der integralen Stufe

---

1648. 2004, 94. Auch Cynthia Bourgeault knüpft direkt an Marions Vorschlag an, das Reich Gottes als eine Metapher für einen Bewusstseinszustand zu verstehen: „[E]s ist kein Ort, an den man *hingeht*, sondern ein Ort, von dem man *herkommt*. Es ist eine völlig neue Art, die Welt zu sehen, eine transformierte Bewusstheit, die diese Welt buchstäblich in einen anderen Ort verwandelt." Bourgeault, 2020b, 45.
1649. Vgl. Küstenmacher/Haberer, 2016, 186.
1650. Haberer, 2021, 106.
1651. Ebd., 107.
1652. Vgl. ebd.
1653. Ebd., 120f.
1654. Vgl. ebd., 123-130.

als die nonduale Sichtweise oder das Einheitsbewusstsein Jesu verstanden. Er lehnt sich dabei an Elaine Pagels, Professorin für Religionswissenschaft an der Princeton University, und an Marion, der das Reich Gottes das Christusbewusstsein genannt habe, an.[1655] Plakativ setzt er die integrale Position von der traditionellen ab: Es gehe nicht darum, dass wir in den Himmel kämen, sondern darum, dass der Himmel in uns komme. Ziel des spirituellen Lebens sei es, zu begreifen, dass das Himmelreich bereits immer in uns gegenwärtig sei und es darum gehe, diese innere Realität im Außen zu manifestieren[1656]: „Das Reich Gottes ist zuerst eine innere Aufgabe."[1657] Jesus selbst sei der Überzeugung gewesen, dass er nicht nur über das Reich Gottes reden, sondern es auch verfügen und verkörpern sollte. Daher habe er sich wie eine Ein-Mann-Bewegung gegen den Tempelkult verhalten.[1658] Statt „(König)reich Gottes" verwende er lieber den Begriff „Herrschaft Gottes"[1659], da dieser nicht von zeitgeschichtlichen Herrschaftsformen abhängig sei. Das Reich Gottes sei in erster Linie eine neue Sichtweise auf die Welt, die er mit dem Begriff der „Nondualität" und dem Wort „einfach-sehend" zu beschreiben versucht. In dieser werde alles als eine nahtlose ineinander übergehende, ungetrennte Einheit geschaut.[1660] Das Reich Gottes sei sowohl schon da als auch erst allmählich zu erkennen und anzunehmen, was ein Prozess sei.[1661]

Auch Sanguin entscheidet sich für eine neue Bezeichnung oder vielmehr ungewöhnliche Schreibweise des Begriffes: „kin(g)dom (Königreich)", worin das Wörtchen „kin", Verwandtschaft, enthalten ist. Dieses „kin(g)dom" ist für ihn ein Bereich, der der tatsächlichen Vollkommenheit, Verbundenheit und des Nicht-Getrenntseins aller

---

1655. Vgl. Smith, 2011, 254 u. 294; 2017, 316f.
1656. Vgl. 2011, 255f.
1657. Ebd., 256.
1658. Vgl. 2017, 126.
1659. Vgl. ebd., 53.
1660. Vgl. ebd., 318f.
1661. Vgl. ebd., 198.

Dinge entspricht. Durch Jesu Fähigkeit, diese Vollkommenheit in anderen sehen zu können, sei er selbst das Reich Gottes gewesen.[1662] Es handele sich dabei also um eine Verschiebung vom Sehen durch eine Linse der Fragmentierung und Entfremdung zum Sehen der Ganzheit, die das ganze Leben belebe.[1663] Er versteht es zugleich als in der Zukunft liegendes Potential, das sich durch die Evolution zunehmend verwirkliche.[1664] Als Metapher habe es eine subversive Macht, gegenwärtige Systeme, wie auch damals das Kaiserreich, immer wieder neu in Frage zu stellen.[1665] In einer Tabelle stellt er diese Metapher als Alternativmodell zu dem gegenwärtigen, dass er mit „Königreich des Cäsar" überschreibt, in fünf verschiedenen Bereichen des Lebens vor: persönlich, sozial, politisch, wirtschaftlich, religiös. Sie lade zu einem Paradigmenwechsel und einer damit verbundenen radikalen Transformation ein.[1666]

Seelenwanderung – ja/nein

In der Frage nach der Unsterblichkeit der Seele oder einer möglichen Seelenwanderung sind die Autor*innen ähnlich wie Wilber (vgl. „Seelenlehre") bzw. die ganze Szene der transpersonalen Psychologie uneins oder sehr zurückhaltend.

Es gibt mindestens zwei weitere Gründe für die herrschende Uneinigkeit der Autor*innen in dieser Frage.

1662. Vgl. Sanguin, 2015, 17ff.
1663. Vgl. ebd., 100.
1664. Vgl. 2014, 13.
1665. Vgl. ebd., 48.
1666. Vgl. ebd., 68f. Don McGregor knüpft an die Redeweise Cynthia Bourgeaults von einem neuen Betriebssystem an, dem „Reich-Gottes-Bewusstsein." Es sei sowohl „in als auch unter uns" und sowohl „jetzt" als auch „noch nicht", da wir kollektiv noch nicht die Stufe der Erleuchtung erreicht hätten, um dauerhaft in dem vereinenden Bewusstsein zu bleiben und daraus zu handeln. Damit habe es sowohl eine individuelle als auch gesellschaftliche Dimension und böte eine kontra-kulturelle Perspektive: „Eine neue Weltordnung mit Beziehungen in Gleichheit, mit Gerechtigkeit, Liebe, Frieden und Befreiung." Bourgeault, 2014, 142-148.

1. Zunächst unterscheiden sich die gängigen Reinkarnationsvorstellung stark voneinander, weswegen wichtig ist, zu klären, an welche jeweils angeknüpft wird. Der katholische Theologieprofessor Klaus Vechtel stellt fest:

> *„Der wesentliche Unterschied zwischen westlichen Reinkarnationsvorstellungen und den großen religiösen Traditionen des Hinduismus und des Buddhismus liegt in der grundlegend verschiedenen Funktion der Reinkarnation: In den klassischen Religionen Asiens ist die Reinkarnation als solche kein erstrebenswertes Ziel und Gut, sie wird vielmehr als ein zu überwindender Zustand angesehen. Das Ziel des Menschen besteht in den religiösen Traditionen des Hinduismus (und ähnlich auch des Buddhismus) in der Befreiung aus dem Kreislauf von Sterben, Geborenwerden und neuem Sterben. [...] Im Unterschied zu den großen Religionen Asiens können westliche Reinkarnationsvorstellungen als Ausdruck optimistischer Fortschrittshoffnung interpretiert werden."*[1667]

Als Beispiel dafür führt er Gotthold Ephraim Lessings Schrift „Die Erziehung des Menschengeschlechts" an. Eine solche ‚westliche' Form der Reinkarnationsvorstellung begegnet uns beispielsweise in einem Nahtodbericht von Mellen-Thomas Benedict:

> *„Und es wurde mir sehr klar, dass alle Hohen Selbste ein Wesen sind, alle menschlichen Wesen sind miteinander verbunden, so dass sie ein Wesen bilden, wir sind in der Tat ein Wesen, verschiedene Aspekte des einen Wesens. [...] Die Leere ist absolut Null, Chaos, das alle Möglichkeiten enthält. Es ist absolutes Bewusstsein, viel mehr als Universale Intelligenz. [...] Also ist die Schöpfung Gottes ein Unternehmen, sein Selbst auf alle erdenkliche Weise zu erforschen, wobei er jeden von uns bei dieser Selbsterforschung auf ewige Zeit einsetzt."*[1668]

1667. Vechtel, 2001, 108.
1668. Benedict, 2021.

Auch wenn die typischen Aufteilung in „westlich" und „östlich" wohl nicht sehr glücklich gewählt ist, gilt es doch festzuhalten, dass große Unterschiede in den verschiedenen, auch innerhalb den östlichen Traditionen selbst, bestehen. So war der indische Philosoph Sri Aurobindo ebenfalls von der Reinkarnation der Seelen überzeugt und sah sie als wesentliches Werkzeug der Evolution.[1669]

2. Ein weiterer Grund ist sicherlich, dass einige Autor*innen (Marion, Smith) Berichte und Forschungen zu Nahtoderfahrungen, Nachtodkontakten, Reinkarnationstherapien als auch die postmoderne spirituelle Szene, in der die Seelenwanderung meist fester Bestandteil in Büchern, Seminaren, Therapien und Filmen ist, mit großer Aufgeschlossenheit rezipieren, während im anderen Fall diesbezüglich starke Zurückhaltung herrscht. So sieht Haberer Menschen mit Nahtoderlebnis nicht als eine zuverlässige Quelle an, da für ihn das „Totsein" dadurch definiert ist, dass es „kein Wiederkommen" gäbe.[1670]

1) Wie bereits mehrfach erwähnt, hält Marion die Reinkarnation nicht nur eine schlüssige Erklärung zahlreicher Phänomene, sondern erfuhr sie auch im Laufe seines Lebens als eine feststehende „Tatsache"[1671], die unabhängig davon sei, ob jemand daran glaube oder nicht. Entgegen einer weit verbreiteten Überzeugung habe das Konzil von Konstantinopel 553 n. Chr. diese Idee nicht verurteilt, sondern lediglich fälschliche Vorstellungen davon.[1672] Für ihn selbst sei es „ein harter Kampf" gewesen, „diese Vorstellung zu akzeptieren".[1673] Er argumentiert also in doppelter Weise: sowohl von einer rationalen, als auch einer transrationalen Warte her – seiner eigenen spirituellen Erfahrung. Unter der Überschrift „Das Problem von

---

1669. Aurobindo, 2002. Siehe besonders das Kapitel „Die Philosophie der Wiedergeburt."
1670. Haberer, 2021, 248.
1671. Marion, 2003, 245 u. 250.
1672. Vgl. ebd., 248f..
1673. Vgl. ebd., 291-295.

Gottes Lieblingen" wirft er in „Der Weg zum Christusbewusstsein" die Frage auf, warum der durchschnittliche Christ gar nicht erwarte, ein Heiliger zu werden – wo es doch das eigentliche Lebensziel eines Christen sein sollte –, manche Heilige aber das Leben scheinbar „mit großem Vorsprung betreten haben" oder umgekehrt manche Kinder scheinbar mit einer außergewöhnlichen Negativität und Veranlagung zum Psychopathen geboren würden.[1674] Die Zeitspanne, die ein Mensch normalerweise benötigen würde, um alle Entwicklungsstufen bis zum nicht-dualen Bewusstsein zu durchlaufen, ginge außerdem weit über die eines Menschenlebens hinaus: „Normalerweise dauert es Hunderte, wenn nicht Tausende von Leben, bis eine menschliche Seele ihre Göttlichkeit erkennt."[1675] Diese Überlegungen gehen in eine ähnliche Richtung wie Wilbers These eines „Entwicklung-Sollwertes". Auch Genialität oder unerklärliche Ängste ließen sich dadurch erklären sowie die Frage nach Gottes Gerechtigkeit angesichts der extremen Chancenungleichheit der Menschen, die Erleuchtung zu erlangen. Einige Bibelstellen deuteten ebenfalls auf Reinkarnation hin.[1676] Er sieht außerdem „umfassende Beweise dafür, dass der Glaube an die Reinkarnation in der frühen Kirche weit verbreitet war", darunter die dazu erhobenen Stellungnahmen durch die Kirchenväter. Gleichzeitig grenzt sich Marion von bestimmten, seiner Ansicht nach, falschen Reinkarnationsvorstellungen ab, darunter die eines nie endenden, nirgendwo hinführenden Zyklus, der einem evolutionären Verständnis widerspreche.[1677] Vielmehr sieht er sie als ein „Denkmodell für eine multidimensionale Realität."[1678]

Als weiteres Argument für die Reinkarnation dient ihm die Frage nach dem Sinn der Heilsgeschichte und/oder Evolution überhaupt. Würde das „Christus-Selbst, [die] in jeder Beziehung individuierten

---

1674. Vgl. ebd., 243.
1675. 2004, 93.
1676. Vgl. 2003, 245ff.
1677. Vgl. ebd., 248f.
1678. Ebd., 251.

vergöttlichten Seele" am Ende vernichtet, also die individuelle Seele ausgelöscht, mache das keinen Sinn. Denn deren nicht-duale Schau des Himmelreichs sei schließlich „der einzige Zweck der materiellen Schöpfung."[1679]

Auch Tresher scheint von einer Seelenlehre auszugehen. Dabei grenzt er sich jedoch von der buddhistischen Vorstellung ab, dass wir alle so lange auf die Erde zurückkehren müssten, bis wir unsere Lektionen gelernt hätten: „Ich bevorzuge eine sanftere Geschichte." Demnach inkarniere sich jede Seele in ein bestimmtes Setting (Körper, Personalität, Situation), um so ein von ihrer gesetzten Ziel anzustreben – „Die Seele hat ihre eigene Agenda[1680]". Dieses Ziel könne sich stark von dem unterscheiden, was der Verstand (mind) der Persönlichkeit wolle, da die Seele stets ein Interesse an Weiterentwicklung und Transformation habe. Die Leere unterscheide sich von der Seele dadurch, dass erstere nur beobachte, während letztere aktiver sei, etwas tun wolle und einem Zweck folge.[1681]

Auch Sanguin lässt die Idee einer Seelenwanderung durchschimmern, führt diese aber nicht näher aus.[1682]

2) Haberer dagegen verwendet die Begriffe „Seele" und „Bewusstsein" synonym: „wobei ich „Seele" nicht in dem Sinn einer (womöglich unsterblichen) Seele verstehe, wie sie manche dem Menschen zuschreiben, sondern im Sinn von Bewusstsein oder Bewusstheit."[1683] Bei der Frage nach dem Leben nach dem Tod gebe es zwei Hauptstränge in den religiösen Traditionen: Die Reinkarnationslehre oder die „Rede von der Auferstehung am Ende der Zeit."[1684] Bei der Reinkarnationslehre bezieht er sich auf hinduistische und buddhistische Lehren vom Rad der Wiedergeburt, bei denen das ewige Gesetz

---

1679. Ebd.,189.
1680. Vgl. Tresher, 2009, 130.
1681. Vgl. ebd., 130f.
1682. Vgl. Sanguin, 2015, 170.
1683. Haberer, 2021, 201.
1684. Ebd., 235.

des Karma bestimme, ob, als was und wann jemand wiedergeboren werde.

Für die These, das frühe Christentum habe eine Lehre der Seelenwanderung vertreten, gebe es keine historischen Belege. Auch die Bibelstellen, die diesbezüglich angeführt würden (teilweise identisch mit denen von Marion ins Feld geführten) ließen sich anders treffender deuten.[1685] „Christen glauben nicht an die ewige Wiederkehr, den endlosen Kreislauf der Wiedergeburten."[1686] „Das Neue Testament" habe – im Gegensatz zu anderen Religionen wie der tibetanische Buddhismus mit seinem „Totenbuch" – keine „detaillierte Lehre vom Leben nach dem Tod" entwickelt.[1687] Im Anschluss schlägt er vor, das Leben nach dem Tod als „Rückkehr ins Große Ganze" zu verstehen. Die Idee einer individuellen Seele, die über den Tod hinaus besteht, gibt er auf:

> *„Unser Ich, unsere Persönlichkeit fällt von uns ab, wenn wir sterben, denn sie ist gebunden an Raum und Zeit [...]. Ich glaube also nicht an ein persönliches Weiterleben nach dem Tod."*[1688]

Das sieht er jedoch nicht als Verlust, sondern Gewinn:

> *„Wir werden nicht weniger sein als eine Persönlichkeit, sondern viel mehr. Die Erfahrungen, die wir in diesem Leben gemacht haben, gehen ein ins unendliche göttliche Bewusstsein, wenn wir wieder eins werden mit dem Großen Ganzen, das wir sind."*[1689]

Zur Beschreibung des Verhältnisses von unserem ‚Ich' und dem ‚Großen Ganzen' bedient er sich der Rede von ‚holografischen Fraktalen': Wir seien das ‚Ganze', das durch uns in Raum und Zeit Erfahrungen mache[1690].

1685. Vgl. ebd., 237.
1686. Ebd., 291.
1687. Ebd., 244.
1688. Ebd., 246.
1689. Ebd.
1690. Vgl. ebd., 245.

Im diametralen Gegensatz zu Marion[1691] behauptet er:

> *"Das endgültige Erwachen, die ultimative Erleuchtung geschieht mir im Augenblick meines Sterbens."*[1692]

Wir sehen also, dass sich nicht nur das Verhältnis zu einer Reinkarnationslehre, sondern auch das Verständnis dieser massiv unterscheidet.

Auferstehung

Es scheint fast, als herrsche in Bezug auf die Frage nach der körperlichen Auferstehung die größte Uneinigkeit sowie teilweise schlichtes Desinteresse. Das ist auffallend, da es sich nicht um ein Randthema im Christentum handelt, sondern um die Kernbotschaft der Jünger Jesu.

Marion deutet diese als bewusste Erschaffung des stofflichen Körpers, die in der Zukunft stattfinden wird, wenn „alle Menschen […] im nicht-dualen Bewusstsein leben können" und es damit zu einer äußeren Manifestation des Reiches Gottes auf Erden komme.[1693] Die Auferstehung Jesu deutet er dahingehend, dass dieser, wie andere hohe spirituelle Meister, über die Fähigkeit verfügte, seinen stofflichen Körper bewusst zu erschaffen. Den Jüngern sei er sowohl in seinem Astralkörper, als auch in einem grobstofflichen Körper begegnet. Er verweist dazu auf Berichte aus den religiösen Traditionen, die ebenfalls von der Auferstehung ihrer Meister oder deren Fähigkeit zur Bilokation – deren Anwesenheit an zwei Orten gleichzeitig durch Erschaffung eines Zweitkörpers – berichteten.[1694]

Tresher deutet die Auferstehung rein symbolisch. Die Auferstehung weise auf eine Wahrheit hin, die das ganze Menschengeschlecht und die Geschichte des Lebens beträfe. Auf Zusammenbrüche und Chaos folgten beständig Kreativität und neue Lebensformen.[1695]

Ebenso macht es Küstenmacher: „[…]die Gnade einer Auferste-

1691. Siehe dazu auch .
1692. Ebd., 291.
1693. Marion, 2003, 262.

hung in ein neues Bewusstsein [...]"[1696]

Haberer dagegen lehnt die Idee einer allgemeinen körperlichen Auferstehung strikt ab: „Wir haben ganz sicher keinen physischen Körper mehr."[1697] Einerseits argumentiert er historisch-kritisch, dass die Auferstehung Jesu sicherlich ein ernst zu nehmendes Ereignis war, dass das Leben der Jünger nachhaltig verändert habe, andererseits hält er sich mit einer konkreten Deutung dieses Ereignisses zurück:[1698]

> *„Diese Erfahrung, wie immer wir sie deuten wollen, war für sie [die Jünger] jedenfalls ein Beweis, dass der Tod nicht das endgültige Aus ist."*[1699]

Smith deutet Jesu Auferstehung im Zusammenhang mit moderner Literatur und Forschung zu sogenannten „Nachtodkontakten (After Death Communication)."[1700]

1694. Vgl. ebd., 265ff. In eine ähnliche Richtung gehen die Gedanken des Mönchs Cyprian Consiglio: Er warnt davor, die Erzählung von der körperlichen Auferstehung und dem leeren Grab vorschnell zu „demythologisieren" und hält es durchaus für möglich, dass bis jetzt bei den allermeisten Menschen der Prozess der Transformation schlicht noch unvollständig bleibe, wenn auch bei manchen Heiligen der Körper nicht verwese. Die yogische Lehre der Verwandlung von Materie in Geist mache die körperliche Auferstehung denkbar: In Jesus habe das Bewusstsein endgültig Besitz von der Materie genommen. Vgl. Consiglio, 2015, 53ff. Auch Don McGregor vermutet: „Was uns „übernatürlich" erscheint, könnte in Wirklichkeit eine natürliche Eigenschaft oder Begabung jedes hoch entwickelten und spirituell erwachten Menschen sein. [...] Seine Auferstehung sollte den Menschen zeigen, wozu wir in der Lage sind, und sein Auferstehungskörper war aus [einem] Energiefeld [auf einer höheren Ebene] irgendwie rematerialisiert worden." McGregor, 2014, 130ff.
1695. Tresher, 2009, 80.
1696. Küstenmacher, 2018, 164.
1697. Haberer, 2021, 245.
1698. Ebd., 110 u. 150f.
1699. Ebd., 244.

Der auferstandene Jesus sei auch heute noch als eine spirituelle Präsenz jederzeit ansprechbar. Dieser sei der historische Jesus, der nun in einem spirituellen Leib, einer nicht-physischen energetischen Form, gegenwärtig sei.[1701] Jesus habe seine Jünger auch nach seinem Tod weiter gelehrt, (wie bspw. Paulus in Gal. 1,11f.) weswegen es im Nachhinein unmöglich sei, zu entscheiden, was aus dem Neuen Testament Jesus schon zu Lebzeiten und was er erst hinterher geäußert habe.[1702] Er verweist dazu auch auf Paulus Unterscheidung zwischen einem „irdischen" und einem „durch Gottes Geist erneuerten Körper" in 1. Kor. 15 heran. Dieser subtile Körper sei jenseits der Geschlechtlichkeit und könne in jeder Form erscheinen.[1703] Er zitiert außerdem den transpersonalen Psychologen Jorge Ferrer, der zu Recht darauf hinweist, dass Kommunikation mit Jesus, aber auch anderen verstorbenen spirituellen Meistern und Heiligen, nur gedacht werden könne, wenn zugleich die Idee angenommen werde, dass die persönliche Identität dieser Menschen irgendwie den Tod überlebe.[1704]

Bei Marion und Smith erweist sich die Annahme von verschiedenen Körpern (grobstofflich, subtil, kausal) als Existenzweisen des Menschen auf unterschiedlichen Ebenen also als hilfreich für das Verständnis dessen, was Jesus und seinen Jünger erlebt haben, warum es so tröstlich für sie war und ihnen die Angst vor dem Tod nahm – zeigte es doch, dass der subtile Körper auch unabhängig von dem

---

1700. Vgl. Smith, 2017, 158f.
1701. Vgl. ebd., 48.
1702. Vgl. 2011, 23f., 2017, 23.
1703. Vgl. 2017, 168ff.
1704. Vgl. ebd., 153. Für Cynthia Bourgeault liegt die Botschaft der Auferstehung gerade in dem Aufweis, dass die Persönlichkeit über den Tod hinaus fortbesteht: „Wir können jedoch bereits jetzt erkennen, dass die offensichtlichste Errungenschaft von Tod und Auferstehung Jesu die Demonstration der Kontinuität der Personifizierung jenseits des physischen Todes ist. Wer auch immer Jesus *war*, er ist es *noch immer*". Bourgeault, 2020a, 201.

grobstofflichen existieren konnte und damit ein Weiterleben nach dem Tode möglich; etwas, das, wie erwähnt, Wilber in seiner Theorie der subtilen Energien philosophisch zu stützen versucht. Eine solche Sicht nicht nur mit den „meisten der volkstümlichen Seelenvorstellungen [...] – Austritt der Seele aus dem Körper nach dem Tod, Seelenwanderung, Wiedergeburt[1705]" kompatibel, sondern mit den täglich an Material zunehmenden Ergebnissen der Forschung zu Nahtoderfahrungen, Nachtodkontakten, Medialität als auch dem Phänomen des Channelings, der Kommunikation mit verstorbenen Heiligen u.a. in der spirituellen Szene. In eine ähnliche Richtung gehen auch Hinweise auf eine Präexistenz der Seele (Logion 18 u. 19) und einer Seelenwanderung (Logion 49 u. 50) im Thomasevangelium.[1706]

Gericht – Himmel/Hölle

Einigkeit herrscht in der Annahme einer Allversöhnung und die Deutung von Himmel/Hölle als Bewusstseinszustände, die bereits die Gegenwart und das Diesseits mitbestimmten: Die Hölle wird dabei verstanden als ein Zustand der Entfremdung und Trennung vom göttlichen Ursprung, der Himmel als ein nonduales (Einheits-)bewusstsein, also mit der Leere und Fülle, Form und Formlosigkeit zugleich.

Marion geht davon aus, dass die meisten Menschen den „Himmel" als einen Ort verstünden, der sich in einer „anderen, nicht-physikalischen Dimension befinde[...]" und stimmt dieser Ansicht teilweise zu: Es gäbe diesen „nachtodlichen Himmel[1707]." Dieser sei aber nicht mit dem Reich Gottes identisch, das Jesus gepredigt habe. Bevor wir

---

1705. Klessmann, 28.
1706. Vgl. Popkes, 2019, Kap. 7. Der christlich integrale Blogger Joe Perez beschreibt es als eine Art Offenbarung, als ihm klar geworden sei, dass die integrale Theorie mit ihrer Annahme subtiler Energiekörper den geistigen Rahmen liefere, die Auferstehung Jesu auch rational denkbar zu machen. Vgl. Perez, 2017, 262.
1707. Marion, 2003, 25.

diesen Himmel betreten könnten, müssten wir zuerst nach innen gehen und die Fähigkeit erlangen, das Reich Gottes in uns selbst zu erkennen.[1708] Es gehe gerade nicht darum, sich den Himmel durch moralische Rechtschaffenheit zu verdienen, sondern um spirituelles Wachstum.[1709] Da es um einen Lern- und Wachstumsprozess gehe, den jede Seele durchlaufe, wird der Gedanke an ein Gericht durch den Gedanken des Karma im Sinne einer spirituellen, unpersönlichen Gesetzesmäßigkeit (für ihn vergleichbar mit der Schwerkraft[1710]) ersetzt: Jede Aktion ziehe eine dementsprechende Reaktion nach sich.[1711] Ein persönliches Gericht erfolge durch den Menschen selbst während einer Lebensrückschau. Nach dem Tod seien wir nicht „automatisch erleuchtet", sondern „dieselben wie vor dem Tod, mit demselben Maß an Bewusstsein, Liebe und Erkenntnis."[1712] Daher werde das Leben nach dem Tod wesentlich durch unser Wesen zum Zeitpunkt des Todes bestimmt. In Anlehnung an Nahtod-Erfahrungen und das tibetische Totenbuch beschreibt er die verschiedenen Reiche, die eine Seele nach dem Tod betrete. In „der untersten Astralebene" gebe es „viele Höllen – Orte von sehr großer Dunkelheit und Negativität." Auch ein Fegefeuer erwähnt er. Daneben gebe es „Wohnungen des Lichts."[1713] Je bewusster eine Seele diese Reiche betritt, desto mehr Tore täten sich ihr auf, bis hin zu dem eigentlichen Himmelreich, das nur extrem wenige Seelen nach ihrem Tod beträten. Die anderen gingen nach einer Ruhepause wieder in ein neues Leben auf der Erde ein, um ihren Wachstumsprozess fortzusetzen.[1714] Aus einem Christus-Bewusstsein heraus werde klar, dass „keine Seele jemals auf ewig verloren sein wird, denn eine jede ist aus göttlichem Stoff. […] Zu guter Letzt wird jede Seele gerettet werden,

---

1708. Vgl. ebd., 25f.
1709. Vgl. ebd., 27f.
1710. Vgl. ebd., 138.
1711. Vgl. ebd., 222.
1712. Ebd., 260.
1713. Ebd., 256f.
1714. Vgl. ebd., 255-260.

und sollte sie auch eine Millon Jahre des schmerzlichen und erfolglosen Lernens brauchen, bis sie schließlich zu Gott gelangt."[1715]

Durch diese Passagen wird jedoch deutlich: Obwohl Marion von einer Allversöhnung überzeugt ist, hat diese bei ihm nichts mit billiger Gnade zu tun, jedenfalls nicht im Sinne eines „Schwamm drüber". Jede Negativität muss ihm zufolge transformiert werden, bevor sie ins Licht gehen kann und nur jemand, der das Christus-Bewusstsein erlangt hat, also erleuchtet ist, werde nach dem Tod nicht wieder geboren.

Für Tresher ist klar:

*„Der Himmel (heaven) ist kein Ort irgendwo im Himmel (sky).
Das Reich Gottes ist hier und jetzt."*[1716]

Das Reich Gottes sei da, wo die Werte Jesu gelebt würden und (im Anschluss an das Modell der Holarchie) die Holone geehrt würden, sowohl die Holone, aus denen wir uns zusammensetzten als auch die, deren Teil wir seien. Hölle und die Sünde siedelt er dementsprechend da an, wo von diesen abgewichen würde. Wir sehen hier, dass Tresher wenig differenziert zwischen „Himmel" und „Reich Gottes" und „Hölle" und „Sünde". Offenbar sieht er alles derart eng ineinander verzahnt, dass eine Unterscheidung ihm an dieser Stelle nicht notwendig erscheint.[1717]

Für Küstenmacher werde bereits in ORANGE historisch-kritisch geklärt, dass Jesus mit dem Wort „Gehenna" eine Mülldeponie bei Jerusalem als metaphorisches Bild gewählt habe, um „innere Zustände voller Qual, Angst, Hoffnungslosigkeit oder Gottesferne zu beschreiben"[1718]. Mythische Höllenvorstellungen würden damit aufgegeben. In Jesus zeige sich dagegen (mit Verweis auf 1. Kol. 1,20) das „innere Wissen um die Allverbundenheit und Allaussöhnung."[1719]

1715. Ebd., 161.
1716. Tresher, 2009, 80.
1717. Vgl. ebd.
1718. Küstenmacher, 2018, 192.

„Vorstellungen von Gottes Zorn, von Strafe und Vergeltung und ewigem Höllenfeuer" nennt Haberer „mittelalterlich".[1720] Es ließe sich zwar nicht „leugnen oder wegdiskutieren", dass Jesus nach biblischer Überlieferung von der Hölle und von der ewigen Verdammnis gesprochen habe. Ob er selbst an „die Möglichkeit [...] geglaubt hat" ließe sich seiner Ansicht nach unmöglich entscheiden. Möglicherweise spiegelten solche Aussagen den zeitgeschichtlichen Hintergrund, seien primär pädagogisch oder Teil von Jesu eigener religiöser Biografie, oder spätere Hinzufügungen.[1721]

Smith bezieht sich wie Küstenmacher auf das biblische Wort „Gehenna", die Müllhalde vor Jerusalem, das Jesus verwendet habe, um metaphorisch von einem Zustand der Entfremdung zu sprechen, der sich nach außen in Lieblosigkeit manifestiere. Jesus habe das Wort nie in Verbindung damit gebracht, ob jemand Christ sei oder gläubig, sondern immer mit unserer Entfremdung von unserem wahren Selbst und der damit einhergehenden Unfähigkeit, zu lieben. Mehr als 30 Passagen zeugten von der Allversöhnung.[1722] Er verweist dabei auf eine biblische Studie, in der er sich ausführlich mit der Thematik befasst: „Die Hölle? Nein! Ein Bibelstudium darüber, warum niemand verloren gehen wird". Darin nennt er die Vorstellung einer endlosen Hölle, in der Menschen für ihre Sünden bestraft würden, eine „manipulative" und „sadistische" Idee, und die „schlimmste Lüge, die jemals im Namen Gottes von religiösen Führern" erzählt werde, um das Verhalten und den Glauben anderer zu kontrollieren.[1723] Für den Himmel findet er im Anschluss an die Idee der großen Drei eine neue Definition: „Der Himmel ist eine sich ständig erweiternde Schönheit, Güte und Wahrheit, wo auch immer sie zu finden sind."[1724] Dieser habe also sowohl eine gegenwärtige Dimen-

---

1719. Ebd., 157.
1720. Haberer, 2021, 216.
1721. Ebd., 242f.
1722. Vgl. Smith, 2011, 253f.
1723. Vgl. 2007, 25.
1724. 2011, 254.

sion als auch eine futurische, prozesshafte. Es gehe darum, die Erkenntnis, dass der Himmel schon in uns sei, zu erlangen und im Außen zu manifestieren.[1725]

Von Sanguin konnte ich keine Äußerungen zu dem Themenkomplex finden.

Verständnis der Bibel

Im Umgang mit der Bibel zeigen sich einige Gemeinsamkeiten: 1) Alle Autor*innen beziehen sich positiv auf die Ergebnisse der historisch-kritischen Methode. Sie ergänzen diese aber 2) durch den Einbezug der AQAL-Elemente, durch die sie zu einer neuen Hermeneutik der Schriftdeutung gelangen. An erster Stelle stehen hier der Häufigkeit und der Bedeutsamkeit nach die Bewusstseinsebenen, dicht gefolgt von den Zuständen. 3) Der traditionelle Kanon wird aufgebrochen und durch andere außerbiblische Quellen, v.a. das Thomasevangelium ergänzt.

Verhältnis zur historisch-kritischen-Methode

Alle untersuchten Autor*innen verhalten sich positiv zur historisch-kritischen Methode und knüpfen – einige mehr, einige weniger – an Ergebnisse der historisch-kritischen Methode an, wie die Herleitung einer Bedeutung durch die Ursprachen oder zeitgeschichtliche Hintergründe usw.[1726]

Zugleich betonen sie aber auch die Grenzen dieser Methode. Sie werde heute nicht nur durch eine riesige Fülle an unterschiedlichen Methoden und Zugängen ergänzt, sondern müsse irgendwann durch eigene spirituelle Erfahrung ergänzt und in Beziehung gesetzt werden: Nur durch diese könnte sich das Verständnis der Texte vertiefen. Daher ist ihnen ein Anliegen, über die historisch-kritische

---

1725. Vgl. ebd., 254f.
1726. Vgl. Marion, 2003, 30, 213, Tresher, 2009, 199, Küstenmacher/Haberer, 2017, 89, Küstenmacher, 2018, 33, 128, Haberer, 2021, 105-132, 159f., 180, Smith, 2017, 34, 50, 54, 72f., 112, Sanguin, 2015, 17, 79, usw.

Exegese hinausgehend, anderen beizubringen, Texte mythologisch auf das eigene Leben hin zu deuten.

Tresher macht deutlich: Wir könnten uns die Einsichten verschiedener Wissenschaftler und Autoritäten anhören, aber schlussendlich seien wir es, die den Text interpretieren müssten, in Übereinstimmung mit unserem Wertesystem und unseren Prinzipien.[1727]

„Ohne eigene spirituelle Praxis und persönliche Kenntnis tieferer Bewusstseinszustände", so Küstenmacher, „verlieren viele hochprofessionelle Bibelübersetzer und Exegeten das Gespür für die entscheidende mystische Tiefendimension der biblischen Texte."[1728]

Wie weiter oben bereits festgestellt, eint viele Autor*innen das ernüchternde Fazit, dass sich mit den Methoden der historisch-kritischen Exegese keine textliche Sicherheit über die genauen Worte Jesu gewinnen lässt.

Das Ergebnis der Leben-Jesu-Forschung sei die Erkenntnis: „Wer der historische Jesus wirklich war, was er genau gesagt hat und getan hatte, muss ewig Spekulation bleiben." Was man meinte herausgefunden zu haben, „war jeweils nur die Projektion [...] eigener theologische[r] Ideen."[1729] In „Von der Anmut der Welt" bezieht sich Haberer erneut auf die Leben-Jesu-Forschung, aber auch auf das „Jesus-Seminar" in den USA, sowie auf die historisch-kritische Methode als Ganzes, um daraus zu schlussfolgern: „Die historisch-kritische Methode, so wichtig sie war und ist, führt nicht ans Ziel, das dem ORANGEN Bewusstsein vorschwebt [d.h. den ursprünglichen Jesus aufzuspüren]. Zugleich vertraut er dennoch darauf, dass die Evangelien „die Lehren Jesu historisch einigermaßen authentisch" darstellten.[1730]

Auch Smith erteilt dem Bemühen, schlussendlich Sicherheit darüber zu gewinnen, was Jesus genau gesagt habe, worum das „Jesus Seminar" werbe, eine Absage.[1731]

1727. Vgl. Tresher, 2009, 199.
1728. Küstenmacher, 2018, 279.
1729. Küstenmacher/Haberer, 2016, 120.
1730. Haberer, 2021, 115f.

Sanguin sieht das „Jesus Seminar" ebenfalls kritisch. Deren Bemühungen, die Worte Jesu von denen der frühen Kirche trennen zu wollen, seien eine Ausweitung des Versuchs, die biblischen Geschichten im Sinne Rudolf Bultmann zu entmythologisieren und die Göttlichkeit Christi herunterzuspielen.[1732]

Neue Hermeneutik durch den Einbezug der AQAL-Elemente

Besonders das Element der Bewusstseinsstrukturen erweist sich als hilfreich für die Autor*innen, um eine neue Hermeneutik der Schriftdeutung zu entwickeln. Dabei geht es ihnen in erster Linie um die Erkenntnis, dass jeder biblische Text aus einer bestimmten Bewusstseinsstufe heraus verfasst worden sei, als auch wiederum aus einer bestimmen gelesen und interpretiert werde.

Die Bibel wird einstimmig als das Ergebnis eines evolutionären Prozesses verstanden, die Zeugnis von der kollektiven spirituellen Entwicklung der Menschheit ablegt: Sie sei "ein faszinierender Bericht über den evolutionären Fortschritt auf dem spirituellen Weg"[1733], ein „Zeugnis evolutionärer Prozesse"[1734]; selbst Subjekt des evolutionären Prozesses[1735] und „ein Führer durch die Entwicklungslinien."[1736]

Dieser Blickwinkel schützt die Autor*innen auch vor einer Ablehnung des Alten Testaments als Ganzem, da sie wesentliche Ideen in diesem bereits vorformuliert und vorbereitet sehen können.[1737]

Ebenso kommen alle Autor*innen zu einem positiven Paulus-Bild: Sie verstehen ihn primär als Mystiker, der Jesu Botschaft nicht verfälscht habe, sondern „dessen tiefere Wirklichkeit heraus[gearbeitet]"[1738] habe. „Paulus' Mission war es, den radikal evolutionären Weg

---

1731. Vgl. Smith, 2017, 21.
1732. Vgl. Sanguin, 2015, 95.
1733. Smith, 2011, 73.
1734. Küstenmacher, 2018, 273.
1735. Vgl. Sanguin, 2014, 51.
1736. Tresher, 2009, 94.
1737. Vgl. Küstenmacher, 2018, 273, Smith, 2011, 74, Sanguin, 2014, 51.

Jesu zu verwirklichen"[1739], meint Sanguin. Er habe als "Förderband gehandelt" und wichtige Entwicklungen angestoßen.[1740] Sanguin vertritt gar die Ansicht, Paulus habe den Geist Christi besser verstanden als die Jerusalemer Urgemeinde.[1741]

Die Spannung zwischen der Historisierung und der Dogmatisierung biblischer Texte scheint sich durch die integrale Lesart aufzulösen, insofern sie alles historisch gewachsene als einzelne, holarchisch aufeinander aufbauende Schichten begreift, die uns in unserem Inneren ausmachen.[1742]

Bei den Autor*innen zeigt sich, dass für die Hermeneutik und Auslegung eines Textes nicht nur die Bewusstseinsstufe des Interpreten, oder die des Verfassers entscheidend ist, sondern auch, welche Bewusstseinsstufe der Interpret dem Verfasser jeweils zuschreibt. An der Deutung der Schöpfungsgeschichte wird das wie kaum an einer anderen biblischen Erzählung sichtbar: Während Sanguin durch die Annahme, die Verfasser stammten aus dem BLAUEN Bewusstseinsraum, zu einer gänzlich neuen Interpretation und dem Text gegenüber zu einer kritischen, distanzierten Haltung kommt, sieht Haberer den Text als einen Mythos an, der zeitlose Wahrheiten transportiere und stellt die Frage, aus welchem Bewusstseinsraum (oder möglicherweise Zustand) dieser ursprünglich verfasst wurde, nicht.[1743]

Der Abgleich der Texte mit der eigenen Erfahrung und den Wer-

---

1738. Haberer, 2021, 159.
1739. Sanguin, 2015, 24-28.
1740. Vgl. 2014, 100f.
1741. Vgl. 2015, 117.
1742. Der Systematiker Rochus Leonhardt gibt an, dass Theologiestudierende häufig die Erfahrung machten, dass das in den Bibelwissenschaften und der Kirchengeschichte erworbene Wissen keine Hilfe darstelle, wenn es um die „Bearbeitung dogmatischer oder praktisch-theologischer Probleme" gehe. Als Ursache sieht er die Historisierung der Bibelwissenschaften und der Kirchengeschichte, die „eher eine kritische Funktion gegenüber allen Ansprüchen einer ‚dogmatischen' Festlegung" auf „das eine Wort Gottes" darstellten. Leonhardt, 134f.
1743. Vgl. Sanguin, 2015, 156-168 mit Haberer, 2021, 217-222.

ten des eigenen Bewusstseins wird zu einem wesentlichen Auslegungsprinzip.

„Je nachdem, wie hoch ihr [der Christen, die getreulich die Bibel lesen] spirituelles Bewusstsein entwickelt, ist", so Marion, „verstehen manche mehr als andere. Entscheidend ist das Maß des inneren Verständnisses, die Stufe ihres Bewusstseins, und nicht die vermeintliche Bedeutung der Worte (Information)."[1744] Das Verständnis der Schrift, darunter besonders das der Worte Jesu selbst, sei auf und unterhalb der rationalen Bewusstseinsstufe unmöglich. Es beginne erst beim Eintritt in die subtile Bewusstseinsstufe, auf der es zu immer fortschreitenden Einsichten komme. In dem Maße, in dem die Erkenntnis kollektiv zunehme, entfalteten sich die Implikationen von Jesu Lehre auch im Außen. Als ein Beispiel nennt er die Abschaffung der Sklaverei.[1745] Die Bewusstseinsstufe, auf der sich die Jünger und auch Verfasser der Evangelien, befanden, schätzt Marion hoch ein:

> *„Die innere Bedeutung der Ereignisse in Jesu Leben [...] scheint nur ganz wenigen Menschen, wie zum Beispiel den Verfassern der Evangelien, bekannt gewesen zu sein."*[1746]

Tresher stellt im vierten Kapitel seines Buches eine integrale Sichtweise auf die Schrift vor. Er vergleicht den Prozess der Hermeneutik dabei mit dem „Ja, und.."-Spiel, bei dem eine Erzählung gemeinsam immer weiter gesponnen werde. An jede Schriftdeutung aus einer Stufe heraus könne immer ein „Ja, und…" angehängt werden, wodurch es Schicht für Schicht zu einem mehr und mehr Stufen umfassenderen Verständnis komme. Dazu spielt er beispielhaft verschiedene Deutungen der Textstelle Johannes 3,16 durch: magisch/mythisch/modern/postmodern. Er weist darauf hin, dass ein pluralistisches Verständnis verschiedenen Bibeldeutungen allen gleichen Wert beimesse und die Inklusion horizontal erfolge. Das inte-

---

1744. Marion, 2003, 38.
1745. Vgl. 2004, 120ff.
1746. 2003, 236.

grale gehe darüber hinaus, indem es verschiedenen Deutungen unterschiedliche Wertigkeit beimesse und so von einer vertikalen Rangfolge ausgehe. Das heiße: Es gebe Deutungen mit mehr Wahrheitsgehalt als andere, in Abhängigkeit davon, aus welche Perspektive heraus sie erfolgten.[1747] Gleichzeitig gelte: Da die Leere (oder das Göttliche) nicht in Worte gefasst werden könne, informiere jede biblische Erzählung und führe zugleich in die Irre.[1748] Die Heiligkeit der biblischen Schrift rühre gerade daher, dass es ihr durch ihren Reichtum an verschiedenen Texten gelänge, uns in jedem Moment in unserer Bedürftigkeit anzusprechen, unabhängig von welcher Stufe oder aus welcher Perspektive wir kämen.[1749] Entscheidend ist für ihn nicht, ob eine Geschichte wortwörtlich wahr oder allegorisch zu verstehen sei, sondern allein, dass sie uns auf unserem Lebensweg dienlich ist, also zu einer Geschichte *über uns selbst* werde.[1750]

Küstenmacher/Haberer ordnen in „Gott 9.0" jeder Stufe zahlreiche Beispiele aus der Bibel zu. Dadurch machen sie klar, dass die Bibel selbst über die Entwicklung durch die Stufen Zeugnis ablege. So finden sie PURPURNE Elemente im Stammesgott Abrahams; ROTE Elemente in der Vorstellung Jahwes als Kriegsgott und Konkurrent zu anderen Göttern; BLAUE Elemente im Monotheismus, den zehn Geboten und dem Königtum Israels; orangene Elemente in Jesu Kritik den Autoritäten in BLAU; GRÜNE Elemente in dem Hohelied und Jesu Hinwendung zu den Armen und Ausgegrenzten; GELBE Elemente in Jesu Botschaft vom Reich Gottes, TÜRKISENE Elemente in der paulinischen Idee des „kosmischen Christus".[1751]

Küstenmacher sieht „alle evolutionären Prozesse von BEIGE bis BLAU" in der Bibel gespiegelt. Darüber hinaus gebe es „biblische Texte, die spätere Stufen ab 5.0 ORANGE anklingen" ließen. Durch

---

1747. Vgl. Tresher, 2009, 99f.
1748. Vgl. ebd., 93.
1749. Vgl. ebd., 102.
1750. Vgl. ebd., 105.
1751. Vgl. Küstenmacher/Haberer, 2016, 55-219.

das Aufsetzen der „Brillen" „von 5.0 ORANGE und weiter" könnten wir „ein neues Textverständnis gewinnen." Sie versteht die Bibel primär als ein „Buch unzähliger Perspektiven auf Gott."[1752] Daher dekliniert sie durch, wie das die Bibel jeweils von einer bestimmten Bewusstseinsstruktur aus verstanden wird und welcher Umgang mit der Schrift daraus erfolgt.[1753] Daran anschließend formuliert sie exemplarisch jeweils den Stufen entsprechende Deutungen des Gleichnisses vom verlorenen Sohn aus Lukas 15. Während die Bibel in BLAU noch als „die direkt von Gott geoffenbarte absolute Wahrheit"[1754] gelte, büße sie diese Autorität in ORANGE durch die Moderne und die damit einhergehende Einführung der historisch-kritischen Methode ein.[1755] In GRÜN werde diese ergänzt durch einen „beeindruckenden Methodenpluralismus", durch den der Text „aus unzähligen Perspektiven und verschiedenen Kontexten" heraus beleuchtet werde. Küstenmacher sieht in den biblischen Geschichten alle vier Quadranten am Werk (die „innere Erfahrung Einzelner (subjektiv), die geteilte Geschichte einer Gemeinschaft oder eines Volkes (intersubjektiv), eine konkret dokumentierte Handlung (objektiv) oder gesellschaftliche Strukturen (interobjektiv)." In ihr spiegelten sich sowohl die verschiedenen Bewusstseinsebenen als auch außergewöhnliche Bewusstseinszustände.[1756]

Für GELB sei schließlich allein entscheidend, ob eine Methode der Schriftauslegung „transformatorische Kraft"[1757] habe (oder eben auch nicht). Sie knüpft an Friedrich Schleiermacher an, der dafür plädiert habe, die eigenen religiösen Erfahrungen (gleichberechtigt) neben den Text zu stellen. Bei der Bibel hätte es sich ähnlich wie bei Wikipedia um einen offenes, dynamisches, gemeinschaftliches Er-

---

1752. Küstenmacher, 2018, 273.
1753. Vgl. ebd., 274-285.
1754. Ebd., 276.
1755. Vgl. ebd., 279.
1756. Vgl. ebd., 282.
1757. Ebd., 283.

zählprojekt (einen „Text in Arbeit") gehandelt, das durch die Kanonisierung aus BLAU heraus gestoppt worden sei. Auf TÜRKIS würden daher die Texte immer weiter überdacht und erforscht. Es werde außerdem klar, dass das Göttliche „in allem [wohne], letztlich auch [...] in jedem einzelnen heiligen Buchstaben des Textes selbst."[1758]

Sie plädiert dafür, Gemeindemitglieder nicht nur „in Sachen Bibelexegese auf den heutigen Stand zu bringen", was zu selten geschehe, sondern auch die Kompetenz zu vermitteln, „den Mythos als Mythos aufzudecken (...)."[1759]

Smith sieht die Sicht auf die Bibel durch die Stufen der Entwicklung hindurch als eine Möglichkeit, die Bibel in all ihren Aspekten würdigen zu können und den Wert von älteren, anstößigen Texten neu zu entdecken. Auf diese Weise müsse sie weder als fehlerfrei angesehen noch irrelevant werden. Die Bibel müsse so nicht mehr als Ganzes angenommen oder verworfen werden, sondern ihre Texte könnten differenziert in Bezug auf ihren jeweils eigenen Wahrheitsgehalt hin geprüft und gewichtet werden, wobei, ganz dem integralen Leitsatz „Transzendiere und schließe ein" entsprechend, manche Texte einen umfassenderen Wahrheitsgehalt als andere besäßen. Einem Wort von Jesus könne mehr Gewicht verliehen werden als einem von Paulus. Im Unterschied zu der These einer "progressiven Offenbarung", bei der das Neue Testament als Ergänzung und Weiterführung des Alten gelte, ermögliche und erfordere es der evolutionäre Ansatz, Teile der Schrift zurückzuweisen, wenn sie im Gegensatz zur Lehre Jesu stehe. Im Klartext bedeutet das, dass in dieser Lesart nicht mehr jedem biblischen Wort dieselbe Gültigkeit und derselbe Wahrheitsgehalt zugesprochen werden kann. Der Autor selbst erlebte diesen neuen Umgang mit der Schrift als eine große Erleichterung, die es ihm ermöglichte, sich von einem wortwörtlichen Bibelverständnis und damit dem Bild eines trotz Jesus immer noch

---

1758. Ebd., 284.
1759. Ebd., 280.

rachsüchtigen, zornigen Gottes endgültig zu befreien.[1760]

Diese Position veranschaulicht er im Anschluss durch einen Schnelldurchlauf durch die Bibel. So zeichne sie das Bild von Menschen, die sich vom Stammesbewusstsein (Abraham) zum Kriegerbewusstsein (Sintflut, Landnahme, Psalmen) weiterentwickelten, woraufhin schließlich mit Mose das traditionelle Bewusstsein seinen Anfang nehme. In Abhängigkeit davon begegneten wir entsprechenden, sich gegenseitig widersprechenden Gottesbildern, über deren allmähliche Weiterentwicklung die Geschichten Zeugnis ablegten. Viele Geschichten wie die der Sintflut oder der Opferung des Isaak seien, so Smith, mit unserem heutigen Bewusstsein nicht mehr kompatibel, legten aber Zeugnis von entscheidenden Durchbrüchen innerhalb der spirituellen Evolution ab. Eine solche Sichtweise ermögliche, Abstand zu Texten zu gewinnen, die ein überwundenes Gottesbild transportierten – wie das des zornigen Kriegers.[1761]

Jesu selbst könne als ein Vorbild für einen freien Umgang mit der Schrift gelten, da er 1. manche Teile der Hebräischen Bibel angenommen, 2. andere ignoriert und 3. wieder andere zurückgewiesen habe. Ausgangspunkt der Unterscheidung sei die Frage, ob etwas zu Jesu Leben und Lehre passe:

> *„Entscheidend ist für mich, zu erkennen, ob die Worte so aussehen, klingen und sich anfühlen wie der Jesus, den ich kenne und erfahre."*[1762]

Ein Problem innerhalb des Christentums sieht er gerade in der Ermangelung dieser Fähigkeit, so dass begonnen worden sei, die biblischen Texte durch die Brille späterer Lehren, Dogmen und Lehrer*innen statt durch die eigene, authentische spirituelle Erfahrung zu lesen.[1763]

Smith geht davon aus, dass die Interpreten Jesu, aufgrund ihres ei-

---

1760. Vgl. Smith, 2011, 73ff.
1761. Vgl. ebd., 76ff.
1762. 2017, 24.
1763. Vgl. ebd., 227.

genen Bewusstseins, dessen Botschaft häufig auf einer niedrigeren Stufe neu erfunden hätten und zählt beispielhaft Stellen des Neuen Testamentes auf, die von einer ROTEN Bewusstseinsstufe zeugten, die mit der Sichtweise Jesu inkompatibel sei. Daher sei es auch in Bezug auf die Bibel notwendig, eine Unterscheidung der Geister vorzunehmen. Dennoch scheine Jesu ursprüngliche Botschaft auch durch solche Stellen hindurch – „für diejenigen, die in der Lage sind, sie zu erkennen."[1764] Er geht, anders als Marion, davon aus, dass der Bewusstseinsschwerpunkt der Verfasser des Neuen Testaments hauptsächlich auf der traditionellen Stufe gewesen sei, von welcher aus dieses auch bis heute meist gelesen werde.[1765]

Auch Sanguin betont, dass die Bibel aus einem prämodernen, traditionellen Weltbild heraus geschrieben wurde. Dennoch enthielten sie zeitlose Weisheiten, die auch im 21. Jahrhundert weitergetragen werden müssten.[1766] Einerseits werde das Verständnis der Evangelien dadurch beeinträchtigt, dass diese von Menschen verfasst worden seien, die jeweils ihr eigenes Weltbild, ihre Ängste und die Grenzen ihres Verständnisses in die Texte eingetragen hätten, andererseits seien deren Interpretationen manchmal auch brillant. In Anlehnung an den Neutestamentler Marcus Borg lädt er dazu ein, die Texte „ernst, aber nicht wörtlich" zu nehmen. Für ihn bedeute das, Menschen zu lehren, die biblischen Texte metaphorisch zu verstehen und sie damit für eine persönliche Transformation fruchtbar zu machen.[1767]

1764. 2011, 92.
1765. Vgl. ebd., 236.
1766. Vgl. Sanguin, 2015, 156.
1767. Vgl. Sanguin, 2014, 50ff.

Aufbruch des traditionellen Kanons

Der traditionelle Kanon wird aufgebrochen. Es erfolgt eine hohe Wertschätzung des Thomasevangeliums. Diese wird sowohl explizit benannt als auch indirekt sichtbar durch die Verwendung von Zitaten zur Belegung von Thesen.[1768]

Diese besondere Wertschätzung wird von den Autor*innen einerseits historisch-kritisch durch sein hohes Alter begründet. Marion merkt in einer Fußnote an:

> *„Die meisten Bibelwissenschaftler scheinen sich einig zu sein, dass es sich um ein authentisches Evangelium handelt und nicht um eine spätere Fälschung."*[1769]

Küstenmacher übernimmt die Datierung um 50 n. Chr.[1770] Auch Haberer vermutet, dass es „möglicherweise sehr alt ist, jedenfalls sehr altes Material enthält."[1771] Smith bezieht sich auf den Theologen Marcus Borg, der die Entstehung des Thomasevangeliums in Verbindung mit der hypothetischen Quelle „Q" bringe und es auf 50 n.Chr. herum datiere, die kanonischen Evangelien jedoch erst um 70 bis 100 n.Chr., also später.[1772]

Zudem finden die Autor*innen in diesem Evangelium ein Jesus-Bild, das dem ihren am meisten entspricht. So sieht Küstenmacher es als Ergänzung der Bibel und als mystische Textquelle:

> *„Die mystischen Passagen des frühen, außerkanonischen Thomasevangeliums [...] ergänzen das Bild [der Bibel als mystisch Textquelle]."*[1773]

1768. Vgl. Marion, 2004, 49 u. 150, Tresher, xvi, Küstenmacher/Haberer, 212 u.a., Küstenmacher 2018, 141, 155, 164, 82, Haberer, 144, Smith, 2017, 297, 315, 323 u.a., 2011, 52, 74, 214, 236 u.a.
1769. Marion, 2003, 178, Fußnote 2.
1770. Vgl. Küstenmacher, 2018, 282.
1771. Haberer, 2021, 143.
1772. Vgl. Smith, 2011, 236.
1773. Küstenmacher, 2018, 282.

Und Tresher zieht das Thomas-Evangelium als mögliches Narrativ der türkisenen Bewusstseinsstufe in Erwägung.[1774]

Auch Smith sieht genau diese zwei Punkte als entscheidend, wenn er schreibt:

> *„Das Thomasevangelium ist wegen seiner frühen Datierung und seiner Offenbarung eines frühen, scheinbar integralen Jesus von besonderer Bedeutung."*[1775]

Der Kanon wird aber auch insofern aufgebrochen, als dass die Schrift nicht mehr als alleinige Quelle der Offenbarung gilt. Da auch andere Texte diese Funktion erfüllen können, wird sie damit zu einem Zeugnis unter anderen, neben Baghavadgita, dem Tibetischen Totenbuch usw. Das zeigt sich einerseits wiederum an der Verwendung dieser religiösen Texte zum Ausdruck der eigenen Überzeugung, aber auch an Formulierungen wie dieser: „Wie andere heilige Schriften auch […]."[1776] Smith ist sich sicher, dass ein integraler Ansatz prinzipiell nicht nur anderen christlichen Schriften, sondern auch anderen heiligen Texten aus anderen Traditionen Offenbarungscharakter zugestehen könne.[1777]

Sanguin berichtet, dass er viele progressive Gemeinden kenne, die Shakespeare oder andere inspirierende Texte einer Lesung des Neuen Testaments vorzögen, und erkennt an, dass auch diese Offenbarungscharakter haben können. Aber Christ zu sein, bedeute für ihn und seine Gemeinde dennoch, sich in einem fortwährenden Dialog mit Jesus und seiner Lehre zu befinden.[1778]

Auch sehen es die Autor*innen es nicht nur als legitim, sondern als entscheidend an, der Bibel die eigenen religiösen Erfahrungen – und damit auch die Texte, in denen versucht wird, diese zu verschriftlichen – zur Seite zu stellen:

1774. Vgl. Tresher, 2009, 82.
1775. Smith, 2011, 74.
1776. Küstenmacher, 2018, 285.
1777. Vgl. Smith, 2011, 75.
1778. Vgl. Sanguin, 2014, 50.

> *„Jedes Ereignis und jeder Umstand in unserem Leben ist ein Wort Gottes, nicht weniger als die Heilige Schrift, die speziell für uns und nur einmal in aller Ewigkeit gesprochen wurde. Deshalb lernen wir, jeden Augenblick als ein Wort Gottes zu lesen."* [1779]

Wir könnten auch sagen: Die Bibel gilt nicht mehr als der letzter Weisheit Schluss. Das protestantische Prinzip der Bibel als *alleiniger* Maßstab des Glaubens (norma normans) wird damit aufgegeben. Die spirituelle Entwicklung der Menschheit und die damit einhergehenden Offenbarungen dauerten bis heute und darüber hinaus („heute und immer") an.[1780]

1779. Sanguin, 2014, 139.
1780. Vgl. Smith, 2011, 75. Angesichts der beschriebenen Entwicklungen verwundert es, dass neueste Erkenntnisse bezüglich der aramäischen Sprache von den meisten Autoren kaum oder nur andeutungsweise durch vereinzelte Verweise, vgl. zB. Marion, 2003, 30. aufgenommen werden. Denn aller Wahrscheinlichkeit nach sprach und lehrte Jesus auf aramäisch. Wie auch George M. Lamsa, Rocco E. Errico, der Pfarrer Günther Schwarz und im Anschluss an ihn Franz Alt u.a. gezeigt haben, verändert sich der Sinn einer Aussage durch eine Rückübersetzung des Griechischen ins Aramäische teilweise fundamental. Von Bedeutung ist in diesem Zusammenhang auch die neue Übertragung der Peschitta in das Deutsche durch Dr. Georg Bubolz von 2019. Lediglich Don McGregor bezieht sich explizit auf das Werk „The Hidden Gospel" von Dr. Neil Douglas-Klotz, in dem dieser auf der Textgrundlage der Peschitta, der Bibel der aramäischen Christen, ein neues Verständnis der Worte Jesu entwickelt. McGregor, 2014, 213.

VERSTÄNDNIS DER KIRCHE UND VERFASSTER RELIGION

Bei der Ekklesiologie, der Lehre von der Kirche, lassen sich folgende Gemeinsamkeiten ausmachen: 1) eine Bestandsaufnahme des gegenwärtigen Zustandes verbindet sich mit der Annahme einer Krise innerhalb der Kirchen, die sich durch die integrale Theorie(n) erklären lässt, 2) die Funktionsbestimmung der Kirchen als Katalysator spiritueller und damit auch gesamtgesellschaftlicher Entwicklung und eine damit zusammenhängende Vision, 3) eine bewusst herbeigeführte Interkonfessionalität und Interspiritualität, 4) ein neues Verständnis der Sakramente.

Kirche in der Krise

Einigkeit herrscht bezüglich der These, dass die derzeitige Krise, in der die Kirchen, v.a. im Westen stecken, sich durch die integrale Theorie schlüssig erklären lässt. Während sich innerhalb der Gesellschaft der Schwerpunkt des Bewusstseins bereits nach ORANGE/Moderne und aufwärts (GRÜN usw.) verschoben habe, blieben viele Kirchen in der traditionellen, BLAUEN Struktur, verhaftet. Das führe dazu, dass die Menschen in ihr nicht mehr das finden, was sie suchen. Diejenigen, die an Spiritualität interessiert seien, fänden diese anderswo.[1781]

Marion sieht die Kommunikationsbarriere, die durch das Verweilen auf unterschiedlichen Bewusstseinsebenen entstehe, als ein „großes Problem".[1782] Denn für die „Mehrheit der christlichen Theologen, Prediger und Kirchenführer" sei es „schwer (wenn nicht gar unmöglich) [...], die christlichen Mystiker zu interpretieren oder mit den Mystikern anderer Religionen zu vergleichen"[1783], da diese von einer wesentlich höheren Bewusstseinsstufe heraus gesprochen hätt-

---

1781. Vgl. Marion, 2003, 43; Küstenmacher, 2018, 22; Smith, 2011, 223; Sanguin, 2014, 15.
1782. Marion, 2003, 39.
1783. Ebd., 35.

en. Dasselbe gelte in besonderem Maße für Jesus und seine Jünger und demnach auch die Bibel, die damit in hohem Maße unverstanden bleibe. Das führe zu Konflikten innerhalb der Kirche:

> *„So manch einem wahren christlichen Heiligen ist von seitens der christlichen Kirchenbeamten die gleiche Behandlung zuteilgeworden wie Jesus von Seiten der Pharisäer und Sadduzäer.“*[1784]

Die Kirche solle etwas anbieten, das „echte spirituelle Heilung, echte spirituelle Macht, echte mystische Erfahrung"[1785] beinhalte. Wenn die Kirche dieser ihrer Aufgabe nicht nachkomme, verliere sie ihre „Daseinsberechtigung" und diejenigen, die nach echter Spiritualität suchten, gingen „woanders hin, wie sie es schon millionenfach getan haben"[1786], so wie es Kunden eines anderen Dienstleisters ebenfalls täten, wenn er nicht das anbiete, wonach sie suchten.[1787] Den Grund für die Vernachlässigung dieser Aufgabe sieht er, wie oben bereits erwähnt, darin, dass das spirituelle Bewusstsein bei den Theolog*innen und Kirchenführer*innen nicht hoch genug sei – und es daher schlicht an Einsicht in die Materie mangele.[1788] Kirchen, die jedoch auf das Bedürfnis nach mystischer Erfahrung eingingen, würden überleben. Ihre Form jedoch könnte sich dadurch stark verändern.[1789] Derzeit stecke die Kirche und ihr Gottesbild auf der BLAUEN, traditionellen Stufe fest. Darin liege, seiner Einschätzung nach, der Hauptgrund für das Dahinschwinden der Kirchen.[1790]

Tresher fragt sich, ob wir gerade den langsamen und schmerzhaften Tod des Christentums im Westen beobachten. Kirchgänger seien auf der Suche nach einem reifen Christentum, dass sie in den komplexen Herausforderungen und Krisen des 21. Jahrhunderts

---

1784. Ebd., 40.
1785. Ebd., 268.
1786. Ebd., 43.
1787. Vgl. ebd., 268.
1788. Vgl. ebd., 35.
1789. Vgl. ebd., 268f.
1790. Vgl. 2004, 40 u. 69.

nähren und unterstützen könne. Eine Religion, die in Buchstabenglauben und Dogma verstrickt sei, könne diese Rolle jedoch nicht einnehmen.[1791]

Die Kirchen, so Küstenmacher/Haberer, müssten sich zunächst selbst eingestehen, dass „ihre Institutionen, ihr Kultus und ihr Denken in mythischem BLAU verhaftet"[1792] seien. Sie berichten über den kontinuierlichen Rückgang der Gottesdienstbesucher und Kirchenmitgliederzahl über die vergangenen Jahrzehnte. „Auf der ORANGENEN Bewusstseinsstufe interpretieren immer mehr Menschen in Europa die Religionsfreiheit als die Freiheit, gar keiner Kirche oder Religion mehr anzugehören."[1793] Die „Tendenz der Kirche zurück nach BLAU" halten die Autoren für die „wichtigste[…] Ursache, weshalb den Kirchen seit einem Jahrhundert die Leute weg[liefen]."[1794]

Die Autor*innen zeigen das u.a. anhand des Modells „Sonntagsgottesdienst" auf, der allein durch seine Form, die Sitzordnung, die Lieder, den Termin, die Texte und Bilder eine deutliche Sprache spreche, gegen die kein noch so aufgeklärtes Fürbittgebet ankomme: „BLAUE Gottesdienste sind leer, weil nur noch sehr wenige Menschen ein BLAUES Gottesbild haben."[1795] Zahlreiche Kontemplative und Mystiker seien in den Gemeinden immer noch „unbekannte Größen", von deren Namen kaum jemand gehört habe. Dadurch ignoriere die Kirche ihre „spirituelle Zukunft".[1796] „Für christliche Theologen [sei] die Bibel längst ein geschichtliches Dokument neben anderen, das den Glauben früherer Generationen widerspiegel[e]." Obwohl diese Sicht schon seit langem an der Universität gelehrt werde, komme sie nicht in den Gemeinden an.[1797]

1791. Vgl. Tresher, 2009, xv u. 158.
1792. Küstenmacher/Haberer, 2016, 288f.
1793. Ebd., 134.
1794. Ebd., 281.
1795. Ebd., 286.
1796. Ebd., 279.
1797. Vgl. ebd., 280f.

Küstenmacher diagnostiziert sowohl bei der evangelischen als auch katholischen Kirche schwere Entwicklungsstörungen: „Aktuell stehen sowohl die katholische als auch die evangelische Kirche vor diesem Problem [der Regression]. [...] [D]as große Kirchensterben greift um sich. Frustrierte treten aus, spirituell offene Menschen [...] suchen anderswo ihr Heil". Als Ursache führt sie an, dass die Kirche „von den Menschen zu wenig als Förderbänder des Glaubens und der spirituellen Weiterentwicklung der höheren Stufen erlebt" würden. Die Kirche müsse sowohl nach „ORANGE streben" als auch das Element der Mystik integrieren.[1798] Das „BLAU geprägte Christentum" sei „zu einer ritualisierten Amtskirchenreligion erstarrt, die statt „heißer" spiritueller Energie dogmatische Lehrgebäude bevorzug[e]".[1799] Der „Erlösungs- und Offenbarungsglaube überzeugt nicht mehr, die Kirchen leeren sich".[1800] Während einerseits „mit großem Aufwand und ORANGENEN Marketingstrategien" versucht werde, für die Kirche zu werben, seien die konservativen Stimmen innerhalb der Kirche immer noch nicht bereit, den Stufenwechsel von BLAU nach ORANGE zu vollziehen. Zur Stützung ihrer These nennt sie zahlreiche Punkte, sowohl die Struktur als auch die Dogmen selbst betreffend, für die die Kirchen schon lange in der Kritik stünden, darunter die „kirchlichen Kriterien der Rechtgläubigkeit" oder „das Modell der Kirche als alleiniger Heilsvermittlerin"[1801] und vieles mehr. Zudem herrsche „dramatische Unterversorgung in der Seelsorge", da in den Gemeinden kaum etwas dem heutigen Wissensstand über psychologische und spirituelle Entwicklungsmöglichkeiten entsprechendes angeboten würde.[1802]

Auch Haberer ist der Ansicht, dass, obwohl die Theologie und viele Aktivitäten der Kirchengemeinden „vom ORANGENEN und GRÜNEN Bewusstsein geprägt [seien], [...] sich im Untergrund [...]

1798. Vgl. Küstenmacher, 2018, 22.
1799. Ebd., 99.
1800. Ebd., 111.
1801. Ebd., 400f.
1802. Vgl. ebd., 414.

tief BLAUE Lehre hartnäckig bis heute"[1803] halte und in der Liturgie, den Chorälen und dem kulturellen Gedächtnis ausdrücke.

Smith beschreibt nacheinander einen typischen Sonntagmorgengottesdienstes bei den Baptisten, den Neu-Geist-Kirchen, den Katholischen, den Orthodoxen und anderen Kirchen und malt dabei absichtlich ein übertrieben schwarzes Bild. Fast nirgendwo bestehe auch nur die Chance, in einen veränderten Bewusstseinszustand zu geraten und wo doch, fehle die Anleitung dazu. Die meisten Kirchen hätten wenige Besucher und einen frustrierten Pastor, der sich über die letzten zwanzig Jahre kaum spirituell weiterentwickelt habe und um das Überleben der Institution kämpfe.[1804] Viele Amerikaner, schätzungsweise jeder fünfte, identifiziere sich heute mit der Bezeichnung ‚Spirituell, aber nicht religiös'. Darunter gebe die Hälfte davon an, dass sie sich von ihrer Kirche missbraucht fühle. Auch die postmoderne Ablehnung von hierarchischen Strukturen und starrer Dogmen trage ihren Teil dazu bei, dass sich diese von der traditionellen Kirche abwandten.[1805]

Sanguin kommt ebenfalls zu einer ernüchternden Einschätzung. Er sieht die Menschheit in einer akuten spirituellen Krise: Niemals zuvor in der Geschichte seien wir als Kollektiv so ‚spirituell tot' gewesen. Als Ursache sieht er den philosophischen Materialismus und Ignoranz.[1806] Wenn sich der gegenwärtige Trend des Mitgliederschwunds der Kirchen fortsetze, sei die Kirche, selbst die ‚progressive', dem Untergang geweiht.[1807] Er schließt sich explizit Wilbers These an, dass die Entwicklung der spirituellen Intelligenz bei ca. 75 % der Christen auf der mythisch/wörtlichen Bewusstseinsebene stecken bleibe, weil die Universitäten, die das wissenschaftliche, rationale ORANGE vertraten, keinen Raum mehr für den GEIST (spirit) gelassen hätten. Dies wirke sich auch auf die führende Elite einer Ge-

---

1803. Haberer, 2021, 213.
1804. Vgl. Smith, 2011, 313f.
1805. Vgl. ebd., 223.
1806. Vgl. Sanguin, 2015, 137.
1807. Vgl. ebd., 66.

sellschaft aus.[1808]

Jede spirituelle Bewegung nähme zwangsläufig irgendwann eine Kultur und Struktur an, die zu einer „Verkrustung des Glaubens" führe, von der sie sich dann wieder befreien müsse. Das Problem dabei läge an der Anhaftung mächtiger Personen, deren Karriere von dem Beibehalten des status quo abhinge.[1809] Die Rückwärtsgewandtheit der Institution und deren Mitglieder ständen im Widerspruch zu Jesu Bestreben, immer beweglich zu bleiben und in die Zukunft zu blicken. Diese jesuanische Spiritualität sei in der Kirche durch Sesshaftigkeit, das Amt der Geistlichen, das Versprechen auf eine Pension, das Verständnis der Kirche als Dienstleistungsorganisation, die Bewahrung der Gebäude ersetzt worden.[1810] Der Gottesdienst selbst sei zu einem Götzen geworden, der alten Strukturen diene.[1811] Er spricht hier auch von einem „Form-Fetisch", dem besonders die derzeit Ehrenamtlichen in der Kirche verfallen seien.[1812] Über die Jahre seien die Kirchen zu bürokratisch geworden, und die Pfarrer*innen hätten sich in dem Versuch, persönliche Geistliche für viel zu viele Familien zu sein, selbst erschöpft, statt kreative Fülle auszustrahlen. Die Öffentlichkeit habe die Kirche metaphorisch gefeuert. Diejenigen, die an Spiritualität interessiert seien, „fliehen in die Berge und Wälder, in buddhistische Tempel der in das Heiligtum eines Yoga-Studiums."[1813] Christen seien in erster Linie Nachfolger Jesu, keine Mitglieder eines dienstleistungsbringenden ‚Kirchenclubs'. In Kanada seien die Menschen, die sich als ‚spirituell, aber nicht religiös' ansähen, und sich von der Institution Kirche abgrenzten, bereits die Mehrheit.[1814]

Die Krise der Kirche sei auch eine Krise ihrer Leiter und deren

---

1808. Vgl. 2014, 101.
1809. Vgl. 2015, 109f.
1810. Vgl. ebd., 67.
1811. Vgl. ebd., 105.
1812. Vgl. 2014, 41.
1813. Ebd., 15.
1814. Vgl. ebd., 56f.

Führungsstils. Diese seien meist durch ihre Ausbildung schlecht vorbereitet für ihre Aufgabe und die damit verbundene Notwendigkeit, den Zorn und Widerstand kritischer Gemeindemitglieder auszuhalten. Nur wenn die Führer selbst sich ihrer eigenen spirituellen Entwicklung verschrieben hätten, könnten sie als Magneten fungieren, die andere anzögen und ansteckten. Er begründet das auch mit persönlichen, schmerzlichen Erfahrungen bei dem Versuch, Neuerungen in der Kirche einzuführen.[1815]

Kirchen als Katalysator spiritueller und damit auch gesamtgesellschaftlicher Entwicklung

Die Funktion der Kirche wird einhellig in Anlehnung an Wilbers Förderbandthese neu bestimmt: Sie leiste einen wesentlichen Beitrag zur Beschleunigung des individuellen und kollektiven Bewusstseinswachstums. Ihre Aufgabe sei es daher, echte mystische Erfahrung zu ermöglichen.

Wo die Autor*innen von der Aufgabe der Kirche sprechen, schwingt immer deren Ansicht durch, dass die gegenwärtige Kirche, so wie sie von ihnen erlebt wurde, genau dieser nicht gerecht wird. So mischen sich die Postulate durchweg mit harscher Kirchenkritik. Über den Weg der Kritik gelangen die Autor*innen jeweils zu ihren eigenen, alternativen Vorstellungen von Kirche, wie sie sein könnte oder gar sollte. Andererseits wird jeder kirchlichen Erscheinungsform ein bleibender Wert beigemessen und ihr Beitrag für die kulturelle Entwicklung der Menschheit insgesamt hoch angesetzt.

Unterschiedliche Tendenzen herrschen in der Frage, ob die Kirche zukünftig als Institution bestehen bleiben soll bzw. wird oder nicht. Die Pastoren Tresher, Smith und Sanguin neigen ersterem zu, Marion, Küstenmacher, Haberer halten auch ein Ende oder zumindest eine starke Änderung der Form für möglich.

So ist Marion der Ansicht, dass die „einzig grundlegende Aufgabe der Religion [...] darin [bestehe], die Entwicklung des Bewusstseins zu beschleunigen."[1816] Für andere Aufgaben wie beispielsweise Ethik

---

1815. Vgl. ebd., 144ff.

oder das Sozialwesen sei Religion dagegen nicht nötig. Elemente der christlichen Religion wie das Neue Testament, das Gebet, das Bibelstudium, Fasten, Musik usw. versteht er als „Technologien", die alle diesem Zweck der Beschleunigung dienten. Er versteht die Religion daher als ein nützliches „Werkzeug"[1817] zur Bewusstseinsentwicklung. Auch die Handauflegung bei Weihung und Firmung sei ursprünglich eine wichtige Technik zur Übertragung von Energie und einem veränderten Bewusstseinszustand gewesen.[1818] Doch statt sich dieser Aufgabe, der Heilung und dem Wachstum des Bewusstseins zu widmen, hätten die christlichen Führer diese an Psychatrie und Psychologie abgegeben, um sich stattdessen um „Politik", „Sozialarbeit", „Morallehren" u.a. zu kümmern.[1819] Die Kirche bzw. Religion allgemein sei einerseits die konservativste aller Institutionen, in der zahlreiche auf der mythischen Stufe/BLAU steckenblieben, anderseits habe das Christentum das Samenkorn für das Entstehen des rationalen Bewusstseins gesät. „Das menschliche Bewusstsein von der mythischen auf die rationale Stufe anzuheben" sieht er sogar als „die wichtigste spirituelle Aufgabe der zweitausend Jahre" nach Jesus, zu der viele Christen ihren Beitrag geleistet hätten, so dass die Kirche im Rückblick „sicher verdient [habe], sich ein Kompliment dafür auszusprechen."[1820] Doch weil gerade die Vertreter der Aufklärung, also der rationalen Stufe, oft gegen die Kirche und eine mythische (BLAUE) Form des Christentums gekämpft hätten, fehle nun ausgerechnet vielen Christen auf der rationalen Stufe die Spiritualität und sie fühlten sich ihrer Kirche „zutiefst entfremdet."[1821] Die Kirche dagegen sei in die Hände von „intoleranten, christlichen Kreuzrittern gefallen", die alles Spirituelle nicht „über und jenseits der Rationalität [transpersonal], sondern darunter"[1822] ansiedelten. Eine Erneuerung

---

1816. Marion, 2003, 42.
1817. Ebd., 69.
1818. Vgl. ebd., 64f.
1819. Vgl. ebd., 42f.
1820. Ebd., 71f.
1821. Ebd., 235.

der Kirche hält Marion deshalb für dringend notwendig.

Er ist der Überzeugung, dass mit dem Ziel der „Beschleunigung des inneren Wachstums" die „christliche Praxis und der christliche Gottesdienst [...] erneuert werden" müssten. Als konkrete Punkte nennt er, das Einholen von „direkte[...] Führung aus der geistigen Welt", das systematische Lehren von Meditationstechniken sowie deren Integration in den Gottesdienst, die Einführung von Heilungstechniken wie Handauflegung sowie der Einbezug schamanischer Rituale und anderer spiritueller Techniken.[1823]

Für ihn ist klar, dass die Kirche als die Gemeinschaft derer, die Jesus folgen, überleben wird. In welcher Form sie dies tue, sei jedoch eine „ganz andere Frage."[1824]

Tresher schreibt der Kirche ebenfalls primär die Rolle der Entwicklung des individuellen und kollektiven Bewusstseins zu.[1825] Daher sollte diese sich darauf fokussieren statt auf soziale Aktivitäten.[1826] Andere Funktionen, wie den Armen zu helfen, das Gewissen der Gesellschaft zu sein, für die Familien da zu sein, könnten andere Institutionen mittlerweile besser erfüllen.[1827] Ihr Zweck bestehe darin, uns auf unserem Weg von der Kindheit zum Christusbewusstsein – d.h. durch alle Stufen der menschlichen Entwicklung hindurch – zu führen, zu unterstützen und zu ermutigen.[1828] Integrale Kirche bedeute nicht, dass alle Praktiken integral seien oder jeder im integralen Bewusstsein lebe. Ganz im Gegenteil. Heute sei es jedoch eher so, dass jede Konfession oder Kirche dazu

---

1822. Ebd., 235.
1823. Ebd., 239f. Auch Don McGregor hält es von „vitaler Bedeutung, dass kontemplatives Gebet oder Meditation zum Bestandteil des regelmäßigen Gottesdienstes wird." Auch müsse die Kirche an ihrer Theologie arbeiten und ihre Sprache ändern. Vgl. McGregor, 2014, 242.
1824. Ebd., 267.
1825. Vgl. Tresher, 2009, 149.
1826. Vgl. ebd., 155.
1827. Vgl. ebd., 188.
1828. Vgl. ebd., xvi, 75 u. 158.

tendiere, nur bestimmten Stufen zu dienten: die Fundamentalisten der magischen und kriegerischen, die Mainstream-Kirchen der BLAUEN und so fort. Eine integrale Kirche dagegen müsse all diese Perspektiven in ein größeres Ganzes eingliedern und Übergänge begleiten. Ohne eine solche „integral informierte Kirche", wie er es nennt, seien Menschen jedes Mal, wenn sie eine neue Entwicklungsstufe erreichen, gezwungen, entweder ihre Entwicklung zu verleugnen oder sich nach einer neuen Gemeinschaft umzusehen.[1829] Das (momentane) Ziel seiner „Integral Church" sieht er zunächst in der Bewegung in das SecondTier Bewusstsein, auch wenn sich das Bewusstsein darüber hinaus weiter entwickeln könne.[1830] Noch höhere Stufen sieht er jedoch als selten und als Ergebnis der Gnade[1831] an. Daher genüge es derzeit, wenn von den Leitern der Kirche einige integrales Bewusstsein hätten und andere bzw. die Institution als solche danach strebe, „integral informiert" zu sein.[1832] Im Gegensatz zu ihren Alternativen wie Humanismus, Atheismus, Buddhismus oder New Age baue eine solche Kirche auf der Tradition auf, die die westliche Kultur wesentlich mitgeformt habe.[1833] An anderer Stelle formuliert er, im Kontext seiner Reinkarnations- bzw- Seelenlehre, dass es die Aufgabe der Kirche sei, ein Umfeld zu schaffen, in dem die Seele ihre Wünsche (desire) mit möglichst wenig Widerstand entfalten könnte.[1834] Dazu biete sie zu den Stufen passende Geschichten und Traditionen an und Räume, in denen Entwicklung stattfinden könne.[1835]

Auch Küstenmacher/Haberer sind der Ansicht, dass die Weltreligionen „die einzigen Systeme [seien], die wie eine Art Förderband Menschen helfen können, sich [...] auch spirituell weiterzuentwi-

---

1829. Vgl. ebd., 133f.
1830. Vgl. ebd., 75.
1831. Vgl. ebd., 39.
1832. Vgl. ebd., 40 u. 133.
1833. Vgl. ebd., xvi.
1834. Vgl. ebd., 131.
1835. Vgl. ebd., 175.

ckeln[1836]." Dazu müssten die Kirchen zunächst jedoch ihre Fixierung auf die BLAUE mythische Stufe hinter sich lassen, und „den schwierigen Weg durch ORANGE hindurch antreten" – innerhalb der Theologie sei bereits alles dafür Nötige vorgedacht worden. Dabei müsse sie jeder Stufe ermöglichen, zum Ausdruck zu kommen, ohne die anderen Stufen zu verurteilen. Dazu bräuchte es Seelsorger und geistliche Begleiter, die diesen Weg „durch die Wüste", der auf die Erkenntnis des Todes „des mythischen Gottes"(bildes) folge, bereits gegangen wären und Gemeinden, die diesen „inneren Weg" ermöglich[t]en: durch Kurse in Kontemplation und Meditation, Einzelexerzitien, Zeiten des Schweigens, vielleicht eine Visionssuche […]. Es könnte klappen, wenn sich die „verantwortliche[n] Frauen und Männer […] bis zur Bewusstseinsstufe GELB entwickel[te]n."[1837]

Küstenmacher spielt in ihrem Buch die verschiedenen Ekklesiologien der Stufen durch und stellt im Anschluss die Frage, wie eine Kirche in GELB aussehen könnte.[1838] Zu den Punkten, die sie nennt, fallen: Gelassener Umgang mit dem eigenen Christsein als eines Prozesses, der nie aufhöre; Vergabe von Leitungsämtern nach Kompetenz; diakonische Projekte auf Zeit; klare Werte statt Moralismus; theologische und spirituelle Kompetenz; Kreativität und Zukunftsgerichtetheit; Einbindung der vorhergehenden Stufen. Dazu sei „ein hohes Maß an Eigenständigkeit, Flexibilität und Netzwerkkompetenz"[1839] vonnöten. Eine solche „Gemeinde, die das erfüll[e] und einen Anteil von wenigstens 10 Prozent GELBER Mitglieder ha[be]"[1840], gäbe es ihres Wissens nach noch nicht. Für den Anfang würde aber genügen, wenn die Leitung GELB wäre und die Gemeinde in eine „selbstlernende, prozessorientierte Organisation"[1841] verwandeln würde. Sie beruft sich dabei u.a. auf Tresher und dessen

---

1836. Küstenmacher/Haberer, 2016, 285.
1837. Ebd., 288f.
1838. Vgl. Küstenmacher, 2018, 402ff. und 408ff.
1839. Ebd., 409.
1840. Ebd.
1841. Ebd., 410.

Ausführungen selbst und nennt auch Smith als Pastor einer integralen Gemeinde.[1842] Sie hält es durchaus für möglich, dass die Kirche als Institution sich irgendwann von sich selbst befreie.[1843]

Haberer schließt sich in seinem Buch der Sicht Treshers an: „Voraussetzung ist, dass die Gemeindeleitung eine integrale, GELBE Perspektive einnehmen kann. Doch „nicht alle, nicht einmal die Mehrheit der Mitglieder einer integralen Kirche brauchen den Wunsch oder den Drang zu haben, die integrale Entwicklungsstufe zu verwirklichen."[1844] Er nimmt an, dass ein Mensch mit einem GELBEN Bewusstsein eher zurückhaltend gegenüber Kirche und Gemeinde verhalte, da es sich dabei nach „Spiral Dynamics" um eine Stufe mit dem Schwerpunkt auf der Ich-Orientierung handele. Auf TÜRKIS sei das wieder anders. Zudem gäbe es noch so wenig Menschen mit einem Schwerpunkt im GELBEN Bewusstseinsraum, dass es schwierig sei, seinesgleichen überhaupt vor Ort zu finden.[1845] Daher geht er davon aus, dass „GELB orientierte Menschen […] ihre Spiritualität nicht in einer festen Gemeinde leben [werden], sondern in lockeren Strukturen, eher punktuell und situativ", indem sie an Projekten teilnehmen, „Kurse belegen (oder selbst organisieren), an Exerzitien teilnehmen, sich zu „Seminaren, Lesegruppen oder Meditationszirkeln zusammenfinden, […] ohne feste institutionelle Anbindung."[1846] Er sieht den Raum für integrale Christen auf längere Sicht im Internet. Schon jetzt stelle dieses für viele ihre „Gemeinde" dar:

> „Hier können sich Menschen finden, die räumlich weit auseinanderleben, hier gibt es alle möglichen Ressourcen. Blogs, You-Tube-Kanäle, aber auch Plattformen, auf denen man sich austauschen kann, wie Facebook oder Slack, Online-Foren und Zoom-Mee-

---

1842. Vgl. ebd.
1843. Vgl. ebd., 402.
1844. Haberer, 2021, 284f.
1845. Vgl. ebd., 284.
1846. Ebd., 286f.

tings, zeitlich begrenzt, mit wechselnden, fluiden Leitungsstrukturen."[1847]

Auch Smith sieht die Funktion der integralen Kirche darin, eine Gemeinschaft zu schaffen, in der wir unser spirituelles Wachstum beschleunigen können. Er erweitert, wie erwähnt, das Bild des Förderbandes von Wilber zu einer Rolltreppe mit verschiedenen Ebenen und Räumen.[1848] In seinen Ausführungen greift er dabei auf die fünf Elemente seines aus der integralen Theorie entwickelten Navigationssystems („Spiritual Positioning System") zurück: Die integrale Kirche sei eine Gemeinschaft, in der ihre Mitglieder ihr Bewusstseinswachstum durch die Kenntnis der Bewusstseinsebenen und -zustände, Perspektiven (d.h. die drei Gesichter Gottes), Schattenarbeit und eine integrale Lebenspraxis beschleunigen könnten. Dabei bekämen die Menschen die Gelegenheit, ihr Verständnis von Gott auszuweiten und in veränderte Bewusstseinszustände einzutreten, um direkte Gotteserfahrungen zu machen.[1849] Sie heiße die Mystik willkommen, lehre und ermutige veränderte Bewusstseinszustände und helfe damit, dass Menschen ihre Kirche bzw. christliche Tradition nicht verlassen müssten, um mystische Formen zu leben.[1850] Jesus sei in erster Linie ein Mystiker gewesen und mystische Erfahrungen stünden jedem offen.[1851]

In der Zukunftsgerichtetheit sieht er ein wichtiges Merkmal der integralen Kirche und weist ihr die Rolle einer Pionierin und Grenzgängerin („the New Frontier"[1852]) zu: „Der Geist (spirit) kommt zu uns aus der Zukunft – nicht aus der Vergangenheit."[1853]

Smith weist zudem auf die Bedeutung einer gemeinsam ausgeübten spirituellen Praxis hin. Es gehe bei spirituellem Wachstum um

---

1847. Ebd., 287.
1848. Vgl. Smith, 2011, 219f.
1849. Vgl. ebd., 312-323.
1850. Vgl. ebd., 230 u. 256.
1851. Vgl. ebd., 143.
1852. Ebd., 233.
1853. Ebd., 144.

die kollektive Evolution, nicht um eine individuelle Leistung. Der Tag des Mystikers, der allein in seiner Höhle sitze, sei vorbei. Authentische Spiritualität habe immer eine intersubjektive Komponente. Jesu Worte aus Mt. 18, 20, „wo zwei oder drei in meinem Namen versammelt sind, da bin ich in ihrer Mitte", deutet er so, dass sich durch das Zusammenkommen zum Gebet bei allen der Level und die Intensität der spirituellen Erfahrung erhöhe.[1854] Er spreche von dem „Christentum" und der „Kirche" immer zusammen, da er nicht glaube, dass das eine ohne das andere existieren könne: Das christliche Leben sei immer kommunal und gesellschaftlich.[1855]

Auch Sanguin schließt sich Wilbers Förderbandthese an und sieht die Funktion der Kirche in der Förderung von Bewusstseinswachstum.[1856] Er zitiert Teilhard de Chardin:

„Die christliche Berufung besteht nicht mehr nur darin, die Leiden zu lindern, die Wunden zu verbinden oder den Schwachen beizustehen, sondern durch jegliche Form von Anstrengung und Entdeckung ihre Kräfte durch die Liebe bis zu ihrer höheren Bestimmung voranzutreiben.[1857]"

Damit schließe die Berufung der Kirche zwar ein, Leiden zu mildern, für Gerechtigkeit einzutreten und sich um die Seele zu kümmern, aber diese Werke der Nächstenliebe würden transzendiert durch ein dahinter stehendes höheres Ziel, der Weiterentwicklung des Bewusstseins und der Kultur, sowohl innerhalb der Gemeinde als auch darüber hinaus in der Welt, einschließlich der sozialen, politischen und wirtschaftlichen Institutionen. Deshalb müsse sich die Rolle des Pastors vom persönlichen Geistlichen zu der eines spirituellen Führers und evolutionären Provokateurs verschieben.[1858] Eine spirituelle Gemeinschaft, die sich explizit als evolutionär verstehe, durchlaufe

---

1854. Vgl. ebd., 306f.
1855. Vgl. ebd., xxi.
1856. Vgl. Sanguin, 2014, 98f.
1857. Ebd., 175.
1858. Vgl. ebd., 172f. u. 176f.

viele Geburten und Tode, individuell, kulturell, und in der Gestalt ihrer Organisation – denn zu genau diesem Zweck käme sie zusammen. Die Evolution der Seele sei ihr vorrangiges Ziel.[1859] Er plädiert für ein neues Selbstverständnis der Gemeinden als Bereiche kreativer Emergenz, als eine „Emerging Church" (im Titel des Buches).[1860] Formen seien nicht um ihrer selbst willen da, sondern reflektierten ihre Funktion.[1861] Eine Kirche müsse von innen nach außen geleitet werden, damit, wie in der Natur, neues entstehen könne.[1862] Das Problem läge nicht an der Institution, ganz im Gegenteil: Oft wollten Menschen, die Spiritualität einer organisierten Religion vorzögen, einfach keine Verbindlichkeiten eingehen, was eine unreife Form von Spiritualität sei.[1863] Das Problem läge vielmehr daran, dass diese das Prinzip der Emergenz nicht annähmen und sich deshalb nicht weiterentwickelten. Er schlägt daher ein umfassendes, neues Organisationsmodell vor, das die Gründung sog. „Übergangs-Teams" vorsieht.[1864] Sein Buch versteht er als Anleitung für derartige Teams aus Geistlichen und Laien, eine Gemeinde Schritt für Schritt nach dem Prinzip der Emergenz zu leiten.[1865] Im Zuge dessen kritisiert Sanguin vor allem die gegenwärtige Rolle der Pastoren und stellt dieser eine eigene Pastoraltheologie gegenüber. Der Hauptgrund, warum Gemeinden sich nicht weiterentwickelten, läge in dem Irrtum, dass die primäre Rolle des Pastors darin bestehe, sich als Seelsorger persönlich um jedermann*frau zu kümmern. Dieses Modell fördere Co-Abhängigkeit und dysfunktionale Beziehungen zwischen den Gemeindemitgliedern und dem Pastor und sei daher das beste Rezept für die totale Überforderung und den Burnout des letzteren. Die Rolle oder Berufung des Pastors sei vielmehr die eines spiritu-

---

1859. Vgl. 2015, 117.
1860. Vgl. 2014, 23.
1861. Vgl. ebd., 41.
1862. Vgl. ebd., 21.
1863. Vgl. ebd., 202.
1864. Vgl. ebd., 57ff.
1865. Vgl. ebd., 17.

ellen Leiters und evolutionären Provokateurs, dessen Aufgabe darin bestehe, die Bewusstseinsentwicklung zu fördern. Der Schritt dahin sei möglicherweise der schwerste auf dem Weg hin zu einer sich weiterentwickelnden Kirche.[1866] Als Alternativmodell zu der bisherigen gängigen Seelsorgepraxis (Geburtstags-, Krankenbesuche u.ä.) schlägt er vor, kleine Gruppen (bis max. 12 Teilnehmer) zu gründen, die sich regelmäßig zum Austausch träfen und gemeinsam einer spirituellen Praxis nachgingen. Gegenseitige Seelsorge und Besuche sei dann etwas, was ganz organisch aus diesen Gruppen heraus[1867] erwachse.

Bewusst herbeigeführte Interkonfessionalität und Interspiritualität

In der Rezeption integraler Theorie durch das Christentum kommt es durchgängig zu einer Auflösung von konfessionellen Schranken und Abgrenzungen hin zu dem Phänomen der Über- und Interkonfessionalität und der Interspiritualität. Der reine Dialog („Interfaith" und Ökumene), der sich häufig darum bemüht, Unterschiede in der Lehre zu benennen und zu diskutieren, soll durch gemeinsam gelebte Spiritualität und das Reflektieren eigener Erfahrungen ersetzt werden.

Versuche oder Ansätze einer eigenen, „integralen" Religionstheologie, die über die bekannten pluralistischen Ansätze (wie bspw. von Hans Küng, John Hick, Paul Knitter vertreten) hinausgingen, sind ebenfalls erkennbar, bilden aber keinen Schwerpunkt. Dazu zählt einerseits die Annahme der drei Gesichter bzw. Dimensionen des Göttlichen als Versöhnung zwischen theistischen und nicht-theistischen Ansätzen – so bescheinigen Küstenmacher/Haberer dem Modell „großes Potenzial, die vielfältigen Gotteserfahrungen der großen Weltreligionen auf eine nonduale Weise zusammenzuhalten"[1868], andererseits die Idee einer „Co-Creation" spiritueller Entitäten und Phänomene, die von Paul Smith aufgegriffen wird.[1869]

1866. Vgl. ebd., 177f.
1867. Vgl. ebd., 181f.
1868. Küstenmacher/Haberer, 2016, 267.

Wie bereits aus der Übersicht zu Beginn ersichtlich wurde, läuft die Strömung eines integralen oder auch evolutionären Christentums bereits quer zu den Konfessionen. Es vereinen sich darin sowohl Baptisten, Katholiken, Protestanten, Reformierte, Anglikaner u.a.

Alle Autor*innen bedienen sich zur Stützung ihrer vorgebrachten Thesen auch Quellen anderer religiöser Traditionen. Dahinter steht deren Annahme, dass allen religiösen und spirituellen Tradition eine gemeinsame, universelle Wahrheit zugrunde liegt, die sich in verschiedenen Formen zeigt.

„Interspiritualität", so Wayne Teasdale, „ist keine neue „Erfindung". Es gibt sie seit Jahrhunderten in Indien, in China und sogar im heutigen Iran. [...] Viele spirituelle Sucher, sowohl prominente als auch unbekannte, haben die Grenzen zu anderen Traditionen überschritten und blieben doch gleichzeitig in ihrer eigenen verwurzelt."[1870]

Das Christentum wird von den Autor*innen daher nicht der Beliebigkeit preisgegeben oder seine Besonderheit außer Acht gelassen. Gerade bei dem Versuch, Gemeinsamkeiten unter den Glaubensüberzeugungen festzustellen, scheinen die jeweiligen besonderen Merkmale wieder stärker hervorzutreten.

So greift Marion auf das „Totenbuch der Tibeter" zurück, wenn er das Jenseits beschreibt[1871] und gibt an, dass er von einem Yogi-Meis-

---

1869. Vgl. Smith, 2017, 152ff. Ein ausführlicher Ansatz stammt von Bruce Aldermann, der aus der Verbindung der integralen Theorie, Roy Bhaskars Philosophie und Jorge Ferrers partizipatorischer Metaphysik einen integralen, differenzierten Pluralismus entwickelt. Im Gegensatz zu einem identitären Pluralismus unterscheide sich dieser dadurch, dass er die Ursache der Unterschiede in den Religionen nicht ausschließlich in der Epistemologie (wie der Kultur und Sprache), sondern zusätzlich in der Ontologie festmache. Auf diese Weise würden reale und nicht nur interpretatorische Unterschiede zwischen den Religionen zugelassen: Diese erforschten demnach jeweils unterschiedliche Dimensionen oder Aspekte des Realen oder Göttlichen. Siehe dazu Aldermann, 2019b.
1870. Teasdale, 2004, 58.
1871. Vgl. Marion, 2003, 260.

ter in die Übertragung spiritueller Energie als auch eine besondere Form des Yoga eingeweiht worden sei.[1872]

Tresher gibt an, tief durch den Hinduismus beeinflusst worden zu sein[1873] und empfiehlt als spirituelle Lehrer*innen beispielsweise Eckardt Tolle, Byron Katie oder den Zen-Lehrer Adyashanti.[1874]

Ökumene und interreligiöser Dialog, so Küstenmacher/Haberer, werde bereits im grünen Mem selbstverständlich. GRÜN überwinde durch den Wunsch nach Einheit einen absoluten Wahrheitsanspruch und sei bereit, sich durch neue Erfahrungen, auch fremder Religionen und deren Praktiken, weiterzuentwickeln.[1875] Dabei machten die Menschen die Entdeckung, dass „alle Religionen gleich wertvoll" seien und „die Mystiker aller Religionen […] einander näher, als sich ein Mystiker und ein fundamentalistischer Anhänger der orthodoxen Lehre innerhalb derselben Religion sein können". GELB sehe und schätze aber auch wieder die Unterschiede und frage nach „dem spezifischen Beitrag" jeder einzelnen Religion.[1876] Die Wege seien verschieden, die Botschaft die gleiche.[1877]

Die Religionen hätten, so Küstenmacher, sich zu lange voneinander abgeschottet und seien, so der Religionssoziologe Klaus-Peter Jörns, „in den Inzest geraten". [E]in gutes Beispiel sind wieder die MystikerInnen […], die wechselseitig Bilder und Gedanken der anderen Religion aufnahmen, um ihre eigenen spirituellen Erfahrungen besser verstehen und beschreiben zu können."[1878] Als Übung stellt sie unter anderem die Idee eines „interspirituelles Gastmahl[s]" vor.[1879] Zu TÜRKIS hin führten auch „interreligiöse Gebete" aus der Perspektive „der einen Menschheit".[1880]

1872. Vgl. ebd., 292, Fußnote.
1873. Vgl. Tresher, 2009, xxi.
1874. Vgl. ebd., 208f.
1875. Vgl. Küstenmacher/Haberer, 2016, 156.
1876. Ebd., 180f.
1877. Vgl. ebd., 157.
1878. Küstenmacher, 2018, 33.
1879. Ebd., 415.

Haberer beschreibt seine Vision von einer integralen Gemeinschaft so:

„Und schließlich ein Raum der Stille, schlicht eingerichtet, interreligiös ausgestattet mit Kniebänken und Hockern, einer brennenden Kerze und einer aufgeschlagenen Bibel, einer Menora, Gebetsteppichen und einer nach Mekka orientierten Nische, vielleicht einer Buddhafigur und einer Shiva-Statuette."[1881]

Das Verständnis für erwachtes Bewusstsein helfe uns, so Smith, die Gemeinsamkeit zwischen den Traditionen zu erkennen, denn alle Mystiker machten derartige Erfahrungen. Die Phänomenologie erscheine ähnlich, auch wenn die Terminologie unterschiedlich sei.[1882] Zugleich plädiert er dafür, den großen religiösen Traditionen, die sich durch Stabilität, Geschichte und Legitimation auszeichneten, treu zu bleiben und sich für einen Pfad zu entscheiden. Es lohne sich, innerhalb der eigenen Religion nach Versionen zu suchen, die dem gegenwärtigen Bewusstsein entsprächen, da diese leichter zugänglich sei als eine gänzlich neue oder fremde Religion, mit deren Bräuchen und Geschichten man nicht vertraut sei. Das Problem einer Patchwork-Spiritualität, die sich beliebig aus jeder Religion wie an einem großen Buffet bediene – er nennt sie „religiöse Cafeteria" – sieht er primär darin, dass es so um einiges schwieriger werde, das eigene Ego zu überwinden, da dieses sich immer nur das herauspicke, was ihm zusage. Die großen Traditionen dagegen führten alle zum Tod des Ego hin und damit zu wahrer Transformation.[1883] Er zitiert Judith Miller, eine Professorin für Entwicklungspsychologie, die herausgefunden habe, dass viele im Westen die Verankerung in ihrer eigenen spirituellen Tradition verloren hätten, Heilung aber erst dann geschehen könne, wenn diese wieder zurückgewonnen und transformiert werde. Daher könne sich zumindest jeder mit seiner Tradition aus-

1880. Ebd., 322.
1881. Haberer, 2021, 288.
1882. Vgl. Smith, 2017, 283.
1883. Vgl. 2011, 225ff.

söhnen.[1884] Von einer Einheitsreligion hält er nichts, da dabei viele der Qualitäten der einzelnen Traditionen, die jeweils für ihre jeweilige Zielgruppe wahr sei, verloren gingen.[1885]

Sanguins Beschreibung einer der postmodernen Gemeinden in Vancouver, deren Pfarrer er war, weist starke Ähnlichkeit mit Haberers Vision von Interreligiosität auf:

> *„Das Gebäude ist Tag und Nacht mit geistlichen Gesangskreisen, Tai-Chi-, Meditations- und Yogagruppen, Visions-Retreats für Unternehmen, die sich umweltbewusst verhalten wollen, Workshops für persönliches Wachstum und mit Persönlichkeiten aus verschiedenen spirituellen Disziplinen gefüllt, die ihre Weisheit mit anderen teilen."*[1886]

Verständnis der Sakramente

Vereinzelt bin ich auf Deutungen der Sakramente gestoßen, die allerdings zu wenig und zu kompakt sind, um sie ausführlich miteinander vergleichen zu können. Ich meine aber doch, dass sich exemplarisch gewisse Tendenzen daran erkennen lassen, wie bspw. eine hohe Wertschätzung des Rituellen als Träger und Übermittler geistiger Dimensionen und erweiterter Bewusstseinszustände.

Für Marion ist die Taufe mit dem Heiligen Geist, verstanden als das höhere Bewusstsein, das einzig christliche Sakrament, dass zur Erlösung notwendig sei und von nahezu allen Konfessionen anerkannt werde: „Die Wiedergeburt aus der Dunklen Nacht der Seele besiegt sowohl den Tod als auch die Sünde, wie es der heilige Paulus bezeugt (1. Korinther 15,55-56). Die Dunkle Nacht der Seele ist jene höchste Taufe durch Feuer und den Heiligen Geist (…)."[1887] Weder Babys noch Erwachsene würden bei der Taufe mit Wasser von der Erbsünde befreit. Nur die Taufe durch den Heiligen Geist, in der das

---

1884. Vgl. 2017, 19.
1885. Vgl. ebd., 64f.
1886. Sanguin, 2014, 106.
1887. Marion, 2003, 119 und 285, Fußnote 51.

Ego sterbe, könne uns ein für alle Mal von unserem negativen Karma (oder „Sünde") befreien.[1888]

Küstenmacher/Haberer zählen das Abendmahl „zum sicheren Kern der Jesusüberlieferung". Mit diesem Mahl greife Jesus auf die BEIGE Ur-Erfahrung des Genährtwerdens an der Mutterbrust zurück und symbolisiere damit die umfassende Hingabe Gottes, die den bedürftigen Körper miteinschließe. Mit fortschreitender Entwicklung des Bewusstseins werde diese Mahlgemeinschaft immer „weiter, inklusiver und globaler" und vereine das Materielle, Körperliche mit dem Geistigen.[1889]

Küstenmacher sieht in dem Abendmahl *das* große Symbol für Kommunion, eine der vier Zugkräfte jedes Holons, schlechthin. An der „offenen, nicht-exclusiven Tischgemeinschaft" werde das Streben nach der Einbindung aller in das Ganze sichtbar. Sie schreibt: „Die fehlende Abendmahlsgemeinschaft der beiden großen Konfessionen verletzt Jesu Botschaft und Liebe fundamental und ist durch nichts zu entschuldigen."[1890] Das Mahl sei darüber hinaus „die sinnlich erfahrbare Paradoxie und das Zusammenfallen der Gegensätze schlechthin: Fleisch und Blut, Brot und Wein, heilig und profan, Transzendenz und Immanenz, Gott und Mensch werden in der Liebe unaufhebbar eins." Darum sei es widersinnig, andere von dieser „allereinfachste[n] und zugleich komplexeste[n] Bewusstseinsübung für Körper, Seele und Geist" auszuschließen.[1891]

Haberer lehnt die „katholische Ansicht, nur Männer dürften die Eucharistiefeier leiten [...]", ab, denn sie „geh[e] [...] an der historischen Wirklichkeit vorbei." Es sei eine Pessach-Feier gewesen, ein Familienfest, bei dem sicher auch Frauen und Kinder anwesend waren.[1892] Jesus habe mit seiner Botschaft vom Reich Gottes jegliche

---

1888. 2004, 177, Fußnote 5. In diesem Kontext ist es aufschlussreich zu wissen, dass „Erleuchtung (φωτισμός)" eine der altkirchlichen Hauptbezeichnungen für die Taufe war. Vgl. Bobert, 2012, 250.
1889. Küstenmacher/Haberer, 2016, 54.
1890. Küstenmacher, 2018, 23.
1891. Haberer, 2021, 141f.

Trennung in Frage gestellt, „zwischen denen, die dazugehören, und denen, die [...] nicht dazugehören."[1893]

Sanguin betont, dass es sich beim Abendmahl *nicht* um die Re-szenierung oder – inkraftsetzung (re-enactment) eines blutigen Sühneopfers handele und schreibt ihm drei Bedeutungen zu: 1. Eine Erfahrung des Christus-Mysteriums, 2. eine symbolische Vorwegnahme der eschatologischen Einheit aller mit allen, 3. ein symbolisches Mahl zur Aufhebung der bestehenden Spaltungen innerhalb der Menschheit. Er leite das Abendmahl daher mit den Worten ein:

> *„Dies ist nicht unser Tisch. Es ist der Tisch Christi. [...] Dies ist ein Festmahl der Liebe, bei dem die falschen Trennungen zwischen 'uns' und 'ihnen' im Namen und in der Gegenwart Christi aufgelöst werden."*[1894]

Weiter sieht er die Sakramente der Taufe (ein „Akt der Gastfreundschaft") und die Konfirmation als Initiationsriten in eine Gemeinschaft. Der kollektive Narzissmus in unserer zeitgenössischen Kultur sei darauf zurückzuführen, dass es an Initiationsriten mangele, in denen das kindliche Selbst getötet werde, um erwachsen zu werden. Doch auch Erwachsene müssten wieder einen Tod erleiden, den Tod ihrer Persönlichkeit (des Egos) durch Therapie, Visionssuchen, pflanzliche Medizin oder andere Mittel.[1895]

1892. Vgl. ebd., 120.
1893. Ebd., 123.
1894. Sanguin, 2014, 54f.
1895. Vgl. ebd., 198 u. 2015, 82f. Eine ähnliche Deutung des Abendmahls als Einheits- und Erleuchtungserfahrung findet sich bei Sven Kosnick: „Vielleicht hatte Jesus Christus während dieses letzten Festessens mit seinen Jüngern am Gründonnerstag eine tiefe Erleuchtungserfahrung, in der er seine Einheit mit Brot und Wein erkannte. Das Abendmahl ist eine Feier der Erleuchtung Christi. Wir werden in diese Erleuchtung mit hineingenommen, wenn wir selbst Brot und Wein empfangen mit den Worten: Der Leib Christi – das Blut Christi." Kosnick, 2019, 32f.

Verständnis von Ethik

Hier fallen zwei Tendenzen auf: 1) Überwindung der Ethik und Moral auf höheren Bewusstseinsstufen: Gegenüber einer feststehenden, für alle Menschen und Zeiten gültigen Ethik (wie die „Zehn Gebote") rückt der handelnde Mensch selbst und dessen Wertebewusstsein in den Mittelpunkt. 2) Das Gebot der Nächstenliebe wird als als Ausdruck einer Gesetzesmäßigkeit gedeutet.

Überwindung von Ethik und Moral

Schon Clare Graves stellte fest, dass sein Modell der menschlichen Persönlichkeit, jede sich absolut setzende Ethik unmöglich mache: Wertesysteme kämen und gingen wieder.[1896] Insofern kann es keine absoluten Werte mehr geben, aber ebenso wenig einen reinen Relativismus.

Die Kategorien „Gut" und „Böse" und jeglicher Moralismus werden daher von einigen (Marion, Küstenmacher, Haberer) explizit abgelehnt.[1897]

„Liebe", so Marion, sei „kein ethischer Grundsatz [...]", sondern eine „Seinsweise" und „besondere Bewusstseinsstufe" jenseits der Dualität.[1898] Der Moralismus sei deshalb durchgängig als ein Irrweg, den auch die Kirchenführer nur deshalb gewählt hätten, weil sie „noch nicht die Entwicklungsstufe spirituellen Wachstums erreicht" hätten, um das zu erkennen. Ihnen sei es, ebenso wie den religiösen Juden zur Zeit Jesu, um die Einhaltung äußerer Gesetze gegangen, weil sie nicht bis zu dem spirituellen Kern der Religion hindurchge-

---

1896. Graves, 489.
1897. Die Theologin Cynthia Bourgeault hält dagegen an der Kategorie des „Bösen" und „Dämonischen" weiter fest: „Ich glaube, dass das Böse absolut real ist und [...] im unschuldigen Boden unseres menschlichen Leides und Schmerzes Wurzeln schlagen kann und dies auch tut." Allerdings sei die Welt so beschaffen, dass „die große Ruhelosigkeit und Ablenkbarkeit des menschlichen Zustands [es] dem Dämonischen [...] schwer [mache], dauerhaft Wurzeln zu schlagen." Bourgeault, 2021, 121.
1898. Marion, 2003, 228.

drungen seien.¹⁸⁹⁹ Ein Mensch im Christus-Bewusstsein sei keineswegs „in so hohem Maße „moralisch vollkommen", dass er sich in einem ethisch definierten Sinne immer für das Gute im Unterschied zum Bösen entscheide. Was ihn unterscheide, sei, dass er nicht mehr in den Kategorien Gut-Böse (oder Sünde) denke, nicht mehr (ver)urteile und auch nicht mehr in sein eigenes Gut-Sein (und damit die Abwertung anderer als weniger gut) investiere. In diesem Zusammenhang greift Marion Paulus Rede der „Freiheit vom Gesetz" auf. Ein Mensch im Christus-Bewusstsein verstehe gewöhnlich die Regeln, die einer Gemeinschaft dienlich seien, und halte sich daran, behalte sich aber die „radikale Freiheit vor, alle Konventionen und Gesetze zu missachten, die seinem Gewissen entgegen stehen [...]."¹⁹⁰⁰ Er zeigt auf, wie stark sich die Wertungen von Gut und Böse zwischen den Stufen des Wertebewusstseins unterscheiden, grenzt sich aber von einem ethischen Relativsmus ab: In der Regel seien die Werte der höheren Bewusstseinsstufen den niedrigeren überlegen. An die Stelle von Ethik tritt das Streben nach psychologischer Ganzheit, an die Stelle der Dualität Gut-Böse die Polarität Positiv-Negativ.¹⁹⁰¹

Obwohl er den Moralismus ablehnt, betont er, dass durch die ethischen Grundsätze, die aus der Bibel hergeleitet wurden, und die sich allmählich in der Geschichte entfaltet hätten, zu großen Errungenschaften wie Befreiung aus der Sklaverei, Bildung für alle, die freiheitliche Demokratie usw. gekommen sei. Darüber hinaus seien Gesetze und Ethik in der Raumzeit für das Funktionieren einer Gemeinschaft und deren Institutionen natürlich notwendig.¹⁹⁰²

Jesus habe, so Küstenmacher, Gesetze immer daraufhin [abgeklopft], ob sie als Grundlage für ein barmherzigeres und heilsameres Miteinander dienen [...] und zeigte ungewöhnliche Alternativen auf."¹⁹⁰³ In GELB „können wir sehen, dass die christliche Ethik sich

---

1899. Vgl. ebd., 28.
1900. Ebd., 220.
1901. Vgl. ebd., 219 und 225.
1902. Vgl. ebd., 28f. und 223.

nicht mehr selbst als politisch korrekt (GRÜN), leistungsorientiert (ORANGE) oder dogmatisch-moralisch (BLAU) begründet." Sie zitiert dazu die Autoren*innen von „Spiral Dynamics": „Christen in GELB haben einen „starken ethischen Anker", „gehen aber keinen strengen Regeln, die auf äußeren Dogmen oder der Vollmacht einer Autorität basieren, in die Falle".[1904] Das Handeln richte sich nach dem Wahren, Guten und Schönen aus. Ethik versteht sie als das natürliche Endprodukt und die Folgedisziplin „aus der Kombination von spiritueller Übungspraxis und intellektueller Reflexion". Eine feststehende Ethik kann es nicht geben, da „GELB sich selbst nie für fertig [hält]", sondern „als Prozess" erlebt und immer „in Kontexten [denkt]".[1905] An die Stelle einer verschriftlichten Ethik tritt der lebendige Mensch, der sich auszeichnet durch „lebenslange Bildungsbereitschaft", „hohe[...] spirituelle[...] Disziplin" und „Selbstverantwortung gegenüber dem Ganzen und allen seinen Teilen". Der Mystiker komme nach und nach durch seine Praxis in einen „Zustand völliger Natürlichkeit". Er handle „einfach so, aus Präsenz, Intuition und innerer Klarheit über die eigene Lebensaufgabe heraus: Das ist jetzt zu tun und zwar hier und durch mich." Dabei herrsche ein Gleichgewicht zwischen Aktion und Kontemplation, dem Dienst an den Menschen und dem Gebet, so, wie Jesus es vorgelebt habe. Erleuchtung und Alltag seien eins.[1906]

Haberer ist der Ansicht, dass Jesu Verhalten und Worte den Schluss nahelegen, „dass ihm Moral nicht viel bedeute". Dieser habe die Vollkommenheit Gottes in der Bergpredigt (Mt. 5,44f.) dadurch beschrieben, dass er Gute und Böse gleichbehandle, ihm also eine solche Trennung fremd sei. Die Jüngerinnen und Jünger sollten allen mit Liebe begegnen.[1907] Spätestens seit dem Aufkommen der Psychoanalyse sei klar, dass die Grenze zwischen Gut und Böse nicht

---

1903. Küstenmacher, 2018, 98.
1904. Ebd. Siehe auch Beck & Cowen, 2017, 442.
1905. Küstenmacher, 2018, 136.
1906. Ebd., 366.
1907. Vgl. Haberer, 2021, 130f.

zwischen den Menschen verliefe, sondern „durch jede Einzelne, jeden Einzelnen von uns." Oft sei gar nicht eindeutig zu unterscheiden, was böse und was gut sei.[1908]

In seiner Predigt vom Reich Gottes sei es Jesus schließlich darum gegangen, alle künstlichen Trennungen [aus BLAU] wie die von „wir" und „die", „Sündern und Gerechten" aufzuheben.[1909] Damit diese Liebe sich entfalten könne, brauche es eine Haltung der Freiheit und der Verantwortung. Zur Freiheit gehöre auch, Gebote und Gesetze gegebenenfalls brechen zu dürfen, ja sogar zu müssen, wenn diese „der Menschlichkeit entgegen[stünden]. Das zeige Jesus durch den Bruch des Sabbatgebotes, des heiligsten Gebotes im Judentum. Die Äußerung, der Sabbat sei für den Menschen gemacht, nicht umgekehrt, könne getrost auf alle Gebote und Gesetze hin verallgemeinert werden. (Mk. 2, 28) Verantwortung dagegen äußere sich in dem Vorsatz, anderen möglichst nicht zu schaden.[1910]

Für Smith ist klar: So wie Mose einst durch die Einführung des Gesetzes das kollektive Kriegerbewusstsein der Israeliten transzendierte und auf die traditionelle Bewusstseinsstufe anhob, so transzendiere Jesus in seinen Aussagen zur Thora in Mt. 5 das traditionelle Gesetz und hebe es auf ein neues, das integrale Level.[1911]

Sanguin unterscheidet zwischen einer externen und intrinsischen Motivation für ethisches Verhalten: In der mythischen Religion komme die Motivation von außen und äußere sich in dem Streben nach göttlicher Belohnung und dem Vermeiden von Strafe, später komme diese Motivation aus der inneren Freude und Lebendigkeit heraus.[1912] Jesus habe gelehrt, so Sanguin, dass alle Regeln dazu seien, den Menschen zu dienen, nicht umgekehrt. Der sklavische Gehorsam gegenüber dem äußeren Gesetz stehe in Gegensatz zu Jesus Art, aus spontaner, innerer Weisheit zu handeln und zwischen richtig und

---

1908. Ebd., 215.
1909. Ebd., 123.
1910. Vgl. ebd., 265ff.
1911. Vgl. Smith, 2011, 79 und 85f.
1912. Vgl. Sanguin, 2014, 122.

falsch zu entscheiden. Diese Art habe auch etwas Wildes an sich, da sie außerhalb der Konventionen erfolge.[1913] Die richtige Orientierung seiner Nachfolge sehe Jesus an der wünschenswerten Zukunft, die wir dadurch verwirklichen, dass wir sie heute als unsere höchste Möglichkeit bereits lebten, so wie es uns Jesus mit dem Reich Gottes vorgelebt habe. In dem Ausmaß, in dem wir unser höchstes Potential lebten, lebten wir die Zukunft schon heute.[1914]

Das Gebot der Nächstenliebe

Einige Autor*innen deuten das Gebot der Nächstenliebe als einen Ausdruck einer Gesetzesmäßigkeit.

Marion deutet das „Gebot der Nächstenliebe" nicht mehr als „Gebot", sondern bringt es in Zusammenhang mit seiner Vorstellung vom „Gesetz des Karma": Da „Gott alles in Allem [sei]", „[täten] wir alles, was wir einem anderen Menschen antun, zugleich auch Gott, Christus und uns selbst an." Er gibt an, das Christentum habe selbst keinen Namen dafür. Dieses „Gesetz der Liebe" könne „oft viel härter sein als jeder moralische Kodex"[1915], da es alles daran messe, ob unser Tun mit dem Wesen der Liebe übereinstimme. In einer Fußnote erwähnt er allerdings, dass dieses Gesetz des Karma auch mit der Gnade Gottes interagiere – also nicht gnadenlos sei.[1916]

Küstenmacher schreibt: „Das Böse in mir blockiert die Erkenntnis, dass ich zu mir selbst gut bin, wenn ich anderen Gutes tue."[1917]

Haberer formuliert:

> *„Die[...] Haltung der Liebe bedeutet, dass uns die Augen aufgehen dafür, dass der andere Mensch eben auch ein Mensch ist, ein göttliches Fraktal, mir im Innersten verbunden [...]. Es könnte also auch heißen: „Liebe deinen Nächsten als dich selbst" – auch*

1913. Vgl. 2015, 59.
1914. Vgl. ebd., 19 und 107.
1915. Marion, 2003, 222f.
1916. 2004, 177, Fußnote 2.
1917. Küstenmacher, 2018, 197.

dies wird durch den hebräischen Urtext gestützt. [...] Liebe dich selbst in deinem Nächsten, denn du und er, ihr seid im Tiefsten eins.[1918]"

Verhältnis zu postmoderner, alternativer Spiritualität

Viele, die das erste Mal von „Integralem Christentum" oder „Wilber" hören oder lesen, denken zunächst an Esoterik – mir selbst ging es vor vielen Jahre nicht anders. Tatsächlich gibt es Übereinstimmungen mit einigen Grundüberzeugungen, die wir aus der Esoterik her kennen.

Im „Handbuch Weltanschauungen" werden vier Grundvoraussetzungen der Esoterik genannt: 1. Fortschreitende Offenbarungen bzw. Erkenntnisse, 2. Weltanschaulicher Monismus, 3. Pädagogischer Evolutionismus, 4. Erkenntnis- und Erlösungslehre im Sinne von Selbsterkenntnis als „Erlösung".[1919] Es fällt nicht schwer, Ähnlichkeiten mit diesen Elementen in dem Denken der von uns vorgestellten Werke ausfindig zu machen.

Zugleich grenzen sich die Autor*innen selbst deutlich gegenüber Einseitigkeiten oder Mängeln der New Age Bewegung und postmoderner Spiritualität und Esoterik ab. Auch das leuchtet vor dem Hintergrund der integralen Theorie ein, da es – aus integraler Sicht – zwar gilt, die guten Aspekte zu integrieren, die weniger guten aber zu transzendieren.

Marions Werk ist stark von New Age Gedankengut geprägt. Häufig nimmt er auf „esoterische Traditionen" Bezug.[1920] Er spricht Themen an wie die Reinkarnation, das Astralreisen, die Hellsinne, die

---

1918. Haberer, 2021, 266. Ähnlich formuliert Cynthia Bourgeault: „Es heißt einfach: „Liebe deinen Nächsten *wie* dich selbst – als eine Erweiterung Ihres eigenen Wesens. Es ist ein vollkommenes Erkennen, das Ihr Nächster Sie ist." Das Englische *as yourself* ließe sich auch mit „*als* dich selbst" übersetzen. Bourgeault, 2020b, 46f.
1919. Vgl. Pöhlmann, 2015, S. 565 u. 713.
1920. Vgl. Marion, 2003, 133, 139, 141, 211 u.a.

Aura, die Chakren und das Channeling.[1921] Er berichtet davon, wie er selbst ein Medium aufsuchte.[1922] Für ihn scheint allein entscheidend, ob eine esoterische Tradition oder Religion einen Beitrag zur „spirituellen Wiederbelebung der Menschheit"[1923] und zu deren Bewusstseinswachstum leisten kann. Der New Age Bewegung wohne einerseits „ein hohes Maß an Rückläufigkeit (bisweilen eine Rückkehr zur Magie und eine naive Idealisierung primitiver Gesellschaften)" inne, aber auch „ein großes Maß an echter Spiritualität". Es gebe „Abzocke", „Scharlatanerie" und „minderwertiges Channeling", aber auch „eine große Zahl begnadeter Heiler" und „Medien, die tatsächlich mit den höheren spirituellen Domänen in Berührung" seien. Es „überrasch[e] ihn nicht, dass das mythische Christentum in der Bewegung des New Age noch einen weiteren Feind gefunden ha[be], den es im Namen Gottes bekämpfen und verurteilen k[önne]"[1924], doch tatsächlich sei das Versagen der Kirchen darin, selbst echte Spiritualität anzubieten, Ursache dafür, dass diese Bewegung Zulauf habe. Ausführlicher setzt er sich mit der Neu-Geist-Bewegung und deren Lehren auseinander, darunter die Vorstellung, dass jeder seine Realität erschaffe, der Ansatz des positiven Denkens und das Wohlstandsevangelium.[1925]

Tresher gibt an, dass er eine Weile mit psychoaktiven Substanzen zur Erweiterung des Bewusstseins experimentiert habe, als auch selbst ein Medium aufgesucht zu haben.[1926] Er beschreibt wichtige Merkmale der postmodernen Spiritualität, darunter auch des „New Age Jesus" und nennt diese „bemerkenswerte Errungenschaften für die Spiritualität der westlichen Welt", die zugleich den letzten Schritt hin zum Aufkommen des integralen Bewusstseins darstellten.[1927]

1921. Vgl. ebd., 80-6.
1922. Vgl. ebd., 144.
1923. Ebd., 91.
1924. Ebd., 91f.
1925. Vgl. 2004, 123-127.
1926. Vgl. Tresher, 2009, xxif.
1927. Ebd., 75.

Küstenmacher und Haberer sehen hinter dem postmodernen Statement ‚spirituell, aber nicht religiös' primär die Ablehnung einer BLAUEN Religion und deren „Dogmen, Riten und Ämter" und die Sehnsucht nach eigenen Gotteserfahrungen. Daher sei dem grünen Mem „prinzipiell alles willkommen" und damit „kein Problem, verschiedene spirituelle Richtungen auszuprobieren und munter zu mischen.[1928]" Zugleich schimmert ein kritischer Vorbehalt gegenüber vielem durch, was die GRÜNE Spiritualität ausmacht. Im Anschluss an die von Wilber beschriebene „Prä/Trans-Verwechslung" kommen sie zu dem Schluss, dass vieles davon versuche, dem „magische[n] Denken von PURPUR" zu helfen, zurück in die ursprüngliche Einheit zu finden. Darunter falle beispielsweise die „Verklärung prärationaler Religiosität" bei indigenen Völkern oder die Vorstellung einer sog. „Bestellung beim Universum[1929]". „[D]ie Weisheit der Schamamen und Naturvölker, die Kraft der Hexen, die Einsichten der Alchemisten", die von GRÜN wiederaufgenommen werde, bezeichnen sie als „unkritisches, teilweise hanebüchenes PURPUR."[1930] Esoterische Formen des Christentums (wie innerhalb der „New Age" oder Neu-Geist-Bewegung) werden von ihnen nicht eigens aufgegriffen.

Aus Smith Werken wird ersichtlich, dass er sich ausführlich mit den Ansätzen und Theorien postmoderner, zeitgenössischer Spiritualität beschäftigt hat und ihm viel daran gelegen ist, diese für ein neues Verständnis spiritueller Erfahrungen auch innerhalb des Christentums fruchtbar zu machen. Dabei streift er Themen wie Telephatie, Energieheilung, Medialität, Channeling, Geistführer, Chakren, Aurasehen u.a.[1931]

Zudem äußert er sich selbst ausführlich zu der Frage des Verhältnisses einer integralen Kirche zu unterschiedlichen Formen postmoderner Spiritualität.[1932]

1928. Küstenmacher/Haberer, 2016, 153f.
1929. Ebd.., 276f.
1930. Ebd., 283.
1931. Vgl. Smith, 2011, 110-116; 154-159.
1932. Vgl. ebd., 259.

Einen Unterschied zwischen der integralen Kirche und progressiven, postmodernen Ansätzen in der Kirche sieht Smith darin, dass diese zwar ein paar Änderungen vornähmen, ohne jedoch die traditionelle Theologie anzutasten. Es scheine, als suchten diese zu vermeiden, ihr Denken zu definieren, um möglichst niemanden auszuschließen. Teilweise gäben diese sogar ihre christliche Identität auf, was sie jedoch der Macht beraube, zu erkennen, worin der einzigartige Beitrag ihrer Tradition liegen könne. Es fehle allerdings sowohl das Wissen als auch aktive Praktizieren verschiedener Bewusstseinszustände sowie eine Anerkennung des ersten Gesichtes Gottes, d.h. die direkte Erfahrung der eigenen Göttlichkeit.[1933]

Die „Neu-Geist-Bewegung", darunter die „Unity Kirchen", als auch die „Spirituell, aber nicht religiös"-Bewegung" – eine neue Bezeichnung für das ehemalige New Age – schätze er sehr aufgrund ihres Versuchs, die Begrenzungen der eigenen Tradition zu überwinden. Die Ursache sieht er in ihrer Suche nach echter Spiritualität, die sie in ihren Kirchen nicht vorfänden[1934]. Er gibt an, dass sich vieles, was er bezüglich spiritueller Erfahrungen schreibt, für traditionelle wie „New age mumbo jumbo" anhöre und dass viele „New Age" mit Paranoia attackierten.[1935] Es sei aber notwendig, dass die Kirchen die spirituellen Erfahrungen, von denen das Neue Testament berichte, wirklich ernst nähmen.

Einen Nachteil sieht er auch in der weit verbreiteten „Cafeteria"-Mentalität, die echte Transformation vermeide.[1936] Eine integrale Kirche bleibe seiner Ansicht nach dagegen fest in der Lehre Jesu verankert.[1937]

„Progressive Christen" als auch die Bewegung der "Emerging Church" definiere sich, so Sanguin in seinem Vorwort zu Treshers Buch, vorwiegend darüber, was sie jeweils nicht seien und grenzten

---

1933. Vgl. ebd., 261f.
1934. Vgl. ebd., 264.
1935. Vgl. ebd., 158.
1936. Vgl. ebd., 228.
1937. Vgl. ebd., 262.

sich so gegenseitig voneinander ab. „Man hat das Gefühl, dass beide Bewegungen zu oft durch das definiert werden, was sie nicht sind, nämlich diese anderen Jungs." Obwohl sich Christen aus dem linken und dem rechten Lager einig seien, dass der Status quo nicht aufrechterhalten werden könne und die Kirche sich verändern müsse, um am Leben zu bleiben, blieben ihre Vorschläge für einen Wandel an der Oberfläche, statt an dem Rumpf, dem Bewusstsein, anzusetzen. Einer integralen Kirche gehe es nicht darum, die anderen schlecht zu machen („diese anderen Jungs zu verprügeln"), sondern jeden Beitrag zum Wiederaufleben der Kirche willkommen zu heißen.[1938]

Ein Thema, das in diesem Zusammenhang immer wieder gestreift wird, aber keinesfalls deckungsgleich ist, ist die Rezeption von Erkenntnissen aus unterschiedlichen Fächern, wie der Biologie, Systemtheorie oder (Quanten)physik zur Begründung der eigenen Weltsicht.[1939] Mit dem Bemühen um interdisziplinäres Denken stehen die Autor*innen in direkter Nachfolge Wilbers, der seine Meta-Theorie auch als eine Synthese aller möglichen verschiedenen Disziplinen entwickelte. Doch bringen manche Autor*innen (Küstenmacher, Haberer, Smith), ähnlich wie Wilber selber, ihre kritische Haltung gegenüber dem sog. „neuen Paradigma" vor, da es hier teilweise zu einer unzulässigen Verwechselung von Ebenen und Perspektiven komme.[1940]

1938. Vgl. Sanguin, 2009, ix.
1939. Vgl. Marion, 2004, 80-85, Tresher, 109, Küstenmacher, 2018, 139 u. 164, Haberer, 2021, 69ff., Smith, 2017, 56, 85, 299 u. 324ff., Sanguin, 2015, 2f., 38.
1940. Das lässt sich wohl dahingehend verstehen, dass sie sich gegen eine Gleichsetzung der Erkenntnisse aus dem linken und dem rechten Quadranten wehren, da diese auf unterschiedlichem Wege zustande kommen und unterschiedliche Bereiche (Innen/Außen) betreffen. Die Autor*innen eint jedoch die Beobachtung von Konvergenz oder Strukturähnlichkeit dieser Erkenntnisse, wovon ihre Verweise auf die Biologie, Quantenphysik usw. Zeugnis ablegen. Diese sind dabei offenbar im Sinne von eine Weltanschauung stützenden „Hinweisen" (linker Quadrant), nicht im Sinne von „Beweisen" (rechter Quadrant) zu verstehen.

Die Vorstellung, dass wir unsere Realität selbst erschaffen (Stichwort „Bestellungen beim Universum", nach dem gleichnamigen Buch von Bärbel Mohr), wird von den meisten (Smith, Küstenmacher, Haberer, Sanguin), wie von Wilber selbst, als einseitig, unvollständig oder gar falsch zurückgewiesen. Hier bilden Marion und Tresher eine Ausnahme, wobei auch sie eine differenzierte Sichtweise auf das Thema bieten.

Nach Marion handele es sich dabei um Spiritualität „im Dienste des Egos", andererseits sieht er aber auch echte „neue Offenbarung"[1941] darunter. Manche der Lehren könnten von Menschen mit geringerem Bewusstseinsgrad nicht verstanden werde und richteten so mehr Schaden an, als sie nützten.[1942] Er berichtet schließlich selbst, dass ihm erst auf einer hohen Bewusstseinsstufe die Einsicht zuteilgeworden sei, dass und wie „wir alles in unserem Leben erschaffen, bis hin zum winzigsten Detail oder Ereignis."[1943]

In einem Kapitel, „Manifestieren, was man braucht", geht er näher darauf ein und versteht „Manifestation" als eine spezielle Form des Gebets von höheren Bewusstseinsstufen aus.[1944] Für ihn scheint das Wichtigste dabei, von welchem Bewusstsein aus Manifestation stattfinde: Von unserem Alltagsbewusstsein, dem Unterbewussten oder dem Christusbewusstsein.[1945]

1941. Marion, 2004, 124f..
1942. Vgl. ebd.
1943. 2003, 130.
1944. Vgl. Marion, 2004, 130-136 und 2003, 67f.
1945. Vgl. 2004, 127f. Auch Don McGregor geht davon aus, dass wir Menschen immer Mitschöpfer Gottes sind und etwas erschaffen, einfach, weil wir Bewusstsein haben und durch unsere gezielte Aufmerksamkeit kollektiv dafür sorgen, dass sich aus allem potenziell Möglichen schlussendlich dieses oder jenes verwirklicht, positiv als auch negativ. Mit der Zunahme unseres Gott-Bewusstseins wachse auch unser Vermögen, „durch Gebet und zielgerichtete Intention an [...] Veränderung mitzuwirken." Um diese These zu untermauern, bedient er sich u.a. neuer wissenschaftlicher Erkenntnisse aus dem Bereich der Physik, der Medizin sowie aus der Gebetsforschung. Vgl. McGregor 2014, 48.

Ein Abschnitt in einer abgedruckten Predigt Treshers liefert Hinweise darauf, dass dieser das Phänomen der Manifestation durchaus für real hält. Das Erwachen könne vom Ego dazu verwendet werden, um Reichtum zu erschaffen. Manche Gurus bestimmten gar die Fließrichtung von Wasser oder manifestierten Asche aus Luft.[1946]

Für Küstenmacher/Haberer wird bei der Vorstellung einer „Bestellung beim Universum" prärationale Magie mit der transrationalen Quantenphysik verwechselt. Dabei handele es sich „vor allem [um] eine pseudospirituell verbrämte egozentrische Allmachtsphantasie." Während Magie etwas „haben" wolle, wolle Mystik „loslassen."[1947]

Obwohl Haberer die Ergebnisse der Quantentheorie in der Physik für bedeutsam hält, da sie das materialistische Weltbild überwinde, meint er, dass es sich bei der Rede von Quanten in „alle[n] möglichen[n] esoterischen und spirituellen Lehren und Systeme[n] um eine „haarsträubende Vermischung der Ebenen (von Mikro- und Makroebene) handele. Daher lehnt er die Vorstellung, dass wir mit unseren Gedanken die Realität beeinflussen könnten, ab. Den Gedanken, dass wir unsere Wirklichkeit selbst erschaffen, nennt er „vulgärspirituell" und hält ihn, unter Berufung auf die Aussagen von Physikern selbst, nicht für aus der Quantentheorie herleitbar. Es brauche keinen menschlichen Beobachter, der durch seine „Messung" die Realität erschaffe.[1948]

Auch Smith sieht die Überzeugung, dass jeder sich seine Realität selbst schaffe, als „große Schwäche" an und grenzt sich von ihr ab. Diese stelle nur eine Teilwahrheit dar – hier bedient er sich Wilbers Grundgedankens des „true, but partial.[1949]" Seiner Ansicht nach werde hier die 2. und 3. Person Perspektive von der 1. Perspektive aus geleugnet. Denn neben dem eigenen Denken spiele bei dem, was passiere, ebenso das Denken der Anderen als auch die materielle Welt um uns herum eine entscheidende Rolle. Er sieht darin, exakt wie

---

1946. Vgl. Tresher, 2009, 106.
1947. Küstenmacher/Haberer, 2016, 278.
1948. Vgl. Haberer, 2021, 72f.
1949. Vgl. Smith, 2011, 264 u. 2017, 300. Siehe dazu Wilber, 2002, 334-335.

Wilber, eine Vermischung von magischem Denken und der Egozentrik des Kriegerbewusstseins mit Mystik.[1950] Er sehe die spirituelle Welt als Gegenstück zu der physischen Welt, die sich gemeinsam weiterentwickelten.[1951]

Auch Sanguin differenziert: Während es zwar nicht wahr sei, dass wir unsere Realität in einem absoluten Sinne erschaffen, helfe es pragmatisch nach dieser Annahme zu handeln, weil uns das aus einer Position des Opfers befreie und ermächtige, Entscheidungen für eine gewünschte Zukunft zu treffen. Obwohl er das Prinzip selbst nicht wörtlich nehme, bedeute doch ultimative Verantwortlichkeit ultimative Freiheit. Tatsächlich sorgten unsere frühesten Lebenserfahrungen für bestimmte Muster in unserem Leben, die immer und immer wieder zum Vorschein kämen, bis wir sie uns bewusst gemacht und uns davon befreit hätten.[1952]

Im Hintergrund dieser Diskussion steht auch die Frage, wie viel Macht uns das Bewusstsein der inneren Göttlichkeit verleiht und wo sich übersinnliche, okkulte Fähigkeiten einordnen lassen. Geht es in Fragen der „Manifestation" tatsächlich immer um eine Verwechslung von Magie mit Mystik oder verleiht eine „Schulung in Zuständen" unter Umständen doch „magische" Fähigkeiten der Einflussnahme auf die Welt, so dass eher von einer Verbindung von Magie und Mystik die Rede sein müsste? Einiges der Autor*innen weist auf letzteres hin. So sind die Autor*innen, wie aufgezeigt, prinzipiell der Idee nicht abgeneigt, dass es solche übersinnlichen, parapsychologischen Fähigkeiten bei Heiligen und Mystikern geben könne. Es scheint also eher um die Frage nach dem Stellenwert, dem Sinn und der Berechtigung dieser zu gehen.

Marion schreibt, Jesus habe in der Wüste abgelehnt, sich okkulter Mächte zu bedienen. Tatsächlich seien viele Gurus in Wirklichkeit schwarze Magier, die Millionen Sucher manipulierten, um Macht, Geld, Sex und Berühmtheit zu erlangen. Weil viele heute nichts mehr

---

1950. Vgl. Smith, 2011, 264f.
1951. Vgl. 2017, 300.
1952. Vgl. Sanguin, 2014, 135ff.

von diesen okkulten Mächten wüssten, seien sie leichte Beute.[1953] In diese Richtung geht auch die Deutung der Versuchung durch den Teufel durch Tresher. Jesus sei in die Wüste gegangen, um mit den neuen Möglichkeiten, die mit seinem Erwachen verbunden seien, zu kämpfen. Wer sein Erwachen, wie manche Gurus, dazu verwende, um „Zaubertricks" zu machen, hätte vollständig das Thema verfehlt.[1954] Auch Smith deutet die Versuchung Jesu in der Wüste dahingehend, dass dieser sich entschieden habe, seine Fähigkeiten nicht in den Dienst des Egos, sondern den Gottes zu stellen.[1955]

1953. Vgl. Marion, 2004, 152f.
1954. Vgl. Tresher, 2009, 206f.
1955. Vgl. Smith, 2011, 109.

Integral christliche Praxis

Ein allgemeiner Überblick

Sechs von den zehn untersuchten Werken (Reverent irreverence, Integrales Christentum, Is Your God Big Enough, Close Enough, You Enough, The Emerging Church, The Way of the Wind, haben zugleich den Charakter eines Arbeitsbuches, da sie Fragenlisten, konkrete Übungsvorschläge und ähnliches enthalten. Daraus wird ersichtlich, dass die Anwendung integraler Theorie(n) auf das Christentum sich nicht nur auf die Theorie der Autor*innen auswirkt, sondern für diese fast immer zugleich mit einer Veränderung der Praxis einhergeht. Diese wird nicht nur gefordert, sondern durch das Zur-Verfügung-Stellen konkreter Werkzeuge zur Umsetzung auch ermöglicht.

Die untersuchten Autor*innen haben sich dabei sowohl theoretisch Gedanken über eine neue Praxis gemacht, als auch vor Ort erste Versuche unternommen, diese in ihren Gemeinden umzusetzen. Zu letzteren gehören vor allem diejenigen, die lange Jahre als Pastoren in einer Gemeinde tätig waren wie Tresher, Smith und Sanguin.

Es finden sich zahlreiche Vorschläge zu einer Reform der Gemeindeleitung und Kirche, zu neuen Formen von Liturgie, Pastoral, Poimenik und geistlicher Begleitung.

Wie bereits erwähnt, entwickeln sowohl Tresher als auch Sanguin in ihren Werken ein praktikables Instrumentarium an Fragestellungen und Herangehensweisen, die es ihnen und anderen erlaubt, eine Gemeinde konkret und fruchtbar nach integralen Prinzipien zu analysieren, evaluieren und zu leiten. Auch Paul Smith entwickelte mit seinem „Spirituellen Navigationssystem" ebenfalls ein Modell, an dem er die Gemeindearbeit und den Gottesdienst ausrichtet.

Die Übungen, wie sie von Küstenmacher und Smith vorgestellt werden, eignen sich gleichermaßen zum Selbststudium wie zum Ausprobieren in kleineren wie größeren (Gemeinde-)kreisen und -gruppen.

Im Folgenden möchte ich abschließend exemplarisch eine erst vor kurzem bestehende christlich integrale Gemeinschaft vorstellen und beschreiben. Es handelt sich hier um einen gänzlich neuen Typus von Gemeinde/Kirche(n), der, so ist zu vermuten, in Zukunft weitere Verbreitung finden werden wird.

Das „Integral Christian Network" von Paul Smith und Luke Healy

Das „Integral Christian Network" von Paul Smith und Luke Healy ist eine der ersten integral christlichen Gemeinschaften weltweit.

In einer E-Mail vom 7. Januar 2019 teilte Smith mit, dass er und sein Freund Luke Healy ein neues Netzwerk gegründet hätten, das Integral Christian Network. Sie seinen Christen, die sich unter dem Motto „Practicing Loving Evolution" dafür einsetzen, in eine integrale Weltsicht hineinzuwachsen und zu den drei Gesichtern Gottes zu erwachen.

Ihre Ziele formulierten sie in einer Grafik, die sich an die „großen Drei" anlehnt und die mir Luke Healy freundlicherweise zur Verfügung gestellt hat: Erwachen und eine mystische Gemeinschaft, Emergenz und die Evolution des Christentums, Co-Creation und ein Ökonetzwerk. Das solle geschehen durch Entwicklung, Unterstützung und Zusammenarbeit. Im Mittelpunkt des Netzwerkes stehen jeweils die We-Space-Gruppen, der Wir-Raum.

Das Netzwerk finanziert sich spendenbasiert und wirbt auf der Homepage und in Newslettern regelmäßig um finanzielle Unterstützung.[1956]

Neben den Gründern Paul Smith und Luke Healy gibt es einen Vorstand (Board of Directors) mit derzeit vier Mitgliedern.[1957]

Die Gemeinschaft setzt sich derzeit vorrangig aus den Elementen Blog, WeSpace Gruppen, Online-Plattform und Online Sunday Ser-

---

1956. Integral Christian Network, 2021
1957. Integral Christian Network, 2021a

vice zusammen. Darüber hinaus finden ab und zu gesonderte Veranstaltungen unter Smiths Leitung statt. Der Blog übernimmt dabei die Funktionen, die in einer traditionellen Kirchengemeinde schriftliche (Lehr-)Predigten, der Gemeindebrief, Spendenaufrufe und die Aushänge im Schaukasten erfüllen, die WeSpace Gruppen sind einer Art (Online-)Haus- oder Gebetskreis vergleichbar. Die Online-Plattform dient, ähnlich wie gesellige Runden im Anschluss an den Gottesdienst oder bei Gemeindefesten, Bibel- oder anderen Themenabenden in einer traditionellen Gemeinde dem Austausch und der Vernetzung der Mitglieder untereinander. Der Gottesdienst unterscheidet sich von einem traditionellen Sonntagmorgengottesdienst durch eine andere Struktur und ein anderes Setting.

Durch den Online-Charakter werden vor Ort begangene Rituale, allen voran die Taufe und das Abendmahl, aufgegeben, dafür aber zahlreiche neue Formate erfunden.[1958]

Blog und Podcast

Seit Gründung des „Integral Christian Network" erschien wöchentlich ein Blogartikel von Healy, Smith oder einem*r Gastautor*in. Bisherige Themen waren u.a. die integrale Theorie, die drei Gesichter Gottes, der kosmische bzw. universale Christus, Geistführer, Mystik, verschiedene Meditations- und Andachtsformen und spirituelle Praktiken. In einem Newsletter mit dem Artikel, der an alle Interessenten per Mail versandt wird, weisen die Gründer auch auf zusätzliche (Online-)Veranstaltungen hin und laden in regelmäßigem Abstand zu den WeSpace-Gruppen ein. Im Oktober 2020 gesellte sich zu dem Blog noch ein Podcast.

1958. Es ist allerdings davon auszugehen, dass die meisten Mitglieder zugleich noch Mitglieder einer Ortskirche sind, auch wenn sie sich dieser möglicherweise entfremdet fühlen.

WeSpace Gruppen

Healy und Smith haben eine kontemplative Praxis entwickelt, die zusammen mit anderen in einer (Online-)Gruppe, dem WirRaum („WeSpace"), in Form von Online-Konferenzen (via der Software „Zoom") ausgeübt wird. Sie nennen diese das „Integrale Gebet" oder auch „Mystisches Ganzkörpererwachen" (Whole-Body Mystical Awakening). 2019 brachten sie eine ausführliche Beschreibung der Praxis in einem E-Book heraus, das bei Eintragung in den Newsletter erhältlich ist. Die Praxis verbindet die drei Gesichter Gottes mit den vier verkörperten Zentren des spirituellen Wissens Verstand/Geist, Herz, Schoß/Darm, Füße. Luke Healy und Paul Smith rekurrieren dabei neben der integralen Theorie vor allem auf die Meditationsmethode der interaktiven verkörperten Meditation („Interactive Embodied Meditation", kurz IEM), die von dem transpersonalen Psychologen Jorge Ferrer am California Institute of Integral Studies auf der Grundlage jahrzehntelanger Forschung entwickelt wurde.[1959]

Die vier spirituellen Zentren ordnen sie jeweils einem der drei Gesichter Gottes zu: Den Geist dem dritten Gesicht Gottes, dem Gott jenseits von uns, dem Herz das zweite Gesicht, dem Gott neben uns, den Schoßraum dem ersten Gesicht Gottes, dem Gott in uns. Die Füße dienen der Erdung.[1960]

Als Ziel der Praxis geben sie vier Ziele an: 1. Erweiterung des Herzbewusstseins durch tiefe, liebevolle Verbindung, 2. Mystisches Einssein durch transzendente Vereinigung, 3. Verbindung mit Jesus und anderen geistigen Wesen und Führern, 4. Spirituelles Wissen, das durch die Fenster des erwachten Bewusstseins scheint.[1961]

Auch der Gedanke der Transmission, der Übertragung eines erweiterten Bewusstseinszustandes, spielt dabei eine entscheidende Rolle. Dabei beziehen sie sich auf ein Zitat Wilbers aus dessen Vorwort zu dem Buch „Spirituell Transmission" von Amir Freimann von

---

1959. Vgl. Smith/Healy, 2020, 17f.
1960. Vgl. ebd., 20f.
1961. Vgl. ebd., 9f.

2018. Dort gibt er an, dass der Mensch generell immer seinen grundlegenden energetischen Zustand an andere in seiner Umgebung weitergebe. Daher könne eine Einzelperson oder eine Gruppe als Katalysator fungieren, der*die bei anderen innerhalb von Sekunden ein erweitertes Bewusstsein wecke.[1962]

Online-Plattform

Neben den WeSpace Gruppen eröffneten Healy und Smith zunächst eine Online-Plattform über das kostenlose Programm „slack", wechselten später aber zu einem anderen Anbieter. Auf dieser können sich alle Teilnehmer einer WeSpace Gruppe in verschiedenen Kanälen (channels) über Themen austauschen und sowohl on- als auch offline vernetzen. Eine Anmeldung ist nur über eine Einladung möglich, was einen geschlossenen und geschützten Raum schafft.[1963]

Sunday Morning Gathering / Online Sunday Service

Seit Anfang 2020 bietet das Netzwerk einen wöchentlich stattfindenden Online-Gottesdienst über Zoom an. Für diesen wurde von Healy und Smith eigens eine besondere Liturgie-Form entworfen. Er dauert ca. eine Stunde und besteht aus einer Begrüßung, einer gemeinsamen, geführten Ganzkörpermeditation von ca. zwanzig Minuten Länge, einer kurzen Lesung und einem sich anschließenden, kontemplativen halbstündigen Gespräch. Den Abschluss bildet ein Lied oder ein Gedicht. Seine Gründer verstanden ihn von Anfang nicht als ein „fertiges Produkt", das von den Besuchern lediglich konsumiert würde, sondern als „einen neu entstehenden Raum, der dazu da ist, entwickelt und mitgestaltet zu werden". Das wird auch aus dem Entwurf ersichtlich, dem man ansieht, dass er ständiger Überarbeitung unterliegt.

1962. Vgl. ebd., 16.
1963. Siehe https://community.integralchristiannetwork.org/home [22.11.22].

4. Zusammenfassung und Ausblick: Tendenzen, Merkmale, Strukturen und Abgrenzbarkeit „Integrales Christentum"

Inhaltliche Schnittmengen mit anderen zeitgenössischen Strömungen

Im Laufe der Untersuchung fiel mir auf, dass es teils inhaltlich zu großen Überschneidungen mit anderen zeitgenössischen Strömungen in- und außerhalb der Kirche kommt wie beispielsweise mit postmoderner Esoterik und nichtchristlichen Religionen, aber auch mit Prozesstheologen wie Griffin oder Cobb, Vertretern einer Schöpfungsspiritualität, wie Matthew Fox, sowie mit postmodernen christlichen Denominationen oder Strömungen, wie der Emerging Church (Rob Bell) oder der Unity Church, der größten Denomination der Neu-Geist-Bewegung („New Thought Movement") aus den USA, der „Radical Orthodoxy" Bewegung aus England rund um John Milbank, aber auch mit deutschsprachigen Aufbrüchen wie etwa der „Gesellschaft für eine Glaubensreform" – in letzterem Fall wären das v.a. Probleme mit der Glaubens- und Gottesdienstgestalt, Ablehnung der Sühnetheologie, Bibelauslegung im Rahmen der Religionsgeschichte und des Wissens um Evolutionstheorie und Quantenphysik, die Frage nach Glaubensschätzen außerhalb der biblischen Religionen u.v.m.[1964]

Erklärungen für diese Schnittmengen könnten in Folgendem liegen:

1. Obwohl die Dogmatik, wie auch Tresher anmerkt, über die Stufen hinweg immer komplexer wird, scheint sie sich paradoxerweise zugleich zu vereinfachen. Die Lehre über Jesus Christus wird im Grunde eine Lehre über den Menschen im Allgemeinen und diese wiederum eine Lehre von der Erlösung durch die Erkenntnis des Göttlichen in uns. Im Laufe der Untersuchung dachte ich daher immer wieder an den Satz, der uns u.a. von dem Kirchenvater Athanasius der Große (295-373) überliefert wurde: „Denn er wurde Mensch, damit wir vergöttlicht würden."[1965] Er fasst den Gedanken der „The-

---

1964. Vgl. Gesellschaft für eine Glaubensreform, o. D.
1965. Athanasius der Große, 1917, 54,3.

osis (Vergöttlichung)" zusammen, der in der Ostkirche im Zentrum der Dogmatik steht.[1966] „Meine Theologie hat sich im Laufe der Jahrzehnte vereinfacht ", stellt passend dazu auch Sanguin fest.[1967]

2. Ein weiterer Grund für diese Schnittmengen und damit auch eine erschwerte Abgrenzbarkeit einer „integralen Theologie" von anderen Theologien könnte sein, dass es bestimmte, gemeinsame Merkmale mystischer Frömmigkeit gibt, die sogar über die Grenzen der Religionen hinweg gelten. Nach Gershom Scholem, Kenner der jüdischen Mystik, trete Mystik erst in einem bestimmten Stadium der Religionsgeschichte auf, da sie an ein „bestimmtes Stadium des religiösen Bewußtseins gebunden" sei.[1968] Sie sei weder möglich in der Welt des Mythos, in deren Einheitsbewusstsein noch keine Trennung zwischen dem Göttlichen und Menschlichen wahrgenommen werde, noch sei sie möglich in der Zeit der Religion, in der „die Kluft" zwischen dem Göttlichen und Menschlichen bewusstwerde. Vielmehr versuche sie die Einheit auf einer neuen Ebene wiederherzustellen:

"Das neue Verlangen nach religiösen Werten, die der neuen religiösen Erfahrung entsprechen, drückt sich dann in der Umdeutung, der neuen Interpretation der alten Werte aus, die nun oft viel tiefer und persönlicher verstanden wurden. Zugleich werden sie damit freilich oft genug von dem neuen Leben, das sich in sie ergießt, in tiefer Weise und wesentlich verwandelt. Der Mystiker versteht unter Schöpfung, Offenbarung und Erlösung, um nur einige Worte unserer Religion zu nennen, durchaus nicht mehr dasselbe, was ihr ursprünglicher Sinn war. Sie haben ein neues Leben und

---

1966. Einer westlichen Theologie wird es aber, wenn sie sich gründlich mit den Herausforderungen der Moderne und Postmoderne auseinandergesetzt hat, nicht möglich sein, einfach wieder zurück zu den Anfängen und dem patristischen Erbe zurückzukehren, wozu die orthodoxen Kirchen allen anderen raten. Vgl. dazu die „Interorthodoxe Konsultation im Vorfeld der Vollversammlung" des Ökumenischen Rates der Kirchen in Busan, 2013, 136.
1967. Sanguin, 2015, xii.
1968. Scholem, 1957, 8.

einen neuen Inhalt für ihn erhalten, in dem sich das Besondere der mystischen Erfahrung, des unmittelbaren Kontaktes mit Gott, wiederspiegelt."[1969]

Durch die mystische Umdeutung der kanonischen Texte gerieten die Mystiker an die Grenzen ihrer Religion, was sie häufig zu Häretikern gemacht habe.[1970]

So sehen auch nicht alle die Rezeption integraler Theorie(n) als „harmlos" und die beobachtbare Vereinheitlichung als wünschenswert. Denn tatsächlich kommt es, wie aufgezeigt, im Zuge der Rezeption zu der Aufgabe einiger, aus traditioneller Sicht zwingend notwendiger Bestandteile des christlichen Glaubens, verbunden mit starken Modifikationen der traditionellen Lehre bzw. Glaubensinhalte und einer Distanzierung zur Institution Kirche. Doch ist es eben jene Verabschiedung, Neuinterpretation und Umdeutung jener als problematisch empfundenen Elemente wie der Sühnetheologie oder eines übernatürlichen Theismus wie auch die Kritik an erstarrten Formen, die bei den Autor*innen Blockaden und Widerstände gegenüber dem Christentum auflöst.

Doch wir sollten nicht, „Entdogmatisierung und Entinstitutionalisierung mit Entchristianisierung [...] verwechseln."[1971] Ob jemand sich selbst als Christ versteht, hängt heute längst nicht mehr zwingend von der Zugehörigkeit zu einer bestimmten Konfession oder Ortskirchengemeinde ab, sondern vielmehr davon, ob es ihm gelingt, einen persönlichen Zugang zu der überlieferten Tradition zu finden. Schon in den 80er Jahren sprach der Religionssoziologe Peter Lukas Berger von einem „Zwang zur Häresie" und meinte damit, dass es in einer pluralistischen Gesellschaft unvermeidbar sei, zwischen verschiedenen Optionen und Sichtweisen zu wählen.[1972] Dazu gehört, dass Begriffe wie „Schöpfung, Offenbarung und Erlösung" ihre eins-

---

1969. Ebd., 9f.
1970. Vgl. ebd., 10.
1971. Lauster, 2016, 616.
1972. Berger, 1980.

tige (scheinbare) Eindeutigkeit verloren haben und zu anderen Betrachtungsweisen (bspw. orthodox, hinduistisch, esoterisch) in ein Verhältnis gesetzt werden müssen.

3. Eine weitere Erklärung für die Schnittmengen könnte sein, dass all die aufgeführten Strömungen sich tatsächlich einem neuen Bewusstseinsschwerpunkt oder religiösen Stil in der Post-Postmoderne verdanken. Vor dem Hintergrund integraler Theorie ließe sich argumentieren, dass sich jemand zumindest mindestens auf einer Reifestufe befinden müsse, die nach eigenen spirituellen Erfahrungen fragt, also mindestens der rationalen, eher noch der postkonventionellen Stufe, um Prozesse wie Entdogmatisierung und wachsende Kirchenferne nachvollziehen oder gar wertschätzen zu können. Diese Menschen, auch als ‚spirituell, aber nicht religiös' bezeichnet, sind zumindest die explizite Zielgruppe der Autor*innen.[1973] Haberer spricht von denen, die mit den „hergebrachten religiösen Vorstellungen des Christentums nichts mehr anfangen können."[1974] Bei der Spiritualität geht es dann zunehmend um die Suche nach dem gemeinsamen (weltzentrisches Denken) statt dem, was unterscheidet, um sich abzugrenzen (ethnozentrisches Denken). Damit wäre zugleich gesagt, dass jemand, der, bezüglich seiner spirituellen Intelligenz, noch nicht auf der Komplexitätsstufe angekommen ist, die es ihm ermöglicht, offen zu sein für die Suche nach dem Verbindenden, diese Überschneidungen und Übereinstimmungen zwingend ablehnen muss.

Eine Frage, die daran zwangsläufig anschließt, wäre dann, ob es vor allem die Rezeption der zeitgenössischen integralen Theorie(n) war, die zu den ähnlichen Strukturen, die ich finden konnte, führte. Oder führte vielmehr die religiös-spirituelle Entwicklung und mystische Ausrichtung der Autor*innen dazu, dass sie die traditionelle Theologie und Institution Kirche zu hinterfragen begannen? Denn einerseits führt sicherlich der religiöse Stil der Autor*innen dazu,

---

1973. Vgl. Küstenmacher/Haberer, 2016, 153; Smith, 2012, 223; Tresher, 2009, xv; Sanguin, 2014, 57.
1974. Haberer, 2021, 14.

dass sie auf die integralen Theorie(n) zurückgreifen und sich durch sie inspiriert fühlen. Andererseits gibt es viele Autor*innen, die eine große inhaltliche Schnittmenge aufweisen – wie z.B. Richard Rohr, Cynthia Bourgeault, Cyprian Consiglio, Willigis Jäger, Don MacGregor – aber so gut wie gar nicht oder nur kaum explizit auf die genannten integralen Denker bzw. nur auf deren Vorläufer wie Aurobindo oder Teilhard de Chardin zurückgreifen. Damit scheint die Theorie für viele zwar sehr erhellend, hilfreich und inspirierend zu sein, aber nicht die einzige Quelle, die sich anbietet, um christliche Theologie und Praxis in der Post-Postmoderne zu betreiben.

Wir können allerdings umgekehrt nicht automatisch davon ausgehen, dass die von den Autor*innen gemachten Ausführungen sich alle derselben Stufe spirituell-religiöser Entwicklung verdanken. Möglicherweise ließen sich einige inhaltliche Differenzen der Autor*innen allein dadurch erklären, dass sie einem unterschiedlichen Reifegrad entspringen (Anhaftungen und Überreste aus „GRÜN" oder noch früheren Stufen, „GELB, TÜRKIS" oder eine Gipfelerfahrung, in der das Lebensgefühl von „KORALLE" aufschien), so ähnlich wie die Autor*innen das in Bezug auf die Bibel annehmen. Genauso gut könnten sie aber zumindest teilweise schlicht und einfach einer unterschiedlichen Persönlichkeit oder einem anderen Erfahrungshintergrund geschuldet sein.

Meta-Theorie als ein paradoxes Unterfangen

Der Autor und Philosoph Dr. Zachary Stein beschreibt in seinem Aufsatz „Jenseits von Natur und Mensch: Überlegungen zur Entstehung und zum Zweck von Metatheorien" verschiedene Ursprünge und Ziele von Metatheorien. Er versteht die Metatheorie als eine Erweiterung traditioneller Formen der Philosophie und schreibt ihr sowohl 1) integrative/versöhnliche, 3) innovative/transformative als auch 3) normative/regulierende Funktionen zu.[1975] Sie stellten die Sprache zur Verfügung, das Selbstverständnis der Menschheit zu ver-

---

1975. Vgl. Stein, 2015, 2, 7, 16 und 31.

ändern.[1976] Diese Funktionen bzw. Wirkweisen sind bei der Rezeption deutlich sichtbar:

1) Integrativ/versöhnliche Funktion

Das Bemühen um die Vermittlung zwischen den verschiedenen wissenschaftlichen Disziplinen und Religion bzw. Spiritualität ist in allen Werken der Autoren sichtbar.

Dazu zählt, dass sie versuchen, aktuelle Forschungsergebnisse zur Bewusstseins- und Werteentwicklung der Menschen, ernst zu nehmen und auf ihre Konsequenzen hin zu durchdenken. Dasselbe gilt für das Thema der Bewusstseinszustände und damit der Aufnahme aktueller Meditationsforschung sowie der Erfahrungen aus kontemplativer Praxis der letzten Jahrtausende. Durch das Wilber-Combs-Raster stellt die integrale Theorie zudem einen nachvollziehbaren, wenn auch sicherlich vorläufigen, Lösungsvorschlag zur Verfügung, diese beide Forschungslinien zueinander in Beziehung zu setzen. Auch das Unterfangen, Themen und Forschungsergebnisse aus der transpersonalen Psychologie und Parapsychologie in Verbindung mit biblischen Texten und christlicher Tradition zu bringen, ist Folge dieses Unterfangens, unterschiedliche Erkenntnisse miteinander in Beziehung zu setzen und ihre Vereinbarkeit aufzuzeigen.

2) Innovative/transformative Funktion

Beeindruckend bleibt die durch diese Untersuchung offensichtlich gewordene Fruchtbarkeit an Ideen, zu denen die Rezeption integraler Theorie(n) bei den Autor*innen führt. Die Theorie entfaltet in ihren Werken eine enorme Erklärungskraft und hilft ihnen, Fragen des christlichen Glaubens zu erhellen und zu (er)klären. In ausnahmslos allen Werken führt die Beschäftigung mit und Einbeziehung von integralem Gedankengut bei den Autor*innen nach deren eigener Aussage zu einer tiefgreifenden Veränderung, in ihrer Art, die Welt zu deuten, Theologie zu treiben und ihre Spiritualität zu leben: Nahezu ausschließlich der Arbeit von Wilber, so Marion, sei es zu verdanken, dass er in seinen Büchern die alten Karten des spirituellen Weges mit

---

1976. Vgl. ebd., 7.

den Erkenntnissen der modernen Entwicklungspsychologie verbinden konnte.[1977] Im Rückblick schreibt Küstenmacher: „Die Puzzleteile meines spirituellen Weges fingen an, sich mit Hilfe der integralen Landkarte zu verschränken, zu ordnen, zu vertiefen."[1978] Sanguin schreibt: „Dies ist eine Karte, die mein Leben und meine Führungsrolle als Pastor verändert hat (...)".[1979] Smith gibt an, dass er durch die Begegnung mit der integralen Philosophie zu mehr Klarheit gekommen sei, was er auf dem christlichen Pfad versuche, zu tun.[1980] Er, Sanguin und Tresher formten ihre ganze Gemeindearbeit als Pfarrer und damit die ihnen anvertrauten Gemeinschaften nach dem integralen Gedankengut.

3) Normative/regulierende Funktion

Durch das neue Vokabular, das den Autor*innen durch die Metatheorie zur Verfügung gestellt wird, entsteht eine dem sog. „Framing" vergleichbare Wirkung. Der Begriff wurde u.a. durch die Linguistin Elisabeth Wehling populär[1981]: Dadurch, dass alles in einen bestimmten sprachlichen Deutungsrahmen („frame") eingefügt wird und einen neuen Platz zugewiesen bekommt, werden Inhalte neu strukturiert und erscheinen in einem neuen Licht. Folge sind die „Aha-Effekte", von denen die untersuchten Autor*innen und viele andere Zeitgenossen berichten, wenn sie das erste Mal in Kontakt mit der Theorie kommen. Zugleich hat dieses „Framing" auch eine Schattenseite: Alles, was außerhalb des vorgegebenen Rahmens liegt, findet keine Beachtung mehr und wird implizit oder explizit abgewertet. Jede Meta-Theorie ist daher immer ein paradoxes Unterfangen: Während sie versucht, alles in ein übergeordnetes Deutungsraster einzufügen, trägt sie zugleich durch ihren Rahmen zu einer Einschränkung der Wahrnehmung bei. Auch ist sie, gerade indem sie versucht, alles zu berücksichtigen und ihn ihr Konzept zu in-

---

1977. Marion, 2003, 34.
1978. Küstenmacher, 2018, 17.
1979. Sanguin, in: Tresher, 2009, x.
1980. Vgl. Smith, 2011, xx.
1981. Wehling, 2017.

tegrieren, selbst nicht wertfrei, sondern macht im Gegenteil die Umfassendheit und Komplexität zu ihrem höchsten Wert und Maßstab, an dem alles andere gemessen wird. Ihr Anspruch auf Deutungshoheit wird dabei kontrovers aufgenommen.

Auch der Wilber-Kritiker Sattler, emeritierter Professor für Morphologie der Pflanzen aus Montreal, führt aus, warum die Leerstellen einer Karte, wie der integralen, folgenreich seien: Seien bestimmte Orte auf einer Landkarte nicht eingezeichnet, versage die Karte darin, uns zu diesen hinzuführen. Durch eine bestimmte Art des Denkens würden andere Gebiete des Denkens ausgeschlossen.[1982]

Dazu kommt in diesem Fall, dass die Theorie durch ihr Entwicklungsparadigma genügend Material liefert, durch welches sie jegliche Kritik mit dem Argument, dass der Kritiker von einer „niedrigeren Bewusstseinsstufe" her argumentiere, von vorneherein ausblenden kann. Doch durch eben diesen Mechanismus erhöht sich die Anfälligkeit für blinde Flecken und die Wahrscheinlichkeit einer Resistenz gegenüber angebrachter Kritik. Matthias Thiele, Psychologe und freier Autor, fordert daher, die Theorie müsse bereit sein, sich falsifikationsfähig zu machen.[1983]

Die untersuchten Autor*innen scheinen sich dieser Gefahren jedoch bewusst zu sein. Es herrscht Einigkeit darüber, dass es sich nur um eine vorläufige Theorie handelt, auf die noch bessere folgen werden und aus der keinesfalls eine neue Ideologie gemacht werden sollte:

„Es geht nicht darum, eine neue Ideologie zu lehren, sondern darum, alle Ideologien zu untersuchen," so Tresher.[1984]

Küstenmacher hält es für möglich, dass das integrale Modell jederzeit von einer noch stimmigeren Meta-Theorie abgelöst wird. Sie rat daher, mit dem integralen Ansatz „integral" umzugehen:

„Befassen Sie sich mit anderen Metatheorien und deren Kon-

1982. Sattler, 2008, iii.
1983. Thiele, 2019.
1984. Tresher, 2009, 184.

zepten und Weltsichten. [...] Integrales Denken ist kein neues Glaubenssystem, sondern ein gut bestückter Werkzeugkasten [...]."[1985]

Auch die Grenzen des Modells werden von ihr anerkannt:

„Das integrale Modell ist also eine historisch wie geopolitisch begrenzte Beschreibung von Wirklichkeiten, die mit einem sprachlichen Filter arbeitet."[1986] „In KORALLE können Sie dafür beten, dass Ihr Bewusstsein keine religiöse Position und kein Welterklärungsmodell verabsolutiert. Das gilt auch für die integrale Theorie, die sich zwar als hochkomplexes Ganzes versteht, aber dennoch weiß, dass sie einmal von einem noch größeren Ganzen als Teilwahrheit umarmt und transzendiert werden wird."[1987]

Sanguin meint, in einem evolutionären Paradigma käme man ohnhin nie an:

„Bei Christus gibt es keinen Ort, an dem wir unser Haupt ausruhen können, und kein Wertesystem, das nicht von einem noch umfassenderen System überholt wird."

Es gehe ihm nicht darum, elitär zu sein, sondern ganz im Gegenteil beständig nach einem Weltbild zu suchen, das immer noch umfassender, nuancierter und ausgeklügelter wäre.[1988]

„Wilberisierung des Christentums"

Für viele der Autor*innen ist Wilber nicht nur ein sie inspirierender Philosoph, sondern darüber hinaus Vorbild und spiritueller Lehrer – besonders sichtbar wird das bei Smith. Auffallend ist daher,

---

1985. Küstenmacher, 2018, 166.
1986. Ebd., 171.
1987. Ebd., 326.
1988. Sanguin, 2014, 102.

dass es in den Werken der Autor*innen verhältnismäßig wenig erkennbare Abgrenzung oder Kritik gegenüber Wilber gibt, obwohl sich mittlerweile genügend Kritiker finden lassen, die auf Schwachstellen in seinem Werk hinweisen: So wird kritisiert, dass er naturalistische Erklärungen für die Evolution nicht gelten lässt, obwohl diese von den Biologen selbst vertreten würden; dass er sich generell von Spezialisten nicht korrigieren ließe;[1989] dass er die Evolutionslehre grob missverstanden habe[1990], dass er behaupte, Meditation beschleunige die Bewusstseinsentwicklung, dafür aber an keiner Stelle einen wissenschaftlichen Beleg angebe[1991], dass er an den aktuellen Weiterentwicklungen der Philosophia Perennis, u.a. durch die Theosophie, vorbei schreibe[1992], dass seine Theorie immer noch stark von einem Entweder-Oder-Denken geprägt sei[1993] u.v.m. Neben unfairer Kritik gibt es also einige Punkte, die genauerer Untersuchung bedürfen.

Zudem birgt, wie bereits von Steve McIntosh kritisiert, Wilbers Unterfangen, Gemeinsamkeiten zwischen den religiösen Traditionen aufzudecken, und sie ihn übergeordnete Schemata zu bringen, die Gefahr, dass Inhalte zu sehr vereinheitlicht werden und dabei wertvolle Details, Entdeckungen oder Eigenarten der jeweiligen Traditionen verloren gehen. Die Tatsache, dass Wilber selbst stark in der hinduistisch-buddhistischen Tradition verwurzelt ist, geben zu der berechtigten Frage Anlass, ob und wie christliche Inhalte durch diese von ihm vorgenommene Vereinheitlichung umgedeutet werden oder gar verloren gehen.

Wie ich bereits im Zusammenhang der Frage nach dem Tod festgestellt habe, scheint der Bereich des Seelischen, Subtilen bei Wilber gegenüber der Leere, dem Kausalen und Nondualen als eine Art Zwischenstation abgewertet zu werden, was sich auch in den Werken

---

1989. Vgl. Visser, 2016.
1990. Vgl. Falk 2016, 22ff., Lane, 2015.
1991. Vgl. Andrews, 2006.
1992. Vgl. Heinrichs, 2014/5, 56.
1993. Sattler, 2008, 39f.

einiger Autor*innen (Marion, Küstenmacher, Haberer, Tresher) niedergeschlagen hat.[1994]

Obwohl Wilber, wie wir gesehen haben, im Laufe seines Lebens, [gerade auch durch den Einfluss von Christen in seinem näheren Umfeld!], zu einer Wertschätzung und Neubewertung des 2. Gesichtes Gottes gekommen ist, bleibt dieser Aspekt einer persönlichen Seite der Gottheit bei vielen der Autor*innen (v.a. bei Marion und Tresher) unterbelichtet und zu wenig auf seine Implikationen weitergedacht. Es ist auch kein Zufall, dass sich Smith auf Steve McIntosh und nicht auf Wilber bezieht, um die persönlichen Qualitäten Gottes herauszustreichen wie Gewahrsein, Intelligenz, Intentionalität, Kreativität, Liebe.[1995]

Auch Sanguin weist darauf hin, dass östliche Religionen mehr auf die Leere der Absolutheit, das Christentum mehr auf die Fülle und die Persönlichkeit der Absolutheit akzentuieren.[1996] Tatsächlich lässt sich kaum abstreiten, dass ein wesentliches Merkmal des Christentums gerade darin liegt, dass darin das Absolute als persönliches Gegenüber gedacht wird. Anders im Islam der Qur'an oder im Judentum die Tora steht mit Jesus Christus eine Person im Zentrum der Religion.[1997] Dieser Umstand hatte auch Auswirkungen für das Verständnis vom Menschen und dem Wert seiner Individualität. Die Theologieprofessorin Sabine Bobert betont, dass in der christlichen Mystik die Vereinigung zwar „zu einer zeitweisen Aufhebung der Grenzen zwischen Gott und Mensch" führe, es dabei aber „um die personalisierende Verwandlung des Menschen, nicht um seine Auflösung oder Rückführung in eine undifferenzierte Einheit mit Gott" gehe. Christus sei das Urbild von Personalität.[1998] Der russische Reli-

---

1994. Der integrale Philosoph Sri Aurobindo scheint sich in diesem Punkt von Wilber zu unterscheiden: Er betonte den ewigen Fortbestand der Seele und maß der Arbeit im subtilen Bereich durch die Entwicklung seines integralen Yoga große Wichtigkeit für die spirituelle Entwicklung zu.
1995. Smith, 2017, 293, zitiert aus McIntosh, 2015, 188.
1996. Sanguin, 2014, 162f.
1997. Vgl. Schmitz, 2021, 74.

gionsphilosoph Pavel Florenskij habe das Ziel des christlichen Weges darin gesehen, unsere empirische Persönlichkeit durch geistige Verwandlung so zu formen, dass unser Gesicht zum Antlitz werde, in dem das Ebenbild Gottes zum Vorschein komme.[1999] Teilhard de Chardin unterscheide eine „Mystik der Entdifferenzierung" und eine „Mystik der Differenzierung". Im ersteren Fall, den er schematisch dem Osten zuordne, gehe es bei der Einswerdung mit dem Göttlichen um die Rückkehr zu einem gemeinsamen Grund, der allem zugrunde liege, und die Aufgabe und Auflösung der Vielfalt und Individualität. Dem anderen Weg gehe es geradewegs um das Gegenteil: Hier wird die Vereinigung als das Zusammentreffen der Teile gedacht, die gerade durch ihre Differenzierung Vollendung erfahren.[2000]

In dieselbe Richtung zielt auch die Kritik des Philosophieprofessors Heinrichs an Wilbers Seelenverständnis. Er wirft ihm vor, das gesonderte Ich eschatologisch abzuwerten, indem er behaupte, am Ende bleibe nur das Eine, Göttliche Selbst. „Wäre aber die Vielheit der Individuen nicht sinnlos, wenn am Ende [...] nichts mehr von ihr übrig bliebe?" Es gehe bei dieser Frage „um die Bedeutung der Individualität wie der Pluralität: Gibt es letztlich nur ein einziges großes, göttliches Selbst [...] – oder hat die Vielheit der endlichen Selbste (gemeint ist hier nicht das kleine Ich oder die Persönlichkeit, sondern die Seele, Anm. d. Vf.) bleibende positive Bedeutung?" Für Heinrichs steht das außer Frage. Er verweist auf das Bild der „Gemeinschaft der Heiligen" aus der christlichen Tradition. Es gehe um den Unterschied zwischen „Gott allein" zu Gott „alles in allen".[2001]

Den Gedanken, dass Teile ihre Vollkommenheit erst durch ihre Abgrenzung zu anderen Teilen erlangen, wurde besonders eindrücklich von dem Philosphen Karl Christian Friedrich Krause, einem wichtigen Vordenker des Panentheismus, ausgeführt:

1998. Bobert, 2012, 96.
1999. Ebd., 125ff.
2000. Ebd., 114f.
2001. Heinrichs, 2014/5, 51f.

„Denn alle Wesen haben Theil [!] an Gottes Wesen, sie ahmen Gottes Allvollkommenheit in ihren Grenzen nach; doch um auf eigne Weise daran Theil zu haben, sind sie in bestimmter Gestalt, Grenze und Beschränkung. Diess verdirbt keineswegs das Go?ttliche in ihnen, sie gewinnen dadurch Eigenthu?mlichkeit, Schönheit, Stärke. [...] Je reicher an Bildung und Leben ein Wesen ist, je mehrere und je innigere Gegensätze harmonisch in ihm vereint sind, ein um so reicheres und herrlicheres Ebenbild Gottes ist es."[2002]

Überbetonung der Innerlichkeit

Eine weitere Tendenz, die in Wilbers Philosophie und in seiner Person angelegt ist, liegt in einer Überbetonung des Quadranten oben links, der individuellen Erleuchtungs-/Transformations-Persönlichkeitsentwicklungs-/ und Nondualitätserfahrung – gegenüber dem rechten Quadranten, so als ob das Pendel in der Bemühung um Innerlichkeit von einem Extrem in das andere geschwungen sei. Auch die Idee der untersuchten Autor*innen (besonders betont von Marion, Tresher, Sanguin), dass die Kirche sich vor allem auf ihre (angebliche) Stärke, die Bewusstseinserweiterung und die Beschleunigung des Bewusstseinswachstums konzentrieren soll – statt beispielsweise auf Diakonie oder politisches Engagement -, trägt dazu bei.

Die Entwicklung der spirituellen Intelligenz führt jedoch allein nicht automatisch zu menschlicherem, liebevollerem Verhalten. Tatsächlich kann das Streben nach Erleuchtung mit einem großen Narzissmus einhergehen bzw. diesen sogar noch befördern. Dazu kommt, dass wir alle in wirtschaftliche, finanzielle und politische Systeme eingebunden sind, die unser Verhalten zwangsläufig beeinflussen bzw. diesem feste Grenzen setzen.[2003]

Selbst Wilber weiß: In einer

2002. Krause, 2005, 13 u. 44.
2003. Vgl. dazu auch Dillard, 2021.

> *„dysfunktionalen (noch nicht integralen) Welt [...] ist eine wahrhaft integrale Therapie nicht nur individuell, sondern auch kulturell, sozial, spirituell und politisch."*[2004]

Plakativ gesagt: Ich kann „Gott 9.0" rational verstehen und die Ideen darin gutheißen, aber in meinem tatsächlichen moralischen Verhalten mehr Anteile aus dem „ROTEN, BLAUEN" und „ORANGEN MEM" haben als dem „INTEGRALEN". Angesichts der bestehenden Systeme dürfte das sogar hoch wahrscheinlich sein. Wo unser wirklicher (und nicht eingebildeter) Bewusstseinsschwerpunkt liegt, zeigt sich erst an unserem Tun, individuell als auch kollektiv.

Es braucht also immer auch den Abgleich mit dem Quadranten oben rechts, einer kritischen Außensicht auf das Ergebnis innerer spiritueller Prozesse, Einsichten oder Erlebnisse. Tatsächlich unterscheide, so der Mystiker Wayne Teasdale, „[j]ede Form der mystischen Spiritualität [...] zwischen der kontemplativen oder inneren Erfahrung und der nach außen gerichteten oder aktiven Lebensweise, dem Dienst am Nächsten", betont jedoch zugleich, dass „beide Erfahrungsbereiche [i]m Bewusstsein des betreffenden Menschen [...] als eins betrachtet" werden müssten. Die Unterscheidung erfolge also nur, um schlussendlich ihre Einheit zu verstehen.[2005]

Tatsächlich liegt der Grund in der praktischen Seelsorge der Pfarreien, eine intensive Praxis der Kontemplation abzulehnen, häufig in der Überzeugung, dass diese „von der alltäglich gelebten Mitmenschlichkeit und Weltverantwortung [wegführe oder gar eine] spirituell umrahmte Form der Selbstbespiegelung" sei.[2006] Vor diesem Hintergrund gilt es, die eigene Praxis immer wieder, im Dialog mit anderen, selbstkritisch zu hinterfragen.

Eine Vielzahl an Publikationen legt mittlerweile Zeugnis darüber ab, dass gerade von dem weltlichen Engagement von Christen und

---

2004. Wilber, 2016a, 132.
2005. Teasdale, 2004, 144.
2006. Rosenberger/Kieslinger, 2021, 5.

auch der Kirche wesentliche Impulse für Veränderungen im Außen angestoßen wurden, darunter Jörg Lausters „Die Verzauberung der Welt. Eine Kulturgeschichte des Christentums" von 2016 oder Vishal Mangalwadis „Das Buch der Mitte. Wie wir wurden, was wir sind: Die Bibel als Herzstück der westlichen Kultur" aus demselben Jahr.

Gerade die Kirche hätte (und hatte bereits) die Chance, als eine Art „Parallelgesellschaft" innerhalb eines Systems tiefgreifende Veränderungen vorzubereiten ¬ – vorausgesetzt, ihre Leitung wäre von ihrer spirituellen und emotionalen Reife dazu in der Lage. Wie Richard Rohr in seinem gleichnamigen Buch deutlich macht: „Entscheidend ist das UND. Kontemplativ leben UND engagiert handeln[2007]". Jesus hat die Kombination von „Kontemplation und Aktion" vorgelebt. Wir können mit unserem (direkt oder indirekt) politischen Handeln in der Welt nicht warten, bis wir all unsere persönlichen Schatten bearbeitet haben und all unsere emotionalen Verletzungen geheilt sind. Auch kann es, wenn wir alle miteinander verbunden sind, beim Erwachen nicht um eine individuelle Errungenschaft gehen. Wir sind als einzelne zwangsläufig eingebunden in ein großes Beziehungsnetz und gesellschaftliches System, auf das wir beständig durch unser So-Sein, Unterlassen als auch Handeln, Einfluss ausüben und dem gegenüber wir Verantwortung tragen.

Ganz davon abgesehen sind viele Menschen schlicht, aus verschiedenen Gründen, wie z.B. zu jungem Alter, sozialer Herkunft, einer Behinderung oder einer erblich bedingten Begrenzung ihrer kognitiven Fähigkeiten zu intensiver Kontemplation oder gar zum Erlangen der Erleuchtung gar nicht fähig, können also gar nicht in den Genuss kommen, sich von ihrer individuellen Erfahrung derart loslösen zu können und sind gezwungen, in ihrem Leid „steckenzubleiben". Natürlich kann man, wie es Marion ausführlich macht, diese gefühlte Ungerechtigkeit durch eine Seelenlehre erklärbar machen – was aber immer die Gefahr mit sich bringt, den „status quo" zu rechtfertigen. Doch auch das entlässt uns keinesfalls aus der Verant-

---

2007. Rohr, 2012.

wortung, die „gute Nachricht", dass sie bedingungslos geliebt und göttlicher Herkunft sind, auch für solche Menschen spür- und erfahrbar zu machen.

Zu ergänzen ist noch: Es interessieren sich einfach nicht alle Menschen für Spiritualität. Es wollen nicht alle erleuchtet sein. Es wollen auch nicht alle sein wie Jesus. Und das ist in Ordnung. Das wäre wohl ein wichtiges Merkmal der Liebe: Die Bereitschaft flexibel auf die (integral formuliert) stufen-, typen- und situationsbedingten Bedürfnisse jedes einzelnen einzugehen, um Leiden zu vermindern. Der eine sehnt sich nach Erleuchtung, der andere nach einer Umarmung, wieder einer nach einem tröstlichen Gedanken und der dritte danach, im Winter nicht draußen zu erfrieren.

Elitärer Zirkel für Insider?

Ein Problem bei der Rezeption integraler Theorie(n) sowie anderer Meta-Theorien liegt in ihrer Komplexität und einer Sprache, die nur für „Eingeweihte" verständlich ist. Eine entscheidende Frage, die auch die Zukunft integraler Kirchen und Gemeinschaften betrifft, ist deshalb, ob und wie alle zukünftigen Mitglieder in integrale Theorie(n) eingeweiht werden sollen und wenn ja, ob sie sich dadurch nicht in eine Art Sonderclub mit Sektengeruch verwandelt, in die jemand nur unter besonderen Voraussetzungen eintreten kann. Sie wären dabei allein durch ihr spezifisches Vokabular leicht zu identifizieren und gegenüber anderen Gemeinschaften abgrenzbar. Das Ergebnis wäre jedoch eine „Blase" oder „Echokammer", die nichts mehr mit der Realität und erst recht nichts mit „integral" im Sinne von „umfassend" zu tun hätte.

„Integral" wäre in diesem Sinne nicht falsch, aber immer noch nicht „integral" genug. Das ist eine Herausforderung, die alle neu entstehenden integralen Gemeinschaften betrifft und für die nach entsprechenden Lösungen gesucht werden muss. Eine Möglichkeit, die auch in den Werken der Autor*innen anklingt und derzeit wohl am häufigsten praktiziert werden dürfte, besteht darin, dass lediglich die Leiter „integral informiert" sind und danach ihr Handeln ausrichten, aber davon absehen, von anderen Gemeinschaftsmitgliedern die Kenntnis der Begrifflichkeiten und Systeme zu erwarten. Möglicherweise führt die Theorie und ihre Sprache aber auch dazu, dass integrale Gemeinschaften immer ein kleine Minderheit und Randerscheinung bleiben werden und damit ihrem Wachstum und Einfluss von vorneherein bestimmte Grenzen gesetzt sind.

Auch wenn sich Wilber und Spiral Dynamis Farben statt Zahlen bedienen, um die Bewusstseinsebenen zu bezeichnen, wird dennoch implizit eine Höherwertigkeit von „GELB" gegenüber „GRÜN, BLAU, PURPUR" angenommen – eine Schattenseite, die jedes Entwicklungsmodell automatisch mit sich bringt. Eine logische Folge davon ist, dass diejenigen, die sich von einer integralen Gemeinschaft angezogen fühlen, dazu tendieren, ihren Bewusstheits- und Reifegrad maßlos zu überschätzen, einfach, weil es sich gut anfühlt, schon „so weit" zu sein.

Weitere Entwicklungen und Ausblick

Die integralen Theorien haben sicher das Potential, noch viele weitere Christ*innen und Angehörige anderer Religionen zu neuen Interpretationen und praktischen Ausdrucksformen ihrer Tradition zu inspirieren. Allerdings ist zu vermuten, dass dabei in Zukunft auf eine noch größere, wachsende Bandbreite integraler Denker zurückgegriffen wird. In einem Podcast-Interview mit Paul Smith und Cynthia Bourgeault stellen diese beispielsweise beide fest, dass sie nahezu zeitgleich den integralen Philosophen Jean Gebser für sich entdeckt hätten.[2008] Und das kurz, nachdem das deutsche Integrale Forum, verursacht durch einen personellen Wechsel, den Schwerpunkt von Wilber abgezogen und auf andere integrale Denker wie Jean Gebser, aber auch auf Vertreter der Metamoderne, ausgeweitet hat. In der neu formulierten Vision heißt es nun:

2008. Siehe Integral Christian Network Podcast, 2021.

„Das Integrale Forum möchte Erfahrungs-, Verständnis- und Begegnungsraum anbieten für Menschen, Gruppen und Organisationen, die die Ideen und Visionen des Philosophen Ken Wilber und anderer integraler Denker [!] kennenlernen und nutzbringend anwenden wollen."[2009]

So knüpft beispielsweise der Soziologe Daniel Görtz alias Heinzi Freinacht, der Vordenker der „Nordischen Schule des Metamodernismus", an die Integrale Theorie an und ergänzt diese durch weiterführende Ideen, fokussiert dabei aber v.a. auf die politische und gesellschaftliche Dimension dieses Ansatzes, die bei Wilber selbst, wie wir kritisch angemerkt haben, unterbelichtet bleibt.[2010]

Obwohl die Integrale Theorie eine Möglichkeit darstellt, aktuelle Forschungsergebnisse in ein größeres Ganzes einzuordnen, gibt es selbstverständlich auch alternative Theorien, die eine ähnliche Funktion erfüllen und die Theorie gewinnbringend ergänzen können.

Mit dem „Critical Realism" bzw. der „MetaReality" von Roy Bhaskar, der am „Institute of Education" in London lehrte, liegt ein weiterer Entwurf einer Metatheorie vor, die ebenfalls den Versuch unternimmt, zahlreiche Elemente miteinander zu verbinden und in einen größeren Zusammenhang zu stellen. Während sich der „Critical Realism" hauptsächlich mit wissenschaftstheoretischen Fragen beschäftigt, ist die Philosophie Roy Bhaskars spätestens seit seinem sog. „spiritual turn" und der darauffolgenden Weiterentwicklung zur „MetaReality" anschlussfähig für Spiritualität und religionsphilosophische Fragen. Wesentliche Themen darin sind dabei die Non-Dualität, die Wiederverzauberung der Welt, die Emanzipation des/r Einzelnen und die Transformation der Gesellschaft.[2011]

Wilber selbst gibt an, dass es einiges gebe, was er an der Philosophie Bhaskars wertschätze, wenn er auch nicht in allem mit ihm übereinstimme, und nennt ihn „ein wirklich außergewöhnliches

---

2009. Integrales Forum e.V., 2018.
2010. Freinacht, 2017 und 2019.
2011. Vgl. Bhaskar, 2012.

menschliches Wesen, und alles, was ein Philosoph sein sollte."[2012]

In einer Reihe gemeinsamer Tagungen kamen seit 2011 Vertreter der Integralen Theorie und des „Critical Realism" bzw. der „MetaReality" von Roy Bhaskar zusammen, um diese ausführlich auf ihre Schnittpunkte und Differenzen zu vergleichen und ein mögliches Zusammenwirken anzudenken.[2013] Die Verbindung beider Metatheorien wird seither von verschiedenen Seiten fortgeführt.[2014]

Der englische Philosoph Paul Marshall beruft sich in seinem Entwurf „Eine komplex integrale Sichtweise des Realismus (A Complex Integral Realist Perspective)" auf die Integrale Theorie Wilbers, den „Critical Realism" bzw. die „MetaReality" Bhaskars und die Theorie des komplexen Denkens von Edgar Morin. Sie seien für ihn und die Gemeinschaft, die sich wie er mit Metatheorien befasse, "die umfassendsten und ausgefeiltesten integrativen Philosophien, die heute verfügbar sind."[2015] Alle drei seien um dieselbe Zeit entstanden, hätten verschiedene Phasen durchlaufen und böten eine Fülle von Einsichten, Analysen, konzeptionellen Werkzeugen und Synthesen. Er bindet erstmals die drei Theorien mit ihren jeweiligen Schwächen und Stärken unter der Vision einer neuen Achsenzeit (in Anspielung an Karl Jaspers Achsentheorie in „Vom Ursprung und Sinn der Geschichte" von 1949) zusammen.

Als ein weiteres Beispiel für eine fruchtbare Auseinandersetzung und Fortführung der integralen Theorie kann auch Rolf Sattlers „Wilbers AQAL-Karte und darüber hinaus" gelten. Dieser will die Idee einer Holarchie durch die Annahme eines ungeteilten Holismus, des Yin-Yang Prinzip, einer Netzwerk-Logik und der Vorstellung kontinuierlicher, unscharfer Übergänge komplementär ergänzen. Als Symbol für seine alternative Karte wählt er das Mandala.[2016]

2012. Wilber, 2013c.
2013. Die Ergebnisse dieser Tagung wurden in einem Band veröffentlicht. Bhaskar/Hargens u.a., 2015.
2014. Hawke, 2016; Marshall, 2017, Aldermann, 2019b u.a.
2015. Marshall, 2016, 4.
2016. Sattler, 2008, 23, 35, 38.

Der integrale Psychotherapeut Wulf Mirko Weinreich stellte unlängst die These auf, dass die integrale Theorie in den nächsten Jahrzehnten noch viele Veränderungen und Weiterentwicklungen erfahren wird, indem sie sich dem „asiatischen Bewusstsein", das er komplementär zu dem westlichen versteht, gegenüber öffnet. Das „asiatische Bewusstsein" wäre damit keine niedere Ebene, sondern „ein durch eine andere Weltsicht und ein anderes Sprachsystem charakterisierter differenter Typ" mit demselben Grad an Komplexität, wie Yin und Yang:

> *„Auch wenn die Grundstruktur der integralen Theorie vermutlich der Wahrheit recht nahekommt, würde das darauf hindeuten, das noch einige Kapitel an der integralen Theorie fehlen, die per definitionem kaum von Vertretern des westlichen Kulturkreises geschrieben werden können, sondern von Vertreter*innen des asiatischen Kulturkreises aus ihrem eigenen Denken heraus zukünftig ergänzt bzw. durch ihre eigene Version ersetzt werden müssten."*[2017]

Was aus all diesen Ansätzen hier und weltweit in ein paar Jahren erwächst, kann derzeit niemand wissen. Wir leben, das steht für mich fest, in spannenden Zeiten.

2017. Wulf Mirko Weinreich, 2021.

DANKSAGUNG

Mein größter Dank geht an Sergej für deine Geduld, Unterstützung und einfach dein Da-Sein während der letzten sechs Jahre, die ich, vor allem spätabends, an diesem Buch saß. Danke euch, Liron, Severin und Linda – euer In-die-Welt-Kommen und meine damit verbundenen Elternzeiten haben dieses Werk überhaupt erst angestoßen und ermöglicht. Danke, Tom Eichler, für die Aufgeschlossenheit dem Buch gegenüber und die wunderbare Zusammenarbeit. Danke an Dalmo Mendonca für das tolle Coverbild. Danke auch an alle, die das Entstehen dieses Buches begleitet und wertvolle Hinweise beigesteuert haben: Christian Schmill, Prof. Dr. Sabine Bobert, Luke Healy, Sven Kosnick, Bernhard Possert, Tilmann Haberer, Marion Küstenmacher, Christian Zwanger, Neville Ann Kelly, Petra Horn, Martin Horstmann, Jörg Rohrbach, Heidi Hörnlein, Hubert Hagl, Eva Scherrer und alle anderen. Danke auch an dich, Prof. Dr. Georges Tamer, für dein Interesse und deinen Glauben an den Wert meiner Forschung. Danke ebenso an die Mitglieder der Plattform Integrales Christsein, zu deren Entstehen ich parallel zu diesem Buch beitragen durfte und durch die ich immer wieder Halt, Inspiration und Verbundenheit erfahren habe. Danke auch an Anne-Maria Apelt und Johannes Vennen für die professionelle Begleitung der inneren Prozesse, die dieses Buch in mir ausgelöst hat. Danke weiterhin an alle Leser meines Blogs – ihr wart meine Motivation, immer weiterzumachen und nicht aufzugeben. Mit euch allen hat eine spannende Reise begonnen, die sicherlich noch nicht zu Ende ist.

Herzliche Grüße, Sandra Hauser

Abbildungs- und Tabellenverzeichnis

Abbildung 3, in Anlehnung an Wilber, 2016a, 2261
Abbildung 5, in Anlehnung an Abbildung I.4, in: Wilber, 2007, 30264
Abbildung 10, in Anlehnung an Abbildung 12, in: Wilber, 2007, 91, vertikal zunehmendes Bewusstsein, horizontal verschiedene Entwicklungslinien
Abbildung 14, Bildquelle Wikipedia Commons

Tabelle 1, in Anlehnung an Abbildung 17 in: Wilber, 2007, 96f., aber um Steve McIntosh (s.u.), Lawrence Kohlberg, Die Psychologie der Moralentwicklung, 1996, ergänzt, als auch das internationale Forscherteam Heinz Streib, Zhuo Job Chen, and Ralph W. Hood, Jr., dessen aktuelle Forschungen sich eng an Fowler anlehnen, allerdings von „religiösen Typen oder Stilen" statt von „Stufen" schreiben. Siehe dazu Streib u.a., 2021.

LITERATURVERZEICHNIS

Aldermann, Bruce (2019a): Eight Zones of Religion and Spirituality, https://www.integralworld.net/alderman1.html.

Aldermann, Bruce (2019b): Integral Religious Pluralism. A metaRealist Inflection, https://www.integralworld.net/alderman2.html.

Andrews, Jim (2006): Ken Wilber on meditation. A Baffling Babbling of Unending Nonsense, https://www.integralworld.net/andrews1.html.

A Network for Grateful Living (2021): Wake Up to Grateful Living, https://gratefulness.org/explore/.

Athanasius, der Große (1917): Athanasius von Alexandrien (295-373), Über die Menschwerdung des Logos und dessen leibliche Erscheinung unter uns (BKV), (De incarnatione Verbi), in: Athanasius, Ausgewählte Schriften, Band 2. Aus dem Griechischen übersetzt von Anton Stegmann und Hans Mertel, Kempten u.a.: Verlag der Jos. Köselschen Buchhandlung, online abrufbar unter: Bibliothek der Kirchenväter, https://bkv.unifr.ch/de/works/cpg-2091/versions/uber-die-menschwerdung-des-logos-und-dessen-leibliche-erscheinung-unter-uns-bkv/divisions/55.

Barbara Hubbard (2017): Barbara Marx on the Integral Church, https://integralchurch.wordpress.com/2017/02/18/barbara-marx-hubbard-on-the-integral-church-video/.

Barenblat, Rachel (2007): David Ingber, Shaping an Integral Judaism, www.zeek.net/703spirit/.

Beck, Dr. Don Edward/Christopher C. Cowan (2017^8): Spiral Dynamics – Leadership, Werte und Wandel: Eine Landkarte für Business und Gesellschaft im 21. Jahrhundert, Bielefeld: J. Kamphausen.

Beck, Dr. Don Edward/Teddy Hebo Larsen u.a. (2018): Spiral Dynamics in Action. Humanity's Master Code. Cornwall: John Wiley & Sons.

Beierwaltes, Werner (2001): Das wahre Selbst: Studien zu Plotins Begriff des Geistes und des Einen, Frankfurt am Main: Klostermann Verlag.

Benedict, Mellen-Thomas (2004): Vorwort von INITIATIVE Information-Natur-Gesellschaft: Mellen-Thomas Benedicts Nahtod-Erfahrung, https://www.initiative.cc/Artikel/2004_11_08%20Nahtoderfahrung.htm [30.9.21].

Benediktushof (2021): Integrale Spiritualität – Einführung. Kursleitung Katarina Ceming, https://www.benediktushof-holzkirchen.de/kategorie/kw/bereich/kursdetails/kurs/22KC01/kursname/Integrale%20Spiritualitaet%20-%20Einfuehrung/kategorie-id/187/.

Berger, Peter L. (1980): Der Zwang zur Häresie. Religion in der pluralistischen Gesellschaft, Frankfurt a.M.: S. Fischer.

Bergson, Henri (2013): Schöpferische Evolution. Hamburg: Felix Meiner Verlag.

Bhaskar, Roy (2012): Reflections on MetaReality. Transcendence, emancipation and everyday life, New York u.a.: Routledge.

Bhaskar, Roy/Sean Esbjörn-Hargens u.a. (2015): Metatheory for the Twenty-First Century. Critical Realism and Integral Theory in Dialogue, New York u.a.: Routledge.

Bobert, Dr. Sabine (2012): Jesus-Gebet und neue Mystik. Grundlagen einer christlichen Mystagogik. 2. Verbesserte Auflage. Reihe urban mystix, Band 1, Regensburg: Vier Türme Verlag.

Bobert, Dr. Sabine (2020): Die Mystische Kirche. Manifest zur Neugründung der westlichen Kirchen in den mystischen Anfängen des Christentums, https://www.mystik-und-coaching.de/post/mystische-kirche-manifest-zur-neugründung.

Boulder Integral (2009): Boulder Integral visits Ken Wilber, https://www.youtube.com/watch?v=U4g6YDZDlGk%29.

Bourgeault, Cynthia (2014): A Tribute to Beatrice Bruteau by Cynthia Bourgeault, https://www.contemplative.org/a-tribute-to-beatrice-bruteau-by-cynthia-bourgeault/.

Bourgeault, Cynthia (2016): The Heart of the Centering Prayer. Nondual Christianity in Theory and Practice, Boulder: Shambala.

Bourgeault, Cynthia (2020a): Die heilige Dreifaltigkeit und das Gesetz der Drei. Der Schlüssel zum Geheimnis des Christentums, Xanten: Chalice Verlag.

Bourgeault, Cynthia (2020b): Meister der Weisheit. Was er wirklich lehrte über die Verwandlung unseres Herzens und unseres Bewusstseins, Xanten: Chalice Verlag.

Bourgeault, Cynthia (2021): Das Auge des Herzens. Eine spirituelle Reise ins Reich des Imaginativen, Xanten: Chalice Verlag.

Brooke, John Hedley (2013): Charles Darwin on Religion, https://www.theologie-naturwissenschaften.de/en/dialogue-between-theology-and-science/editorials/darwin-on-religion/.

Brown, Daniel P. (1988): „Die Stadien der Meditation in kulturübergreifender Perspektive", in: Ken Wilber, Jack Engler und Daniel P. Brown: Psychologie der Befreiung. Perspektiven einer neuen Entwicklungspsychologie – die östliche und die westliche Sicht des menschlichen Reifungsprozesses, Bern u.a.: Scherz Verlag.

Bubolz, Georg Dr. (2019): Ohne Taube und Kamel: Die vier Evangelien des Neuen Testaments aus der aramäischen Peschitta übersetzt und kommentiert, Frankfurt: Verlag Hans-Jürgen Maurer.

Cárpino, Tatjana (o.A.): Kirche integral. Reformierte Landeskirche neu denken, https://www.kirche-integral.ch/kirche-integral.

Ceming, Katharina/Jürgen Werlitz (2004): Die verbotenen Evangelien. Apokryphe Schriften, Wiesbaden: Matrix Verlag.

Center for Action and Contemplation (2019a). Richard Rohr, https://cac.org/richard-rohr/richard-rohr-ofm/.

Center for Action and Contemplation (2019b). Lineage and Themes, https://cac.org/living-school/program-details/lineage-and-themes.

Center for Integral Wisdom (2021a): Mission, https://centerforintegralwisdom.org/about/mission/ .

Center for Integral Wisdom (2021b): The Next Step For Evolutionary Church, https://centerforintegralwisdom.org/next-step-evolutionary-church/.

Center for Process Studies (2019): About The Center for Process Studies, https://ctr4process.org/about/.

Center for the Story of the Universe (2003-2021): About, https://storyoftheuniverse.org/about/.

Chandler, Howard M. u.a.: The Transcendental Meditation Program and Postconventional Self-Development: A 10-year Longitudinal Study, Journal of social behavior and personality, 2005, Vol.17 (1), 93-121.

Cohen, Andrew (2018): EnlightenNext. THE MAGAZINE FOR EVOLUTIONARIES, https://www.andrewcohen.com/enlightennext-magazine/.

Cohen, Andrew (2021): Andrew Cohen, https://www.manifest-nirvana.com/andrew-cohen.

Combs, Allan (2009): Consciousness explained better towards an integral understanding of the multifaceted nature of consciousness, St. Paul MN: Paragon House.

Contemplative Outreach (2019): Fr. Thomas Keating, https://www.contemplativeoutreach.org/fr-thomas-keating.

Cook-Greuter, Susanne (1999): Postautonomous Ego Development: A Study of Its Nature and Measurement, Harvard Dissertation, o.O.: Integral Publishers.

Cynthia Bourgeault (2018): WHUR WE COME FROM…, http://cynthiabourgeault.org/2018/03/01/whur-we-come-from/.

Cynthia Bourgeault (2019): Meet Cynthia, http://cynthiabourgeault.org.

Cyprian Consiglio (2015): Spirit, Soul, Body. Toward an Integral Christian Spirituality, Collegeville: Liturgical Press.

Cyprian Consiglio (2019). Short Bio, http://www.cyprianconsiglio.com/Cyprian_-_Short_Bio.

Darwin, Charles (1871): The descent of man, and selection in relation to sex. In two volumes – Volume I, London: John Murray.

DeVos, Corey (2017): The Fourth Turning of Buddhism, https://integrallife.com/fourth-turning-buddhism/.

DiPerna, Dustin (2018a): Streams of Wisdom, o.O.: Bright Alliance.

DiPerna, Dustin (2018b): Evolutions Ally: Our World's Religious Traditions as Conveyor Belts of Transformation, o.O.: Bright Alliance.

DiPerna, Dustin (2014): Bridging the Spiritual Chasm: Why Sam Harris and Ben Affleck Need a Dose of Integral Theory, HTTP://DUSTINDIPERNA.BLOGSPOT.COM,.

Dillard, Dr. Joseph (2021): Blinde Flecken im integralen AQAL-Weltbild, https://one-mind.net/blinde-flecken-im-integralen-aqal-weltbild/?fbclid=IwAR2X6tKFXeBwRXYMUXlBf5xM261WHitUigNrRUpMqplUmpJtaWO4EFQ2cnI. Im Original auf https://www.integralworld.net/dillard52.html.

Donald, Merlin (2012): An Evolutionary Approach to Culture: Implications for the Study of the Axial Age, in: Bellah, R.N./H. Joas (Hg.): The Axial Age and its Consequences, London: The Belknap Press of Harvard University Press, 47-76.

Dowd, Michael (2021): About Rev. Michael Dowd, http://www.michaeldowd.org/about/.

Eisenstein, Charles (2017): Die schönere Welt, die unser Herz kennt, ist möglich. Übersetzt von Nikola Winter und Eike Richter, München: Scorpio Verlag.

Esbjörn-Hargens, Sean (2018). Eine Übersicht integraler Theorie. Ein allumfassendes Bezugssystem für das 21. Jahrhundert. Übersetzung von Rainer Weber, http://integralesleben.org/fileadmin/user_upload/LESESAAL/PDF/Integrale_Theorie_-_S._Esbjoern-Hargens.pdf.

Esbjörn-Hargens, Sean (Hg., 2010): Integral Theory in Action: Applied, Theoretical, and Constructive Perspectives on the AQAL Model, New York: State University of New York Press.

Esbjörn-Hargens, Sean (2006): Integral research: A multi-method approach to investigating phenomena. Constructivism and the Human Sciences, 11(1), 79-107.

Esbjörn-Hargens, Sean/Wilber, Ken (2006b): Towards a comprehensive integration of science and religion: A post-metaphysical approach, in: P. Clayton/Z. Simpson (Hg.), The Oxford handbook of science and religion, Oxford, 523-546.

Essen, Siegfried (2021⁴): Selbstliebe als Lebenskunst. Ein systemisch-spiritueller Übungsweg, Heidelberg: Carl-Auer-Systeme Verlag.

Estock, Beth Ann/Paul Nixon (2016): Weird Church: Welcome to the Twenty-First Century, Ohio: The Pilgrim Press.

Evolutionary Leaders (2023): Evolutionary Leaders: In Service to Conscious Evolution, https://www.evolutionaryleaders.net/evolutionary-leaders.

Falk, Geoffrey David (2009): Norman Einstein: The Dis-Integration of Ken Wilber, Toronto, Ontario: Million Monkeys Press.

Fowid/Forschungsgruppe Weltanschauungen in Deutschland (2022): Kirchenmitglieder: 49,7 Prozent, https://fowid.de/meldung/kirchenmitglieder-49-7-prozent.

Foundation of Conscious Evolution (2020): About Barbara Marx Hubbard's Transition, https://www.barbaramarxhubbard.com/about-barbara-transition [30.11.21].

Freinacht, Hanzi (2017): The Listening Society: A Guide to Metamodern Politics, Book One, o.O.: Metamoderna.

Freinacht, Hanzi (2019): Nordic Ideology: A Metamodern Guide to Politics, Book Two, o.O.: Metamoderna.

Gebser, Jean (1986²a): Ursprung und Gegenwart. 1. Teil: Die Fundamente der aperspektivischen Welt, München: Deutscher Taschenbuch Verlag.

Gebser, Jean (1986²b): Ursprung und Gegenwart. 2. Teil: Die Manifestationen der aperpektivischen Welt, München: Deutscher Taschenbuch Verlag.

Gebser, Jean (1999²a): Vorlesungen und Reden zu „Ursprung und Gegenwart", Gesamtausgabe Band V/I, Schaffhausen: Novalis Verlag AG.

Gebser, Jean (1999²b): Vorlesungen und Reden zu „Ursprung und Gegenwart", Gesamtausgabe Band V/II, Schaffhausen: Novalis Verlag AG.

Gerhardt, Volker (2010a): „Deutungshoheit über den Begriff der Evolution", in: Berlin-Brandenburgische Akademie der Wissenschaften (2010): Wer hat die Deutungshoheit über die Evolution?: Streitgespräche in den Wissenschaftlichen Sitzungen der Versammlung der Berlin-Brandenburgischen Akademie der Wissenschaften am 21. November 2008 und am 26. Juni 2009: Berlin, 9-12.

Gerhardt, Volker (2010b): „Von der Entwicklung zur Evolution. Historische und philosophische Aspekte der Bedeutung Darwins", in: Berlin-Brandenburgische Akademie der Wissenschaften (2010): Wer hat die Deutungshoheit über die Evolution?: Streitgespräche in den Wissenschaftlichen Sitzungen der Versammlung der Berlin-Brandenburgischen Akademie der Wissenschaften am 21. November 2008 und am 26. Juni 2009: Berlin: Berlin-Brandenburgische Akademie der Wissenschaften, 59-79.

Gesellschaft für eine Glaubensreform (o.D.): Satzung, https://glaubensreform.de/pages/wer-wir-sind/satzung.php.

Graves, Dr. Clare W. (2005^2): The Never Ending Quest. A treatise on an emergent cyclical conception of adult behavioral systems and their development. Hg. von Christopher C. Cowan and Natasha Todorovic, Santa Barbara, California: ECLECT Publishing.

Grün, Anselm (2009): Mystik. Den inneren Raum entdecken, Freiburg i.B.: Verlag Herder.

Habecker, Michael (2007). Ken Wilber – die integrale (R)evolution. Einführung in Theorie und Praxis eines neuen spirituellen Ansatzes, Frankfurt am Main: Info3-Verlag.

Habecker, Michael/Sonja Student (2011): Wissen, Weisheit, Wirklichkeit. Perspektiven einer aufgeklärten Spiritualität, Bielefeld: J. Kamphausen Verlag.

Haberer, Tilmann (2019): „Neues aus der Antike: Integrale Überlegungen zu zwei zentralen Lehren der alten Kirche", in: Griebel, Oliver (Hg.): Wir vielen in dieser einen Welt. Hamburg, Phänomen Verlag, 125-170.

Haberer, Tilmann (2021a): Großstadtpredigten. Spirituelle Reden aus St. Markus, München, https://grossstadtpredigten.wordpress.com.

Haberer, Tilmann (2021b): Von der Anmut der Welt. Entwurf einer integralen Theologie, München: Gütersloher Verlagshaus.

Hanegraaff, Wolter (2018). Everybody is right. Frank Visser's Analysis of Ken Wilber, http://www.integralworld.net/hanegraaff.html.

Härle, Wilfried (1995): Dogmatik, Berlin: Walter de Gruyter.

Hasinger, Günther (2010): „Kosmologische Evolution. In: Berlin-Brandenburgische Akademie der Wissenschaften", in: Wer hat die Deutungshoheit über die Evolution?: Streitgespräche in den Wissenschaftlichen Sitzungen der Versammlung der Berlin-Brandenburgischen Akademie der Wissenschaften am 21. November 2008 und am 26. Juni 2009: Berlin: Berlin-Brandenburgische Akademie der Wissenschaften, 83-90.

Hausschild, Wolf-Dieter (2007^3): Lehrbuch der Kirchen- und Dogmengeschichte. Band 1. Alte Kirche und Mittelalter, München: Gütersloher Verlagshaus.

Hawke, Gary (2016): Towards a metaReal Integral Practice, http://www.garyhawke.org/metareal-integral-practice/.

Hedlund-de Witt, Nicholas (2010): Integrally Researching Integral Research. Enactive Perspectives on the Future of the Field. Journal of Integral Theory and Practice, 5(2), 1-30.

Heinrichs, Johannes Prof. Dr. (2014/5): „Einstein der Bewusstseinsforschung? Fragen an den „integralen" Denkansatz Ken Wilbers aus philosophischer Sicht, Teil 1-4", in: Tattva Viveka, Berlin: Institut für Essenzphilosophie, 62-65.

Hershberger, Leslie (2019a). Coming Home, Integral Christian Practicum, https://integrallife.com/coming-home/.

Hershberger, Leslie (2019b). Leslie Hershberger, https://lesliehershberger.com/leslie-hershberger/.

Hick, John (2008): „Auf dem Weg zu einer Philosophie des religiösen Pluralismus", in: Handbuch Dialog der Religionen. Christliche Quellen zur Religionstheologie und zum interreligiösen Dialog. Hg. von Ulrich Dehn, Frankfurt am Main: Verlag Otto Lembeck, 204-230.

Huber, Stefan (2003). Zentralität und Inhalt. Ein neues multidimensionales Messmodell der Religiosität. Opladen: Leske + Budrich.

Human Emergence (2019a). About Spiral Dynamics Integral, http://www.spiraldynamics.net/about-spiral-dynamics-integral.html

Human Emergence (2019b). Don Beck, http://www.humanemergence.org/donBeck.html.

Inayati-Maimuni Order (2023): Lineage, http://www.inayati-maimunis.org/lineage.

Integral Christian Network (2021): Who we are, https://www.integralchristiannetwork.org/who-we-are.

Integral Christian Network (2024): Holding Grief & Glory, https://www.integralchristiannetwork.org/writings/2024/2/10/holding-grief-amp-glory.

Integral Christian Network Podcast (2021): Interview with Cynthia Bourgeault!!, https://anchor.fm/icnetwork/episodes/Interview-with-Cynthia-Bourgeault-ese0a1.

Integrales Forum e.V. (2018): IF intern: Vision des Integralen Forum e.V. neu geschrieben, https://www.integralesforum.org/das-if/if-news/5000-vision-des-integralen-forum-e-v.

Integrales Forum e.V. (2019). Praxis, https://www.integralesforum.org/medien/integrale-bibliothek/praxis.

Integral Life (2006a): Ken Wilber Stops His Brain Waves, https://www.youtube.com/watch?v=LFFMtq5g8N4.

Integral Life (2006b): The Mystic Heart – Part 1- The Supreme Identity, https://www.youtube.com/watch?v=eDuAHdaleNU.

Integral Life (2014): Presentations. The Five Elements of AQAL, https://integrallife.com/five-elements-aqal/.

Integral Life (2018): Celebrating the Life, Work, and Wisdom of Father Thomas Keating, https://mailchi.mp/integrallife/celebrating-the-life-work-and-wisdom-of-father-thomas-keating?e=49deaa6d1a.

Integral Life (2019a): Rollie Stanich, https://integrallife.com/author/rollie-stanich/.

Integral Life (2019b): Welcome to Integral Life Practice, https://integrallife.com/what-is-integral-life-practice/.

Integral Life (2019c): What is Integral? Everything fits together, https://integrallife.com/what-is-integral/.

Integral Life (2019d): Awakening Christ Consciousness, https://integrallife.com/awakening-christ-consciousness/.

Integral Institut (2018): Brother Wayne Teasdale, http://in.integralinstitute.org/contributor-55.aspx.

Jean Gebser Gesellschaft (2019) Hauptwerk, http://www.jean-gebser-gesellschaft.ch/haupt.html.

Kelly, Ann Neville (2019a). Education, https://nevilleannkelly.net/scholar/

Kelly, Ann Neville (2019b). Neville Ann Kelly. Contemplative, Scholar, Writer & Teacher, https://nevilleannkelly.net/bio/.

Klessmann, Michael (2009²) Seelsorge. Begleitung, Begegnung, Lebensdeutung im Horizonz des christlichen Glaubens. Ein Lehrbuch, Göttingen: Neukirchner Verlag.

King, Doug (2015): Integral Theology Part I, https://vimeo.com/147545227.

King, Max (2016): The Spirit of Prophecy (Erstausgabe 1971), Colorado: Bimillennial Press.

Kocka, Jürgen (2010): "Evolution und Revolution. Begriffsgeschichtliche Überlegungen. In: Berlin-Brandenburgische Akademie der Wissenschaften", in: Wer hat die Deutungshoheit über die Evolution?: Streitgespräche in den Wissenschaftlichen Sitzungen der Versammlung der Berlin-Brandenburgischen Akademie der Wissenschaften am 21. November 2008 und am 26. Juni 2009: Berlin: Berlin-Brandenburgische Akademie der Wissenschaften, 11-6.

Kohlberg, Lawrence (1996): Die Psychologie der Moralentwicklung, Berlin: suhrkamp taschenbuch wissenschaft.

Kosnick, Sven (2019): Das glückliche Nichts. Christuserfahrungen auf dem Zen-Weg. Mit einer Sammlung biblischer Koans, Hamburg: Tredition Verlag.

Krause, Karl Christian Friedrich (2005): Das Urbild der Menschheit. Ein Versuch. Ausgabe 1851. E-BOOK-VERLAG Internetloge.de: Hamburg. http://www.internetloge.org/krause/krurbild.pdf.

Krumm, Rainer/Benedikt Parstorfer (2014): Clare W. Graves. Sein Leben, sein Werk. Die Theorie menschlicher Entwicklung, Mittenaar-Bicken: Werdewelt Verlags- und Medienhaus.

Kucharska-Dreiss, Elizabetha (2013): Der gepredigte Gott linguistisch gesehen. Gottesbilder im Vergleich, Insingen: Akademische Verlagsoffizon Bauer & Raspe.

Küstenmacher, Marion (2018): Integrales Christentum. Einübung in eine neue spirituelle Intelligenz, München: Gütersloher Verlagshaus.

Küstenmacher, Marion/Werner Küstenmacher und Haberer (2010a): Die Autoren, http://gott90.de/autoren.

Küstenmacher, Marion/Werner Küstenmacher und Haberer (2010b): Gott 9.0, http://gott90.de.

Küstenmacher, Marion/Werner Küstenmacher und Haberer (2016[7]): Gott 9.0, Wohin unsere Gesellschaft spirituell wachsen wird, München: Gütersloher Verlagshaus.

Lane, David Christopher (2015): Wilber and the misunderstanding of evolution. Ken Wilber's Achilles' Heel, Part II, https://www.integralworld.net/lane1.html.

Lauster, Jörg (2016[4]): Die Verzauberung der Welt. Eine Kulturgeschichte des Christentums, München: C. H. Beck.

Leonhardt, Rochus (2008[3]): Grundinformation Dogmatik, Göttingen: Vandenhoeck & Ruprecht.

Makarij, Metroplit Moskowskij i Kolomenskij (2007): Pravoslavio-dogmatidscheskoe bogoslovie. Tom 1. (Orthodox-dogmatische Theologie. Band 1., Übers. d. Vf.) Kiew: Isdatelstvo imeni cbjatitelja Leba, papi rimskowo.

Macquarrie, John (2000): „Panentheismus", in: Theologische Realenzyklopädie. Bd. 25. Berlin u.a.: de Gruyter, 611–615.

Mangalwadi, Vishel (2016[4]): Das Buch der Mitte. Wie wir wurden, was wir sind: Die Bibel als Herzstück der westlichen Kultur, Basel: Fontis.

Marion, Jim (2003): Der Weg zum Christusbewusstsein. Eine Landkarte für spirituelles Wachstum in die Tiefe der Seele, Petersberg: Verlag Via Nova. [Englische Originalausgabe 2000 unter dem Titel „Putting on the Mind of Christ. The Inner Work of Christian Spirituality"].

Marion, Jim (2004): The Death of the Mythic God. The Rise of Evolutionary Spirituality, Charlottesville: Hampton Roads Publishing .

Marion, Jim (2011). "Foreword", in: Paul Smith (2011): Integral Christianity: the Spirit's call to evolve, St. Paul Minnesota: Paragon House, xv-xvii.

Marion, Jim (2017): "Advance praise", in: Paul Smith (2017): Is your God Big Enough, Close Enough, You Enough? Jesus and the Three Faces of God, St. Paul Minnesota: Paragon House, i.

Marion, Jim (2018): The Soul-Directed Life, Janet Conner: Marion, Author of „Putting on the Mind of Christ" and „The Death of the Mythic God", https://www.unityonlineradio.org/soul-directed-life/jim-marion-author-putting-mind-christ-and-death-mythic-god.

Marshall, Paul (2017): A Complex Integral Realist Perspective: Towards A New Axial, London u.a.: Routledge.

Maslow, Abraham H. (2021): „Was Gipfelerlebnisse uns lehren. Übersetzt von Karola Tembrins", in: Verbunden trotz Abstand. Von Gipfelerlebnissen und mystischen Erfahrungen. Beiträge von Abraham H. Maslow und David Steindl-Rast. Hg. von Erhard Doubrawa, Kassel: gikPRESS, 13-42.

McGregor, Don (2014): Wissenschaft und Transzendenz. Zwei Sichtweisen – eine Welt [Titel der Originalausgabe: „Blue Sky God. The Evolution of Science and Christianity"], Amerang: Crotona Verlag.

McGregor, Don (2021): New Christianity: The Jesus Way. Christianity for the 21st Century. Evolving, http://www.donmacgregor.co.uk.

McIntosh, Steve (2007): Integral Consciousness and the Future of Evolution. St. Paul Minnesota: Paragon House [Deutsche Ausgabe 2014: „Integrales

Bewusstsein. Wie die integrale Weltsicht Politik, Kultur und Spiritualität transformiert. Phänomen Verlag: Hamburg"].

McIntosh, Steve (2012a): Evolution's Purpose: An Integral Interpretation of the Scientific Story of Our Origins, New York: SelectBooks.

McIntosh, Steve (2012b): "Praise", in: Sanguin, Bruce (2012): The Advance of Love. Reading the Bible with an Evolutionary Heart. Vancouver, Kanada: Evans and Sanguin Publishing.

McIntosh, Steve/Phipps Carter (2013): Steve McIntosh and Carter Phipps present: The Institute for Cultural Evolution think tank, https://www.youtube.com/watch?v=AHRyLEt-mas.

McIntosh, Steve (2015): The Presence of the Infinite: The Spiritual Experience of Beauty, Truth, and Goodness, Wheaton: Quest Books.

McIntosh, Steve (2017): "Advance praise", in: Paul Smith (2017): Is your God Big Enough, Close Enough, You Enough? Jesus and the Three Faces of God. St. Paul Minnesota Paragon House, i.

McIntosh, Steve (2018): Long Bio, https://www.stevemcintosh.com/about-author/long-bio/.

McIntosh, Steve (2019): „Vorankommen auf dem Weg der Evolution", in: Griebel, Oliver (Hg.): Wir vielen in dieser einen Welt. Hamburg: Phänomen Verlag, 91-124.

Nagel, Thomas (2013): Geist und Kosmos: Warum die materialistische neo-darwinistische Konzeption der Natur so gut wie sicher falsch ist, Berlin: Suhrkamp Verlag.

Nasr, Amir Ahmad (2013a): Why We Desperately Need an Integral Islam, https://integrallife.com/desperately-need-integral-islam/

Nasr, Amir Ahmad (2013b): My Isl@m: How Fundamentalism Stole My Mind – And Doubt Freed My Soul, New York: St. Martin's Press.

Network for Grateful Living (2019). About Brother David, https://gratefulness.org/brother-david/about-brother-david/.

Newberg, Andrew/Mark Robert Waldmann (2012): Der Fingerdruck Gottes. Wie religiöse und spirituelle Erfahrungen unser Gehirn verändern, München: Goldmann Verlag.

O'Fallon, Terri (2015): StAGES: Growing up is Waking up—Interpenetrating Quadrants, States and Structures, https://www.terriofallon.com/stages-growing-up-is-waking-up-interpenetrating-quadrants-states-and-structures/

Ökumenischer Arbeitskreis Enneagramm e.V. (2018): TrainerInnen. Küstenmacher, https://enneagramm.eu/trainerinnen/marion-kuestenmacher/.

Ökumenischer Rat der Kirchen (2013): Referenztexte 10. Vollversammlung Busan. Genf: WCC Publications.

Omega Center (2019): About The Omega Center, https://omegacenter.info/about/.

Perez, Joe (2019): Biography, http://joe-perez.com/about/biography/

Pöhlmann, Matthias/Christine Jahn (2015) (Hg.): Handbuch Weltanschauungen. Religiöse Gemeinschaften, Freikirchen. Im Auftrag der Kirchenleitungen der VELKD, München: Gütersloh.

Presence International (2019a): About, https://www.presence.tv.

Presence International (2019b): An Introduction to Integral Theology – pt. 1, https://www.presence.tv/podcast/episode/22f6efe3/an-introduction-to-integral-theology-pt-1.

Rager, Günther (2018): Sri Aurobindo. Philosophie der Person, München: Verlag Karl Alber.

Risi, Armin (2021): Polarität & Dualität: Die Brisanz der ganzheitlichen Spiritualität. Aktuelle Fassung. (Zuerst erschienen in: Lichtfokus 40, 2012), https://armin-risi.ch/Artikel/Philosophie/Polaritaet-und-Dualitaet-Die-Brisanz-der-ganzheitlichen-Spiritualitaet.php#.

Ristic, Nikola Anandamali (2020): Spirit X. Spirituality for the Global & Digital Age, o.O: Spirit X Publications.

Rohr, Richard (2012): Entscheidend ist das UND. Kontemplativ leben UND engagiert handeln, München: Claudius Verlag.

Rohr, Richard (2013): Das wahre Selbst. Werden, wer wir wirklich sind. [Originaltitel „Immortal Diamond. The Search for Our True Self", Freiburg i. B.: Herder Verlag.

Rohr, Richard (2016): „Vorwort", in: Küstenmacher/Werner Tiki Küstenmacher/ Haberer (2016[7]): Gott 9.0. Wohin unsere Gesellschaft spirituell wachsen wird, München: Gütersloher Verlagshaus, 7-12.

Rohr, Richard (2017): "Foreword", in: Paul Smith (2017): Is your God Big Enough, Close Enough, You Enough? Jesus and the Three Faces of God. St. Paul Minnesota: Paragon House, xix-xxi.

Rohr, Richard/Ebert, Andreas (2017[48]): Das Enneagramm. Die neun Gesichter der Seele, München: Claudius Verlag.

Rosenberger, Michael/Kristina Kieslinger (2021): „Einleitung", in: Michael Rosenberger, /Kristina Kieslinger (Hg.): Macht Meditieren menschlicher? Interdisziplinäre Zugänge zu Kontemplation und Empathie. Dokumentation der Jahrestagung der AGTS vom 17. – 19. September 2020 in Würzburg. Studien zur Theologie der Spiritualita?t (Band V). Online-Publikation. www.theologie-der-spiritualitaet.de/publikationen/tagungsbaende. 5-9.

Ross, Dr. Christina L. (2019): "Energy Medicine: Current Status and Future Perspectives", in: Global Advances in Health and Medicine. Volume 8. Online https://www.ncbi.nlm.nih.gov/pmc/articles/PMC6396053/.

Rutishauser, Christian M. (2016): „Hinführung", in: Christian Rutishauser/ Michael Hasenauer (2016), Mystische Wege. Christlich, integral, interreligiös, Münsterschwarzach: Vier-Türme Verlag, 13-18.

Salzmann, Jeff (2019): A Quick Intro To Integral Theory, https://www.dailyevolver.com/theory/.

Salzmann, Jeff (2021): "The Great Stage-Theory Debate. 'Colonial BS' or 'True and Humane'?, https://www.dailyevolver.com/2021/10/the-great-stage-theory-debate/.

Sanguin, Bruce (2007): Darwin, Divinity, and the Dance of the Cosmos. Kelowna, Kanada: Wood Lake Printings.

Sanguin, Bruce (2009): "Foreword", in: Tresher (2009): Reverent irreverence. Integral Church for the 21st Century. From Cradle to Christ Consciousness, o.O.: Integral Publishers, ix-xi.

Sanguin, Bruce (2012): The Advance of Love. Reading the Bible with an Evolutionary Heart. Vancouver, Kanada: Evans and Sanguin Publishing.

Sanguin, Bruce (2014^2): The Emerging Church. A Model for Change & a Map for Renewal, Kelowna, Kanada: Copper House.

Sanguin, Bruce (2015): The Way of the Wind. The Path and Practice of Evolutionary Christian Mysticism, Vancouver, Kanada: Viriditas Press.

Sanguin, Bruce (2019): About, https://brucesanguin.ca/about-us-new/.

Santa Black Sheep (2021): De/Rekonstruktion, https://www.santablacksheep.com/bücher/derekonstruktion/.

Sattler, Rolf (2008): Wilber's AQAL Map and Beyond, https://beyondwilber.ca/AQALmap/bookdwl/files/WAQALMAB080324.pdf.

Schachter-Shalomi, Zalman/Netanel Miles-Yépez (2014): Foundations of the Fourth Turning of Hasidism: A Manifesto, Boulder, Colorado: Albion-Andalus Books.

Schmill, Christian (2021): Kategorie: Integrales Christentum, https://schmill-blog.wordpress.com/category/integrales-christentum/.

Schmitz, Bertram (2021): Religionswissenschaft: Einführung, Baden-Baden, Tectum Verlag.

Schmitz, Stefan (2010): Transpersonale Psychologie. Eine integrative Einführung, Marburg: Tectum Verlag.

Schumacher, E.F. (1977): A guide for the perplexed, London: Random House.

Shambala (o.A.): The Collected Works of Ken Wilber, https://www.shambhala.com/collected-works-of-ken-wilber.html.

Singleton, O. u.a.: Brain Structure and Functional Connectivity Correlate with Psychosocial Development in Contemplative Practitioners and Controls. Brain Sci. 2021, 11, 728, Online https://doi.org/10.3390/brainsci11060728.

Smith, Paul (1993): Is It Okay to Call God „Mother"?: Considering the Feminine Face of God, o.O.: Baker Academic.

Smith, Paul (1998/9): "The Bible and Homosexuality. Affirming all sexual orientations as gifts from God." Nur als PDF auf: http://www.feniva.com/prs/new3/booklets.htm.

Smith, Paul (2007): "Hell? No! A Bible study on why no one will be left behind." Nur als PDF auf: http://www.feniva.com/prs/new3/booklets.html.

Smith, Paul (2011): Integral Christianity: the Spirit's call to evolve, St. Paul Minnesota: Paragon House.

Smith, Paul (2017): Is your God Big Enough, Close Enough, You Enough? Jesus and the Three Faces of God, St. Paul, Minnesota: Paragon House.

Smith, Paul (2019): Writings: Books [angegeben 2006, seither aber laufend aktualisiert), Images and narrative to supplement Is Your God Big Enough? Close Enough? You Enough? Jesus and the Three Faces of God by Paul R. Smith, http://www.feniva.com/prs/new3/books.html.

Smith, Paul/Healy, Luke (2020): WeSpace and Whole-Body Mystical Awakening. E-Book, https://www.integralchristiannetwork.org/ebook.

Smith, Paul (2022a): Contemporary Attempts at Transmission in Christianity Today, https://www.integralchristiannetwork.org/writings/2022/3/5/contemporary-attempts-at-transmission-in-christianity-today?rq=Transmission.

Smith, Paul (2022b): Receiving the Transmission of Waking Up, https://www.integralchristiannetwork.org/writings/2022/3/12/receiving-the-transmission-of-waking-up?rq=Transmission

Spektrum (2008). Integrale Theorie, https://www.spektrum.de/lexikon/philosophie/integrale-theorie/982.

Spiral Dynamics (2019): About NVC Consulting, https://spiraldynamics.org/about/.

Spirituality & Practice (2019): Remembering Spiritual Masters Project. Wayne Teasdale, https://www.spiritualityandpractice.com/explorations/teachers/view/166/wayne-teasdale.

Sri Aurobindo (2002^3): Das göttliche Leben (The Life Divine), Gladenbach: Hinder + Deelmann.

Stanich, Roland Michael (2021): Integral Christianity. The Way of embodied love, o.O.: Bright Alliance.

Stein, Dr. Zachary (2015): Beyond nature and humanity: Reflections on the emergence and purposes of meta-theories, http://www.zakstein.org/meta-theory-1-the- what-and-why-of-meta-theory/.

Steindl, Rast/Ken Wilber (2019): „Unsere Verbindung mit dem Wunderbaren. Auf der Suche nach einer zeitgemäßen Religiosität", in: Evolve. Magazin für Bewusstsein und Kultur, Ausgabe 21/2019, 34-39.

Streib, H./ Z. J. Chen/ R. W. Jr. Hood (2021): Faith Development as Change in Religious Types: Results From Three-Wave Longitudinal Data With Faith Development Interviews. Psychology of Religion and Spirituality, online: http://dx.doi.org/10.1037/rel0000440.

Swimme, Brian (2007): Das Universum ist ein grüner Drache. Ein Dialog über die Schöpfung und die mystische Liebe zum Kosmos. Nachdruck der deutschen Erstausgabe von 1991, Zwickau: Aurum in J. Kamphausen Verlag.

Suquamish United Church of Christ (2018): Church History, https://suquamishucc.org/about/church-history.

Teasdale, Wayne (2003): A Monk in the World: Cultivating a Spiritual Life, Novato: New World Library.

Teasdale, Wayne (2004): Das mystische Herz. Spirituelle Brücken bauen, Zwickau: Aurum in J. Kamphausen Verlag.

Teilhard de Chardin, Pierre (1994^2): Der Mensch im Kosmos. [Titel der Originalausgabe „Le Phénomène humain", Paris 1955]. München: Verlag C.H. Beck.

Thiede, Werner (2001): Wer ist der kosmische Christus? Karriere und Bedeutungswandel einer modernen Metapher, Göttingen: Vandenhoeck & Ruprecht.

Thiele, Matthias (2019): „Am Wendepunkt – Was kommt nach der Theorie? Wege und Perspektiven des Integralen im öffentlichen und inneren Raum", in: IP 04-2019: Gelebte Spiritualität und Mut zur Handlung. https://

www.integralesforum.org/integrale-perspektiven/2019/166-ip-04-2019-gelebte-spiritualitaet-und-mut-zur-handlung/5031-am-wendepunkt-was-kommt-nach-der-theorie-wege-und-perspektiven-des-integralen-im-oeffentlichen-und-inneren-raum.

Tresher, Tom (2009): Reverent irreverence. Integral Church for the 21st Century. From Cradle to Christ Consciousness, Kalifornien Pacific Grove: Integral Publishers.

Ubschat, Jörg (2021): Theos Art. Inspiration aus Natur & Spiritualität für die, die suchen – nach neuen Wegen. Beschreibung, https://www.youtube.com/c/TheosArt/about.

Vechtel, Prof. Dr. Klaus (2001): „Seelenwanderung oder Auferstehung? Christliche Auferstehungshoffnung angesichts westlicher Reinkarnationsvorstellungen", in: Geist und Leben, 74/2, 106–119.

Vinings Lake Church (2019): Who we are. Our Values, https://www.viningslake.org.

Visser, Frank (2002): Ken Wilber – Denker aus Passion. Eine Zusammenschau, Petersberg: Verlag Via Nova.

Visser, Frank (2016):‚Triffst du Wilber unterwegs, so töte ihn.' Über die Bedeutung von
unabhängiger integraler Forschung, http://www.integralworld.net/de/visser19-de.html.

Wehling, Elisabeth (2017): Politisches Framing. Wie eine Nation sich ihr Denken einredet – und daraus Politik macht. Lizenzausgabe für die Bundeszentrale für politische Bildung. Bonn: Herbert von Halem Verlag.

Weinreich, Wulf Mirko (2021): Das globale Bewusstsein – oder: Ist AQAL schon die ganze Wahrheit?, https://www.integralesforum.org/medien/praxis/bewusstsein/5416-das-globale-bewusstsein-oder-ist-aqal-schon-die-ganze-wahrheit?fbclid=IwAR0xN3UvEZyUOH3i4mmRVCizo08S75NayLZC_0J_zxaB2JCQ kNI75LFlahQ&utm_source=newsletter_431&utm_medium=email&utm_campaign=bewusstsein-im-wandel-blitzlicht-2.

Wilber, Ken (1996): Mut und Gnade. In einer Krankheit zum Tode bewährt sich eine große Liebe, München: Goldmann.

Wilber, Ken (1997): Eine kurze Geschichte des Kosmos. Frankfurt am Main: Fischer Taschenbuch Verlag. [Amerikanische Originalausgabe: A Brief History of Everything, Boston: Shambala, 1996].

Wilber, Ken (1999a): Das Wahre, Gute, Schöne. Frankfurt am Main: Wolfgang Krüger Verlag. [Amerikanische Originalausgabe: The Eye of Spirit. An Integral Vision for a Word Gone Sligthly Mad, Boston: Shambala, 1997].

Wilber, Ken (1999b): The Collected Works of Ken Wilber, Volume 2. Boulder, Colorado: Shambhala.

Wilber, Ken (2000^2): Sex, Ecology, Spirituality. Boulder, Colorado: Shambhala (Erstauflage 1995). [Deutsche Ausgabe: Eros, Kosmos, Logos. Eine Vision an der Schwelle zum nächsten Jahrtausend, Frankfurt am Main: Fischer Taschenbuch Verlag, 1996].

Wilber, Ken (2001): Einfach „Das". Tagebuch eines ereignisreichen Jahres, Frankfurt am Main, Fischer Taschenbuch Verlag. [Amerikanische Originalausgabe: One Taste. Daily Reflections on Integral Spirituality, Boston: Shambala, 1999].

Wilber, Ken (2002): Boomeritis. A Novel That Will Set You Free, Boston: Shambala.

Wilber, Ken (2003): „Vorwort", in: Marion, Jim (2003): Der Weg zum Christusbewusstsein. Eine Landkarte für spirituelles Wachstum in die Tiefe der Seele. Petersberg: Verlag Via Nova, 13f.

Wilber, Ken (2004): Excerpt G: A Comprehensive Theory of Subtile Energies, http://www.kenwilber.com/Writings/PDF/ExcerptG_KOSMOS_2004.pdf. Deutsche Übersetzung auf: https://

www.integralesforum.org/medien/integrale-bibliothek/theorie-aufbau/ 4362-auszug-g-subtile-energien.

Wilber, Ken (2005): AK-Ken Wilber Rundbrief 23, 2005, Auszug aus dem Telefoninterview mit Ken Wilber auf der Tagung des Integralen Forum e.V. in Frankfurt 2005, https://integralesforum.org/medien/integrale-bibliothek/theorie-aufbau/4372-aqal-farben-die-neue-symbolik.

Wilber, Ken/Netanel Miles-Yepez (2006): The Common Heart: An Experience of Interreligious Dialogue, Lantern Publishing & Media.

Wilber, Ken (2007): Integrale Spiritualität: Spirituelle Intelligenz rettet die Welt, München: Kösel-Verlag. [Amerikanische Originalausgabe: Integral Spirituality: A Startling New Role for Religion in the Modern and Postmodern World. Boston: Shambala, 2006].

Wilber, Ken (2012): "Praise", in: Sanguin, Bruce (2012): The Advance of Love. Reading the Bible with an Evolutionary Heart. Vancouver, Kanada: Evans and Sanguin Publishing, i.

Wilber, Ken (2013^2a): Naturwissenschaft und Religion, Die Verso?hnung von Wissen und Weisheit, Frankfurt am Main: Fischer Taschenbuch Verlag. [Amerikanische Originalausgabe: „The Marriage of Sense and Soul", New York, 1998].

Wilber, Ken (2013b): The Coming Interspiritual Age: An Integral View, http://www.kenwilber.com/blog/show/756, 2015.

Wilber, Ken (2013c): Response to Critical Theory in Defense of Integral Theory, https://integral-options.blogspot.com/2013/01/ken-wilber-response-to-critical-theory.html.

Wilber, Ken (2014): The Fourth Turning: Imaging the Evolution of an Integral Buddhism, Boston: Shambhala.

Wilber, Ken (2016^4a): Integrale Psychologie. Geist, Bewußtsein, Psychologie, Therapie. Freiamt Arbor Verlag. [Amerikanische Originalausgabe: Integral

Psychology: Consciousness, Spirit, Psychology, Therapy, Boston: Shambala, 2001].

Wilber, Ken (2016b): Which Level of God Do You Believe In?. https://www.beliefnet.com/wellness/2004/09/which-level-of-god-do-you-believe-in.aspx.

Wilber, Ken (2017a): "Afterword", in: Paul Smith (2017): Is your God Big Enough, Close Enough, You Enough? Jesus and the Three Faces of God. St. Paul Minnesota: Paragon House, 361-380.

Wilber, Ken (2017b): The Religion of Tomorrow. A Vision for the Future of the Great Traditions – More Inclusive, More Comprehensive, More Complete, Boulder, Colorado: Paragon House.

Wilber, Ken (2017c): The Three Principles of Integral Thinking, https://integrallife.com/three-principles-integral-thinking/ [16.12.19] [Deutsche Version: Die drei Prinzipien integralen Denkens, in: Integrale Perspektiven 41.

Wilber, Ken (2018): Ken Wilber, aus dem Vorwort der Collected Works Band 6, Integrale Perspektiven 41 (10/2018), 0.

Wilber, Ken (2019a): What is integral? Everything fits together, https://integrallife.com/what-is-integral/.

Wilber, Ken (2019b): Coming Home, https://integrallife.com/coming-home/.

Willigis, Jäger (2007): „Vorwort", in: Brian Swimme: Das Universum ist ein grüner Drache. Ein Dialog über die Schöpfung und die mystische Liebe zum Kosmos. Nachdruck der deutschen Erstausgabe von 1991. Zwickau: Aurum in J. Kamphausen Verlag, 6-7.

Wittrock, Dennis (2008): Perspektiven inter- und transdiziplinärer Kooperation im Lichte des integralen methodologischen Pluralismus Ken Wilbers, Universität Bremen 2008, http://www.integral-con-text.de/fileadmin/user_upload/andere_Texte/Transdisziplinaritaet_und_IMP_DW.pdf.

World Values Survey (2023): https://www.worldvaluessurvey.org/wvs.jsp.

Zimmermann, Ruben (2008): „Gleichnisse als Medien der Jesuserinnerung: die Historizität der Jesusparabeln im Horizont der Gedächtnisforschung", in: Ruben Zimmermann/Gabi Kern (Hg.): Hermeneutik der Gleichnisse Jesu: methodische Neuansätze zum Verstehen urchristlicher Parabeltexte. [Bielefelder Gleichnistagungen im Oktober 2005 und Februar 2006]. Wissenschaftliche Untersuchungen zum Neuen Testament. Tübingen: Mohr Siebeck, 87-121.

Bibelzitate stammen aus:

Genfer Bibelgesellschaft (2013^3): Neues Testament und Psalmen. Neue Genfer Übersetzung. Romanel-sur-Lausanne, Schweiz: Verlag der Genfer Bibelgesellschaft

Zürcher Bibel (2005): Die Heilige Schrift des Alten und des Neuen Testaments. Zürich: Verlag der Zürcher Bibel.